KB177563

파스칼(1623~1662)

포르루아얄 수도원의 종교 의식 1709년 공동체는 해체되고 수녀들은 다른 수녀원으로 강제 추방되었다.

포르루아얄 수도원 17세기 프랑스 문예활동과 얀센주의의 본거지였다.

얀세니우스(1585~1638) 파스칼은 얀세니우스의 교리에 강하게 마음이 끌려 얀센주의에 귀의하게 된다.

PENSÉES
DE
M. PASCAL
SUR LA RELIGION
ET SUR QUELQUES
AUTRES SUJETS,
Qui ont esté trouvées aprés sa mort parmy ses papiers.
SECONDE ÉDITION.

À PARIS,
Chez GUILLAUME DESPREZ,
ruë Saint Jacques, à Saint Prosper.

M. DC. LXX.
Avec Privilege & Approbation.

56   PENSÉES DE

que Dieu est. Si vous gagnez, vous gagnez tout; si vous perdez, vous ne perdez rien. Pariez donc qu'il est sans hesiter. Oüy il faut gager. Mais je gage peut-estre trop. Voyons: puis qu'il y a pareil hazard de gain & de perte, quand vous n'auriez que deux vies à gagner, pour une, vous pourriez encore gager. Et s'il y en avoit dix à gagner, vous seriez imprudent de ne pas hazarder vostre vie pour en gagner dix à un jeu où il y a pareil hazard de perte & de gain. Mais il y a icy une infinité de vies infiniment heureuses à gagner avec pareil hazard de perte & de gain ; & ce que vous joüez est si peu de chose, & de si peu de durée qu'il y a de la folie à le ménager en cette occasion.

Car il ne sert de rien de dire qu'il est incertain si on gagnera, & qu'il est certain qu'on hazarde ; & que l'infinie distance qui est entre la certitude de ce qu'on expose & l'incertitude de ce que l'on gagnera égale le bien fini qu'on expose certainement à l'infini qui est incertain. Cela n'est pas ain-

◀파스칼의 〈팡세〉 표지와 내용 일부분

▼파스칼의 길 표시 파스칼의 고향인 클레르몽 시내에서 볼 수 있다.

마틴 로이드 존스(1899~1981) "파스칼은 기독교 역사상 성령의 특별한 체험을 가진 사람"이라 평가했다.

30년 전쟁　17세기 유럽은 불안과 동요 속에 있었다. 스웨덴의 구스타브 2세가 전사한 뤼첸 전투 장면이다.

베스트팔렌 조약 체결　30년 전쟁에 마침표를 찍고, 영토국가를 근대국가 체제의 초석으로 놓았다.

리슐리외(1585~1642) 파스칼이 살아 있을 무렵 절대 권력자로 프랑스 절대주의의 기초를 쌓았다.

◀루이 14세 파스칼은 루이 14세가 직접 나랏일을 돌봐 통일정책이 다시 확립된 1662년에 죽었다. 그는 건설과 파괴, 그리고 재건의 시대를 살았다.

▼데카르트 파스칼과 데카르트는 대조적이었다. 데카르트의 인간론은 '인간기계론'에 가깝지만, 파스칼은 '섬세한 정신'의 중요성을 이해하고 있었다.

세계사상전집016
Blaise Pascal
PENSÉES

팡세

파스칼/안응렬 옮김

동서문화사

팡세
차례

제1권

제1부 파스칼 자신이 나눈 짧은 글들

1 순서

순서

1 사람들은 종교에 대하여 경멸심을 가지고 있다. 그들은 종교를 미워하고 그것이 참된 것일까 두려워 한다. 이것을 고쳐 주기 위하여는 먼저 종교가 이치에 어긋나는 것이 아님을 증명하고, 그것이 우러러볼 만한 것임을 보여주어 존경심을 일으켜야 한다. 그 다음에는 종교가 사랑스러운 것임을 보여 착한 사람들이 그것이 참된 것이기를 원하게 한다. 그리고 나서는 그것이 참된 것임을 보여주어야 한다.

종교는 사람을 잘 이해하였으니 우러러볼 만한 것이요, 참된 행복을 언약하니 사랑스러운 것이다.

2 제1부, 신을 모르는 인간의 불행.
제2부, 신을 가진 인간의 행복.

달리 말하자면
제1부, 인성(人性)이 타락하였다는 것(인성 자체에 의하여),
제2부, 구속주(救贖主)가 있다는 것(성서에 의하여).

대화에 의한 순서

3 "나는 어떻게 해야 하는가? 어디를 보나 분명한 것은 보이지 않는다. 나는 나를 아무것도 아니라고 생각할 것인가? 나를 신이라고 믿을 것인가? 모든 사물은 변하고 차례차례로 일어난다."

"그대는 잘못 생각하고 있다. 이런 것이……있다."

"아니, 뭐라구! 하늘과 새들이 신을 증명한다고 당신 자신이 말하는 것이 아닌가?"—"아니다."—"그러면 당신 교회에서 그렇게 말하지 않는가?"—"아니다. 왜냐하면 신이 그 빛을 주는 사람들에게는, 그것이 어떤 의미에서 진실이지만, 대부분의 사람들에게는 그것이 거짓이기 때문이다."

4 신을 찾도록 권고하는 편지.
그리고 신을 찾되, 자기들을 찾아 헤매는 자들을 괴롭히는 철학자들과 '피로' 학파와 독단가(獨斷家)들에게 가서 찾으라고 하는 것이다.

순서
5 친구에게 신을 찾으라고 권하기 위해 보내는 격려의 편지. —그러면 그 친구는 대답하리라. "하지만, 찾는 것이 내게 무슨 소용이 있겠는가? 아무것도 나타나지를 않으니."—그러면 그에게 대답하라. "실망하지 말라."—그러면 그 친구는 또 이렇게 대답하리라. "내가 어떤 광명을 발견한다면 행복할 것이나 종교 자체에서 가르치는 것을 따른다면 내가 이렇게*¹ 믿는다 해도 그것이 내게는 아무 소용이 없을 것이니, 그럴 바에야 차라리 찾지 않으련다."—그러면 그에게 이렇게 대답하라. "기계가 있다."

순서
6 "신을 찾아야 한다"는 편지 다음에는 "장애물을 치우라"는 편지를 쓸 것이니, 그것은 '기계'에 대한 이야기로서, 기계를 준비하고 이성으로 찾으라고 하는 것이다.
증거가 유익하다는 것을 증명하는 편지.

기계에 의하여
7 신앙은 증거와는 다르니, 증거는 인간적인 것이요, 신앙은 신에게서 오는 은혜이다.
"Justus ex fide vivit(의인은 신앙으로 산다)"*² 신이 직접 사람의 마음속에 넣어주는 신앙은 이런 것이고, 그 증거는 흔히 연장이다. "Fides ex auditu(신앙은 들음으로써)."*³ 그러나 이 신앙은 마음속에 있어 Scio(안다)

라고 말하지 않고 Credo(믿는다)라고 말하게 만드는 것이다.

8 '부정(不正)에 대하여'라는 편지에는 모든 것을 소유하는 장자(長者)들의 우스운 이야기가 들어 있을 수 있다. "벗이여, 그대는 산 이쪽에서 태어났다. 그러니까 그대의 형이 모든 것을 가지는 것이 옳다."
"그대는 어째서 나를 죽이는 거요?"

9 인간 생활의 비참이 이 모든 것을 만들어 놓았다. 사람들이 이것을 원하였기 때문에 오락을 취하게 된 것이다.

순서
10 유대인들의 전모(全貌) 속에서 명백한 것과 논쟁할 여지가 없는 것을 볼 것.

11 〈시편(詩篇)〉은 온 세상에서 노래 불린다.
'마호메트'에 대하여는 누가 증언을 하는가? 그 자신이다.
예수 그리스도는 자기의 증언이 아무것도 아니기를 바라신다.
증인들의 성질은 그들이 언제나, 어디에나 있어야 한다는 것인데, 마호메트는 불쌍하게도 혼자뿐이다.

2 헛됨

12 비슷한 얼굴 둘이 따로따로 있으면 조금도 우습지 않은데, 같이 있으면 그 닮은 것 때문에 웃게 된다.

13 그렇기는 하지만, 참된 그리스도 교인들도 어리석은 생각을 따라간다.
어리석은 생각을 존중해서가 아니라, 사람들을 벌하기 위하여 그들을 이런 어리석음에 예속시킨 신의 명령을 존중해서다.
"Omnis creatura subjecta est vanitati……(모든 조물(造物)이 허망함에 속하여 있으며*4. Libe-rabitur(그들이 구원을 받으리라))."*5—그래서 성 토마

스*6도 야고보서(書) 가운데 부자들을 더 낮게 생각하는 데 대한 조목*7을 해석하면서, 그들이 신의 의도에 따라 그렇게 하지 않으면 종교의 규칙에서 벗어나는 것이라고 말했다.

14 마케도니아 왕 페르세우스와 파울루스 에밀리우스, 사람들은 '페르세우스'가 자살하지 않은 것을 비난했다.

헛됨

15 사람들은 세상이 헛됨과 같은 명백한 진실을 인정하지 못한다. "영화를 찾는 것은 어리석은 일이다." 이런 진실이 어리석고 놀랍도록 된 것, 이것이야말로 기묘한 일이다.

변덕과 괴상망측함

16 자기가 일한 것으로만 사는 것과, 세상에서 가장 강한 국가를 다스리는 것은 대단히 상반된다. 이 상반되는 것이 터키의 높은 양반들 속에선 서로 합치된다.

17 숫자 751.*8 두건(頭巾) 한 조각이 2만 5천 명의 수도사를 무장시킨다.

18 "그는 하인 네 사람을 거느리고 있다."

19 "그는 강 저편에 살고 있다."

20 사람이 너무 어리면 올바른 판단을 못하고, 너무 늙어도 마찬가지다. 무엇을 충분히 생각하지 않거나 너무 생각하면, 고집을 부리게 되고 열중하게 된다. 자기가 어떤 일을 한 뒤에는 아주 호의적인 편견을 가지고 보게 되며, 너무 오래 지난 뒤에는 그것을 이해하지 못하고 만다. 그림도 너무 멀리서 보거나 너무 가까이서 보면 이와 같아서, 참다운 곳이라고는 불가분(不可分)의 점이 하나 있을 뿐이다. 다른 점들은 너무 가깝거나 너무 멀거나,

너무 높거나 너무 낮다. 그림에 있어서는 원근법(遠近法)이 그것을 정해 준다. 그러나 진리와 도덕에 있어서는 누가 그것을 결정지어 줄 것인가?

21 파리의 힘. 파리는 전쟁에 이기고, 우리 영혼이 행동하는 것을 방해하고, 우리의 육체를 갉아먹는다.

학문의 헛됨
22 바깥 사물에 대한 지식은 고뇌를 겪을 때 도덕에 대한 내 무지를 위로하지 못할 것이다. 그러나 도덕에 대한 지식은 바깥 사물에 대한 무지를 언제나 위로해 줄 것이다.

인간의 처지
23 변덕, 비통, 불안.

24 임금들은 호위병, 군악대, 장교들 및 민중으로 하여금 존경과 두려움을 일으키게 하는 모든 것을 거느리는 것을 봐 버릇해서, 어떤 때에는 호위 없이 혼자 있는 때에도 그들의 얼굴이 백성들 마음속에 존경심과 두려움을 생기게 한다. 왜냐하면 사람들은 그 관념 속에서 임금이라는 인물과 그에 흔히 딸려 있는 것을 봐 버릇한 그 종자(從者)들을 분리하지 못하기 때문이다. 그리고 그러한 효과가 이런 습관에서 온다는 것을 모르는 세상 사람들은 그것이 하늘이 준 힘에서 온다고 생각한다. 여기서 이런 말이 생긴 것이다. "신성(神性)의 표징이 임금의 얼굴에 박혀 있도다." 운운.

25 임금들의 권력은 민중의 이성과 어리석음 위에 기초를 두고 있는데, 특히 어리석음 위에 훨씬 더 자리를 잡고 있다. 세상에서 가장 위대하고 중요한 일은 민중의 약함을 기초로 삼고 있으며, 이 기초야말로 기막히게 확실한 것이다. 왜냐하면 민중이 약하다는 것보다 더 확실한 것은 아무것도 없기 때문이다. 건전한 이성에 기초를 둔 것은 매우 불안정한 것이니, 지혜를 존중하는 것 따위가 바로 그것이다.

26 인간의 본성은 항상 가기만 하는 것이 아니라, 가기도 하고 오기도 하는 것이다.

열병에는 오한(惡寒)과 열이 따른다. 오한은 열 자체와 마찬가지로 열이 높음을 드러내는 것이다.

세기가 바뀌는 데 따라 사람이 발명하는 것도 변한다. 세상 사람들의 선의와 악의도 대체로 마찬가지다.

"Plerumque gratae principibus vices(귀인들은 흔히 변화를 좋아한다.)"*9

약함

27 사람들이 하는 일은 모두 재물을 얻는 것을 지향한다. 그런데 그것을 정당하게 갖고 있다는 것을 보여줄 만한 증거는 가지고 있지 못할 것이다. 그들은 인간의 변덕을 가졌을 뿐, 재물을 확실히 갖고 있을 만한 힘을 지니지 못하였기 때문이다. 학문에 대하여도 마찬가지다. 병이 학문을 없애 버리니까 말이다. 우리는 진리(眞)도 선(善)도 이룰수가 없다.

28 "Ferox gens, nullm esse vitam sine armis rati(무기로 얻지 않은 자의 생명은 값이 없는 줄로 생각하는 포학한 인간들이여)."*10 저들은 평화보다 죽음을 더 사랑하며, 어떤 이들은 전쟁보다 죽음을 더 좋아한다.

그것에 대한 사랑이, 그리도 강하고 자연스러워 보이는 생명보다 어떤 의견에서도 더 낫다고 생각할 수 있다.

29의 1. 배를 탄 손님 중에서 집안이 제일 좋은 사람에게 배의 키를 잡게 하지는 않는다.

29의 2. 세상에서 가장 이치에 맞지 않는 일도 사람들의 어지러움으로 인해 가장 합리적인 것이 된다. 왕비의 맏아들을 택하여 나라를 다스리게 하는 것보다 비합리적인 것이 어디 또 있는가? 배에 탄 사람들 중에서 집안이 제일 좋은 사람을 골라서 배의 키를 잡게 하지는 않는다. 이런 법칙은 우습고도 옳지 않은 것일 게다. 그러나 그들은 우스꽝스럽고 옳지 않아도 언제까지고 그럴 것이니, 이 법칙은 합리적이고 옳은 것이 되고 만다. 왜냐하면 누구를 고를 것이냐 말이다. 가장 덕이 높고 재간 있는 사람인가? 그러면 우리는 이내 폭력을 쓰게 될 것인데, 저마다 자기가 가장 덕이 높고 재간이 있는 사람이라고 주장할 것이기 때문이다. 내란은 불행중 가장 큰 것이다. 그러니까 우리는 이 자격을, 이론(異論)을 제기할 수 없는 어떤 것에 매어놓기로 하자. 그는 임금의 맏아들이다. 이것은 분명한 것이어서 논쟁의 여지가 없는 것이다. 이성(理性)에 그 이상 잘 맞을 수가 없다.

30 우리는 지나가는 읍내에서 존경을 받으려 마음을 쓰지 않는다. 그러나 거기서 얼마 동안을 지내야 한다면 마음을 쓰게 된다. 얼마나 시간이 필요한가? 그것은 우리의 헛되고 보잘것없는 수명의 길이에 비례되는 시간이다.

헛됨
31 존경이라는 것은 "몸을 불편하게 하시오." 하는 것이다.

32 내가 가장 놀랍게 생각하는 것은 모든 사람이 자기의 약함을 이상하게 여기지 않는다는 것이다. 사람은 성실하게 행동하고 각자 자기 처지를 따르는데—관례가 그러니까 그것을 따르는 것이 좋을 것 같아 그러는 것이 아니고, 각자가 이치와 정의가 어디 있는지를 분명히 알고 있는 것처럼 행동하는 것이다. 사람은 늘 자기의 기대가 어그러지는 것을 경험하게 되는데, 우스운 겸손으로 그것이 단지 자기가 가지고 있다고 늘 자랑하는 처세술(處世術)의 탓이라고만 믿는다. 그러나 '피로니언'이 아닌 이런 사람들이 세상에 많이 있는 것이 '피로니즘'의 영광을 위해서는 좋은 일이다. 그것은 사람이 타고난 피치 못할 취약성을 가지고 있는게 아니라, 오히려 타고난 지혜 속에 살고 있다고 믿을 정도의, 아주 터무니없는 생각을 얼마든지 가질 수 있다는 것을 보여주는 것이다.
'피로니언'이 아닌 사람들이 있다는 것보다 '피로니즘'을 더 강하게 해 주는 것은 아무것도 없다. 만약에 모든 사람이 회의론자이라면 이들의 생각은 틀린 것이리라.

33 이 학파는 그 추종자들에 의해서보다도 그 반대자들에 의해서 더 강해

진다. 왜냐하면 사람의 약함은 그것을 깨닫는 자들보다도 그것을 깨닫지 못하는 자들에게 더 뚜렷이 나타나기 때문이다.

구두 뒤축

34 "야아! 이건 참 잘 깎아 만들었다. 참 솜씨 있는 직공이다! 이 병사는 참 용감하구나!" 자아, 이것이 우리 성향(性向)의 근원이고, 직업 선택의 근원이다. "저 사람은 술도 잘 먹는다! 이 사람은 술을 참 조금 먹는군!" 이것이 사람들을 절주가와 주정뱅이로 만드는 것이며, 용감한 자와 비겁한 자 따위로 만드는 것이다.

35 세상의 헛됨을 못 보는 자는 그 자신이 참으로 헛된 것이다. 그런 만큼, 모두 소란 속에 살고 있는 젊은이들을 빼놓고는 오락과 장래에 대한 생각에서 헛됨을 보지 못할 자 누구이겠는가? 그러나 그들에게서 오락을 빼앗아 보라. 그들이 걱정으로 꼬치꼬치 마르는 것을 보게 될 것이다. 그때에 그들은 부지불식간(不知不識間)에 자기들의 허무함을 느끼게 될것이다. 자기 자신을 살펴볼 수밖에 없는 처지가 되어 자신을 망각할 수 없게 되자 견딜 수 없는 슬픔 속에 빠진다는 것은 참으로 불행한 것이기 때문이다.

직업

36 영광의 단맛은 하도 큰 것이어서 그것을 어떤 것에 붙여 놓든지, 비록 죽음에다 붙여 놓는다 하더라도 사람들은 그것을 사랑한다.

37 술을 너무 많이 마시거나 너무 적게 마시거나, 그에게 전혀 술을 주지 말아 보라. 그는 진리를 발견하지 못한다. 술을 너무 많이 주어 보라. 역시 마찬가지다.

38 사람들은 한개의 공(球)과 한 마리의 토끼를 쫓는 데에 정신이 팔린다. 이것은 왕들의 쾌락이기도 하다.

39 실물(實物)은 조금도 사람의 눈을 끌지 않는데, 그 물건과 비슷하게

표현해 놓은 것으로 감탄을 모으는 그림이란 얼마나 허황된 것인가?

40 너무 빨리 읽거나 너무 천천히 읽으면 아무것도 이해하지 못한다.

41 얼마나 많은 왕국이 우리를 모르는가?

42 우리가 하찮은 일로 근심하기 때문에 하찮은 일로 위로를 받는다. *11

상상력

43 그것은 사람 안에 저 믿을 수 없는 부분, 오류와 허위를 가르치는 선생인데, 그것이 언제나 그런 것은 아니기 때문에 더욱 악랄한 것이다. 왜냐하면 그것이 거짓말의 틀림없는 척도라면 진리의 그르침 없는 법칙이 될 것이다. 그러나 그것은 흔히 그르치면서도 참된 것과 거짓된 것에 같은 표시를 찍어 놓아서 아무런 표적도 나타나지 않는다. 나는 어리석은 자들에 대한 이야기를 하는 것이 아니고, 가장 지혜로운 자들에 대하여 말하는 것이니, 이들에게서야말로 상상력은 사람들을 설복시키는데 큰 힘을 가지게 되는 것이다. 이성이 아무리 부르짖는다 해도 사물을 제대로 평가하게 할 수는 없다.

이성의 적이며, 만사에 얼마나 힘이 있는지를 보이기 위하여 종종 이성을 제어하고 지배하는 이 오만한 능력은 사람 안에 제2의 천성을 세워놓았다. 상상력은 그 자신의 행복한 자, 불행한 자, 건강한 이, 병든 이, 부자, 가난뱅이를 만들며, 그것은 이성을 믿고, 의심하고, 부정(否定)하게 한다.

그것이 또 감각의 기능을 마비시키기도 하고 발휘하게도 하며, 어리석은 자들과 지혜로운 이들을 만들어 이성과는 아주 다른 모양으로 그 주인들을 충만하고 온전하게 만족시키는 것을 보는 것은 가장 약오르는 일이다. 상상력이 능란한 자들은 슬기로운 이들이 분별 있게 즐길 수 있는 것과는 아주 딴판으로 즐긴다. 저들은 사람들을 내려다보며 대담하고 자신만만하게 논쟁을 하는데, 이성적인 사람들은 두려움과 의혹을 가지고 쭈뼛쭈뼛 자신 없이 논쟁을 한다. 그리고 명랑한 얼굴빛으로 그들은 흔히 듣는 이들의 의견에 유리한 판단을 일으키게 되는 것이니, 가상의 현자들은 이렇듯 같은 성질의 비판자들의 환심을 사는 것이다. 상상력이 어리석은 자들을 지혜롭게 만들 수는 없다. 그러나 벗들을 비참하게 만드는 이성(理性)과 다투어 상상력은 저들을 행복하게 만드는 것이니, 후자는 그들을 영광으로, 전자는 저들을 치욕으로 감싸 놓는 것이다.

명성을 나누어 주고, 사람·작품·법률·권력자들에게 존경과 숭배를 가져다 주는 것이 상상력이 아니고 무엇인가? 상상력의 동의가 없으면 세상의 모든 재물이 얼마나 불충분하겠는가?

그대는 많은 나이로 많은 사람의 존경을 받는 고관(高官)이, 순수하고 고상한 이성으로 자기를 다스리고 사물을 판단할 적에, 각기 그 진상을 따라서, 어리석은 자들의 상상력에나 영향을 끼치는 저 쓸데없는 정황 같은 것은 거들떠보지도 않는다고 말하지 않겠는가! 그러나 그가 아주 경건한 열의를 가지고, 그 견실한 이성을 그 열렬한 박애심으로 강하게 하며 설교를 듣는 것을 보라. 그는 모범적인 경건한 마음으로 설교에 귀 기울이려 하고 있다. 설교자가 나타났는데, 자연(自然)이 그에게 쉰 목소리와 괴상한 얼굴 생김새를 주었다든지, 면도날이 들지 않아 수염이 잘 깎이지 않았다든지, 또 거기다 얼굴까지 더럽다면, 그가 아무리 위대한 진리를 전한다 하더라도 고관은 존엄한 태도를 그대로 지니고 있지 못하리라고 나는 장담한다.

세상없이 위대한 철학자라도, 또한 필요 이상으로 넓은 널빤지 위에 서 있어도 그 밑에 낭떠러지가 있으면, 비록 그의 이성은 안전하다고 그를 설득한다 하더라도 그의 상상력에 못 견디고 말 것이다. 이런 생각만 하여도 얼굴이 창백해지고 진땀을 흘리는 사람이 많이 있을 것이다.

나는 상상력의 결과 전부를 여기서 말하려고 하지는 않는다. 고양이나 쥐를 본다든지, 숯을 부순다든지 하는 것 따위로 이성(理性)이 딴 길로 빗나가는 것을 누가 모르는가? 목소리의 억양은 아주 지혜로운 사람들에게도 영향을 미치고, 연설과 시(詩)의 힘을 변화시키는 것이다.

애정이나 증오는 정의의 모습을 바꿔 놓는다. 또 미리 돈을 많이 받은 변호사는 자기가 변호하는 사건을 얼마나 더 옳다고 생각하는가! 그리고 그의 대담한 몸짓은 이 겉모습에 속아 넘어가는 재판관들의 눈에 얼마나 그 변호사를 더 낫게 보이게 하는가! 바람부는 대로 갈팡질팡하는 우스운 이성이기도 하다! 나는 거의 상상력의 진동(振動)으로만 흔들리는 사람들의 행동을 거의 다 들어 말할 수 있을 것이다. 왜냐하면 이성은 양보하지 않을 수 없고, 아무리 지혜로운 이성도 사람들의 상상력이 여기저기 마구 끌어들인 원리를 제 원리로 간주하기 때문이다.

우리 법관들은 이 비밀을 잘 알았다. 그래서 그들이 털북숭이 고양이처럼 휘감고 있는 붉은 법의(法衣)와 흰 수달피, 그들이 재판하는 법원, 백합꽃*12, 이 모든 장엄한 차림새가 매우 필요한 것이었다. 또 의사들이 긴 옷을 입고 뒤축 높은 실내화를 신지 않았던들, 또 박사들이 사각모와 5분의 4나 너무 넓은 옷을 입지 않았던들, 저들은 결코 세상 사람들을 속이지는 못하였을 것이니, 이들은 이렇게도 틀림없는 겉모습에 저항할 수가 없는 것이다. 만일 저들이 진정한 정의를 가지고 있고 의사들이 참된 의술을 지니고 있다면, 저들은 사각모를 무엇에 쓸지 모를 것이고, 그 지식의 권위가 그 자체로서 넉넉히 존경받을 것이다. 그러나 꾸며 낸 지식밖에는 가지지 못하였으므로 그들은 상상력에 인상을 주는 이런 헛된 방법을 쓰는 것이다. 그들은 상상력을 상대하는 것이며, 또 과연 이렇게 함으로써 존경을 받게 되는 것이다. 다만 군인들만이 이와 같이 변장을 하지 않는다. 왜냐하면 그들의 몫은 사실 더 본질적인 것이어서, 그들은 힘으로 버티고, 위에 말한 사람들은 가면으로 버틴다.

우리 왕들이 이렇게 변장을 하려 들지 않는 것도 이 때문이다. 그들은 왕처럼 보이기 위하여 이상야릇한 옷을 휘감지는 않았으나 호위병들과 창병(槍兵)들을 거느렸다. 오직 왕만을 위하여 손과 힘을 가지고 있는 이 무장한 울타리며, 앞에 걸어가는 나팔수와 북 치는 사람들이며, 그들을 호위하고 있는 저 군대들은 아무리 꿋꿋한 사람이라도 벌벌 떨게 만든다. 왕들은 특별한 옷을 입은 것이 아니라 힘이 있는 것이다. 4만 명의 근위 보병(近衛步兵)에 둘러싸여 그 장엄한 궁전에 자리 잡고 있는 대왕을 보통 사람처럼 보려면 아주 순수한 이성을 가져야 할 것이다.

우리는 긴 옷을 입고 머리에 법모(法帽)를 쓴 변호사를 보기만 하여도 그의 자격에 대하여 유일한 의견을 가지게 되는 것이다.

상상력은 모든 것을 마음대로 한다. 그것은 아름다움을 만들고 정의와 행복을 만드는데, 이것이 세상의 전부이다. 나는 제목밖에는 알지 못하지만, 그 책 하나만으로 여러 책을 당할 수 있는 《Dell'opinione regina delmondo (세상의 여왕인 여론에 대하여)》*13라는 이탈리아 책을 정말 보았으면 한다.

그 책을 알지는 못하지만 거기 혹 잘못된 것이 있으면 그것만 빼고는 찬성한다.

우리를 필연적인 오류에 끌어들이려고 우리에게 일부러 주어진 것같은 이 거짓말쟁이의 결과는 대개 이런 것이다. 우리는 오류의 근원을 그것 말고도 많이 가지고 있다.

이전에 받은 영향만이 우리를 속일 수 있는 것이 아니니, 새로운 것의 매력도 같은 힘을 가지고 있는 것이다. 어렸을 적 받았던 옳지 않은 인상(印象)을 따른다든가, 혹은 새로운 인상을 덮어놓고 따른다고 하여 서로 비난하는 사람들의 논쟁은 모두가 여기서 오는 것이다. 누가 정곡(正鵠)을 짚었는가? 나타나서 그것을 증명하라. 어렸을 적부터 아무리 자연스러워 보이는 것일지라도, 교육의 혹은 오관(五官)의 그릇된 영향으로부터 자유로울 수 있는 원리라고는 없다.

"궤 속에 아무것도 보이지 않을 적에 그 궤가 비었다고 그대가 어려서부터 믿었기 때문에 그대는 진공이 가능하다고 믿었다. 그것은 감각의 환각(幻覺)으로 관습에 의하여 강화된 것이니, 지식으로 고쳐야 한다"고들 말한다. 또 다른 사람들은 이렇게 말한다. "학교에서 진공이란 없다고 그대에게 말하였기 때문에, 이런 나쁜 인상을 받기 전에는 그렇게도 똑똑히 그것을 깨닫던 그대의 상식을 망쳐 놓았다. 그러므로 그대의 천성에 호소하여 그것을 고쳐야 한다." 그러면 무엇이 속였는가? 감각인가? 교육인가?

우리에게는 또 다른 오류의 근원이 있는데, 그것은 병이다. 병은 우리의 판단력과 감각을 망친다. 그리고 큰 병이 그것을 눈에 뜨이게 손상시킨다지만, 작은 병도 그 정도에 따라 영향을 주리라는 것을 나는 조금도 의심치 않는다.

우리 자신의 이익도 역시 우리의 눈을 기분 좋게 현혹시키는 기묘한 연장이다. 세상없이 공평한 사람에게도 자기 자신의 사건에 재판관이 되는 것은 허락되지 않는다. 이 자애심(自愛心)에 떨어지지 않으려고 그와 반대로, 세상에서 가장 불공정했던 자들을 나는 알고 있다. 아주 옳은 사건에 패소(敗訴)하는 가장 확실한 방법은 그들의 가까운 친척을 통하여 그 사건을 부탁하는 일이었다. 정의와 진리는 너무도 미세한 두 점이어서, 우리 연장들은 그것들을 정확하게 찌르기에는 너무나 무디다. 그것들이 거기에 닿는다 하여도 그 끝이 무뎌져, 그 둘레로 진짜보다는 오히려 가짜를 찍어 누르게 된다.

사람은 은총(恩寵) 없이는 지울 수 없는 타고난 오류가 가득 찬 주체이다. 모든 것이 그를 속이는 것이니, 이성과 감각이라는 진리의 이 두 가지 근원은 각각 진실성이 없을 뿐 아니라, 서로서로를 속인다. 감각은 거짓된 겉모습으로 이성을 속이고, 이성에 대한 이와 꼭 같은 속임수를 저들도 이성에게서 받는다. 이성이 앙갚음을 하는 것이다. 영혼의 정열이 감각을 어리둥절하게 만들고 저들에게 그릇된 인상을 준다. 이성과 감각은 다투어 속이고 속고 한다.

그러나 이질적(異質的)인 능력으로 우연히, 또는 이해 부족으로 인해서 생기는 이 오류 외에……

헛됨
44 사랑의 원인과 결과, 클레오파트라.

45 우리는 조금도 현재에 집착하지 않는다. 우리는 미래가 너무 느리게 오는 것처럼, 그 발걸음을 재촉하려는 것처럼, 미래를 앞질러 간다. 그렇지 않으면, 과거가 너무 빠른 것처럼 그것을 정지시키기 위하여 과거를 회상한다. 우리는 너무도 무모하여, 우리 것이 아닌 세월에 방황하고 우리에게 속하여 있는 유일한 때는 생각지 않으며, 하도 헛되어서 이제는 아무것도 아닌 자들을 생각하고 남아 있는 유일한 자는 아무 생각 없이 놓쳐 버린다. 그것은 흔히 현재가 우리 마음에 들지 않기 때문이다. 그것이 우리를 괴롭히기 때문에 우리는 그것을 우리 눈에 보이지 않게 감춘다. 그리고 그것이 마음에 드는 것이면 그것이 빠져나가는 것을 애석하게 여긴다. 우리는 미래를 가지고 현재를 지향하려고 하며, 우리가 다다를 수 있다는 아무런 보장도 없는 때를 위해 우리 힘으로 어찌할 수 없는 일을 안배할 생각을 한다.

각자가 자기 생각을 살펴보라. 그 생각들이 모두 과거나 미래에만 관심이 있다는 것을 발견하게 되리라. 우리는 현재를 거의 생각하지 않으며, 또 혹 생각한다 해도 그것은 미래에 광명을 얻어내기 위해서일 뿐인 것이다. 현재는 절대로 우리의 목적이 아니며, 과거와 현재는 우리의 방법이며, 오직 미래만이 우리의 목적이다. 이와 같이, 우리는 결코 살아 있는 것이 아니고 살기를 희망하는 것이며, 또 언제나 행복을 원하고 있으므로 절대로 그렇게 되지 못한다는 것은 불가피(不可避)한 일이다.

46 세상에서 가장 높은 저 재판관의 정신도 그 주위에서 일어나는 최초의 소음에 혼란을 일으키지 않을 만큼 초연(超然)한 것은 아니다. 그의 사고를 방해하는 데는 대포 소리도 필요없고 풍향지시기(風向指示機)나 도르래 소리만으로 넉넉하다. 그가 지금 추론(推論)을 잘 하지 못한다고 이상히 여기지 마라. 파리 한 마리가 그의 귀밑에서 왱왱거리고 있는 것이다. 그가 좋은 생각을 하지 못하도록 만들기에는 이것으로 충분하다. 만일 그가 진리를 발견할 수 있기를 그대가 원한다면 그의 이성을 방해하고 도시들과 나라들을 다스리는 그 강력한 지성을 혼란시키는 저 동물을 쫓아 버리라. 얼마나 우스운 잡신(雜神)인가? "Oridicolosissime heroe! (오오, 참으로 우스운 인기인이여!)"

47 '시저'는 세계를 정복한다는 장난을 하러 가기에는 너무 나이가 많던 것 같다. 이런 장난은 '아우구스투스'나 '알렉산더'에게나 맞는 일이었다. 이들은 젊은이들이기 때문에 만류하기 어려웠겠지만, '시저'는 좀더 분별이 많은 나이였을 것이다.

48 스위스 사람들은 귀족이라고 일컬어지기를 꺼린다. 또 중요한 직책에 자격이 있다고 인정 받기 위하여 평민출신이라는 것을 증명한다.

49 "그대는 어째서 그대의 이익을 위해서 나를 죽이려는 거요? 나는 무기를 가지고 있지도 않은데."
"아니, 뭐라고! 그대가 강 건너편에 살고 있지 않느냐 말이오. 벗이여, 그대가 이쪽에 살고 있다면 나는 살인자일 것이고, 그대를 이렇게 죽이는 것이 옳지 않을 것이오. 그러나 그대가 저쪽에 살고 있으니 나는 용감한 사람이고, 또 내가 하는 일은 옳은 일이오."

50 양식(良識). 저들*14은 이렇게 말하지 않을 수 없다. "그대들은 성의를 가지고 행동하지 않는다. 우리는 잠을 잘 수가 없다, 운운." 나는 이 거만한 이성이 겸손해져서 애원하는 것을 얼마나 보고 싶은지! 왜냐하면 이것은 그의 권리가 논란(論難)이 되는 인간, 또 자기 권리를 무력으로 지키는 인간의 말이 아니기 때문이다. 그는 사람들이 성의를 가지고 행동하지 않는다는 말을 장난삼아 하는 것이 아니고, 이 불성실을 힘으로 벌하려는 것이다.

3 비참

51 짐승들에게 굴복하여 그것들을 숭배하게 된 사람의 비열함이여.

변덕

52 사물에는 여러 가지 다른 특성이 있고, 영혼에는 여러 가지 다른 경향이 있다. 왜냐하면 영혼 앞에 나타나는 것으로 단순한 것은 아무것도 없고, 또 영혼은 어떤 주체에도 단순한 것으로 나타나는 경우가 절대로 없기 때문이다. 이래서 같은 일을 가지고 웃기도 하고 울기도 하는 것이다.

53 사람을 대하면서, 보통 오르간을 치는 것같이 생각한다. 실상 오르간이기는 해도, 괴상망측하고 변덕쟁이고 불규칙적인(그 파이프가 음정을 따라 배열되지 않은) 오르간이다. 보통 오르간밖에는 칠 줄 모르는 자들은 이 오르간으로는 화음을 내지 못한다. '건반'이 어디 있는지를 알아야 하기 때문이다.

54 우리는 어떤 일이 제대로 되지 않으면 화를 낸다는 조건에서만 그것을 즐길 수 있을 만큼 몹시도 불행하다. 천만 가지 일이 언제나 이렇게 될 수 있는 것이고, 또 그렇게 되는 것이다. 서로 반대되는 불행을 싫어하는 일없이 행복을 즐기는 비밀을 발견했다면 그는 가장 중요한 것을 발견한 것이니, 이것은 영구 운동(永久運動)이다.

55 너무 자유스러운 것은 좋지 않다.

필요한 것이 모두 있는 것도 좋지 않다.

56 압제(壓制)는 자기 범위를 벗어나는 보편적인 지배욕구이다. 강한 자, 아름다운 자, 현명한 자, 신앙심이 독실한 자들은 각각 분야가 있어서, 자신의 분야에서만 지배자이며 다른 분야를 지배할 수 없다. 그런데 어쩌다가 이들이 충돌해서 강한 자와 아름다운 자가 서로 누가 누구를 지배하느냐를 가지고 싸우는데, 이것은 어리석은 짓이다. 이들의 지배권은 서로 다른 종류이기 때문이다. 그들은 서로 이해를 못하는데, 그들의 잘못은 어디서나 지배하고자 하는 데에 있다. 아무것도 이렇게는 할 수 없고, 힘도 그것은 하지 못한다. 힘은 학자의 나라에서는 아무것도 할 수 없고, 오직 겉으로 드러나는 행위의 지배자일 뿐이다.

압제

57 압제는 다른 방법으로밖에 얻을 수 없는 것을 이 방법으로 얻으려 하는 것이다. 사람은 서로 다른 장점에 대하여는 서로 다른 경의를 표한다. 즐거움에는 사랑의 경의를, 힘에는 두려움의 경의를. 사람들은 이런 경의를 표해야 하며, 이것을 거절하는 것은 옳지 않은 일이다. 그리고 다른 경의를 요구하는 것도 옳지 않다.

그러니까 아래와 같은 말들은 그릇된 것이고 압제적이다. "나는 아름답다. 그러니까 사람들은 나를 무서워해야 한다. 나는 힘이 세다. 그러니까 사람들은 나를 사랑해야 한다. 나는……" 또 다음과 같이 말하는 것도 마찬가지로 그릇되고 압제적인 것이다. "그는 강하지 못하다. 그러니까 나는 그를 존경하지 않겠다. 그는 재간이 없다. 그러니까 나는 그를 무서워하지 않겠다."

58 전쟁을 하여 많은 사람을 죽이고 그렇게도 많은 스페인 사람들을 사형에 처해야 할 것인지를 판단해야 할 적에, 그것을 판단하는 사람은 오직 하나, 그것도 이해관계가 있는 사람이다. 아무 관계가 없는 제삼자가 할 일인데……

59 사람은 그가 다스리고자 하는 세상의 체제를 무엇에다 세워 놓을 것인가? 각 개인의 제멋대로인 생각에 세울 것인가? 그 얼마나 혼란이 일어날 것인가? 정의 위에 세울 것인가? 사람은 정의를 모른다. 만일 사람이 정의를 알고 있다면, 분명히 그는 사람들 가운데 통용(通用)되는 것 중에서 가장 보편적인 격언, 즉 각자 자기 나라의 풍속을 따라야 한다는 격언 따위는 만들지 않았을 것이다. 참다운 공정(公正)의 광휘(光輝)가 모든 백성을 복종시켰을 것이고, 입법자들은 이 불변의 정의 대신 페르시아 인이나 독일 인들의 공상과 자의를 표본으로 삼지는 않았을 것이다. 세상의 모든 국가와 모든 시대를 통하여 불변의 정의가 세워지는 것을 보았을 것이다. 그러나 정의나 불의 치고 기후 변화에 따라 그 성질이 바뀌지 않는 것은 아무것도 없다. 위도가 3도만 올라가도 모든 법률이 뒤집어지고, 자오선(子午線) 하나가 진리를 결정하여, 몇 해가 지나지 않았는데 기본 법률이 바뀐다. 권리에도 그 시기가 있으며, 토성이 사자자리로 들어가는 것이 이러저러한 범죄의 기원(起源)을 알린다. 강 하나로 경계가 지어지는 재미있는 정의! '피레네' 산 이쪽에서는 진리인 것이, 저쪽에서는 오류가 된다.

저들은 정의가 이런 풍습에 있는 것이 아니고 어느 나라에서든지 알려져 있는 자연법(自然法)에 들어 있다고 공언(公言)한다. 만일 인위법(人爲法)의 씨를 뿌려 놓은 무모한 우연이 보편적일 수 있는 법률을 하나만이라도 우연히 만나게 되었더라면, 저들은 확실히 그것을 끈기 있게 지지했을 것이다. 그러나 장난이 지나쳐서 사람들의 제멋대로인 생각이 얼마나 여러 갈래로 갈라졌던지 그런 법률은 하나도 없을 지경이다. 도둑질, 불륜, 친자 살해 등이 모든 덕행 중에 자리 잡고 있던 때도 있었다. 어떤 사람이 강 건너편에 살고 있다고 해서, 또 그의 영주(領主)가 내 영주와 사이가 나쁘다고 해서, 그와 나 사이에는 아무런 나쁜 일이 없는데도 그가 나를 죽일 권리가 있다고 한다면, 이보다 더 우스운 일이 또 있을 수 있겠는가?

물론 자연법이라는 것이 있기는 하다. 그러나 이 타락한 훌륭한 이성은 모든 것을 타락시켰다. "Nihil amplius nostrum est ; quod nostrum dicimus, artis est(우리 것이 아무것도 없어졌다. 우리 것이라고 부르는 것은 실제로는 관습이 만들어 놓은 것이다)."[*15] "Ex senatusconsultis et plebiscitis crimina exercentur(원로원(元老院)의 결의와 민중의 여론에 의하여 죄가 저질러지는 것이다).”*16 “Ut olim vitiis sic nunc legibus laboramus(전에는 악습(惡習) 때문에 그랬던 것처럼, 지금 우리는 법률 때문에 괴로움을 당한다).”*17

이런 혼란으로 인하여 어떤 이는 정의의 본질을 입법자의 권위라고 말하고, 어떤 이는 군주의 편의(便宜)라고 하며, 또 어떤 사람은 현행(現行)의 관습이라고 말하는데, 마지막이 가장 확실한 것이다. 이성만으로 따진다면, 그 자체가 근본적으로 올바른 것은 하나도 없고 모든 것이 시대와 더불어 흔들린다. 관습은 그것이 수락되어 있다는 이유만으로도 전적으로 공정한 것이 된다. 이것이 그 권위의 신비적인 기초이다. 그것을 기원(起源)까지 끌고 올라가는 자는 그것을 파괴시키고 만다. 과오를 바로잡는 법률들만큼 그릇된 것은 없다. 법률이 옳다고 생각해 그것에 복종하는 자는 그가 정의라고 상상하는 것에 복종하는 것이지, 법률의 본질에 복종하는 것은 아니다. 법률은 그 자체가 완전히 잡동사니이다. 법률은 법률일 따름이고, 그 이상의 아무것도 아니다. 법률의 동기를 검토하고자 하는 자는 그것이 몹시 박약하고 하찮은 것임을 발견하게 될 것이니, 만일 그가 상상력의 놀랍고 신기한 능력을 보지 못했다면 한 세기 만에 법률이 그만한 위엄과 존경을 얻게 된 사실에 놀라게 될 것이다. 국가를 탄핵하고 뒤엎는 비결은 기성습관을 그 근원에까지 파고들어가, 거기에 권위와 정의가 결여돼 있다는 것을 드러내어 그것을 뒤흔들어 놓는 데 있다. “옳지 못한 습관으로 폐지된 국가의 근본적인 최초의 법률에 의지해야 한다”고들 말하는데, 이것이야말로 모든 것을 확실히 파멸시킬 수 있는 장난이어서 이런 저울로 달아가지고는 올바른 것이란 아무것도 없을 것이다. 그러나 민중은 이런 말에 쉽사리 귀를 기울인다. 이들은 속박(束縛)이 있음을 알게 되면 곧 그것을 떨쳐 버린다. 그리고 높은 지위에 있는 관리들은 백성을 멸망시키고 관습을 호기심으로 검토하는 자들을 멸망시키는 데에 그것을 이용한다. 그러나 사람들은 전례(前例)가 없지 않다면 무엇이든지 해도 옳다고 생각하는 일이 가끔 있는데, 이것은 그와 정반대되는 결점(缺點)이다. 이렇기 때문에 가장 지혜로운 입법자는 사람들의 이익을 위해서는 그들을 가끔 속여야 한다고 말하였고, 또 한 입법자는 가장 정치가답게 “Cum veritatem qualiberetur ignoret, expedit quod fallatur(그를 구원해 줄 진리를 알지 못한즉, 속는 편이 낫다).”*18고 말했다. 백성으로 하여금 찬탈(簒奪)의 진리*19를 깨닫지 못하게 하며, 그러한 억압은 예전에 맘

대로 시작되었지만 지금은 합리적인 것이 되었다. 그것이 머지않아 끝나기를 원치 않는다면, 그것을 정당하고 영원한 것으로 간주하도록 만들고 그 기원을 숨겨야 할 것이다.

60 "그러나 어쩌면 이 문제가 이성의 능력을 넘어서는지도 모를 일이다. 그러면 그 힘이 미치는 사물에 대하여 이성이 발견한 것을 검토하기로 하자. 이성이 그 자체의 이익 때문에 가장 성실하게 집착한 어떤 것이 있다면, 그것은 자신의 최고 행복의 탐구일 것이다. 그러면 다스릴 힘이 있는 강인한 사람들이 이 최고 행복이 어디에 있다고 생각하였는지, 그들의 의견은 일치했는지 살펴보기로 하자."

어떤 이는 최고의 행복이 덕(德)에 있다고 말하고, 어떤 이는 그것이 쾌락에 있다고 하며, 또 어떤 사람은 자연에 대한 지식에 있다고 주장하고, 어떤 사람은 진리에 있다고 한다. "Felix qui potuit rerum cognoscere causas(사물의 원인을 아는 자는 행복하다)."*20 어떤 자는 전적인 무지에, 어떤 자는 무관심에, 또 다른 자들은 외형(外形)에 현혹되지 않는 데에, 어떤 이는 아무것에도 감탄하지 않는 데에 그것이 있다고 한다. "Nihil mirari prope res una quae possit facere et servare beatum(아무것도 감탄하지 않는 그것이야말로 복되게 하고, 있는 그대로 보존하는 것이다)."*21 또 철저한 회의론자들은 그들의 마음의 평정, 회의, 영원한 미결 상태에 최고선을 두고, 또 덜 현명한 다른 사람들은 인간의 염원 속에서도 최고선을 발견할 수 없다고 한다. 자, 이러니 우리는 헛수고를 한 셈이다.

그 훌륭한 철학이 그렇게도 오랫동안 긴장하여 연구해서도 확실한 것을 아무것도 얻지 못하였다지만 적어도 영혼만큼은 아마 자기 자신을 알지 않을까? 이 문제에 대한 세상 선생들의 의견을 들어 보자. 영혼의 본질을 이들은 어떻게 보았는가?

(페이지) 395.

그들은 영혼을 파악하는 데 더 성공하였는가?

(페이지) 395.

영혼의 기원과 그 지속(持續)과 출발에 대하여 무엇을 발견하였는가?

(페이지) 399.

그렇다면, 그 미약한 지력에 대하여 영혼은 역시 너무 고상한 문제란 말인가? 그러면 영혼을 물질로 끌어내려 그가 생명을 불어 주는 자신의 육체와 그가 바라보고 제 마음대로 움직이는 다른 육체들이 무엇으로 되어 있는지를 아는가 보기로 하자. 모르는 것이 하나도 없다는 저 위대한 독단가들이 영혼에 대하여 무엇을 알았는가?

(페이지) 393.

"Harum sententiarum(이 의견들의)." 만일 이성이 합리적이라면 아마 이 것으로 족할 것이다. 이성은, 확고한 것을 아무것도 아직 찾아내지 못하였다고 자백(自白)할 만큼 이성적이기는 하다. 그러나 그렇게 할 수 있으리라는 것을 아직 단념하지는 않는다. 오히려 전과 다름없이 열심히 이 탐구를 계속하며, 자기에게는 이것을 정복하는 데 필요한 힘이 있다고 확신하고 있다. 그러니 그것을 아주 궁지에 몰아넣자. 그래서 그 힘을 그 결과에서 살펴보고 나서 그 자체로서 그것을 재인식하기로 하자.

"이성이 진리를 파악할 수 있는 어떤 힘을 가지고 있는지, 또 어떤 그루터기를 가지고 있는지 보기로 하자."

정의

61 기호(嗜好)가 즐거움을 만들어 놓는 것처럼 정의를 만들어 놓기도 한다.

62 머리 셋. *22

영국 왕과 폴란드 왕과 스웨덴 여왕과 우정을 나눈 자라면 이 세상에서 은 퇴할 곳과 편히 쉴 집이 없으리라고 생각했겠는가? *23

영광

63 감탄은 어릴 때부터 모든 것을 망쳐 놓는다. 오오! 거 참 말 잘했다! 오오! 거 참 잘했다! 참 얌전하구나! 등등.

이러한 욕망과 영광의 자극을 전혀 받지 못하는 포르루아얄의 아이들은 무관심에 빠지고 만다.

내 것, 네 것

64 "이건, 내 개다. 여기는 내가 해를 쬐는 곳이다." 이 가엾은 아이들은 이렇게 말하고 있었다. 이것이 온 세상의 찬탈의 기원이요 모습이다.

다양성

65 신학(神學)은 하나의 학문이다. 그러나 그와 동시에 얼마나 많은 학문을 이루는가? 인간은 하나의 전체이다. 그러나 그것을 해부하면 머리란 말인가, 심장이란 말인가? 정맥, 정맥 하나 하나, 정맥의 각 부분, 피, 혈액 한 방울 한 방울인가?

한 도시, 한 시골은 멀리서 보면 도시도 시골이지만, 가까이 감에 따라 그것은 집들이요, 나무들이요, 기와, 나뭇잎, 풀, 개미의 다리 따위로 무한히 뻗어 나간다. 이 모든 것이 시골이라는 이름 안에 포함되는 것이다.

(부정)

66 법률들이 옳지 않다고 민중에게 말하는 것은 위험하다. 그들은 단지 그것들이 옳다고 믿기 때문에 그것에 복종하기 때문이다. 그러므로 이와 동시에 웃어른들에게 복종하는 것은 그들이 옳기 때문에서가 아니라 웃어른들이기 때문인 것과 마찬가지로, 법률도 옳기 때문에서가 아니라 법률이기 때문에 지켜야 한다고 그들에게 말해야 한다. 이로써 이것을 이해시킬 수 있고, 또 정의(正義)에 대한 정의(正義)가 바로 어떤 것인가를 이해시킬 수 있다면 모든 반란이 방지될 것이다.

부정

67 재판권은 재판을 하는 사람을 위한 것이 아니라 재판을 받는 사람을 위한 것이다. 이런 것을 민중에게 말하는 것은 위험한 일이다. 그러나 민중은 그대들을 지나치게 신용하고 있으니까 그들에게는 해가 되지 않고 그대들에게는 도움이 될 것이다. 그러니까, 그것을 공표(公表)해야 한다. "Pasce oves meas(내 양을 치라)."*24고 하셨지, "tuas(네 양을 치라)"고 하지는 않으셨다. 그대들은 나를 칠[牧] 의무가 있다.

68 내가 채우고 있고 내가 보기까지 하는 조그만 공간, 내가 알지 못하고 나를 알지도 못하는 그 무한하고 무량(無量)한 공간 속에 깊이 잠긴 조그만 공간을 앞서갔고 또 뒤따르는 영원안에 흡수된 내 생애의 짧은 기간을 생각하면 "memoria hospitis unius diei praetereuntis(지나가는 하루해 길손의 추억)"[25]—내가 저기 있지 않고 왜 하필이면 여기 있는가, 하고 놀랍고도 이상한 생각이 든다. 왜냐하면 내가 저기가 아니고 여기에 있으며, 저때가 아니고 하필이면 지금 있을 아무런 이유도 없기 때문이다. 누가 나를 지금 여기에 두었는가? 누구의 명령과 인도로 이때 나에게 차례가 왔는가?

비참
69 욥과 솔로몬[26].

70 만약에 우리의 처지가 참으로 행복하다면, 우리 처지를 생각하지 않도록 할 필요가 없을 것이다.

모순
71 교만이 모든 비참을 없앤다. 사람은 자기의 비참을 감추지 않고 드러내면, 그것을 인식한 것을 자랑으로 삼는다.

72 자기 자신을 알아야 한다. 이것이 진리를 찾는 데 도움이 되지 않더라도 적어도 생활을 규제하는 데에는 도움이 되는데, 이보다 더 옳은 일은 아무것도 없는 것이다.

73 현재 있는 쾌락의 거짓됨을 느끼는 것과 현재 없는 쾌락의 헛됨을 모르는 것이 변덕을 낳는다.

부정
74 그들은[27] 남을 해하지 않고서 자기의 욕망을 만족시키는 방법을 발견하지 못하였다.

비참

75 솔로몬과 욥이 사람의 비참을 가장 잘 알았고 가장 잘 이야기했다. 한 사람은 가장 행복한 사람이었고 한 사람은 가장 불행한 사람이었다. 하나는 경험으로 쾌락의 헛됨을 알았고, 하나는 불행을 실제로 체험하였다.

76 〈전도서(傳道書)〉[28]는 신을 잊은 사람이 완전한 무지와 피치못할 불행 속에 있음을 보여 준다. 하고자 하되 하지 못함은 불행이기 때문이다.

그런데 사람은 행복하기를 원하고, 또 어떤 진리를 확인하고 싶어한다. 그런데도 그는 알 수도 없으며, 또 알기를 도무지 원치 않을 수도 없다. 그는 의심조차도 할 수 없다[29].

4 인간의 비통과 본질적인 특성

교만

77 호기심은 허영심에 지나지 않는다. 사람들은 흔히 그저 그 이야기를 하고 싶어서 알기를 원한다. [30] 그렇지 않고, 거기 대하여 절대로 아무 말도 하지 않고 그것을 아무에게도 이야기해 줄 희망이 없이 다만 보는 즐거움만을 위해서라면, 사람들은 바다 여행을 하지 않을 것이다.

인간의 묘사

78 종속, 독립에 대한 의욕, 욕구.

79 애착을 가졌던 일자리를 떠날 때 느끼는 비통. 사람은 자기 가정에서 즐겁게 지낸다. 그런데 마음에 드는 여자를 보거나, 5~6일을 즐겁게 놀고, 전에 하던 일자리로 돌아가게 되면 비참함을 느낀다. 이보다 더 흔한 일은 또 없을 것이다.

5 결과의 이유

80 [31] 존경이라는 것은 "몸을 불편하게 하시오." 하는 것이다. 이것이 보기에는 쓸데없는 것 같지만 매우 옳은 것이니, 그것은 이렇게 말하는 것과

같기 때문이다. "만일 당신이 필요하다면 나는 얼마든지 몸을 불편하게 하겠소. 왜냐하면 당신에게 아무 소용이 없는데도 나는 얼마든지 그렇게 하니까요." 존경은 귀한 사람을 구별하기 위한 것 이상의 것이다. 그런데 존경이 만일 안락의자에 앉아 있는 것이라면 아무나 다 존경하는 것이 될 것이고, 그렇게 되면 구별을 하지 못할 것이다. 그러나 몸가짐이 불편하게 되면 사람들은 썩 잘 구별하게 되는 것이다.

81 유일한 보편율이란 보통 일에 있어서는 한 나라의 법이요, 다른 일에 있어서는 다수이다. 이것은 어디서 오는 것인가? 거기에 있는 힘에서 오는 것이다. 다른 데서 힘을 가지고 있는 왕들이 그 신하들 다수를 따르지 않는 것이 이 때문이다.

물론 재산의 균등은 옳은 것이다. 그러나 정의에 복종하는 것을 힘으로 할 수가 없으니까 사람들은 힘에 복종하는 것을 옳은 것으로 만들었으며, 정의를 강하게 할 수가 없으므로 힘을 옳은 것으로 만들었다. 옳은 것과 힘센 것이 함께 평화가 오게 하였으니, 이것이 가장 높은 선(善)인 것이다.

82 지혜는 우리들을 어린이가 되라고 한다. "Nisi efficiamini sicut parvuli ······(너희들이 아이같이 되지 않으면)."*32

83 세상 사람들은 사물을 옳게 판단한다. 왜냐하면 그들은 사람의 참된 자리인 타고난 무지에 머물러 있기 때문이다. 지식은 서로 맞닿는 양극을 가지고 있다. 하나는 타고난 순수한 무지로 모든 사람이 나면서 이 상태에 놓여 있으며, 또 한 극단은 사람들이 알 수 있는 것을 모두 살피고 나서 사람들이 사실은 아무것도 모른다는 것과 그들이 출발하였던 바로 그 무지에 다시 놓여져 있음을 깨닫는 위대한 인물들이 도달하는 극단이다. 그러나 이것은 자기를 아는 유식한 무지이다. 이 두 극단 사이에 있어, 타고난 무지에서는 벗어났으나 다른 무지에까지는 이르지 못한 자들은 이것에 대해 충분한 지식을 가진 듯이 행동하며 아는 체한다. 이런 자들이 세상 사람들을 현혹시키고 모든 것을 잘못 판단한다.

민중과 꾀보들이 세상을 이끌어 나가는데, 이자들은 민중을 경멸하고, 또 그들에게 경멸당한다. 이 사람들은 만사를 잘못 판단하지만, 세상은 그것을 옳게 판단한다.

데카르트

84 "대체로 이렇게 말해야 할 것이다. '그것은 표상(表象)과 운동으로 이루어진다'고. 왜냐하면 그것이 참말이니까. 그러나 어떤 표상으로 이루어졌다고 말하면서 기계를 꾸며 놓는 것은 우스꽝스러운 노릇이다. 그것은 무익하고 불확실하고 어려운 것이기 때문이다. 그리고 만일 그것이 참말이라면 온 철학이 한 시간 고생을 할 만한 가치도 없다고 우리는 생각한다."

85 "Summum jus, summa injuria(극도의 권력은 극도의 욕이다)."*33
다수성은 그것이 공개적이고, 또 자기에게 복종시키는 힘을 가지고 있으므로 최선의 길이다. 그러나 그것은 가장 무능한 사람들의 의견이다.

만일 할 수만 있었다면, 사람들은 힘을 정의의 손에 쥐어 주었을 것이다. 그러나 정의는 사람들이 마음대로 처리할 수 있는 정신적 특성인 데 반해, 힘은 명백한 특성이기 때문에 사람들의 뜻대로 다루어지지 않으므로 사람들은 정의를 힘의 손아귀에 쥐어 주었다. 이래서 사람들이 지키지 않을 수 없는 것을 정의라고 부른다.

여기서 검(劍)의 권리가 생겨난다. 검은 진짜 권리를 주기 때문이다. 그렇지 않다면 폭력은 이쪽에, 정의는 저쪽에 있음을 보게 될 것이다. 제12 《시골친구에게 보내는 편지》의 마지막 구절*34.

힘에 맞서 소위 그들의 정의를 주장하는 '프롱드'의*35 부정(不正)이 여기서 오는 것이다.

교회는 그렇지 않으니, 거기에는 참된 정의가 있고 아무런 폭력도 없기 때문이다.

86 "Veri juris(참된 법률):"*36 우리는 이제 참된 법률을 가지고 있지 않다. 만일 그것을 가지고 있다면 우리는 자기 나라의 풍속을 따르는 것을 정의의 기준으로 삼지는 않았을 것이다.

이리하여 사람들은 정의로운 사람을 찾아내지 못하고, 힘 있는 자를 찾아낸 것이다.

87 대법관은 그의 직위가 비실질적인 것이기 때문에 위엄을 내세우고 예복을 입는다. 그러나 왕은 그렇지 않다. 그는 힘이 있다. 그러니까 상상력은 필요가 없다. 법관, 의사 등은 상상력 외에는 호소할 곳이 없다.

88 그것은 힘의 결과이지 습관의 결과는 아니다. 왜냐하면 새로운 것을 처음으로 생각해낼 수 있는 사람은 드물고, 거의 대다수의 사람은 그저 따라가기를 원할 뿐이며, 자기들이 생각해낸 것으로 영광을 얻으려 하는 사람들에게 그것을 주기를 거부하기 때문이다. 또 이들이 끝까지 영광을 얻기를 원하고 그렇게 생각해내지 못하는 자들을 경멸하면, 다른 사람들은 그들에게 우스꽝스러운 이름을 붙여 주고 그들에게 몽둥이 찜질이라도 할 것이기 때문이다. 그러니까 그런 재주와 슬기를 뽐내지 말든가, 혼자서 속으로만 만족해야 한다.

결과의 이유

89 번드르한 옷을 입고 하인을 7~8명 거느린 사람을 나더러 공손히 모시지 말라니 참으로 이상한 일이다. 아니! 내가 그 사람에게 절을 하지 않으면 채찍질을 할 텐데! 그 옷은 바로 하인인 것이다. 훌륭한 마구(馬具)로 꾸민 말과, 그렇지 않은 말과의 관계도 마찬가지다. 몽테뉴가 거기에 차이가 있는 것을 발견하지 못하고, 사람들이 차이를 발견하는 것을 이상히 여기고 그 이유를 묻고 하는 것은 우습다. "참말이지 어째서……"라고 그는 말했다. *37

결과의 이유

90 층층(層層). 민중은 가문(家門)이 높은 이들을 존경한다. 얼치기 식자들은 가문이란 사람의 특권이 아니라 우연이 베푼 우열이라고 말하면서 저들을 멸시한다. 식자들은 저들을 존경하되, 민중의 생각이 아니라 숨은 생각으로 한다. 지식보다는 열성을 더 많이 가진 신자들은 그들로 하여금 저들을 존경하게 만드는 이유에도 불구하고 저들을 경멸한다. 그들은 신앙심이 그

들에게 주는 새로운 빛으로 저들을 판단하기 때문이다. 그러나 완전한 그리스도 교인들은 그보다 더 나은 다른 빛으로 저들을 존경한다. 이와 같이 사람들이 가진 빛에 따라 그들의 의견이 찬(贊)에서 반(反)으로 끊임없이 옮아간다.

결과의 이유

91 숨은 생각을 가지고 모든 것을 판단해야 한다. 그러고도 말은 민중처럼 해야 한다.

결과의 이유

92 그러므로 모든 사람이 환각 속에 있다고 하는 것은 옳은 말이다. 왜냐하면 비록 민중의 의견이 건전하다 할지라도 그들의 머리는 건전치 못하니, 그들은 진리가 있지 않은 곳에 진리가 있다고 생각하니까 말이다. 진리가 그들의 의견 속에 있기는 하지만, 그들이 있다고 생각하는 거기에 있는 것은 아니다. 이와 같이 귀족을 존경해야 하는 것은 사실이나, 가문의 실제적인 특권 때문에 그런 것은 아니다.

결과의 이유

찬반(贊反)의 끊임없는 뒤바뀜.

93 이제 우리는 사람이 본질적이지 않은 사물을 존중하는 것으로 그의 헛됨을 밝혔다. 그리고 이 모든 의견이 무너졌다. 그런 다음, 우리는 이 의견들이 모두 대단히 건전하다는 것을 보여주었고, 이리하여 이 모든 헛됨이 매우 단단한 근거가 있기 때문에 민중은 사람들이 말하는 것처럼 그렇게 헛되지는 않는다는 것을 증명하였다. 이렇게 우리는 민중의 의견을 무너뜨리려던 의견을 파괴하였다.

그러나 이제는 이 마지막 명제를 깨뜨려서 비록 건전한 의견을 가지고는 있을지라도 민중이 헛되다는 것은 여전히 참말임을 보여야 한다. 민중은 진리가 있는 곳에서 그것을 깨닫지 못하고, 또 진리가 없는 곳에 그것을 두기 때문에 그의 의견은 언제나 매우 거짓되고 불건전한 까닭이다.

민중의 건전한 의견

94 재난 중에서 가장 큰 것은 내란이다. 공(功)을 상 주기를 원한다면 내란은 확실한 것이니, 모두가 공이 있다고 주장할 것이기 때문이다. 바보라도 출생의 권리에 의해 지위와 재산을 세습할 수 있다. 그로 인한 재난은 그리 큰 것도 아니고, 그리 확실한 것도 아니다.

민중의 건전한 의견

95 잘 차려서 입는 것도 늘 쓸데없는 것은 아니다. 왜냐하면 그것은 많은 사람이 자기를 위하여 일한다는 것을 보여주기 때문이다. 자기 머리모양으로 몸종과 향료사(香料師) 등이 있다는 것을 표시하는 것이며, 가슴 장식과 실과 술 달린 줄을 가지고는…… 운운*38. 그런데 하인을 여럿 거느리고 있다는 것은 단순한 허세나 장식이 아니다. 하인이 많을수록 힘이 더 센 것이다. 잘 차려입는 것은 자기의 힘을 나타내는 것이다.

결과의 이유

96 사람의 약함은 사람들이 정해 놓은*39 다양한 아름다움의 원인이 된다. 마치 비파를 잘 탈 줄 모르는 것이 오직 우리가 약함으로써만 악(惡)이 되는 것과 마찬가지다*40.

결과의 이유

97 정욕과 힘은 우리 모든 행동의 근원이다. 정욕은 자발적으로 행동을 하게 만들고 힘은 마음에 없는 일을 하게 만든다.

98 절름발이는 우리의 비위를 상하게 하지 않는데, 둔한 정신은 비위를 거스르는 것은 무슨 까닭인가. 왜냐하면 절름발이는 우리가 똑바로 걷는다는 것을 인정하는데, 둔한 정신은 우리야말로 다리를 전다고 말하기 때문이다. 그렇지만 않다면야, 우리는 그를 동정하지 분노를 느끼지는 않을 것이다.

'에픽테토스'는 훨씬 더 강력하게 이런 질문을 한다. "어째서 우리는 사람들이 우리에게 두통이 있느냐고 물어볼 때에는 성을 내지 않으면서, 우리가 잘못 추론을 한다든가, 잘못 선택한다고 말하면 성을 내는가?" 이렇게 되는 까닭은 우리가 머리가 아프지 않고 다리를 절지도 않는다는 것에는 자신이 있으나, 우리가 선택을 잘한다는 데 대하여는 그리 확신이 없기 때문이다. 그래서 우리가 거기 대하여 자신을 가지는 것은 단지 우리가 우리의 온 시력으로 그것을 본다는 것밖에 없으므로, 다른 사람이 그의 온 시력으로 우리와 반대되는 것을 보면 우리는 의외라고 생각한다. 천 명이 우리의 선택을 비웃으면 더욱 그렇다. 왜냐하면 우리의 지식을 그 많은 사람들의 지식보다 낫다고 생각해야 하는데, 이것은 대담하고 어려운 일이기 때문이다. 절름발이에 관한 견해에는 이러한 모순이 절대로 없는 것이다.

사람은 바보라는 소리를 계속 들으면 그런 줄로 생각하고, 또 자기 스스로 바보라고 생각하면 그것을 믿게끔 되어 있다. 왜냐하면 사람은 혼자서 내적(內的)인 대화를 하기 때문이다. 그것을 잘 조절하는 것이 필요하다. "Corrumpunt bonos mores colloquia prava(나쁜 수작(酬酌)은 좋은 풍속을 해친다)."*41 사람은 될 수 있는 대로 침묵을 지키고 그가 진리인 것을 아는 신(神)하고만 대화해야 한다. 이렇게 함으로써만 자기 자신에게 진리를 받아들이게 할 수 있는 것이다.

결과의 이유

99 에픽테토스, "그대는 머리가 아프다"고 말하는 자들, 이것은 같은 것이 아니다. 사람은 건강에 대한 보장은 받지만, 정의에 대한 보장은 받지 못한다. 또 사실 그의 정의는 쓸개 빠진 소리였다.

그런데도 그는 "우리 힘으로 되든가, 혹은 안 되든가"*42 하고 말할 적에 정의를 논증적인 것으로 믿었다. 그러나 그는 마음을 조종하는 것이 우리 힘에 겨운 일임을 깨닫지 못하였고, 또 그리스도 교인이 있다는 사실에서 그러한 결론을 내리는 것도 잘못이었다.

100 민중은 매우 건전한 의견들을 가지고 있다.

가령,

① 시(詩)보다도 오락과 사냥을 골라잡았다는 것이 그것이다. 얼치기 학자들은 그것을 비웃고, 거기 대하여 세상 사람들의 어리석음을 지적하고 우쭐댄다. 그러나 자신이 사무쳐 깨닫지 못하는 이유로 민중의 생각은 옳은 것이

다.

②사람들을 출신이나 재산과 같은 외양으로 구별한 것이 그것이다. 사람들은 또 이것이 얼마나 이치에 닿지 않는 것인가를 지적하고 우쭐한다. 그러나 이것은 아주 이치에 맞는 일이다. 식인종은 어린 왕을 업신여긴다.

③빰맞는 것을 불쾌하게 생각한다든지, 명예를 그렇게도 갈망한다든지 하는 것이 그것이다. 그러나 거기에 딸려오는 중요한 이익 때문에 명예는 대단히 원할만 한 것이다. 그리고 뺨을 얻어맞고도 아무런 불쾌감을 가지지 않는 사람은 모욕과 궁핍에 찍어 눌린 것이다. 유대인들 아니면 그리스도 교인들이 악인일 것이다.

④불확실한 것을 위하여 일하는 것, 바다로 나가는 것, 판자 위를 지나가는 것이 그것이다.

정의, 힘

101 옳은 것을 따라가는 것은 옳고, 더 힘센 것을 따라가는 것은 필요하다. 힘없는 정의는 무능하고, 정의 없는 힘은 포학하다. 언제나 악의를 품은 인간은 있는 법이니까 힘이 없는 정의는 반대를 받는다. 그리고 정의를 겸하지 않은 힘은 비난을 당한다. 그러니까 정의와 힘을 함께 뭉쳐 놓아야 한다. 그러기 위하여는 옳은 것을 힘이 있게 만들거나 힘 있는 것이 옳게 되도록 해야 한다.

정의는 논쟁의 재료가 되지만, 힘은 쉽사리 알아볼 수가 있어 논쟁의 대상이 되지 않는다. 이리하여 정의에 힘을 줄 수가 없었으니, 힘이 정의를 반대하여 그것이 옳지 못하다고 말하고, 자기야말로 옳은 것이라고 말하였기 때문이다.

이래서 정의에 힘을 줄 수가 없었으므로 힘센 것을 옳은 것으로 만들고 말았다.

102 귀족이란 얼마나 큰 이익이 있는 것이냐? 다른 사람 같으면 쉰 살이 되어야 그럴 자격을 얻을 수 있을 것을 열여덟 살 적부터 벌써 길이 트이고 알려지고 존경을 받으니 말이다. 이것은 수고하지 않고 30년을 버는 셈이다.

6 위대함

103 만일 어떤 동물이 본능으로 하는 것을 정신으로 하고(먹이를 발견하거나 놓쳐 버린 것을 동무들에게 일러 줄 때 본능으로 말하는 그것을 정신으로 말한다면), 그놈이 감정을 더 느끼고 있는 사물에 대해서도 얼마든지 그렇게 말할 수 있을 것이다. 가령, "이 밧줄이 나를 아프게 하는데, 내 입이 미치지 못하니 그것을 끊어 주게." 하는 따위이다.

위대함
104 정욕에서 이리도 훌륭한 질서를 끌어낸 점에서 결과의 이유는 인간의 위대함을 보여준다.

105 깨끗한데도 닦는 앵무새의 주둥이.

106 우리에게 있어 쾌락을 느끼는 것은 어떤 부분인가? 손인가? 팔인가? 피인가? 그것은 물질이 아닌 어떤 것이어야 한다는 것을 우리는 알게 될 것이다.

피로니즘 반박
107 우리는 모든 이가 그것을 같은 모양으로 생각하고 있다고 가정한다. 그러나 이런 우리의 가정은 아무 근거가 없는 것이니, 왜냐하면 우리는 거기에 대하여 아무 증거도 가지고 있지 않기 때문이다. 사람들이 이런 말들을 같은 경우에 적용하는 것이며, 두 사람이 어떤 물체가 자리를 바꾸는 것을 볼 때마다 둘 다 그 물체를 관찰한 것을 말로 표현하며 '물체가 움직였다'고 말하는 것을 나는 잘 안다. 그리고 이 적용의 일치성에서 사람들은 관념의 일치라는, 힘 있는 추정을 끌어낸다. 그러나 비록 긍정의 편에 승산이 많기는 하지만, 이것이 아주 결정적으로 절대적인 확실성을 주는 것은 아니다. 서로 다른 전제에서 같은 결론이 나오는 수가 흔히 있기 때문이다.
　적어도 문제를 혼란시키기에는 이것으로 충분하다. 우리에게 이 사물들에 대한 확신을 주는 자연의 빛을 완전히 꺼 버려서가 아니다. 그렇다면 '아카데미션'들이 단언을 하였을 것이다. 다만 그것은 자연의 빛을 희미하게 하고 독단론자들을 혼란케 하여 '피로니언'의 무리들에게 영광이 돌아가게 하는 것이니, '피로니즘'이란 이런 막연한 모호함과 어떤 종류의 의심스러운 불분명에 있는 것으로 우리의 의혹이 거기에서 모든 빛을 없애 버릴 수도 없고, 우리의 타고난 빛이 거기에서 모든 암흑을 쫓아 버릴 수도 없다.

108 우리는 이성으로뿐 아니라 마음으로도 진리를 안다. 우리는 이 둘째 방법으로 기초 원리를 아는 것이며, 거기에 한몫 끼지 못하는 추리가 그것을 쳐 이기려고 해보아야 소용없다. 이런 대상밖에 가지지 못한 피로파 학자들은 아무 효과 없이 그런 일을 힘쓴다. 우리가 아무리 그것을 이성으로 증명할 힘이 없더라도 우리는 우리가 꿈을 꾸고 있지 않다는 것을 안다. 이 무능은 우리 이성이 약하다는 것밖에 아무것도 결론짓지 못하는 것뿐이지, 저들이 주장하는 것처럼 우리의 모든 지식의 불확실성을 결론짓는 것은 아니다. 왜냐하면 공간과 시간과 운동과 수(數)가 있다는 것과 같은 기본 원리의 지식은 우리의 추론으로 얻는 지식 중 어떤것과도 비길 수 없을 만큼 확고하기 때문이다. 그리고 이성은 이 마음과 본능의 지식에 의지해야 하고, 모든 논설을 거기에 세워 놓아야 한다.

마음은 공간에 3차원이 있고 수는 무한하다는 것을 알며, 그 다음 이성은 하나가 다른 수의 배가 되는 두 개의 제곱수가 없다는 것을 증명한다. 원리는 느껴지고 명제는 결론지어지는 것이며, 이 두 가지가 모두, 비록 길은 다르더라도 명확히 깨달아지는 것이다.

이성이 마음에게 기본 원리에 동의할 생각이니 그 원리의 증거를 대라고 하는 것은, 마음이 이성보고 그것이 증명하는 모든 명제를 받아들일 생각이니 그것들을 느끼게 하라고 하는 것이나 마찬가지로 무익하고 우스꽝스러운 일이다.

그러니까 이 무능은 모든 것을 판단하려 드는 이성의 오만을 꺾어 놓는 데만 소용될 것이지, 이성 밖에는 우리를 가르칠 수 있는 것이 없는 것처럼 우리의 확신을 쳐 이기는 데 쓰여져서는 안 되는 것이다. 제발 우리가 이와 반대로 이성을 조금도 필요로 하지 않고 모든 것을 그저 본능과 느낌으로 알게 되었으면 좋겠다! 그러나 자연은 우리에게 이 은혜를 거절하였다. 자연은 오히려 이처럼 얻는 지식은 아주 조금밖에 우리에게 주지 않았고, 나머지 모든 지식은 추리로 얻을 수밖에 없다.

또 이렇기 때문에 신(神)에게서 마음의 느낌으로 종교를 받은 사람들은 대단히 행복하고 매우 정당한 확신을 가지는 것이다. 그러나 그 종교를 가지지 못한 자들에게는 추리로밖에 그것을 줄 수가 없고, 신이 그들에게 그것을 마음의 느낌으로 주기를 기다릴 수밖에 없으니, 그렇지 않고는 신앙(信仰)이 인간적인 것밖에 안 되어서 영생(永生)에는 유익한 것이 못 된다.

109 나는 손이나 발이나 머리가 없는—머리가 발보다 더 필요하다는 것을 우리는 오직 경험으로만 알게 되니까—사람을 얼마든지 상상할 수 있다. 그러나 생각이 없는 인간은 생각할 수가 없으니, 그런 것은 돌이나 짐승일 것이다.

110 본능과 이성, 두 가지 본성의 표징.

생각하는 갈대

111 나는 내 존엄성을 공간에서 구할 것이 아니라, 내 사고를 조절하는 데에서 찾아야 한다. 내가 땅을 차지한다 해서 가진 것이 더 많아지는 것은 아니다. 공간으로 따지면 우주가 나를 포함하고 나를 한 개의 점처럼 집어삼킨다. 그러나 사고로는 내가 우주를 포함한다.

112 인간의 위대함은 자기가 비참하다는 것을 아는 데 있다. 나무는 자기가 비참하다는 것을 알지 못한다.

그러므로 자기 자신이 비참함을 깨닫는 것은 비참한 일이다. 그러나 인간이 비참하다는 것을 아는 것은 위대한 것이다.

영혼의 비물질성

113 자기의 정욕을 제어한 철학자들*43. 도대체 어떤 물질이 그렇게 할 수 있었는가?

114 이 모든 비참이 바로 인간의 위대함을 증명한다. 이것은 대귀족의 비참이요, 폐위된 왕의 비참이다.

인간의 위대함

115 인간의 위대함은 그의 비참에서까지도 *끄집어낼* 수 있을 정도로 아주 명백하다. 우리는 동물에게 있어서는 자연스러운 것을, 사람에게는 비참이라고 부르기 때문이다. 인간의 본성이 지금은 동물의 본성과 같은 것이므로, 우리는 고유했던 그의 본성이 타락했다는 것을 이런 점에서 인정하게 된다.

왜냐하면 폐위된 왕이 아니고서는 누가 자신이 왕이 아님을 불행으로 여기는가? 사람들이 파울루스*⁴⁴가 집정관을 그만둔 것을 불행으로 여기는 것을 보았는가? 오히려, 모든 사람이 그가 일찍이 집정관 노릇을 한 것을 만족스럽게 생각하는 것을 보았으니, 그의 처지는 언제까지나 집정관 노릇을 하는 것이 아니기 때문이었다. 그러니 페르세우스*⁴⁵의 신분은 언제까지나 왕으로 있는 것이었기 때문에 그가 왕위에서 떨어진 것을 사람들은 아주 불행으로 생각하여, 그가 목숨을 부지해 나가는 것을 이상히 여길 지경이었다. 입이 하나밖에 없는 것을 불행으로 생각할 자 누구며, 눈이 하나밖에 없는 것을 불행으로 생각하지 않을 자 누구이겠는가? 사람들은 아마 눈을 세 개 가지지 못했다고 한탄한 적은 일찍이 없었을 것이다. 그러나 눈이 하나도 없는 사람은 위로할 길이 없다.

116 사람의 정욕 속에도 위대함은 있으니, 그 정욕에서 어떤 훌륭한 기준(基準)을 끄집어낼 줄 알고, 또 그것을 박애(博愛)처럼 묘사했기 때문이다.

7 모순

인간의 비열함과 위대함을 보여주고 나서

117 인간은 이제 자기의 가치를 인식하라. 사람은 자기를 사랑하라. 그에게는 선(善)을 행할 수 있는 본성이 있으니까. 그러나 그렇다고 자기 안에 있는 비열을 사랑하지는 마라. 선을 행할 수 있는 능력은 공허한 것이기 때문이다. 그렇다고 타고난 능력을 경멸하지는 마라. 사람은 자기 자신을 미워

하고 사랑하라. 그는 자기 안에 진리를 알고 행복할 수 있는 능력을 가지고 있다. 그러나 그는 영원하고 만족스러운 진리를 가지지 못하였다.

　그러니까 나는 사람이 진리를 발견하기를 원하고, 또 자기의 인식이 정욕으로 얼마나 흐려졌는가를 알아서, 진리를 발견하는 곳에서 진리를 따라갈 준비를 갖추도록 이끌어 주고 싶다. 나는 사람이 자기 안에서 스스로 그에게 결정을 강요하는 정욕을 미워하여 그가 선택을 할 때에 그의 눈을 어둡게 하거나, 또 그가 선택을 했을 때에 그의 행동을 막지 못하게 되었으면 한다.

　118 우리는 너무도 주제넘어서 온 세상 사람에게 알려지기를 원하고, 또 우리가 이미 세상을 떠난 다음에 올 사람들에게까지도 알려지기를 원한다. 또 우리는 하도 허영심이 많아서, 우리 주위에 있는 대여섯 사람의 존경으로 재미를 보고 만족을 느끼게 된다.

　119 사람에게 그의 위대함을 보여주지 않고, 인간이 얼마나 짐승과 같은가를 지나치게 보여주는 것은 위험하다. 인간에게 그의 비천함을 보여주지 않고, 인간의 위대함을 지나치게 보여주는 것도 역시 위험하다. 그리고 그가 이것도 저것도 모르게 버려두는 것은 더 위험하다. 그러나 그에게 두 가지를 다 보여주는 것은 대단히 유익하다.

　사람은 자기가 짐승과 같다고 생각해도 안 되고 천사와 같다고 믿어도 안 되며, 이것저것을 다 몰라도 안 되고, 두 가지를 다 알아야 한다.

　포르루아얄에서—위대함과 비참

　120 비참은 위대함에서 끌어내고 위대함은 비참에서 끌어내는 것이므로, 어떤 이들은 위대함을 비참의 논리적 근거로 삼은 만큼 더욱더 비참을 끄집어내고, 또 다른 이들은 비참 그 자체에서 위대함을 끌어낸 만큼 더욱 더 힘차게 위대함을 결론지었다. 이래서, 한편 사람들이 위대함을 증명하기 위하여 말한 모든 것이, 다른 쪽 사람들의 비참을 결론짓기 위한 논리적 근거에 도움을 주었을 뿐이다. 왜냐하면 더 높은 곳에서 떨어지면 그만큼 더 비참하다고 하고, 다른 사람들은 그 반대라고 하기 때문이다. 그들은 끝없는 원을 그리며 서로서로 쫓고 있으니, 사람들이 빛을 가지면 가질수록, 인간 안에서

위대함과 비참함을 발견하는 것은 명백하니까 말이다. 어떻든, 사람은 자기가 비참하다는 것을 안다. 그러므로 사실이 비참하니까 사람은 비참하다. 그러나 비참하다는 것을 아니까 그는 또한 대단히 위대하다.

121 모순. 우리 존재를 멸시하는 것, 하찮은 것을 위하여 죽는 것, 우리 존재를 미워하는 것.

122 모순. 사람은 천성적으로 잘 믿는 동시에 의심이 많고, 수줍은 동시에 무모하다.

123 우리들이 말하는 자연계의 원리라는 것이 우리가 익숙해진 원리가 아니고 무엇이겠는가? 또 어린이들에게는 그들 조상의 관습에서 받은 원리 외에 무엇이겠으며, 동물들에게는 사냥 말고 또 무엇이겠는가?
관습이 다르면 우리는 또 다른 원리를 받게 될 것이니 이것은 경험으로 알수 있는 것이다. 그리고 관습에서 떼어 버릴 수 없는 원리들이 있다지만 자연을 거역하는 원리로 자연에서도 떼어 버릴 수 없고, 제2의 관습에서도 떼어 버릴 수 없는 원리들도 있다, 모든 것이 심적 경향에 달린 것이다.

124 부모들은 자녀들의 자연적 사랑이 사라질 것을 우려한다. 그러면 이지워질 수 있는 천성이란 도대체 어떤 것인가?
습관은 제1의 천성을 지워 버리는 제2의 천성이다. 그러나 천성이란 무엇인가? 어째서 습관은 자연적이 아닌가? 나는 습관이 제2의 천성인 것처럼, 이 천성 자체가 제1의 습관이 아닌가 적이 의심스럽다.

124 사람의 본성은 두 가지라고 생각한다. 하나는 그의 목적을 가지고 생각하는 것이니, 이때에 그는 위대하고 비길 데 없으며, 또 다른 하나는 다수를 가지고 생각하는 것으로, 말과 개의 성질을, 그놈들의 달리는 것, et animum arcendi(물리치는 본능)을 보고 다수성에 의하여 판단하는 것으로, 그렇게 되면 사람은 비참하고 비천하다.
이것이 바로 사람에 대하여 여러 가지로 판단하게 만들고 철학자들로 하여금 그토록 논쟁을 하게 만드는 두 가지 길이다.

왜냐하면 이쪽 사람은 상대편의 가정을 부인하기 때문이니, 이쪽 사람은 "인간은 그런 목적을 위해서 나지 않았다. 왜냐하면 그의 모든 행위가 거기에 반대되는 것이기 때문이다"라고 말하고, 저쪽 사람은 "인간이 이런 비열한 행동을 할 적에는 그의 목적에서 벗어나는 것이다"라고 말하기 때문이다.

126 두 가지 사물이 사람에게 그의 온 본성을 가르쳐 주는데, 그것은 본능과 경험이다.

직업
수상
127 모든 것이 하나요, 모든 것이 여러 가지다. 사람의 본성에는 얼마나 많은 성질이 있는가! 직업은 또 얼마나 많은가! 또 얼마나 우연히 그것을 택하게 되는가! 사람은 보통 남의 평가를 듣고서 그것을 택하게 된다. 잘 깎아 만든 구두 뒤축.

128 사람이 뽐내면 나는 그를 깎아내리고, 그가 겸손하면 추어올린다. 그리고 그가 이해할 수 없는 괴물이라는 것을 깨달을 때까지 나는 늘 그를 반대한다.

129 '피로니언'의 중요한 힘은(작은 것들은 말하지 않겠다), 신앙과 계시(啓示)를 빼놓는다면, 우리 자신이 이 원리들을 자연적으로 느끼는 것 말고는 달리 그것의 진리에 대한 아무런 확증도 없다는 것이다. 그런데 이 자연적인 느낌은 그 원리의 진리성에 확신을 주는 증거가 못 된다. 왜냐하면 신앙으로써가 아니라면, 사람이 착한 신에게서 창조 되었는지, 나쁜 의도를 품은 악마에 의해서 창조되었는지, 또는 우연히 만들어졌는지 아무런 확증도 없으므로, 우리에게 주어진 이 원리들이 참인지 거짓인지, 혹은 불확실한 것인지, 우리의 기원(起源)에 따라 의문이 생기기 때문이다. 그뿐 아니라 우리가 잠을 자는 동안 실제로 깨어 있는 때나 마찬가지로 우리가 깨어 있다고

굳이 믿는 것으로 보아, 사람이 깨어 있는지를 신앙으로서가 아니면 아무도 확인할 수가 없다. 우리는 꿈속의 공간과 형상과 운동이 보인다고 생각하는가 하면, 시간의 흐름을 깨닫고 그것을 재보기도 하며, 어떻든 깨어 있는 때나 마찬가지로 행동한다. 그래서—인생의 반은 꿈속에서 지나는 것은 분명한데, 그 동안에는 우리에게야 어떻게 보이든 간에 우리의 모든 느낌이 착각이므로 우리는 아무런 진리의 관념(觀念)도 가질 수가 없다—우리가 깨어 있다고 생각하는 인생의 다른 절반이 우리가 잔다고 생각할 때에 실상은 깨어나는, 위에 말한 잠과 약간 다른 또 하나의 잠이 아닌지 누가 알 수 있겠는가?

"또, 사람이 다른 사람들과 같이 꿈을 꾸는데, 그 꿈들이 흔히 있을 수 있는 것처럼 우연히 일치되고, 한편 누가 혼자서 깨어 있는 경우, 상황이 뒤바뀌었다고 생각하는 일을 누가 의심하겠는가? 결국, 우리가 가끔 꿈을 꾸며 한 가지 꿈에다 또 다른 꿈이 겹치는 만큼, 꿈에서 깨어나 살고있는 생활 자체는 그 위에 다른 꿈들이 겹쳐지고, 우리는 죽을 때에야 거기서 깨어나는 하나의 꿈에 지나지 않는다. 그동안 우리는 자연적인 수면 상태에서나 마찬가지로 진(眞)과 선(善)의 원리를 거의 가지지 못하는 것이다. 사는 동안, 우리의 마음을 흔드는 이 여러 가지 생각이 어쩌면 우리가 꿈속에서 느끼는 시간의 흐름이나 헛된 환상과 같은 착각에 지나지 않는지도 모를 일이다."

위에 말한 것이 양쪽의 중요한 힘이 되는 것이다.

나는 습관, 교육, 풍속, 나라 등의 영향이라든가, 또는 비록 이러한 쓸데없는 근거 위에 학설을 세우는 보통 사람들의 대다수를 매혹한다 하더라도, '피로니언'의 아주 가벼운 입김으로도 뒤집어지고 마는 따위의, 그와 비슷한 다른 사물들을 반박하기 위해서 하는 '피로니언'들의 말과 같이 사소한 힘들은 생략한다. 여기 대하여 충분히 이해가 되지 않으면 그들의 책을 보면 된다. 그러면 곧 그것을 이해하게 될 것이고, 아마 지나칠 정도로 이해가 될 것이다.

나는 독단론자들의 유일한 강점에 대해서 말하련다. 그것은 정직하고 성실하게 말할 때에 사람은 자연적 원리를 의심할 수 없다는 것이다. 여기에 대하여 '피로니언'들은 한 마디로 우리 본성의 기원(起源)까지 포함해서 우리의 기원이 불확실하다고 내세운다. 독단론자들은 세상이 시작한 때부터 지금까지 이에 대하여 응답(應答) 하여 오는 것이다.

이렇게 사람들 사이에 싸움이 벌어졌다. 이 싸움에서 사람은 각기 결단을 내려서 반드시 독단론이나 '피로니즘'에 가담해야 한다. 왜냐하면 중립을 지킨다고 생각하는 자는 훌륭한 '피로니언'이 되는 것이기 때문이다. 이 중립이야말로 '피로니언'파의 본질이니 그들에게 맞서지 않는 자는 훌륭히 그들 편이 되는 것이다. 여기에 그들의 이점이 나타난다. 그들은 그들 자신을 지지하는 것이 아니라, 중립적이고 무관심하고, 모든 것에 대해서 예외 없이 회의적인 것이다.

그러면 사람은 이 상태에서 무엇을 할 것인가? 모든 것을 의심할 것인가? 자기가 깨어 있는지, 누가 자기를 꼬집는지 불태우는지 의심할 것인가? 자기가 의심하고 있는지도 의심할 것인가? 자기가 있는지도 의심할 것인가? 사람이 이 지경에까지 이를 수는 없다. 그래서 나는 참으로 완전한 '피로니언'이란 일찍이 없었다는 것이 확실하다고 주장한다. 자연이 무력한 이성을 지탱하여 그렇게까지 극단으로 이치에 어긋난 생각을 하지는 못하게 하는 것이다.

그러면 반대로 인간이 진리를 확실히 가지고 있다고 말하겠는가? 누가 조금만 떠밀어도 진리에 대한 아무런 증거도 내보이지 못하고, 붙잡고 있는 것을 놓지 않을 수 없는 주제말이다.

그러면 사람은 도대체 어떤 요물(妖物)이란 말인가? 얼마나 신기한 것이며, 얼마나 혼돈된 것이며, 얼마나 모순 덩어리며, 또 얼마나 놀라운 것인가! 만물의 심판자이면서 보잘것없는 지렁이며, 진리의 보관자이자 불확실과 오류의 시궁창이며, 우주의 영광인 동시에 그 쓰레기이기도 하다.

누가 이 얽힌 것을 풀 것인가? 자연은 '피로니언'들을 무력하게 만들고 이성은 독단론자들을 당황케 한다. 그러니 그대들의 참된 처지가 어떤 것인지를 타고난 이성으로 탐구하는 사람들아, 그대들은 도대체 무엇이 되겠는가? 그대들은 이 학파 중 어느 하나를 피할 수도 없고, 그 어느 것에도 머물러 있을 수가 없다.

그러니 교만한 자여, 그대가 그대 자신에 대해서 얼마나 모순 덩어리인지를 깨달으라. 무력한 이성이여, 겸손 하라. 미련한 본성아, 입을 다물라. 그것이 무한히 인간을 초월한다는 것을 깨닫고 그대가 모르는 그대의 참된 처지가 무엇인지를 그대의 스승에게서 배우라.

신의 말씀을 들으라.

왜냐하면 만일 사람이 타락한 일이 없었다면 그 무죄한 가운데 진리와 행복과 안락을 모두 틀림없이 누릴 것이고, 또 만일 사람이 일찍이 타락을 경험하지 못했다면 진리나 행복과 안락에 대해서도 아무런 상상을 하지 못할 것이기 때문이다. 그러나 불행하게도, 우리 처지에 위대함이 도무지 없던 것보다도 더 불행하게, 우리는 행복에 대한 관념을 가지고 있으면서도 거기에 다다를 수가 없으며, 진리의 영상(映像)을 느끼면서도 허위밖에는 가지지 못하였다. 완전히 모를 수도 없고, 또 확실히 알 수도 없는 만큼, 우리가 어느 정도의 완전한 상태에 있었는데 불행히도 거기서 떨어졌다는 것은 아주 명백하다!

그러나 원죄(原罪)의 전달(傳達)이라고 하는 우리의 인식에서 가장 멀리 떨어진 신비, 그것 없이는 우리가 우리 자신에 대해서 아무것도 알 수 없게 된다는 것은 참으로 이상한 일이다. 왜냐하면 최초의 인류의 죄가 그 근원에서 무척 멀리 떨어져 있어 거기에 한몫 낄 수가 없을 것같이 보이는 자들에게 영향을 미친다고 말하는 것보다 더 우리 이성에 어긋나는 것이 아무것도 없음이 확실하기 때문이다. 이런 계승이 우리에게는 불가능한 것으로 보일 뿐 아니라 아주 부당하게까지 생각된다. 의지력을 가지지 못한 어린아이를, 그가 세상에 태어나기 6천 년 전에 범해져서 그가 도무지 거기에 한몫 낄 수 없었을 것같이 보이는 죄 때문에 영원히 벌한다는 것보다 더 우리의 빈약한 정의의 척도에 어긋나는 것이 어디 있느냐 말이다. 분명히 이 교리보다 더 우리에게 심한 충격을 주는 것은 아무것도 없다. 그런데도 모든 신비 중에서 가장 이해하지 못할 이 신비가 아니면 우리는 우리 자신에 대해서 이해할 수 없게 된다. 우리 처지의 요점(要點)은 심연 속에서 얽히고설키어, 사람은 이 신비가 없이는 사람이 이 신비를 이해할 수 없는 것보다 더 이해할수 없게 된다.

〔이 때문에 신은 존재의 풀기 어려운 문제를 우리가 이해할 수 없게 하려고 그 요점을 아주 높이, 그보다도 더 적절히, 말하자면 아주 낮게 감추어 두어, 우리가 도저히 거기에 도달할 수 없도록 한 것 같다. 그래서 우리가 참으로 우리를 알 수 있는 길은 우리 이성의 교만한 활동에 있지 않고 이성

의 단순한 복종에 있는 것이다.〕

〔종교의 범할 수 없는 권위 위에 단단히 세워진 이 토대는 똑같이 한결같은 두 개의 신앙의 진리가 있음을 우리에게 가르쳐 준다. 하나는 인간이 창조된 상태나 은총의 상태*⁴⁶에서는 온 자연계 위에 들어올려져 신과 비슷한 상태로 그 신성(神性)에 참여한다는 것이고, 또 하나는 타락과 죄악에서는 사람이 위의 상태에서 떨어져 짐승처럼 된다는 것이다. 이 두 개의 명제는 똑같이 견고하고 확실하다.〕

〔성경은 여러 곳에서 아래와 같이 말함으로써 이것을 명백하게 우리들에게 선언한다. "Deliciae meae esse cum filiis hominum(나의 기쁨은 사람의 자식들과 같이 있는 것이다)."*⁴⁷, "Effundam spiritum meum super omnem carnem(나의 기운을 모든 사람 위에 부어 주리라.)*⁴⁸ Diiestis.(너희들은 신이로다.)"*⁴⁹등등. 또 다른 데에서는 이렇게 말한다. "Omnis caro foenum······(모든 사람이 썩은 풀이로다)."*⁵⁰ "Homo assimilatus est jumentis insipientibus, et similis factus est illis(사람은 생각 없는 짐승들에게 비교되었고, 저들과 같이 되었도다)."*⁵¹ "Dixi in corde meo de filiis hominum."(나의 마음속으로 사람의 자식들에게 대하여 말하기를). *⁵²〕

〔이리하여 사람이 은총으로써는 신과 비슷한 자(者)가 되어 그 신성(神性)에 참여하게 되고, 성총이 없으면 이성 없는 짐승들처럼 된다는 것이 분명히 나타난다.〕

130 신에게서 오는 이런 지식이 없으면 사람들은 저들의 과거 위대함의 흔적인 내적(內的) 감정으로 자기를 높이든가, 그렇지 않으면 자기들의 현재의 약함을 보고 낙담하는 것 외에 무엇을 할 수 있겠는가?

왜냐하면 그들은 진리 전체를 보지 못하기 때문에 완전한 덕(德)에 다다르지 못하는 까닭이다. 어떤 이들은 본성을 부패(腐敗)하지 않은 것으로 보고, 또 어떤 사람들은 본성을 회복할 수 없는 것으로 생각한 까닭에 저들은 모든 나쁜 습관의 두 근원인 교만이나 게으름을 피할 수가 없었으니, 비열하고 겁이 많아 나쁜 습관에 빠져들어 가거나 교만으로 거기서 빠져나오는 것 외에 달리 할 수가 없기 때문이다. 왜냐하면 그들이 사람의 우월(優越)은 안다하여도 그 타락은 몰라서 게으름은 잘 피하였으나 교만에 빠져 들어갔고, 또 그들이 본성의 약함은 알아보았다 하더라도 그 존엄성은 알지 못하여 허영은 얼마든지 피할 수 있었으나 그것은 절망 속에 뛰어드는 것으로 이루어지는 것이었다.

여기서 '스토아'파와 '에피쿠로스'파, 독단파(플라톤과 아리스토텔레스)와 '아카데미'파 등 여러 가지 학파가 생겨난 것이다.

오직 그리스도교만이 이 두 가지 악습을 고칠 수가 있는데, 땅의 지혜를 가지고 한 가지로 다른 것을 쫓아내는 것이 아니고, 복음의 순박함으로 양쪽을 다 쫓아낼 수 있다. 왜냐하면 그리스도교는 의인(義人)들에게—이들을 신성(神性) 자체에 참여하도록 들어올려 주는데—이 숭고한 상태에서도 일생 동안 그들을 오류와 비참과 죽음과 죄악에 빠지기 쉽게 만드는 타락 전체의 근원을 아직도 가지고 있다고 가르쳐 준다. 그리고 가장 불신(不信)하는 자들에게는 그들이 구세주의 은총을 받을 수가 있다고 부르짖는다.

이와 같이 그가 의롭게 만드는 자들에게는 공포의 재료를 주고 그가 비난하는 자들은 위로하면서, 은총을 받을 수도 있고 죄를 지을 수도 있는, 모든 사람이 공통적으로 이 두 가지 가능성을 가지고 공포와 희망을 아주 적당히 조절하여, 이성만으로 할 수 있는 것보다도 더 무한히 낮추어 주되 절망에 빠지지 않게 하며, 본성의 교만으로 하는 것보다도 무한히 더 높여 주되 교만하게 만들지 않게 한다. 이로써 그가 홀로 오류와 나쁜 습관에서 벗어나 있으므로, 사람들을 가르치고 고쳐 주는 것은 다만 그에게만 맡겨진 일임을 명백히 보여주는 것이다.

그러면 하늘에서 온 이 빛을 믿고 숭배하는 것을 누가 거부하겠는가? 우리가 우리 안에, 다른 존재보다 더 나은, 지울 수 없는 특성을 느끼고 있다는 것이 낮〔晝〕보다 더 명백하지 않으냐 말이다. 또 우리가 우리의 불쌍한 처지의 결과를 늘 경험하고 있다는 것도 그보다 못하지 않은 진실이 아니냐 말이다.

그러나 이 혼돈과 이 기괴한 혼란이 그것에 저항할 수 없을 정도의 힘찬 소리로 우리에게 부르짖는 것은 이런 두 가지 상태의 참됨이 아니고 무엇이란 말인가?

8 오락

131—오락—사람들은 죽음과 비참과 무지를 고칠 수가 없으니까, 행복하게 되기 위하여 그런 것을 생각하지 않기로 작정하였다.

—이러한 비참이 있는데도 불구하고 사람은 행복하기를 원하고, 행복하기만을 원하고, 또 그렇게 되기를 원치 않을 수가 없다.

그러나 어떻게 할 것인가? 잘 하려면 자기 자신을 죽지 않게 만들어야 할 것이다. 그러나 그렇게는 할 수 없으니 스스로 그것을 생각하지 않기로 작정하였다.

132 사람이 행복하다면, 성인(聖人)들과 신처럼 오락을 덜 취하면 덜 취할수록 그만큼 더 행복할 것이다. —그렇다. 그러나 오락을 즐길 수 있다는 그것이 행복이 아닌가? —아니다. 왜냐하면 오락은 다른 데서 오고 밖에서 오는 까닭이다. 그래서 그것은 종속된 것이며, 따라서 고뇌를 피치 못하게 하는 천만 가지 사고(事故)로 방해될 수가 있는 것이다.

133 나는 내가 존재하지 않았을 수도 있다는 것을 느낀다. 왜냐하면 '나'는 내 생각 속에 있기 때문이다. 그러므로 만약에 우리 어머니가 내가 생(生)을 받기 전에 죽임을 당했더라면 생각하는 '나'는 존재하지 않았을 것이다. 그러니까 나는 필연적인 존재는 아니다. 나는 또 영원하거나 무한하지도 않다. 그러나 나는 자연 속에 필연적이고 영원하고 무한한 존재가 있다는 것을 잘 안다.

오락

134 내가 어떤 때, 사람들의 여러 가지 움직임과 수많은 언쟁과 정열과, 대담하고 흔히는 좋지 못한 모험 따위가 생기는 조정(朝廷)과 전쟁에서 그들이 무릅쓰는 위험과 고생을 곰곰이 생각하여 보니, 사람들의 모든 불행이 꼭 한 가지, 즉 방안에 가만히 있을 줄을 모르는 데에서 온다는 것을 발견하였다. 살아갈 만큼 넉넉한 재산을 가진 사람으로 자기 집에 즐거이 머물러 있을 줄을 안다면 구태여 바다로나, 혹은 어떤 성(城)을 공격해 빼앗으려고

집에서 나오지는 않을 것이다. 군대의 어떤 직위를 그렇게 비싸게 사는 것은 단지 도시에서 꼼짝 않고 있는 것을 견디기 어렵다고 생각하기 때문이다. 또 대화와 노름의 심심풀이를 찾아 헤매는 것도 다만 자기 집에 즐거이 머물러 있을 수가 없기 때문이다.

그러나 나는 더 자세히 생각을 해보고 우리의 모든 불행의 원인을 발견하고 난 다음에 그 이유를 찾아내고자 하였는데, 매우 실제적인 이유가 하나 있음을 발견하였다. 그것은 우리가 약하고 죽음을 당하게 되어 있고, 또 그렇게도 비참한 우리 처지의 자연적인 불행에 있다. 그러므로 우리가 그것을 자세히 생각하면 아무것도 우리를 위안할 수 없을 지경이다.

어떠한 처지를 상상하여 본다 하더라도, 우리에게 속할 수 있는 모든 행복을 모아 놓으면 이 세상에서 왕위(王位)가 가장 훌륭한 자리이다. 그러나 왕위를 가진 사람으로 그가 누릴 수 있는 모든 만족을 갖추어져 있다고 생각해 보자. 만약에 그가 오락이 없고, 사람들이 그가 자기 신분을 생각하고 익히 반성하도록 내버려 두면 이 활기 없는 행복은 그를 견디지 못하게 할 것이고, 그는 자연 일어날지도 모르는 반란이나 마침내 피할 길 없는 죽음과 질병같이 그를 위협하는 것들에 눈을 떨어뜨릴 것이다. 그래서 우리가 오락이라고 부르는 것을 그가 가지지 못하면 불행하게 되고, 쾌락을 누리고 오락을 즐기는 백성의 가장 약한 자보다도 더 불행하게 되는 것이다.

그렇기 때문에 사람들은 놀음과 여자들과의 대화, 전쟁, 높은 직위들을 그렇게도 간절히 바라는 것이다. 실제로 행복이란 것이 있어서 그런 것도 아니고, 또 노름에서 딸 수 있는 돈을 가졌다거나 뒤쫓아 다니는 토끼에 진정한 행복이 있다고 해서도 아니니, 그것을 누가 주면 받으려 들지도 않을 것이다. 이 생기 없고 평온하며, 우리의 불행한 처지를 생각하게 하는 일자리를 간절히 바라는 것이 아니고, 전쟁의 위험과 직업에 따르는 고생을 찾는 것도 아니다. 다만 우리로 하여금 그것을 생각하지 못하게 하고 우리를 즐겁게 하여 주는 소란을 찾아 헤매는 것이다.

사람들이 소음과 요동을 그렇게도 좋아하는 것은 이 때문이며, 감옥이 그리도 무서운 형벌이 되는 것도 이 때문이요, 고독의 즐거움이 이해할 수 없는 일이라는 것도 여기서 오는 것이다. 끝으로 왕의 신분에 따르는 행복의 가장 큰 원인은 사람들이 그를 즐겁게 하고, 그에게 갖가지 쾌락을 장만하여

주려고 끊임없이 애쓰는 데 있다. 왕은 그를 즐겁게 할 생각밖에 가지지 않고, 또 그에게 자신을 생각하지 못하게 하려고 만드는 자들에게 둘러싸여 있다. 왜냐하면 아무리 왕이라 하더라도 그것을 생각하면 그는 불행하기 때문이다.

이 모든 것은 사람들이 자기 자신을 행복하게 하려고 생각해 낸 것이다. 그리고 여기 대하여 철학자인 체하여, 사려 들지도 않을 토끼 뒤를 쫓아다니느라고 온종일을 보내다니, 세상 사람들이 너무도 정신이 나갔다고 생각하는 사람들은 우리의 본성을 잘 모르는 것이다. 이 토끼는 우리에게 죽음과 비참을 보지 않게 막아 주지는 못하지만, 사냥은 거기서 우리의 정신을 돌리게 하여 우리에게 그것을 막아주는 것이다. 그래서 피루스*53에게 그가 그리도 힘을 들여 찾으려는 휴식을 취하라고 하는 권고는 많은 반대를 받았다.

이리하여 그들이 그렇게도, 열심히 찾는 것이 그들을 만족시킬 수가 없을 것이라고 적대자들이 비난할 때에, 그들이 잘 생각하면 그렇게 해야 될 것처럼, 자기들은 거기에서 자기 자신을 생각하지 못하게 만드는 난폭하고 격렬한 일거리밖에 찾지 않으며, 또 그러기 때문에 자기들을 매혹하고 강력하게 끌어당기는 매력적인 물건을 찾는다고 대답하면 그 적대자들의 입은 막히고 말 것이다. 그러나 그들은 자기 자신을 알지 못하기 때문에 이렇게 대답하지 못한다. 그들은 자기들이 찾는 것이 짐승을 잡는 것이 아니라 단지 사냥이라는 것을 알지 못하는 것이다. 그들은 만일 이 직책을 얻으면 그 다음에는 평안히 쉴 줄로 생각한다. 그들의 탐욕이 채워질 길이 없다는 것을 깨닫지 못하는 것이다. 그들은 진정으로 휴식을 찾는 줄로 생각하지만 실제로는 소란밖에 찾지 않는 것이다. 그들은 그들 밖에서 심심풀이와 일거리를 찾게 하는 은밀한 본능을 가지고 있으니, 그것은 그들이 자기네들의 끊임없는 비참을 깨닫는 데서 오는 것이다. 그들은 또 우리의 최초 본성의 위대함에서 남겨진 다른 은밀한 본능도 가지고 있으니, 이것은 행복이 소란 속에 있지 않고 사실은 휴식에 있음을 그들에게 가르쳐 주는 것이다. 그리고 이 두 가지 상반되는 본능으로 그들 안에 착잡한 계획이 이루어지는 것이니, 그것은 그들의 눈에 보이지 않게 영혼의 저 속에 숨어 있어 그들에게 소란을 통하여 휴식을 지향하도록 만들며, 또 그들이 내다보는 어떤 난관을 돌파함으로써 휴식에 들어가는 문을 열수만 있다면 현재 가지고 있지 못하는 만족이 그들에게 올 것으로 언제나 생각하게 만드는 것이다.

이렇게 해서 한평생이 지나가는 것이다. 사람들은 어떤 장애물과 싸우면서 휴식을 찾는다. 그런데 그 장애물을 극복하고 나면 휴식이 견디기 어렵게 되어 버린다.

왜냐하면 그들이 가지고 있는 비참을 생각하게 되고, 혹은 우리를 위협하는 비참을 생각하게 되기 때문이다. 그리고 사방에 안전한 준비가 되어 있는 때라도 불안은 그 개인적 권위를 써서 그것이 천성적으로 뿌리를 박고 있는 마음속에서 밖으로 나가지도 않을 것이고, 그 독(毒)을 정신에 가득 채우기를 그치지도 않을 것이다.

이와 같이 사람은 불안해 할 아무런 이유가 없는데도 자기 기질적으로 타고난 고유한 상태로 말미암아 불안을 느낄 만큼 몹시 불행하다. 그리고 천만 가지 불안의 본질적인 원인이 가득한데도, 그가 미는 당구알이나 공과 같은 아주 사소한 물건으로도 넉넉히 위안을 받을 만큼 몹시 속이 비었다.

"하지만, 사람이 이런 것에서 무엇을 찾는 것이냐?"고 그대는 말하리라. 내일 친구들 앞에서 남보다 잘 쳤다고 자랑하려는 목표가 있는 것이다. 이와 같이 또 다른 사람들은 그 서재에서 지금까지 아무도 발견하지 못하였을 대수(代數) 문제 하나를 풀었다고 학자들에게 설명하느라고 땀을 흘리고, 또 다른 많은 사람들은 그들이 요새를 함락시켰다고 나중에 자랑하기 위하여 크나큰 위험을 무릅쓰는데, 내 생각에는 모두 다 어리석은 짓이다. 끝으로 또 다른 사람들은 이 모든 것을 주시하느라고 자기 건강을 해치는데, 그것은 이렇게 함으로써 더 지혜로운 자가 되기 위한 것이 아니고, 다만 자신이 안다는 것을 나타내기 위해서이다. 그런데 이 사람들이 이 무리 중에서 가장 어리석은 자들이니, 다른 사람들에 대하여는 만일 그렇다는 것을 알면 그렇게 어리석지는 않으리라고 여길텐데, 이들은 알면서 어리석기 때문이다.

이런 사람들은 매일 조금씩 돈을 걸고 노름을 하면서 심심찮게 일생을 보낸다. 그가 매일 딸 수 있는 돈을 매일 아침 주어 보라. 그대는 그를 불행하게 만들 것이다. 사람들은 아마 그가 노름의 재미를 찾는 것이지, 따기를 바라는 것이 아니기 때문이라고 말하리라. 그러면 그에게 아무것도 걸지 않고 노름하라고 시켜 보라. 그는 노름에 열을 내지 않을 것이고 싫증이 날 것이다. 그러니까 그가 재미만 찾는 것은 아니다. 무력하고 정열 없는 재미는 그에게 싫증을 나게 할 것이다. 그가 정열의 거리를 만들어 가지기 위하여, 그가 노름을 하지 않는다는 조건으로 받는 것이라면 원치도 않을 그것을 따게 되면 행복할 것이라고 생각하면서 노름에 열을 올리고 자기 자신을 속여야 하는 것이다. 이것은 그가 생각해 낸 목표를 위해 자기의 욕망과 분노와 염려를 자극시키기 위한 것이다. 마치 암고양이를 그려 놓은 얼굴을 보고 놀라는 어린아이들처럼.

"외아들을 잃은 지가 몇 달 안 되고 또 소송과 언쟁에 잔뜩 짓눌려 오늘 아침에도 그렇게 안절부절 못하던 사람이 지금은 그런 것을 생각하지 않게 된 것은 무슨 까닭인가?" 조금도 이상할 것이 없다. 그는 지금 개들이 여섯 시간째나 죽어라고 쫓아다니는 저 멧돼지가 어디로 지나갈지 살피느라고 여념이 없는 것이다. 그 이상의 것은 필요가 없다. 사람은 아무리 슬픔을 한 아름 지니고 있어도, 누가 그로 하여금 어떤 심심풀이를 시작하게만 만들면 그동안은 행복하게 되는 것이다. 그리고 사람은 아무리 행복하더라도 불안이 번지지 못하게 막는 어떤 정열이나 어떤 오락에 정신이 쏠리고 몰두하지 않으면 이내 짜증이 나고 불행하게 된다. 심심풀이가 없으면 기쁨도 없고, 심심풀이가 있으면 슬픔이 없다. 그리고 높은 지위에 있는 사람들의 행복을 만들어 주는 것도 그들의 정신을 위안해 주는 사람이 많이 있고, 또 자신들의 이 상태를 유지할 만한 권력을 가진 데에 있는 것이다.

조심하여 살펴보라. 대장경(大藏經)이나 대법관이나 재판장이 된다는 것은 아침부터 사방에서 많은 사람들이 몰려와, 자신을 생각할 수 있는 시간을 하루에 한 시간도 남길 수 없는 그런 지위에 있다는 것이 아니면 무엇이겠는가? 그리고 그들이 총애를 잃어 시골집으로 쫓겨 가게 되면 거기에 재산이 없는 것도 아니고 필요할 적에 그들을 보좌해 줄 하인들이 없는 것도 아니지만, 비참하게 버림을 받은 것으로 생각하니, 그것은 아무도 그들에게 자신의 일을 생각하지 못하도록 막지 않기 때문이다.

허영, 남에게 그것을 보여주려는 즐거움.

춤, 발을 어디다 놓을지를 잘 생각해야 한다.

귀족은 사냥이 큰 오락, 임금의 오락이라고 진심으로 믿는다. 그러나 몰이꾼의 생각은 다르다.

135 왕위는 그것을 가진 사람에게 자기의 모습을 보는 것만으로도 그를 행복하게 할 수 있을 만큼 그 자체로 충분히 위대한 것이 아닌가? 서민들처럼 그의 정신도 이 생각에서 돌려야 하겠는가? 어떤 사람에게 그 집안의 비참하고 끔찍한 상황에서 눈을 돌리게 하고, 그의 온 정신을 춤을 잘 추는 데에만 팔리게 하는 것이 그 사람을 행복하게 만드는 것임을 나는 잘 알고 있다. 그러나 왕의 경우도 이와 같아서, 자기의 위대함을 보는 것보다도 이 헛된 오락에 몰두하면 더 행복할 것인가? 그리고 더 만족스러운 것을 그의 정신에 줄 수 있겠는가? 그러니까 그에게 자기를 둘러싸고 있는 영광을 조용히 바라보는 기쁨을 갖도록 버려두지 않고 어떤 춤 곡조에 발걸음을 맞추는 일이나 '공'을 재주 있게 쳐 넣는 것에 온 정신을 뺏기게 하는 것이 그의 기쁨을 해치는 것이 아니겠는가? 그것을 시험해 보라. 왕을 아무 관능의 만족도 없이 그 정신에 아무 일거리도 없게 상대할 사람도 없이 혼자 남겨 두어, 자기를 아주 찬찬히 생각하게 하여 보라. 그러면 왕도 심심풀이가 없으면 비참투성이의 한 인간이라는 것을 알게 될 것이다. 그렇기 때문에 사람들은 이것을 정성스럽게 피하여, 왕 곁에는 그들의 일이 끝나면 오락이 따르도록 보살피고, 그들에게 쾌락과 놀음을 마련해 주기 위하여 그들의 한가한 시간을 모두 살펴서 많은 사람들이 떠나지 못하게 한다. 즉, 비록 왕이라 할지라도 자기를 생각하면 불행하리라는 것을 잘 알기 때문에, 왕이 혼자서 자기 자신을 생각하지 못하도록 기묘한 임무를 맡은 사람들이 왕을 둘러싸고 있다.

이런 것은 모두 그리스도교를 믿는 왕들에게 대하여 그리스도 교도라는 점으로 말하는 것이 아니고, 다만 왕이라는 점만으로 말하는 것이다.

136 위험이 없는데 죽음을 생각하는 것보다는 죽음을 생각하지 않고 그것을 당하는 것이 더 쉬운 일이다.

137 우리는 사람들에게 그들이 어렸을 적부터 그들의 명예와 재산과 친구들, 그리고 그 친구들의 재산과 명예를 보살피라는 의무를 지워준다.

우리는 또한 그들에게 사업이나 언어의 훈련이나 실습 같은 것들을 안겨 주고, 그들과 그들 친구들의 건강과 명예와 재산이 양호한 상태에 있지 않고서는 행복할 수가 없으리라는 것과 그 중 한 가지만 없어도 그들이 불행하게 되리라는 것을 이해시킨다. 따라서 새벽부터 그들을 괴롭히는 책임과 일을 그들에게 주는 것이다.

"거 참 사람들을 행복하게 만드는 방법치곤 이상하기도 하다! 그들을 불행하게 만드는 데 이보다 낫게 할 수가 있겠는가?" 하고 그대는 말하리라― 아니, 무엇을 할 수 있겠느냐고? 그들에게 이 모든 일거리를 뺏기만 하면 그만일 것이다. 왜냐하면 그렇게 되면 사람들이 자신을 살펴보고 자신의 처지와 자기들이 어디서 와서 어디로 가느냐, 하는 것을 생각하게 될 것이니, 이렇기 때문에 지나치게 그들의 정신을 사로잡고 딴 데로 돌리지 못하는 것이다.

또 그렇기 때문에 그들에게 이렇게 많은 일을 마련하여 주고 나서, 그들이 쉴 시간이 좀 있으면 오락을 즐기고 놀고 늘 온 정신을 몰두시키는 데에 그것을 쓰라고 권한다.

―사람의 마음은 얼마나 비어 있고, 또 얼마나 더러운 것으로 가득 차 있는가―

9 철학자들

138 '에픽테토스'는 길을 완전히 발견하였을 때에 사람들 보고 "그대들은 길을 잘못 들었다"고 말하였는데, 이것은 다른 길이 있다는 것을 가르쳐 주기는 하지만 그 길로 인도해 주지는 못한다. 그것은 신이 원하는 바요 원하는 길이니, 오직 예수 그리스도만이 그리로 인도하여 주신다. "Via, veritas" (길이요, 진리로다.)[*54]

제논[*55]의 결점도 마찬가지다.

―철학자들―

139 자기 자신을 알지 못하는 사람에게 혼자 힘으로 신에게 가라고 부르 짖는 것도 부질없는 일이요, 자기 자신을 아는 사람에게 이런 말을 하는 것

도 우스운 일이다.

〔예수 그리스도를 가지지 않고 신을 믿는 철학자들에 대한 반박.〕

—철학자들—

140 이들은 신이 홀로 사랑을 받고 찬미를 받을 자격이 있다고 믿으면서도, 자신들이 다른 사람들에게서 사랑을 받고 찬미를 받기를 원하였다. 그러면서 이들은 자기들의 부패를 모른다. 만약에 이들이, 자기들이 신을 사랑하고 숭배하는 감정으로 가득 차 있다고 느끼고, 거기에서 그들의 중요한 기쁨을 발견하며 자기들이 선하다고 생각한다면 그것은 좋다! 그러나 그들이 혐오를 느끼고 다른 사람들의 존경을 받을 근거를 닦고자 하는 외에 다른 아무런 뜻도 가지지 않는다면, 그리고 그들이 가지고 있는 완전이라는 것이 단지 사람들을 강요하지 않고서 그들로 하여금 철학자들을 사랑하는 데에서 그들의 행복을 발견하게 만드는 것뿐이라면, 나는 이 완전을 지겨운 것이라고 말하고 싶다. 아니, 철학자들이 신을 알고서도 사람들이 신을 사랑하기만을 원하지 않고, 자기들에게 주목하기를 원하다니! 그들이 사람들의 자발적인 행복의 대상이 되기를 바라다니!

—철학자들—

141 우리는 우리를 밖으로 밀어내는 사물로 차 있다.

우리의 본능은 행복을 우리 밖에서 찾아야 한다고 느끼게 한다. 우리의 정욕은 비록 그것을 자극할 만한 대상물이 나타나지 않는 때에도 우리를 바깥으로 떠다민다. 밖에 있는 대상물들은 스스로 우리를 유인하고, 우리가 그것을 생각하지 않을 때에도 우리를 부른다. 이래서 철학자들이 아무리 "그대들 자신 안으로 돌아가라. 거기서 그대들의 선(善)을 발견하리라"고 말한다 해도 사람들은 그들의 말을 믿지 않으며, 그들을 믿는 자들은 가장 머리가 비고 가장 어리석은 자들이다.

142 '스토아'파가 제창하는 것은 몹시 어렵고 매우 헛된 것이다!

'스토아'파는 주장한다, "고도의 지혜에 도달하지 못한 자들은 모두 똑같이 어리석고 덕이 없다. 마치 두어 치 깊이의 물에 빠진 자들과도 같다"고.

143 세 가지 정욕은 세 개의 학파를 만들었고, 철학자들은 세 가지 정욕 중 어느 하나를 따르는 것 외에 아무것도 하지 않았다. [*56]

스토아파

144 이들은, 사람이 어떤 때 할 수 있는 것은 언제나 할 수 있으며, 명예심은 그것에 사로잡혀 있는 자들로 하여금 무슨 일을 잘 할 수 있게 만들기 때문에, 그렇지 않은 사람들도 역시 잘 할 수 있을 것이라는 결론을 내린다.

그러나 이것은 열병적인 감정의 움직임이어서, 건강한 상태로서는 흉내낼 수가 없는 것이다.

'에픽테토스'는 변함 없는 그리스도 교도들이 있다는 사실에 근거하여 누구나 다 얼마든지 그렇게 될 수 있다는 결론을 내렸다.

10 지상선 (至上善)

지상선에 대한 논쟁

145 "Ut sis contentus temetipso et ex te nascentibus bonis(네가 네 자신과 네게서 나오는 선으로 만족하기 위하여)." [*57]

여기에는 모순이 있다. 왜냐하면 그들은 결국 자살을 권하기 때문이다. [*58]

아아! 《페스트》에서처럼 거기에서 빠져나오게 되는 그 인생은 얼마나 행복한 인생이냐!

146 모든 사람은 행복하게 되기를 원한다. 여기에는 예외가 없다. 아무리 다른 방법을 쓴다 하더라도 그들은 모두가 이 목적을 지향하는 것이다. 어떤 사람들은 전쟁에 나가고 또 어떤 사람들은 전쟁에 안 나가는 것도 다 이런 욕망 때문인데, 이것은 양쪽에 다 있는 것이지만 서로 견해가 다른 것뿐이다. 의지는 이 목적을 위해서가 아니면 결코 단 한 걸음도 떼어 놓지 않는다. 이것은 모든 사람의—목을 매러 가는 자들에 이르기까지—모든 행위의 동기가 된다.

그러나 그렇게도 오랜 세월을 두고, 신앙이 없는 자로서 모든 사람이 끊임없이 추구하는 이 점에 다다른 자는 일찍이 아무도 없었다. 모든 사람이 불평한다. 왕·백성·귀족·상민(常民), 늙은이·젊은이, 강한 자·약한 자도, 학자·무식쟁이도, 건강한 자·병자도, 모든 나라, 모든 시대, 모든 연령, 모든 처지의 사람들이 다 불평한다.

이렇게도 지속적이고, 끊임없고, 한결 같은 경험은 우리의 노력만으로는 선에 다다를 수 없음을 우리에게 명백히 깨닫게 해주어야 할 터인데, 실례(實例)는 우리에게 별로 교훈을 주지 못한다. 약간의 가벼운 차이도 없을 만큼 완전히 비슷한 실례란 결코 있을 수 없다. 그래서 우리는 지난번처럼 우리의 기대가 어그러지지 않으려니, 하는 희망을 걸고 있다. 또한 이와 같이 현재가 우리를 만족시키는 일이 절대로 없으므로 경험은 우리를 속이고 불행에서 불행으로 이끌어, 마침내는 그 영원한 정점인 죽음에까지 이르게 하는 것이다.

그러면 이 열망과 무능이 우리에게 호소하는 것은 무엇이란 말인가? 그것은 전에는 사람에게 참된 행복이 있었는데 지금은 실속이 하나도 없는 그 표와 흔적밖에 남아 있지 않으며, 사람은 그를 둘러싸고 있는 모든 것으로 그 빈자리를 채우려고 쓸데없는 노력을 하며 현존하는 사물에서 얻지 못하는 구원을 현존하지 않는 사물에다 구하지만, 이 끝없는 심연은 무한하고 불변하는 존재, 즉 신 자신으로밖에는 채워질 수 없으므로, 그런 사물들은 하나도 구제할 힘이 없다는 것 외에 무엇이란 말인가?

오직 신만이 인간의 참된 선(善)인데, 인간이 신을 버린 뒤로 자연계에서 인간에 대하여 신 노릇을 대신하지 못할 것이 아무것도 없다는 것은 괴이한 일이다. 별, 하늘, 땅, 원소(元素), 식물, 캐비지, 파, 동물, 곤충, 송아지, 뱀, 열병, 페스트, 전쟁, 기근, 악습, 간음, 불륜 따위가 그런 것이다. 그리고 사람이 참된 선을 잃어버린 때부터 모든 것이 똑같이 그에게는 선으로 보이고, 심지어 신과 이치와 자연에 모두 완전히 어긋나는 자살에 이르기까지 선으로 보일 수 있게 되었다.

어떤 사람들은 참된 선을 권력에서 구하는가 하면 어떤 이들은 골동품과 학문에서, 또 어떤 자들은 쾌락에서 구한다.

그 선에 사실상 더 접근한 다른 사람들은*59 이렇게 생각하였다. 즉 모든 사람이 원하는 보편적인 선은 한 사람에게밖에 소유될 수 없는 이러이러한 사물에는 아무데도 있어서는 안 된다. 이런 사물들은 나누어 가지면, 소유자가 갖고 있는 부분을 누림으로써 만족을 느끼기보다는 오히려 그가 가지지 못한 부분의 결여로 인하여 괴로움을 당하게 된다. 그래서 이들은 참된 선이란 모두 동시에 가져도 줄어 없어지거나 선망을 일으킬 수 없고, 또 아무도 자기가 원하지 않는 때에는 잃지 않는 그런 성질의 것이라야 한다는 것을 깨달았다. 그리고 그들의 이유인즉 이 욕망이 만인에게 반드시 있고, 또 사람이 그런 욕망을 갖지 않을 수 없으므로 그것이 사람에게 자연스러운 것이라는 데 있고, 이래서 이들은 결론 짓는다.

11 A·P·R*[60]

—시작—
—불가해(不可解)를 설명한 뒤에—
147 사람의 위대함과 비참은 너무도 명백해서 참다운 종교는 사람에게 위대함과 비참의 어떤 큰 근원이 있다는 것을 반드시 가르쳐 주어야만 한다.

또한 참다운 종교는 우리에게 이 놀라운 모순의 이유도 밝혀 주어야 한다.
사람을 행복하게 만들기 위하여는, 신이 있다는 것과 사람이 신을 사랑해야 한다는 것, 우리의 참된 복과 즐거움은 우리가 신 안에 있는 것이고 우리의 유일한 불행은 신에게서 떨어져 있는 것이라는 점을 참된 종교는 보여주어야 한다. 우리는 신을 알고 그를 사랑하지 못하게 방해하는 어둠에 가득차 있다는 것, 그리고 이와 같이 우리의 의무는 신을 사랑하라고 우리에게 강요하지만, 우리의 사욕은 신에게서 우리를 벗어나게 하므로, 참된 종교는 우리에게 불의가 가득 차 있음을 인정해야 한다. 참 종교는 우리가 신과 우리 자신의 행복에 반항하는 이유를 밝혀 주어야 한다. 참된 종교는, 이 무능에 대한 구제 수단과, 이 구제 수단을 얻는 방법을 우리에게 가르쳐 주어야 한다. 또 사람들은 이 점에 대하여 세상의 모든 종교를 검토하고, 그리스도교 말고 이것을 채워 줄 수 있는 종교가 또 있는가 생각해 보아야 한다.

우리가 가지고 있는 선을 전부라고 제시하는 철학자들이 그런가? 참다운 선이 거기에 있단 말인가? 그들은 우리의 불행에 대하여 구제 방법을 발견하였는가? 사람을 신과 대등(對等)한 자리에 놓는 것이 그의 교만을 고친 것인가? 우리를 짐승과 같다고 주장한 자들과 이 세상의 쾌락이 영원까지도 유일한 신이라고 우리에게 제시한 마호메트 교인들, 이들이 우리의 사욕에 대한 구제 수단을 우리에게 마련하여 주었는가?

그러면 어떤 종교가 우리에게 교만과 사욕을 고치는 길을 가르쳐 주겠는가? 어떤 종교가, 마침내 우리의 선, 우리의 의무, 우리로 하여금 의무를 저버리게 하는 악함, 이런 연약함의 원인, 그것들을 고칠 수 있는 방법과 그 방법을 얻을 수 있는 길을 우리에게 가르쳐 줄 것인가? 다른 모든 종교는 그렇게 하지 못하였다. 신의 지혜가 무엇을 할 것인가를 살펴보자.

신의 지혜는 말한다.

"너희는 인간에게서 진리도 위안도 기대하지 마라. 나는 너희들을 만들어 냈고, 너희들이 무엇인지를 가르쳐 줄 수 있는 유일한 지혜다.

그러나 너희들이 이제는 내가 너희를 만들어낸 그 상태에 있지 않다. 나는 사람을 거룩하고 결백하고 완전하게 만들었고, 그에게 빛과 지혜를 채워 주었다. 나는 그에게 내 영광과 경이를 나누어 주었다. 그때에 사람의 눈은 신의 위엄을 보았다. 그때에 그는 그의 눈을 어둡게 하는 암흑 속에 있지도 않았고, 그를 고민하게 하는 죽음과 비참 속에도 있지 않았다. 그러나 사람은 이리도 큰 영광을 교만에 떨어지지 않고 견뎌 내지를 못하였다. 그는 자기 자신을 자신의 중심으로 만들고 내 구원에서 독립하고자 하였다. 그는 나의 지배를 벗어났다. 그리고 자기 자신 안에서 자기의 행복과 즐거움을 발견하고자 하는 욕망으로 자기를 나와 동등하게 만들기 때문에 나는 그를 마음대로 하라고 버려두었다. 그리고 그에게 순종하던 피조물들을 그에게 반항하게 하여 그의 적을 만들었다. 이래서 오늘날 사람은 짐승들과 비슷해지고 너무도 내게서 멀리 떨어져 이제는 그에게 창조주의 빛이 겨우 희미하게 남아 있을까 말까 할 지경이다. 그만큼 그의 모든 지식이 사라지고 혼란스럽게 되고 말았다. 관능은 이성에서 독립하고, 또 흔히는 이성을 지배하여서 그로 하여금 쾌락을 찾아 헤매게 만들었다. 모든 피조물이 인간을 괴롭히고 혹은 유혹하며, 또는 그들의 힘으로 굴복시키든가 그들의 부드러움으로 매혹시킴으로써 그를 지배한다. 이것은 지배 중에서도 가장 무섭고 가장 절대적인 것이다.

이것이 오늘날 사람들이 처해 있는 상태이다. 그들에게는 그들의 최초 본성 때의 행복에 대한 힘없는 본능이 어느 정도 남아 있기는 해도 그들은 그들의 맹목과 사욕의 비참 속에 빠져 있으니, 이것이 그들의 제2의 본성이 된 것이다.

내가 너희들에게 제시하는 이 원리로써 너희들은 모든 사람을 놀라게 하고 그들을 그렇게도 여러 가지 의견으로 갈라 놓은 그 많은 모순의 원인을 알 수 있을 것이다. 이제는 이렇게도 많은 비참한 시련으로도 없앨 수 없는 위대함과 영광의 모든 느낌을 관찰하도록 하라. 그리고 그런 느낌의 원인이 다른 본성에 있어야 할 것이 아닌가, 하는 것을 살펴보라."

A·P·R—내일을 위하여

의인법*61
"사람들아, 너희 자신에게서 너희 비참의 구제법을 찾는 것은 헛된 일이다. 너희들의 모든 빛은 너희들 안에서는, 진리도 선도 발견하지 못하리라는 것을 알게 되는 데 그치는 것이다.

철학자들이 그대들에게 그것을 약속하였으나, 그렇게 하지 못했다. 그들은 무엇이 그대들의 참된 선이며, 어떤 것이 그대들의 참다운 상태인지를 알지 못한다. 그들이 알지도 못하는 그대들의 불행에 대한 치료법을 어떻게 마련하여 주겠는가? 그대들의 중요한 병은 그대들을 신에게서 잡아떼는 교만이요, 그대들을 이 세상에 붙잡아 매놓는 사욕이다. 그런데 저들이 한 일이라고는 이 병 중의 적어도 한 가지를 키워 주는 것밖에는 아무것도 없었다. 만일 저들이 그대들에게 신을 목적으로 제시하였다면 그것은 다만 그대들의 오만을 일으키기 위한 것뿐이었으니, 저들은 그대들로 하여금 그대들이 본성으로 신과 비슷하고 신과 일치한다고 생각하게 하였다. 한편 이런 자부심의 헛됨을 간파한 사람들은 그대들의 본성이 짐승들의 본성과 같다고 이해시킴으로써 그대들을 다른 낭떠러지에 밀어 던졌고, 그대들로 하여금 행복을 동물들의 몫인 정욕에서 구하도록 만들었다.

이것은 이런 현인(賢人)들이, 알지도 못하는 그대들의 불의를 고치는 방법이 아니다. 나만이 그대들이 무엇인지를 알게 할 수 있다……

나는 그대들에게 까닭 없이 나를 믿으라고 하지도 않고, 그대들을 전제적으로 복종시키려 들지도 않는다. 나는 또 모든 사물에 대하여 해명하려 들지도 않는다. 그리고 이런 모순들을 일치시키기 위하여 명백한 증거를 가지고, 나 안에 있는 신성(神性)의 표를 분명히 보여주고자 한다. 그러한 표들은 내가 누구라는 것을 그대들에게 설득시키고 누구도 부인하지 못할 이적(異蹟)과 증거로 내 권위를 세워 준다. 그리고 내가 가르쳐 주는 것이 진실인지 아닌지를 그대들 자신의 힘으로 알 수 없다는 것밖에는, 그것을 부정할 이유를 발견하지 못하게 될 때 믿게 만드는 것이다."

"아담, 예수 그리스도.
만일 그대들이 신과 결합한다면, 그것은 은총으로 되는 것이지 본성으로 되는 것이 아니다.
만일 그대들이 겸손하게 된다면 죄를 뉘우침으로 되는 것이지 본성으로 되는 것이 절대로 아니다.
이와 같이 이 두 가지 능력은……
그대들은 그대들이 창조되었을 때의 상태에 있지 않다.
이 두 가지 상태가 명백히 드러난 이상, 그대들은 인정하지 않을 수가 없는 것이다.
그대들의 감정의 움직임을 지켜보고 자신을 살펴보라. 그리고 거기에서 이 두 가지 본성의 생생한 표를 발견하지 못하는지 보도록 하라.
이렇게도 많은 모순이 단일 주체 속에 있을 수 있을 것인가?"

불가해*62
이해할 수 없는 것이라고 해서 모두 없는 것은 아니다. 무한수(無限數), 무한한 공간은 유한(有限)과 같다.

신이 우리와 결합한다는 것은 믿을 수 없다.
이런 생각은 우리의 비천함을 보는 데에서만 비롯되는 것이다. 그러나 만일 그대의 생각이 참으로 진실하다면, 그 생각을 내가 따라간 것만큼 따라오라. 그러면 우리가 사실 너무 비천해서 신의 자비가 우리를 신에게 용납될 수 없게 하는지를 우리 자신의 힘으로는 알 수 없을 지경이라는 것을 알게 될 것이다. 왜냐하면 나는 자기 자신이 지극히 약함을 스스로 인정하는 이

동물이, 신의 자비를 재어 보고 또 거기에다 자기 상상으로 생각해 한계를 정할 권리를 어디에서 받았는지 알고 싶기 때문이다. 사람은 자기 자신이 어떻다는 데 대하여는 정말 아는 것이 별로 없다. 그러면서 자기 자신의 상태를 보고는 아주 당황해서, 신이 사람을 자기와 교섭할 수 있도록 만들 수가 없다고 감히 말하는 것이다.

그러나 나는 그에게 묻고 싶다. 신은 사람에게, 신을 알고 그를 사랑하는 것 외에도 무엇을 요구하느냐고. 그런데 사람이 자연적으로 사랑하고 인식할 능력이 있는 이상, 어째서 신이 자기를 사람에게 인식시키고 사랑을 받게 할 수가 없다고 생각하는가? 인간은 적어도 자기가 존재한다는 것과*63 또 무엇인가를 사랑한다는 것은 알고 있음이 분명하다. 그러면 만약에 사람이 자기가 있는 암흑 속에서 무엇인가를 보고 또 세상 사물 가운데서 사랑할 만한 어떤 대상을 발견한다면, 신이 그에게 신이 본디 갖고 있는 빛살을 좀 주는 경우, 신이 우리와 관계를 맺고 싶어 하는 그런 방식으로 인간이 신을 알고 사랑할 능력이 어째서 없겠는가? 그러므로 이런 종류의 추론이 비록 표면적인 겸손에 기초를 둔 것같이 보인다 하더라도 그 안에는 여지없이 참을 수 없는 교만이 깃들어 있는 것이다. 그 겸손은 우리가 무엇인지를 우리 자신이 알지 못하므로, 신에게서밖에 가르침을 받을 수가 없다고 우리로 하여금 고백하게 만들지 않는다면, 진실하지도 않고 합리적인 것도 아니다.

148 신은 사람들의 죄를 씻어 주고 그를 찾는 자들에게 구원의 문을 열어 주고자 하였다. 그러나 사람들은 신의 구원을 받을 자격을 잃었으므로, 신은 어떤 이들에게는 자비로 구원을 주면서, 다른 사람들에게는 그들의 완고함 때문에 구원을 주지 않았다. 만약 신이 가장 완고한 자들의 고집을 이기고자 하였다면 그들이 신의 존재를 의심할 수 없을 만큼 명백히 그들에게 자신을 나타냄으로써, 그렇게 할 수 있었을 것이다. 마치 마지막 날에 죽은 자들이 다시 살아나고, 눈이 먼 자들이라도 그를 볼 수 있을 만큼 큰 우렛소리와 거대한 자연의 붕괴와 함께 신이 나타날 것이다. 신은 자기의 인자한 강림때에 이러한 모습으로 나타나기를 원치 않았다. 많은 사람이 그의 자비를 받을 자격을 잃었기 때문에 신은 그들이 원치 않는 선의 결여에 그들을 버려두고자 하였다.

그러니까 신이 절대적으로 모든 사람들을 설득시킬 수 있는, 인간이 바라는 신의 모습으로 나타난다는 것은 옳지 않은 일이다. 그렇다고 또 그를 진심으로 찾고 있는 자들도 알아볼 수 없을 정도로 아주 은밀한 모습으로 나타나는 것도 옳지 않다. 신을 찾는 사람들은 신을 볼 수 있었다. 그래서 진심으로 그를 찾는 자들에게는 자신을 나타나고, 진심으로 그를 피하는 자들에게는 자신을 감추었으니, 신을 찾는 자들에게는 스스로 볼 수 있는 표를 주었고, 찾지 않는 자들에게는 표를 주지 않았다.

오직 보기만을 원하는 이들에게는 빛이 넉넉히 있고, 그와 반대되는 마음을 지닌 자들에게는 암흑이 넉넉히 있다.

12 시작

149 이성을 따른다고 내세우는 경건하지 못한 자들은 이성이 뛰어나게 강할 것이다.

—도대체 그들은 무엇이라고 하는가? —

"짐승들도 사람과 같이 죽고 살며, 터키 사람들도 그리스도 교인이나 마찬가지로 죽고 사는 것을 우리는 알지 않는가? 저들도 우리처럼 저들의 의례·예언자, 학자·성인, 수도자가 있다……"고 말한다.

—이것이 성경과 반대되는 것인가? 성경에 이 말이 다 있지 않은가? ——*64

그대가 진리를 구태여 알려고 들지 않는다면 그대를 안심시키기엔 이것으로 족하다. 그러나 그대가 진심으로 진리를 알고자 한다면 이것으로는 부족하다. 세세한 부분을 들여다보라.

—철학 문제라면 그것으로 족하다. 그러나 모든 것이 관련되는 여기서는

—이와 같이 가벼운 생각을 한 뒤에 사람들은 즐길 것이다.

—이 종교에 대해서 알아보도록 하라. 이 종교가 그 불분명한 것을 설명해주지 않는다 해도 그것을 우리에게 가르쳐 줄지도 모른다.

150 우리가, 우리처럼 불쌍하고 무능한 인간들의 사회에서 태평스럽게 있는 것은 재미있는 일이다. 그들은 우리를 도와주지 못할 것이니, 우리는 혼자 죽어갈 뿐이다.

그러니까 사람들은 혼자 있는 것처럼 살아야 할 것이니, 그런데도 훌륭한 집을 짓고 어쩌고 하겠는가? 사람들은 서슴지 않고 진리를 찾을 것이며 만약 그렇게 하기를*65 거절한다면 진리를 찾는 것보다는 사람들의 존경을 더 중히 여긴다는 것을 증명하는 것이다.

151 지옥과 천국 그 사이에는, 가장 약한 것, 즉 생명이 있을 뿐이다.

152 확실한 고통을 제외하고라도, 남의 마음에 들려고 애쓰면서도 결국 성공하지 못하는 10년—10년이란 운(運)이니까—말고, 그대는 무엇을 내게 약속한다는 건가?

도박
153 사람이 세상에서 영원히 살 수 있다든가, 영원히 살지 못하리라는 것은 확실하지만, 한 시간을 살아 있으리라는 것은 분명치 않다는 이 가정(假定)을 따라, 세상에서 달리 살아야 한다. 그런데 이 마지막 가정이 우리의 것이다.

154 마음. 본능과 원리.

155 무신론자들을 동정해야 할 것이니, 그들은 꽤 불쌍하지 않느냐 말이다. 무신론자인 것을 자랑으로 내세우는 자들은 비난해야 할 것이다.

156 무신론은 정신이 강한 증표다. 그러나 그것도 어느 정도가 있다.

157 무신론자들은 명백한 말을 해야 하는데, 영혼이 물질적이란 건 명백치 않다.

158 우선 불신하는 자들을 불쌍히 여겨야 하니, 저들은 그 처지로 능히 불행한 것이다. 저들에게 유익한 경우가 아니면 모욕을 주지 말아야 하는데,

이것은 그들에게 해가 되는 것이다.

159 도박하는 셈치고, 그대는 진리를 찾는 수고를 해야 한다. 왜냐하면 그대가 참된 근원을 경배하지 않고 죽으면 그대는 멸망하는 것이기 때문이다. ─"그러나 신이 내게 경배받기를 원했다면 그 표시를 내게 남겨 놓았을 것이다"라고 그대는 말한다. ─그는 그렇게 했다. 그런데 그대가 그 표시를 무시한다. 그러니까 그 표시들을 찾으라. 그렇게 할 값어치가 넉넉히 있는 것이다.

160 자기 생애의 8일을 주어야 한다면 100년도 주어야 한다.

161 사람에는 세 가지 부류가 있으니, 신을 찾아내어 그를 섬기는 사람들과 신을 발견하지 못하여 그를 찾으려고 힘쓰는 사람들과 찾지도 않고 발견도 못하는 사람들이다. 첫번 사람들은 분별이 있고 행복한 사람이요, 마지막 사람들은 어리석고 불행한 자들이며, 중간 사람들은 불행하지만 분별 있는 사람들이다.

162 옥에 갇혀 있는 어떤 사람이 판결이 내려졌는지 알지 못하는데, 그것을 알아보려면 한 시간밖에 남지 않았고, 판결이 내려진 것을 그가 안다면 이 한 시간이 그 판결을 취소시키기에 넉넉한데, 그 시간을 판결이 내려졌는지 알아보는 데에 쓰지 않고 트럼프 놀이 하는 데 허비한다면, 곧 후회를 부르는 일이다.

이와 같이 사람 운운하는 것은 정상적인 것이 아니다. 그것은 신의 손이 무겁게 내리누르는 것이다.

이와 같이 신을 찾는 자들의 열성만이 신을 증명하는 것이 아니고, 그를 찾지 않는 자들의 어리석음과 어두움도 그를 증명하는 것이다.

시작
163 옥(獄).
'코페르니쿠스'의 설을 깊이 파고들지 않고, 이것을 깊이 파고드는 것은 좋다고 생각한다.

영혼이 죽는 것인지 죽지 않는 것인지를 아는 것은 일생을 두고 중요한 일이다.

164 연극이 아무리 아름답더라도 마지막 막은 피눈물 나는 것이니*66 끝막에 가서는 머리에 흙을 뿌리게 되는데, 그것이 영원한 이별이 되는 것이다.

165 낭떠러지를 보지 못하도록 우리 앞에 어떤 물건을 놓아 가린 다음에, 우리는 아무 걱정 없이 낭떠러지로 달려간다.

13 이성의 굴복과 행사

166 이성의 굴복과 행사, 여기에 진정한 그리스도교가 있는 것이다.

167 성체(聖體)*67 같은 것을 믿지 않는 어리석음을 나는 얼마나 미워하는지 모른다. 복음 성경이 참되고 예수 그리스도가 신이면, 거기에 무슨 어려운 점이 있는가?

168 "기적이 없었더라면 나는 그리스도 교도가 되지 않았을 것이다"라고 성 아우구스티누스는 말하였다. *68

굴복
169 의심해야 할 때에 의심하고, 단언해야 할 때에 단언하고, 굴복해야 할 때에 굴복할 줄을 알아야 한다. 이렇게 하지 않는 자는 이성의 힘을 이해하지 못한 것이다. 이 세 가지 원칙을 그르치는 자들이 있으니, 모든 것을 논증적이라고 단언하여 증명에 있어서 자기 자신의 힘을 알지 못하고, 혹은 모든 것을 의심하여 어떤 경우에 굴복을 해야 하는지를 모르고, 혹은 모든 일에 굴복하여 어떤 경우에 판단을 해야 하는지를 알지 못한다.

170 "Susceperunt verbum cum omni aviditate scrutantes scripturas, si ita se

haberent(간절한 마음으로 말씀을 받고, 이 말씀이 정말 그런가 알기 위하여 성경에 깊이 파고들어 연구하더라)."*69

171 —모든 일을 부드럽게 배려*70하는—신의 행동은, 종교를 정신에는 이치로 넣고 마음에는 은총으로 넣어 주는 것이다. 그러나 종교를 정신과 마음에 강제와 협박으로 넣으려 하는 것은 종교를 넣는 것이 아니고 공포를 넣는 것이니, "Terrorem potius quam religionem(종교보다는 오히려 공포를 넣는 것이다)."*71

172 만일 사람들이 모든 것을 이성에 굴복시킨다면 종교의 신비롭고 초자연적인 힘이 아무것도 없을 것이다.
만일 사람이 이성의 원칙에 역행한다면 종교는 부조리하고 우스꽝스러울 것이다.

173 성 아우구스티누스.*72 이성은 굴복해야 할 경우가 있다고 판단하지 않는다면 결코 굴복하지는 않을 것이다.
그러니까 그것이 굴복해야 한다고 판단할 때에는 굴복하는 것이 옳은 일이다.

174 지옥에 떨어지는 자들의 낭패 중 하나는, 그들은 그리스도교를 자기들의 이성으로 비난한다고 주장하였는데, 그 이성으로 인하여 죄로 판단을 받게 되리라는 것을 알게 되는 것이다.

175 진리를 사랑하지 않는 자들은 그것을 부인하는 자들의 생각과 수효를 가지고 핑계를 댄다. 그러한 오류는 그들이 진리와 자비를 좋아하지 않기 때문이며, 따라서 그들은 자비와 용서를 받지 못한다.

176 반대는 진리의 표시로서는 좋지 못한 것이다.*73 확실한 사물 여럿이 반대를 받고 있다. 여러 가지 거짓 사물이 반대를 받지 않고 통과한다.
반대가 허위를 표시하는 것이 아니며, 반대를 받지 않는 것이 진리를 표시하는 것도 아니다.

'영속성(永續性)'*74 조항 중 사람들의 두 가지 종류를 보라.

177 진정한 그리스도 교도는 별로 없다. 신앙에 대해서도 이렇게 말하고 싶다. 물론 믿는 사람들이 있으나 미신으로 믿는 것이요, 믿지 않는 자들이 있으나 방종(放縱)으로 그런 것이다. 이 두 가지의 중간에 있는 사람은 별로 없다.

나는 참으로 신앙심을 가지고 행동하는 자들과, 마음의 느낌으로 믿는 자들을 모두 여기에 포함시키지는 않는다.

178 예수 그리스도가 기적을 행하였고, 다음에는 사도들, 그리고 많은 초대 성인들도 기적을 행하였다. 그것은 예언들이 아직 이뤄지지 않았고 그들에 의하여 이뤄지는 중이었으므로, 기적밖에는 증거가 되는 것이 없었기 때문이었다. 메시아가 모든 사람을 믿게 하리라고 예언되었다. *75 모든 사람이 믿지않고 어떻게 이 예언이 이뤄졌겠는가? 그런데 메시아를 증명하는 예언의 마지막 결과를 보지 않고서 어떻게 만민이 그를 믿었겠는가? 그러니까, 예수 그리스도가 죽어서 부활하고, 모든 사람을 믿게 하기 전에는 모든 것이 이뤄진 것은 아니었다.

그래서 이 시기에 쭉 기적이 필요하였던 것이다.

이제는 유대인을 반박하기 위하여 기적이 이미 필요치 않게 되었으니, 이뤄진 예언은 영원한 기적이기 때문이다.

179 신앙심은 미신과는 다른 것이다. 신앙심을 미신에 이르기까지 지속하는 것은 그것을 파괴하는 것이다.

이단자들은 미신적인 순종을 한다고 우리를 비난하는데, 이것이야말로 우리에게 비난하는 그것을 그들이 하는 것이다.

그것을 보지 못한다고 성체를 믿지 않는 불신. 명제 등등을 믿는 미신. 신앙 운운. *76

180 이 이성을 부정하는 것처럼 이성에 합치되는 것은 다시없다.

181 ─지나친 것이 두 가지 있으니, 이성을 배제하는 것과 이성밖에는 인정치 않는 것이다.

182 기적이 없었더라면, 사람들이 예수 그리스도를 믿지 않았다고 해서 죄가 되지 않았을 것이다.
"Videte an mentiar(내가 거짓말을 하는지 보라)."*77

183 신앙은 오관(五官)이 말하지 않는 것을 말하나 오관이 보는 것과 반대되는 말은 하지 않는다. 신앙은 오관 위에 있는 것이지, 반대쪽에 있는 것은 아니다.

184 그대들은 백성이 교회에 대하여 가지는 신뢰를 함부로 사용해 그들을 속인다.

185 세상 사람들을 너무 순종한다고 나무라야 하는 일은 그리 드문 일도 아니다. 그것은 불신이나 마찬가지로 자연적이고, 그와 마찬가지로 독이 있는 나쁜 습관이다.
미신.

186 이성의 마지막 걸음은 그것을 초월하는 사물이 무한히 있다는 것을 인정하는 것이다. 이성이 이것을 아는 데까지 이르지 못한다면 그것은 그저 약하기만 할 뿐이다.
자연적 사물이 이성을 초월한다면 초자연적 사물에 대하여는 무슨 말을 할 것인가?

14 신을 증명하는 방법의 우월성

─예수 그리스도를 통하여 아는 신─
187 우리는 예수 그리스도를 통해서만 신을 안다. 이 매개자가 없으면 신과의 교제는 전혀 할 수가 없다. 예수 그리스도를 통해서 우리는 신을 안다.

예수 그리스도 없이 신을 알고, 신을 증명한다고 주장한 자들은 모두가 힘없는 증거밖에는 내놓지 못하였다. 그러나 우리는 예수 그리스도를 증명할 수 있는 예언서를 가지고 있는데, 이것들은 견실하고 명백한 증거들이다. 그리고 이 예언들이 실현되고 참된 사실이었음이 증명되었으므로, 이 진리들*78의 확실성, 따라서 예수 그리스도의 신성(神性)을 증거하는 것이다. 그러니까 우리는 예수 그리스도 안에서 예수 그리스도에 의해 신을 알게 되는 것이다. 그를 떠나서는, 또 성경이 없이, 원죄가 없이, 언약되어 강림하신 필요한 매개자가 없이는 사람이 절대로 신을 발견할 수도 없고 올바른 교리와 올바른 도덕을 가르칠 수도 없다. 그러나 예수 그리스도에 의하여, 예수 그리스도에 있어서, 사람은 신을 증명하고 도덕과 교리를 가르치게 된다. 그러므로 예수 그리스도는 사람들의 참된 신이다.

—그러나 우리는 그와 동시에 우리의 비참도 안다. 왜냐하면 이 신은 바로 우리의 비참의 구제자이기 때문이다. 이와 같이, 우리는 우리의 죄악을 앎으로써밖에는 신을 제대로 알 수 없다.

—그래서—자기들의 비참을 알지 못하고 신을 안 자들은 신을 찬미하지 않고 자기들에게 영광을 돌렸다.

—"Quia non〔placuit〕cognovit per sapientiam, placuit Deo per stultitiam praedicationis salvos facere(사람이 지혜로써 인식하지 못하매 천주(天主) 설교의 어리석음으로 말미암아 구원하고자 하셨느니라)."*79

—서언—

188 신에 대한 형이상학적 증거는 사람들의 추리에서 너무 거리가 멀고 복잡하여 별로 감명을 주지 못한다. 그리고 그것이 어떤 사람들에겐 소용이 있다 하더라도, 그들이 그 논증을 보고 있는 순간에만 소용이 있는 데 지나지 않을 것이다. 그러나 한 시간만 지나면 자기들의 생각이 틀리지 않았나, 하고 겁을 내게 된다.

"Quod curiositate cognoverint, superbia amiserunt(그들은 호기심으로 발견한 것을 교만으로 잃었다)."*80

이것은 예수 그리스도 없이 얻어지는 신에 대한 인식, 즉 매개자 없이 알게 된 신과 매개자 없이 교제하는 데에서 오는 것이다.

이에 반해서 매개자를 거쳐서 신을 알게 된 자들은 자기들의 비참을 안다.

189 예수 그리스도 없이는 신을 아는 것이 불가능할 뿐 아니라 무익한 일이다. 그들은 *81 신에게서 멀어지지 않고 오히려 그에게 가까워졌다. 그들은 비천해지지 않고 오히려……

"Quo quisque optimus, eo pessimus, si hoc ipsum, quod sit optimus, ascribat sibi(자기가 착한 까닭을 자기 자신에게 돌린다면, 그가 착하게 된 그것으로 오히려 나쁘게 된다)."*82

190 자기의 비참을 알지 못하고 신을 아는 것은 오만을 자아낸다.
신을 알지 못하고 자기의 비참을 아는 것은 절망을 낳는다.
예수 그리스도를 아는 것은 중용(中庸)을 이루는 것이니, 거기에서 우리도 신도 우리의 비참도 발견하기 때문이다.

15 인간을 아는 것으로부터 신에게로 옮겨감

—오류로 이끄는 선입관—

191 모든 사람이, 목적은 도무지 깊이 생각하지 않고 방법만 깊이 생각하는 것을 보게 됨은 통탄할 일이다. 각자는 자기 지위에 딸린 책임을 어떻게 채울까, 하고 생각한다. 그러나 그 지위를 선택한다든가 고향을 선택하는 것에 대해 말한다면 운명이 우리에게 선택하여 주는 것이다.

단지, 각자가 그것이 가장 좋은 것이라는 선입견을 들었다는 이 한 가지 이유만으로, 그렇게도 많은 터키 인들, 이단자들, 이교도들이 그들 조상의 뒤를 따르는 것을 보게 되는데, 이것은 불쌍한 일이다. 그런데 이것이 각자에게 자물쇠장이라든지, 군인이라는 사회적 지위를 메워주는 것이다.

이런 이유로 야만인들은 프로방스*83를 가지고 어떻게 해야 할지 모르는 것이다.

192 어째서 내 지식은 한계가 있는가? 내 키는? 내 생의 기한은 천 년이 아니고 하필이면 백 년으로 한정되었는가? 자연은 무슨 이유가 있어 내게

그런 기한을 주었으며, 이것이건 저것이건 하나도 마음을 더 끄는 것이 없는데 이것이나 저것을 고를 필요가 없는 무한한 수(數) 가운데에서 하필이면 저 수 말고 이 수를 골라잡았는가?

193 〔사람이 모든 것을 다 할 수 없고 또 모든 것을 다 알 수는 없으니, 모든 것에 대하여 조금씩 알아야 한다. 왜냐하면 한 가지 사물에 대하여 속속들이 아는 것보다는 많은 것을 조금씩 아는 것이 훨씬 더 훌륭하기 때문이다. 이 보편성이 가장 훌륭한 것이다. 만일 이 두 가지를 다 가질 수만 있다면 더욱 좋겠지만 어느 하나를 골라잡아야 한다면 후자를 취할 것이다. 세상 사람들이 이것을 깨닫고 또 그렇게 하니, 그들은 흔히 좋은 판단자이기 때문이다.〕

194 〔내 상상은 투덜거리는 자와 음식 먹을 때 훅훅 부는 자를 미워하게 한다.
상상은 큰 비중을 가지고 있다. 우리는 거기에서 무슨 이득을 보게 되는가? 우리는 이 무게가 자연적인 것이라 하여 그것을 쫓을 것인가? 아니다. 그러나 우리가 거기에 맞선다면……〕

195 〔사랑의 원인과 결과가 어떤 것인지 꼼꼼하게 따져 보는 것보다 인간의 허무함을 더 잘 보여주는 것이 없다. 사랑은 온 세계를 변화시키기 때문이다. 클레오파트라의 코.〕*84

196 사람의 혼미(昏迷)와 비참을 보고, 침묵을 지키는 온 우주를 보고, 아무런 빛도 가지지 못한 인간이 홀로 내버려져 우주의 한 귀퉁이에서 방황하는 듯, 누가 자기를 거기에 놓아두었는지, 자기가 무엇을 하러 여기 왔는지, 죽으면 어떻게 되는 것인지, 아무것도 모르고 아무런 인식도 가질 수 없음을 볼 때에, 나는 마치 잠이 든 동안에 무서운 무인도에 옮겨져서, 깨어보니 어디 있는지도 알 수 없고 거기서 나갈 도리도 없는 사람과 같이 공포를 느낀다.
또 그럼으로 해서 나는 사람이 어떻게 이렇듯 비참한 상태를 보고도 절망에 빠지지 않는지 이상하게 여겨진다. 나는 내 곁에서 비슷한 성질의 다른 사람들을 보게 된다. 그들에게 나보다 더 많이 알고 있느냐고 물으면 그들은 그렇지 않다고 말한다. 그리고 나서 그 불쌍한 길 잃은 사람들이 주위를 둘러보고 마음을 끄는 몇몇 물건을 발견하자, 거기에 온 마음을 쏟고 거기에 집착하였다. 그러나 나는 그런 것에 집착할 수가 없었다. 그리고 내가 보는 것 외에 다른 무엇이 있다는 것을 나타내는 표징이 얼마나 많은가를 생각하여, '신이 자기의 어떤 징조를 남겨 놓지나 않았을까' 하고 탐구하였다.

나는 상반되는 여러 종교가 있음을 본다. 따라서 하나만 빼고는 모두가 거짓이다. 각 종교가 그 자체의 권위로써 믿음을 요구하고 불신자들을 위협한다. 그러니까 나는 그것들을 그런 이유로 믿지는 않는다. 누구나 그런 말을 할 수 있고, 누구나 자기가 예언자라고 말할 수 있다. 그러나 그리스도교를 보면, 거기에는 예언이 있다. 그런데 이것은 아무나 할 수 있는 것이 아니다.

—인간의 불균형—

197 사람은 자연을 그 높고 충만한 위엄 속에서 전체적으로 꼼꼼히 따져 보아야 할 것이며, 그것을 둘러싸고 있는 낮은 사물에서는 눈을 멀리 해야 한다. 사람은 우주를 비추기 위하여 영원한 등불처럼 놓여진 저 찬란한 빛을 바라보아야 한다. 그에게는 지구가, 그가 그리는 넓은 궤도와 비교하면 하나의 점같이 생각되어야 하며, 또 이 광범한 궤도 자체도 끝없이 열린 하늘을 돌아다니고 있는 별들이 감싸고 있는 회전 궤도에 비기면 하나의 섬세하고 뾰족한 끝에 지나지 않는 것을 보고 경탄해야 한다.

그러나 우리의 시각이 거기에 머무른다 하더라도 상상력은 그것을 지나쳐 나가야 한다. 자연이 제공하기에 진력이 나기보다는 오히려 상상력이 상상하기에 지치고 말 것이다. 눈에 보이는 이 세계는 넓은 자연의 품안에 있어 깨달을 수 없는 하나의 선(線)에 지나지 않는다. 아무런 관념도 거기에 접근하지 못한다. 우리가 아무리 우리 개념을 상상할 수 있는 공간 너머로 부풀어 오른다 해도, 사물들의 실제와 비교하여 볼 때, 오직 원자(原子)들을 만들어낼 뿐이다. 그것은 어디에나 중심점이 있고 아무데도 주의가 없는 무한한 구형(球形)이다. 끝으로 그것은 신의 전능을 깨닫게 해 주는 가장 큰 표징이어서 우리의 상상력은 이 관념 속에서 망연자실해 지는 것이다.

사람은 자기 자신에 돌아가, 존재하는 것과 비교하여 자기가 무엇인지 꼼꼼히 따져 보아야 한다. 그는 자기가 자연의 이 외딴 구역에서 길을 잃고 방황하는 것으로 생각해야 한다. 그리고 자기가 머물러 있는 이 조그마한 움막, 즉 우주에서, 지구와 나라와 도시, 이곳에서 자신의 올바른 가치를 평가해야 한다.

무한 속에서 사람은 무엇이란 말인가?

그러나 이와 마찬가지로 놀라운 다른 이적(異蹟)을 그에게 보여주기 위하여, 사람은 그가 아는 것 중에서 가장 섬세한 것을 찾을 것이다. 치즈 벌레가 그 조그만 몸뚱이 안에 비교할 수 없을 만큼 더 작은 부분을 그에게 보여준다고 하자. 다리와 관절, 다리 안에는 정맥, 정맥 속에는 피, 피 안에는 체액, 체액 속에는 물방울, 물방울 속에는 증기를 포함하는 것이다. 그리고 마지막 것을 또 나누어 이런 개념에 제 힘을 다 쏟는다 하자. 그리고 이제는 그가 도달할 수 있는 맨 마지막 물체가 우리 논문의 대상이라 하자. 그는 아마 이것이 자연의 극단적인 작음이라고 생각하리라.

그러나 나는 그 속에 또 하나의 새로운 깊이를 보여주고자 한다. 나는 이 축소된 원자의 테두리 안에서 볼 수 있는 우주뿐 아니라, 자연에 대하여 생각할 수 있는 그 무한한 양을 그에게 그려 보이고자 한다. 그는 거기에서 제각기 하늘·별·땅을 눈에 보이는 세계와 같은 비율로 가지고 있는 무한수의 우주를 발견해야 할 것이다. 이 땅에서는 또 짐승들, 즉 구더기들을 보아야 할 것이니, 이들 안에서는 전자(前者)가 보여준 것을 다시 발견하게 될 것이다. 이리하여 다른 우주 속에서 끝없이 쉴 새 없이 같은 사물을 또 발견할 것이다.

그는 다른 것들이 그 넓이로 놀라운 것만큼이나, 그 작음으로 놀라운 이 불가사의 속에서 헤매야 할 것이다. 왜냐하면 조금 전만 하더라도 전체 안에 있어서는 그 자체도 깨달을 수 없는 것이며 그 우주 안에서도 눈에 띨 수 없던 우리의 육체가, 우리가 도달할 수 있는 허무에 비기면 하나의 거인이요 세계며, 아니, 그보다도 하나의 전체라는 점을 감탄하지 않을 자가 어디 있겠는가?

자신을 이와 같이 살펴보는 자는 자기 자신에게 놀랄 것이며, 무한과 허무라는 두 심연 가운데에서 자연이 그에게 준 큰 덩어리로 지탱되어 있는 자신을 살펴보고는 이 경이 앞에서 몸을 벌벌 떨 것이다. 그리고 그의 호기심이 경탄으로 변하여 그것들을 오만하게 연구하기보다는 묵묵히 바라볼 마음이 더 생기리라고 믿는다. 사실, 인간이 자연 안에서 무엇이란 말인가? 무한에 비하면 허무요, 허무에 대하여는 그 전체로 허무와 무한의 중간이다. 극단(極端)을 이해하기에는 무한한 거리가 있고 사물의 종말과 그 시초가 그에게는 사무칠 수 없는 비밀 속에 어쩔 수 없이 숨어 있어, 그가 빠져 나온 허무와 그가 빠져들어 가는 무한을 똑같이 보지 못하는 것이다.

그러니, 사람은 사물의 처음도 마지막도 알 수 없다는 영원한 절망 속에서 사물 중간의 어떤 겉모양을 바라보는 것 외에 무엇을 할 것이란 말인가? 어떤 사물이든, 허무에서 나와 무한에까지 끌려간다. 이 놀라운 걸음걸이를 일일이 이해할 자가 누구이겠는가? 이 경이들을 만든 이는 그것을 이해한다. 그 밖에는 아무도 그것을 깨닫지 못한다.

이 무한을 살펴보지 않은 탓으로 마치 사람들은 자연과 비교할 수 있는 듯이 무모하게도 자연을 탐구하려 든다.

사람들이 그 대상과 다름없는 무한한 오만으로 사물들의 기원을 이해하고, 거기서 모든 것을 아는 데까지 이르기를 원하였다는 것은 이상한 일이다. 왜냐하면 오만이나 자연처럼 무한한 능력을 가지고 있어야만 이런 의도를 품을 수 있기 때문이다.

배운 것이 있는 사람이면 자연이 자기의 모습과 그 조물주의 모습을 모든 사물에 새겨 놓았기 때문에, 자연에는 그 두 가지 무한과 비슷한 점이 있다는 것을 깨닫는다. 이와 같이 우리는 과학이 그 탐구의 범위로 보아서는 무한함을 보게 되는 것이다. 예를 들어, 기하학에는 설명해야 할 명제가 무한하고도 무한하다는 것을 누가 의심하겠는가? 학문들은 또한 그 원리의 양과 섬세함으로도 무한하니, 최종 원리라고 제시하는 원리들이 스스로 지탱되지 못하고 다른 원리에 의지하고 있고, 이들 원리는 또 다른 원리에 의지하게 되어 결코 최종의 것을 용납지 않는다. 이 원리를 모르는 자가 어디 있겠는가?

그러나 우리는 물질적 사물을 대하듯이 이성에 나타나는 최종원리를 만들어낸다. 물질적 사물에서 비록 그것이 그 본질로 보아서 무한히 나누어질 수 있을지라도, 그 이상은 우리의 오관으로는 아무것도 깨달을 수 없는 점을 불가분점이라고 부르는 것처럼.

학문의 이 두 무한 중에서 '큼'의 무한이 훨씬 더 깨닫기 쉬운 것이니, 이런 까닭으로 무엇이든지 안다고 주장하게 된 사람은 극히 적은 것이다. "나는 모든 것에 대하여 말하련다"고 데모크리토스는 말하였다. *85

그러나 작음으로 무한한 것은 훨씬 깨닫기 힘들다. 철학자들은 오히려 그것을 깨달았노라고 곧잘 주장했는데, 그들이 모두 실패한 것이 이 점이었다. 《사물의 원리에 대하여》니, 《철학의 원리에 대하여》니*86, 또는 그와 비슷한 몹시 평범한 제목이 바로 여기에서 나온 것인데, 이런 제목들은 겉보기에는 덜한 듯하지만, 'De omni scibili(알 수 있는 모든 것에 대하여)'라는 명백한 이 제목만큼이나 번지르르한 것이다.

사람들은 자연히 사물의 둘레를 모두 감싸기보다는 그 중심에 훨씬 더 쉽게 도달할 수 있다고 생각한다. 세상에 볼 수 있는 넓이는 눈에 띄게 우리 힘에 겨운 것이지만, 작은 사물들보다는 우리가 더 나으니까 그것들을 차지할 능력을 더 가지고 있다고 믿는 것이다. 그렇지만, 전체까지 가는 것보다 허무까지 가는 데 능력이 더 드는 것은 아니니, 어느 것에나 무한한 능력이 필요한 것이다. 그래서 사물의 최종 원리를 알아냈을 사람이면 무한까지도 알게 되리라고 생각된다. 이 두 가지가 서로서로 의존하고, 하나가 있으면 또 하나에 이르게 되는 것이다. 이 극단들은 신에게서, 오직 신에게서만 서로 닿고 합쳐지는 것이다.

그러니까 우리의 능력을 알도록 하자. 우리는 어떤 부분이기는 해도 전체는 아니다. 우리의 됨됨이가 우리로 하여금 허무에서 나오는 초보적 원리를 알지 못하게 만들고, 얼마 안 되는 우리의 그 됨됨이가 우리에게 무한을 보지 못하게 가린다.

알 수 있는 질서 안에서 우리 지역이 차지하는 위치는 자연의 공간 안에서 우리의 육체가 차지하는 것과 같은 위치이다.

모든 종류에 한계가 있어 두 극단 한가운데에 자리 잡고 있는 이 상태는 우리의 모든 능력에서 발견된다. 우리의 오관은 극단의 것을 아무것도 깨닫지 못한다. 소음이 너무 심하면 우리는 귀가 멍하여 지고, 빛이 너무 강하면 눈이 부시고, 거리가 너무 떨어졌거나 너무 가까우면 볼 수가 없으며, 연설이 너무 길거나 너무 짧으면 그 연설이 모호해 지며, 진리가 지나치면 우리에게 의심을 일으킨다.

0에서 4를 빼면 0이 남는다는 진리를 이해하지 못하는 자들도 있다. 우리에게 초보적인 원리는 지나치게 명백해 보이며, 지나친 쾌락은 오히려 몸을 불쾌하게 하고, 음악에 화음이 너무 많으면 소음이 되며, 은혜가 지나치면 화가 나게 되니, 우리는 빚진 것보다 더 많이 갚을 수 있기를 원한다. "Beneficia eo usque laeta sunt dum videntur exsolvi posse ; ubi multum antevenere, progratia odium redditur(은혜는 그것을 갚을 수 있다고 생각될 때까지만 즐거운 것이니, 그보다 더 지나치면 감사 대신 미움을 돌려주게 된다)."*87 우리는 극도의 더위도, 극도의 추위도 깨닫지 못한다. 지나친 특성은 우리에게 맞지 않아 느낄 수가 없으니, 우리는 이미 그것을 느끼는 것보다는 어쩔 수 없이 겪는 것이다. 나이가 너무 어리거나 너무 늙어도 정신을 방해하며, 교육을 너무 많이 받거나 너무 적게 받아도 마찬가지다. 어떻든 극단적인 사물은 우리에게 있어서 그것들이 없는 거나 다름없고 그것들에 대해서 우리도 없는 것이니, 우리는 그것들을 깨닫지 못하고, 그것들도 우리를 깨닫지 못한다.

우리의 거짓 없는 상태는 이런 것이다. 이것이 우리로 하여금 명백히 알지도 못하고 절대적으로 모르지도 못하게 하는 것이다. 우리는 아득히 넓은 가운데를 늘 뒤뚱뒤뚱 흔들리며 배를 저어 이쪽 끝에서 저쪽 끝까지 밀려가는 것이다. 우리가 어떤 종착점에 닿아 단단히 발을 붙이리라 생각하면 그것은 흔들리며 우리를 떠나, 우리가 따라가면 잡히지 않고 우리 손에서 미끄러져 나가 영원히 피해 달아난다. 우리를 위하여 걸음을 멈추는 것은 아무것도 없다. 이것이 우리의 자연적인 상태이다. 그러면서도 그것은 우리의 경향과는 가장 반대되는 것이다. 우리는 단단한 위치를 발견하기를 몹시 원하며 변함 없는 마지막 기초를 발견하고 그 위로 무한에까지 이르는 탑을 세울 생각이 간절하지만, 우리의 모든 발판이 흔들리고 땅은 심연에 이르기까지 갈라진다.

그러니 우리는 자신과 확신을 찾지 말자. 우리의 이성은 겉모양이 안전하지 못해서 언제나 환멸을 느낀다. 두 개의 무한 사이에 유한을 고정시킬 수 있는 것은 하나도 없으니, 그 무한들은 유한을 둘러싸고 있으면서 그것을 피해 달아나는 것이다. 이것을 잘 이해하면 사람들은 각기 자연이 정해 준 자리에 가만히 있으리라고 생각한다.

우리의 몫으로 주어진 이 중간이 항상 양 극단에서 멀리 떨어져 있는데, 어떤 사람이 사물을 조금 더 잘 이해한다고 무엇이 그리 대수로운가?

사물을 이해한다면 그것을 조금 높은 곳에서 따왔을 뿐이다. 끝에서 무한히 떨어져 있기는 여전하지 않은가? 10년을 더 산다고 하여도 우리 생애의 길이가 영원에서 무한히 떨어져 있기는 마찬가지가 아닌가? 이 무한들과 비겨 보면 모든 유한한 것은 동등하다.

그러니 무엇 때문에 우리 상상력을 유독 어떤 한 가지에만 붙박아 놓는단 말인가? 우리를 유한한 것과 비교하는 것만으로도 우리는 괴로움을 맛보는 것이다.

사람이 먼저 자기를 꼼꼼히 살펴본다면, 얼마나 그 이상 나아갈 능력이 없는가, 하는 것을 알게 될 것이다. 어떻게 한 부분이 전체를 알게 될 수 있겠는가? 그러나 자기와 비교할 수 있는 부분이라도 알려고 할 것이란 말인가? 그러나 세상의 부분들은 모두가 너무도 서로 관련이 있고 서로 얽히고설켜서, 하나를 알려면 또 하나를 알아야 한다고 나는 믿는다.

가령, 사람은 그가 아는 모든 것과 관계가 있다. 그는 몸담을 곳이 있어야 하고, 삶을 지속하기 위한 시간과 움직임이 필요하고, 그를 구성하여 주는 성분이 있어야 하며, 열과 그를 길러주는 양식과 숨쉬게 하는 공기가 필요하다. 그는 빛을 보고 물질을 느낀다. 한마디로 모든 것이 그와 관련이 있다. 그러니까 사람을 알려면 어떻게 되어서 그가 살아가는 데에 공기가 필요한지를 알아야 하며, 또 공기를 알려면 그것이 어떤 면에서 사람의 목숨과 관련이 있는가 하는 따위를 잘 알아야 한다.

불꽃은 공기 없이는 살 수 없다. 그런 불꽃을 알려면 공기도 알아야 한다.

그러므로 모든 사물은 서로 간접적이거나 직접적이거나 원인이 되고 결과가 되며, 돕고 도움을 받고, 가장 멀고 가장 다른 것들을 맺는 자연적이고 깨달을 수 없는 끈으로 관계가 맺어져 있는 만큼, 나는 전체를 알지 못하고 부분을 아는 것이, 부분을 상세히 알지 못하고 전체를 알 수 없는 것이나 마찬가지로 불가능하다고 생각한다.

그리고 사물을 아는 데 있어서 우리의 무능력을 결정적인 것으로 만들어

놓는 것은 그 사물들이 본질적으로 단일물인데 비해 우리는 서로 대립되고 종류가 다른 두 가지 본질, 즉 영혼과 육신으로 구성되어 있다는 점이다. 왜 냐하면 우리에게서 추론하는 부분은 신령한 부분을 넘어설 수 없기 때문이다. 우리가 순전히 육체적이라고 주장한다면 그것은 우리에게 훨씬 더 사물을 알지 못하게 하는 것이니, 물질이 자체를 안다고 말하는 것은 생각할 수 없는 일이기 때문이다. 우리는 물질이 어떻게 자체를 알게 되는지를 알 수가 없는 것이다.

이와 같이, 만약에 우리가 순전히 물질로만 되었다면 아무것도 알 수가 없으며, 또 만일 정신과 물질로 이루어졌다면 신령한 것이거나 육체적인 것이거나 단일성인 사물을 완전히 알지 못하는 것이다.

거의 모든 철학자들이 사물들의 관념을 혼동하여 육체적인 것을 영신적(靈神的)으로 말하고 영신적인 것을 육체적으로 말하는 것은 여기에서 오는 것이다. 왜냐하면 그들은 대담하게도 육체는 아래로 향하기 마련이고 구심력이 있으며, 그 자체의 파괴를 피하고 공간을 두려워하고, 경향과 공감과 반감이 있다고 주장하는데, 이것들은 모두가 신령에게만 속하는 것들이다. 그리고 신령에 대하여 말할 때에는 그것들을 어떤 장소에 있는 것처럼 생각하고 그것들이 이 자리에서 저 자리로 옮겨 다니는 것처럼 생각하는데, 그것은 육체에만 속하는 것들이다.

우리는 이런 순수한 사물의 관념을 받아들이는 대신에 그 사물들을 우리의 특성으로 물들이며, 우리가 익히 보는 모든 단일성 사물에 우리의 복합적인 모순을 새겨 놓는다.

우리가 무엇이든지 신령과 육체로 합성시키는 것을 보고는, 이 혼합물이 우리에게 매우 이해하기 쉬운 것이라고 생각하지 않을 자가 누구겠는가? 그렇지만 이것이 우리가 가장 이해를 잘 못하는 것이다. 사람은 그 자신에게 대하여 자연 안에서 가장 불가사의한 대상이 된다. 왜냐하면 그는 육체가 무엇인지를 이해하지 못하고 신령이 무엇인지는 더구나 이해하지 못하며, 어떻게 육체가 신령과 합해질 수가 있는지는 무엇보다도 이해할 수가 없는 것이다. 이것이 난해한 문제의 최고점인데, 이것이 바로 자신인 것이다. "Modus quo corporibus adhaerent spiritus comprehendi non potest, et hoc tamen homo est(신령이 육체에 어떻게 붙어 있는지를 사람들은 이해할 수가 없다.

그런데도 그것이 바로 사람인 것이다)."*88

우리의 약함을 증거로 남기지 않기 위해 끝으로 나는 아래의 두 가지를 살펴보려 한다……

198 사람은 하나의 갈대에 지나지 않으며, 자연계에서 가장 약한 자이다. 그러나 그는 생각하는 갈대이다. 그를 부수는 데에는 온 우주가 무장할 필요가 없다. 한 줄기의 증기, 한 방울의 물로도 넉넉히 그를 죽일 수 있다. 그러나 우주가 그를 부수어 버린다 해도 사람은 그를 죽이는 그것보다 훨씬 고귀한 것이다. 그는 자기가 죽는다는 것과 우주가 자기보다 힘이 세다는 것을 알고 있지만, 우주는 그런 것을 도무지 모르기 때문이다.

그러므로 우리의 존엄성은 완전히 생각에 있는 것이다. 우리는 채울 수 없는 공간과 시간으로서가 아니라, 이것, 즉 생각으로 우리의 가치를 올려야 한다. 그러니까 우리는 올바르게 생각하도록 힘쓰자. 이것이 도덕의 근본이다.

199 이 무한한 공간의 영원한 침묵이 나는 무섭다.

200 낙심하지 마라. 그대는 위로를 그대에게 기대하지 말고, 오히려 반대로 그대 스스로에게 아무것도 기대하지 않음으로써 위로를 기대해야 하는 것이다. *89

16 다른 종교들의 거짓됨

201 마호메트는 권위가 없다. *90

그러므로 그의 논리는—그 자체의 힘밖에는 가진 것이 없는 만큼—대단히 유력한 것이어야 했을 것이다.

그런데 그는 무엇이라고 말했는가? 그를 믿어야 한다고 말했다.

다른 종교들의 거짓됨
202 그들*91에게는 증인이 없다. 이들*92에게는 그것이 있다.

신은 다른 종교들에게 이런 표를 내놓으라고 도전한다. 〈이사야〉 43장 9절, 44장 8절.

203 만물의 근원이 오직 하나이고 만물의 목적이 오직 하나이면, 만물은 그에 의하여, 그를 위하여 있는 것이다. 그러니까 참된 종교는 그만을 숭배하고 그만을 사랑하라고 우리에게 가르쳐야 한다. 그러나 우리는 우리가 알지 못하는 것을 숭배할 수 없고 우리 밖의 다른 것을 사랑할 수 없으므로, 이러한 의무를 가르치는 종교는 또한 이러한 무능도 우리에게 가르쳐 주어야 하고 그것을 고치는 방법도 일러주어야 한다. 그 종교는 한 사람으로 인하여 모든 것을 잃고 신과 우리 사이에 맺어진 관계가 끊어졌다는 것과, 한 사람으로 말미암아 이 관계가 회복되었음을 우리에게 가르쳐 준다. [93]

우리는 신에 대한 이 사랑에 거스르는 자로 태어나는데, 우리가 이렇게 죄인으로 태어나는 것이 아주 필연적인 것이니, 그렇지 않다면 신은 의롭지 않다.

204 "Rem viderunt, causam non viderunt(그들은 사물을 보았으되 원인을 보지 못하였다)."[94]

마호메트에 대한 반박

205 복음 성경이 성 마태오의 것인 반면에 '코란'은 마호메트의 것이 아니다. 왜냐하면 성 마태오는 몇 세기에 걸쳐 여러 저자(著者)들이 인용했고, 그 적인 첼시우스와 포르피리우스조차도 그것을 부인하지 않기 때문이다. [95]

'코란'은 성 마태오가 선량한 사람이었다고 말한다. 그러므로 악인들을 선하다고 했든가, 혹은 그 사람들[96]이 예수 그리스도에 대하여 말한 것에 동의하지 않기 때문에 마호메트는 거짓 예언자였다.

예수 그리스도와 마호메트의 차이

206 마호메트는 예고되지 않았고, 예수 그리스도는 예언되었다.

마호메트는 죽이고, 예수 그리스도는 자기 제자들로 인해 죽음을 당하게 함으로.

마호메트는 읽는 것을 금하고, *97 사도들은 읽기를 명함으로. *98

다시 말해서 마호메트가 인간적으로 성공하는 길을 취하였다면 예수 그리스도는 인간적으로 파멸되는 길은 택하였으니, 이것은 너무도 상반되는 일이라, 마호메트가 성공하였기에 예수 그리스도도 얼마든지 성공할 수 있었을 것이라고 결정지을 게 아니라, 마호메트가 성공하였기에 예수 그리스도는 파멸당해야 할 것이었다고 말해야 할 것이다.

207 사람들은 자연적으로 서로 미워한다. 사람들은 될 수 있는 대로 사욕을 모두의 행복과 이익에 유익하도록 사용하였다.

그러나 그것은 겉치레에 지나지 않고 박애의 거짓말에 지나지 않으니, 속을 파고들면 그것은 증오에 지나지 않기 때문이다.

208 사람들은 경찰과 도덕과 재판에 대한 훌륭한 규칙을 만들었는데, 그것을 사욕에서 끌어냈다. 그러나 따지고 보면, 사람의 이 천한 밑바닥인 figmentum malum(나쁜 근성) *99은 가려져 있을 뿐 제거된 것은 아니다.

209 예수 그리스도는, 사람이 오만해지지 않고 가까이하며, 실망하지 않고 그 밑에서 자기를 낮출 수 있는 신이다.

210 "Dignior plagis quam osculis, non timeo, quia amo(입맞춤을 받기보다는 매를 맞아야 할 나이지만, 나는 사랑하기 때문에 두려워하지 않는다)." *100

211 참된 종교는 자기의 신을 사랑하라는 의무를 지워 주는 것을 표로 삼아야 한다. 이것은 지당한 일이지만 아무 종교도 그것을 명령하지 않았는데, 우리 종교는 그것을 명하였다.

참다운 종교는 사욕과 무력(無力) *101도 알아야 하는데, 우리 종교는 그것을 알았다.

참 종교는 거기에 대한 구제 방법을 마련해 주어야 하는데, 그 하나는 빌고 구하는 것, 기도이다. *102 아무 종교도 신에게 그를 사랑하고 따를 힘을 달라고 청하지 않았다.

212 인간의 본성을 다 알고 나서, 어떤 종교가 참다운 것이 되기 위해서는 그것이 우리의 본성을 알아야 한다. 위대함과 비천함을 알아야 하고, 양쪽 모두의 이유를 알아야 한다. 그리스도교 말고 어떤 종교가 그것을 아는가?

213 참된 종교는 우리의 의무와 우리의 무력—교만과 사욕—을 가르치고, 구제 방법—겸손과 극기—도 가르친다.

214 명백하고 논증적인 상징(象徵)도 있지만 달리 설득당한 자들에게밖에는 증거가 되지 못하는 약간 억지로 끌어다 붙인 것 같은 다른 상징들도 있다.
그것들은 묵시론자(默示論者)*103와 비슷하다. 그러나 차이가 있으니, 그것은 묵시론자들이 의심할 수 없을 만한 상징을 가지고 있지 못하다는 것이다. 그래서 그들이 자기들의 상징이 우리 상징 중의 어떤 것들만큼 단단한 근거가 있다고 내세울 때보다 더 부당한 것은 없을 지경이다. 그들은 우리의 어떤 상징들처럼 논증적인 것을 가지고 있지 못하기 때문이다. —그러니까 편이 기우는 것이다. 이 사물들이 한편으로는 아주 다른데, 또 한편으로는 비슷한 것 같이 보인다 해서 그것들을 동등시하거나 혼동해서는 안 된다. 명백한 것들이야말로, 그것이 신에게서 오는 경우에는, 불분명한 것까지 존경받을 수 있게 하는 것이다.
〔이것은 어떤 종류의 불분명한 말을 주고받는 사람들과 같으니, 그것을 알아듣지 못하는 자들은 거기에서 겉껍질의 뜻밖에는 알 수 없을 것이다.〕

다른 종교들의 거짓됨
215 마호메트에 있어서, 불분명하여 신비적인 의미로 간주할 수 있는 것을 가지고 마호메트를 판단하라는 것이 아니라 그의 천국과 그 밖의 명백한 것으로 그를 판단하라. 그 점에서 그는 우스꽝스럽다. 그러므로 그의 명백한 점이 우스꽝스러운 것에 비춰 그의 모호한 점을 신비로운 것으로 해석하는

것은 옳지 않다.

성서는 이런 것이 아니다. 마호메트의 것처럼 이상하다고 할 모호함이 있다는 것은 나도 인정한다. 그러나 거기에는 훌륭한 빛이 있고, 실제로 이루어진 명백한 예언들이 있다. 그러니까 승부가 대등하지 않다. 명백한 점이 아니라 모호하다는 점에서만 비슷한 사물을 혼동하고 동일시하는 것은 옳지 않다. 이 명백함으로 말미암아 모호함이 존중받을 가치를 얻는 것이다.

216 다른 종교들이 더 통속적인 이유는, 그것이 밖으로 표현되기 때문이다. 그러니까 이런 종교들은 사려 깊은 사람들을 위한 종교는 아니다. 순전히 정신적인 종교는 사려 깊은 사람들에게 더 알맞은 것이겠으나, 대중에게는 소용이 없을 것이다. 오직 그리스도교만이 밖의 것과 안의 것이 섞여 있으므로 모든 사람에게 알맞은 것이다. 그리스도교는 안으로는 대중을 높여 주고 밖으로는 오만한 자들을 끌어내리는데, 이 두 가지가 없이는 완전한 것이 못 되니, 대중은 글자에서 정신을 이해해야 하고 사려 깊은 사람들은 정신을 글자에 굴복시켜야 하기 때문이다.

217 다른 어떤 종교도 자신을 미워하라고 주장하지 않았다. 그러니까 어떤 종교도 자기 자신을 미워하면 참으로 사랑할 만한 존재를 찾는 자들의 마음에 들 수가 없다. 그런데 이런 이들은 종교에서 비록 수모를 당한 신의 이야기를 일찍이 들은 적이 없다 해도 곧 그것을 받아들일 것이다.

17 종교를 사랑스러운 것으로 만들 것

218 모든 사람을 위한 예수 그리스도.
한 민족을 위한 모세.
아브라함 안에서 축복을 받은 유대인들, "나는 너를 축복하는 자들에게 복을 내리겠노라."*104 그러나 "그의 자손 안에서 모든 사람이 축복을 받으리라."*105

"Parum est ut" etc. Isaie. (이것은 사소한 일이다)운운. 〈이사야〉. *106
"Lumen ad revelationem gentium (이방인들을 비추어 주는 빛)."*107

"Non fecit taliter omni nationi(아무 나라에나 이렇게 하시지는 않았다.)"*108 다윗은 율법에 대하여 이렇게 말하였다. 그러나 예수 그리스도에 대하여 말할 적에는 "Fecit taliter omni nationi(어느 나라에 대하여도 이렇게 하셨다)"고 해야 된다. "Palum est ut," etc. (이것은 사소한 일이다) 운운. 〈이사야〉.

그러므로 보편성은 예수 그리스도의 특성이다. 교회조차도 신자들을 위해서만 제사를 드린다. 예수 그리스도는 모든 사람을 위하여 십자가의 제사를 바쳤다.

219 물질주의적인 유대인들과 이교도들도 비참에 빠져 있고, 그리스도 교도들도 역시 그렇다. 이교도들에게는 구속주(救贖主)가 계시지 않으니, 그들은 그런 것을 바라지도 않기 때문이다. 유대인들에게도 구속주가 안 계시니, 이들은 그를 헛되이 바라고 있기 때문이다.

구속주는 오직 그리스도 교도들에게만 계신다.

영속성 조항을 보라.

18 그리스도교의 기초와 이의에 대한 답변

220 '기초'의 장(章)에다 '상징'의 장에서 상징의 원인에 관하여 쓴 것을 써 넣어야 한다. 즉 어째서 예수 그리스도의 첫 번째 강림에 대해서는 예언이 되었는데, 어째서 그 강림의 방식에 대해서는 모호하게 예언이 되었는가 하는 것이다.

221 가장 쉽게 믿는 불신자. 그들은 모세의 기적을 믿지 않기 위하여 베스파시아누스의 기적을 믿는다. *109

222 예수 그리스도가 사람들 사이에 알려지지 않은 채 지내신 것처럼, 그의 진리도 겉으로 보기엔 아무 차이 없이 보통 의견들 가운데 끼어 있다. 성채(聖體)가 보통 빵 사이에 끼어 있는 것도 마찬가지다.

223 모든 신앙이 예수 그리스도와 아담으로 성립되고, 모든 도덕이 사욕과 성총으로 성립된다.

224 저들은*110 부활을 반대해서 무슨 말을 할 수 있으며, 동정녀가 아이를 낳는 데 반대해서 또 무슨 말을 할 수 있는가? 사람이나 짐승을 만들어내는 것과, 그것을 번식시키는 것 중에 어느 것이 더 어려운가? 또 그들이 만일 동물의 종류를 하나도 본 일이 없다면, 동물들이 서로서로 짝 없이 생식을 하는지 짐작할 수가 있겠는가?

225 예언자들은 예수 그리스도에 대하여 무엇이라고 말하는가?
그가 뚜렷하게 신이라고 말하는가?
아니다, 그는 참으로 숨어 계신 신이고, 그는 멸시를 당할 것이고, 사람들이 그를 신이라고 생각하지 않을 것이며, 그는 걸려 넘어지는 돌이 되어 많은 사람들이 거기에 걸려 넘어질 것이라고 운운한다.
따라서 명확성이 없다고 우리를 책하지 말 것이다. 우리가 그것을 공개적으로 말하고 있으니까.
—"그러나 모호한 데가 있다"고 사람들은 말하리라. —그런데 그렇지 않았더라도 사람들은 예수 그리스도에 걸려 넘어지지는 않았을 것이다.
이것은 예언자들의 명백한 의도의 하나인 것이다.
"Excaeca(눈을 어둡게 하라)."*111

226 사람들이 그들의 최대의 빛으로 알 수 있던 그것*112을 이 종교는 자기 자녀들에게 가르쳤다.

227 불가해한 모든 것이 존재하지 않는 것은 아니다.

228 〔만일 누가 인간은 너무 보잘것 없기 때문에 신과 교제할 자격이 없다고 말한다면, 아주 위대한 자여야만이 그런 판단을 내릴 수 있을 것이다.〕

229 신이 어떤 사람들은 혼미하게 만들고, 어떤 사람들은 비추어 주고자

하셨음을 원칙적으로 인정하지 않는다면, 사람들은 신의 업적에 대하여 아무것도 이해할 수 없다.

230 예수 그리스도는 악인들을 눈이 어두운 가운데 버려둔 채 당신이 '나사렛' 출신이 아니라고 말하지도 않고, 또 요셉의 아들이 아니라고도 말하지 않는다. *113

231 신은 이성보다도 의지를 더 살펴 나누어주기를 원한다. 완전히 명확한 빛은 이성에는 이로우나 의지에는 해로울 것이다. ―교만을 깎아 내릴 것.

232 예수 그리스도가 강림한 것은 눈이 밝은 자들을 소경으로 만들고 소경들의 눈을 뜨게 하며, 병자들을 낫게 하고 건강한 자들을 죽게 버려두며, 죄인들이 죄를 뉘우치도록 인도하여 의롭게 하고 의로운 자들은 그 죄 속에 버려두며, 가난한 자들을 충만케 하여 주고, 부자들은 텅빈 채 버려두기 위해서이다.

233 성 아우구스티누스, 몽테뉴, 세분데. *114 선택받은 자들을 비출 만큼 충분한 빛이 있고, 그를 겸손하게 만들 만큼 어둠도 충분하다. 저주받은 자들의 눈을 어둡게 할 만큼 넉넉한 어둠이 있고, 그들을 죄로 정하고 변명할 수 없게 만들 수 있을 만큼의 빛도 넉넉히 있다.
구약 성서에 있는 예수 그리스도의 계보는 다른 많은 쓸모없는 것과 섞여 있어 구별하기 어려울 정도이다. 만일 모세가 예수 그리스도의 조상만을 대장(臺帳)에 올렸더라면 그것은 너무나 명백했을 것이다. 만일 예수 그리스도의 계보를 표시하지 않았더라면 그것은 그만하면 되었다고 할 정도로 명료하지는 않았을 것이다. 그러나 결국 자세히 들여다보는 사람은 예수 그리스도의 계보가 '타마르', '룻' 등에 의하여 *115 충분히 구별되어 있음을 알게 된다.
그 제물을 제정한 사람들은 그것이 쓸데없음을 알고 있었고, 그것이 쓸데없다고 선언한 자들은 그것을 행하기를 마지않았다.

만약에 신이 한 종교밖에 허용하지 않았더라면 그것이 너무도 알아보기 쉬웠을 것이다. 그러나 그것을 세밀히 살펴보면, 이 모호한 가운데서 얼마든지 진리를 구별해 낼 수 있다.

원칙. 모세는 재간 있는 사람이었다. 그러므로 그가 이성으로 자기를 다스리고 있었다면, 정면으로 정신에 반대되는 것은 하나도 명백히 말하지는 않았을 것이다. 이래서 지극히 명백하게 드러난 약점들도 모두 힘이 되는 것이다.

예를 들자면, 성 마태오와 성 루가의 두 가지 계보 같은 것이다. 이것이 서로 의논해서 만든 것이 아니라는 것보다 더 명료한 것이 무엇이겠는가?

234 만일 예수 그리스도가 성스럽게 되기 위해서만 강림하였다면 온 성경과 모든 것이 이 목표를 향할 것이고, 불신자들을 설득시키기가 아주 쉬웠을 것이다. 만일 예수 그리스도가 사람들의 눈을 어둡게 하기 위해서만 왔다면, 그의 모든 행위가 모호할 것이고, 따라서 우리는 불신자들을 설복시킬 방법이 도무지 없을 것이다. 그러나 이사야가 말한 것과 같이 그가, 'in sanctificationem et in scandalum(거룩하게 하고, 또 걸려 넘어지게 하기 위하여)'*[116] 강림하였으므로 우리가 불신자들을 설득시킬 수도 없고 불신자들이 우리를 설득시킬 수도 없다.

그러나 바로 이것으로 우리는 그들을 설득시키는 것이니, 우리는 예수 그리스도의 모든 행위에, 이쪽으로도 저쪽으로도 확신을 주는 것이 없다고 말하기 때문이다. *[117]

상징

235 신은 자기를 믿는 자들에게서 무너지기 쉬운 행복을 뺏고자 하는데, 무능해서 그런 것이 아님을 증명하기 위하여 유대 민족을 만들었다. *[118]

236 사람은 신에게 합당하지 않다. 그러나 신에게 합당해 질 수 없는 것도 아니다.

신이 불쌍한 인간과 하나가 된다는 것은 신으로서 할 일이 아니다. 그러나 사람을 그 비참에서 *끄집어내는 것은 하지 못할 일도 아니다'

증거

237 이루어진 예언, 그리스도 이전에 있던 것과 뒤에 있던 것.

상반의 원천

238 —모욕을 당하되, 십자가에 못 박혀 죽기까지 모욕을 당한 신—예수 그리스도가 가진 두 가지 성(性)[119], 두 가지 강림[120], 인간 본성의 두 가지 상태[121]—자기의 죽음으로 죽음을 이긴 메시아.

—신이 자기를 감추고자 하셨다는 것

239 종교가 하나밖에 없다면 신은 거기에 아주 명백히 나타날 것이다.

우리 종교에만 순교자들이 있다 하여도 이와 마찬가지일 것이다.

신이 이렇게 숨어 있으니까, 신이 숨어 있다고 말하지 않는 종교는 하나도 참되지 않다. 그리고 어째서 신이 숨어 있는지 설명을 못 하는 종교에서는 배울 것이 없다. 우리 종교는 이런 것을 다하고 있다. "Vere tu es Deus absconditus(당신은 참으로 숨어 계신 신이십니다)."[122]

〔우리의 신앙의 토대〕

240 외교(外敎)는 아무런 기초도 없다.

마호메트교는 기초로 《코란》과 마호메트를 가지고 있다. 그러나 세상의 마지막 기대였어야 할 이 예언자는 예고되었던가? 자칭 예언자라고 하고자 하는 사람에게서 찾아볼 수 없는 어떤 표를 그는 가지고 있는가? 그는 자기가 어떤 기적을 행하였다고 말하는가? 그 자신의 전설을 따른다 하여도 그는 무슨 신비를 가르쳤는가? 또 무슨 도덕과 어떤 복을 가르쳤는가?

유대교는 성경의 전하는 바와 민중의 전설에 있어서 서로 달리 고려되어야 한다. 민중의 전설에 의하면 유대교의 도덕과 복은 우스꽝스럽다. 그러나 성경의 전하는 바는 훌륭한 것이다. 유대교의 기초는 훌륭한 것이니, 그것은 세상에서 가장 오래되고 가장 정통적인 책이다. 그리고 마호메트는 자기 책을 존속시키기 위하여 그것을 읽으라고 명하였다. [123]

—이것은 어떤 종교에 있어서나 마찬가지니, 그리스도교도 성경에 의한 것과 결의론자에 의한 것과는 판이하게 다르다.

우리 종교[*124]는 하도 신성을 띤 것이어서 신성을 띤 또 하나의 종교[*125]는 전자의 토대를 가진 데 지나지 않았다.

무신론자들의 이의
241 "그러나 우리는 아무 빛도 가지지 못했다."

19 율법이 상징적이었다는 것

242 율법이 상징적이었다는 것.

상징
243 유대와 이집트 두 민족은 분명히 모세가 만난 두 사람에 의해 예언되었으니, 이집트인이 유대인을 때리므로 모세는 유대인의 원수를 갚느라고 이집트인을 죽이고 유대인은 그 은혜를 저버리고.[*126]

—상징적인 것—
244 "모든 것을 산에서 네게 보여준 본을 따라서 하라."[*127] 여기 대하여 성 바오로는 유대인들이 하늘 위의 것을 그대로 베꼈다고 말하였다.[*128]

—상징—
245 예언자들은 불에 탄 허리띠, 수염, 머리칼 등등의 상징을 가지고 예언하였다.[*129]

—상징적인 것—
246 암호를 푸는 관건.
"Veri adoratores(참된 숭배자들)"[*130], "Ecce agnus Dei qui tollit peccata mundi(보라, 세상의 죄를 없애는 신의 어린양을)."[*131]

—상징적인 것—
247 검, 방패 따위의 용어.[*132] "Potentissime(지극히 능하신 이여)."[*133]

248 성경의 뜻을 해명하고자 하면서 그 뜻을 성경에서 얻어내지 않는 자는 성경의 적이다. Aug. d. d. ch. [134]

249 두 가지 오류, 모든 것을 글자 그대로 해석하는 것. 모든 것을 영적으로 해석하는 것.

250 예수 그리스도는 성경을 이해할 수 있도록 그들의 정신을 열어 주었다. [135]

두 가지 큰 계시는 다음과 같은 것이다.

1. 모든 것이 그들에게 상징적으로 오는 것이었으니—'Vere Israelite(참으로 이스라엘 사람들)'[136], 'Vere liberi(참으로 자유인)'[137], '참으로 하늘의 양식'[138]

2. —십자가에 못 박히기까지 치욕을 당하신, 그리스도는 자기 영광에 들어가기 위하여 고난을 겪어야 했다. [139] '자기의 죽음으로 죽음을 이기기 위하여' 두 번의 강림.

251 너무나 큰 상징을 반대하는 것.

252 선인들만이 메시아를 알아볼 수 있고 악인들은 알아볼 수 없게 하려고 신은 이와 같은 모양으로 예언하였다.

만일 메시아의 강림의 시기와 방식이 명확히 예언되었더라면, 악인들에게까지도 모호한 점이 조금도 없었을 것이다.

만일 그 시기가 분명치 않게 예언되었더라면 선인들에게까지도 모호한 점이 있었을 것이다. 왜냐하면 '그들의 마음이 착하다고 하여도' 가령 자음 mem(멤)이 6백 년을 뜻한다는 것 따위를 그들이 이해할 수 없기 때문이다. 그러나 그 시기는 명백히 예언되었고, 방식은 상징으로 예언되었다.

이러한 방법으로 악인들은 언약된 행복을 물질적인 것으로 해석하여, 그 시기가 명백히 예언되었음에도 불구하고 갈피를 잡지 못하지만, 선인들은 정신이 혼미해 지지 않는다.

왜냐하면 약속된 행복에 대한 이해는, 그가 사랑하는 것을 '선'이라고 부르는 마음에 달렸으나, 약속된 시기를 이해하는 것은 마음에 달려 있지 않은 까닭이다. 이리하여 시기에 대한 명백한 예언과 행복에 대한 불분명한 예언에는 악인들만이 속게 된다.

253 ─물질주의적인─유대인들은 그들의 예언서에 예고된 메시아의 위대함도 비천함도 이해하지 못했다. 그들은 예언된 그 위대함에서 메시아를 알아보지 못하였으나, 가령 메시아가 자기는 비록 다윗의 자손이기는 하지만 그의 구세주일 것이라는 것*[140]과 또 자기가 아브라함보다 먼저 있어 아브라함을 보았노라고 말할 때*[141], 유대인들은 메시아가 영원할 만큼 그렇게 위대하다고는 믿지 않았고, 또 이와 마찬가지로 그의 비천함과 그의 죽음에서도 메시아를 알아보지 못했다. '메시아'는 영원히 남아 있는데, 이 사람은 자기가 죽을 것이라고 한다고 그들은 말했다. *[142] 따라서 그들은 메시아가 죽을 자라고도, 영원하다고도 믿지 않았고, 그에게서 오직 물질적인 위대함만을 추구(追求)했다.

모순
254 우리의 모든 모순점을 일치시킴으로써만 하나의 훌륭한 인간상을 만들 수 있는 것이고, 반대로 모순 되는 특성을 일치시키지 않거나, 또는 일치되는 특성의 연속을 따라가기만 한다고 되는 것도 아니다. 어떤 저자의 뜻하는 바를 이해하기 위하여서는 모든 상반되는 구절을 일치시켜야 한다.

이와 같이 성경을 이해하기 위해서도 모든 상반되는 구절이 거기서 일치되는 어떤 뜻을 가져야 한다. 여러 개의 일치되는 구절에 적합할 하나의 뜻을 가지는 것으로는 충분치 못하고, 모순의 구절까지도 일치시키는 하나의 뜻을 가지고 있어야 한다.

어떤 저자든지 모든 상반되는 구절이 거기서 일치되는 어떤 뜻을 하나 가지고 있든가, 전혀 뜻을 가지고 있지 않든가 한다. 성서와 예언자들에 대하여 이렇게 말할 수는 없다. 그들은 정녕 너무나 훌륭한 뜻을 가지고 있었다. 그러니까 모든 모순점을 일치시키는 뜻을 하나 찾아야 한다.

그러므로 참된 뜻은 유대인들이 내세우는 그것이 아니고, 다만 예수 그리스도에게서 모든 모순이 일치되는 것이다.

유대인들은 '호세아'가 예언한 왕위와 후위(候位)의 단절과*143 야곱의 예언을*144 일치시킬 수 없을 것이다.

만약 율법과 제사와 왕국을 실제적인 것으로 해석한다면, 모든 구절을 일치시킬 수가 없다. 그러면 그것들은 아무래도 상징일 수밖에 없다. 같은 저자나 같은 책이나, 또 어떤 때에는 같은 장의 구절을 일치시키는 일조차 불가능할 것이니, 이로써 저자의 뜻이 어떤 것이었는지 드러나는 것이다. 가령 〈에스겔〉 제20장에 사람들이 신의 계명을 따라 살 것이라고 말하고, 또 그것을 따라 살지 않을 것이라고 말하기도 하는 경우가 그런 것이다.

255 주가 선택하신 장소인 예루살렘 밖에서 제사를 드리는 것이 허락되지 않았고, 제물의 10분의 1을 다른 데서 먹는 것도 허락되지 않았다. 신명기 12장 5절 등, 신명기 14장 23절 등, 15장 20절, 16장 2, 7, 11, 15절 등.

호세아는 저들이 임금·군주·제사·우상을 갖지 못할 것이라고 했는데, 그것은 예루살렘 밖에선 정식 제사를 드릴 수 없게 됨으로써 오늘날 예언대로 된 것이다.

상징

256 만일 율법과 제사가 참된 것이라면 신의 마음에 들어야 하고, 마땅히 그의 마음에 들지 않을 리가 없다. 그것들이 상징이라면 마음에 들기도 하고, 안 들기도 해야 한다.

그런데 성경 전체를 볼 적에 그것이 신의 마음에 들기도 하고, 안 들기도 한다. 율법이 변하고 제사가 바뀔 것이라고 기록되어 있고, 그들이 율법과 왕과 제사를 가지지 못하게 되며, 새로운 계약이 맺어지고 율법이 갱신될 것이며, 그들이 받은 계명은 좋지 않고 그들의 제사는 밉고, 신은 그런 것을 요구하지 않았다고 기록되어 있다.

이와 반대로 율법이 영속하고, 이 계약은 영원하며, 제사가 영원하리라고 기록되어 있기도 하며, 영원한 왕이 이르기 전에는 왕권이 그들에게서 결코 떨어져 나가지 않기로 되어 있은즉, 그것이 그들 사이에서 떠나는 일이 절대로 없으리라고도 기록되어 있다.

이런 모든 구절들은 그것이 실제임을 나타내는 것인가? 아니다. 그러면 그것이 상징적임을 나타내는 것인가? 아니다. 다만 그것이 실제적인 것일 수도 있고, 상징적일 수도 있다는 것을 표시하는 것이다. 그러나 첫 번 구절들은 실제를 배제함으로써 그것이 상징에 지나지 않는다는 것을 나타낸다.

이들 구절이 모두 실제에 대해 쓰여질 수는 없으나 모두가 상징에 대하여는 쓰여질 수가 있는 것이다. 그러므로 그것들은 실제에 대해 쓰여진 것이 아니고 상징에 대해서 쓰여진 것이다.

"Agnus occisus est ab origine mundi(어린양은 세상의 처음부터 도살되었다)"는 말은[145] "sacrificium"(제사)를 판단하는 것이다.[146]

257 초상(肖像)은 결여와 존재, 쾌락과 불쾌를 지니고 있다. 실물은 결여와 불쾌를 배제한다.

상징

율법과 제사가 실제인지 상징인지를 알기 위해서 예언자들이 그것들에 대해 말할 때 그들의 눈과 그들의 생각을 거기에 머무르게 하여 거기에서 묵은 언약 밖에는 보지 않았는지, 혹은 거기에서 또 다른 상징을 보았는지 살펴야 한다. 왜냐하면 초상에서는 상징된 사물을 볼 수 있기 때문이다. 이렇게 하기 위해서는 저들이 거기에 대해 뭐라고 말하는지 검토하기만 하면 된다.

그 계약이 영원할 것이라고 말할 때, 그들은 바뀔 것이라고 말한 그 계약을 말하는 것인가? 또 그와 마찬가지로 제사에 대해서도 그렇게 생각하는 것인가?

부호에는 두 가지 뜻이 있다. 누가 갑자기 어떤 중요한 수수께끼를 대했을 때, 거기서 명백한 뜻을 한 가지 발견하였는데도 그 뜻이 가려져 있고, 불분명하고, 숨겨져 있어 사람들이 그 수수께끼를 보되 알아보지 못하고, 그것을 듣되 알아듣지 못한다고 한다면, 그것은 두 가지 뜻이 있는 부호이며, 거기서는 문자 그대로의 의미 속에 분명한 모순이 발견되는 만큼 더군다나 그렇다고 밖에 어떻게 생각해야 하겠는가?

─예언자들은, 이스라엘이 항상 신의 사랑을 받을 것이며 율법은 영원할 것이라고 명백히 말했고, 또 사람들이 그들의 말하고자 하는 바를 이해하지 못할 것이고 그 뜻이 가려져 있을 것이라고도 말했다─

우리에게 부호를 풀어 주고 숨은 뜻을 이해하도록 가르쳐 주는 사람들을, 더구나 그들이 거기에서 이끌어내는 원리가 아주 자연스럽고 명료할 적에 그들을 얼마나 존경해야 할 것인가! 이것이 바로 예수 그리스도와 사도들이 한 일이다. 그들은 봉인을 뜯고 보자기를 찢고, 그 뜻을 보여주었다. 이를 위하여 그들은 사람의 원수는 정욕이라는 것, 구속주는 영적이고 그의 지배도 영적이라는 것, 강림이 두 가지 있을 텐데, 하나는 교만하고 건방진 사람을 누르기 위한 비천한 것이고, 또 하나는 비천한 사람을 높여주기 위한 영광스러운 것이라는 것, 예수 그리스도는 신인 동시에 사람이라는 것을 우리에게 가르쳐 주었다.

258 첫 번 강림의 시기는 예언되었으나 두 번째 강림의 시기는 예언되지 않았는데, 그것은 첫 번 강림은 사람들이 모르게 행해지기로 되어 있으나 두 번째 강림은 명백하고 너무도 밝게 드러나는 것이어서 그의 원수들까지도 그것을 알아볼 정도였기 때문이다. 그러나 처음에는 사람들 눈에 뜨이지 않게만 강림하게 되어 있었으므로, 또 성경을 탐구할 사람들에게 알려지기 위해서는……

259 그를 적대시하던 유대인들이 무엇을 할 수 있었나? 그들이 그를 받아들이면 그들이 받아들이는 것으로 그를 증명하는 것이 되니 메시아를 기다리고 바라는 소임을 맡은 자들이 그를 받아들이기 때문이요, 만일 그들이 그를 부인하면 그들의 부인으로 그를 증명하는 것이 된다.

—모순—
260 메시아에 이르는 왕권. 왕도—군주도—없다. *147
영원한 율법, 변경된 율법.
영원한 계약, 새로운 계약.
좋은 율법, 나쁜 계명. 〈에스겔〉 20장. *148

261 유대인들은 크고 눈부신 기적에 익숙해져 있었다. 이래서 홍해의 대이변*149과 가나안 땅을, 마치 그들의 메시아의 위대한 업적이 요약된 것처

럼 생각하고 있었기 때문에 모세의 기적이 그 표본에 지나지 않았을 정도로 훨씬 더 눈부신 기적을 메시아에게서 바라고 있었다.

262 상징은 결여와 존재, 쾌락과 불쾌를 지니고 있다. 기호에는 명백한 것과 뜻이 숨겨져 있다고 일러진 것의 두 가지 뜻이 있다.

263 예언자들이 영원한 왕이 강림하실 때까지 왕권이 유다를 떠나지 않으리라고 예언할 때 그들은 국민에게 아첨하기 위해 그렇게 말했을 것이고, 그들의 예언이 헤롯에 이르러 거짓임이 드러났다고 사람들은 생각할지 모른다. 그러나 그들이 뜻한 바는 이런 것이 아니고, 오히려 그와 반대로 지금 이 세상의 왕국은 끊어지게 되어 있음을 증명하기 위해 그들은 유대인들이 왕도 없고 군주도 없게 될 것이고, 그것도 오랫동안 그렇게 되리라고 말하였다. 〈호세아〉.[150]

—상징—

264 이 비밀이 한 번 밝혀지기만 하면, 그것을 보지 않을 수는 없다. 이런 견지에서 구약 성서를 읽고, 제사가 참된 것이었는가, 아브라함이 신의 축복을 받아 조상이 되었는가, 언약된 땅이 참다운 안식의 장소이었는가를 살펴보도록 하라. 그렇지는 않았다. 그렇다면 그것은 상징이었다.[151]

명해진 모든 의식과, 사랑을 위한 것이 아닌 모든 계명을 이와 같이 살펴보라. 그것들이 사랑의 상징이라는 것을 알게 될 것이다. 그러니까 이 모든 제사와 의식은 상징이 아니면 어리석은 짓이었다. 그런데 그것들을 어리석은 짓으로 보기에는 너무나 틀림없이 고상한 것들이 있다.

—예언자들이 그들의 의도를 구약 성경에 머물러 두었는지, 거기에서 다른 사물들을 의도했는지를 알아야 한다.

—상징—

265 "글자는 죽인다."[152]

—"모든 것이 상징으로 일어났다."[153]

—그리스도가 고난을 당해야 했다—

—치욕을 당한 신—

—성 바오로가 우리에게 주는 기호를 보라—

'마음의 할례'*154, 참된 재(齋), 참된 제사—참된 성전—예언자들은 이 모든 것이 영적이어야 한다고 지적했다.

상하는 음식이 아니고 상하지 않는 음식, "너희들이 알도록 하기 위해서."

"너희들은 아주 자유롭게 될 것이다." 그러면 다른 자유는 그의 상징에 지나지 않는다.

"나는 하늘에서 내려온 참된 빵이로다."*155

266 메시아가 자기 백성을 원수에게서 구해 내리라고 다윗이 예언하였을 때에, 사람들은 그것이 이집트인들에게서 구해 내는 것이라고 물질적으로 생각할 수 있다. 그렇게 되면 나는 그 예언이 이뤄졌음을 증명할 길이 없을 것이다. 그러나 그것이 죄악에서 구해 내는 것을 의미한다고도 얼마든지 생각할 수 있다. 사실상*156 이집트인들은 적이 아니지만 죄악은 원수이기 때문이다. 그러니까 원수라는 말은 양의적(兩義的)이다. 그러나 그도 이사야나 다른 예언자들이 말하는 것처럼*157 메시아가 자기 백성을 그들의 죄악에서 구해 주리라고 다른 곳에서 말하면, 양의성은 제거되고 원수라는 말의 두 가지 뜻은 죄악이라는 한 가지 뜻이 되고 마는 것이다. 왜냐하면 만일 그가 머릿속으로 죄악이라고 생각을 하고 있었다면 그것을 얼마든지 원수라는 말로 표현할 수 있었겠지만, 만일 원수라는 생각을 하고 있었다면 그것을 죄악이라고 부를 수는 없었기 때문이다.

그런데 모세와 다윗과 이사야는 같은 말을 썼다. 그러니 그런 말들이 같은 뜻을 가지고 있지 않았다고 누가 단언하겠으며, 다윗이 원수라고 말할 때 분명히 죄악을 가리킨 그 뜻이 모세가 원수라고 말한 그 뜻과 같은 것이 아니었다고 누가 감히 단언하여 말하겠는가?

〈다니엘〉 9장은 그 백성을 그들의 원수의 속박에서 구출해 달라고 기도를 드린다. 그러나 그는 죄악을 생각한 것이니, 그것을 증명하기 위하여 가브리엘이 와서 그의 기도를 듣고 허락하며 이제 70주(週)만 기다리면 될 것이니, 그것이 지난 다음에 백성이 죄악에서 구출될 것이라고, 죄가 종말을 고

할 것이며, 지극히 거룩하신 구주가 '영원한' 정의를, 율법적인 정의가 아닌 영원한 정의를 가져오리라고 말했다고 하였다. *158

사람의 유일한 적은 그를 신에게서 멀리하게 하는 사욕이지, ○이*159 아니라는 것, 유일한 행복이 신이지 기름진 땅이 아니라는 것을 잘 깨닫는 사람들이 있다. 인간의 행복이 육체에 있고, 불행은 관능적 쾌락에서 그를 멀리하게 만드는 것에 있다고 믿는 사람들은 거기에 취하고 거기에서 멸망하도록 하라. 그러나 진심으로 신을 찾고, 신을 보지 못하는 것만을 괴로움으로 삼고, 신을 차지하려는 욕망밖에 없으며, 그들을 신에게서 멀리하는 자들만을 적으로 생각하며, 이런 적들에게 둘러싸이고 지배되는 것을 보고 슬퍼하는 사람들은 위안을 받으라. 나는 이들에게 복된 소식을 전한다. 그들에게 구주가 있다. 나는 이 구주를 그들에게 보여주리라. 나는 그들에게는 신이 한 분 계심을 보여주겠다. 그러나 다른 사람들에게는 그를 보여주지 않겠다. 나는 원수들에게서 구해 주실 메시아가 한 분 약속되었음과, 메시아가 오셨으나 죄악에서 구해 내기 위해 오신 것이지 적의 손 안에서 구해 주려고 오시지는 않았다는 것을 보여주리라.

—상징—

267 유대인들은 다음과 같은 물질적인 생각 속에서 늙어 갔다. 즉, 신은 그들의 조상 아브라함과 그의 육체와 거기서 생겨나온 것을 사랑하셨다. 이 때문에 그들을 번식시키고 그들을 다른 모든 민족과 구별시켜서 그들이 저들과 뒤섞이는 것을 허락지 않으셨다. 그들이 이집트에서 신음할 때에 그들을 위하여 그 모든 위대한 이적을 행하시어 그들을 거기서 빼내 오셨으며, 광야에서는 '만나'로*160 그들을 먹여 살리시고 그들을 아주 기름진 땅으로 데려다주셨다. 신은 그들에게 왕들을 주셨고, 훌륭하게 지은 성전을 주셔서 거기서 짐승들을 제물로 바치게 하였고, 그 짐승들의 피를 흘리는 것으로 그들을 깨끗하게 하였다. 그리고 마침내는 그들을 온 세계의 지배자로 만들기 위하여 메시아를 보내기로 되어 있으며, 그가 오시는 시기를 예고하셨다.

이런 물질주의적인 미망(迷妄) 속에서 해를 거듭한 후, 예수 그리스도는 예언된 시기에 오셨다. 그러나 기대했던 광휘에 싸여 오지는 않으셨다. 그래서 저들은 그가 메시아라고는 생각지 않았다. 예수 그리스도가 죽으신 뒤,

성 바오로가 와서 아래와 같은 것을 사람들에게 가르쳐 주었다. 즉, "이 모든 것이 상징으로 일어났으며"*161, 신의 나라는 육체에 있지 아니하고 영혼에 있다. 사람들의 원수는 바빌론인들이 아니라 정욕이다. 신은 손으로 만든 성전을 좋아하지 않으시고*162 깨끗하고 겸손한 마음을 좋아하신다. 육체의 할례는 쓸데없고, 마음의 할례가 필요하다. "모세는 그들에게 하늘에서 내린 양식을 주지 못하였다."*163 등등.

그러나 신은 이런 일들을 그럴 만한 자격이 없는 이 민족에게 밝혀 보이기를 원치 않으시고, 그러면서도 믿을 수 있게 그것을 보여주고자 그 시기를 분명히 예언하셨으며, 또 그 일들을 어떤 때는 명백히, 그러나 흔히는 상징으로 나타내셨다. 그것은 상징하는 사물을 좋아하는 자들은 거기에 머무르게 하고, 상징된 것을 사랑하는 자들은 거기에서 그 상징된 것을 볼 수 있게 하기 위해서였다.

—사랑을 향하여 가지 않는 것은 모두가 상징이다.

성서의 유일한 목적은 사랑이다.

이 유일한 목적을 향하여 가지 않는 것은 모두가 상징이다. 목적이 하나밖에 없으므로 문자대로 이 목적을 지향하지 않는 것은 모두가 상징이기 때문이다.

신은 다채성(多彩性)을 구하는 우리의 호기심을, 우리를 항상 인도하는 그 다채성으로 만족시켜 주시고자, 사랑의 계명을 이와 같이 다양하게 하신다. "필요한 것은 한 가지밖에 없는데"*164, 우리는 하나보다 더 많은 것을 좋아하기 때문이다. 그래서 신은 유일하게 필요한 일로 인도하는 이런 다채성으로 이쪽저쪽을 다 만족시킨다.

유대인들은 상징하는 물건을 어찌나 좋아하고 그것들을 어찌나 기다렸던지, 사실이 제때에 예언된 방식대로 이루어졌을 때에 그것을 알아보지 못했다.

랍비들은*165 '신부의 젖가슴'*166을 상징으로 해석하고, 또 그들이 가지고 있는 유일한 목적, 즉 세상 재물을 나타내지 않는 것은 모두 상징으로 해석한다.

그런데 그리스도 교도들은 성채까지도 그들이 지향하는 영광의 상징으로 생각한다.

268 예수 그리스도는 사람들이 자기 자신을 사랑한다는 것, 그들이 종이요 소경이며, 병들고 불행하고 죄인이라는 것, 그가 사람들을 구원하고 비춰 주고 복되게 하고 치료해 줘야 한다는 것, 그리고 이것은 사람들이 자기 자신을 미워하고 비참과 십자가의 죽음으로 그를 따름으로써 이루어지는 것임을 사람들에게 가르쳐 주었을 뿐이다.

—상징—
269 진실한 신의 말씀이 글 자체의 뜻으로는 거짓일 때에도 그것이 영적으로는 참된 것이다.

"Sedea dextris meis(내 오른편에 앉으라.)"*167, 이것은 글 자체의 뜻으로는 틀렸다. 그러나 영적으로는 옳은 것이다.

이런 표현에서는 신을 사람에 견주어서 말하는 것이다. 그러므로 이것은 사람들이 중요한 인물을 자기 오른쪽에 앉히는 것처럼 신도 마찬가지라는 뜻이다. 그러니까 이것은 신의 의향의 표지, 그것을 실행하는 방법의 표는 아니다.

이와 같이 "신은 너희 향(香) 냄새를 받아들이셨으며, 그 보답으로 기름진 땅을 너희에게 주시리라"고 말할 때에, 이것은 "어떤 사람이 그대들의 향기를 기쁘게 받아들여 그 대가로 기름진 땅을 그대들에게 주려는 생각을 가지는 것처럼, 신이 그대들에게 그와 같은 의향을 가지실 것이다. 그대들이 누구에게 향을 드릴 때에 가지는 의향을 그대들이 신에게 가졌기 때문이다"라는 뜻이다.

—'Iratus est(노하셨다)'*168, '질투하는 신'*169 같은 것도 마찬가지다. 신이 하시는 일은 표현할 수 없는 것이므로 그것들을 달리 말할 수가 없기 때문이다. 그래서 교회에서도 오늘까지 'Quia confortavit seras(성문 빗장을 견고히 하셨으므로)'*170라는 말을 쓰고 있는 것이다—

신이 우리에게 계시해 주지 않은 뜻을 성경에 부여하는 것은 허용되지 않는다. 이와 같이 〈이사야〉의 자음, mem(멤)이*171 600을 뜻한다는 것은 계시된 일이 아니다. 끝의 tsade(짜데)와 불완전 he(헤)가*172 신비를 의미한다고 그가 말할 수도 있었을 것이다. 그러나 그렇게 말하는 것이 허용되지 않으며, 그것이 화금석(化金石)*173의 방식이라고 말하는 것은 더구나 허용되지 않는다. 그러나 우리는 예언자들의 말을 따라서 문자 그대로의 뜻이 참된 뜻이 아니라고 말하는 것이다.

270 불신하는 사람들은 유대인들도 믿지 않는다는 데에서 그 이유를 찾아내려 든다. "그게 그렇게도 명백하다면 어째서 저들이 믿지 않겠느냐?"고 그들은 말한다. 그리고 유대인들이 거부하였다는 전례 때문에 자기들의 발걸음이 막히지 않기 위하여 저들이 믿었으면, 하고 바랄 지경이다. 그러나 그들의 거부야말로 우리의 믿음의 바탕이 되는 것이다. 만약에 저들이 우리 편이었더라면 우리는 믿을 마음이 훨씬 덜 났을 것이다. 그랬다면 우리는 더 큰 구실을 가질 것이다.

유대인들로 하여금 예언된 사항은 몹시 사랑하게 하고, 그 실현은 몹시 원수 취급을 하게 만들었다는 것은 참으로 놀라운 일이다.

구약과 신약을 동시에 증명하는 것

271 이 두 가지를 한꺼번에 증명하려면 한 책에 씌어진 예언들이 다른 책에서 이뤄졌는지를 보기만 하면 된다.

예언들을 검토하려면 그것들을 이해해야 한다.

그것들이 한 가지 뜻밖에 가지고 있지 않다면 확실히 메시아가 오지 않겠지만, 만일 예언에 두 가지 뜻이 있다면 메시아가 예수 그리스도로서 강림했으리라는 것이 분명하기 때문이다.

그러니까 문제는 오로지 예언이 두 가지 뜻을 포함하고 있는가, 하는 데에 달려 있는 것이다.

성경에 두 가지 뜻이 있다는 것

—성경에 예수 그리스도와 사도들이 밝힌 바 두 가지 뜻이 있다는 데 대하여는 아래와 같은 증거가 있다.

1. 성경 자체에 의한 증거.

2. 랍비들에 의한 증거. 모세 마이몬은 성경에 두 가지 면이 있고, 예언자들은 예수 그리스도에 대해서만 예언했다고 말하였다.

3. '카발라'*174에 의한 증거.

4. 랍비들 자신이 성경에 붙이는 신비적 해석에 의한 증거.

5. 랍비들의 원리에 의한 증거. 즉, 두 가지 뜻이 있다는 것.

─그들의 공에 따라 영광스럽든지 비천하든지 한 메시아의─두 번의 강림이 있다는 것.

─예언자들은 예수 그리스도에 대해서만 예언했다는 것.

─율법은 영원한 것이 아니고, 메시아에 의해서 바뀌게 되어 있다는 것.

─그 때에는 사람들이 이미 홍해를 기억하지 않게 되리라는 것.

─유대인들과 이방인들이 뒤섞이리라는 것이다.

6. 예수 그리스도와 사도들이 거기에 대하여 우리에게 주는 열쇠에 의한 증거.

─상징─

272 〈이사야〉 51장. 홍해, 구속의 영상. "Ut sciatis quod filius hominis habet potestatem remittendi peccata. tibi dico: surge(사람의 아들들은 세상에서 사죄권(赦罪權)이 있음을 너희로 하여금 알게 하기 위하여, 네게 말하노니 일어나라)."*175

신은 보이지 않는 성덕을 지닌 거룩한 백성을 당신이 만들 수 있다는 것과, 그 백성을 영원한 영광으로 충만케 할 수 있다는 것을 나타내고자 눈에 보이는 것들을 만드셨다. 자연이 은총의 한 상징인 만큼, 은총의 세계에서 하실 것을 자연에서 행하셨으니, 그것은 신이 눈에 보이는 것을 할 수 있으므로 눈에 보이지 않는 것도 할 수 있을 것이라고 사람들이 판단하도록 하기 위해서이다.

그래서 신은 이 민족을 대홍수에서 구해 내셨고, 아브라함에게서 나게 하셨고, 그들을 적의 손에서 구하여 평안한 가운데 살게 하셨다.

신의 목적은 그저 그들을 기름진 땅에 인도하기 위해서 대홍수에서 구해 내고, 한 민족 전체를 아브라함에게서 나게 하신 것은 아니다. 또 은총도 영광의 상징에 지나지 않으니, 그것이 최종 목적이 아니기 때문이다. 은총은 율법으로 상징되었고, 그 자체는 또 영광을 상징한다. 즉 은총은 영광의 상징이요 근원이며, 원인이 된다.

사람들의 일상생활은 성인(聖人)들과 비슷하다. 이들은 모두 자기들의 만족을 추구하고 있는데, 다만 만족을 어떤 대상에 두느냐가 다를 뿐이다. 그들은 그 만족을 누리는 데 방해가 되는 자들을 원수라고 부른다. 그러므로 신은 눈에 보이는 행복을 가질 수 있는 권능을 보여줌으로써 눈에 보이지 않는 행복을 줄 수 있는 권능도 가지고 있음을 보여주셨다.

273 어리석은 이야기를 하고 있는 두 사람 중에서 한쪽은 그의 패거리에게서나 이해가 되는 두 가지 뜻을 가지고 있고, 또 한쪽은 한 가지 뜻밖에 없다 하자. 그런데 그 비밀을 알지 못하는 어떤 사람은 그 두 사람의 이야기를 듣고서, 그들에 대해 똑같은 판단을 할 것이다. 그러나 뒤에 이야기의 나머지 부분에서, 한쪽 사람은 천사와 같은 사물을 이야기하고 다른 한쪽 사람은 여전히 평범하고 흔해 빠진 이야기를 한다면, 한쪽은 신비롭게 말하고 있었으나 또 한쪽은 그렇지 않았었다고 판단하게 될 것이다. 한 사람은 그렇게까지 어리석을 수가 없고 오히려 신비로울 수가 있다는 것을, 그리고 또 한 사람은 신비를 말할 수 없고 어리석은 이야기는 할 수 있다는 것을 넉넉히 보여준 것이다.

구약 성경은 하나의 암호다.

20 랍비 교설(敎說)

랍비 교설의 연대기

274 인용된 쪽수는 《푸지오》라는 책에 나오는 것이다―27면[*176] 《미슈나》의 혹은 《구전법(口傳法)》혹은 《제2의 율법》의 저자―200년―R. 아카도슈.
〔그의 제자들은 아래와 같은 것을 썼다.〕

《미슈나》의 주해(註解) { 하나는 스피라(이것은 《미슈나》의 주해다)
바라주토
탈무드 헤로솔
토십토 } 340년

R. 오사이아 라바 지음, 《베레쉿트 라바》, 《미슈나》에 대한 주해.

《베레쉿트 라바》, 《바르 메코니》는 섬세하고 유쾌하고 역사적이며 신학적인 논술이다. 이 저자는 《라봇트》라고 불리는 책도 썼다.

《탈무드 헤로솔》보다 백 년 후에 R. 아세가 《바빌론의 탈무드》를 썼는데,

이것은 전반적으로 온 유대인의 찬성을 얻은 것으로 유대인들은 거기에 기록되어 있는 것을 모두 반드시 지킬 의무가 있다—440—

R. 아세가 추가한 것은 《제마라》라고 불리는데, 그것은 《미슈나》에 대한 주해이다.

그리고 《탈무드》는 《미슈나》와 《제마라》를 다 포함하고 있다.

원죄에 대하여
유대인이 저지른 원죄의 광범위한 전승(傳承). *177

275 창세기 8장에 나오는 말에 대하여. 사람의 마음은 어려서부터 악하다. R. 모세 하다르샨은 말한다. 이 나쁜 누룩은 사람이 만들어질 때부터 그의 안에 들어있었다.

맛세셰뜨 숙가의 말. 이 나쁜 누룩은 성서에 일곱 가지 이름으로 불리고 있으니, 악·포피(包皮)·더러움·적·추문·돌 같은 마음 북풍이라고 불리는 것이다. 이것들은 모두가 사람의 마음속에 감춰지고 새겨진 간악함을 뜻하는 것이다.

—미스드락 틸림도 같은 말을 하고, 신이 사람의 착한 본성을 악한 본성에서 해방시켜 주리라고 말한다—

이 간악함은 〈시편〉 137장에 씌어 있는 것처럼 매일같이 사람에게 맞서 반복된다. "악한 자는 의인을 엿보고 그를 죽이려고 한다. 그러나 신은 의인을 저버리지 않을 것이다." 이 간악함은 이 세상에서 사람의 마음을 유혹하고 내세에서는 그를 고발할 것이다.

이것은 모두 탈무드에 씌어 있는 것이다.

미스드락 틸림의 시편 4장에 대한 주(註). '두려워하라, 그러면 죄를 짓지 않으리라.' 두려워하고 너희 사욕에게 무서움을 주라. 그러면 사욕이 너희를 죄로 이끌어 들이지 못하리라. 또 시편 36장*178 '악한 자는 마음속으로 말하기를 신을 두려워하는 마음이 내 앞에 나타나지 말라'를 주석(註釋)하여, 즉 사람이 타고난 간악함이 악인에게 이렇게 말했다고 했다.

미스드락 엘 고헬렛은 말하였다. '가난하고 어진 어린애가, 미래를 내다볼 줄 모르는 늙고 어리석은 임금보다 낫다.'*179는 말을 이렇게 주석하다. 어린애는 덕이고 임금은 사람의 간악함이다. 그것을 임금이라고 부르는 것은 모든 지체가 그것에 복종하기 때문이요, 늙었다고 하는 것은 그것이 어려서부터 늙을 때까지 사람의 마음속에 있기 때문이며, 어리석다고 하는 것은 그것이 사람을 그가 미리 내다보지 못하는 멸망의 길로 인도하기 때문이다.

베레쉬트 라바는 시편 35장의 주여, 나의 모든 뼈가 당신을 찬미하리니, 당신이 가난한 자를 전제자에게서 구해 주시기 때문입니다 라는 대목에 대해 몹쓸 누룩보다 더 심한 전제자가 또 있는가 하고 말했다. 또 잠언 52장의 '네 원수가 굶주리거든 먹을 것을 주라' 는 것을 주석하여 이렇게 말하였다. 즉, 몹쓸 누룩이 굶주리거든 잠언 9장에 말한 지혜의 빵을 그에게 주라. 그리고 그것이 목말라 하거든 〈이사야〉예언서 55장에 씌어 있는 물을 주라는 것이다.

미스드락 틸림의 책에도 같은 말이 있다.

성경의 이 구절에서 우리 원수에 대해 말하는 것은 몹쓸 누룩을 뜻하는 것이고, 그것에게 이 빵과 이 물을 주면 그 머리 위에 숯을 쌓아 놓는 것이 되리라고 말했다.

미스드락 엘 고헬렛의 전도서 9장 '위대한 임금이 조그만 거리를 포위하였다' 에 대한 주석에 이 위대한 임금이란 몹쓸 누룩이고, 그가 거리를 둘러싸고 세워 놓은 큰 기계는 유혹인데, 지혜롭고 가난한 사람이 있어 그 거리를 구제하였다는 것은 즉 덕을 말하는 것이라고 하였다.

그리고 〈시편〉 41장 '가난한 자들을 돌보아주는 자는 복되리로다'에 대한 주석. 또 〈시편〉 78장의 '혼은 가고 다시 돌아오지 않는다'의 주석. 이 말에서 어떤 사람들은 영혼의 불멸성에 대하여 오류를 범하는 재료를 찾아냈다. 그러나 그 뜻인즉, 이 혼이라는 것은 몹쓸 누룩이며, 그것이 사람과 더불어 죽음에까지 따라갔다가 부활 때에는 다시 돌아오지 못한다는 말이다.

〈시편〉 103장의 주석에도 같은 말이 있다.

또 〈시편〉 16장에도.

랍비들의 원칙은 두 구세주에 있다.

21 영속성

276 "신이 마음에 할례를 행하시리라."*180는 것과 같은 다윗이나 모세의 한 마디 말은 그들의 정신을 판단할 수 있게 한다. 그들의 다른 말들이 모호하고 철학적이거나 그리스도교적이라는 의심이 든다 할지라도, 어떻든 이런 종류의 한 마디 말이 다른 일체의 말들을 확정한다. 마치 '에픽테토스'의 한 마디 말이 다른 모든 것을 그와는 반대의 뜻으로 결정짓는 것과 같다. 그때까진 모호함이 지속되지만, 그 뒤부턴 그렇지 않다.

277 국가들이 필요에 의해 법률을 굽히지 않는다면 금새 멸망할 것이다. 그러나 종교는 결코 그것을 용납지 않았고, 그렇게 하지도 않았다. 그러니까 이런 타협이 아니면 기적이 있어야만 된다.

굽힘으로써 자기를 보호한다는 것은 이상할 게 없다. 그러나 그것은 제대로 자신을 유지하는 것이 아니며, 결국엔 완전히 멸망하고 만다. 천 년이나 지속된 국가는 하나도 없다. 그러나 이 종교가 늘 지속되면서도 굽히지 않았다는 건 신적인 것이다.

—영속성—

278 인간은 신과 교섭하는 영광의 상태에서 신을 떠난 비애와 회한의 상태로 떨어졌으나, 종교는 세상을 구원할 메시아가 강림하면 다시 신과 만날 수 있는 영광의 세상에 살 수 있다고 예언하였다. 모든 것은 지나갔으나, 모든 것의 존재 목적인 이 종교는 존속하였다.

이 세상 초기에 사람들은 모든 종류의 타락에 빠져들어 갔다. 그래도 에녹과 라멕과 그 밖의 사람들처럼 세상 맨 처음부터 언약된 그리스도를*181 참을성 있게 기다린 성인들이 있었다. 노아는 사람의 악이 절정에 다다른 것을 보았고, 그 자신이 상징적인 메시아를 바람으로써 자기 스스로 세상을 구할 수 있게 되었다. 아브라함은 우상 숭배자들로 둘러싸여 있었는데, 신이 그에게 메시아의 깊고 미묘한 뜻을 가르쳐 주었고, 그는 멀리서 이 메시아를 축복하였다. *182 이삭과 야곱 시대에도 증오가 온 세상에 퍼져 있었으나, 이 성인들은 신앙 속에 살고 있었으며, 야곱은 죽음을 앞두고 자손들을 축복하며 말을 잇지 못할 만큼 감격해서 부르짖었다. "오오, 나의 신이여, 나는 당신이 언약하신 구세주를 기다리나이다(Salutare tuum exspectabo, Domine)."*183

이집트 사람들은 우상 숭배와 마술에 젖어 있었고, 신의 백성들까지도 그들의 본을 따기에 이르렀다. 그런데도 모세와 그 밖의 사람들은 보이지 않는 신을 믿고, 신이 그들을 위해 준비하신 영원한 선물을 바라보면서 그를 숭배하였다.

그리스인들, 그 다음에는 로마인들이 거짓 신들을 떠받들었다. 시인들은 수백 가지 서로 다른 신학을 만들어내고, 철학자들은 수천 가지의 서로 다른 학파로 분열되었다. 그런데도 유대 안에는 메시아의 강림을 예언하는 선택된 사람들이 여전히 있었다. 드디어 때가 되자 예언대로 메시아는 오셨다. 그리고 그때부터 사람들은 수많은 이교와 이단이 생기는 것을 보았고, 많은 국가가 멸망하고 세상의 변화가 일어남을 보았다. 그러나 메시아를 숭배하는 교회는 지금까지도 끊임없이 존속하였다. 또 비길 데 없이 놀랄 만한 완전히 신적인 것은, 항상 존속하여 온 이 종교가 늘 공격을 받아 왔다는 사실이다. 몇 천 번이나 이 종교는 전반적인 붕괴 직전에 놓였다. 그런데 그것이 이런 상태에 놓였을 때마다 신은 자기 권능을 특별히 움직여 다시 일으키셨다. 그리고 놀라운 것은, 교회가 폭군의 의지에 굴복하거나 굽히지 않고 자체를 유지하여 왔다는 사실이다. 왜냐하면 한 국가가 필요 앞에서 그 법률을 굽힐 때에는 그것이 그대로 있다는게 이상하지 않다. 그러나……

몽테뉴의 《수상록》 중 동그라미 친 곳을 참고하라. *184

—영속성—

279 메시아는 늘 신앙의 대상이 되어 왔다. 아담의 전설은 노아와 모세에게 아직도 생생한 채였다. 그뒤 예언자들은 메시아를 예언하였고, 다른 이들도 늘 예언하였는데, 이런 사건들은 가끔 사람들 눈앞에서 일어나 그들의 사명이 참된 것임을 나타냈고, 따라서 메시아에 관한 그들의 약속도 진실하다는 것을 나타냈다. 예수 그리스도는 기적을 행하셨고 사도들도 기적을 행하여 모든 다른 종교를 믿는 이들의 마음을 돌이켰다. 이로써 예언들이 이뤄졌으므로 메시아는 영원히 증명된 것이다.

280 여섯 시대, 여섯 시대의 여섯 조상(祖上), 여섯 시대의 시초에 있었던 여섯 가지 경이, 여섯 시대의 맨 처음에 여섯 개의 아침. [*185]

281 본성에 어긋나고, 상식에 어긋나고, 우리의 쾌락에 어긋나는 종교야말로 늘 있어 온 유일한 종교이다.

282 만일 고대 교회가 오류에 빠졌다면 교회는 무너졌을 것이다. 교회가 오늘날 오류에 빠진다면 상황은 다를 것이다. 왜냐하면 교회는 고대 교회로부터 받은 성전(聖傳)의 훌륭한 준칙을 늘 가지고 있기 때문이다. 그래서 고대 교회에 대한 이 복종과 일치가 우위(優位)에 서고, 모든 일을 바로잡는 것이다. 그러나 고대 교회는 우리가 그것을 전제로 하고 주목하는 것처럼, 장래의 교회를 예상하거나 생각하지는 않았다.

각 종교에 있어서 두 종류의 사람들

283 이교도들 가운데에는 짐승을 숭배하는 자들과 자연 종교 안에서 유일한 신을 숭배하는 자들이 있었다. 유대 교도들 가운데에는 물질주의적인 자들과, 예전 율법 안에서 그리스도 교도였던 영적인 사람들이 있었다. 그리스도 교도들 가운데에는 새 율법 안에서 유대인들인 무식한 자들이 있다.
물질주의적인 유대인들은 물질주의적인 메시아를 기다렸고, 무식한 그리스도 교도들은 메시아가 그들에게 신을 사랑하는 것을 면제해 줄 것으로 믿었으며, 참된 유대인들과 참된 그리스도 교도들은, 그들로 하여금 신을 사랑하게 만드는 메시아를 숭배한다.

284 무식한 자들을 가지고 유대교를 판단하는 것은 옳지 않다. 유대교는 성경과 예언자들이 전설 속에 밝히 나타나 있으니, 이들은 율법을 글자 그대로만 해석하지 않는다는 것을 넉넉히 일러 주었다. 이와 같이 우리 종교도 복음과 사도와 성전(聖傳)에 있어서는 신성하지만, 그것을 그릇 다루는 자들에 의하면 우스꽝스럽다.
물질주의적인 유대인들에 의하면 메시아는 이 세상의 위대한 임금이어야 한다. 물질주의적인 그리스도 교인들에 의하면 예수 그리스도는 우리로 하여금 신을 사랑하는 의무를 면제시켜 주고, 우리는 가만히 있어도 모든 것을 행하는 거룩한 일*186을 우리에게 주러 오신 것이다. 전자나 후자나 모두 참된 유대교가 아닐 뿐 아니라, 그리스도교도 아니다.

—참된 유대인들과 참된 그리스도 교도들은 그들로 하여금 신을 사랑하게 만들고, 또 이 사랑으로 그들의 원수를 쳐 이기게 할 메시아를 항상 기다렸다—

285 〈신명기〉 30장에 모세는 신이 그들로 하여금 신을 사랑할 수 있게 하기 위해 그들의 마음에 할례를 행하실 것이라고 약속한다.

286 물질주의적인 유대인들은 그리스도 교도와 이교도들 중간에 위치한다. 이교도들은 신을 도무지 알지 못하고 세상만을 사랑한다. 유대인들은 참된 신을 알면서도 세상만을 사랑한다. 그리스도 교도들은 참된 신을 알고 세상을 사랑하지 않는다. 유대인들과 이교도들은 같은 행복을 사랑하고 유대인들과 그리스도 교도들은 같은 신을 알고 있다.

유대인에는 두 가지 종류가 있었으니 하나는 이교도적인 감정을, 또 하나는 그리스도교적 감정을 가지고 있었다.

22 모세의 증거

287 *187족장들의 긴 수명은, 지나간 사실들의 역사를 잃게 하기는 커녕, 오히려 그것들을 보존하는 데에 도움이 된다. 왜냐하면 사람들이 자기 조상들의 역사를 잘 모르는 경우가 있는 것은 그들이 조상들과 별로 같이 살지 못했다든지, 또는 흔히 사람들이 철이 나기 전에 조상들이 죽었기 때문이다. 그런데 사람들이 그렇게 오래 살 때에는 그 자식들이 부모들과 오랫동안 같이 살았다. 부모들은 자식들에게 오랫동안 이야기를 들려주었다. 그런데 저들이 자기 조상들에 대한 이야기 말고 또 무슨 이야기를 해 줬겠는가? 왜냐하면 모든 이야기가 이 조상들 이야기로 되돌아갔고, 일상생활 대화의 대부분을 차지하고 있는 연구나 학문이나 예술 같은 것이 그들에겐 없었기 때문이다. 그래서 그 시대에는 사람들이 자기들의 계보를 보존하는 데에 각별한

정성을 들였음을 보게 되는 것이다.

288 기적, 성인, 신앙인, 흠잡을 데 없는 자, 학자와 위대한 증인, 기름 부음 받은 왕—다윗—, 왕족 이사야 등으로, 몹시 위대하고 지식에 있어서도 그토록 위대한 이 종교가 그의 기적과 지혜를 모두 벌여 놓은 다음, 그것을 모두 부인한다. 그에게는 지혜도 표징도 없고, 다만 십자가와 어리석음만이 있을 뿐이라고 말한다. *188

—왜냐하면 그 표징과 그 지혜로 그대의 신뢰를 얻고, 그런 성질을 그대에게 입증한 그 사람들이 선언하는 바에 의하면, 이런 것은 하나도 우리를 변하게 하거나 우리로 하여금 신을 알고 사랑할 수 있게 만들지 못한다. 그렇게 할 수 있는 것은 지혜도 표징도 없는 십자가의 어리석음의 덕이지, 이 덕이 없는 표징이 아니기 때문이다.

이와 같이 우리 종교는 그 효과 있는 원인을 생각하면 어리석지만, 그것을 준비하는 지혜를 생각하면 현명한 것이다.

—모세의 증거—

289 어찌하여 모세는 사람들의 수명을 그렇게도 길게 하고, 그들의 세대를 그렇게도 적게 하려는가? *189

그것은 사물이 모호해 지는 것이 나이가 많은 데서 오는 것이 아니라, 세대가 많이 바뀌는 데서 오는 것이기 때문이다.

왜냐하면 진리가 변질되는 것은 다만 사람이 바뀌는 데서 오기 때문이다. 그렇지만 그는 일찍이 상상할 수 있는 것 중에서 가장 기억할 만한 두 가지 일, 즉 창조와 대홍수를 아주 가까이 늘어놓아 서로 잇닿을 정도로 했다.

290 자기 생애의 여드레를 주어야 한다면 백 년도 주어야 한다. *190

291 율법을 유지하기 위해 예언자들이 있었을 적에는 백성이 냉담하였다. 그러나 예언자들이 없게 된 뒤부터는 열성이 뒤를 이었다.

292 요세푸스는 자기 민족의 수치를 감춘다. 모세는 자기 자신의 수치도

숨기지 않고, 또—"Quis mihi det ut omnes prophetent?"—(누가 백성이 다 예언자가 될 수 있게 할꼬?) *191

—그는 민중에게 지쳐 있었다. *192

293 셈은 라멕을 보았고 라멕은 아담을 보았는데, 셈은 또 야곱도 보았으며, 야곱을 본 자들은 또 모세도 보았다. 그러니까 대홍수와 창조는 사실이다—이것을 잘 이해하는 어떤 사람들에게 이 사실은 결정적인 것이다.

294 그들의 율법에 대한 유대 백성의 열성, 특히 예언자들이 없게 된 뒤의 열성.

23 예수 그리스도의 증거

질서
—성경에 질서가 없다는 이의에 대해—

295 마음에는 마음대로의 질서가 있다. 이성도 원리와 증명에 의한 그 자신의 질서가 있다. 마음에는 또 그와 다른 질서가 있다. 사랑의 원인을 차례로 설명해 가며 사랑을 받아야 한다는 것을 증명하지는 않는다. 그것은 우스운 일인 것이다.

예수 그리스도와 성 바오로는 애덕(愛德)에 대한 질서를 가지고 있지, 이성의 질서를 가지고 있지는 않다. 왜냐하면 이들은 사람의 마음을 뜨겁게 하기를 원했지, 그들을 가르치기를 원한 것이 아니기 때문이다.

성 아우구스티누스도 마찬가지다. 이 질서는 각 점에 있어서는 주로 지엽적이지만 이것은 언제나 목적을 보여주기 위해 거기에 귀결되는 것이다.

296 복음 성경은 성모의 동정에 대해 예수 그리스도의 탄생 때까지 밖에는 말하지 않는다. 모두가 예수 그리스도와의 관련에서다.

297 예수 그리스도는, 국가의 중대사만을 기록하는 역사가들이 그를 알아보기 어려울 정도로 미천한(세상에서 통용되는 뜻으로의) 처지에 있었다.

거룩함

298 "Effundam spiritum meum(나의 영을 부어 주리라)."*193 모든 백성들이 불충(不忠)과 사욕 속에 파묻혀 있었는데, 온 땅이 사랑에 불타고, 왕과 제후들이 그 영화를 버리고, 처녀들이 순교를 참고 받았다. 어디서 이런 힘이 오는 것인가? 그것은 메시아가 오셨기 때문이니, 이것이야말로 그의 강림의 결과요, 표지이다.

299 기적의 연합.

300 재물에 대하여 이야기하는 직공, 전쟁과 왕위 등에 이야기를 하는 경리(經理) 책임자. 그러나 부자는 재물에 대한 말을 잘하고, 왕은 자기가 방금 내린 선물에 대해 냉정하게 말하고, 신은 신에 대해 말을 잘한다.

—예수 그리스도의 증거—
301 왜 〈룻기〉는 보존되었을까?
어찌하여 '타마르'의 이야기는 보존되었을까? *194

—예수 그리스도의 증거—
302 70년*195 안으로 해방될 것이라는 보증을 가지고 포로 생활을 하는 것은 정말 포로 생활을 한 것이 아니다. 그러나 지금은 그들이 *196 아무 희망도 없는 포로 생활을 한다.
신은, 비록 그들을 이 세상 끝에까지 흩어놓는다 해도, 그들이 신의 율법에 충실하면 그들을 다시 모아 놓을 것이라는 언약을 주었다. *197 그들은 그 율법에 매우 충실하지만 여전히 압박을 받고 있다.

303 유대인들은 예수 그리스도가 '신(神)'인지를 시험함으로써 그가 사람임을 증명했다.

304 교회는 예수 그리스도의 인성(人性)을 부인하는 사람들*198에게 그가 사람이라는 것을 증명하는 데에, 그가 신이라는 것을 증명하는 것만큼이나

곤란을 겪었다. 겉으로 나타나는 것들은 똑같이 강력했다.

305 ―육체에서 정신에 이르는 무한한 거리는 정신에서 사랑에 이르는 끝없이 더 무한한 거리를 상징한다. 사랑은 초자연적인 것이기 때문이다―

이 세상 영화의 모든 광휘도 정신의 탐구에 종사하는 사람들에게는 빛을 잃는다.

정신적인 사람들의 위대함은 왕, 부자, 장군 등 물질주의적인 모든 사람들에게는 보이지 않는 것이다.

신에게서 오는 지혜의 위대함은, 물질주의적인 사람들에게는 보이지 않는 것이다. 이것들은 종류가 다른 세 가지 질서이다.

위대한 천재들은 그들의 지배력·명성·위대함·승리·빛을 가지고 있어, 물질적인 영화를 조금도 아쉬워하지 않는다. 그들의 영화는 이것들과는 관계가 없는 것이다―저들은 눈에 보이지 않고 정신에만 보이는데, 이것으로 충분한 것이다―성인들 역시 물질적이거나 정신적인 영화를 조금도 필요로 하지 않는다. 이것들은 그들의 위대함을 더해 주지도 덜해 주지도 못하므로, 아무런 관계가 없다. 그들은 신과 천사를 볼 수 있으며, 그것으로써 만족한다.

아르키메데스*199는 광휘(光輝)가 없더라도 마찬가지로 존경을 받을 것이다―그는 눈에 보이는 전쟁은 하지 않았지만, 모든 정신적인 사람들에게 자기의 창의적인 의견을 일러주었다. 아아! 그는 정신적인 사람에게 얼마나 빛나는 존재였던가!

재산도 없고, 학문의 대외적인 업적도 없는 예수 그리스도는 자기의 성덕의 질서 안에 계시다. 그는 창의적인 것을 남겨 주지도 않으셨고 지배도 하지 않으셨다. 그러나 그는 겸손하고, 인내하고, 거룩하고, 신 앞에 깨끗하고, 마귀에게 무서웠고, 아무 죄도 없으셨다. 오오! 지혜를 볼 줄 아는 마음의 눈에는 그가 얼마나 위대하고 장엄하며, 놀랍고 호화로운 모습으로 강림하셨는가!

아르키메데스는 비록 그가 왕이였다 하더라도*200 그의 기하학 책에서 왕처럼 행세할 필요는 없었을 것이다. 우리 주 예수 그리스도로서도 그 성덕의 나라에서 빛나기 위해서는 왕으로 강림할 필요가 없었을 것이다.

그러나 그는 당신 질서의 빛을 가지고 거기에 오셨다.

예수 그리스도의 비천이 그가 나타내려고 오신 위대함에 어긋난다고 생각하며 그의 비천을 못마땅해 하는 것은 아주 우스꽝스러운 일이다. 이 위대함을 그의 수난과 그의 미천함과 그의 죽음, 그 제자들의 선정(選定), 그들에게서 버림받음, 그의 은밀한 부활 등등에서 살펴보도록 하라. 그러면 그 위대함이 얼마나 큰가를 알게 될 것이고, 거기에 있지도 않은 비천함을 못마땅하게 여길 이유가 없어질 것이다.

그러나 정신적인 위대성이 있지도 않은 것처럼 물질적인 위대성밖에 탄복하지 못하는 사람들이 있고, 또 지혜 안에 무한히 더 높은 위대함이 없는 것처럼 정신적인 위대함밖에 탄복하지 않는 사람들도 있다.

—모든 물체와 끝없이 열린 하늘과 별들과 땅과 그 안에 있는 나라들은, 정신 중에 가장 작은 것만한 가치도 없다. 정신은 이 모든 것을 알고 자기 자신도 알지만, 물체는 아무것도 알지 못하기 때문이다—.

모든 물체의 총화(總和)도, 모든 정신의 총화도, 또 그것들의 업적을 모두 모아도, 가장 작은 사랑의 행동만한 값어치가 없다. 이것은 무한히 더 높은 질서에 속하는 것이다.

모든 물체를 한데 모으더라도, 거기에선 조그마한 생각 하나도 이뤄 놓을 수 없을 것이다. 그것은 불가능한 일이고, 다른 세계에 속하는 것이다. 모든 물체와 모든 정신을 한데 모아도 거기에서 참다운 사랑의 행동 하나도 끄집어낼 수 없을 것이다.

그것은 불가능한 일이고 다른 세계, 즉 초자연계에 속하는 일이다.

예수 그리스도의 증거

306 예수 그리스도는 중대한 사항도 그렇게 보이지 않을 정도로 소박하게 말하셨으나, 그러면서도 그가 거기에 대하여 어떻게 생각하는가를 사람들이 잘 알 수 있도록 똑똑히 말씀하셨다. 이 소박과 명료의 결합은 놀라운 일이다.

예수 그리스도의 증거

307 사기꾼 사도라는 가설은 아주 터무니없는 것이다. 이 가정을 쭉 따져

보라. 예수 그리스도가 돌아가신 뒤에 열두 사람이 모여서 그가 부활하셨다고 선전하는 음모를 꾸몄다고 상상하여 보라. 그들은 이렇게 함으로써 모든 권력을 공격하게 된다. 사람들의 마음은 이상하게도 경솔, 변화, 약속, 재산 따위에 기울어지기 쉬운 것이다. 이들 중의 한 사람이라도 이런 모든 유혹을 받았다든지, 그보다 더한 감옥과 고문과 죽음을 당하게 되었다든지, 또는 조금이라도 자기 말을 취소했다면, 그들은 망할 판이었다. 이것을 생각하여 보도록 하라.

308 유대 민족이 오랜 역사를 가지고 있고, 또 항상 비참한 상태에 있는 것을 보면 그것은 놀라운 일이며, 비상한 주의를 끌 만한 일이다. 예수 그리스도의 증거를 위해서 그 민족이 계속 존재하는 것이 필요하고, 또 그들이 예수 그리스도를 못 박아 죽였으므로 비참한 상태에 놓여 있는 것도 필요하다. 또 비록 비참하다는 것과 계속 존재한다는 것이 상반되는 일이지만, 그러나 그들은 비참한데도 불구하고 여전히 존재하는 것이다.

309 "Prodita lege(예고된 바를 읽으라)."
"Impleta cerne(성취된 바를 보라)."
"Implenda collige(이루어져야 할 것을 거두라.)"*201

정전(正典)
310 교회의 초기에는 이단자들이 정전을 증명하는 데 도움이 된다.

311 나부코도노소르*202가 유대 백성을 납치해 갈 때 사람들이 유다에게서 왕권이 떨어져 나갔다고 생각할까 봐, 미리부터 그들은 귀양에 얼마 머물러 있지 않고 다시 귀국하게 되리라는 것이 예고되었다.
그들은 항상 예언자들에게서 위로를 받았으며, 그들의 왕실은 존속했다.
그러나 두 번째 파멸에는 회복의 약속도, 예언자도, 왕도, 위로도, 희망도 없었으니 왕권이 영구히 제거되었기 때문이다.

312 모세는 먼저 삼위일체*203, 원죄, 메시아를 가르친다.

다윗은 위대한 증인이다.

선하고 자비롭고 아름다운 마음씨와 현명한 정신을 가졌으며, 힘이 있는 왕. 그는 예언을 하면 기적이 일어난다. 이것은 헤아릴 수 없는 것이다. 그에게 만약 허영심이 있었다면 자기가 메시아라고 말할 수도 있었을 것이다. 예언들은 예수 그리스도에 대해서보다 그에 대해 더 분명하기 때문이다.

또 성 요한도 마찬가지다.

313 누가 복음사가들에게 완전히 영웅적인 마음의 특성을 가르쳐 줘서, 그것이 예수 그리스도에게 있는 것으로 완벽하게 묘사하였을까? 어째서 그들은 최후의 고민 속에서 그를 약하게 그을까?[204] 그들은 의연한 죽음을 그릴 줄을 몰랐던 것인가? 아니다. 바로 성 누가가 성 스테파노의 죽음을 예수 그리스도의 죽음보다 더 힘 있게 그렸으니 말이다.[205]

그러므로 그들은 죽음의 필연성에 이르기 전에는 무서워할 수 있는 자로, 그 다음에는 아주 강한 자로 그려 놓은 것이다.

그러나 그들이 그를 그렇게 고뇌하는 자로 그린 것은 그가 스스로 고뇌할 때이니[206], 사람들이 그의 마음을 동요시킬 때에 그는 진정 강한 것이다.

314 —그들의 임금과 성전에 대한 유대인들의 열성, 요세푸스 및 유대인 필론의 〈대(對) 가이우스에 관하여(ad Caium)〉[207]—

—다른 어떤 민족이 그런 열성을 가졌는가? 그들은 그런 열성을 가져야만 했다.

—그 시기와 당시 세상의 형편이 예언된 예수 그리스도, 허벅지에서 떨어져 나간 군주와[208] 제4왕국.[209]—

상징

이 암흑 속에서 이 빛을 얻었다는 것은 얼마나 다행한 일인가?

다리우스와 치루스, 알렉산더, 로마인, 폼페이우스와 헤롯이 생각하지도 못하는 사이에 복음의 영광을 위해 행동하는 것을 신앙의 눈으로 보는 것은 얼마나 아름다운 일인가?

315 복음 성경의 외견상의 불일치.

316 유대교 회당은 교회보다 앞서 있었고, 유대인들은 그리스도 교도들보다 먼저 있었다. 예언자들은 그리스도 교도들을 예언하였고, 성 요한은[210] 예수 그리스도를 예고하였다.

317 마크로브, 헤롯한테 죽음을 당한 죄 없는 어린이들. [211]

318 마호메트가 한 것은 누구나 능히 할 수 있다. 그는 기적을 행하지도 않았고 예언되지도 않았기 때문이다. 예수 그리스도가 하신 일은 아무도 할 수가 없다.

319 사도들이 속았든지 속였든지, 이것도 저것도 어렵다.[212] 어떤 사람이 부활했다고 생각하는 것은 불가능하기 때문이다.
예수 그리스도가 그들과 같이 계신 동안은 그들을 지지하실 수 있었다. 그러나 그 후 그가 그들에게 나타나지 않았다면 누가 그들을 행동하게 만들었단 말인가?

24 예언

예수 그리스도로 말미암은 유대인들과 이교도들의 파멸

320 "Omnes gentes venient et adorabunt eum(모든 백성이 와서 그를 경배하리라)." "Parum est ut, etc(그것은 사소한 일이다, 운운)." "Postula a me(나에게 청하라)." "Adorabuut omnes reges(모든 왕들이 그를 경배하리라)." "Testes iniqui(악한 증인들)." "Dabit maxillam Percutienti(때리는 자에게 뺨을 돌려 대리라)." "Dederunt fel in escam(쓸개를 먹으라고 주었다)."[213]

321 그 때에는 우상 숭배가 무너질 것이고, 메시아가 모든 우상을 쳐부수고 사람들을 이끌어 참된 신을 공경케 하실 것이라고 예언되었다.[214]

우상들의 신전들이 무너지고 세계의 모든 나라와 모든 장소에서 그에게 짐승이 아닌 깨끗한 희생이 바쳐지리라. *215

322 그가 사람들에게 완전한 길을 가르쳐 주시리라. *216
그리고 그보다 먼저, 그보다 뒤에도, 이와 비슷한 신을 가르친 사람은 하나도 오지 않았다.

323 그는 유대인들과 이방인들의 왕이 되리라. *217 이 유대인들과 이방인들의 왕은 양쪽으로부터 학대를 받고 살해의 음모를 당하나, 그들을 지배하는 그는 모세의 제사를 그 중심지이던 예루살렘에서 파괴하고 거기에 당신 최초의 교회를 세우시고, 우상 숭배를 그 중심지이던 로마에서 파괴하고, 거기에 당신의 주요한 교회를 세우신다.

324 그리고 이 모든 것을 완성하는 것은 예언이니, 그것이 우연히 된 것이라고 사람들이 말하지 못하도록 하기 위해서다.
누구든지 8일밖에 살지 못하게 된 사람이 이 모두가 우연히 된 일이 아니라고 믿는 것이 유익하다고 생각지 않는다면……
그런데 우리가 정욕에 붙잡혀 있지 않다면, 8일이나 100년이나 마찬가지다.

325 먼저 많은 사람들이 온 다음에, 마침내 예수 그리스도가 와서 말씀하셨다. "내가 여기 왔고 때가 왔도다. 예언자들이 때가 이르면 일어나게 되리라고 말한 것을 내 너희에게 말하노니, 내 사도들이 그것을 행하리라. 유대인들이 버림을 받고 예루살렘은 오래지 않아 무너질 것이며, 이교도들이 신을 알게 되리라. 내 사도들은 너희들이 포도밭의 상속자를 죽이고 난 뒤에 그것을 행하리라."*218
—그 다음에 사도들은 유대인들에게 이렇게 말하였다. "너희들은 저주를 받으리라." 그리고 이교도들에게는 "너희들은 신을 알게 되리라"고 말하였다. 그런데 이것은 그때에 실현되었다—
—첼시우스는*219 이것을 비웃었다—

326 그때에는 "사람들이 그 이웃에게 주가 여기 계신다고 말해서 가르쳐 주지 않게 되리라. 신이 모든 이에게 자기를 깨닫게 해 주실 것이기 때문이다."[*220] "너희들의 자식들이 예언하리라."[*221] "내가 너희들 마음속에 나의 영과 나를 두려워하는 마음을 넣어 주리라."[*222]

이것은 모두 같은 것이다.

'예언한다는 것'은 신에 대해 말하는 것이지만 외적인 증거가 아닌, 내적이고 직접적인 느낌으로 하는 것이다.

327 예수 그리스도는 시작은 미약하나 나중에는 크게 되리라. 〈다니엘〉의 작은 돌.[*223]

—가령, 내가 메시아에 대해 전혀 들은 적이 없다 하더라도, —세계의 질서에 대해 이렇게도 놀라운 예언들이 이뤄진 것을 보고는, 그것이 신의 역사임을 인정하게 된다. 그리고 바로 이 책들이 한 메시아를 예언하고 있음을 알게 되면, 나는 그가 오셨으리라고 확신할 것이다. 또 나는 이 책들이 그 시기를 두 번째 성전 파괴 이전으로 잡고 있음을 보고는 그가 오셨다고 말할 것이다.

예언

328 이집트인들의 회개.

〈이사야〉 19장 19절.

이집트의 참된 신에게 드리는 제단.

329-1 메시아의 시대에는 백성이 서로 갈라져 있었다. 영적인 자들은 메시아를 믿었고, 범속한 자들은 그의 증인 노릇을 하기 위해 남아 있었다.

예언

329-2 신이 그의 원수들을 당신에게 굴복시키는 동안[*224], 예수 그리스도는 그의 오른편에 계시리라.

그러니까 그는 손수 그 원수들을 굴복시키지는 않을 것이다.

예언

330 단 한 사람이 예수 그리스도의 강림의 시기와 방식을 예언하는 책을 썼고, 또 예수 그리스도가 그 예언대로 강림하셨다 해도 그것은 무한한 힘을 가질 것이다.

그러나 여기에는 훨씬 더한 것이 있다. 그것은 4천 년 동안 역대 사람들이 끊임없이, 또한 변함없이 차례차례로 똑같이 예수 그리스도가 찾아 오실거라고 예언한 것이다. 그것을 예언하는 것은 한 민족 전체이고, 그들은 4천년 동안 내려오면서 그들이 거기에 대해 가지고 있는 확신을 한 덩어리가 되어 증명하며—그들에게 어떠한 위협과 어떠한 박해를 가해도 그들에게서 이 확신을 떼어 버릴 수는 없다. 이것은 또한 아주 중대한 일이다.

예언

331 그 시기는 유대 민족의 상태로, 이교 민족의 상태로, 성전의 상태로, 그리고 햇수〔年數〕로서 예언되었다.

332 〈호세아〉 3장, 4장.

〈이사야〉 42장, 44장, 48장—"그들이 나라는 것을 알도록 하기 위해 오래 전부터 내 그것을 예언했노라."[225]—54장, 60장, 61장,

그리고 마지막 장.

얏두스에게서 알렉산더에게. [226]

333 —같은 것을 이렇게 여러 가지로 예언하려면 대담해야 할 것이다—우상 숭배자이거나 이교적인 네 개의 왕국과, 유다 통치의 종말과 70주(週)가 동시에 일어나야 했고, 그 모든 것이 제2의 성전이 무너지기 전에 일어나야 하는 것이었다—

334 예수 그리스도의 증거 중에서 가장 큰 것은 예언이다. 또한 이것은 신이 가장 많이 마련해 주신 것이다. 그것들을 이룬 사건은 교회가 생겨남으로부터 없어지기까지 계속되는 하나의 기적이기 때문이다. 이래서 신은 1,600년 동안 예언자들을 일으키시고, 그 후 400년 동안은 그것을 전해 내려

오던 유대인들과 함께 이 모든 예언을 세계의 방방곡곡에 펴 놓으셨다. 예수 그리스도의 탄생의 준비는 이런 것이었다. 그의 복음은 모든 사람이 믿어야 할 것이었으므로 그것을 믿게 하기 위해 예언이 있어야 했을 뿐 아니라, 그 것을 온 세상 사람들이 받아들이게 하기 위해 그 예언들이 온 세계에 퍼져야 만 했다.

335 메시아로 믿어진 헤롯. *227 그는 유다에게서 왕권을 빼앗았으나, 유다 지파 출신은 아니었다—이것은 하나의 유력한 교파가 되었다—

—유대인들이 받아들인 바르꼬스바와 또 한 사람. *228 또 그 당시 곳곳에 퍼졌던 풍설(風說). —수에토니우스, 타키투스*229, 요세푸스. *230

메시아로 인해 왕권이 영원히 유다의 손에 있게 되어 있었고, 또 그가 강림하시자 왕권이 유다의 손에 빠져나가게 되어 있던 이상, 그가 어떻게 메시아일 수 있겠는가.

그들이 눈으로 보면서도 보지 못하고, 귀로 들으면서도 듣지 못하게 하기 위해서는*231 이보다 더 낫게 할 수는 없었다.

시대를 구분하는 자들에게 대한 그리스도 인들의 저주

예고

336 제4왕국 시대, 두 번째 성전의 파괴 전에, 유대인들의 주권이 박탈되기 전, 다니엘이 말한 제70주에, 제2의 성전이 그대로 있는 동안, 이교도들이 가르침을 받고, 유대인들이 숭배하는 신을 알게 되리라는 것*232, 신을 사랑하는 자들은 원수에게서 구출되고, 신을 두려워하는 마음과 그에 대한 사랑으로 가득 차게 되리라는 것.

그런데 제4왕국 시대에 제2의 성전이 파괴되기 전에, 이교도들이 떼를 지어 신을 숭배하고 천사와 같은 생활을 하게 되었다.

처녀들은 그들의 동정(童貞)과 생애를 신에게 바치고, 남자들은 그들의 쾌락을 버리게 되었다. '플라톤'이 소수의 교양 높은 선택된 사람들에게 밖에는 설득시키지 못한 일을, 어떤 비밀의 힘이 몇 마디 말의 힘으로 수억의 무식한 사람들을 설득시킨다.

부자들은 그 재산을 버리고 자녀들은 부모의 편안한 집을 떠나 황막한 광야를 찾아갔다…… ―'유대인 필론의 책'을 보라―

도대체 이것은 어찌된 일인가? 그것은 벌써 오래 전부터 예언된 것이다. 2천 년 이래 이교도는 한 사람도 유대인들의 신을 예배하지 않았다. 그런데 예언된 시기에 많은 이교도가 이 유일한 신을 숭배한다. 신전들이 무너지고, 왕들까지도 십자가를 따른다. 도대체 이것이 어찌된 일인가? 이는 땅 위에 퍼진 신의 정신이다.

―랍비들의 말을 빌리더라도, 모세 시대부터 예수 그리스도까지는 한 사람의 이교도도 믿지 않았다. 그런데 예수 그리스도 이후에는 많은 이교도가 모세의 책들을 읽고 그 본질과 정신을 지키며, 그 중 쓸데없는 것만을 배척한다―

337 예언들은 메시아의 강림 때에 모두 일어나게 되어 있던 여러 가지 표를 일러 주었으므로 이 표들이 모두 동시에 일어나야만 하였다. 이와 같이, 다니엘의 70주가 끝나면 제4왕국이 오고, 그렇게 되면 왕권이 유다에게서 떠나게 되었다.

이 모든 것이 조금도 어렵지 않게 이루어졌다. 또 예언이 이루어져 메시아가 강림하셨는데, 그때 예수 그리스도가 오셔서 자기가 메시아라고 말씀하셨다. 이것 역시, 모두 조금도 어렵지 않게 이루어졌으니, 이것은 예언들의 진실함을 넉넉히 증명한다.

338 "Non habemus regrem, nisi Caesarem(우리는 가이사 외에 임금을 모시고 있지 않습니다)."*233 그러니까 예수 그리스도는 메시아였다. 그들은 이미 한 이방인 외에는 왕으로 모시지 않았고, 또 그 밖에 다른 왕을 원치도 않았으니까 말이다.

예언
339 다니엘의 70주는 예언이 정해진 날들이기 때문에, *234 시작되는 시기에 대하여는 모호하다. 그리고 연대(年代) 학자들 사이에서도 의견이 서로 다르기 때문에 끝나는 시기에 대해서도 그렇다. 그러나 이 모든 차이는 2백년까지 밖에는 가지 않는다. *235

예언

340 왕권은 바빌론의 귀양살이로 인해 조금도 중단되지 않았으니, 복귀가 언약되고 예언되어 있었기 때문이다.

예고

341 "위대한 '판은 죽었다.'"*236

342 장차 일어날 일을 분명히 예언하고, 사람들의 눈을 어둡게도 밝게도 하겠다는 의도를 명백히 말하고, 장차 일어날 명백한 일 가운데 분명치 못한 것들을 섞어 놓는 사람에 대하여 경의 말고, 또 무엇을 느낄 수 있는가?

343 "Parum est ut······ (이것은 사소한 일이다······)."*237 예수 그리스도에 의해 이방인들이 불림. 〈이사야 서〉 52장 15절.

예고

344 메시아의 때가 되면, 그가 새로운 계약을 세워 이집트에서의 탈출을 잊게 할 것이고─〈예레미야〉 23장 5절, 〈이사야〉 43장 18절─자기 율법을 밖이 아닌 마음속에 놓아 줄 것이며, 외면적인 것에 지나지 않았던 자기에 대한 두려움을 마음속에 넣어 주실 것이라고 예언되었다─이 모든 것에서 그리스도교의 율법을 알아보지 못할 자 누구겠는가? ─

예언

345 유대인들은 예수 그리스도를 배척할 것이고, 그들은 이러한 이유로 신에게서 버림을 받을 것이다. 선택 받은 포도나무가 머루밖에 맺지 않으리라. *238 선택된 백성은 충성스럽지 않고 은혜를 저버리고 믿지 않으리라. "Populum non credentem et cont radicentem(믿지 않고 반대하는 백성을)."*239

─〈신명기〉 28장 28절─신은 그들의 눈을 어둡게 할 것이고, 이리하여 그들은 소경들처럼 대낮에도 더듬거리리라. *240

한 선구자가 그보다 앞서 오리라. *241

346 다윗 혈통의 영원한 통치—《역대사》하권*242—모든 예언에 의하여 그리고 서약까지 곁들여서. 그런데 그것이 지금 이 세상에서 이루어지지 않았다—〈예레미야〉 33장(17~21절)—

25 특수한 사정

특수한 상징
347 두 가지 율법, 두 개의 십계판(十戒板), 두 채의 성전, 두 번의 귀양살이.

348 〔야벳으로 계보는 시작된다.〕*243 '야곱'은 두 팔을 엇갈리게 하여 아우를 앞세운다. *244

26 그리스도교의 도덕

349 그리스도교는 이상하다. 그것은 사람에게 그가 천하고 심지어는 아주 미워해야 할 자임을 인식하라고 명령하면서, 또 신과 같은 자가 되기를 원하라고 시킨다. 이런 평형력(平衡力)이 없으면 이 상승(上乘)이 그를 무섭게 뽐내게 할 것이고, 그렇지 않으면 이 비열이 그를 지극히 천하게 만들 것이다.

350 비참은 절망하게 만든다. 오만은 과신하게 만든다.
탁신(托身)*245은 비참에서 건져 주기 위해 필요했던 구제가 위대하다는 것으로 사람에게 그 비참이 크다는 것을 보여준다.

351 우리로 하여금 선을 행할 수 없게 만드는 굴종도 아니고, 악에서 완전히 벗어난 성덕도 아니다.

352 사람은 실망과 오만이라는 이중의 위험에 늘 직면해 있기 때문에, 은총을 받을 수도, 잃을 수도 있다는 두 가지 가능성을 사람에게 가르쳐 주는

교리보다 더 적절한 교리는 없다.

353 —땅 위에 있는 모든 것 중에서—그*²⁴⁶는 불쾌한 것에만 참여하고 유쾌한 일에는 참여하지 않는다. 그는 이웃을 사랑한다. 그러나 그의 사랑은 이 테두리 안에만 머물러 있지 않고, 자기의 원수들에게까지, 그리고 신의 원수들에게까지 미친다.

354 순종에 있어서 병사와 '샤르트뢰' 수도자*²⁴⁷ 사이에 얼마만한 차이가 있는가! 그들은 똑같이 힘든 훈련에 똑같이 순종하고 매여 있다. 그러나 군인은 항상 장(長)이 되기를 바라나 결코 그렇게 되지 못하니, 대장이나 왕들까지도 언제나 노예이고 예속자인 까닭이다. 그래도 군인은 늘 그렇게 되려고 애쓴다.

이에 반해, '샤르트뢰' 수도자는 영원히 매여만 살겠다는 것을 서원한다. 이와 같이 그들 양쪽이 처해 있는 끊임없는 예속 상태는 다르지 않지만 희망에 있어서는 서로 다르니, 한쪽은 늘 그것을 가지고 있고 다른 한쪽은 그것을 결코 가지고 있지 않은 것이다.

355 참된 그리스도 교도처럼 행복한 자도 없고, 분별과 덕이 있고 사랑스러운 자도 없다.

356 그리스도 교도는 자기가 신과 결합되어 있다고 믿으면서도 얼마나 오만하지 않으며, 자기를 지렁이에 비교하면서도 얼마나 비굴하지 않은가! 삶과 죽음, 행복과 불행을 받아들이는 이 얼마나 아름다운 태도인가?

357 스파르타인이나 그 밖의 사람들의 용감한 죽음은 우리를 별로 감동시키지 못한다. 왜냐하면 그것이 우리에게 무슨 이익을 가져다주느냐 말이다.

그러나 순교자들의 죽음은 우리를 감동시키니, 그것은 이들이 '우리의 지체(肢體)'이기 때문이다. *²⁴⁸ 우리는 그들과 공통된 유대를 가지고 있으니, 그들의 결의가 우리의 결의를 만들어 낼 수 있는데, 다만 모범으로뿐 아니라, 어쩌면 그들의 결의가 우리의 그것을 만들었을지도 모르기 때문이다.

이교도들의 모범에는 이런 것이 도무지 없으니, 우리는 그들과 아무런 연결이 없기 때문이다. 마치 부유한 외부 사람을 본다고 해서 누가 부자가 되는 것이 아니고, 아버지나 남편이 부자가 되어야 자기도 부자가 되는 것과 같다.

사고하는 지체의 시초
—도덕—

358 신은 천지를 창조하셨으나, 천지는 자기 존재의 행복을 조금도 느끼지 못하기 때문에, 존재의 행복을 느끼고 또 사고하는 지체로 한 몸을 이룰 존재를 만들고자 하셨다. 왜냐하면 우리의 지체는 결합의 행복, 훌륭한 지성의 행복, 정신을 불어넣고 그것을 자라고 존속케 하려고 자연이 기울이는 정성의 행복을 도무지 깨닫지 못하기 때문이다. 그것들이 그 행복을 느끼고 그것을 본다면 얼마나 행복할 것인가! 그러나 그러기 위해서는, 그들이 그것을 알 수 있는 힘과 보편적인 영혼의 의지에 동의할 수 있는 착한 의지를 가져야 할 것이다. 만일 그들이 알 수 있는 힘을 받아 그들 지체에만 영양(榮養)을 붙잡아 두고 다른 지체에 가지 못하게 하는 데에 사용한다면, 그들은 의롭지 못할 뿐 아니라 불쌍하기도 할 것이며, 자신을 사랑하는 것보다 오히려 미워하는 것이 될 것이다. 그들의 행복은 그들의 의무나 마찬가지로 그들이 속해 있는 전체의 영혼, 그들이 자기 자신을 사랑하는 것보다도 더 그들을 사랑하는 영혼 전체의 지도를 따르는 데 있기 때문이다.

359 네 주인에게서 사랑을 받고 칭찬을 듣는다고 해서 노예인 네 상태가 나아진 것인가? 노예야, 네가 은혜를 받기는 받는다. 네 주인이 너를 칭찬하지만—조금 있다가는 너를 때릴 것이다.

360 자신의 의지는 그가 원하는 모든 것을 할 수 있는 능력이 있을 때에도 결코 만족감을 느끼지 않게 할 것이다. 그러나 사람은 자기의 의지를 포기하는 순간부터 만족하게 된다. 그것이 없으면 사람이 불만을 가질 수가 없고 그것이 있으면 만족할 수가 없다.

361 그들은 사욕은 활동하게 버려두고, 소심증(小心症)은 억제한다. 그와 반대로 해야 할 터인데.

362 형식에 자기 희망을 거는 것은 미신적이다. 그러나 형식을 따르려고 하지 않는 것은 오만한 것이다.

363 우리는 신앙과 착함 사이에 엄청난 차이가 있음을 경험으로 안다.

364 각 종교에 있어서 두 가지 종류의 사람들(영속성 조항을 보라), 미신, 정욕.

〔기적〕—형식론자 불요

365 신의 율법에 어긋나는*249 행동을 한다는 것이 문제가 되었지만 할례의 폐기에 대하여 성 베드로와 사도들이 토의할 적에,*250 그들은 예언자들을 참고하지 않고 할례를 받지 않은 자들의 몸으로 성령을 받은 것만을 참작했다.*251

그들은 율법을 지켜야 한다는 것보다는 신이 당신의 성령으로 충만케 해주시는 자들을 인정하신다는 것이 더 확실하다고 판단하였다.

그들은 율법의 목적이 오직 성령이라는 것, 그러므로 사람이 할례 없이도 성령을 받는 이상, 할례는 필요치 않다는 것을 알았던 것이다.

지체

여기서부터 시작한다.

366 우리가 우리 자신에 대해서 가져야 할 사랑을 조절하기 위하여는 온통 사고하는 지체로 되어 있는 신체를 상상해야 한다. 우리는 한 전체의 지체이기 때문이며, 각 지체가 어떻게 그 지체를 사랑해야 할지를 봐야 하기 때문이다.

나라

367 그리스도 교국은 물론 유대국까지도, 유대인 필론이 《왕국론》에서 지

적하는 것처럼, 오직 신만을 지배자로 가지고 있다.

저들이*252 싸울 때에는 다만 신만을 위해서였고 주로 신에게만 기대를 걸었으며, 저들의 도시들을 오직 신에게만 속하는 것으로 생각하고 신을 위하여 그것들을 지키고 보호했다—《역대사》상권 19장 13절—

368 지체들을 행복하게 만들려면 그것들이 하나의 의지를 가져야 하며 또 그 의지를 전체에 순응시켜야 한다.

369 사고하는 지체로 가득 찬 신체를 상상해 보자.

370 지체가 되는 것은 전체의 정신에 의해서만, 또 전체를 위해서만 생명을 가지고 존재하고 움직이는 것이다. 자기가 속해 있는 전체를 보지 못하게 떨어져 나간 지체는 멸망하고 죽어가는 존재를 가지고 있을 뿐이다. 그러나 그는 자기가 전체인 것으로 생각하고, 자기가 속해 있어야 할 전체를 못 보기 때문에 자기가 자신에게밖에는 속하지 않는다고 믿으며, 자기가 중심이 되어 몸 전체가 되고자 한다. 그러나 자기 자신 안에 생명의 근원을 가지고 있지 못하므로 그저 방황할 뿐이며, 또 자기가 전체가 아님은 똑똑히 느끼면서도 자기가 어떤 전체의 지체라는 것은 깨닫지 못하여 자기 존재의 불안정을 이상히 여긴다. 마침내 자신을 알게 되면 마치 꿈에서 깨어난 것같이 되어서 그 때부터는 전체를 위해서만 자신을 사랑하게 된다. 그래서 지난날에 의식이 흐렸던 것을 뉘우친다.

지체는 그 본성으로는 오직 자신만을 위해서, 또 그 사물을 자기에게 복종시키기 위해서만 다른 사물을 사랑한다. 왜냐하면 어떤 사물이든지 자기 자체를 무엇보다도 더 사랑하기 때문이다. *253

그러나 전체를 사랑하면 자기 자체를 사랑하는 것이니, 그는 전체에, 전체에 의하여, 전체를 위해서만 있기 때문이다. —"Qui adhaeret Deo, unus spiritus est(주께 결합하는 자는 한 정신이 되느니라)."*254

—몸은 손을 사랑한다. 그리고 손이 만일 의지를 가지고 있다면 자기도 영혼이 그를 사랑하는 것처럼 자신을 사랑해야 할 것이다—

—이 선(線)을 지나쳐 가는 사랑은 어느 것이나 옳지 못한 것이다—

—"Adharens Deo unus spiritus est(신과 결합하면 한 정신이 된다)." 우리는 예수 그리스도의 지체이기 때문에, 그리고 예수 그리스도는 우리가 지체로서 속해 있는 전체이기 때문에 우리는 우리 자신을 사랑한다. 삼위(三位)처럼 전체는 하나이고 하나는 전체 안에 있다. *255

371 신만을 사랑하고, 자기만을 미워해야 한다. *256

만일 발이, 몸의 부분이라는 것과 자기가 속해 있는 어떤 몸이 있다는 것을 항상 모르고, 자신밖에 알지 못하고 자신밖에 사랑하지 않다가, 제가 속해 있는 몸이 있다는 것을 알게 된다면, 지나간 제 생활에 대하여, 제게 생명을 넣어 준 몸, 제가 몸을 버린 것과 같이 저를 버리고, 저를 떠났더라면 저를 멸망하게 했을 몸에 대해 무익하였던 것을 얼마나 후회하고 부끄러워할 것인가! 그 몸의 일부로 보존되기를 얼마나 기원할 것인가! 또 몸을 다스리는 의지에 얼마나 고분고분하게 복종할 것인가! 필요하다면 제가 절단되는 것에 동의할 정도로! 그렇지 않으면 발은 지체로서의 제 특성을 잃게될 것이고, 모든 지체는 몸을 위해 멸망하기를 원해야 할 것이니, 모든 지체가 이 몸을 위하여 있는 까닭이다.

372 만약 발과 손에 제각기 의지가 있다면, 그것들은 몸 전체를 다스리는 첫째 의지에 제각기의 의지를 복종시킴으로써만 그 질서를 유지할 수 있을 것이다. 여기서 벗어나면 그것들은 무질서와 불행에 빠지게 되는 것이다. 그러나 몸의 이익을 도모하는 것으로 그것들은 그 자체에 좋은 일을 하게 된다.

373 철학자들은 악습을 신에게까지 귀속시켜 성화(聖化)했고, 그리스도교도들은 덕을 성화했다.

374 두 개의 법률은, 모든 정치적 법률보다도 더 낫게 온 그리스도교계를 다스리기에 충분하다.

27 결론

375 신을 아는 것과 그를 사랑하는 것과는 얼마나 거리가 먼 것인가!

376 "기적을 보았다면 나는 회두(回頭)할 것이다"라고 그들은 말한다. 그들은 자기들이 알지도 못하는 것을 할 것이라고 어떻게 보장하겠는가? 그들은 이 회두를, 자기들이 생각해 내는 교류나 이야기를 나누는 것과 같은 정도로 신에게 하는 예배에 있는 것으로 상상한다. 진정한 회두는 우리가 그렇게도 여러 번 기억하였고, 또 아무 때고 우리를 정당하게 멸망시킬 수 있는 그 보편적인 존재 앞에서 우리를 아주 낮추는 데에 있는 것이요, 그 없이는 아무것도 할 수 없고, 또 우리는 그의 총애를 잃을 만한 일밖에는 하지 않았고, 그에 대해 공을 세운 것이 아무것도 없음을 인정하는 데에 있는 것이다. 진실한 회두는 신과 우리 사이에 쳐부수지 못할 대립(對立)이 가로놓여 있어, 중개자가 없이는 교섭이 있을 수 없다는 것을 아는 데 있는 것이다.

377 기적은 믿지 않는 자들의 마음을 돌이키는 데에 쓰이지 않고 정죄(定罪)하는 데에 쓰인다. —제1부 Qu. 113, a. 10, ad2. *258

378 단순한 사람들이 추론하지 않고 믿는 것을 보고 이상히 여기지 말라. 신은 저들에게 신의 사랑과 자기 자신에 대한 증오심을 준다. 그는 저들의 마음을 믿도록 기울여 준다. 만일 신이 마음을 기울여 주지 않으면 아무도 유익한 믿음과 신앙으로 믿지 못할 것이요, 신이 마음을 기울여 주기만 하면 이내 믿게 될 것이다.

다윗이 이것을 잘 알고 있었기에 이런 말을 한 것이다. "Inclina cor meum, Deus in〔testimonia tua〕"(신이여 내 마음을 당신 〔증거〕로 기울여 주소서.) *259

379 신구약 성경을 읽지 않고 믿는 자들은 아주 거룩한 심적 경향을 가지고 있고, 그들이 우리의 교에 대해 듣는 것이 그것과 합치되기 때문에 믿는 것이다. 그들은 신이 그들을 만들었음을 깨닫고, 신만을 사랑하기를 원하며

자기 자신들밖에는 미워하고자 하지 않는다. 그들 스스로는 그렇게 할 힘이 없고, 신에게도 갈 능력이 없으며, 신이 그들에게로 오지 않으면 그와 더불어 아무런 교섭도 가질 수 없다는 것을 느낀다. 그런데 우리 종교에서는 신만을 사랑해야 하고 자기 자신만을 미워해야 하지만, 그러나 모든 사람이 부패해서 신에 대한 자격을 잃었으므로, 신이 우리와 결합하기 위해 사람이 되었다고 말한다. 마음속에 이런 경향을 가지고 있고 또 자기들의 의무와 자격 없음에 대한 지식을 가지고 있는 사람들을 설득시키는 데에는 이 밖에 더 필요한 것이 없다.

380 예언서와 증거를 알지 못하고서 그리스도 교도가 된 자들도, 거기에 대해서는 다른 지식을 가진 자들과 마찬가지로 판단한다. 다른 자들이 거기에 대해 정신으로 판단하는 것처럼, 그들은 마음으로 판단하는 것이다.

신이 직접 그들 마음이 믿어지도록 힘쓰니, 그들은 매우 효과 있게 설득당하는 것이다.

증거 없이 믿는 그리스도 교도 중 어떤 사람은, 그런 말을 하는 미신자를 설득시킬 만한 그 무엇을 가지고 있지 않다고 인정한다. 그러나 이 종교의 증거를 알고 있는 사람들은 이 신자가 비록 자신이 그것을 증명할 수는 없다 하더라도 참으로 신의 영감을 받는다는 것은 어렵지 않게 증명할 것이다.

왜냐하면 신은(의심할 바 없는 예언자) 그 예언서에서 예수 그리스도의 나라에서는 그의 정신을 모든 나라에 펼칠 것이고, 교회의 아들 딸과 아이들이 예언을 하리라고 말했은즉, 신의 정신이 이들 위에 있고 다른 이들 위에 있지 않다는 것은 의심할 수 없는 일이기 때문이다.

〔—"Eorum qui amant(사랑하는 자들의)"—〕

—"신은 그가 사랑하는 자들의 마음을 기울이신다"—

—"Deus inclinat corda eorum(신은 그들의 마음을 기울이신다)."—

—그를 사랑하는 자—

—그가 사랑하는 자—

제2부 나누어지지 않은 짧은 글들

에즈라에 대해*260

381 "책들이 성전과 함께 다 없어졌다"는 이야기.

〈마카베오서〉에 의하면 거짓이니, "예레미야가 그들에게 율법을 주었다."*261

—그가 모두 외었다는 이야기—

요세푸스와 에스라는 "그가 책을 읽었다"고 기록했다.*262

바로니우스는 180년 조(條)에 "Nullus penitus Haebreorum antiquorum reperitur qui tradiderit libros periisse et per Esdram esse restitutos nisi Ⅳ Esdrae (책들이 소실되어 에즈라에 의해 복원되었다고 전한 사람은 〈에즈라 4서〉 외에는 고대 헤브라이인 중에 거의 아무도 없다)"고 말했다.*263

그가 글자를 바꿨다는 이야기.

필로는, —In vita Moysis(모세 전에서)*264 "Illa lingua ac character quo antiquitus scripta est lex sic permansit usque ad LXX,"(예전에 율법에 씌어졌던 그 말과 글자가 70인*265까지 그대로 존속했다.)고 하였다.

요세푸스는 율법이 70인에 의해 번역되었을 때 그것이 헤브라이 말로 되어 있었다고 말한다.*266

책을 없애 버리려고 하였고, 또 예언자가 도무지 없던 안티오코스와 베스파시아누스 치하에도 그렇게 할 수 없었는데, 아무런 박해도 하지 않았고, 또 예언자가 그렇게 많던 바빌로니아인의 치하에서 그것이 타 없어지게 버려두었겠는가?

요세푸스는……을 견디지 못할 〔유대인들〕 그리스인들을 조소했다.

테르툴리아누스는 "Perinde potuit abolefactam eam violentia cataclysmi in spiritu rursus reformare, quemadmodum et Hierosolymis Babylonia expugnatione deleta est, omne instrumentum judaicae litteraturae per Esdram constat restauratum." Tert., 1. Ⅰ de Cultu Foemin., c. 3. (그러므로 바빌로니아의 침략으로 예루살렘이 멸망한 뒤에 유대의 모든 서적이 에즈라에 의하여 복원된 것이 드러난 것처럼, 무섭고 큰 자연 재해로 말미암아 없어진 그 책을 정신으로 다시 펴낼 수 있었다.)고 말한다. *267

그는 "귀양살이 중에 잃어버린 성경을 에스라가 다시 펴낼 수 있었던 것처럼, 노아도 대홍수로 인하여 없어진 〈에녹〉을 기억에 의해 다시 펴낼 수 있었다"고 말하는 것이다.

"나부코도노소르에 의해 백성이 귀양살이하던 그때 성경이 파손되었으나 ……신은 레위족(族)의 제사장인 에즈라에게 영감을 내리시어 지난날 예언자들의 말을 모두 생각나게 하시고, 모세를 거쳐 주셨던 그 율법을 백성에게 돌려주게 하셨다."*268

그는 이것을 인용하여 70인이 그 놀랄 만한 일관성으로 성경을 해석했다는 것이 믿을 수 없는 일이 아님을 증명하고자 했다. 에우세비우스 《역사》 1권 8장. 그리고 그는 이것을 성 이레네우스의 저서 3권 25장에서 인용했다.

성 힐라리우스는 〈시편〉에 대한 머리말에서 에즈라가 시편을 정리했다고 말했다.

이 전설의 기원은 〈에즈라 제4서〉의 제14장에서 오는 것이다. *269

"Deus glorificatus est, et Scripturae verae divinae creditae sunt, omnibus eamdem et eisdem verbis et eisdem nominibus recitantibus ab initio usque ad finem, uti et praesentes gentes cognoscerent quoniam per (in)spirationem Dei interpretatae sunt Scripturae, et non esset mirabile Deum hoc in eis [esse] operatum : quando in ea captivitate populi quae facta est a Nabuchodonosor, corruptis Scripturis et post 70 annos Judaeis descendentibus in regionem suam, et post deinde temporibus Artaxercis Persarum regis, inspiravit Esdrae sacerdoti tribus Levi praeteritorum prophetarum omnes re(me)morare sermones, et restituere populo eam legem quae date(est) per Moysen(모든 사람이 처음부터 끝까지 같은 글을 같은 말과 같은 이름으로 욈으로써 신의 영광이 드러났고, 성경을 참으로 신에게서 온 것으로 믿었으니, 지금 사람들도 성경이 시의 영감으로 해석되었음을 알게 하고자 하셨고, 신이 이것을 성서에 행하신 것이 이상하지 않음을 알게 하심이다. 즉 나부코도노소르에 의해 백성이 귀

양살이하던 그때에 성경이 파손되고 70년 후 유대 사람들이 고국으로 돌아온 뒤 페르시아의 아르탁 세르세스 왕 때에, 신은 레위족의 사제인 에즈라에게 영감을 내리시어 지난날의 예언자들의 말을 모두 생각나게 하시고, 모세를 거쳐서 주어졌던 그 율법을 백성에게 돌려주게 하셨다)."

—에즈라의 이야기에 대한 반박—

382 〈마카베오 2서〉 제2장, 요세푸스《유대 고대사》제2권 1장. 치루스는 이사야의 예언을 근거로 백성을 석방했다. 유대인들은 치루스의 치하에 있는 동안 바빌론에서 재산을 평안하게 유지했다. 그러니까 그들은 얼마든지 율법을 가질 수 있었다.

요세푸스는 에즈라에 대한 이야기 속에서 이 재편(再編)에 대해서는 한마디도 하지 않았다.

—열왕기 4권 17장 27절[270]

383 만일 에즈라의 이야기가 믿을 만하다면 성경이 거룩한 책이라는 것을 믿어야 한다. 왜냐하면 그 이야기는 70인의 권위를 주장하는 사람들의 권위 위에만 서 있는데, 그 70인의 권위는 성경이 거룩한 것임을 증명하기 때문이다.

그러므로 그 이야기가 참말이라면 그것으로 우리의 바라는 바가 이루어지는 것이고, 그렇지 않다면 다른 것으로 이루어질 것이다. 이래서 모세 위에 기초를 둔 우리 종교의 진리를 파괴하려고 하는 자들은 그들이 공격에 사용하는 바로 그 권위로써 그들 종교의 진리를 세워 주는 셈이 된다.

—이와 같이 이 섭리로 인해 우리 종교는 늘 존속한다—

384 흥미 있는 것을 경멸하는 데에 무감각하고 우리에게 가장 관계가 많은 것에 무감각하게 되는 것.[271]

385 그에게 이미 예언자가 나타나지 않게 되었을 때엔 마카베오 일가의 사람들. 예수 그리스도 이후에는 '마소라'.[272]

386 그러나 예언이 있다는 것만으로는 부족했다. 그 예언들이 곳곳에 전파되고 언제나 보존되어야 했다.

—그리고 사람들이 이 모든 것을 우연의 결과로 생각하지 않게 하기 위해 그것이 예언될 필요가 있었다—

메시아로서는—신이 그들을 따로 보존하셨다는 것 이외에—그들이[273] 그 영광의 목격자가 되고 그 연장이 되었다는 것이 훨씬 더 영광스러운 일이다.

387 "Fascinatio nugacitatis(거짓말의 매혹)."[274] 정열이 해를 끼치지 못하게 하려면 살 날이 8일밖에 남지 않은 것처럼 행동하자.

—순서—

388 나는 잘못 생각했다가 그리스도교가 참된 종교인 것을 발견하는 것이, 그것을 참된 종교라고 믿음으로써 틀리게 생각하지 않는 것보다 훨씬 더 겁이 난다.

389 그리스도를 볼 때에, 두 개의 성경을, 구약은 예수의 기다림처럼 신약은 그 모범처럼 생각하며, 둘을 다 그 중심으로 삼고 있다.

390 어째서 예수 그리스도는 전에 행해진 예언에서 당신의 증거를 끌어내는 대신에 눈에 잘 띄는 방법으로 강림하지 않으셨는가?

어째서 그는 상징으로 자기를 예언케 하셨을까?

영속성

391 아래와 같은 사항을 잘 생각해서 살피기 바란다. 세상이 시작된 때부터 메시아를 기다리거나 숭배하는 일은 끊임이 없었다는 것, 자기 백성을 구해줄 구세주가 나시리라는 것을 신에게서 계시받았다고 말한 사람들이 있었다는 것, 그 다음 아브라함이 와서 자기가 가지게 될 아들을 거쳐 이 구세주가 나리라는 계시를 받았다고 말했다는 것, 야곱은 구세주가 그의 열두 아들 중 유다에게서 태어나리라고 말한 것, 그 다음 모세와 예언자들이 나타나 구세주가 오실 시기와 그 모양을 똑똑히 나타낸 것, 그들은 또 자기들이 가진

율법이 메시아의 율법의 준비에 지나지 않는다고 말했다는 것, 그때까지는 그들의 율법이 존속되겠지만 메시아의 율법은 영원히 계속될 것이며, 이래서 그들의 율법이나 약속하신 메시아의 율법이 언제나 세상에 있으리라고 말했다는 것, 또 사실 그 율법이 항상 존속되었다는 것, 마침내 예수 그리스도가 모든 예언된 때에 맞춰 강림하셨다는 것—이것은 놀라운 일이다! —

392 만일 이것이 유대인들에게 명백히 예언되었다면 어떻게 그들이 믿지 않을 수 있었는가? 혹은 이렇게도 명백한 일을 거역했는데도 어떻게 그들이 멸망을 당하지 않았는가?

—나는 이렇게 대답한다—첫째로 저들이 명백한 사실을 믿지 않으리라는 것도, 저들이 멸망을 당하지 않으리라는 것도 예언되었다. 또 이처럼 메시아에게 영광스러운 것은 또 없었으니, 예언자들이 있었다는 것만으로는 충분치 못하고, 그들이 혐의를 받지 않고 보존되어야 했기 때문이다. 그런데 운운……

상징

393 신은 한 거룩한 백성을 만들어 그들을 다른 모든 국민에게서 분리시키고 그들의 적에게서 구출하고 안식의 땅에 놓아두고자 하시어 그것을 약속하시고, 또 그 예언자들을 시켜 자기 강림 시기와 방식을 예고하였다. 그런데도 자기가 택한자들의 희망을 굳히기 위해 신은 그가 인간으로 땅에 오실 것이라는 상징을 모든 시대에 걸쳐 그들에게 보내주셨다. 또한 구원에 대한 당신의 권능과 당신의 뜻에 대한 확증을 그들에게 감추신 적이 없다. 왜냐하면, 사람의 창조에 있어서는 아담이 그 증인이었고, 여인에게서 나기로 되어 있는 구세주에 대한 약속의 보관자였기 때문이다.

사람들이 아직도 천지 창조와 시간적으로 아주 가까운 시대에 있었을 때에는, 그들의 창조와 타락을 잊어버릴 수가 없었던 것이다. 그리고 아담을 본 사람들이 세상을 떠났을 때에는 신이 노아를 보내시고, 기적으로 그를 구해내시고는 온 땅을 물에 잠기게 하셨으니, 이 기적은 신이 세상을 구할 권능을 가지고 계시며, 그렇게 할 뜻과 당신이 언약하신 구세주를 여인의 자손에게서 나게 하고자 하는 뜻을 가지고 계심을 충분히 보여주는 것이었다.

—이 기적은 '사람'들의 희망을 굳게 하기에 충분했다—

대홍수의 기억이 사람들의 머리에 아주 생생하고 노아가 아직 살아 있을 때, 신은 아브라함에게 당신의 언약을 주셨고, *275 셈이 자기 살아 있을 때에 신은 모세를 보내셨고…… *276

394 사람의 참된 본성, 그의 참다운 선, 참다운 덕, 참된 종교 등은 그 인식이 서로 분리될 수 없는 것들이다.

395 그대는 신이 감추었다고 불평하는 대신에 이렇게도 분명히 나타난 것을 그에게 감사할 것이며, 또한 신이 그렇게도 거룩한 신을 알 자격이 없는 교만하고 건방진 지자(智者)들에게 자기를 드러내지 않은 것을 그에게 감사해야 할 것이다.

두 가지 종류의 사람이 그것을 안다. 즉 정신의 정도가 높건 낮건 겸손한 마음을 가지고 비천을 사랑하는 자들과, 그렇지 않으면 어떠한 반대를 만나도 진리를 볼 수 있을 만큼 정신을 넉넉히 가지고 있는 자들이다.

396 우리가 신을 생각하고자 할 때, 우리의 마음을 거기서 돌리게 하고 다른 것을 생각하도록 우리를 유혹하는 것이 없는가? 이것은 모두 악한 것이며, 우리와 함께 태어난 것이다.

397 사람들이 내게 집착하는 것은, 비록 좋아서 스스로 그렇게 한다해도 옳지 않다. 내가 어떤 사람의 목적도 아니며, 그들을 만족시킬 만한 것을 가진 것이 없으니까 내게 이런 소원을 품게 만드는 것은 그들을 속이는 셈이다. 나는 죽기 마련인 자가 아니냐? 그러면 그들의 애착의 대상이 죽을 것이다. 그러므로 마치 내가 거짓을 믿게 만드는 것이, 비록 그것을 친절히 설득시켜 사람들이 그것을 기꺼이 믿고 내가 거기에서 즐거움을 누린다 해도 죄가 되는 것처럼, 그들로 하여금 나를 사랑하게 하고 사람들을 끌어당겨 내게 애착을 가지게 하는 것도 다 죄가 되는 것이다. 나는 거기에서 어떤 이익이 내게 돌아온다 해도 거짓을 믿으려고 하는 자들에게 그것을 믿으면 안 된다고 경고해야 된다. 또 이와 마찬가지로 내게 집착하면 안 된다고 경고해야

한다. 왜냐하면 그들은 신을 기쁘게 하거나 그를 찾기 위해 그들의 삶과 정성을 바쳐야 하기 때문이다.

398 참된 본성을 잃어버렸으므로 모든 것이 사람의 본성이 된다. 마치 참된 선이 상실되어 모든 것이 그의 참된 선이 되는 것과 같다.

399 철학자들은 이 두 가지 상태에 알맞은 심정을 만들어 주진 않았다.
그들은 순수하게 위대한 충동을 일으켰으나, 그것은 사람의 상태가 아니었다.
저들은 순수하게 비천한 충동을 일으켰으나, 이것도 사람의 상태는 아니었다.
비천한 충동을 가져야 하지만—자연에서가 아니라—깊은 뉘우침에서 나오는 것이어야 하며—거기에 머무르기 위해서가 아니고—위대한 데로 가기 위한 것이라야 한다. 위대한 충동을 가져야 하나, 공로에서가 아니라 은총에서 오는 것이어야 하며, 또 비천한 것을 거쳐서 오는 것이라야 한다.

400 만일 사람이 신을 위해 만들어지지 않았다면 어째서 신 안에서밖에 행복하지 못한가?
사람이 신을 위하여 만들어졌다면, 어째서 이다지도 신을 거역하는가?

401 사람은 어떤 위치에 자기를 둬야 할지를 모른다. 사람은 분명히 길을 잃었고, 제 본자리에서 떨어져 그것을 모두 찾아내지 못하고 있다. 그는 캄캄한 어둠 속에서 불안하게 사방으로 그것을 찾아다니지만 찾지 못한다.

402 우리는 진리를 원하고 있으나 우리 자신 안에서는 불확실밖에는 발견하지 못한다. 우리는 행복을 추구하지만 비참과 죽음밖에 발견하지 못한다. 우리는 진리와 행복을 바라지 않을 수가 없는데, 확실함도 행복도 얻을 수 없다.
—이 욕망이 우리에게 남겨진 것은, 우리를 벌하기 위한 것이기도 하고, 우리로 하여금 우리가 어디에서 떨어졌는지를 깨닫게 하기 위한 것이기도

하다—

종교의 증거
403 도덕, 교리, 기적, 예언서, 상징.

404 종교를 아는 것에서 나를 가장 멀리 떼어 놓는 것 같던 이 모든 모순이 오히려 나를 참다운 종교로 가장 빨리 인도해 주었다.

405 나는 또한 덮어놓고 사람을 칭찬하는 자들과, 사람을 무조건 비난하는 자들과, 덮어놓고 즐기는 자들을 똑같이 비난한다. 나는 탄식하며 탐구하는 자들밖에는 칭찬할 수 없다.

—본능, 이성—
406 —우리에게는 어떠한 독단론도 어쩔 수 없는, 증명에 대한 무능력이 있다—
우리에게는 '피로니즘' 전체가 쳐도 이길 수 없는 진리의 관념이 있다.

407 스토아학파 사람들은 "그대들 자신 속으로 돌아가라. 거기서 그대들의 평안을 발견하게 되리라"고 말한다. 그러나 이것은 참말이 아니다.
다른 이들은 "밖으로 나가서 오락을 즐기는 가운데 행복을 찾으라"고 말하지만, 이것도 참말이 아니다. 병이 찾아오는 것이다.
행복은 우리 밖에도, 우리 안에도 있지 않다. 그것은 신에게 있으며, 우리의 안과 밖에 있는 것이다.

408 인간의 지식과 철학의 어리석음—에 대한 편지—
이 편지는 오락의 장 이전의 것이다.
"Felix qui potuit……(할 수 있는 자는 복되도다)."
"Felix, nihil admirari……(그 어떠한 것에도 찬탄하지 않을 수……있는 자는 복되도다)."*277
—몽테뉴의 저서 안에는 280가지 최고의 행복이 있다. *278

409 영혼의 불멸을 토론하지 않던 철학자들의 허위성. '몽테뉴'의 저서에 있는 그들 딜레마의 허위성. *279

410 이성이 정열과 싸우는 이 내적 투쟁으로 인해 평화를 원하는 자들이 두 패로 갈리게 되었다. 어떤 사람들은 정열을 버리고 신이 되길 원했고, 어떤 사람들은 이성을 버리고 야수가 되길 원하였다. (데바로. *280) 그러나 어느 쪽 사람도 그렇게 되지 못했다.

이성은 언제나 남아 있어, 정열의 천함과 부당함을 비난하고 정열에 몸을 맡기는 자들의 인식을 뒤흔들어 놓으며, 정열은 그것을 버리기를 원하는 자들 속에 여전히 살아 있는 것이다.

—인간의 위대함—

411 우리는 사람의 영혼을 매우 위대한 것으로 생각해서, 그로 인해 경멸당하거나 영혼을 존중하지 않는 것은 참을 수가 없을 지경이다.

사람들의 모든 복은 이 존중에 있는 것이다.

412 인간은 너무도—필연적으로—미친 자들이어서, 미치지 않은 것도 다른 모습으로 미친 것이라고 말할 수 있을 것이다.

413 인간의 헛됨을 완전히 알고자 하는 자는 인간의 원인과 결과를 생각해 보면 그만이다. 인간의 원인은 '뭔지 모를 것(코르네이유)'인데*281 그 결과는 무서운 것이다. 이 '뭔지 모를 것', 하도 하찮은 것이라 알아보지도 못할 그것이 온 지구와 군주들과 군대들과 전 세계를 움직인다.

클레오파트라의 코, 그것이 조금 더 낮았더라면 지구의 모습 전체가 아주 달라졌을 것이다*282.

비참

414 —우리의 비참을—위로해 주는 유일한 것이 오락이다. 그러나 이 오락이 우리의 비참 중의 가장 큰 것이다. 왜냐하면 이것이 주로 우리 자신을 생각하지 못하게 막고, 깨닫지 못하는 사이에 우리를 멸망시키기 때문이다.

이것이 없으면 우리는 근심 속에 빠지게 될 것이고, 이 근심이 우리를 격려하여 거기에서 놓여나올 수 있는 더 건실한 방법을 찾게 할 것이다. 그러나 오락은 우리를 즐겁게 하고, 깨닫지 못하는 사이에 우리를 죽음에까지 이르게 하는 것이다.

동요
415 어떤 병사나 농부들이 자기가 당하는 고생을 원망하면 그들에게 아무것도 하지 말고 가만히 있어 보라고 하라.

사람의 본성은 부패한 것이다
416 〔예수 그리스도는 우리의 모든 덕이며, 우리의 모든 행복과 즐거움이다.〕

예수 그리스도 없이는 사람이 악습과 비참 속에 머물러 있어야 하며, 예수 그리스도와 같이 있으면 사람이 악습과 비참에서 벗어난다.

우리의 모든 덕과 우리의 모든 행복과 즐거움이 그에게 있다.

그를 떠나면, 악습, 비참, 오류, 암흑, 죽음, 절망이 있을 뿐이다.

417 우리는 예수 그리스도를 통해서 신만 알 수 있는 것이 아니라, 예수 그리스도를 통함으로써만 우리 자신도 알 수 있다. 우리는 그를 통해서만 삶과 죽음을 안다. 그를 떠나서 우리는 우리의 생명이 무엇인지, 우리의 죽음이 무엇인지, 신이 무엇이며 우리 자신이 무엇인지 알지 못한다.

그래서 예수 그리스도만을 주제로 하는 성경 없이는 우리는 아무것도 알지 못하며, 신의 본질과 우리의 본성에 대하여 모호와 혼란을 발견할 뿐이다.

무한, 허무
418 우리 영혼은 육체에 던져져 거기서 수와 시간과 차원을 발견하게 되었다.

영혼은 이것을 바탕으로 추리하고, 이것을 자연, 혹은 필연성이라 부르며 다른 것을 믿지 못한다.

하나가 무한에 보태졌다고 해서 그것이 조금도 증가하지 못하는 것은, 무한한 길이에 한 자를 더해도 이것이 증가하지 않는 것이나 마찬가지다. 유한은 무한 앞에서 사라져 순전한 허무가 되고 만다―우리의 정신이 신 앞에서 그렇고, 우리의 정의가 신의 정의 앞에서 그렇다―우리의 정의와 신의 정의 사이에는, 한 단위와 무한 사이에 있는 것처럼 그렇게 큰 불균형은 없다.

―신의 정의는 그의 자비와 같이 엄청나게 커야 한다. 그런데 저주받은 자들에게 대한 정의는 선택받은 자들에 대한 자비보다 엄청난 것이고, 이치에 덜 어긋나는 것이리라―

우리는 무한이라는 것이 있음은 알지만 그 성질은 모른다. 수가 한이 있다는 것이 거짓임을 우리가 알고 있으니, 그러면 수에는 무한이 있는 것이다. 그러나 우리는 그 수가 어떤 것인지를 모른다. 그것이 짝수라고 하는 것도 거짓이요, 홀수라고 하는 것도 거짓이다. 왜냐하면 한 단위를 더 보탰다고 해서 수의 성질이 변하는 것은 아니기 때문이다. 그러나 그것은 하나의 수요, 수는 어떤 것이든지 짝수거나 홀수다. 이것이 모든 유한한 수에 대해서는 분명한 것이다.

―이와 같이, 신이 어떤 것인지를 모르면서 신이 있다는 것을 알 수는 있다―

―진리 자체는 아니지만, 참된 사물이 이렇게도 많은 것을 보면 본질적인 진리가 있지 않겠는가? ―

그러니까 우리는 유한과 같이 유한한 공간을 차지하고 있기 때문에 유한의 존재와 그 성질을 안다.

우리가 무한의 존재는 알면서 그 성질은 알지 못하는 것은, 무한이 우리와 같이 공간을 차지하고는 있으나 우리와 같이 끝을 가지고 있지는 않기 때문이다.

그러나 신은 공간을 차지하고 있지도 않고 끝도 없기 때문에, 우리는 신의 존재도, 그 성질도 알지 못한다.

―다만 신앙으로 우리는 그가 존재함을 알고 있으며, 영광을 통해 그의 성질을 알고 있는 것이다―

―그런데 나는 어떤 물건의 성질을 모르면서도 그 물건이 있음을 얼마든지 알 수 있다는 것을 이미 증명하였다―

이제는 자연적인 광명을 따라 이야기하자.

신이 있다면, 그는 무한히 이해할 수 없는 것이다. 왜냐하면 부분도 없고 끝도 없는 만큼, 그는 우리와는 아무 비교가 되지 않는 까닭이다. 따라서 우리는 그가 어떤 것인지도, 또는 그가 존재하는지도 알 수가 없다. 그렇다면, 누가 감히 이 문제를 풀어 보려고 하겠는가? 그와 비교할 수조차 없는 우리는 그렇게 못할 것이다.

—이러니 믿는 것을 증명하지 못한다고 그리스도 교도들을 비난할 자 누구이며, 증명할 수 없는 종교를 믿는 그들을 누가 비난하겠는가? 그들은 이 종교를 세상에 공언하며, 그것이 어리석은 짓이라고 말한다. 'stultitiam(어리석음)', *283 그리고 그대는 저들이 그것을 증명하지 못한다고 불평을 한단 말인가! 만약에 저들이 그것을 증명한다면 약속을 지키지 못할 것이니, 그들이 증거를 가지지 못하면서도 직관은 있는 것이다.

그렇다. 그러나 비록 이렇게 하는 것이 그들을 변호해 주고, 그것의 이치를 내놓지 못한 비난을 면하게 해준다 해도, 그것을 받아들이는 자들은 말로 풀어 자세히 밝혀 주지 못하는 것이다. —그러면 이 점을 살펴보기로 하고 이렇게 말해 보자. "신이 있거나, 그렇지 않으면 없다." 그러나 우리는 어느 쪽으로 기울어지겠는가? 이성은 거기에 아무 결정도 내릴 수 없다. 우리를 분리시키는 무한이 거기에 가로놓여 있는 것이다. 이 무한한 거리 저 끝 쪽에서는 도박이 행해지는데, 앞쪽이 나오든지 뒤쪽이 나오든지 할 것이다— 그대는 어디에 걸겠는가? 이성으로 따진다면 그대는 이것도 할 수 없고, 저것도 할 수 없다. 이성으로는 두 가지 중에 아무것도 집어치우지 못한다.

그러니까 한 가지를 골라잡은 자들을 잘못 했다고 비난하지 마라. 그대가 거기에 대해 아무것도 알지 못하니 말이다—아니다, 그러나 나는 그들이 이것을 골라잡았다고 비난하지 않고, 선택했다는 그것을 비난하겠다. 왜냐하면 비록 앞쪽을 골라잡은 자와 나머지 한 사람이 꼭 같이 잘못이라 하더라도 그들은 둘 다 잘못이다. 아무것도 걸지 않는 것이 옳은 일이다.

—그렇다. 그러나 걸기는 해야 한다. 이것은 마음대로 하는 것이 아니니, 그대는 이미 한 발을 내디딘 것이다. 그러면 어느 쪽을 택하겠는가? 보자! 이왕 골라잡아야 한다면 그대의 관심이 덜 가는 것이 어떤 것인가를 보자. 그대는 잃을 것이 두 가지가 있으니 참과 선이요, 걸 것이 두 가지 있으니

그대의 이성과 의지, 그대의 학식과 행복이다. 그리고 그대의 본성은 피할 것이 두 가지 있으니 오류와 비참이다. 아무래도 고르기는 해야 하는 이상, 이것보다 차라리 저것을 골라잡았다고 그대의 이성이 더 기분 나쁠 것은 없다. 우선 한 가지는 해결되었다. 그러나 행복은 어떤가? 신이 있다고 하는 앞쪽을 골라잡아, 따는 것과 잃는 것을 달아 보자. 이 두 가지 경우를 생각해 보자. 그대가 따면 전부를 따는 것이고, 그대가 잃어도 아무것도 잃는 것이 없다. 그러니 서슴지 말고 신이 있다는 편에 걸어라—그것 참 묘하다! 그렇다, 걸어야만 한다. 그러나 혹 내가 너무 많이 거는 것이 아닐까? —자아, 보자. 따고 잃는 운이 똑같은 이상, 한 생명 대신에 두 생명을 딸 것밖에 없다 하더라도 그대는 걸 수가 있을 것인데, 그러나 세 생명을 딸 것이 있다면 도박을 해야 한다(어차피 도박은 하게 되어 있으니). 그래서 그대는 아무래도 도박을 해야 하는데, 잃는 것과 따는 것의 운이 똑같은 도박에 생명 셋을 위해 그대의 생명을 걸지 않는다면 그대는 무모한 자일 것이다.

그러나 영원한 생명과 행복이 있는 것이다. 그리고 이런 전제 아래 운이 무한히 있는 속에 오직 하나만이 그대의 것이라면 역시 둘을 얻기 위하여 하나를 거는 것이 옳은 것이며, 어차피 도박을 해야 하는 판에 무한히 행복한 무한한 생명을 따야 한다면, 운이 무한히 있는 가운데 그대의 차례가 될 운이 하나 있는 도박에 세 생명을 얻기 위해 한 생명을 걸기를 거절한다면 그대는 몰상식한 짓을 하는 것이 될 것이다. 그러나 여기에는 무한히 행복한, 무한한 생명을 얻는 것이 문제가 되어 있고, 잃을지도 모르는 운의 유한한 수효와 대항해 딸지도 모르는 운이 하나 있으며, 또 그대가 도박에 거는 것도 유한한 것이다. 이것은 모든 결정을 없애는 것이니, 어디든지 무한이 있고, 또 딸지도 모르는 운 하나에 잃을지도 모르는 운이 무한히 있는 곳이 아니면, 망설일 필요가 없이 모든 것을 주어야 하는 것이다. 그렇기 때문에 아무래도 도박을 해야 하는 경우에는, 허무의 상실이나 마찬가지로 언제든지 오게 되어 있는 무한한 이득을 얻기 위하여 생명을 거는 것보다 그것을 갖고 있어야 한다는 이치는 포기해야 한다.

왜냐하면 딸 것인지 확실치는 않더라도 거는 것은 확실하고, 내놓는 것의 '확실성'과 딸 것의 '불확실성' 사이에 있는 무한한 거리는 확실성 없는 무한을 위해 확실히 내놓는 유한한 행복과 같이 값어치 있다고 말하는 것이 아무 소용도 없기 때문이다. 그러나 그것은 그렇지가 않다. 도박하는 자는 누구든지 불확실한 행운을 얻기 위해 확실히 거는 것이다. 그렇지만 그가 유한한 것을 불확실하게 얻기 위해, 유한한 것을 확실히 건다 해도 이치에 어긋나는 것은 아니다. 내놓는 것의 확실성과 이득의 불확실성 사이에는 무한한 거리가 있지 않다. 이것은 틀린 말이다. 사실에 있어서 따는 확실성과 잃는 확실성 사이에는 무한이 있는 것이다. 그러나 이득과 손실의 운수의 비율을 따르는 불확실성은, 내거는 것의 확실성에 비례하는 것이다. 그렇기 때문에 이편이나 저 편에 운이 똑같을 때에는 똑같은 운을 가지고 도박을 하게 되는 것이며, 그 때에는 내거는 것의 확실성은 이득의 불확실성과 같은 것이 되니, 두 가지 사이에 무한한 거리가 있다는 것은 말도 안 된다. 이리하여 딸 운과 잃을 운이 반반이고, 또 무한을 얻는 것이 문제가 되는 도박에 유한한 것을 걸어야 하는 경우, 우리의 명제는 무한한 힘을 얻게 된다.

—이것은 명백하며, 사람들이 어떤 진리를 알 능력이 있다면, 이것이야말로 진리다—

—나는 그것을 자백하고 인정한다. 그러나 그래도 화투장 안쪽을 볼 방법은 없는가? —있다. 성경과 그 나머지 등등. —좋다, 그러나 나는 손이 묶이고, 입은 봉해졌다. 나더러 도박을 하라고 강요하지만, 나는 마음대로 할 수가 없다. 나를 놓아 주지 않으며, 나는 믿을 수 없게끔 그런 모양으로 되어 먹었다. 그러니 어떻게 하란 말인가?

—그건 그렇다. 하지만 이성은 그대를 믿는 데로 끌고 가는데, 그래도 믿을 수가 없으니, 그대는 적어도 믿는 데에는 무능하다는 것을 알라. 그러니까 노력을 하되, 신에 대한 증거를 증가시킴으로써 그대가 설득되는 것이 아니고, 그대의 정욕을 줄이는 것으로 설득되도록 노력하라. 그대는 신앙에 나가고자 하는데, 그 길을 알지 못한다. 그대는 불신에서 놓여나고자 하여 그 방법을 묻는데, 그렇다면 그대와 같이 묶여 있지만 지금은 모든 재산을 거는 사람들에게서 배우라. 이들은 그대가 걷고자 하는 길을 아는 자들이요, 그대가 낫고자 하는 병에서 나은 사람들이다. 그대는 저들이 처음에 한 것처럼 하라. 그것은 저들이 믿는 것과 꼭 마찬가지로 해서, 성수를 찍고 미사를*284 드리고 하는 따위이다. 물론 이것만으로도 그대는 믿게 되고, 어리석게 될

것이다—그러나 내가 겁내는 것이 바로 이것이다—그건 또 손해볼 것이 무엇이란 말인가? —

—그러나 이것이 그대를 그리로 이끌어 가는 것임을 증명하기 위해서는, 이것이 그대의 큰 장애가 되는 정열을 덜게 하는 바로 그것이다—

아! 이 이야기는 감격적이고 매혹적이다.

—이 이야기가 마음에 들고 힘 있다고 생각하면, 이 이야기를 한 사람은 이전과 이후에 무릎을 꿇고, 무한하고 부분이 없는 존재에게 기도를 드리고, 그에게 자기의 모든 것을 맡기고, 그대 자신의 이익과 그의 영광을 위해 그대의 모든 것도 맡아 주십사고, 그에게 기도했다는 것을 알라. 그리하여 힘이 이 비천과 조화가 된다는 것을 알라.

—이 이야기의 결말—

—그런데 이렇게 결정했다고 그에게 무슨 불행이 닥쳐오겠는가? 그대는 충실하고 정직하고 겸손하고 감사할 줄 알고 친절하고 성실하고 참다운 벗이 될 것이다. 사실, 그대는 썩은 즐거움과 영광과 향락 속에 남아 있지 않을 것이다. 그러나 다른 즐거움과 영광과 향락을 가지게 되지 않겠는가?

내가 그대에게 확실히 말하거니와, 그대는 이렇게 함으로써 이 세상에서 이익을 볼 것이요, 이 길로 한 발자국 내디딜 때마다 이득이 얼마나 확실하고, 그대가 아무런 대가도 치르지 않은 확실하고 무한한 물건을 위해 그대가 건 것이 얼마나 허무한 것인가를 보게 될 것이다.

419 관습은 우리의 천성이다. 신앙에 습관이 박힌 자는 신앙을 가지며, 이미 지옥을 무서워하지 않을 수 없게 되고—다른 것은 믿지 않는다.

임금을 무서운 사람이라고 믿어 버릇한 자는, 운운.

그러니 우리 영혼이 그 수와 종류와 운동을 봐 버릇한 이상, 그것을 믿고 그것 외의 아무것도 믿지 않는다는 것을 누가 의심하는가?

420 —신이 무한하고 부분이 없다는 것이 불가능하다고 생각하는가? —그렇다—그러면 나는 그대에게 무한하고 나눌 수 없는 것을 하나 보여주겠다. 그것은 무한한 속력으로 사방으로 움직이는 한 점이다.

왜냐하면 이 점은 어디에든지 있고, 또 각 지점에 있는 것이다.

전에는 불가능한 것으로 생각되던 이 자연의 결과를 보고 그대가 아직 모르고 있는 그런 것이 아직도 또 있을 수 있다는 것을 알아야 할 것이다. 그대가 배워 익힌 것을 가지고 그대는 이미 알아야 할 것이 아무것도 남지 않았다는 그런 결론을 끄집어내지 말고, 그대가 알아야 할 것이 무한히 남아 있다는 결론을 내려라.

421 우리가 다른 이들의 사랑을 받을 자격이 있다고 하는 것은 틀린 생각이고, 그렇게 되기를 원하는 것은 옳지 못하다. 만일 우리가 분별 있고 공평하게 세상에 태어나 우리 자신과 남들을 잘 알고 있다면, 우리는 우리의 의지에 이런 경향을 주지는 않을 것이다. 그러나 우리는 그런 경향을 가지고 태어났다. 그러니까 우리는 불의한 자로 태어난 것이다.

왜냐하면 모든 것이 자신에게로 향하고 있으니 말이다. 이것은 모든 질서에 어긋나는 것이다.

우리는 일반적인 것을 향해야 하며, 또 자기에게로만 향한 것은 전쟁, 경찰, 경제, 각각의 인간의 몸에 있어서 모든 무질서의 시초다.

그러므로 의지는 부패해 있는 것이다. 만일 자연적 및 문명 사회적 공동체의 지체들이 전체의 복지를 지향한다면 그 공동체 지체들은 그것들이 지체로서 속해 있는 더 보편적인 또 다른 전체를 지향해야 한다.

그러니까 사람은 일반적인 것을 지향해야 한다. 그러므로 우리는 불의하고 부패한 자로 세상에 나는 것이다.

—우리 종교 말고는 아무 종교도, 사람이 죄 중에 난다는 것을 가르치지 않았고, 아무 철학파도 그렇게 말하지 않았다. 그러니까 아무도 진리를 말하지 않은 것이다.

—그리스도교 말고는 어떤 학파도, 어떤 종교도 세상에 항상 있지는 않았다—

422 신을 느끼는 것은 마음이지 이성이 아니다. 신앙이란 이런 것이다. 이성으로서가 아니라 마음으로 깨달을 수 있는 신.

423 사람을 '사랑스럽게', 또 동시에 '행복하게' 만드는 것은 그리스도교밖에 없다.

예의에 있어서는 사람이 사랑스러움과 동시에 행복할 수가 없다.

424 마음에는 이성이 알지 못하는 나름대로의 이치가 있다. 이것은 천만 가지 일에서 알 수가 있다.

나는 거기에 온 마음을 기울이는 데 따라 보편적인 것을 사랑하기도 하고 자기 자신을 사랑하기도 하며, 마음대로 이것저것에 대해 굳어진다고 생각한다.

그대는 하나를 배척하고 하나는 그대로두었다. 그대가 그대 자신을 사랑하는 것이 이성으로 하는 것인가?

425 결점을 지적해 주는 자들에게 우리는 분명히 감사의 마음을 가져야 한다. 그들이 괴롭히기 때문이다. 그들은 우리가 경멸을 당하고 있었음을 알려 준다. 그러나 우리가 장래에도 그렇게 되지 않게 막지는 못한다. 경멸을 당할 수 있을 만한 다른 결점을 우리는 얼마든지 가지고 있기 때문이다. 그들은 몸과 마음으로 단련해 바로잡고 어떤 결점에서 벗어나도록 준비해 준다.

426 상식과 인간 본성에 어긋나는 유일한 지식이야말로 늘 사람들 사이에 있어 온 유일한 지식이다.

427 사람은 서로 동정해야 한다. 그러나 어떤 사람들에 대하여서는 애정에서 우러나는 동정을, 또 어떤 사람들에 대하여서는 경멸에서 오는 동정을 가져야 한다.

—이것은 결코 멋이 아니다—

이것은 그들을 멸시해서가 아니라, 그들이 몰상식하기 때문에 그들에게 할 말이 없다는 것을 보여주는 것이다. 신이 그들을 감동시켜야 한다.

그들을 멸시하지 않기 위해서 그들이 멸시하는 종교에 몸을 담고 있어야만 한다.

—이런 자들은 악의를 품고서 의심하는 자, 시대의 풍조를 덮어놓고 좇는 자들이니, 이것이야말로 내가 알기에 가장 좋지 못한 사람의 성격이다—

"나를 회두(回頭)시키라."

—나는 이것을 맹신으로 취하는 것이 아니라, 사람의 마음이 생긴 모양대로 취하는 것이며—신앙심이나 초탈의 열성으로 취하는 것이 아니라—순전히 인간적인 원칙과 이해와 자존심의 충동으로 취하는 것이다.

신을 알지 못하고는 행복이 결코 없다는 것은 의심할 수 없는 일이며, 신에 접근하면 할수록 행복해 지고, 또 신을 확실히 아는 것이 최고의 행복이라는 것도 의심할 수 없으며, 신에게서 멀어지면 멀어질수록 불행하게 되고, 또 이 반대의 것의 확실성이야말로 최고의 불행이라는 것도 의심할 수 없는 일이다.

그러므로 의심하는 것은 불행한 일이다. 그러나 의심 가운데에서 찾는다는 것은 절대로 필요한 의무이니, 의심하면서도 찾지 않는 자는 불행함과 동시에 불의하다. 거기에다가 또 명랑하고 주제넘는다면, 나는 이렇게 괴상한 사람을 무엇이라 불러야 할지 알지 못한다.

—신이 한 군데에서 기적을 행하고, 한 민족 위에 섭리를 나타내는 것으로 충분치 않은가? —

고개를 번쩍 쳐들고 이와 같이 즐기고 뽐낼 훌륭한 거리란! —

"자, 즐기자! 두려워하지 말고, 불안해하지 말고, 살며 죽음을 기다리자. 그것은 불확실하니까, 그때에는 의리가 어떻게 되는 것인지 알게 될 것이다."—이 결과가 어떻게 되는지 나는 모른다.

—그러나 사람의 본성은 하도 타락해서 이런 데에서 기쁨을 느끼는 씨앗이 그 마음속에 있다는 것은 명백하다.

〔이런 것이 기쁘게 말할 일인가? 거기 대하여 확신을 가졌다면, 이것이야말로 슬프게 말해야 할 일이다.

약함과 고뇌 속에서 죽어가는 사람으로서 전능하고 영원한 신을 대담하게 공격하는 것이 용맹이란 말인가?〕

—좋은 인품은 남의 환심을 사려 하지 않는 데까지 가고, 동정은 남에게 친절한 데까지 간다—

사람들이 내 어리석음을 불쌍히 여기고 나를 억지로 거기서 구해줄 친절을 베풀만한 상태에 있다면 나는 얼마나 행복할 것인가!

〔헤어날 길 없는 비참만을 기다리는 데에 무슨 기뻐할 이유가 있는가! 절망 속에서 위로해 주는 사람을 만나는 것은 얼마나 위로가 되는가!〕

〔그러나 우리가 그들을 감동시키지 못한다 해도 그들이 무익하지는 않다.〕

그러나 아무리 종교의 영광에 반대되는 것 같은 자들도 다른 사람들을 위해 종교의 영광에 무익한 자들이 아니다.

우리는 그것으로써 거기에 어떤 초자연적인 것이 있다는 것을 첫째 논거로 삼으리라. 왜냐하면 이 같은 혼미는 자연적인 것이 아니기 때문이다. 또 그들의 어리석음이 그들로 하여금 자기들의 이익과 상반(相反)되게 만든다 하더라도, 그것은 이렇게도 통탄할 본보기와 불쌍하기 그지없는 이 어리석음에 대한 혐오로 인해 다른 사람들에게 그것을 예방해 주는 데 쓰일 것이다.

그들은 의지가 아주 확고해서, 그들을 감동시키는 어떤 것에도 무감각하단 말인가? 재산과 명예를 잃어버렸을 때 그들을 시험해 보자. 아니, 이건 희한한 일이구나! *285

428 자애심, 생의 모든 불행이 지나간 뒤에 시시각각으로 우리를 위협하는 불가피한 죽음이 몇 해 되지 않아 틀림없이 무서운 필요 속에…… 오리라는 것을 확신하는 것은, 우리가 그것으로 불안을 느낄 만큼 우리에게 관계되는 일이기 때문이다.

세 가지의 처지.

이 말을 할 적에 그것이 이성의 표라고 해서는 안 된다.

이 소식의 거짓됨을 확실히 안 사람이 할 수 있는 일은 이것뿐이다. 그리고 그는 기쁨을 느낄 것이 아니라, 의기소침해야 할 것이다.

이것만큼 중요한 것이 없는데, 사람들은 이것만을 소홀히 한다.

우리의 상상력은 지금 이 세상을 끊임없이 생각한 탓에 그것을 우리 눈에 엄청나게 크게 비치게 하고, 영원은 생각하지 않아 그것을 너무 조그맣게 보이게 하였다. 그래서 우리는 영원을 가지고 허무를, 허무를 가지고 영원을 만들게 되었다. 이 모든 것은 우리 안에 너무도 성성한 뿌리를 박아서 우리의 온 이성도 이것에서 우리를 방어하지 못하게 되며……

사람의 본성이 부패했다는 것이 신앙의 기초인데, 그들이 공격하는 이 신앙의 기초를 그들 자신이 입증하는 것이 사실이 아니냐고 그들에게 물어 보련다.

429 저들은 종교를 반대하기 전에, 적어도 자기들이 반대하는 종교가 어떤 것인지를 먼저 배워야 할 것이다. 그 종교가 신을 분명히 보고, 신을 아무 가림 없이 명백히 차지한다고 가정하면, 이 세상에 신을 그렇게 명백히 보여주는 것은 아무 것도 없다고 말하는 것이 그 종교를 반박하는 것이 될 것이다. 그러나 이 종교가 그와 반대로, 사람들은 신에게서 멀리 떨어져 캄캄한 가운데 있고, 신이 사람들의 의식까지 미치지 못하며, 성경에서 신을 'Deus absconditus(감춰진 신)'*286라고 부르기까지 한다면, 그리고 또 신이 교회 안에 표들을 세워 주어서 자기를 진심으로 찾는 자들이 찾아낼 수 있도록 했다는 것과, 그렇지만 그를 진심으로 찾는 자들에게밖에는 발견되지 않을 만큼 그 표들을 가려 놓았다는 두 가지 사실을 명백히 하려고 애쓴다면, 저들이 진리를 찾는다고 떠드는 그 태만 속에서 그 진리를 증명하는 것이 아무것도 없다고 소리친들 무슨 이익을 얻을 수 있겠는가? 왜냐하면 그들이 처해 있고, 또 교회에 이의를 제기하는 그 모호함이 다른 것과는 상관이 없이 교회가 주장하는 것 중의 하나를 증명하는 것이며, 그 교리를 뒤엎기는커녕 그것을 확증해 주는 것이기 때문이다.

교회를 공격하려면, 저들이 온갖 노력을 다해 사방에서 찾아보았고 그것을 배우기 위해 교회가 제시하는 것까지 찾아보았으나 아무런 만족도 얻지 못했다고 소리쳐야 할 것이다. 이렇게 말한다면, 저들은 교회가 주장하는 것 중의 한 가지를 참으로 반박하게 될 것이다. 그러나 나는 여기서 바른 정신을 가진 자로 이렇게 말할 수 있는 사람은 하나도 없다는 것을 밝히고 싶다. 일찍이 이렇게 말한 사람이 없었다고까지 서슴지 않고 말하는 바이다. 이러한 정신을 가진 자들이 어떻게 행동하는지는 족히 아는 일이다. 저들은 성경의 어떤 책을 읽는 데 몇 시간을 보냈다든지 신앙의 진리에 대해 어떤 성직자에게 물어 보았다면, 배움을 위해 크나큰 노력을 한 줄로 생각한다. 이렇게 하고 나서는, 책과 사람들에게서 찾아보았으나 소용이 없었다고 자랑삼아 지껄이는 것이다. 그러나 사실상, 나는 자주 말한 것처럼 이런 태만은 견딜 수 없는 것이라고 그들에게 말할 것이다. 여기서는 그것을 이런 모양으로 쓸 만큼, 어떤 외부 사람의 사소한 이해가 문제가 되는 것이 아니라, 우리 자신과 우리의 모든 것이 문제가 되는 것이다.

영혼의 불멸성은 우리에게 무척 중대하고, 우리와 무척 깊은 관련이 있어서, 모든 의식을 잃지 않고서는 거기에 대한 사정을 아는 데에 무관심할 수가 없는 것이다. 우리가 바랄 영원한 행복이 있고 없는 데 따라, 우리의 모든 행위와 생각이 전혀 다른 길을 걸어야 하기 때문에, 우리의 최종 목적이어야 할 이 점을 고려해서 조절하지 않고는 어떤 행동을 양식과 판단을 가지고 할 수 없을 지경이다.

그러니까 우리의 첫째 관심사와 첫째 의무는 우리의 모든 행동이 달려 있는 이 문제를 명확히 밝히는 것이다. 또 그렇기 때문에 나는 여기 대해 확신을 갖지 못한 자들 중에서 그것을 알려고 온갖 노력을 아끼지 않는 사람들과 그것에 대해서 걱정도 하지 않고 그것을 생각지도 않고 사는 사람들과는 엄청난 차이가 있다고 생각한다.

나는 이 의문 속에서 진심으로 탄식하고 그것을 가장 큰 불행으로 여겨, 거기에서 빠져나오기 위해서는 아무것도 아끼지 않으며, 이 연구를 그들의 가장 중요하고 가장 성실한 일과로 삼는 자들에게 대해서는 동정밖에 가질 수가 없다.

그러나 인생의 이 최종 목적을 생각하는 일 없이 평생을 지내며, 그들에게 확신을 주는 빛을 자신에게서 발견하지 못한다는 단지 이 이유만으로 그 빛을 다른 데서 찾기를 게을리 한다든지, 또 이 의견이 민중이 쉽게 믿는 단순함으로 받아들이는 그런 것인지, 혹은 비록 그 자체가 불명하기는 하나 그래도 아주 단단하고 조금의 흔들림 없는 바탕이 있는 그런 것인지를 살펴보기를 게을리 하는 자는 아주 다른 부류로 생각한다.

그들 자신이 문제가 되고, 그들의 영원, 그들의 모든 것이 문제가 되는 일에 이렇게 게으른 것은, 내 마음을 감동시키기보다는 오히려 자극시킨다. 내가 볼 때 이런 자는 괴물이다. 나는 영적 신앙심에 경건히 불타고 있어서 이런 말을 하는 것이 아니다. 오히려 나는 인간적 이기심의 원리에서, 또한 자애심을 위해 이런 감정을 가져야 한다고 주장하는 것이다. 이를 위하여는 무지한 사람들이 생각하는 것을 살펴 보기만 하면 그만이다.

여기에서 참되고 견실한 만족이 없다는 것, 우리의 모든 쾌락이 헛된 것에 지나지 않는다는 것, 우리의 불행이 한이 없다는 것, 마침내 시시각각으로 우리를 위협하는 죽음은 몇 해가 지나기도 전에 우리가 영원히 멸망하거나 불행하게 될 수밖에 없는 무서운 처지에 틀림없이 몰아넣으리라는 것을 깨닫기 위해서 대단히 고상한 영혼을 가져야 하는 것은 아니다.

이보다 더 실제적이고, 이보다 더 무서운 것은 하나도 없다. 우리가 마음 내키는 대로 착한 사람이 되면, 세상에서 가장 아름다운 종말이 기다려 준다. 이것을 곰곰이 생각하고 나서, 내세에 대한 희망 외에는 이 세상에 행복이 없다는 것과, 그 내세에 가까워지는 데 따라서만 행복해질 수 있다는 것과, 또 영원에 대해 완전한 보증을 가진 자들에게는 불행이라는 것이 없어질 것이므로, 거기 대해 아무 빛도 가지지 못한 자들에게는 행복도 없다는 것이 의심의 여지가 있는지 말해야 할 것이다.

그러니까 이런 의문 속에 파묻혀 있는 것은 확실히 커다란 불행이다. 그러나 이런 의심 속에 있을 때에는 찾는 것이 피치 못할 최소한의 의무이다. 이런 의심을 품고 있으면서도 찾지 않는 자는 매우 불행하기도 하고, 매우 옳지 못하기도 한 것이다. 이러고서도 게을러 만족하며 그것을 내세우고 또 그것을 가지고 기쁨과 자랑의 거리로 삼는 자가 있다면, 나는 이런 괴상망측한 사람을 무엇이라고 불러야 할지 모르겠다.

어디서 이런 감정을 취할 수 있는가? 헤어날 수 없는 비참밖에는 기다릴 것이 없는 데에서, 무슨 기뻐할 거리를 발견하는가? 뚫고 나갈 수 없는 암흑 속에 자기가 빠져 있는 것을 보는 것이 무슨 허영을 부릴 거리가 된다는 것이며, 어떻게 되어서 이런 추리가 이성 있는 사람의 머릿속에서 행해지게 되는 것인가?

그리스도교의 증거에 대한 이야기를 시작하기 전에 나는 그들에게, 몹시도 중요하고 그들과 그렇게도 밀접한 관련이 있는 사물의 진리를 찾는 데 관심을 가지지 않고 사는 사람들의 옳지 못함을 보여줄 필요가 있다고 생각한다. 그들의 온갖 미혹 중에서도 그들의 어리석음과 몽매함을 가장 잘 깨우쳐 주는 것이 아마 이것일 것이고, 거기에 빠져 있는 자들을 초보적인 상식과 자연의 느낌으로 가장 쉽게 콧대를 꺾어 줄 수 있는 것도 이 미혹일 것이다. 왜냐하면 이 인생의 시간이 한순간에 지나지 않고, 죽음의 상태는 그것이 어떤 성질의 것이건 영원하며, 그렇기 때문에 우리의 모든 행위와 생각은 이 영원의 상태에 따라 아주 다른 길을 가야 하는 것이며, 우리의 최종 목표를 봄으로써 그것을 조절하지 않고는 어떤 행동거지도 양식 있고 분별 있게 할 수가 없다는 것은 의심할 길이 없다.

이보다 더 눈에 띄는 것은 다시없으며, 그래서 이성의 도리에 따라 사람들이 다른 길을 택하지 않는다면 그들의 행동은 아주 부조리한 것이 된다. 그러므로 사람들은 이것을 가지고, 인생의 마지막 목적을 생각지 않으며 살고, 그들의 마음이 기울어지는 대로 그들의 쾌락을 아무 반성 없이 따라가고, 또 영원을 생각하지 않음으로써 마치 그것이 없는 것처럼 그저 이 순간에만 행복을 누릴 생각을 하는 자들을 판단할 것이다.

그러나 이 영원은 남아 있고, 그 영원을 열어 주고 그들을 항시 위협하는 죽음은, 그들이 이들 영원 중에서 어떤 것이 그들을 위해 준비되어 있는지 알지 못하는 가운데, 오래지 않아 틀림없이, 혹은 영원히 멸망하거나, 혹은 영원히 불행하게 되는 무서운 필요성에 처넣고야 말 것이다.

이것은 무서운 결과를 가져오는 의혹이다. 저들은 영원히 불행에 처할 위험 속에 있다. 그런데도 그것이 그렇게 할 값어치가 없는 것처럼, 그것이 백성들이 너무도 쉽게 믿는 마음으로 받아들이는 그런 의견에 속하는 것인지, 또는 그 자체가 분명하진 않아도, 비록 명확히 드러나지는 않아도 매우 견실한 기초를 가지고 있는 그런 의견에 속하는 것인지 알아보기를 게을리 하는 것이다. 그래서 저들은 그것에 진리가 있는지 혹은 거짓이 있는지도 모르며, 그 증거가 단단한지 약한지도 모른다. 그 증거가 눈앞에 있지만 그것을 보기를 거부하며, 이 무지 속에서 불행이 있을 경우, 거기에 떨어지게 만드는 꼭 알맞은 것을 빠지지 않게 하고, 죽을 때에 그것을 시험해 볼 작정을 하며, 그러면서도 이런 상태에 있는 것을 극히 만족하여 그것을 내세우고, 마침내 그것을 자랑하기로 작정하는 것이다. 이렇게도 상식에 벗어난 행동에 대해 전율을 느끼지 않고 이 일의 중요성을 진지하게 생각할 수 있는가?

이 무지 속에 태평하게 있는 것은 소름끼치는 일이다. 그 속에서 일생을 보내는 사람들에게는, 그들의 콧대를 꺾어 놓기 위해 그들 자신에게 그들의 무지를 보여줌으로써, 그것이 얼마나 도리에 벗어나고 어리석은가를 깨닫게 해야 할 것이다. 왜냐하면 사람들은 자기들이 무엇인지를 모르는 가운데서 그것을 밝힐 생각을 하지 않고 살아가기로 작정할 때에는 다음과 같은 이유를 붙이기 때문이다.

"나는 누가 나를 세상에 나게 했는지도 모르고 세상이 무엇인지도, 내 자신이 무엇인지도 모른다. 나는 모든 것을 조금도 알지 못한다. 나는 내 육체가 무엇인지, 내 오관(五官)이 무엇인지, 내 영혼이 무엇인지도 모른다. 또 내가 말하는 것을 생각하고, 모든 것과 나 자신을 살펴보며, 나머지 것을 알지 못하는 것과 마찬가지로 나 스스로 알지 못하는 나의 그 부분조차도 무엇인지를 모른다. 나를 둘러싸고 있는 저 엄청난 우주의 공간을 보고 내가 이 넓은 공간의 한구석에 붙어 있는 것을 발견하지만, 어째서 내가 하필이면 다른 곳 아닌 이곳에 놓여졌는지도 모르고, 어째서 내가 살 수 있는 이 짧은 시간이 내 앞에 지나간 그 영원과 내 뒤에 올 저 영원 중에서 다른 때가 아닌 하필이면 지금 배당되었는지도 알지 못한다. 나는 나를 한 개의 원자와 돌아올 기약 없이 한순간밖에 남아 있지 않는 그림자처럼 둘러싸고 있는 무한만을 사방에서 발견할 뿐이다. 내가 아는 것은 단지 내가 오래지 않아 죽어야 한다는 것이다. 그러나 그 중에서도 알 수 없는 것은 내가 피할 수 없는 이 죽음 자체이다. 나는 어디서 오는지를 알지 못하므로 어디로 가는지 또한 모른다. 내가 아는 것은 다만 이 세상에서 나가면 영원히 허무 속에 떨어지든가, 성이 난 어떤 신의 손아귀에 떨어지든가 한다는 것뿐인데, 이 두 가지 처지 중에 어떤 것에 영원히 내가 갇히게 될지 모른다.

자, 이것이 아주 약해 빠지고 불분명한 내 처지이다. 그리고 이런 모든 점으로 봐서, 나는 내가 당하게 될 일을 알아보려는 생각도 않고, 일평생 그날 그날을 살아가야 한다는 결론을 내린다. 나는 이러한 내 의문에 대해 설명할 수 있을 뭔가를 발견할 수 있을지도 모른다. 그러나 그런 수고를 할 마음도 없고 그것을 찾으려고 한 걸음 나아가기도 싫다. 그리고 이러한 일에 힘쓰는 자들을 멸시하며, 아무런 마음의 준비나 공포도 없이 이렇게 큰 사건을 모험하고 싶고, 영원한 내 장래의 처지를 분명히 알지 못한 채 무기력하게 죽어가려고 한다."

—그들이 어떤 확신을 가졌든, 이것은 허용보다 오히려 절망할 거리가 된다—

이렇게 말하는 사람을 누가 친구로 삼기를 바라겠으며, 누가 여러 사람 중에서 이 사람을 골라 제 사정 이야기를 하겠으며, 근심스러울 때에 누가 그의 도움을 청하겠는가? 끝으로 인생의 무슨 일을 그에게 시킬 수 있겠는가?

사실, 이처럼 부조리한 사람들을 적으로 가진다는 것은 종교로서는 영광스러운 일이다. 그리고 저들의 반대가 종교에는 조금도 위험한 것이 아니어서, 오히려 그 진리를 증명하는 데에 도움이 될 지경이다. 왜냐하면 그리스도교 신앙을 인간성의 부패와 예수 그리스도의 구속이라는 이 두 가지 사항으로만 증명하려 들기 때문이다. 그런데 저 사람들은 행실의 거룩함으로 구속의 진리를 증명하는 데는 도움을 주지 못하지만, 사람의 도리에 벗어난 감정으로 적어도 인간성의 부패를 증명하는 데에는 기막히게 도움이 된다고 나는 주장한다.

사람에게 자기 처지보다 더 중요한 것은 없고, 영원보다 더 무서운 것은 아무것도 없다. 그렇기 때문에 자기들 존재의 멸망과 영원한 불행의 위험에 대해 무관심한 사람들이 있다는 것은 도무지 자연스럽지가 않다. 이들은 다른 일에 대해서 아주 달라진다. 이들은 지극히 가벼운 일까지도 겁을 내고 미리 내다보고 느끼고 한다. 무슨 일자리를 잃었다거나 무슨 명예 손상을 당했다고 생각하는 것만으로도 며칠씩 밤낮을 가리지 않고 미칠 듯한 절망 속에서 지내는 바로 그 사람이, 죽음으로 모든 것을 잃게 된다는 것을 알면서도 근심과 걱정이 없는 것이다. 같은 마음속에서 극히 작은 사물에 대한 이 불감성을 동시에 보게 된다는 것은 참으로 놀라운 일이다. 이것은 이해할 수 없는 매혹이요 초자연적인 반수(半睡) 상태로, 그것을 가져다주는 전능한 힘을 보여주는 것이다.

단 한 사람도 이런 상태에 있을 수 있다고 믿어지지 않는 무엇이, 이로운 그 상태에 있는 것을 자랑으로 안다면 인간성에는 이상야릇한 전도(顚倒)가 있다고 해야 할 것이다. 그런데 나는 경험으로 이런 사람을 하도 많이 봐 왔기 때문에, 여기에 관련된 자들의 대부분이 속과 겉이 달라, 사실은 그렇지 않다는 것을 우리가 모른다면, 그것은 놀랄 것이다. 이런 자들은 이렇게 정신없는 짓을 하는 것이 세련된 태도라는 말을 세상에서 듣는 자들이다. 그들은 이것을 멍에를 풀어 버렸다고 부르며, 또 그것을 본받으려고 시도하는 것이다. 그러나 그들이 이렇게 하는 것으로 존경받기를 바란다면 얼마나 큰 오산인지를 그들에게 이해시키기는 그리 어렵지 않을 것이다. 이것은 남의 존경을 얻는 방법이 아니다. 세상 사람들 사이에서도 역시 그렇단 말이다. 사물에 대해 건전한 판단을 하고 존경을 얻기에 성공하는 유일한 길은, 정직하고 충실하고 분별 있고, 친구를 유익하게 도울 수 있음을 보여야 하는 것이니, 이는 사람들이 자연히 자기들에게 이로울 수 있는 것밖에는 좋아하지 않기 때문이다. 그런데 어떤 사람이 멍에를 벗어 놓았다, 그의 행동을 지켜보는 신이 있다는 것을 믿지 않는다, 자기 자신을 자기 행동의 유일한 지배자라고 생각하여 자기 자신밖에는 거기 대하여 책임을 지지 않는다고 말하는 것을 듣는 것이 우리에게 무엇이 이로운가? 그는 이렇게 하는 것으로 우리에게 이후부터는 자기를 신임하게 했다고 생각하며, 그래서 살아가는 중에 어떤 곤란을 당하면 위로와 충고와 구원을 바랄 수 있겠다고 생각하는가? 우리의 영혼은 한줌의 바람과 연기에 지나지 않는 것으로 생각한다고 우리에게 말함으로써, 그것도 거만하고 만족한 어조로 우리에게 말함으로써, 그들은 우리를 몹시 기쁘게 하였다고 주장하는 것인가? 그래, 이것이 유쾌하게 말할 만한 일인가? 이것은 오히려 세상에서 가장 슬픈 일인 것처럼 말해야 할 일이 아닌가?

만약 그들이 이것을 성실하게 생각한다면, 그것이 하도 서투른 짓이고, 하도 양식에 어긋나고, 하도 예의에 벗어난 것이고, 어떻게 하든지 간에 그들이 찾는 멋과는 거리가 멀어서, 그들을 따를 마음이 약간 있는 자들을 매수하기는 고사하고, 오히려 반발을 불러일으킬 것이다. 사실 그들에게 어째서 종교에 대하여 의심을 품게 되는지, 그 감정과 이유를 말하라고 해보라, 그들이 말하는 것은 너무 약하고 너무 야비한 것이어서 그대는 그들이 말하는 것과는 반대되는 것에 설득될 지경일 것이다. 이것은 어떤 날 어떤 사람이 그들에게 아주 적절하게 말한 것이다. 그는 "만일 당신이 그와 같은 연설을 계속한다면, 정말이지 당신은 나를 개종시킬 것이오"라고 말했다. 사실 그의 말은 옳았으니, 이렇게까지 경멸할 만한 사람과 같은 감정을 가지고 있음을 발견하고 전율을 느끼지 않을 사람이 어디 있겠는가.

이와 같이 이런 감정을 가진 체하려고 드는 자들은 사람들 중에서 가장 건방진 자가 되기 위해 자기 본성을 억제해야 하는 것을 몹시도 불행하게 여길 것이다. 그들이 빛을 더 가지지 못한 것이 속상하다면 그것을 숨기지 말고 털어놓아야 할 것이다. 그렇게 말하는 것은 조금도 부끄러운 일이 아니다.

부끄러운 것은 빛을 조금도 가지지 못하는 것뿐이다. 신을 가지지 않은 사람의 불행이 어떤 것인지 모르는 것보다 더 극도의 정신적 약점을 드러내는 것은 없고, 영원한 약속의 진리를 원하지 않는 것보다 더 좋지 못한 마음의 자세를 보여주는 것이 없으며, 신에 맞서 용맹한 체하는 것보다 더 비겁한 일도 없는 것이다. 이러한 무례함은 진짜 그런 짓을 할 수 있을 만큼 마음씨가 나쁜 자들에게 남겨 주고 그리스도 교도가 될 수 없으면, 적어도 정직한 사람은 되어야 한다. 조리 있는 자라고 부를 만한 사람은 두 가지밖에 없다는 것을 인정하라. 그것은 신을 알기 때문에 그를 진심으로 섬기는 자들, 혹은 신을 모르기 때문에 진심으로 그를 찾는 사람들이다.

그러나 신을 알지 못하면서 그를 찾지 않고 사는 사람들로 말하면, 이들 자신이 스스로 보살필 만한 자격이 별로 없다고 판단하므로 남의 보살핌을 받을 자격 또한 없다. 그들을 자기들의 어리석은 생각 속에 그대로 버려둘 정도로 그들을 경멸하지 않기 위해서 그들이 멸시하는 종교에서 가르치는 애덕을 충분히 가져야 하는 것이다. 그러나 종교는 우리에게, 그들이 살아 있는 동안은 그들을 비춰 줄 은총을 받을 수 있다고 늘 생각하라는 의무를 주었고, 그들이 오래지 않아 현재 우리가 지니고 있는 것보다 더 큰 신앙을 가득히 지닐 수 있고, 그와 반대로 우리가 지금 그들이 빠져 있는 혼미 속에 떨어질 수 있다는 것을 믿을 의무를 지워 주었다. 그러니 우리가 그들의 자리에 있다 치고 남들아 우리에게 해 주기를 바랄 것을 먼저 그들에게 해야 하며, 그들에게 스스로를 불쌍히 여기고 빛을 얻을 수 없는지 시험하기 위해 다만 몇 발자국이라도 떼어 놓으라고 호소해야 할 것이다. 그들이 다른 데서 그렇게 무익하게 보내는 시간 중 얼마라도 이 책을 읽는 데 써 주기 바란다. 그들이 이 책을 읽는 데 싫증을 느끼더라도 어쩌면 무엇인가를 우연히 만날지도 모르며, 최소한 잃는 것이 많지는 않을 것이다. 그러나 완전한 성실과 진리를 얻고자 하는 참다운 소원을 가지고 이것을 대하는 사람들은 만족을 느낄 것이며, 내가 여기에 모아 놓은 이렇게도 숭고한 종교의 증거에 설득당하리라고 생각했기 때문에 나는 그 증거에 대개 이와 같은 순서를 밟아 온 것이다.

430 —"내 눈에 보이고 나를 혼란케 하는 것은 이런 것이다. 사방을 둘러

보아도 보이는 것은 모호한 것뿐이다. 자연은 의문과 불안의 씨가 되는 것 외에는 아무것도 내게 보여주지 않는다. 내가 거기에서 신성을 드러내는 것을 아무것도 발견하지 못한다면 나는 결정적으로 부정하는 편이 될 것이고, 만일 사방에서 조물주의 표를 발견한다면 나는 신앙 속에 평안히 자리 잡을 것이다. 그러나 부인하기에는 너무나 많이, 그리고 확신하기에는 너무 적게 보이기 때문에 나는 불쌍한 처지에 있었다. 때문에 또 이런 처지에 있으면서 나는 만약에 신이 그 자연을 뒷받침한다면 자연이 그것을 분명히 표시해 줄 것을, 그것이 보여주는 표적이 거짓이라면 그것을 아주 없애버릴 것을, 내가 어떤 결정을 해야 할지 알 수 있도록 자연이 모두 말해 주든지 아무것도 말해 주지 않든지 하기를 수백 번 원하였다. 그와 반대로 내가 지금 있는 상태에서는 내가 어떤 것인지, 내가 무엇을 해야 할지 모르기 때문에 내 처지도 내 의무도 알지 못하고 있다. 내 마음은, 참된 행복이 어디 있는지 알아서 그것을 따라가려고 전적으로 힘쓰고 있다. 영원을 위해서는 아무것도 내게는 비싼 것이 아닐 것이다.

신앙을 가진 사람들이 그렇게도 게으르게 지내고, 내가 받았으면 아주 다르게 썼을 것같은 은혜를 그렇게까지 잘못 쓰는 자들을 나는 부러워한다."[287]

431 어느 누구도 사람이 가장 훌륭한 피조물이라는 것을 알지 못했다. 인간이 사실 우월하다는 것을 잘 깨달은 어떤 사람들은 인간이 자기 자신에 대해 자연적으로 가지고 있는 비천한 감정을 비겁하게 은혜를 저버리는 것으로 생각했고, 이 비천이 얼마나 현실적인가를 잘 깨달은 또 다른 이들은 인간에게 똑같이 자연스러운 저 위대한 감정을 우스운 교만으로 취급하였다.

어떤 이들은 말한다. "그대들의 눈을 신을 향해 들라. 숭배받기 위해 자신의 모습으로 그대를 만든 이를 보라. 그대들은 그와 비슷한 자가 될 수 있다. 그대들이 그를 따르기만 한다면 지혜가 그대들을 그와 동등하게 만들어 줄 것이다."―"자유인들이여, 머리를 들라"고 에픽테토스는 말했다―그런데, 또 다른 어떤 이들은 인간에게 이렇게 말한다. "보잘것없는 벌레같은 자여, 눈을 내리뜨고 땅을 내려다보라. 그대들과 동류인 짐승들을 보라."

그러면 사람은 어떻게 될 것인가? 신과 동등하게 될 것인가, 짐승들과 같게 될 것인가? 이 얼마나 엄청난 거리냐! 도대체 우리는 무엇이 되겠는가! 이 모든 것을 보고 사람이 길을 잃었다는 것, 제자리에서 떨어졌고, 그것을 불안스럽게 찾아 헤매지만 그것을 도로 찾아내지는 못하게 되었다는 것을 깨닫지 못할 자가 누구이겠는가? 그러면 누가 그를 그 자리로 데려다 주겠는가? 아무리 위대한 사람들도 그렇게 못했다.

432 우리는 아담의 영광스러운 상태도, 그의 죄의 성질도 알지 못하고, 또 그 죄가 어떻게 우리에게 전해지는지도 알 수 없다. 이런 것들은 우리의 본성과는 아주 딴판인 본성에서 생긴 일이고, 따라서 지금 우리의 능력을 지나치는 것이다.

이 모든 것은 우리가 거기서 벗어나기 위해서는 알아도 쓸데없다. 우리가 반드시 알아야 할 것은 다만 우리가 비참하고 타락하였고 신을 떠났지만 예수 그리스도에 의하여 죄 씻음 받았다는 것이며, 여기 대해 우리가 이 세상에 훌륭한 증거를 가지고 있다는 것이다.

이와 같이, 구속의 두 가지 증거는 종교에 무관심하게 사는 불신자들과 구속과는 불구대천의 원수인 유대인들에게서 얻어지는 것이다.

433 그때 예수 그리스도가 강림하셔서 사람들에게 이렇게 말씀하셨다. 사람들은 자기 자신 외에는 다른 '적'이 없고, 그들을 신에게서 떼어 놓는 것은 그들의 정욕이다. 나는 이 정욕들을 부수고 그들에게 나의 은총을 주어 그들 모두로 하나의 거룩한 교회를 이루려고 세상에 왔다. 나는 이 교회에 이교도들과 유대인들을 이끌어 들이기 위해 왔고, 우상과 미신을 깨뜨리기 위해 왔다. 모든 사람들이 이 말에 반항하는데, 다만 사욕의 자연적인 반항으로만 그렇게 하는 것이 아니다. 그러나 누구보다도 땅 위의 왕들이 새로 나온 이 종교를 없애기 위해 결탁한다. 이것은 예언되었던 대로이다. ─예언, "Quare fremuerunt gentes…… Reges terrae…… adversus Christum(어찌하여 백성들과…… 땅 위의 왕들이…… 그리스도께 반항하여 소동을 벌였는가?)."*288

땅 위의 위대한 것들이 모두, 학자와 현자와 왕들이 결탁한다. 학자들은 글을 쓰고, 현자들은 죄를 판단하고, 왕들은 죽인다. 그런데 이 모든 반대에도 불구하고 저 평범하고도 무력한 사람들은 그런 모든 권력에 항거하고 그들을 자기들에게 굴복시키며, 온 세상에서 우상 숭배를 치워 버린다. 그리고 이것은 모두 그렇게 되리라고 예언하였던 힘에 의하여 이루어진다.

434 많은 사람이 옥에 갇혀 있는데, 모두가 사형 선고를 받은 자로 그중 몇 사람이 매일 다른 사람들 앞에서 목이 잘리고, 남아 있는 자들은 동료들의 처지에서 자기 자신의 처지를 미리 보고 괴로움과 절망으로 이 사람 저 사람들을 바라보며 자기 차례를 기다리고 있다고 상상해 보라—이것이 사람들이 놓여진 모습이다—

435 느낌이 없으면 사람은 비참하지 않다. 무너진 집은 비참하지 않다. 비참한 것은 사람밖에 없다. "Ego vir videns(나는 〔내 가난을〕보는 사나이로다)."*289

436 만약 그가 숨어 있을 때에도 우리에게 유익한 가르침을 줄 만큼 신의 자비가 그렇게 크다면, 그가 나타날 때에는 우리가 그에게서 어떤 빛인들 기대하지 못하겠는가!

437 이러므로, 그대는 종교의 불분명 그 자체에서, 거기에 우리가 가지고 있는 빛이 얼마 안 되는 데에서, 그것을 아는 데에 우리가 무관심하다는 것에서 종교의 진리를 인정하도록 하라.

438 한 번 있기만 하면 영원한 존재는 항상 있다.

439 이 사람들과 저 사람들의 모든 이의는 오직 그들 자신을 공격할 뿐이요, 종교를 공격하지는 못한다. 불경건한 사람들이 말하는 것은 모두가……

440 이와 같이 온 우주가 인간에게 그가 부패하였다는 것을, 혹은 그가 구속되었다는 것을 가르쳐 준다. 만물이 그의 위대함과 비참함을 가르쳐 준다. 신의 버리심이 이교도들 가운데에서 보이고, 신의 보호하심이 유대인들

속에 나타났다.

441 모든 사람들이 한 가지 진리를 따른다면 더 위험한 오류에 빠질 수 있다. 그들의 잘못은 거짓을 따르는 데에 있지 않고, 오히려 또 하나의 진리를 따르지 않는 데에 있다.

442 그러므로 만물이 인간에게 그의 처지를 가르쳐 준다는 것은 사실이다. 그러나 이것을 올바르게 이해해야 한다. 만물이 신을 드러낸다는 것도 참말이 아니고, 모든 것이 신을 감춘다는 것도 참말이 아니기 때문이다. 그러나 신이 자기를 시험하는 자들에게는 그를 감추고, 그를 찾는 자들에게는 자기를 드러낸다는 것은 다 같이 진리이다. 왜냐하면 사람들은 신을 알 자격이 없는 자임과 동시에 신을 알 수 있는 자이기 때문이다. 그들의 타락으로 말미암아 알 자격이 없고, 그들의 처음 본성으로 알 수가 있는 것이다.

443 이 모든 모호한 점에서 우리가 결론 내릴 수 있는 것은 우리의 자격 없음 말고 또 무엇이겠는가?

444 만일 모호함이 조금도 없다면 사람들은 자기의 타락을 깨닫지 못할 것이고, 빛이 도무지 없다면 사람들은 구제를 바라지 못할 것이다. 그러므로 신이 얼마간은 숨어 계시고 얼마쯤은 나타나 계신 것은 당연할 뿐 아니라 우리에게 유익하기도 하다. 왜냐하면 자기의 비참은 알지 못하고 신을 아는 것이나, 신을 알지 못하고 자기의 비참을 아는 것은, 똑같이 사람에게 위험한 것이기 때문이다.

445 이교도들의 회두(回頭)는 오직 메시아의 은총에만 힘입게 돼 있었다. 유대인들은 그렇게도 오랫동안 그들과 싸웠으나 성공하지 못했으니, 그들에 대하여 솔로몬과 예언자들이 말한 것이 모두 헛일이었다. 플라톤이나 소크라테스 같은 현인들도 그들을 설득하지 못하였다.

446 일찍이 신에 대하여 아무것도 나타난 것이 없었다면, 이 영원한 결여

는 다의적인 것이 되고, 신성이 전혀 존재하지 않는 것과 관련을 시킬 수도 있고, 사람들이 신성을 알 자격이 없는 것과도 관련시킬 수 있을 것이다. 그러나 신이 늘 나타나지는 않지만 어떤 때는 나타나는 것으로 모호한 것이 없어진다. 그러니까 여기서 우리는 신이 계시는데, 사람들이 그를 알 자격이 없다는 결론밖에는 내릴 수 없는 것이다.

447 ……그들은 자기들이 알지 못하는 것은 비난한다. *290 그리스도교는 두 가지로 요약된다. 그것을 안다는 것이 사람들에게 중요한 것과 마찬가지로, 그것을 모른다는 것은 그만큼 위험하다. 그리고 이 두 가지 점의 표징을 주었다는 것 역시 신의 자비에서 오는 것이다.

그런데도 그들은 그들로 하여금 이 두 가지 표징의 하나를 결론으로 만들어야 할 때, 다른 표징이 없다는 이유를 찾아낸다. 신이 하나밖에 없다고 말한 현인들은 박해를 당했고, 유대인들은 미움을 받았고, 그리스도 교도들은 더욱 미움을 받았다.

그들은, 땅 위에 참된 종교가 있으면 마치 만물이 움직이는 방향이 그 중심으로 향하듯이 종교로 향해야 한다는 것을 자연의 빛으로 알았다.

—사물이 움직이는 모든 방향은 종교의 설립과 그 위대함을 목적으로 삼아야 한다. 사람들은 종교가 우리에게 가르쳐 주는 것과 합치되는 감정을 자기들 안에 가지고 있을 것이다. 결국 종교는 모든 것이 향해 나아가는 목적이요 중심인 나머지, 그 원리를 아는 자는 개별적으로는 인간의 성질 전체를, 일반적으로는 세상의 온갖 동향을 설명할 수 있게 되어야만 한다—

그래서 그들은 그리스도교를 잘 알지 못하기 때문에, 이 논거를 가지고 그것을 비난할 이유를 삼는다. 그들은 그리스도교가 단순히 위대하고 권능 있고 영원하다고 생각되는 어떤 신을 숭배하는 데 불과하다고 생각한다. 이것은 바로 이신론(理神論) *291으로서, 정반대되는 무신론과 거의 마찬가지로 그리스도교와는 거리가 먼 것이다. 그리고 여기서 그들은 이 종교가 참되지 않다는 결론을 내린다. 그것은 이 점을 확립시키는 데 만물이 협력하는 것을 그들은 발견하지 못해, 신이 할 수 있는 만큼 아주 명백하게 자기를 사람에게 나타내지 않기 때문이라고 한다.

그러나 그들이 이신론에 대해 자기들이 하고 싶은 대로 결론은 내린다 해도 그것으로 그리스도교를 반박하는 결론을 도무지 내릴 수 없을 것이다. 그리스도교는 바로 구속주의 신비에 있는 것으로, 이 구속주는 자기 안에 인성(人城)과 신성(神性)의 두 가지 성질을 결합시켜 자기 신격(神格) 안에서 사람들을 신과 화해시키기 위하여 이들을 죄의 타락에서 구해낸 것이다.

그러므로 그리스도교는 사람들에게 이 두 가지 진리를 동시에 가르친다. 즉, 사람들이 알 수 있는 하나의 신이 있다는 것과, 인간의 본성에는 신을 가까이 할 수 없게 만드는 타락이 있다는 것이다. 사람들이 이 두 가지 점을 모두 아는 것은 꼭같이 중요하며, 자기의 비참을 알지 못하고 신을 아는 것이나 그것을 구제해 줄 수 있는 구속주를 알지 못한 채 자기의 비참을 아는 것이나 똑같이 위험하다. 이 두 가지 중 한 가지만 아는 것이 신은 알면서도 자기들의 비참은 알지 못한 철학자들의 오만을 만들거나, 구속주를 알지 못한 철학자들의 오만을 만들거나, 구속주를 알지 못한 채 자기들의 비참을 아는 무신론자들의 절망을 낳는 것이다.

이리하여, 이 두 가지 점을 사람에게 필요한 다른 것과 마찬가지로 우리에게 알게 한 것도 신의 자비에서 오는 것이다. 그리스도교는 이것을 가르쳐 준다. 이 점에 대하여 사람들은 세상의 질서를 검토하고 모든 사람이 이 종교의 두 가지 요점을 증명하는 방향으로 나아가지 않는지를 살펴보도록 해야 한다. 오류에 빠지는 자들은 단지 이 두 가지 중 하나를 보지 못하기 때문에 일을 그르치는 것이다. 사람은 자기의 비참은 알지 못한 채 얼마든지 신을 알 수도 있고, 신을 알지 못한 채 자기의 비참을 알 수도 있다. 그러나 신과 자기의 비참을 동시에 알지 못하고서 예수 그리스도를 알 수는 없다.

—예수 그리스도는 만물의 목적이요, 만물이 향하는 중심이다. 이것을 아는 자는 모든 사물의 이유를 아는 것이다—

그러므로 나는 여기서 자연의 이치를 가지고 신의 존재·삼위일체·영혼의 불멸, 또는 이런 종류의 사물을 하나라도 증명하려 들지는 않을 것이다. 그것은 비단 완고한 무신론자들을 설득시킬 수 있는 자연계에서 발견할 만한 힘이 내게 있다는 것을 스스로 느끼지 못해서만이 아니라, 예수 그리스도를 떠나서는 이런 지식이 무익하고 쓸데없는 것이기 때문이기도 하다. 가령 어떤 사람이, 수의 비례가 비물질적인 영원한 진리로서 그것들의 존재 이유가 되고 사람들이 신이라고 부르는 그 어떤 근본적인 진리에 달려 있다는 확신을 얻었다고 해도, 나는 그 사람이 자기 영혼을 구하는 일에서도 많이 전진했다고는 생각지 않을 것이다.

그리스도 교인들의 신은 단지 기하학적 진리와 원소들의 질서의 창조자에 지나지 않는 신이 아니다. 그런 신은 이교도들과 에피쿠로스파의 몫이다. 또 다만 사람들의 생명과 재산에 대해서만 그 섭리를 행하여 그를 숭배하는 자들에게 행복한 세월을 내려주는 데 지나지 않는 신도 아니니, 이런 신은 유대인들의 몫이다. 이에 반하여 아브라함의 신, 이사야의 신, 야곱의 신, 그리스도 교도들의 신은 사랑과 위안의 신이요, 그가 차지하는 자들의 영혼과 마음을 가득 채워 주는 신이며, 그들로 하여금 마음속으로 자기들의 비참과 신의 무한한 자비를 느끼게 해주며, 그들의 영혼 속 깊이 결합해, 그것을 겸손과 기쁨과 신뢰와 사랑으로 채워 주며, 그들로 하여금 신 밖의 다른 목적을 가질 수 없게 하는 신이다.

예수 그리스도 밖에서 신을 찾으려 자연에 머물러 있는 사람들은 모두 그들에게 만족을 줄 만한 아무 빛도 발견치 못하거나 혹은 매개자 없이 신을 알고 섬기는 방법을 만들어 내게 되고, 이것으로 무신론이나 이신론에 빠지게 되는데, 이 두 가지는 그리스도교가 거의 똑같이 경계하는 것이다.

예수 그리스도 없이는 세계가 존속하지 못할 것이다. 세계가 멸망하든지 지옥처럼 되든지 할 것이기 때문이다.

만일 세상이 인간에게 신을 가르쳐 주기 위해 존속한다면, 그의 신성은 세계의 모든 방면에 의심할 여지가 없을 만큼 빛날 것이다. 그러나 세상이 다만 예수 그리스도에 의해, 예수 그리스도를 위해, 그리고 사람들에게 그 타락과 구속(救贖)을 가르쳐 주기 위해서 존속하기 때문에 세상에 있는 모든 것은 이 두 가지 진리의 증거로 빛을 던져 주는 것이다.

세상에 드러나 있는 것은 신성을 전적으로 배제하는 표도 아니고, 그것이 명백히 존재함을 나타내는 표도 아니며, 다만 숨어 있는 신의 존재를 드러내고 있을 뿐이다. 모든 것이 이 특성을 띠고 있는 것이다.

자연을 아는 자만이 단지 비참하게 되기 위해서 그것을 알 것인가? 홀로 자연을 아는 자만이 불행하게 될 것인가? 그가 아무것도 보지 않아도 안 되고, 또 그를 가지고 있다고 믿을 만큼 넉넉히 봐도 안 되며, 다만 그를 잃었다는 것을 알 만큼은 봐야 한다. 왜냐하면 사람이 잃었다는 것을 알기 위하여는 보기도 하고, 보지 말아야 하기도 한다. 이것이 바로 자연이 처해 있는 상태이다.

사람이 어떤 방침을 정하든 간에, 나는 그를 거기에 평안히 자리 잡고 머물게 하지는 않으리라.

448 참된 종교는 위대와 비참을 가르치고, 자기 자신을 존경하고 경멸하고 사랑하고 미워하는 데로 인도해야 할 것이다.

449 천지 창조와 대홍수는 이미 지나간 일이고, 신은 다시는 세상을 멸망시키지도 않고, 세상을 재창조하지도 않고, 그 자신에 대해 이렇듯 위대한 표징을 주지도 않았으므로, 신은 일부러 만든 한 민족을 땅 위에 배치하기 시작했고, 이 민족은 메시아가 그의 정신으로 만들어 낼 백성이 생길 때까지 존속케 되어 있었다.

유대 민족의 장점

450 이 연구에서, 유대 민족은 거기 나타나는 허다한 놀랍고 이상한 사실로 우선 내 주의를 끈다.

먼저 내가 발견하는 것은, 그들은 순전히 형제로 이루어진 민족이라는 것이다. *292 그리고 다른 민족들은 모두가 무수한 족속이 모여서 이루어졌는데, 이 민족은 비록 이상할 만큼 자손이 풍성했지만 전부가 한 사람에게서 나왔으며, 이렇게 모두가 동기간이요, 서로들의 지체가 되기 때문에 그들은 하나의 강력한 가족 국가를 이룬다는 것이다. 이것이 독특한 점이다.

이 가족 혹은 이 민족은 사람들이 아는 한 가장 오래된 민족이니, 이것이 특별한 존경을 그들에게 품게하며, 특히 우리가 하고 있는 탐구에 있어서 더욱 그렇다. 왜냐하면 만일 신이 늘 사람들과 관계를 맺었다면, 그 전승을 알기 위해서는 이들에게 의지해야 하기 때문이다.

이 민족은 다만 그 역사가 오래된 점에서만 중요한 것이 아니고, 그 발생에서 지금에 이르기까지 계속해 내려온 그 영속성으로도 특이하다. 왜냐하면 그리스·이탈리아·스파르타·아테네·로마 등, 그 밖에 아주 오래 뒤에 생겨났던 다른 민족들은 멸망한 지가 오래인데, 이들은 그대로 존속하며, 또 유대의 역사가들이 입증하기도 하고 사물의 자연적인 순서로 따져서도 쉽사리 판단할 수 있듯이, 오랜 세월을 두고 유력한 임금이 그들을 멸망시키려고 몇 백 번이나 기도하였음에도 불구하고 그들은 여전히 살아남아있으며—또 이 존속은 예언되었다—태고에서부터 최근세에까지 걸쳐 있으므로 그들의 역사는 그 기간에 '그보다 훨씬 뒤떨어진' 우리 모든 역사의 기간을 포함하고 있기 때문이다.

이 민족을 다스리는 율법은 세상에서 가장 오래되고 가장 완전한 법률이기도 하고, 한 국가 안에서 끊임없이 늘 지켜져 온 유일한 것이기도 하다. 이것이 요세푸스가 《아피온 반박》이라는 글에서 훌륭히 증명한 것이며*293, 유대인 필론이 여러 대목에서 증명한 것이니, 이들은 그 책들에서 유대인들의 율법이 아주 오래된 것이어서 법률이라는 명칭조차도 그보다 천 년이나 지난 뒤 가장 오래된 민족에게 알려진 데 지나지 않음을 지적했으니, 많은 나라의 역사를 쓴 호메로스도 이 명칭을 쓴 일이 없을 정도이다. *294 또 그 완전함을 알기 위해서는 한번 읽기만 하면 넉넉하니, 거기에는 모든 일이 비상한 지혜와 단단한 공정과 극도의 분별심으로 마련되고 있음을 볼 수가 있어 그리스와 로마의 가장 오래된 입법자들이 그 율법을 알아보고 중요한 법률을 거기에서 따올 정도였다. 이것은 십이판율*295이라고 불리는 법률과 요세푸스가 제시하는 다른 증거로써 드러나는 것이다.

그러나 이 율법은 동시에 그들의 종교 의식에 관한 것으로는 모든 법률 중에 가장 준엄한 것이니, 이 민족을 그들의 의무에 붙잡아 두기 위해 사형에 처한다는 조건으로 수천 가지의 이상하고 까다로운 시행규칙의 이행을 그들에게 요구하고 있다. 그래서 다른 모든 국가가 그 법률들이 아주 쉬운 것이었는데도 불구하고 가끔 법률을 개정했었는데, 이 율법이 이처럼 반역적이고 참을성 없는 민족에 의하여 그렇게도 오랜 세기에 걸쳐 끊임없이 항상 간직되었다는 것은 참으로 놀라운 일이다.

모든 법률 중에 가장 오래된 이 율법을 간직하고 있는 책은 또한 세계에서 가장 오래된 것으로서, 호메로스*296나 헤시오도스*297의 책과 다른 책들은 그 후 육칠백 년이 지나서야 나타난 것이다.

유대인들의 고대성

451 한 권의 책과 다른 책 사이에는 얼마나 큰 차이가 있는가? 나는 그리스인들이 《일리아드》를 쓰고 이집트 사람들과 중국인들이 그들의 역사를 쓴 것을 이상하게 생각하지 않는다.

그것이 어떻게 생겨났는가, 하는 점만을 봐야 한다. 이 전설적 역사가들은 그들이 쓴 사건과 같은 시대의 사람들이 아니다. 호메로스는 한 편의 소설을 써서, 소설로 발표를 하고 또 소설로 읽혔으니, 《트로이》와 《아가멤논》이 황금 사과나 마찬가지로 실제로는 존재하지 않았다는 것을 의심하는 사람은 아무도 없기 때문이다. 그도 그것을 가지고 역사로 엮으려고 하지 않고 단지 오락 도서로 만들려고 생각했던 것이다. 그는 그 시대의 유일한 작가였는데, 작품의 아름다움으로 말미암아 그 이야기가 후세에 전해졌다. 만인이 그것을 배우고 그 이야기를 한다. 그것은 알아야 할 것이고, 또 누구나 그것을 외고 있다. 4백 년 후에는 사건의 목격자들이 이미 살아 있지 않으니, 아무도 자기의 지식으로는 그것이 꾸며진 이야기인지 사실인지를 알지 못하게 된다. 사람들은 그것을 그저 자기 조상들에게서 배웠을 뿐인데, 이것을 참된 것으로 여길 수 있는 것이다.

같은 시대의 것이 아닌 역사는 어느 것이나 의심스러운 것이니, 이와 같이 《시빌》과 《트리스메지 스토스》*298, 그 밖에 세상에서 믿어지던 많은 다른 책들이 가짜이며, 또 시간이 지남에 따라 가짜임이 판명되었다. 같은 시대의 저자의 경우는 이와 같지 않다.

한 개인이 써서 민족에게 발표하는 책과 어떤 민족이 스스로 만드는 책 사이에는 차이가 있다. 이런 책이 그 민족만큼이나 오래되었음은 의심할 수 없다.

유대인들의 진실성

452 모세는 그 책 속에서 그들이 일생 동안 신의 은혜를 저버렸으며, 자기가 죽은 뒤에는 더욱 그러하리라는 것을 알고 있다고 단언하였다. 그러나 그는 저들에 대하여 하늘과 땅을 증인으로 부르며, 또 자기가 그들에게 충분히 가르쳐 주었노라고 말하는데, 그들은 이 책을 사랑과 충성으로 간직하고 있다.

모세는 또한, 마침내 신이 그들에게 진노하시어 그들을 땅 위의 모든 사람들 가운데 흩어 놓으실 것이며, 그들이 자기들의 신이 아닌 잡신들을 예배함으로써 신을 진노케 한 것과 마찬가지로, 신은 자기 백성이 아닌 백성을 부름으로써, 그들을 분격케 하실 것이라고 분명히 말하였다. 그리고 자기의 모든 말이 영구히 보존되기를 원하고, 자기의 책이 그들에게 언제까지나 증인 노릇을 할 수 있도록 약속의 궤 속에 간직되기를 원하였다. *299

〈이사야〉. ―이사야도 30장 8절에 같은 말을 하였다.

참된 유대인들과 참된 그리스도 교도들이 같은 종교를 가지고 있음을 증명하기 위해

453 유대인들의 종교는 본질적으로 아브라함이 조상이라는 것, 할례, 제사, 의식, 성궤, 성전, 예루살렘. 모든 것은 결국 모세의 율법과 약속되어 있는 것 같았다.

나는 아래와 같이 말한다. 유대교는 이 중의 어느 것에도 있지 않았고 오직 신을 사랑하는 데에만 있었으며, 신은 그 밖의 모든 것을 물리치셨다고.

신은 아브라함의 후손을 인정하시지 않았다.

유대인들이 신을 배반하면, 그들도 이방인들과 마찬가지로 신에게서 벌을 받을 것이다.

―〈신명기〉 8장 19절.

―"너희들이 만일 나를 잊고 다른 신을 따르면, 나는 너희에게 예고하거니와, 너희들도 너희들 앞에서 멸망한 민족들과 같은 모습으로 멸망하리라."

―만약에 이방인들이 신을 사랑하면, 그들도 유대인들처럼 신이 받아들이실 것이다―

―〈이사야〉 56장 3절. "이방인은 주께서 나를 받아들이지 않으시리라고 말하지 말라. 나는 나를 섬기고 사랑하는 이방인들을 내 거룩한 산으로 데리고 가 그들에게서 제물을 받으리라. 나의 집은 기도의 집인 까닭이니라."

참된 유대인들은 그들의 공을 아브라함에게서가 아니라 오직 신에게서만 온다고 생각하였다.

―〈이사야〉 63장 16절. "당신은 참으로 우리의 아버지이시옵니다. 아브라함이 우리를 알지 못했고, 이스라엘도 우리를 몰랐나이다. 다만, 당신이야

말로 우리의 아버지시며 구속주이시옵니다."

모세까지도 신은 사람들에 대해 편견을 가지지 않을 것이라고 그들에게 말했다.

―〈신명기〉 10장 17절. "신께서는 사람도 제물도 받아들이지 않는다고 말씀하셨다."

―출애굽기 31장 13절. 안식일은 상징에 지나지 않았다. 그리고 이집트에서의 탈출을 기념하는 것에 지나지 않았다. 〈신명기〉 5장 19절, '이집트'는 잊어 버려야 하므로 그것은 이미 필요치 않게 되었다. 〈창세기〉 17장 11절. 할례는 표징에 지나지 않았다. 광야에 있을 때에 그들이 할례를 받지 않은 것*300은 이 때문이었으니, 그들을 다른 민족과 구분하기 위해서였다. 또 예수 그리스도가 인간의 몸으로 태어나신 뒤에는 더이상 할례가 필요하지 않았다.

마음의 할례를 명령하셨다.

―〈신명기〉 10장 16절 17절, 〈예레미야〉 4장 3절. "마음으로 할례를 받으라. 너희 마음에서 군더더기를 잘라 내라. 그리고 완고해지지 말라. 대저 너희들의 신은 위대하고 권능 있고 무서운 신이며, 사람을 받아들이지 않기 때문이니라."

신은 어느 날 '그가' 그렇게 행하리라고 말씀하셨다. 신명기 30장 6절. "신은 네가 진심으로 그를 사랑하도록 하기 위해 너와 네 아들의 마음에 할례를 행할 것이다."

마음으로 할례를 받지 않는 자들은 심판을 받을 것이다. 〈예레미야〉 9장 26절. "신은 할례를 받지 않은 백성들과 이스라엘의 온 백성을 심판하시리니, 이들은 마음으로 할례를 받지 않은 까닭이다."

외면적인 것은 내면적인 것 없이는 아무 소용없다. 〈요엘〉 2장 13절. "Scindite corda vestra(너희 마음을 찢도록 하라)"운운. 〈이사야〉 58장 3~4절 등등.

신에 대한 사랑은 〈신명기〉 전체에 권고돼 있다.

―〈신명기〉 30장 19절. "나 하늘과 땅으로 증인을 삼고 말하노니, 나 너희 앞에 죽음과 삶을 놓아 두어 너희들로 하여금 삶을 택하고 신을 사랑하고 그에게 순종하게 하노라. 신은 너희 생명인 까닭이로다."

유대인들은 이 사랑이 없으므로 그 죄 때문에 배척을 당할 것이고, 이교도들이 그들 대신 선택될 것이다.

─〈호세아〉 1장 10절, 〈신명기〉 32장 20절. "나 그들의 마지막 죄악을 보고 그들에게서 나를 숨기리니, 그들은 악하고 충성스럽지 않은 백성인 까닭이로다…… 그들은 신이 아닌 것으로 가지고 내 분노를 자아냈으니, 내 백성이 아닌 백성으로 그들에게 질투를 일으키고, 지식이 없고 우매한 백성으로 그들의 질투를 자아내겠노라." 〈이사야 서〉 65장.

─〈시편〉 143장 15절. 이 세상의 행복은 거짓된 것이고, 참다운 행복은 신과 결합하는 것이다.

─〈아모스〉 5장 21절. 신은 그들의 명절을 즐겨하지 않으신다.

─신은 유대인들의 제물 을 즐기지 않으신다.

〈이사야〉 66장 1~3절, 1장 11절, 〈예레미야〉 6장 20절. 다윗의 "Miserere."*301 착한 사람들의 제물까지도, "Exspectavi(기다렸노라)"─〈시편〉 49장 8~14절.

─신은 오직 그들의 완고함 때문에 그것들을 정하셨다.

〈미가〉 6장*302에 훌륭하게 씌어 있다. 〈열왕기〉 1권 15장 22절, 〈호세아〉 6장 6절.

─신은 이교도들의 제물을 받아들이시고, 유대인들의 제사에는 마음을 두지 않으실 것이다. 〈말라기〉 1장 10절.

─신은 메시아와 새로운 계약을 맺으실 것이고, 낡은 계약은 버리실 것이다. 〈예레미야〉 31장 31절. "Mandata non bona(좋지 않은 명령)"*303

─옛날 일은 잊혀질 것이다. 〈이사야〉 43장 18~19절, 65장 17~18절.

─성궤는 기억에서 사라질 것이다. 〈예레미야〉 3장 15~16절.

─성전은 버림을 받을 것이다. 〈예레미야〉 15장, 7장 12~14절.

─제사들이 물리쳐지고, 다른 깨끗한 제사들이 제정될 것이다. 〈말라기〉 1장 11절.

─아론의 사제직이 물리쳐지고, 멜키세덱이 메시아에 의해 채택될 것이다. 이 사제직은 영원할 것이다. "Dixit Dominus(주 말씀하셨도다)"*304 예루살렘이 신에게서 버림을 받고, 로마가 용납될 것이다. "Dixit Dominus(주 말씀하셨도다)"*305

—유대인들의 이름이 버림을 받고, 새 이름이 내려질 것이다. 〈이사야〉 65장 15절.

—이 새로운 이름은 유대인이라는 이름보다 나을 것이고 영원할 것이다. 〈이사야〉 56장 5절.

유대인들에게는 예언자가 없어지고 〈아모스〉, 임금과 제후와 제사와 우상이 없어질 것이다. [*306] 그럼에도 불구하고 유대인들은 민족으로서 존속할 것이다. 〈예레미야〉 31장 36절.

454 나는 그리스도교가 그보다 앞서 있던 종교 위에 기초를 두었음을 발견한다. 그리고 거기에서 사실이라고 생각하는 것을 아래에 말하려 한다.

나는 여기서 모세와 예수 그리스도와 사도들의 기적에 대해 말하지 않으련다. 왜냐하면 그것들은 처음에 설득력 있게 보이지 않기 때문에 나는 그리스도교의 기반에 대해 누구를 막론하고 명백한 증거를 제시하고 싶다.

세계의 여러 곳에서 유대 민족이라고 불리며 다른 모든 민족들과 분리되어 있는 특수한 민족이 있는 것은 틀림없는 사실이다.

어느 시대, 어느 나라든, 많은 종교가 있었다. 그러나 이들 종교에는 내 마음에 드는 도덕도, 내 주의를 끌 수 있는 증거도 없다. 그래서 나는 마호메트, 중국, 고대 로마와 이집트의 어떤 종교도, 단 한 가지 이유, 다른 종교보다 진리의 표정을 더 많이 가지고 있는 종교도 없었으며, 나를 확실히 설득시킬 수 있는 증거도 부족했기 때문에 나의 이성은 어느 한쪽으로도 기울어질 수 없었다.

그러나 이와 같이 여러 시대에서 풍속과 신앙이 불안정하고 괴상한 여러 가지 모습을 나타내는 것을 잘 살펴 보면 세계 한구석에서 세상의 다른 모든 민족과 분리되어 있고, 모든 민족 중에 가장 오래되고, 그 역사가 우리가 알고 있는 가장 오랜 역사보다도 몇 세기 앞서 있는 특수한 민족을 발견할 수 있었다.

위대하고 수많은 민족은 단 한 사람 후손이며, 그들은 유일신을 숭배하고, 그들이 신의 손에서 받았다고 하는 율법에 따라 살고 있었다. 그들은 신에게서 그 깊은 뜻의 계시를 받은 것은 자기들뿐이라고 주장하며, 모든 사람들이 타락하여 신의 은총을 잃은 상태에 있고, 사람들은 모두 그들의 오관(五官)

과 그들의 타고난 지혜에 내맡겨졌으며, 저들 사이에 일어나는 종교와 습관은 기괴한 미망과 끊임없는 변화에서 오는 것이라고—그러나 자기들은 그 행동에 있어서 끄떡없는 태도를 유지한다고—주장하며, 그러나 신은 다른 민족들을 이 어둠 가운데 영원히 버려두지는 않을 것이고, 모든 사람을 위해 구세주가 오실 것이며, 자기들은 그를 사람들에게 전하기 위하여 세상에 있으며—또 자기들은 이 위대한 강림을 미리 알리는 선구자들이 되고—모든 백성들을 불러 이 구세주를 자기들과 같이 기다리게 하기 위해 특별히 훈련되었다고 주장한다.

〔이것이 내가 사람들의 기억이 있는 때부터 세상에서 발견하는 것이다.〕

이 민족을 만난 것이 놀랍고, 주의를 끌 만한 것이라 생각한다.

그들이 신에게서 받았노라고 자랑하는 율법을 살펴보니, 그것은 훌륭한 것으로 여겨진다. 그것은 모든 법률 중 가장 처음에 만들어진 것이며, 그것도 그리스인들 사이에 법률이라는 말이 사용되기도 전에, 저들이 그것을 받아 끊임없이 지켜온 것이 근 천 년이나 될 정도로 앞선 것이었다. 이리하여 내가 기이하다고 생각하는 것은, 이 세계 최초의 율법이 또 가장 완전한 것이기도 하여, 가장 위대한 입법자들이 여기에서 그들의 법률을 빌어다 쓸 지경이었다는 것이다. 이것은 그 뒤 로마인들에 의하여 채용된 아테네의 십이 판율에 나타나는 것과 같으니, 요세푸스와 그 밖의 사람들이 이 문제를 충분히 다루지 않았더라면 그것을 증명하기는 쉬웠을 것이다.

예언

455 다윗에게 언제까지나 후계자가 있으리란 서약. 〈예레미야〉.[*307]

456 거짓 사도의 가정(假定).
때는 명확하게, 방법은 분명하지 않게.
상징의 증거들.

2천 { 1천 6백 예언자들.
4백, 흩어져 있는 것들.[*308]

457 이것은 현실적인 것이다. 모든 철학자들이 여러 학파로 갈라지는 동

안, 세계의 한구석에서 가장 오랜 민족이 있어 죄에 빠진 세계를 위해 신께서 그들에게 진리를 계시해 주셨고, 그 진리는 언제까지나 이 세상에 남아 있을 것이라고 말씀하셨다. 과연 다른 학파들은 그 명맥이 끊어졌지만 이 진리는 4천 년 전부터 언제나 계속되며, 그것도 계속 전해지고 있다. 그들은 그 조상들에게서 아래와 같은 말을 전승받았다고 밝힌다.

"사람은 신과의 교제에서 신을 완전히 떠난 상태로 타락했으나 신은 그들의 죄를 씻어주겠다고 약속하셨고, 이 교리는 언제까지나 이 세상에 있을 것이며, 그들의 율법에는 두 가지 뜻이 있다.

1,600년 동안 그들이 예언자로 믿은 사람들이 있어, 그들이 시기와 방식을 예언하였다. 예수 그리스도가 곳곳에 선언되어야 했기 때문에, 400년 후에는 그들이 사방으로 흩어졌다. 예수 그리스도는 예언된 방식으로 예언된 시기에 강림하셨다."

그리고 그때부터 유대인들은 사방에 흩어져 저주를 받지만 그래도 그들의 민족과 종교를 계속 지켜나가고 있다.

모순
458 종교의 무한한 지혜와 어리석음.

459 〈스바냐〉 3장 9절. "모든 이들이 한 어깨로 나를 섬기게 하기 위하여 내 말을 이방인들에게 주겠노라."
〈에스겔〉 37장 25절. "내 종 다윗은 영원히 저들 위에 왕이 되리라."
〈출애굽기〉 4장 22절. "이스라엘은 내 맏아들이로다."

460 그리스도 교도들의 신은 영혼의 유일한 선이다. 영혼의 모든 안식은 신에게 있다. 신을 사랑하는 것밖에는 기쁨을 누리지 못하리라는 것을 영혼에게 느끼게 하는 신이며, 그와 동시에 영혼을 붙잡아 그로 하여금 온힘을 다해 신을 사랑하는 것을 방해하는 장애물을 몹시 싫어하게 만드는 신이다. 영혼을 막는 자애심(自愛心)과 사욕이, 신에게는 참을 수 없는 것이다. 영혼이 자기를 멸망시키는 자애심의 바탕을 가지고 있다는 것과 신만이 그를 고쳐 줄 수 있다는 것을 영혼에게 느끼게 한다.

461 세상은 자비와 심판을 행하기 위해 존속하는데, 사람들이 신의 손에서 태어난 상태로 세상에 있는 것이 아니라 마치 신의 원수와 같이 있는 것 같다. 신은 이들에게, 만일 그들이 신을 찾고 신에게 순종하기를 원한다면 그에게로 돌아올 수 있을 만큼 넉넉한 빛을 은총으로 주시고, 그들이 신을 찾거나 순종하기를 거부하는 경우에는 그들을 벌할 수 있을 만큼 넉넉히 빛을 주신다.

462 예언자들은 예언을 했으나 예언되지는 않았다. 그 다음에 성인들은 예언되었으나 예언하지는 않았다. 예수 그리스도는 예언되기도 했고, 예언을 하기도 했다.

463 성서를 쓴 사람이 자연을 사용해서 신을 증명하려고 한 일이 도무지 없다는 것은 기묘한 일이다. 성서를 쓴 모든 이들은 신을 믿게 하는 데 목적을 둔다. 그러나 다윗과 솔로몬 등등이 "공허라는 것은 없다. 그러니까 신이 있다"고 말한 적은 없다. 필시 그들은 그들 뒤에 이 논거를 사용한 모든 능란한 사람들보다 더 능란했음이 틀림없다. 이것은 대단히 중요한 것이다.

464 나의 사람이 마음의 평형도 휴식도 없게 하기 위해, 그가 이 생각에 의존하는 것도 저 생각에 머물러 있는 것도 용납지 않겠다.

465 이 아이들은 친구들이 존경을 받는 것을 보고 이상히 여긴다.

466 만약 자연으로 신을 증명하는 것이 약한 증거라면, 성경을 깔보지 마라. 만약에 이런 모순들을 안 것이 힘의 표시라면, 그것으로 성경을 존중하라.

질서
467 타락 다음에는 이렇게 말해야 한다. 이 상태에 있는 사람이, 그것을 좋아하건 싫어하건 모두 그것을 안다는 말은 옳다. 그러나 모두가 구속(救贖)을 본다는 말은 옳지 않다.

468 이 세상 것으로 사람의 비참이나 신의 자비를 드러내지 않는 것은 아무것도 없고, 신을 떠난 인간의 무능이나 신과 같이 있는 인간의 능력을 드러내지 않는 것도 도무지 없다.

비천
469 신은 이 백성의 혼미함이 선택받은 자들의 이익이 되게 하셨다.

470 사람의 가장 천한 점은 영예를 추구하는 데 있다. 그러나 바로 이것이 그가 다른 무엇보다 뛰어나다는 점이 가장 두드러지게 드러나는 부분이기도 하다. 왜냐하면 그가 땅 위에서 어떠한 재산을 가지고 있더라도, 또 아무리 건강하고 아무리 본질적인 안락을 누린다 해도, 남들의 존경을 받지 못하면 결코 만족하지 못하기 때문이다. 그는 인간의 이성을 아주 높이 평가하여 그가 세상에서 아무리 유리한 지위를 가지고 있다 하더라도, 사람의 이성 안에서도 유리한 지위를 차지하지 못한다면 만족하지 못하는 것이다. 이것은 세상에서 가장 훌륭한 자리여서 아무것도 사람에게 그 욕망을 외면하게 할 수는 없으며, 이것이야말로 사람의 마음에서 가장 지워 버리기 힘든 특성이다.

또 사람들을 가장 깔보고 짐승과 같이 취급하는 자들도 역시 존경과 신임을 받기를 원한다. 이래서 그들 자신의 감정으로 인해 자가당착에 빠지는 셈이 된다. 무엇보다도 더 강한 그들의 본성은 이성이 그들에게 인간의 비천함을 확실케 하는 것보다 더 강하게 인간의 위대함을 설득시키는 것이다.

471 나는 사람들의 본성이 타락하고 신에게서 떨어져 나왔다는 이 원리를 그리스도교가 보여주자마자, 이것이 내 눈을 열어 이르는 곳마다 이 진리의 특성을 보게 해 줬다고 고백한다. 자연이란 것은 사람의 안에서나 밖에서나, 곳곳에서 잃어버린 신과 부패한 본성을 입증하도록 되어 있기 때문이다.

위대
472 종교는 대단히 위대한 것이므로 따라서 종교가 확실하게 드러나지 않을 경우, 그것을 찾는 수고를 아끼는 자들이 그것을 가지지 못하게 되는 것

은 당연하다.

그러니 종교가 그것을 탐구함으로써 발견할 수 있는 것이라면, 사람들은 무엇을 불평한단 말인가?

473 선과 악이라는 말의 뜻을 알아들음. *309

474 천지 창조가 과거 일이 되기 시작했으므로 신은 단 한 사람, 그 시대의 역사가를 마련하셔서, 한 민족 전체에게 이 책을 지킬 소임을 맡겨 이 역사가 세상에서 가장 진정한 것이 되게 하시고, 모든 사람들이 반드시 알아야 할 한 가지 일을 이 책으로 배울 수 있게 하셨고, 또 이 책을 통해서만 그것을 알 수 있게 하셨다.

475 유대인들을 위해 이 책들 위에 씌워진 보자기는 좋지 못한 그리스도 교도들과 또 자기 자신을 미워하지 않는 모든 사람을 위해서도 씌워져 있는 것이다.

그러나 사람이 참으로 자기 자신을 미워하면 얼마나 성경을 이해하고 예수 그리스도를 알 수 있는 마음이 준비되겠는가!

476 나는 mem(멤)이 신비적이라고 말하지 않는다. *310

477 교만은 모든 비참을 상쇄하고 없앤다. 그것은 이상한 괴물이요, 분명한 혼미다. 보라, 사람은 제자리에서 떨어져 그것을 초조하게 찾아다니지 않는가! 이것은 모든 사람이 다 하는 짓이다. 누가 그것을 찾아내는지 보기로 하자.

478 모든 직업을 각각 따져 보지 말고, 그것들을 심심풀이에 포함시켜 버리면 그만이다.

479 철학자들에게는 280가지의 최고의 행복.

480 종교에 대해서는 참으로 진실해야 한다—참된 이교도인, 참된 유대인, 참된 그리스도인.—

중국사에 대한 반박
481 멕시코의 역사가들은 5개의 태양이 있는데, 그 맨 마지막 것은 8백년밖에 안 되었다고 한다. *311
한 민족에게서 받은 책과 한 민족을 만들어내는 책의 차이.

증거
482 1. 그리스도교, 몹시 굳세고 부드럽게 세워진 그 자체로서 자연과는 아주 반대가 되므로. 2. 그리스도 교도의 영혼의 성덕과 숭고함과 겸손. 3. 성경의 경이(驚異). 4. 특히 예수 그리스도. 5. 특히 사도들. 6. 특히 모세와 예언자들. 7. 유대 민족. 8. 예언서. 9. 영속성. 어떤 종교도 영속성이 없다. 10. 모든 것을 설명하는 교리. 11. 그 율법의 거룩함. 12. 세상을 다스림.
이런 증거가 있는 이상, 인생이 어떻다는 것과, 이 종교가 어떻다는 것을 생각해보고, 이 종교를 따를 마음이 생긴다면 그것을 따라가기를 거부해서는 안 된다. 그리고 그것을 따르는 자들을 비웃을 이유가 조금도 없다는 것도 확실하다.

예언
483 "신이 그의 원수들을 당신에게 굴복시키시는 동안, 예수 그리스도는 그의 오른편에 계시리라." *312
그러니까 그는 손수 그 원수들을 굴복시키지는 않으실 것이다.

예언
484 215. 이집트에서, Pugio Fidei(신앙의 단도) 659면. 《탈무드》.
"우리들 사이에 하나의 전설로 내려오는 것에 의하면, '메시아가 오실 때에, 신의 말씀을 나누어 주는 신의 집에 불결과 부정이 가득 차 있겠고, 율법 학자들의 지혜는 타락하고 부패하리라' 한다. 그리고 '죄짓기를 무서워하는 자들은 백성에게 배척을 당하고, 미친 자와 어리석은 자로 취급되리라'

한다."*313

〈이사야〉 49장. "멀리 있는 백성들과 바다 가운데 섬에 사는 사람들은 들으라. 주는 나의 어머니의 뱃속에서부터 내 이름을 부르셨도다. 그는 나를 당신 손 그늘 아래 보호하시고, 내 말을 날카로운 검과 같이 만들어 주시고, 내게 이르시되 '너는 나의 종이니 너를 통해 내 영광을 나타내겠노라.'

이에 내가 말했노라. 주여, 내가 쓸데없는 일을 했나이까? 내가 내 힘을 다한 것이 무익한 일이었나이까? 주여, 내 일한 것이 당신 앞에 있사오니 그것을 심판하소서. 그때에 온전히 당신의 것이 되게 하소서.

또 야곱과 이스라엘을 도로 데려오게 하려고 내 어머님의 뱃속에서부터 나를 손수 만들어 주신 주가 내게 말씀하시되, '너는 내 앞에서 영광스러울 것이요, 내가 친히 너의 힘이 되리라. 네가 야곱의 지파들을 회개시킨다는 것은 하찮은 일이로다. 나는 너를 이방인들의 빛으로 만들려고 나게 했고, 땅의 맨 가장자리까지 내 구원이 되게 하려고 나게 했노라.'

이것은 마음을 겸손하게 하고, 이방인들에게 멸시와 미움을 받고, 세상의 권력자들에게 복종한 그이에게 주가 말씀하신 것이로다. 군주와 왕들이 너를 예배하리니, 너를 선택하신 주, 진실하시기 때문이로다."

"주가 또한 내게 이르시되, 구원과 자비의 날에 네 소원을 들어 주었으며, 내가 너를 세워 백성의 언약이 되게 했고, 너로 하여금 아주 멀리 떨어진 나라들을 차지하게 했으며, 너로 하여금 사슬에 얽혀 있는 자들에게 자유를 누리라고 말하게 하고자 했으며, 어둠 속에 있는 자들에게 빛이 있는 데로 나오라, 그리고 풍성하고 기름진 땅을 차지하라고 말하게 하고자 했노라.

저들은 다시는 굶주림과 목마름과 뜨거운 햇볕 때문에 고생하지 않으리라. 이는 저들을 불쌍히 여긴 자, 주께서 저들을 인도하실 것이기 때문이니, 그는 저들을 생명의 물이 솟는 샘으로 데려가시고, 저들 앞에 산들을 평탄하게 만드시리라.

보라, 백성들이 동·서·남·북, 사방에서 모여들리라. 하늘은 이로 인하여 영광을 신께 돌리고 땅은 그것을 기뻐하라. 주 당신의 백성을 위로하시기를 원하셨고, 마침내 그에게 희망을 거는 가련한 자들을 불쌍히 여기시기 때문이로다."

"그런데도 시온은 감히 말했다. '주가 나를 버리시고 나를 잊으셨다.' 어머니가 자기 아이를 잊을 수 있으며, 자기 태중에 가졌던 자에 대해 애정을 잃을 수 있느냐? 그러나 어머니는 혹시 그렇게 될 수가 있을지라도, 시온아, 나는 결코 너를 잊지 않으리라. 내 너를 언제나 두 손으로 붙들고 있으며, 네 성벽은 항상 내 눈앞에 있도다. 너를 다시 세울 자들이 달려오고, 너를 파괴하는 자들은 물러가리라. 너는 사방으로 눈을 들어 네게로 오려고 모인 저 무리를 보라. 나 맹세하노니, 이 모든 백성들이 네가 영원히 몸에 지닐 장식물로 네게 주어지리라. 네 사막과 광야와 지금은 황폐한 너의 땅 전체가 주민들이 많음으로 인해 너무 좁게 될 것이며, 불임의 세월에 네게 태어날 아이들은 자리가 너무 좁아서 국경을 물려 우리가 살 수 있는 자리를 만들어 달라고 네게 말하리라. 그때에 너는 이렇게 생각하리라. 아기를 낳지 못하게 되었고, 아이를 배지 못하는 몸으로 사로잡혀 끌려 다닌 내게 누가 이렇게 많은 아이를 주었는가? 구원을 받지 못하고 버림을 받은 나를 위해 이 아이들을 길러 준 이는 누구인가? 도대체 이들이 모두 어디서 왔는가?

그때 주가 네게 말씀하시리라. 보라, 내가 내 권능을 이방인들에게 나타내고 깃발을 온 백성 위에 쳐들었으니, 저들은 팔과 품에 안을 아이들을 내게 데려오리라. 왕들과 왕비들이 너의 부모가 될 것이며, 얼굴을 땅에 대고 너를 예배하고 네 발 밑의 먼지에 입 맞추리라. 그러면 너는 내가 '주'임을 알고 내게 바라는 자들은 결코 부끄러움을 당하지 않으리라는 것을 알리니, 힘세고 권력 있는 자가 꽉 쥐고 있는 것을 누가 뺏을 수 있겠느냐? 그러나 또 가령 누가 그에게서 그것을 뺏을 수 있다 해도, 내가 네 자식들을 구해 내고 네 원수들을 멸망시키는 것을 아무것도 막지 못할 것이며, 이리하여 내가 너를 구하는 '주'이며 야곱의 전능한 '주'임을 모든 사람이 인정하게 되리라."

〈이사야〉 50장. "주께서 이런 말씀을 하셨다. 내가 그것을 가지고 회당을 버린 이 이연장(離緣狀)은 어떤 것이며, 어찌하여 그를 원수들의 손아귀에 넘겨주었겠느냐? 내가 그를 버린 것은 그의 충성스럽지 못함과 죄악 때문이 아니냐?"

"내가 왔으나 아무도 받아들이지 않았으며, 내가 불렀으나 아무도 귀담아듣지 않았기 때문이로다. 내 팔이 닿지 않아 구제할 힘이 없단 말이냐?"

"이런 까닭에 나는 내 분노를 보이게 하겠으며, 하늘을 어둠으로 덮고 휘장으로 그것을 가리리라."

"주가 나에게 잘 교육된 혀를 주시어, 나로 하여금 슬픔에 잠겨 있는 자를 말로 위로할 수 있게 하셨도다. 그는 나로 하여금 당신 말씀을 정신 차려 듣게 하셨고, 나는 그의 말씀을 스승의 것처럼 들었노라."

"주가 나에게 당신의 뜻을 알려 주셨고, 또한 나는 그것을 조금도 어기지 않았노라."

"나는 나를 때리는 자에게 내 몸을 맡겼으며 나를 능욕하는 자들에게 내 뺨을 내밀었노라. 나는 치욕과 가래침에 내 얼굴을 내밀었노라. 그러나, 주가 나를 붙들어 주셨으므로 나는 조금도 부끄럽지 않았노라."

"나의 죄 없음을 증명하시는 이가 나와 더불어 계시도다. 신이 친히 나의 보호자가 되시니, 누가 감히 나를 죄 있다고 책하겠느냐?"

"모든 사람이 지나갈 것이고, 시간에 따라 소멸되리라. 그러므로 신을 두려워하는 자들은 그의 종의 말을 들을 것이며, 어둠 속에서 신음하는 자들은 주께 의지하도록 하라. 그러나 너희들로 말하면 너희 위에 신의 의로운 분노를 불 질러 놓을 뿐이며, 너희들은 숯불 위로, 또 너희들 자신이 붙여 놓은 불꽃 사이를 걸어다니는도다. 이런 재앙을 너희에게 오게 한 것은 내 손이니, 너희는 고통 가운데 멸하리라."

〈이사야〉 51장. "정의를 따르고 주를 찾는 너희들은 내 말을 들으라. 너희가 떨어져 나온 돌과 너희를 끌어낸 물웅덩이를 보라. 너희 조상 아브라함과 너희를 낳아 준 사라를 보라. 그가 아이들이 없어 혼자 몸으로 있을 적에 내가 그를 불러, 이와 같이 수많은 후손을 그에게 주었음을 보라. 내가 얼마나 많은 복을 시온에게 주었으며, 얼마나 많은 은총과 위안을 그에게 충만히 내려주었는지를 보라."

"내 백성아, 이 모든 것을 살펴보고 내 말에 귀를 기울이라. 한 율법이 내게서 나올 것이며, 이방인들의 빛이 될 심판이 나에게서 나올 것이기 때문이로다."

〈아모스〉 8장, "예언자는 이스라엘의 죄목을 열거한 후, 신이 그 복수를 맹세하셨다고 말한다."

"그는 이렇게 말한다. 주가 이르시되, 그 날에, 대낮에 해를 지게 하겠고, 밝은 낮에 땅을 어둠으로 덮어, 너희들의 성대한 잔치를 눈물로 변하게 하고, 너희 찬가를 모두 탄식으로 바꾸리라."

"너희들은 모두 슬픔과 고통 속에 있게 될 것이며, 나는 이 나라를 외아들을 잃은 것과 같은 슬픔에 몰아넣으리니, 그 마지막 세월은 한탄하고 괴로워하리라. 주가 이르시되, 보라, 그 날들이 오면 이 땅 위에 기근과 굶주림을 보내되, 빵에 굶주리고 물에 목마르는 것이 아니라, 주에게서 말씀을 듣고자 하는 굶주림과 목마름일 것이니라. 저들은 이 바다에서 저 바다로 방황하고, 북쪽에서 동쪽으로 옮아가고, 사방으로 돌아다니며 주의 말씀을 전할 자를 찾을 것이나 도무지 만나지 못하리라."

"이리하여 그들의 처녀들과 젊은이들은 이 목마름으로 죽어 가리니, 저들은 사마리아의 우상들을 쫓아가고, '단'에서 숭배되는 신을 불러 맹세하고, '베르사베'의 제사를 따른 자들이로다. 저들은 떨어져서 영원히 그 추락에서 다시 벗어나지 못하리라."

〈아모스〉 3장 2절. "땅 위의 모든 나라 가운데 내가 너희들만을 나의 백성으로 인정했노라."

다니엘은 12장 7절에, 메시아의 다스림이 얼마나 길 것인가를 서술하고 나서, "이 모든 일은 이스라엘 백성의 분산이 이루어진 때에 성취될 것이다"라고 말한다.

〈학개〉 2장 4절. "주 가라사대, '너희들, 이 두 번째 성전을 첫 번째 성전의 영광과 비교해서 그것을 깔보는 자들아, 용기를 내라. 스룹바벨과 대제관 여호수아와 땅의 모든 백성아, 너희에게 말하노니, 힘써 용기 내기를 그치지 마라. 내가 너희와 함께 있음이로다'하고 만군의 주가 말씀하신다. '내가 너희들을 이집트에서 구해 낼 때 했던 약속은 그대로 있으며, 나의 영이 너희 가운데 있도다. 희망을 잃지 마라.' 만군의 주가 이렇게 말씀하시는 까닭이로다. '이제 조금만 지나면, 내가 하늘과 땅과 바다와 육지를 진동시키리라(상례에 벗어난 큰 변화를 표현하는 말투). 그리고 만군을 뒤흔들리라. 그때에 모든 이방인이 소원하는 자가 올 것이요, 내가 이 집에 영광을 가득 채우리라' 하고 주가 말씀하시도다."

"주가 이르시되, '은과 금은 나의 것이로다(즉 주는 이런 것으로 공경받기를 원치 않는다는 뜻. 들에 있는 짐승들이 모두 나의 것이니, 그것들을 제물로 나에게 바치는 것이 무슨 소용이냐, 하고 다른 곳에서 말씀하시는 것과 같다) 이 새 성전의 영광은 첫 번째 성전의 영광보다 훨씬 더 크리라'고 만군의 주 말씀하시도다. '그리고 이 곳에 내 집을 정하리라' 하고 주 말씀하시도다."

〈신명기〉 18장 16절, "'호렙'에 너희들이 모였던 날 너희들은 이렇게 말했도다. 우리가 죽을까 무서우니 주가 친히 우리에게 말씀하시지 말고, 또 우리가 이 불을 다시는 보지 않게 하소서. 이에 주가 내게 말씀하시되, 그들의 기도는 옳도다. 내가 너와 같은 예언자를 그들의 형제 가운데에서 일으켜 주고 그의 입에 나의 말을 담아 주리라. 그는 내가 그에게 명한 모든 것을 저들에게 말하리라. 그리하여 누구든지 그가 나의 이름으로 그들에게 전해 주는 말에 순종치 않는 자는 친히 내가 그를 심판하리라."

〈창세기〉 49장. "너 유다야, 너는 네 형제들에게서 찬미를 받을 것이요, 네 원수들을 쳐 이길 것이며, 네 아버지의 아이들이 너를 경배하리라. 사자의 아들 유다야, 오 내 아들아, 너는 먹이를 잡으러 가서 수사자처럼, 또한 잠을 깨려는 암사자처럼 엎디어 있도다."

"'실로'가 올 때까지 왕의 지팡이가 유다에게서 떨어져 나가지 않을 것이며, 입법자(立法者)가 그의 발 사이에서 떠나지 않으리라. 이에 만민이 그에게로 모여 와 그에게 순종하리라."

특수한 사실의 예언

485 그들은 이집트에 외국인으로 있어서, 그 나라에도 다른 곳에도 아무런 재산을 소유하고 있지 않았다. 〔그보다 훨씬 뒤에 있던 왕권도, 모세에 의해 제정되어 예수 그리스도 시대까지 존속한 '시네드린'이라고 불린 70명의 재판관으로 구성되는 최고회의도, 그 조그마한 싹조차 나타나지 않았다. 이런 것들은 그들의 당시의 상태에서는 말할 수 없이 멀리 떨어져 있었다.〕

그런데 야곱은 임종 때에 열두 아들들을 축복하면서, 그들이 넓은 땅을 가질 것이라고 언명하고, 특히 유다의 가족에게는 이 다음에 그들을 다스릴 임금들이 그 집안에서 나올 것이며 그 형제들은 모두 그의 신민이 될 것이라고 예언하고, [314]〔모든 백성이 바라고 기다리는 메시아까지도 그에게서 나겠고, 기다리던 메시아가 그의 가문에 오시기까지는 왕권이 유다의 가문에서 사라지지 않을 것이며, 통치자와 입법자가 그 후손들에게서 떠나지 않을 것이라고 예언했다.〕[315]

바로 이 야곱이 이 미래의 땅을 마치 자기가 그 주인이기나 한 것처럼, 다른 아이들에게보다 요셉에게 한 몫을 더 주며 "내가 네 형제들보다 네게 한 몫을 더 준다"고 말했다. *316 그리고 요셉이 자기 두 아들을 그의 앞에 데리고 와서 맏아들인 므낫세를 오른편에, 동생 에브라임을 왼편에 세워 축복할 적에, 팔을 열십자로 엇걸어 오른손은 에브라임의 머리에 왼손은 므낫세의 머리에 얹고, 그들을 축복하였다. 그리고 그가 아우를 더 낫게 여긴다고 요셉이 항의하니 그는 놀랄 만큼 단호하게 "나도 잘 안다, 내 아들아. 나도 잘 알아. 그러나 에브라임은 므낫세보다 더 커 지리라" 하고 대답했다. *317 이것은 과연 그 뒤에 엄연한 사실로 나타나 한 가계만으로 한 나라를 이룬 두 혈통만큼이나 번성했기 때문에, 그 두 혈통이 보통 '에브라임'이라는 한 가지 이름으로만 불리게 되었다.

바로 이 요셉이 죽을 때, 자기 아들에게 그들이 그 땅에 갈 때에는 자기 뼈를 가지고 가라고 당부했다. 그런데 이들은 2백 년 후에야 겨우 그 땅에 들어간 것이다.

이 모든 사정을, 그것이 실현되기 훨씬 전에 기록한 모세 자신도, 이 땅에 들어가기도 전에 마치 그 소유인 것처럼 그것을 각 파에게 나누어 주었고, 〔끝으로 그들의 나라와 그들의 가계에서 자기가 상징한 예언자가 나설 것이라고 밝히고, *318 또 자기가 죽은 뒤에 그들이 들어가게 될 그 땅에서 닥쳐올 모든 일을 정확하게 예언했으니, 신이 그들에게 주실 승리, 신에게 대한 그들의 배은망덕, 그 때문에 그들이 받을 벌, 그 밖에 그들이 당할 여러 가지 일이 그것이다.〕*319

모세는 그 땅을 나누어 줄 심판자들을 그들에게 주고, *320 우리가 거기서 지킬 모든 행정 기구, 거기에 그들이 세울 피난할 마을 등을 규정했다. *321

〈다니엘〉 2장

486 "당신의 모든 점쟁이들과 현자들은 당신이 물어 보는 비밀을 풀어 주지 못합니다. ─그 꿈이 그의 마음에 몹시도 걸렸음에 틀림없다*322─그러나 하늘에는 신이 한 분 계셔 그것을 풀 수 있고, 또 나중에 일어날 일을 당신의 꿈을 통해 계시해 주셨습니다."

"그리고 내가 이 비밀을 안 것은 내 지식으로 한 것이 아니고, 바로 그 신의 계시로 된 것이니, 그는 당신 앞에서 그 계시를 밝혀 드러내게 하기 위해 내게 그 비밀을 풀어 주신 것입니다."

"그러면 당신의 꿈은 이러했습니다. 당신은 크고 높고 무서운 한 상이 당신 앞에 서 있음을 보셨습니다. 그 머리는 금으로 되어 있고, 가슴과 팔들은 은이었고, 배와 넓적다리는 청동으로, 다리는 쇠로 되어 있었으나, 발은 쇠와 흙(진흙)을 섞어서 만든 것이었습니다."

"당신은 그것을 언제까지고 바라보고 있었는데, 마침내 사람의 손을 빌리지 않고 떨어져나온 돌 한 개가 그 상의 쇠와 흙을 섞어 만들어진 발들을 쳐서 부쉈습니다."

"그러니까 쇠와 흙과 청동과 은과 금이 산산이 깨져 날아 공중에 흩어지고 말았습니다. 그러나 상을 친 그 돌은 커져서 큰 산이 되어 땅을 가득 채웠습니다. 이것이 바로 당신의 꿈이었습니다. 이제 내가 당신에게 그 꿈을 풀어 드리겠습니다."

"임금들 중에 가장 위대한 임금이며, 모든 백성을 두렵게 할 만한 굉장한 힘을 신에게서 받은 당신은, 당신이 보았던 금으로 된 머리로 상징됩니다."

"그러나 다음에 다른 나라가 당신의 나라를 이어 받을 것인데, 그 나라는 그다지 강하지 못할 것입니다. 그 다음에는 청동으로 된 또 다른 나라가 생겨나 온 세상에 퍼질 것입니다."

"그러나 네 번째 나라는 쇠처럼 강할 것이며, 쇠가 모든 물건을 부수고 뚫는 것처럼 이 나라는 모든 것을 깨뜨리고 부술 것입니다."

"그리고 발들과 발가락들이 일부분은 흙으로, 일부분은 쇠로 된 것을 보신 것은 그 나라가 분열되어 한쪽은 단단한 쇠 같고, 한편은 잘 부서지는 흙 같으리라는 것을 의미합니다."

"그러나 쇠가 흙과 더불어 단단히 합쳐질 수 없는 것처럼 쇠와 흙으로 상징된 자들도 비록 혼인으로 결합한다 할지라도, 영속적인 동맹을 하지는 못할 것입니다."

"그런데 이 왕들의 시대에 신이 나라를 하나 일으키시리니, 그 왕국은 영원히 멸망치도 않을 것이고, 다른 민족에게 귀속되는 일도 없을 것입니다. 이 나라는 그 다른 모든 나라를 분산시키고 멸망시킬 것입니다. 그러나 그 나라는, 사람의 손을 빌리지 않고 산에서 떨어져 내려와 쇠와 흙과 은과 금을 부순 그 돌로 당신에게 계시된 것처럼, 영원히 존재할 것입니다.”

“뒷날 일어나게 될 일을 신이 당신께 계시하신 것이 이런 것입니다. 그 꿈은 참다운 것이요, 이 해석은 충실한 것입니다.”

“그때 나부코도노소르는 얼굴을 땅에 대고 엎드렸다, 운운.”

〈다니엘〉 8장

“다니엘은 숫양과 숫염소의 싸움을 보았는데, 숫염소가 숫양을 이겨 땅을 다스렸으며, 그의 큰 뿔이 빠지고 거기서 다른 뿔 네 개가 돋아나 하늘의 사방을 향해 뻗었다. 그 뿔 중 하나에서 작은 뿔이 한 개 돋아나 남쪽과 동쪽과 이스라엘을 향해 커져서 하늘의 군대로 높이 올라갔고, 하늘의 별들을 떨어뜨려 짓밟고, 드디어 군주를 쓰러뜨리고, 영속적인 제사를 폐지시키고 성소를 황폐하게 만들었다.”

“다니엘이 본 것은 이런 것이었다. 그가 그 해명을 구하니, 어떤 소리가 아래와 같이 부르짖었다. ‘가브리엘아, 그로 하여금 그가 본 바를 깨닫게 하라.’ 그러니까 가브리엘은 말했다.”

“그대가 본 숫양은 메디아와 페르시아의 왕이요, 숫염소는 그리스인들의 임금으로서 그 두 눈 사이에 있는 큰 뿔은 이 군주국의 초대왕이었다.”

“그리고 이 뿔이 부러지고 그 자리에 뿔 네 개가 돋아난 것은 이 나라의 임금 넷이 그의 뒤를 이을 것이나, 그 권력은 같지 않으리라는 것이다.”

“그런데, 이 나라들의 말기에 죄악이 불어남으로 인해 불손하고 강하기는 하나 남의 힘을 빌린 임금이 일어날 것인데, 그에게는 모든 일이 뜻대로 되리라. 그는 거룩한 백성을 비탄 속에 몰아넣고, 겉과 속이 다른 거짓된 정신으로 그 기도(企圖)를 성취하고, 많은 사람을 죽이고, 마침내 군주 중의 군주에 반항해 일어서리라. 그러나 그는 결국 멸망할 것이다. 그러나 폭력적인 손에 의해 그렇게 되지는 않을 것이다.”

〈다니엘〉 9장 20절

내가 진심으로 신에게 기도를 드리고 내 죄와 내 백성의 죄를 참회하여 신 앞에 엎드려 있노라니, 문득 내가 처음부터 환상 속에 보았던 가브리엘이 저녁 제사를 드릴 무렵 내게로 와서 나를 건드리고 내게 지력을 주며 말했다.

"다니엘아, 나는 네게 사물에 대한 인식을 열어 주기 위해 왔노라. 네가 기도를 드리기 시작할 때부터 네가 원하는 바가 무엇인지를 네게 보여주기 위해 네게로 왔으니, 너는 욕망하는 인간이기 때문이다. 그러므로 말을 듣고 환상의 뜻을 깨닫도록 하라. 죄 씻음을 받고, 죄에 종지부를 찍고, 불의를 없애고, 영원한 정의를 맞아들이고, 이상과 예언을 이루고, 성인 중의 성인에게 기름을 부어 주기 위해, 네 백성과 네 거룩한 도시에 70주(週)가 규정되고 설정되었다—그 뒤에는 이 백성이 이미 네 백성이 아닐 것이고, 이 도읍도 거룩하지 않으리라—분노의 시대가 지나고 은총의 세월이 영원히 오리라."

"그러므로 너는 알고 또 알아들으라. 예루살렘을 회복하고 재건하리라는 말이 나온 때부터 군주 메시아까지는 7주와 62주가 있으리라."—헤브라이인들은 수를 쪼개어 작은 수를 먼저 놓는 습관이 있었다. 이 7에다 62를 보태면 69가 된다. 그러니까 그 70에서 제(第)70주, 즉 마지막 일곱 해가 남은 셈인데, 여기에 대해서는 그가 다음에 말할 것이다.

"요새와 성곽이 혼란과 고통의 시기에 세워진 다음, 그 62주 후에"—이것을 처음 7주 뒤에 오는 것이다. —"그리스도는 죽음을 당할 것이고"—그리스도는 69주 후, 즉 마지막 주에 죽음을 당할 것이다—"한 민족이 그 군주와 더불어 와서 도성과 성소를 파괴하고 모든 것을 휩쓸리라. 그리고 이 전쟁이 끝나면 모든 것이 황폐해 지리라."

"그런데 1주가"—마지막에 남아 있는 제70주—"많은 자들과 계약을 맺으리라. 그리고 그 주의 절반까지도"—즉 마지막 3년 반—"제사와 제물을 폐지하고 혐오할 물건을 놀라울 정도로 널리 퍼뜨리니, 이것은 그것에 놀라는 사람들에게까지 퍼져 끝까지 남아 있으리라."

〈다니엘〉 11장

천사가 다니엘에게 이르되, 이제 이것이 기록된 시기의 치루스 다음에, "페르시아의 세 임금이"—캄비세스, 스메르디스, 다리우스—"여전히 있겠고, 그 뒤에 올 넷째 왕은"—크레르크세스—"부력(富力)과 병력이 더 강할 것이며, 그의 모든 백성을 그리스도인들에 맞서 일어나게 하리라."

"그러나 한 강력한 임금이"—알렉산더—"일어나리니, 그의 영토는 최대로 확장될 것이고, 그는 그가 기도하는 모든 일에 자기 뜻대로 성공하리라. 그러나 그 나라는 멸망해 넷으로 쪼개져 하늘의 사방으로 흩어지리라."—이미 6장 6절, 8장 8절에서 그가 말한 바와 같다. —"그러나 그 종속에 속하는 아무에게도 귀속되지 않으리라. 그리고 그의 후계자들은 그의 권력에 따라올 자 없으리니, 그의 나라조차 흩어져서 이들"—저 네 명의 주요한 후계자—"외에 다른 자들에게 귀속될 것이기 때문이다."

"—또, 그의 후계자들 중에서—남쪽을 다스리는 자는—이집트, 라구스의 아들 프톨레마이오스"—"강하게 되리라. 그러나 또 다른 자가"—시리아의 왕 셀레우코스—"이에서 뛰어나고, 그 나라는 큰 나라가 되리라."—압비아누스는 이가 알렉산더의 후계자 중에서 가장 강력한 자라고 말한다.

"그리고 여러 해가 지난 다음에 그들은 인연을 맺으리라. 그리하여 남쪽 임금의 딸이"—또 다른 프톨레마이오스의 아들인 프톨레마이오스 필라델푸스의 딸 베레니스—"북쪽 왕에게로"—셀레우코스 라지다스의 조카인 시리아와 아시아의 왕 안티오코스 데우스—"와서 그들 군주 사이에 평화가 맺어지리라."

"그러나 그 여자도 그 자손도 오랫동안 권력을 보존하지 못할 것이다. 왜냐하면 그 여자도, 그 여자를 보냈던 자들도, 그리고 그 자식들과 벗들도 죽음을 당할 것이기 때문이다."—베레니스와 그의 아들은 셀레우코스 칼리니코스에게 죽음을 당했다—.

"그러나 그 여자의 가계에서 후손이 하나 일어나"—프톨레마이오스 에베르제데스는 베레니스와 같은 아버지에게서 날 것이다—"북쪽 임금의 땅으로 대군을 이끌고 와서 모든 것을 예속시키고, 그들의 여러 신, 군주, 금, 은 및 그들의 가장 귀중한 전리품을 모두 이집트로 가져갈 것이며, 그리고 몇 해 동안은 북쪽 왕이 그에 맞서 아무것도 하지 못한 채 지나리라." 만일 그가 집안 사정 때문에 이집트로 불려가지 않았더라면, 셀레우코스의 물건을 모두 다 박탈하였을 것이라고 유스티누스는 말한다.

"이리하여 그는 자기 나라로 돌아오리라. 그러나 북쪽 임금의 아들들은"—셀레우코스 체라우누스, 안티오코스 대왕—"격분하여 대군을 모으리라. 그리고 그들의 군대는 와서 모든 것을 짓밟으리라. 이에 남쪽 왕도 격분하여, 대군을 일으켜 서로 전쟁하여"—라팜에서 프톨레마이오스 필라토르와 안티오코스 대왕이 서로 맞서 싸워—"이기리라, 그리하여 후자의 군대는 교만해 지고 그의 마음은 오만불손하게 되리라."—이 프톨레마이오스가 성전을 모독했다고 요세푸스는 말한다—"그는 수천수만 명의 사람을 쳐 이기리라. 그러나 그의 승리는 결정적이 아니니라."

"왜냐하면, 북쪽 임금이"—안티오코스 대왕—"첫 번보다도 더 많은 군대를 이끌고 다시 올 것이고, 그러면 수많은 원수들 역시 들고 일어나 남쪽 왕을"—젊은 프톨레마이오스 에피파네스가 다스릴 때—"맞써 싸울 것이요, 너의 백성 중 종교를 배반한 자와 무뢰한까지도 들고 일어나 이상(理想)들이 이뤄지게 할 것이요, 마침내는 멸망할 것이기 때문이다."—이베르제테스가 자기 군대를 스코파스에 보냈을 때 그의 마음에 들려고 저희 종교를 배반했던 자들을 말함이니, 안티오코스가 스코파스를 다시 빼앗고 그들을 무찌른 것이다—

"이리하여 북쪽 왕은 성곽을 무너뜨리고 지극히 견고한 도시들을 공략하리니, 남쪽의 온 군대가 그에게 맞설 수 없을 것이다."

"그리고 모든 것이 그의 의사를 따라가리라. 그는 이스라엘 땅에 머무를 것이고, 이 땅은 그에게 항복하리라."

"이리하여 그는 이집트 전체의 지배자가 될 생각을 하리라." 에프파누스의 나이 어림을 깔보고 그리했다고 유스티누스는 말한다.

"또 이렇게 하기 위해 그는 이집트 왕과 동맹을 맺고 그에게 자기 딸을 주리라."—클레오파트라, 이 여자로 하여금 자기 남편을 배신케 하기 위해. 이에 대해 압비아누스는 말하기를, 이집트가 로마인들의 보호를 받고 있기 때문에 그것을 실력으로 지배할 수 있을지 염려스러워 계략으로 이룩하려 하였다—"그는 그 여자를 매수하려 들 것이나, 그 여자가 그의 뜻을 좇지 않으리라."

"이리하여 그는 다른 계략에 온 마음을 기울여 섬"—즉 해안 지대—"몇 개를 지배할 생각을 하고, 그 중 여러 개를 탈취하리라."—압비아누스가 말한 것과 같이.

"그러나 한 위대한 장군이 그의 정복에 반항해, 그로 인해 자기에게 돌아올 모욕을 막으리라."—스키피오 아프리카누스, 그는 안티오코스 대왕이 로마인들의 동맹국을 모욕해서 로마인들을 모욕한 까닭에 그의 진격을 저지했다—.

"그러므로 그는 자기 나라로 돌아가 거기서 멸망하여 세상을 떠나게 되리라."—그는 자기 백성들에게 피살되었다.

"그리고 그의 뒤를 이을 자는"—셀레우코스 필라토르 혹은 소테르라는 안티오코스 대왕의 아들—"폭군으로서, 세금으로 나라의 영광—백성이라는 뜻—을 괴롭히리라. 그러나 얼마 안 되어 그는 반란도 전쟁도 겪지 않고 죽으리라."*323

"그리고 그의 자리는 멸시를 받을 만하고 왕의 영예를 누릴 자격이 없는 자가 물려 받을것인데, 그는 교묘하게 달콤한 말로 왕을 꾀어 그 자리에 이르리라."

"모든 군대가 그의 앞에 굴복할 것이며, 그는 이들을 쳐 이기고 자기와 동맹을 맺었던 군주까지도 패배시키리라. 그는 그 군주와의 동맹을 갱신해 놓고는 그를 속이고, 얼마 안 되는 군대를 이끌고 겁내지 않고 조용하게 있는 그 영토에 들어가 가장 좋은 자리를 빼앗을 것이고, 일찍이 자기 조상들이 한 것보다 더한 짓을 하여, 그가 이르는 곳마다 황폐해지며, 자기가 다스리는 동안 크나큰 책략을 꾸밀것이기 때문이로다."*324

487 —〈이사야〉 1장 21절. 선이 악으로 변하는 것과 신의 복수.

—〈이사야〉 10장 1절—"Vae qui condunt leges iniquas(악한 법을 만드는 자들에게 화가 미치리로다)."

—〈이사야〉 26장 20절, —"Vade, populus meus, intra in cubicula tua ; claude ostia tua superte ; abscondere modicum ad momentum, donec pertranseat indignatio(내 백성아, 가서 네 방에 들어가 뒤에 문들을 닫고, 의로운 분노가 지나갈 때까지 잠시 동안 숨어 있으라)."

—〈이사야〉 28장 1절. "Væ coronæ superbiæ(거만한 꽃관은 죄로 인한 재앙이로다)."

—기적—

—〈이사야〉 33장 9～10절. "Luxit et elanguit terra."(땅이 메마르고 생기가 없도다)

"Ctonfusus est Libanus et obsorduit"—(레바논이 피지 못하고 시들었도다).

"Nunc consurgam, dicit Dominus nunc exaltabor, nunc sublevabor(주 이르시되, 이제 일어서겠노라. 이제 몸을 일으키고, 이제 지극히 높이우리니)."

—〈이사야〉 40장 17절. "Cmnes gentes quasi non sint(모든 이교도들이 없는 것과 같도다)"

—〈이사야〉 41장 26절. "Quis annuntiavit ab exordio ut sciamus et a principio ut dicamus justus es(누가 처음부터 알려 줘서 우리가 알게 했으며, 또 예전부터 일러 줘서 당신이 옳습니다, 하고 말하게 했는가)."

—〈이사야〉 43장 13절. "Operabor et quis avertet illud(내가 해 놓으면 누가 그것을 뒤집을 수 있겠느냐?)"

—〈이사야〉 44장 20절. "Neque dicet : forte mendacium est in dextera mea(내 오른손에 있는 것이 거짓된 것이 아닌가, 하고 말하지도 못하리라)."

—〈이사야〉 44장 20~24절. "Memento horum, Jacob et Israel, quoniam servus meus es tu. Formavi te, servus meus es tu, Israel ne obliviscaris mei(야곱아, 이스라엘아, 너는 이것들을 기억하고 네가 나의 종임을 명심하라. 내가 너를 만들었고, 너는 나의 종이니라, 이스라엘아, 너는 나를 잊지 말아라)."

"Delevi ut nubem iniquitates tuas, et quasi nebulam peccata tua? revertere ad me quoniam redemi te(나는 네 악행들을 구름처럼 사라지게 했고, 네 죄를 안개처럼 흩어지게 했다. 내가 네 죄를 씻어 줬으니, 내게로 돌아오라)."

—〈이사야〉 44장 23절, 24절. "Laudate caeli quoniam misericordiam fecit Dominus······quoniam redemit Dominus Jacob et Israel gloriabitur(하늘이여 찬미하라. 주 자비를 행하셨으며, 주가 야곱의 죄를 씻으시고 이스라엘로 당신의 영광을 드러내신 까닭이로다)."

"Haec dicit Dominus, redemptor tuus, et formator tuus ex utero : ego sum Dominus, faciens omnia, extendens caelos, solus, stabiliens terram, et nulus mecum(너의 죄를 씻고, 너를 태중에서부터 만드신 주께서 이렇게 말씀하셨다. 나는 주로다. 나 홀로 세상의 모든 것을 만들고, 하늘을 펼치고, 땅을 단단하게 했으며, 누구의 도움도 받지 않았느니라)."

〈이사야〉 54장 8절. "In momento indignationis abscondi faciem meam parumper a te et in misericordia sempiterna misertus sum tui, dixit redemptor tuus Dominus(내가 격심한 분노로 잠깐 얼굴을 네게서 감추었으나 영원한 자비로 너를 불쌍히 여겼노라, 하고 네 속량자이신 주께서 말씀하셨도다).”

—〈이사야〉 63장 12절. “Qui eduxit ad dexteram Moysen brachio majestatis suae, qui scidit aquas ante eos ut faceret sibi nomen sempiternum(당신 영광의 팔을 모세의 오른손과 함께 하시며 그 이름을 영원히 하려 하사 그들 앞에서 물을 갈라지게 하시고).”

—〈이사야〉 63장 14절. “Sic adduxisti populum tuum ut faceres tibi nomen gloriae(주께서 이같이 주의 백성을 데리고 가셔서 당신의 영광스러운 명성을 이룩하셨나이다).”

—〈이사야〉 53장 16절. “Tu enim pater noster et Abraham nescivit nos et Israel ignoravit nos(이는 당신이 우리의 아버지이신 까닭입니다. 아브라함이 우리를 알지 못했고, 이스라엘이 우리를 몰라보았습니다).”

—〈이사야〉 63장 17절. “Quare indurasti cor nostrum ne timeremus te? (어찌하여 우리 마음을 굳게 하여 당신을 두려워하지 않게 하셨나이까?)”

—〈이사야〉 66장 17절. “Qui sanctificbantur et mundos se putabant…· Simulconsume—ntur, dicit Dominus(몸을 거룩하게 하고 스스로 깨끗하다고 생각하던 자들이 다함께 종말을 보리라고 주가 말씀하신다).”

—〈예레미야〉 2장 35절. “Et dixisti : absque peccato et innocens ego sum, et propterea avertatur furor tuus a me. Ecce ego judicio contendam tecum—eo—quod dixeris : non peccavi(네가 말하기를 나는 죄가 없으니, 그러므로 당신의 분노가 내게서 물러났다 하거니와, 보라, 너는 죄를 짓지 않았노라고 말했으므로, 내가 너를 심판하리라).”

—〈예레미야〉 4장 22~27절. “Sapientes sunt ut faciant mala, bene autem facere nescierunt(그들은 악을 행하는 데에 지혜로우나, 선을 행하는 데에는 무지하도다).”

“Aspexi terram et ecce vacua et nihili ; et caelos et non erat lux in eis(내가 땅을 보니 하더라. 또 하늘을 보니 거기에 빛이 없더라).”

“Vidi montes et ecce movebantur et omnes colles conturbati sunt. Intuitus sum et non erat homo, et omne volatile caeli recessit. Aspexi et ecce Carmelus desertus et omnes urbes destructae sunt a facie Domini et a facie irae furoris ejus(내가 산 들을 보니 모두 진동하고, 언덕들은 모두 떨고 있었도다. 내가 들여다보니 사람이 없고 하늘의 새가 모두 날아가 버렸도다. 내가 바라보니, 주의 무서운 분노 앞에서 좋은 땅이 황폐해지고 모든 읍들이 무너졌도다)."

"Haec enim dicit Dominus ; deserta erit ommis terra sed tamen consummationem non faciam(그러므로 주가 말씀하시기를, 온 땅이 황폐해지리라, 그러나 내가 이것을 다 멸하지는 않으리라)."

—〈예레미야〉 5장 4~6절. "Ego autem dixi forsitan pauperes sunt et stulti ignorantes viam Domini judicium Dei sui(나는 말했노라. 이들은 아마 가난하고 우매한 자들이라, 주의 길과 신의 심판을 모르는 모양이로다)."

"Ibo ad optimates et loquar eis. Ipsi enim cognoverunt viam Domini(나는 귀인들에게서 가서 그들에게 말하리라. 그들은 주의 길을 안 까닭이로다)."

"Et ecce magis hi simul confregerunt jugum, ruperunt vincula(그런데 이들은 더욱더 함께 멍에를 부수고 사슬을 끊었도다)."

"Idcirco percussit eos leo de silva pardus vigilans super civitates eorum(그러므로 숲에서 나온 사자가 저들을 죽였고, 표범이 그들의 성읍을 엿보았도다)."

—〈예레미야〉 5장 29절. "Numquid super his non visitabo, dicit Dominus? Aut super gentem hujuscemodi non ulciscetur anima mea? (주가 말씀하시되, 내가 이런 일을 벌하지 아니하겠으며, 내 마음이 이런 백성에게 복수하지 않겠느냐?)"

—〈예레미야〉 5장 30절. "Stupor et mirabilia facta sunt in terra. Pro phetae prophetabant mendacium et sacerdotes applaudebant manibus et populus meus dilexit talia ; quid igitur fiet in novissimo ejus(이 땅에 놀라운 일과 이상한 일이 행해졌도다. 예언자들은 거짓을 예언하고 제관들은 자기 권력으로 다스리며, 내 백성은 그것을 좋게 여기니 종말에는 무슨 일이 일어나겠느냐?)"

"Haec dicit Dominus : State super vias et videte et interrogate de semitis antiquis, quae sit via bona et ambulate in ea ; et invenietis refrigerium animabus vestris, et dixerunt : non ambulabimus(주가 이렇게 말씀하시는도다. 너희들은 길에 서서 보고 옛길에 대해 어떤 길이 좋은 길인지 물어 보고 그 길로 걸어 가라. 그러면 너희들 영혼에 안식을 얻으리라. 그러나 그들은 우리는 그리로

걸어가지 않겠노라 하였으며).”

—〈예레미야〉 6장 16~19절. Et constitui super vos speculatores ; audite vocem tubae ; et dixerunt : non audiemus(그리고 나는 너희들을 감시할 파수꾼들을 배치하고, 나팔 소리를 들으라고 했노라. 그러나 그들은 듣지 않겠노라고 하였도다).”

“(Ideo) Audite gentes(et cognoscite) quanta-ego—faciam eis ; audi terra ; -ecce-ego adducam mala, etc(그러므로 백성들아 들으라, 그들의 당할 일을 알라. 땅아 들으라, 나의 화를 불러오너라. 운운).”

—외적 의식에 의존함—

—〈예레미야〉 7장 14절—“Faciam domui huic in qua-invocatum est nomen meum et in qua vos-habetis fiduciam et loco quem dedi vobis et patribus vestris sicut feci silo(내가 이름이 불리고 너희들이 믿고 있는 이 집과, 내가 너희와 너희 조상들에게 준 이 곳에 대해 하기를 마치 실로에게 한 것같이 하리라).”

—〈예레미야〉 11장 14절. “Tu ergo noli orare pro populo hoc(그러므로 너는 이 백성을 위해 기도하지 마라).”

—중요한 것은 형식적 제사가 아니다—

—〈예레미야〉 7장 22~24절. “Quia non sum locutus cum patribus vestris et non praecepi eis in die qua eduxi eos de terra Egypti de verbo holocautomatum et victimarum(나는 너희 조상들을 이집트에서 이끌어 내온 날에 그들과 더불어 번제와 희생에 대해 말하지 않았고, 명하지도 않았노라).”

“Sed hoc verbum praecepi eis dicens : audite vocem meam et ero vobis Deus, et vos eritis mihi populus, et ambulate in omni via quam mandavi vobis, ut bene sit vobis. Et non audierunt(오히려 저들에게 이 말을 명했노라. 너희들은 내 목소리를 들으라. 그러면 내가 너희들의 신이 될 것이고 너희들은 내 백성이 되리라. 또 너희들이 잘 되기 위해서 내가 너희들에게 명한 모든 길을 걸으라. 그러나 저들은 듣지 않았도다).”

—여러 가지 수리—

—〈예레미야〉 11장 13절. "Secundum numerum enim civitatum tuarum erant Dei tui Juda et secundum numerum viarum Jerusalem posuisti aras confusionis, tu ergo noli orare pro populo hoc(유다야, 너희 신들은 너의 성읍의 수만큼 있었고, 수치스러운 제단들을 예루살렘 거리들의 수만큼 세워 놓았도다. 그러므로 너는 이 백성을 위해 기도하지 마라)."

—〈예레미야〉 11장 21절. "Non prophetabis in nomine Domini et non morieris in manibus nostris. Propterea haec dicit Dominus(네가 우리 손에 죽지 않으려거든 주의 이름을 들어 예언하지 마라. 그러므로 주가 이렇게 말씀하셨느니라)."

—〈예레미야〉 15장 2절. "Quod si dixerint ad te ; quo egrediemur? dices ad eos ; haec dicit Dominus ; qui ad mortem, ad mortem, et qui ad gladium, ad gladium et qui ad famem, ad famem, et qui ad captivitatem, ad captivitatem(그들이, 우리는 어디로 나가야 합니까, 하고 네게 묻거든 너는 그들에게 이렇게 말하라. 주가 이르시되, 죽을 자는 죽음에로, 칼 맞을 자는 칼에게로, 굶주릴 자는 굶주림으로, 귀양 갈 자는 귀양지로 가리라고)."

—〈예레미야〉 17장 9~10절. "Pravum est cor omnium et inscrutabile, quis congnoscet illud? (모든 이의 마음이 악하고 알아내기 어렵다. 누가 그것을 알랴?)"—즉, 누가 마음의 악의를 모두 알 수 있겠는가? 마음이 사악하다는 것은 이미 알려져 있으니 말이다.

—〈예레미야〉 18장 18절. "Ego Dominus scrutans cor et probans renes(나는 심장을 살피며, 폐부를 시험하는 주로다)."

"Et dixerunt ; Venite et cogitemus contra Jeremiam cogitationes(저들이 말하기를, 너희는 오너라, 그리고 예레미야에 대해 음모를 꾸미자)."

"Non enim peribit lex a sacerdote neque sermo a propheta(사제에게서 법이 예언자에게서 말씀이 없어지지 않을 것이니)."

—〈예레미야〉 17장 17절. "Non sis tu mihi formidini, tu spes mea in die affiictionum(주는 내게 겁을 주는 이가 되지 마소서. 재앙의 날에 당신은 나의 피난처이십니다)."

—〈예레미야〉 23장 15절. "A prophetis enim Jerusalem egressa est pollutio super omnem terram(이는 예루살렘의 예언자들에게서 악에 물듦이 온 세상에 퍼져 나왔기 때문이니라)."

—〈예레미야〉 23장 17절. "Dicunt his qui blasphemant me; locutus est Dominus; pax erit vobis; et omni qui ambulat in pravitate cordis sui, dixerunt; non veniet super von malum(그들은 내 이름을 업신여기는 자들에게 말하기를 너희에게 평화가 있으리라고 주 말씀하셨다 하고, 또 제 마음의 욕망을 따라 걷는 모든 자에게, 너희들에게 재앙이 이르지 않으리라고 말했느니라)."

—메시아의 재세(在世) 중에—

488 —"Aenigmatisa(수수께끼를 내주라)." 〈에스겔〉 17장. 2절.

—그의 선구자, 〈말라기〉 3장 1절.

—그는 아기로 태어나시리라. 〈이사야〉 9장 6절.

그는 베들레헴 마을에서 나시리라. 〈미가〉 5장 2절.

—그는 메시아로서 예루살렘에 나타나실 것이고, 유다와 다윗의 가문에서 나시리라. 〈창세기〉 49장 10절.

—그는 현자와 학자들의 눈을 어둡게 할 것이다. 〈이사야〉 29장 10절.

—그리고 그는 가난한 자들과 미천한 자들에게 복음을 전할 것이며, 〈이사야〉 29장 19절.

—소경들의 눈을 뜨게 하고, 병든 자들의 건강을 회복시키고, 〈이사야〉 61장.

—어둠 속에서 신음하는 자들을 빛으로 인도할 것이다. 〈이사야〉 61장 1~2절.

—그는 완전한 길을 가르치고, 이방인들의 스승이 될 것이다. 〈이사야〉 55장 4절, 42장 1절·6절.

—악인은 악을 행하리니 악한 자는 아무도 깨닫지 못하되 오직 지혜있는 자가 예언을 깨달으리라. 〈다니엘〉 12장 10절. —〈호세아〉 마지막 장 10절*341—그러나 올바르게 가르침을 받은 자들에게는 이해될 것이다.

—메시아를 가난한 자라고 표현하는 예언들이 그를 만국의 주라고 표현하기도 한다. 〈이사야〉 52장 14절, 53장 2절, 〈스가랴〉 9장 9절.

그 시기를 예고하는 예언들은 그를 이방인들의 주와 고통을 받은 자로 예고할 뿐, 구름을 타고 있는 자로도 심판자로도 예언하지 않는다. 그리고 메시아를 이렇게 심판자이며 영광스러운 자로 표현하는 예언들은 그 시기를 표시하지 않는다.

그는 귀중한 주춧돌이 될 것이다. 〈이사야〉 28장 16절.

그는 걸려 넘어지는 방해의 돌이 될 것이다. 〈이사야〉 8장 14절.

예루살렘이 이 돌에 부딪치게 된다.

집을 짓는 자들이 이 돌을 돌아보지 않게 될 것이다. 신은 이 돌로 모퉁이돌을 삼게 될 것이다. 〈시편〉 117장 22절.

그리고 이 돌은 커져서, 크나큰 산이 되고 온 땅을 가득 채우게 될 것이다 〈다니엘〉 2장 35절.

—그는 세상의 죄를 위하여 희생되리라는 것, 〈이사야〉 53장 등등.

이와 같이, 그는 배척당하고 버림을 받고 배반을 당할 것이요, 은 30에 팔리고—〈스가랴〉 11장 12절—침 뱉음을 당하고, 뺨을 맞고 조롱을 당하고, 천만 가지로 괴로움을 당하고, 쓸개를 마시게 되며, 찔림을 당하고—〈스가랴〉 12장 10절—발과 손이 꿰뚫려 죽음을 당하고, 그의 옷을 놓고 제비를 뽑게 될 것이다.

—그는 사흘 만에 다시 살아나리라는 것. 〈호세아 서〉 6장 1〜2절.

그가 하늘에 올라가 오른편에 앉으시리라는 것.

왕들이 그에게 맞서 무장하리라는 것. 〈시편〉 2장 2절.

그는 성부의 오른편에 앉아, 그의 원수들을 이기시리라는 것. 〈시편〉 2장 5절.

땅의 왕들과 모든 백성들이 그를 숭배할 것이라는 것. 〈이사야〉 60장 3절.

유대인들은 나라가 없이 민족으로서 존속하리라는 것. 〈예레미야〉 31장 36절.

유대인들이 임금도 없이…… 방황하며. 〈호세아〉 3장 4절.

예언자도 없이 〈아모스〉 5장 13절.

구원을 고대하되 그것을 얻지 못하리라. 〈이사야〉 59장 11절……

—예수 그리스도에 의하여 이방인들이 불리움. 〈이사야〉 52장 15절.

"너희들이 흩어져 번식된 뒤에는 너희들이 이미 내 백성이 아닐 것이요,

나도 이미 너희 신이 아니리라. 사람들이 내 백성이라 부르지 않는 곳에서나 그를 내 백성이라 부르리라."

유대인들은―그를 메시아로 받아들이지 않기 위해―그를 죽임으로써, 그에게 메시아로서의 최고의 증거를 주었다.

그리고 그를 여전히 인정하지 않음으로써 나무랄 데 없는 증인이 되었다.

―또 그를 죽이고 그를 계속 거부함으로써 그들은 예언을 이뤘다. ―〈이사야〉 60장 10절, 〈시편〉 71장 11절.

유대인들의 돌아올 기약 없는 귀양살이

489 〈예레미야〉 11장 11절. "나는 유다에게 헤어나오지 못할 재앙이 오게 하리라."

상징

"주는 포도밭을 하나 가지고 계셔서, 거기서 포도가 열리기를 기대하셨으나, 머루밖에는 맺지 않았다. 그러므로 나는 그것을 흩뿌려 버리고 부수어 버리리라. 땅은 거기서 가시덤불밖에 생산하지 않을 것이고, 또 나는 그 위에 비가 내리지 못하도록 하늘에 명하리라……"

―〈이사야〉 5장 7절. "주의 포도밭은 이스라엘의 집이요, 유대 사람들은 그 포도밭의 즐거운 나무로다. 나는 그들이 정의로운 일을 행하기를 기다렸는데, 그들은 부정밖에 낳지 않는도다."

―〈이사야〉 8장 13~17절. "너희들은 두려움과 전율로 주의 거룩하심을 찬양하라. 주만을 두려워하라. 그러면 그는 너희의 성화(聖化)가 되시리라. 그러나 이스라엘의 두 집에는 그가 걸려 넘어지는 돌과 장애물이 되시리라."

"주는 예루살렘의 백성에게 함정이 되고 파멸이 되시리니, 그들 중의 많은 사람들이 돌에 걸려 넘어지고 깨질 것이며, 이 함정에 빠져 멸망하리라."

"내 제자들을 위하여 내 말을 가리고 내 율법을 덮어 놓으라."

"그러므로 나는 야곱의 집에 당신을 감추시고 숨어 계신 주를 참고 기다리리라."

―〈이사야〉 29장 9~10절. "이스라엘 백성아, 놀라고 부끄러워하라. 그들의 취함이 포도주로 인함이 아니며 그들의 비틀거림이 독주로 인함이 아

니라. 신이 너희들에게 졸음의 영을 준비해 놓으신 까닭이다. 그는 너희 눈을 가리시고 너희 임금들과 발현(發顯)을 보는 너희 예언자들의 눈을 어둡게 하시리라."

—〈다니엘〉 12장. "악한 자들은 그것을 알아듣지 못하리라. 그러나 가르침을 잘 받은 자들은 알아들으리라."—

—〈호세아〉 마지막 장 끝절에, 많은 세속적 축복을 쓴 다음에, "지혜로운 자, 어디 있는고? 그는 이런 것들을 이해하리라"고 말했다—

또한 모든 예언자들의 시상(視像)이 그대에게는 봉인된 책과 같으리니, 그것을 읽을 수 있을 유식한 사람에게 주면 그는 그것이 봉해져 있으므로 읽을 수 없노라고 대답할 것이고, 글을 읽을 줄 모르는 이들에게 그것을 주면 나는 글자를 모르노라고 말할 것이다.

"그러므로 주가 내게 이르시되, 이 백성이 입술로만 나를 공경하고, 그의 마음은 내게서 아주 멀리 떨어져 있으며—이것이 그 이유요 원인이니, 만일 그들이 신을 마음으로 숭배한다면, 예언을 이해할 것이기 때문이다. 그들이 나를 다만 인간적인 방법으로 섬긴 까닭이다."

"이 까닭으로 인해 나는 이 백성 위에 나머지 모든 것에다 놀라운 일, 크고 무서운 이적(異蹟)을 덧붙이리니, 현자들의 지혜가 없어지고, 그들의 지력도 흐려질 것이다."

예언—신성의 증거

—〈이사야〉 41장 21~24절. "만일 너희들이 신이라면 가까이 와서 앞으로 일어날 일을 우리에게 예고하라. 우리는 너희 말에 우리 마음을 기울이리라. 태초에 있던 일을 우리에게 가르쳐 주고 앞으로 일어날 일을 우리에게 예언라."

"그것으로 우리는 너희가 신인 것을 알리라. 만일 너희가 할 수 있으면, 선이나 악을 행하여 보라. 어디, 보고 함께 추론하자. 그러나 너희들은 증오할 자일 따름이다. 운운"

"너희들 중에 누가—사건과 같은 시대의 지은이를 가지고—태초부터 행해진 일들을 우리에게 가르쳐 주고, 우리로 하여금 당신은 옳소, 라고 말할 수 있게 하였는가? 아무도 우리에게 가르쳐 줄 자 없고, 미래를 예언할 자도 없다.”

—〈이사야〉 42장 8～10절. “나는 여호와니 이는 내 이름이라. 나는 내 영광을 남에게 나눠 주지 않노라. 이미 일어난 일을 미리 예언하게 한 것도 나요, 장차 일어날 일을 예언하는 것도 나로다. 이것들을 새로운 노래로 만들어, 온 세계는 나에게 새 노래로 찬송하라.”

—〈이사야〉 43장 8～27절. “눈이 있어도 보지 못하고 귀가 있어도 듣지 못하는 백성을 이리로 데려오라.”

“모든 나라의 백성들아, 모두 모이라. 그들 중—또 그들의 신 중에—누가 지난 일과 앞일을 너희에게 가르쳐 주겠느냐? 저들이 옳다고 증명할 증인들을 내놓도록 하라. 그렇지 못하면 내 말을 듣고 진리가 이쪽에 있다는 것을 고백하라.”

“주 이르시되, 너희는 나의 증인, 나의 종으로 택함을 입었으니 이는 너희들이 나를 알고 또 내가 ‘있는 자’임을 너희가 믿게 하기 위함이다.”

“나는 예언했고, 구제했고, 홀로 이런 기묘한 일을 너희 눈앞에서 행했노라. 주 이르시되, 너희들은 내 신성에 대한 증인들이로다.”

“너희들을 사랑해서 바빌론 사람들의 군대를 꺾은 것은 나이며, 너희를 거룩하게 하고 너희를 창조한 것도 나로다.”

“너희를 바다의 물살 가운데로 지나가게 한 것도 나였으며, 너희들에게 항거한 강한 적을 물속에 빠뜨려 영원히 멸망시킨 것도 나로다.”

“그러나 이런 옛날 은혜를 기억하지 말고, 다시는 지난 일에 눈을 돌리지 말라.”

“보라, 나는 머지 않아 나타날 새로운 일들을 준비하나니, 너희는 그것을 알게 되리라. 황야를 사람이 살 수 있는 아름다운 곳으로 만들리라.”

“나, 나를 위해 이 백성을 만들었고, 내 영광을 알리게 하기 위해 그들을 세워 놓았노라, 운운.”

“그러나 나를 위해 네 죄를 지워주고 네 죄악을 잊겠노라. 왜냐하면 너희들은 너희의 죄를 회상해서 너희들을 정당화시키라. 너희 첫 조상이 죄를 저질렀고, 너희 교사들은 모두 부정한 자였느니라.”

—〈이사야〉 44장 6～8절. “주가 말씀하시기를 나는 처음이요 끝이로다. 나에게 비길 자 있으면, 내가 첫 번째 백성들을 만들어 놓은 뒤로 생겨난 모

든 것의 질서를 말하고 장차 일어날 일들을 알리도록 하라. 너희들은 아무것도 겁내지 마라. 내가 너희에게 이 모든 일을 일러 주지 않았더냐? 너희는 내 증인이로다."

고레스에 대한 예언
—〈이사야〉 45장 4절. "내가 선택한 야곱과 이스라엘을 위해 너를 지명하여 불렀노라."
—〈이사야〉 45장 21절. "와서 같이 토론하자. 누가 태초부터의 일을 미리 말했느냐? 그것은 '주인' 내가 아니었더냐?"
—〈이사야〉 46장 9∼10절. "너희들은 태고 시대를 떠올려 봐라. 그리고 세계의 기원을 말하며 끝에 가서 일어날 일을 처음부터 이야기하는 자가 나밖에 없음을 알라. 내 율법은 계속 존재하고 나의 뜻은 모두 이뤄지리라."
—〈이사야〉 42장 9절. "보라. 전에 예언했던 대로 일어났도다. 그리고 이제 나는 새로운 일을 예언하며, 그 일이 일어나기 전에 너희에게 말하노라."
—〈이사야〉 48장 3∼8절. "나는 시초의 일을 예언했고, 다음에는 그것을 이뤘노라. 내가 알거니와 너희들이 완고하고 너희들의 정신이 반역적이며 너희 이마가 뻔뻔한 줄을 내가 아는 까닭이로다. 그러므로 내가 이 일을 옛 적부터 고하였고 이루기 전에 그것을 네게 보였노라. 그렇지 않았다면, 너희는 그것이 너희 신이 한 일이며 그들의 명한 바라고 하였으리."
"너희는 예언된 것이 일어남을 보니, 그 이야기를 하지 않겠느냐? 이제 나는 너희들이 아직 보지 못한 새로운 일을 너희에게 예고하노라. 이것은 내가 그것을 오래 전부터 준비하지 않고 이제야 비로소 마련하기 때문이로다. 나는 너희들이 그것을 너희 자신의 힘으로 미리 알고 있었노라고 자랑할까 봐 너희들에게 숨겼노라."
"너희들은 그것에 대해 조금도 알지 못하고 듣지도 못했으며 네 귀가 열리지 못하였었나니 이는 너희들이 반역으로 가득 차 있으며, 내 너희들이 생겨난 첫날부터 반역자라는 이름을 너희에게 주었기 때문이로다."

유대인을 버리심과 이방인들의 회두
—〈이사야〉 65장. "내게 묻지 않던 자들이 나를 찾았고, 나를 찾지 않던

자들이 나를 발견하였도다. 나는, 내 이름을 부르지 않던 백성에게 말했노라, 나 여기 있다! 나 여기 있다!"

"자기들의 욕망을 따르고 악한 길을 걸어가는 믿지 않는 백성, 내 앞에서 저지르는 죄악으로 끊임없이 내 분노를 자아내고 우상에게 제물을 바치는 데 정신이 팔린 이 백성에게 나는 종일토록 손을 펼쳤노라."

"저들은 내 분노의 날에 연기같이 사라지리라, 운운."

"나는 너희들과 너희 조상들의 죄과를 모아 놓고, 너희들 모두에게 너희가 한 대로 죄과를 갚으리라."

"주는 이렇게 말씀하셨다. 나를 섬기는 자들을 사랑함으로 인해 내 온 이스라엘을 멸망시키지 않고, 그 중 몇몇을 남겨 놓으리니, 마치 사람이 한 포도송이에 남은 포도 한 알을 남겨 놓으며, 이것을 따지 마라, 그것은 과실의 축복이요 희망이기 때문이다, 하고 말하는 것과 같도다."

"이와 같이 나 야곱과 유다에서 몇몇을 가려내어, 내 간선자들과 내 종들이 상속으로 받은 내 산들과 기름지고 말할 수 없이 풍성한 내 밭들을 차지하게 하리라."

"그러나 다른 자들은 모두 멸망시키리니, 너희들이 너희 신을 잊어버리고 이방인의 신을 섬긴 까닭이니라. 내가 너희를 불렀으나 너희는 대답하지 않았고, 내가 말했으나 너희는 듣지 않았으며, 내가 금했던 일을 골라잡았도다."

"이런 까닭에 주가 이런 말씀을 하신다. 보라, 나를 섬기는 자들은 배부를 것이나 너희들은 굶주려 신음할 것이요, 나를 섬기는 자들은 그 마음에 기쁨이 넘쳐 노래를 부를 것이나 너희들은 마음의 고통 속에서 큰 소리를 버럭버럭 지르리라."

"그리고 내가 선택한 자들에게 너희 이름을 저주의 대상으로 남겨 두리라. 주는 너희들을 멸종시키고 당신을 섬기는 자들을 다른 이름으로 부르시리니, 이 이름으로 땅 위에서 축복을 받는 자, 신에게도 축복을 받으리라, 운운."

"첫번 괴로움은 잊혀졌기 때문이로다."

"그 이유는 이렇다. 나는 새로운 천지를 창조하노니, 지나간 일은 기억에 남지 않을 것이고, 다시는 생각나지 않으리로다."

"그러나 너희들은 내가 창조하는 새로운 사물 속에서 영원히 즐기리라. 기쁨뿐인 예루살렘과 즐거움뿐인 백성을 내가 창조하기 때문이로다. 또한 내가 예루살렘과 내 백성을 낙으로 삼을 것이니, 거기에는 이미 고함과 울음 소리가 들리지 않으리라."

"그들이 청하기 전에 나는 그들의 청을 들어줄 것이며, 그들이 말하기 시작하면 곧 그 말을 들으리라. 늑대와 어린양이 함께 풀을 뜯고, 사자와 소가 같은 여물을 먹으리라. 뱀은 먼지밖에 먹지 못할 것이며, 이리하여 내 거룩한 산에서는 어디서도 다시는 살생과 폭력을 일삼지 않으리라."

—〈이사야〉56장. "주가 이렇게 말씀하신다. 너희는 옳고 바르게 되라. 구원이 가까워 오고 나의 정의가 곧 나타날 것임이라."

"안식일을 지키며, 그 손을 간직해 아무런 악행도 하지 않는 자는 복되도다."

"또 나에게 결합하는 이방인들은 신이 나를 그의 백성에게서 떼어 놓으실 것이라고 말하지 마라."

"그것은 주가 아래와 같이 말씀하셨기 때문이다. 누구든지 내 안식일을 지키고, 나의 의사를 행하기로 마음먹고, 내 약속을 지키는 자에게는 나의 집에 자리를 마련해 줄 것이요, 나의 아이들에게 준 것보다 더 나은 이름을 주리니, 그것은 언제까지나 사라지지 않는 영원한 이름이리라."

—〈이사야〉59장 8~9절. "정의가 우리에게 멀리 떠난 것은 우리 죄악 때문이다. 우리는 빛을 기다렸건만 어둠밖에 얻지 못하였고, 빛을 바랐건만 암흑 속을 거닐고 있다."

"우리는 소경같이 벽을 더듬었고, 대낮에도 한밤중같이 부딪쳤으며, 어두운 곳에 있는 죽은 자와 같이 되었도다."

"우리는 모두 곰처럼 울 것이고 비둘기처럼 탄식하리로다. 우리는 정의를 기다렸으나 오지 않고, 구원을 바랐으나 우리를 멀리 떠나는 도다."

—〈이사야〉66장 18절.

"그러나, 내가 그들을 모든 민족과 모든 백성과 더불어 모으러 올 때 그들이 한 일과 생각을 살피리니, 그 때에 그들은 내 영광을 보리라."

"또 나는 그들에게 한 기호를 표해 주고, 구제된 자들 중에서 아프리카·리디아·이탈리아·그리스에, 그리고 나에 대한 말을 듣지 못하고 나의 영광을 본 일이 없는 백성들에게 보내리라. 그러면 그들은 너의 형제들을 데려오리라."

성전을 버리심

—〈예레미야〉 7장 12∼16절. "너희들은 내가 최초에 내 이름을 세웠던 '실로'로 가서 내 백성의 죄 때문에 내가 거기서 무엇을 했는지 보라. —왜냐하면 나는 그것을 버리고, 다른 곳에 나를 위한 성전을 세우게 했기 때문이다."

"주가 말씀하시되, 이제는 너희들도 같은 죄를 지었으므로 내 이름이 불리는 곳, 너희들이 의지하는 곳, 그리고 나 자신이 너희 사제들에게 준 이 성전에다 '실로'에서 행한 일을 하리라."

"또 나는 너희 형제인 에브라임의 온 자손을 버린 것과 마찬가지로 너희들도 멀리 버리리라—기약 없이 버리리라—"

"그러므로 이 백성을 위해 기도하지 말라."

—〈예레미야〉 7장 22∼23절 "제사에 또 제사를 거듭하는 것이 너희들에게 무슨 소용이 있겠느냐? 내가 너희들의 조상을 이집트에서 빼냈을 때에 제사니 번제니 하는 말은 그들에게 하지 않았노라. 그들에게 여기 대한 명령은 아무것도 주지 않았고, 내가 그들에게 준 계명은 이런 것이었도다. 내 계명을 지키고 거기에 충실하라. 그러면 나는 너희 신이 될 것이고, 너희들은 내 백성이 되리라."

—"비로소 나는 그들이 금송아지에 제사를 드린 뒤에야 나쁜 풍습을 좋은 것으로 만들게 하기 위해 내게 제사를 드리게 했노라."—

—〈예레미야〉 7장 4절. "주의 성전이다, 주의 성전이다, 라고 너희들에게 말하는 자들의 거짓말을 믿지 마라."

타락한 본성

490 사람은 그의 본질을 이루고 있는 이성으로 행동하지 않는다.

491 —〈요한복음〉 19장 15절. "우리는 가이사 외에 다른 왕이 없나이다."

492 신의 증인인 유대인들.

—⟨이사야⟩ 43장 9절, 44장 8절. 그들은 분명히 메시아의 증인 노릇을 하기 위해 일부러 만들어진 민족이다. 그들은 경서를 보존하고 사랑하면서도 그것들을 도무지 이해하지 못한다.

그러므로 모든 묵시가 마치 봉한 책의 말이라. 봉인된 책처럼 맡겨지리라는 것이 예언되어 있다.

이뤄진 예언

493 ⟨열왕기⟩ 3권 13장 2절, ⟨열왕기⟩ 4권 23장 16절, ⟨여호수아⟩ 6장 26절, ⟨열왕기⟩ 3권 16장 34절, ⟨신명기⟩ 33장, ⟨말라기⟩ 1장 11절. —⟨말라기⟩ 1장 10~11절. 배척당한 유대인들의 제사와 곳곳에 있는(예루살렘 밖에서도) 이교도들의 제사.

모세는 죽기 전에 이방인들을 부르심과, —⟨열왕기⟩ 3권 32장 21절—유대인들이 버림받을 것을 예언한다. *325

모세는 각 지파에서 닥쳐올 일도 예언했다.

"그들의 마음을 완고하게 하라."*326 어떻게? 그들이 정욕에 아첨하고 그것을 충족시킬 희망을 그들에게 줌으로써.

예언

—⟨이사야⟩ 65장 15절. "너희 이름은 내가 선택한 자들에게 혐오의 대상이 될 것이요, 나는 그들에게 다른 이름을 주겠노라."

유대인들의 성실성

494 —자기들의 명예가 되지 않는 것에도 진실하고—그것을 위해 죽는 것. 이것은 세상에 그 유례가 없으며, 또 본성에 뿌리를 박고 있는 것도 아니다.

—그들에게 이미 예언자가 나타나지 않게 되었을 때에는

—마카베오 집안 사람들*327

—예수 그리스도 이후에는 '맛소라테스'. *328

—"이 책이 너희들에게 증거가 되리라."*329

—제대로 갖춰지지 않은 글자와 어미(語尾)의 글자.

예언

495 아모스와 스가라는 말하였다.

그들의 의인을 팔았다. *330 이 때문에 결코 다시 부름 받지 않을 것이다.

—배신당한 예수 그리스도—

—사람들이 다시는 이집트를 기억하지 않으리라—

〈이사야〉 43장 16, 17, 18, 19절, 〈예레미야〉 23장 6, 7절.

예언

496 유대인들은 사방에 흩어지리라. 〈이사야〉 27장 6절.

새로운 율법. 〈예레미야〉 31장 31~32절.

영광스러운 제2의 성전. 예수 그리스도 거기에 오시리라. 〈학개〉 2장 7, 8, 9, 10절, 〈말라기〉*331,

이방인들을 부르심. 〈요엘〉 2장 28절, 〈호세아〉 2장 24절, 〈신명기〉 32장 21절, 〈말라기〉 1장 11절.

누가 일찍이 그보다 더 찬란한 빛에 싸여 있었는가?

유대 민족 전체가 그가 오시기 전에 그를 예언한다. 그가 오신 뒤에는 이방인들이 그를 예배한다.

이방인과 유대인, 두 백성들이 그를 자기들의 중심으로 인정한다.

그런데도 그 찬란한 빛을 그보다 덜 누린 사람이 어디 있었는가? 33년 중에서 30년 동안을 그는 남의 눈에 띄지 않고 산다. 3년 뒤에, 그는 미혹자로 취급된다. 사제들과 힘 있는 자들은 그를 배척하고, 벗들과 가까운 친척들은 그를 경멸한다. 마침내 그는 그의 벗 중의 한 사람에게 배반을 당하고, 또한 사람으로부터 부인되고, 모든 사람에게서 버림을 받는다.

그러니 그는 이 찬란한 빛을 얼마나 누렸는가? 이렇게 큰 빛을 지녔던 사람은 일찍이 없었고, 이보다 더 치욕을 당한 사람도 일찍이 없었다. 이 모든 빛은 그를 우리가 알아볼 수 있게 하기 위해 우리에게 쓰인 것에 지나지 않았고—자기 몫으로는 아무것도 취하지 않았다.

497 구약이 상징에 지나지 않는다는 것과 예언자들이 세상의 행복으로 다른 행복을 말하고자 했다는 것을 증명할 수 있다.

첫째, 그것은 신을 상대할 자격이 없을 것이라는 점.

둘째, 그들의 말은 지금 이 세상의 행복에 대한 약속을 아주 명백히 표시하고 있는데, 그러면서도 그들은 자기들의 말이 분명치 않을 것이라는 점.

이 도무지 이해받지 못할 것이라고 말하는 것. 이로써 그 숨겨진 뜻을 그들이 분명하게 표현한 것이 아니고 따라서 그들이 다른 제물, 다른 구속주 등등을 말했다는 것이 드러난다. ―그들은 시대의 종말에 가서야 비로소 그 뜻이 이해받을 것이라고 말한다. 〈예레미야〉 30장 마지막 절……

셋째, 이 증거는 그들의 말이 서로 대립되고 상쇄되어, 그들이 율법과 제사라는 말로 모세의 것이 아닌 다른 것을 말하고자 아니 한다면, 명백하고 엄청난 모순이 거기 있다고 할 지경이다. 그러므로 그들이 어떤 때는 같은 장(章)에서 서로 모순되는 말을 하는 것으로 보아 다른 것을 말하고자 한 것이다.

그런데 어떤 지은이의 뜻하는 바를 이해하기 위해서는―

498 ―신앙의 눈으로 헤롯과 시저의 역사를 보는 것은 얼마나 아름다운 일인가!

"In electis(선택받은 자에게 있어)"

"Deus prompus est(신은 볼 수 있는 분이다)."

상징을 쓴 이유

499 〔그들*332은 물질주의적인 민족을 상대로 그를 영적인 계약의 보관자로 만들어야 했다.〕

메시아를 믿게 하기 위해서는 앞서 가는 예언들은 의심스럽지 않은, 부지런히 힘쓰고 충실한, 세상이 다 알 정도로 뛰어난 비상한 열성을 가진 자들에 의해 보존되어야 했다.

신은 이 모든 것을 이루기 위해서 물질주의적인 백성을 선택해, 메시아를 구주로, 또 이민족이 좋아하던 물질적 행복의 분배자로, 예고하는 예언자를 그들에게 맡겼다.

이래서 그들은 자기들의 예언자들에 대해 비상한 열의를 가졌고, 그들의 메시아를 예고하고 이 책들을 모든 사람이 볼 수 있도록 보존했다. 또한 메시아가 오기로 되어 있다는 것과 또 그들이 모든 이의 눈앞에 펴들고 있는 그 책에 예고된 방식으로 올 것을 온 국민에게 확실히 말했다. 이래서 이 백성은 메시아의 비천하고 가난한 강림에 기대가 어긋나 그의 가장 잔인한 원수가 된 것이다. 이렇게 하여 세상에서 우리에게 호의적이라는 의심을 가장 적게 받으며, 자기의 율법과 예언자들을 위해서는 더할 수 없이 정확하고 열성적인 백성이 그 책들을 변질시키지 않고 보존한 것이다.

—또 이런 까닭으로, 그들에게 차질이 된 예수 그리스도를 배척하고 십자가에 못 박은 사람들이야말로 바로 그를 증거하고 그가 배척을 당하고 차질이 되리라고 말하는 그 책들을 보존하는 자들이다. 이리하여 저들은 그를 거부함으로써 그가 메시아이었음을 보여주었고, 그는 그를 받아들인 의로운 유대인과 그를 배척한 의롭지 않은 유대인에 의해 똑같이 증명되었으니, 두 가지가 다 예언되었기 때문이다—

그러므로 예언에는 숨은 뜻이 있으니, 그것은 백성이 좋아하던 물질주의 속에 있는 것으로 그들이 미워하던 영신적인 뜻이다. 만일 그 뜻이 드러나 있었더라면 그들은 이것을 좋아할 수가 없었을 것이고, 그것을 지탱하지 못하겠으므로 그들의 책과 예전(禮典)을 보존하는 데에 열성이 없었을 것이다. 또 만일 그들이 이 영적인 약속을 좋아하고 그것을 메시아가 올 때까지 변질시키지 않고 보존했다면, 그들의 증언은 힘이 없었을 것이다. 왜냐하면 그들이 메시아의 벗이었기 때문이다.

그렇기 때문에 영적인 뜻이 가려져 있어서 좋았다는 것이다. 그러나 한편, 만약 이 뜻이 조금도 드러나지 않을 만큼 감추어져 있었더라도 메시아에 대한 증인의 구실을 할 수는 없었을 것이다. 그러면 어떻게 되었는가?

영적 의미는 많은 대목에 있어서 현세적인 의미 속에 가려져 있고, 어떤 대목에서는 밝히 드러난다. 그뿐 아니라 세상의 때와 상태가 너무도 명백히 예언되어 태양보다도 더 밝을 지경이며, 또한 이 영적 의미는 어떤 곳에서는 분명히 설명되어 있어 영혼이 육신에 예속되어 있을 때 육신이 영혼에게 씌워주는 것과 같은 맹목에 빠지지 않고는 그것을 인식하지 않을 수 없을 정도이다.

이것으로 신이 어떻게 행하셨는가를 알 수 있다. 대부분 이 의미는 다른 의미로 가리워져 있고, 어떤 곳에서만 드물게 드러나 있다. 그렇다 해도, 감추어져 있는 곳이 양의적이어서 두 가지 뜻으로 해석될 수 있는 반면에, 그것이 드러나 있는 곳은 하나의 의미만 갖고 있어서 영적 의미로밖에는 해석될 수 없다.

그래서 이것은 오류로 이끌어 들일 수가 없었고, 그것을 오해할 수 있을 만한 자는 이토록 물질주의적인 백성밖에는 없었다.

왜냐하면, 행복이 풍성히 약속되어 있는데, 참된 행복을 이해하지 못하게 방해하는 것은 이 뜻을 세상의 행복에 한정시키는 그들의 탐욕 말고 또 무엇이겠는가? 그러나 신에게서만 행복을 발견하던 사람들은 그것을 오직 신에게만 결부시켰다. 사람들의 의지를 나누어 가지는 탐욕과 박애라는 두 가지 원리가 있기 때문이다. 탐욕이 신에 대한 신앙과 양립할 수 없다거나 박애가 세상의 행복과 양립할 수 없다는 것이 아니라, 다만 탐욕은 신을 이용하여 세상을 즐기고 박애는 그 반대라는 것이다.

그런데 사물에 명칭을 붙여 주는 것은 최후의 목적이다. 이것에 도달하지 못하게 방해하는 것은 원수라 불린다. 비록 좋은 피조물들이라도 의인들을 신에게서 떨어지게 할 때에는 적이 된다. 또 신 자신도 신에 의해서 그 탐욕이 방해를 당하는 자들에게는 적이 되는 것이다.

이와 같이, 원수라는 말이 최종 목적에 달려 있으므로, 의인들에게 원수라는 말은 정욕을 뜻했고, 물질주의적인 자들에겐 바빌로니아 인을 의미했다. 이래서 이런 용어들은 의롭지 않은 사람들에게만 확실히 드러나지 않은 것이었다.

이것이 바로 이사야가 "Signa legem in electis meis(내 선민에게 율법의 표를 새겨 주소서)"[333] 라고 말하고, 또 예수 그리스도가 걸려 넘어지는 돌이 될 것이라고 말한 것이다. [334] 그러나 "그로 인해 걸려 넘어지지 않는 자는 복되도다!"—호세아도 끝머리에 이것을 훌륭하게 말했다. "현자가 어디 있는고? 그는 나의 말을 깨달으리라. 의인들은 그것을 알아들으리라. 무릇 신의 길은 곧은 까닭이로다. 그러나 악한 자들은 거기서 비틀거리리로다." —[335]

그러나 어떤 사람들의 눈은 어둡게 하고 어떤 사람들은 밝혀 주기 위해 만들어진 성경이, 그로 인해 눈이 어두워지는 바로 그 사람들에게 다른 사람들이 알아야 할 진리를 표시해 놓았다. 그들이 신에게서 받은 눈에 보이는 행복이 하도 크고 훌륭한 것이어서, 신이 눈에 보이지 않는 행복과 메시아를 주실 만한 능력이 있다는 것이 잘 나타났기 때문이다.

왜냐하면 자연은 은총을 본떠 만든 상이고, 눈으로 볼 수 있는 기적은 보이지 않는 기적을 본뜬 것이기 때문이다. "Ut sciatis, ……tibi dico : Surge (너희들이 알게 하기 위해……네게 말하노니 일어나라)."*336

—〈이사야〉 51장 10절. 구속이 홍해를 건너는 것과 같으리라고 말했다.

신은 이집트와 홍해에서의 탈출, 여러 임금들의 패전, 만나, 아브라함의 전 계보 등에서 그가 구출해 낼 수 있고, 하늘에서 양식을 내려 줄 수 있다는 것을 보여 주었다. 그래서 이 적국민은 그들이 모르는 메시아 자신의 상징이요, 형상인 것이다.

마침내 신은 이 모든 것이 상징에 지나지 않는다는 것과 '참으로 자유로운 것', '참 이스라엘 사람', '참된 할례', '참된 하늘의 양식' 등이 무엇인지를 우리에게 가르쳐 준 것이다.

Kirkerus, Usserius. *337

이런 약속들 속에서 각자 자기 마음속에 있는 것, 즉 세상 복이나 영적인 행복, 신이나 혹은 피조물을 발견한다. 그러나 다음과 같은 차이가 있다. 즉 거기에서 피조물을 구하는 자들은 그것을 발견하기는 하지만 여러 가지 모순과 그것들을 사랑하지 말라는 금지령과, 신만을 숭배하고 신만을 사랑하라는 명령을 아울러 발견하는데, 이것은 모두가 같은 것에 지나지 않는다. 마침내, 메시아가 그들을 위해서는 강림하지 않으셨다는 것을 발견한다. 반면에 거기에서 신을 찾는 사람들은 그를 발견하는데, 아무런 모순이 없이, 신만을 사랑하라는 계명과 아울러 그들이 구하는 행복을 주기 위해 예언된 시기에 메시아가 왔다는 것을 발견하게 된다.

이와 같이 유대인들은 기적과 예언을 가지고 있었고, 그것들이 이루어지는 것을 보았다. 그리고 그들의 율법의 교리는 유일한 신만을 숭배하고 사랑하라는 것이었고, 이것은 영구적인 것이기도 했다. 그러므로 그 교리는 참된 종교의 모든 특징을 갖추고 있었으며, 사실 참된 종교이기도 했다. 그러나 유대인들의 교리와 유대인들 율법의 교리는 구별해야 한다. 왜냐하면 유대인들의 교리는, 비록 기적과 예언을 가지고 있고 영구성을 지니고 있다 해도 참된 것은 아니었으니, 신만을 숭배하고 사랑한다는 또 한 가지 점을 갖추지 않았기 때문이다.

제2권
다른 몇 가지 문제에 대한 명상

제1부 개인적인 명상 초고
가족에 의해 제외되었던 수상(隋想)

(비망록―1654년 11월 23일)*338

강생후(降生後)

500 11월 23일, 월요일, 순교자 축일표에 의해 교황이며 순교자인 성 클레멘스 및 다른 성인들의 축일.

순교자 성 그리소곤과 그의 여러 성인들의 축일 전날. 밤 10시 반경부터 자정 반경까지.

불

철학자들과 학자들의 신이 아니라, '아브라함의 신, 이삭의 신, 야곱의 신.'*339

〔예수 그리스도의 신〕

확신―기쁨―확신. 느낌―기쁨―〔평화〕 예수 그리스도의 신.

"Deum meum et Deum vestrum(내 신과 너희들의 신을)"―〈요한복음〉 20장 17절.

"네 신은 내 신이 될 것이다."―〈룻기〉 1장 16절. 세상을 잊고 신 외에는 모든 것을 잊음.

그는 복음서에서 가르치는 길 밖에서는 발견되지 않는다.

사람 영혼의 위대함.

"의로운 아버지여, 세상은 당신을 전혀 알지 못했나이다―그러나 나는 당신을 알았나이다."―〈요한복음〉 17장 25절.

기쁨, 기쁨, 기쁨―그리고―기쁜 눈물. 나는 그를 떠났노라.

"Dereliquerunt me fontem aquae vivae(그들은 생수의 근원이 되는 나를 버렸도다)."〈예레미야〉 2장 13절.

"나의 신이여, 내게서 떠나시렵니까?"*340

영원히 그와 갈리지 말기를!

"저들이 곧 유일하신 참 하나님이신 당신을 알고 당신이 보내신 예수 그리스도를 아는 것, 그것이 영원한 생명이옵니다."*341

예수 그리스도!

예수 그리스도!

나는 그와 갈라섰노라. ―그를 피하고, 버리고, 십자가에 못 박았노라―

그와 영원히 갈라지지 말기를!

그는 복음에서 가르치는 길에 의해서만 보존된다.

전적이고 기쁜 자기 포기.

―등등―

―예수 그리스도와 내 지도자에게 전적으로 복종함.

―세상에서 하루 닦음으로 영원한 행복을 누리게 되리라.

―"Non obliviscar sermones tuos. Amen(당신 말씀을 잊지 않겠나이다. 아멘.)"*342

―예수의 현의―(1655?)

501 예수는 그 수난으로 사람들이 그에게 주는 고통을 받으신다. 그러나 그 임종의 고통으로는 자기가 자기 자신에게 주는 괴로움을 받으신다. "turbare semetipsum(스스로 슬퍼져서.)"*343 이것은 사람의 손이 아니고 오직 전능한 손에서 오는 괴로움이니, 신이 보낸 자가 아니라면 견디낼 수 없는 고통이었다.

예수는 적어도 그가 가장 사랑하는 세 벗에게는 어떤 위로를 구하신다. 그러나 그들은 잠들어 있다. 그들을 보고 당신과 함께 좀 더 견뎌 달라고 청하나*344 이들은 잠시 동안 잠을 안 자고는 견딜 수 없었으므로 그를 돌보지 않는다. 이리하여 예수는 홀로 신의 진노 앞에 버려져 계셨다.

자기의 고통을 느끼고 같이 받을 자뿐 아니라, 그것을 알 자도 이 세상에 오직 예수 한 분뿐이시다. 하늘과 그만이 이것을 아신다.

예수는 동산에 계시나, 그곳은 아담과 같이 자기와 온 인류를 멸망시킨 쾌락의 동산이 아니고, 자기와 온 인류를 구하신 괴로움의 동산이다.

그는 이 고통과 고독을 밤의 공포 속에서 겪으신다. 예수가 한탄하신 것은 이때 한 번밖에 없었다고 생각한다. 그러나 이 때에 극도의 고통을 그 이상 견딜 수 없는 것처럼 한탄하셨다.

"내 영혼이 죽기에 이르도록 근심한다."[345]

예수는 사람들 편에서 벗과 위안을 구하신다.

내 생각으로는 이것이 그의 일생에 오직 한 번 있었던 일이다. —그러나 그의 제자들이 자고 있으므로 그것을 얻지 못하신다—

예수는 세상 마칠 때까지 임종의 고통을 겪으실 것이다. 그동안 잠을 자면 안 된다.

예수는 이렇게 모든 이에게 버림을 받고 그와 함께 깨어 있으라고 선택된 벗들에게까지 버림을 받는 가운데서도 그들이 자는 것을 발견하고는, 자기가 아니라 그들이 당할 위험 때문에 그들이 잠자는 것을 분개하시며, 그들이 은혜를 저버리는 동안에도 그들 자신의 신앙으로 영혼을 구하고 그들의 행복을 마음 깊은 곳의 애정으로 그들에게 일깨워 주시고, "마음은 원하나 육신이 약하다."[346]고 일러 주신다.

예수께 대한 대접이나 자기 자신에 대한 생각도 미처 돌보지 못하고 그대로 잠들어 있는 것을 보시고, 예수는 측은한 마음으로 그들을 깨우지 않고 그대로 쉬게 두신다.

예수는 성부의 뜻을 확실히 알지 못해서 기도하며 죽음을 두려워 한다. 그러나 그것을 알게 되자, 그 뜻에 자기를 바치러 앞으로 나아가신다.

"Eamus"(가자.)[347] "Processit"(앞으로 나아가시다.)[348]

예수는 사람들에게 청하셨으나 용납되지 않으셨다.

예수는 그 제자들이 잠자고 있는 동안 믿음으로 그들 영혼을 구하셨다. 예수는 의인들이 그들이 나기 전의 허무와 그들이 난 뒤에 죄 속에 잠들어 있는 동안 그들 한 사람 한 사람의 영혼을 구하셨다.

예수는 단 한번 그 잔이 치워지기를 성부께 기도하시는데, 그것도 순종하는 마음으로 하신다. 그리고 만일 그럴 수밖에 없다면, "그 잔을 오게 해 주소서."라고 두 번 기도하신다.[349]

불안에 잠기신 예수.

—그의 벗들은 모두 잠들어 있고 그 원수들은 모두 깨어 있음을 보시고,

예수는 자기를 온전히 성부께 맡기신다—

—예수는 가룟 유다에게서 그의 적의를 보지 않고 오직 자기가 사랑하는 신의 명령을 보시고 그것을 스스로 인정하시니, 그를 벗이라고 부르신다. [*350]

예수는 일종의 고민 속에 들어가기 위해 그 제자들을 떠나시니, 그를 본받기 위해서는 가장 가까운 자와 가장 친근한 자들을 떠나야 한다.

예수는 일종의 고민과 최대의 고통 속에 들어가시니, 우리는 더 오래 기도하자. [*351]

502 우리가 신의 자비를 간절히 구하는 것은 신이 우리를 악습 속에 평안히 놓아둬 주시기를 위해서가 아니고, 그 악습에서 구해내 주심을 위해서다.

만약에 신이 손수 주인들을 우리에게 보내 주신다면, 아아! 얼마나 기쁜 마음으로 그들에게 복종해야 할 것인가! 필요와 사건은 반드시 거기서 오게 된다.

"안심하라, 네가 만일 나를 발견하지 못했다면 나를 찾지 않을 것이다."

"나는 내 임종의 고민 중에 너를 생각했노라. 나는 너를 위해 그렇게도 피를 흘렸노라."

"아직 당하지도 않은 이러저러한 일을 잘 할 수 있을까 하고 생각하는 것은 너 자신을 시험하는 것보다 오히려 나를 시험하는 것이다.—나는 그런 일이 일어나면 네 안에서 그것을 행하리라."

"내 계율이 너를 인도하도록 버려두라. 그들 속에서 내가 행하도록 버려둔 동정 성모와 성인들을 내가 얼마나 잘 인도했는지 보라."

"성부는 '내'가 하는 것은 무엇이든지 즐겨하신다."

"너는 눈물도 흘리지 않으면서, 나더러 사람의 피를 흘리기를 원하느냐?"

"네 회개는 내 일이다. 두려워하지 말고, 마치 나를 위하는 것처럼 확신을 가지고 기도하라."

"나는 성서 안에 있는 내 말로, 교회 안에 있는 내 영으로, 영감으로, 사제들에게 있는 내 권력으로, 신자들 안에서 행하는 내 기도로 네 안에 있노라."

"의사들은 너를 고치지 못할 것이다. 너는 결국 죽을 테니까. 그러나 나는 너를 낫게 하고 육신을 죽지 않게 해 주노라."

"육신의 구속과 예속을 참아 견디라. 나는 지금은 오직 영혼의 예속에서만 너를 구해 주노라."

"나는 이러저러한 자들보다 더 친한 너의 벗이다. 왜냐하면 너를 위해 그들보다 많은 일을 했고, 그들은 내가 네게서 받은 괴로움을 받으려 들지 않겠지만, 내가 널 위해 그렇게 했고, 앞으로도 그럴 것이며 또 현재 내가 선택한 자들과 성체 성사 안에서 그렇게 하는 것과 달리, 그들은 네가 믿지 않고 잔인한 일을 하는 그때에 너를 위해 죽지는 않을 것이기 때문이다."

"네가 만일 네 죄를 안다면 너는 기절할 것이다. ─주여, 그러니까 나는 기절하게 될 것입니다. 당신의 단언으로 내 죄의 사악함을 믿는 까닭입니다."

"그렇지 않다. 네게 그것을 알려 주는 것은 너를 고쳐 주기를 원한다는 표적이다. 네가 네 죄를 속죄하는 데 따라 너는 그것을 알게 될 것이고 '보라, 네 죄는 용서 받았도다' 하는 말을 듣게 되리라."

"그러므로 너는 네 숨은 죄와 네가 아는 죄의 은밀한 악의를 위해 참회하도록 하라."

"주여, 나는 주께 모든 것을 바치나이다."

"ut immundus pro Iuto(마치 더러운 사람이 진흙을 좋아하듯)[352] 네가 네 더러움을 좋아한 것보다도 나는 더 열렬히 너를 사랑하노라."

"거기 대해 내게 영광을 돌리고, 벌레이며 흙덩이인 네게 돌리지 마라."

"나 자신의 말이 네게 악과 허영 또는 호기심의 기회가 된다고 네 지도자에게 증언하라."

나는 내 오만과 호기심과 사욕의 심연을 본다. 나와 신의 사이에도, 의로운 예수 그리스도와의 사이에도 아무런 관계가 없다. 그러나 그는 나로 인해 죄가 되셨고[353] 우리의 모든 화는 그 위에 떨어졌다. 그는 나보다도 더 증오할 만한 존재가 되셨다. 그런데도 나를 싫어하기는커녕, 내가 그에게 가서 그를 도와드리는 것을 영광으로 생각하신다. 그러나 그는 스스로 고치셨으니, 더군다나 나는 더 고쳐 주실 것이다.

내 상처를 그의 상처와 합쳐서 나를 그에게 결합시켜야 할 것이다. 그러면 그는 스스로 구하시면서 나도 구하실 것이다.

그러나 이후에 상처를 더 보태면 안 된다.

"Eritis sicut dii scientes bonum et malum(너희도 선과 악을 알아 신과 같이 되리라.)"*[354] 모든 사람이 "이것은 선하다 혹은 악하다"고 판단함으로써 또 어떤 사건을 슬퍼하거나 너무 기뻐함으로써 자기를 신처럼 만든다.

우리 안에서 그것을 행하시고, 우리의 생활을 살아 주시는 예수 그리스도의 위엄으로 작은 일을 큰일처럼 하라. 그리고 그의 전능으로 큰일을 작고 쉬운 일같이 하라.

503 빌라도*[355]의 거짓 정의는 예수 그리스도를 괴롭히는 데에나 사용되었을 뿐이다. 그의 거짓 정의 때문에 예수 그리스도는 매질을 당하고 결국 죽음에 이른다. 차라리 먼저 죽이는 것이 더 나았을 것이다.

거짓 의인들도 마찬가지다. 이들은 세상 사람들 앞에서 예수 그리스도를 부끄러워하기 때문에 완전히 그의 편이 아님을 보이려고 착한 일도 하고 나쁜 일도 한다. 그리고 마침내 큰 유혹이나 큰 기회가 오면, 그를 죽이고 만다.

504 예언된 일이 이루어지는 것을 보고서야 사람들은 예언을 이해하게 된다. 이와 같이 은퇴, 지도, 침묵 등의 증거는 그것을 믿는 자들에게만 힘이 있는 것이다.

온전히 형식적인 율법 속에서 그렇게도 실제적이었던 성 요세푸스.

수모를 당하는 것이 겸손한 마음을 불러 일으키는 것처럼, 형식적인 참회는 진정한 참회를 준비하는 것이 된다. 이와 같이……

505 예수 그리스도를 모든 사람들 속에서, 그리고 우리들 자신 안에서 바라보라. 성부 안에서는 아버지로서의 예수 그리스도, 그 형제들 안에서는 형제로서의 예수 그리스도, 가난한 사람들 안에서는 가난한 자로서의 예수 그리스도, 부자들 안에서는 부자로서의 예수 그리스도, 사제들 안에서는 박사와 사제로서의 예수 그리스도, 왕과 제후들 안에서는 주권자로서의 예수 그리스도를 등등, 그는 신이기 때문에 그 영광으로 모든 위대한 것이 되고 또 당신의 인간 생명으로서는 모든 초라하고 비천한 것이 되기 때문이다. 그는

모든 사람 안에 있을 수 있고, 또 모든 처지의 모범이 되기 위해 이 불행한 처지를 택했다.

506 의인은 아주 사소한 일도 신앙으로 행하니, 그가 하인들을 꾸짖을 때에도 신의 정신으로 그들의 회개를 바라고, 그들을 고쳐 주기를 신에게 기도하며, 자기의 꾸지람과 마찬가지로 신에게도 기대를 걸어 신의 인도와 축복을 주시기를 기도한다. 다른 일에 있어서도 이와 마찬가지다.

507 예수 그리스도가 부활한 뒤에는 그의 상처밖에는 만지지 못하게 하신 것같다. "Noli me tangere! (나를 붙잡지 말라!)"*356 우리는 다만 그의 괴로움과 결합해야 한다.
그의 최후의 만찬에서는 죽을 자로, '엠마오'의 제자들에게는 부활한 자로, 온 교회에는 승천한 자로 자기를 영(領)하셨다.

508 신의 마음을 얻기 위해서는 밖을 안에다 합쳐야 한다. 즉 신에게 복종하기를 원치 않았던 사람이 이제 창조주에게 복종하기 위해서 무릎을 꿇고 입술로 기도를 해야 한다. 이 외부의 것에서 구원을 기다리는 것은 맹신적이고, 이 밖의 것을 안의 것에 합치기를 원치 않음은 오만한 것이다.

509 모든 비적(秘蹟) 중에서 다만 참회만이 유대인들에게 명백히 선포되었고, 그것도 선구자 성 요한에 의해 선포되었다. *357 그런 다음에 다른 비적들이 선포되었으니 온 세계에서나 마찬가지로 각 사람에게 있어서도 이 순서가 지켜져야 한다는 것을 표시하기 위해서다.

510 자연은 그것이 신을 본뜬 것임을 보여주기 위해 완전성(完全性)을 가지고 있고, 신을 본뜬 것에 지나지 않음을 표시하기 위해 결함을 가지고 있다.

511 사람들은 착한 행동에는 습관이 들지 않고, 다만 어디서 착한 행동이 이루어진 것을 보고 거기에 보답이 없는 데에만 습관이 되어서 신을 자기들

기준으로 판단한다.

512 우리의 열정이 어떤 일을 하게 만들 때에는 꼭 해야 할 일을 잊는다. 책을 좋아하니까 다른 일을 해야 하는데도 책을 읽는다.

그러므로 자기가 좋아하는 일보다 싫어하지만 반드시 필요한 일을 작정해서 해야 한다. 그러면 다른 할 일에 대한 중요성을 알게 되고, 자기의 의무를 기억하게 된다.

513 복음 성경에서 병든 영혼의 상태를 상징하는 것은 병든 육체이다. 그러나 한 육체가 아무리 병들었다 해도 그것을 충분히 나타낼 수는 없으므로 많은 육체가 필요하였다. 이래서, 귀머거리가 있고, 벙어리, 소경, 반신불수, 죽은 나사로, 마귀 들린 자가 있는 것이다. 이런 모든 것이 병든 영혼 안에 동시에 들어 있는 것이다.

514 성경에 의하면 어떤 처지의 사람도, 심지어 순교자들까지도 두려워해야 한다.

연옥의 가장 큰 괴로움은 심판이 내려지지 않았다는 것이다.

"Deus absconditus(숨어 있는 신)."

515 "〔난 모든 사람들을 형제처럼 사랑한다. 그들 모두 구속의 은혜를 받았으니까)"

"예수께서 가난을 사랑하셨기 때문에 나도 그것을 사랑한다. 나는 재물도 사랑한다. 그것으로써 불쌍한 자들을 도울 수 있기 때문이다. 나는 모든 사람에게 믿음과 의리를 지닌다. 나는 내게 악을 행하는 사람들에게 악의로 갚지 않고 오히려 그들이 사람에게서 악도 선도 받지 않는 나와 같은 처지가 되기를 원한다.

—나는 모든 사람들에게 공정하고 진실하고 성실하고 충실하려고 애쓴다. 그리고 신이 나에게 더 가까이 결합시켜 준 사람들에게 마음으로부터 애정을 가진다. 또 내가 혼자 있건 사람들이 보는 데 있건, 나는 내 모든 행위를 신의 눈앞에서 행하니, 그는 그것들을 심판하실 것이요, 나는 또 그것들을

모두 그에게 바쳤다.

내 심정은 이러하다.

그리고 나는 이런 기분을 주신 나의 구속주, 약함과 비참과 사욕과 오만과
아심으로 가득 찬 사람을, 그 은총의 힘으로 이 모든 악에서 벗어난 인간으
로 만들어 주신 구속주를 내 생명이 다하는 날까지 찬미한다. 여기에 대한
모든 영광은 그 은총에 돌려야 하니, 나는 비참과 오류를 가지고 있을 뿐이
기 때문이다."

516 ㅡ"그런데 저 사람은 남을 비웃을 것인가?"

ㅡ"누가 비웃을 것인가? ㅡ그러나 이 사람은 남을 비웃지 않고 오히려 그
를 동정한다."

형식적 행위

517 신도 기뻐하고 사람들도 좋아하는 일만큼 위험한 것은 없다. 왜냐하
면 신의 마음에도 들고 사람들의 마음에도 드는 것은 신이 기뻐하는 부분과
사람이 좋아하는 또 다른 부분으로 이루어져 있기 때문이다. 성녀 데레
사*358의 위대함이 이러했으니, 신을 기쁘게 하는 것은 그가 계시를 받았을
때에 가졌던 깊은 겸손이고, 사람들을 기쁘게 하는 것은 성녀가 받은 계시이
다. 이와 같이, 사람들은 그의 말을 모방하는 데 힘을 다 쏟으면서 이 성녀
의 상태를 본받는다고 생각하니, 따라서 신이 사랑하는 것을 사랑하고, 신이
사랑하는 상태에 있으려고는 그리 힘쓰지 않는다.

재(齋)를 지키지 않고 부끄러워하는 것이, 재를 지키고 만족해하는 것보
다 낫다. 바리새인과 세리. *359

만일 기억이 해(害)가 될 수 있고 이익도 될 수 있다면, 그리고 모든 것이
신의 축복에 달렸다면, 그것을 기억하는 것이 내게 무슨 소용이 있겠는가?
신은 그를 위해 축복을 행한 일에 대해서만, 그것도 그의 법칙과 방법에 따
라 주는 것이니, 양식은 사물이나 마찬가지로 어쩌면 그보다도 더 중요하다.
신은 악에서 선을 끌어낼 수 있고, 사람은 신을 떠나면 선에서도 악을 끄집
어내기 때문이다.

518 "너는 너를 다른 사람들과 비교하지 말고 나와 비교하라. 만일 네가 네 자신을 비교하는 그자들 안에서 나를 발견하지 못하면, 너는 미워해야 할 자에게 너를 비교하는 것이 된다."

"만일 거기서 나를 발견한다면, 너를 그것과 비교하라. 그러나 너는 거기서 무엇을 그것과 비교하겠느냐? 너냐, 그렇지 않으면 너의 안에 있는 나냐? 만일 너라면, 그것은 미워할 자이다. 만일 나라면, 너는 나에게 나를 비교하는 것이 된다. 그런데 나는 모든 것에 있는 신이로다."

"네 지도자가 네게 말할 수가 없기 때문에, 나는 가끔 네게 말하고 권고한다. 왜냐하면, 나는 네가 지도자를 가지지 않는 것을 원치 않기 때문이다."

"또 아마 나는 그의 기도를 들어 그렇게 하는 것이니, 이렇게 그는 네가 그런 줄을 알지 못하는데도 너를 인도하는 것이다."

"네가 나를 갖고 있지 않다면 나를 찾지 않을 것이다."

"그러니까 너는 걱정하지 마라."

519 모든 것이, 우리에게 유익하도록 만들어진 물건까지도, 우리에게 치명적일 수 있다. 자연계에서 담벼락이 우리를 죽일 수도 있고, 또 자칫 잘못하면 계단도 우리를 죽일 수 있다.

아주 작은 운동도 온 자연계에 영향을 준다. 바다 전체가 돌 한 개로 변동한다. 이와 같이, 은총에 있어서도 아주 하찮은 행동이 그 결과로 모든 것에 영향을 준다. 그러므로 모든 것이 중요하다.

—각 행위에 대해, 우리는 그 행위 자체 외에 우리의 현재와 과거와 미래의 상태와 또 그 행위가 영향을 미치는 다른 이들의 상태를 봐야 하고, 이 모든 것의 관계를 살펴야 한다. 그러면 사람들은 아주 신중하게 될 것이다. —

520 —독특한 표현법으로 말해서, 그것은 모두 예수 그리스도의 몸이지만, 그것이 예수 그리스도의 몸 전체라고 말할 수는 없다—

두 가지 사물이 변화하지 않고 합쳐지면 한쪽 사물이 다른 쪽 사물이 된다고 말할 수 없다. 이와 같이 영혼은 육체에, 불은 나무에 합쳐지되 변화하지 않는다.

그러나 어떤 것의 형상이 다른 것의 형상이 되기 위해서는 변화가 필요하다. 신의 '말씀'*360과 사람과의 결합이 이러하다.

영혼이 없는 내 육체는 나 자신의 몸을 이루지 못할 것이며, 내 영혼이 어떤 질료와 결합해야 그것이 내 육체가 될 것이다. 필요 조건과 충분 조건은 구별 되지 않는다. 결합은 필요하지만 충분하지는 않다.

—왼쪽 팔은 오른쪽 팔이 아니다—

불가입성(不可入性)은 물체의 특성이다. "de numero(수적(數的))"의 동일성은 같은 시간이라는 점으로 볼 때 반드시 질료의 동일성을 요구한다.

가령 신이 내 영혼을 중국에 있는 어떤 육체에 결합시킨다면, "idem numero(수적으로 동일한)" 그 육체는 중국에 있을 것이다.

거기에 흐르는 강은 같은 때에 중국에 흐르고 있는 강과 "idem numero(수에 있어서 동일하다.)"

(1656년 1월)

521 현상을 가지고 검열의 동기를 조사하고, 모든 이에게 적용될 가정을 만들어 내는 것.

나는 이런 교리를 경계한다. 왜냐하면 내게 있다고 사람들이 말하는 악의로 보아 그 교리가 너무나 부드럽기 때문이다.

—나는 그들의 특유한 모순으로 보아, 그들의 결합을 경계한다—

—나는 어떤 결정을 내리기 전에 그들이 합의에 도달하기를 기다리겠다. 나는 한 친구를 위해 너무도 많은 곤란을 겪을 것이다. 나는 그들에게 답변할 만큼 유식하지는 못하다—

1647년에는 모든 이에게 은총이 내렸는데 1650년에는 그것이 훨씬 드물어졌다.

그 은총이 조금만 방해가 되어도, 그들은 다른 것들을 만들어 낸다. 왜냐하면 그들은 그것들을 자기들이 만든 물건처럼 마음대로 하는 까닭이다.

기회마다 은총도 각각—사람마다—귀족들을 위한 은총, 천민들을 위한 은총.

마침내 샤미야르 씨는 거기에 상당히 접근해서 만약 허무로 내려가는 층계가 있다면, (이 충분한 은총이) 지금은 그곳과 가장 가까운 층에 있을 것이다.

—교회에 이러한 기회가 전혀 없었다면. 그러나 나는 주임 신부의 말을 믿는다—

—루터. 참된 것을 빼놓고는 모두—

—한 사람만이 참된 말을 한다—

거기에 걸려들지 않을 사람이 아무도 없다. 성경에도 교부들의 저서에도 그것은 일찍이 볼 수가 없었기 때문이다.

신부님, 이것이 신앙개조(信仰個條)다, 하는 것이 몇이나 됩니까? —이것은 기껏해야 '나중에 올 수 있는 것'이라는 말이 난 때부터입니다. 그리고 나는 그가 나면서 이 이단을 만들었다고 생각하고, 오직 이것을 하기 위해 태어났다고 믿습니다. —

이단자 한 사람.

"Unam sanctam(하나요 거룩한)"*361

—"채색 삽화들은—우리에게 해를 끼쳤다."—

〔물음〕 "한 명제가 어떤 작가의 글에서는 좋고 어떤 작가의 글에서는 나쁘다."

그렇다. 그러나 나쁜 명제들이 또 있다.

〔물음〕 검열을 따르는 사람들도 있고, 이치를 따르는 사람들도 있는데, 모두가 다 이치를 따른다. 그러므로 나는 그대가 독특한 길을 따르는 대신 일반적인 길을 걷지 않거나 혹은 적어도 전자를 후자에 결합시키지 않는 것을 이상히 여긴다.

—여러 가지 은총.

얀세니우스파*362 번역자들.

성 아우구스티누스는 적들의 분열 때문에 그것을 가장 많이 가지고 있다. —1만 2천과 교황들과 공의회의 끊임없는 전통이라는, 우리가 고려할 수 있는 한 가지 일을 말하지 않더라도……

그러므로 아르노 씨는 몹시도 나쁜 감정을 가지고 있어, 그가 포옹하는 자들을 타락시키는 모양이다.

검열은 이와 같은 좋은 일을 한다. 즉, 누가 그들을 검열한다면 그들은 얀세니우스파를 본받는 것이라면서 그 검열을 공격할 것이다.

—나는 참으로 홀가분해 진다. 프랑스 사람은 아무도 훌륭한 가톨릭이 아

니다—

—연도(連禱). 클레멘스 8세. 바오로 5세. 검열.

—신은 분명히 우리를 보호하신다.

—인간은 참으로 어리석다. 그는 치즈 벌레 한 마리도 만들지 못했다.

—신들 대신 거기에 이르는 은총을

522 뛰이양 수도자들의 소문을 듣고 그를 보러 갔다는 내 오랜 친구가 말하였다. 신앙심 이야기를 하며, 그는 내가 거기에 대해 어떤 느낌을 가지고 있는 줄로 생각했고, 내가 뛰이양 수도자가 될 수 있으리라고, 또한 특히 이 시기에 혁신자들을 반박해 글을 씀으로써 성과를 올릴 수 있으리라고 생각했다.

"우리는 최근에 윤음(綸音)에 서명을 하기로 한다는 우리 총회에 반대했다."

"신이 내게 영감을 주시기를 바란다고."

"신부님, 서명을 해야 하겠습니까?"

523 "—'뛰이양'은 이렇게 말한다. 그것은 사실 그렇게까지 확실하지 않은 것 같다. 왜냐하면 논쟁은 불확실의 증거인 까닭이다. 성 아타나시오. 성 그리소스토무스, 도덕, 미신자."

예수회 신도들은[363] 진리를 불확실하게 만들지는 않았지만, 그들의 믿지 않는 마음을 확실하게 했다.

—악인들의 눈을 어둡게 하기 위해 항상 남겨졌다. 진리나 사랑에 반대되는 것은 모두 나쁘기 때문이다. 이것이야말로 참된 원리다—

524 양쪽 말을 다 들어 보아야 한다. 나는 그렇게 하려고 마음을 쓴다.

한쪽 말밖에 안 들었을 때에는 언제든지 그쪽 편을 들게 된다. 그러나 반대편은 변하게 만든다. 그런데 여기서는 예수회 신도가 확증한다.

그들이 행하는 것이 아니라, 그들이 말하는 것을.

사람들이 소리를 지르는 것은 오직 나를 반대해서이다—좋다—나는 이것에 대해 누구에게 셈을 바쳐야 하는지 알고 있다.

예수 그리스도는 걸려 넘어지는 돌이었다.

죄로 정함을 받아야 될 자, 죄로 정함을 받은 자.

정치

"자기들의 고뇌를 덜어 주려는 의도에서 우리는 두 가지 장애물에 맞닥뜨리게 되었는데, 하나는 복음에서 오는 내적 법률이고, 또 하나는 국가와 종교에서 오는 외적 법률이다."

"한쪽 것은 우리가 쉽사리 조종할 수 있는데, 또 다른 한쪽 것은 어떻게 해야 하는가? am plianda, restringenda. Amajori ad minusi Junior(넓힐 것, 좁힐 것, 더 큰 것에서 더 작은 것으로―더 젊은 자.)"

그럴 듯한 것

그들은 정오가 밤이라는 것을 증명하는 자들처럼 추론한다.

만일 이것만큼 좋지 못한 이유가 그럴 듯하다면 모두가 그럴 듯한 것이다.

첫째 이유, "Dominus actuum conjugalium(부부 행위의 주인)."―몰리나

둘째 이유, "Non potest compensari(보상할 수가 없다)."―젯시우스

거룩한 격언을 내놓지 않고, 뱉어 버려야 할 격언을 내놓는 것. 곳간에 불을 지르는 보니.

마스까레나스, 트렌토 공의회, 죽을 죄를 지은 사제들에 대해 "quam primum(무엇보다도 먼저)."

디아나―2―

525 디아나가 한 것은 이런 것이다.

―11―"영혼을 맡지 않는 성직록(聖職祿)을 가장 가치 있는 자에게 주지 않아도 좋다."

트렌토 공의회는 그와 반대되는 결정을 한 것 같다. 그러나 그는 이렇게 증명한다. "만일 그렇다면, 모든 주교들이 죄 씻음을 받을 처지에 있을 것이니, 그들은 모두가 이 모양으로 성직록을 행사하기 때문이다."

―11―"왕과 교황은 가장 자격 있는 자들을 선택할 의무는 없다. 그렇지 않다면 교황과 왕들은 무서운 책임을 지는 것이 될 것이다."

또 다른 데에는—21—"만일 이 의견이 옳지 않다면 고해자들과 고해 신부들이 할 일이 많을 것이다. 그러므로 나는 실제에 있어서는 이 의견을 따라야 한다고 생각한다."

또 다른 곳에—22—어떤 죄가 사함을 받기 위해 필요한 조건을 쓰는데, 죄를 지을 때 죽어 마땅한 큰 죄를 짓기 더 이상 어려울 정도로 매우 많은 정황을 참작해 설정하고, 그렇게 설정해 놓고서 부르짖는다. "오오! 주의 멍에는 얼마나 부드럽고 가벼운가!"

또 다른 곳에—11—〔희사하는 의무에 대해 말하며〕 "가난한 이들의 공동적 궁핍에 대해 남은 재산을 희사할 의무는 없다. 이 반대의 일이 옳다면 대부분의 부자와 그들의 고해 신부들은 비난을 받아야 할 것이다."

이런 이유를 듣고 나는 참을 수가 없어 신부에게 말했다. "누가 그들이 비난을 받는다는 말을 못하게 합니까?"—그랬더니 그는 이렇게 대답했다. 이것은 그도 그곳에서 미리 내다봤습니다. 거기에서—22—"그는 만일 그것이 진짜라면, 아주 큰 부자들은 저주를 받을 것입니다" 라고 말한 다음 이렇게 덧붙였습니다. "이 말에 대해 아라고니우스는 그들이 저주를 받는다고 대답하고, 또 예수회 신도 보네즈는 한 걸음 더 나아가 그들의 고해 신부들도 마찬가지로 저주를 받는다고 말했습니다. 그러나 나는 또 한 사람의 예수회 신도 발렌시아와 다른 저자들과 같이 이 부자들과 그들을 변호할 만한 이유가 충분히 있다고 대답하렵니다."

나는 이 추론을 듣고 몹시 기뻐했는데, 그는 아래와 같은 추론으로 결말을 지어 놓고 말았다.

"이런 의견이 변제(辨濟)에 대해서도 옳다면 변제해야 할 것이 얼마나 많겠습니까?"—아아, 신부님, 그것 참 훌륭한 이유로군요! —아주 참 편리한 사람이로군요! 저 결의론자들이 없다면 저주받을 사람이 얼마나 많겠습니까? 당신이야말로 천국에 가는 길을 정말 넓게 하시는군요! 그 길을 발견하는 사람들이 얼마나 많습니까? 보십시오……

526*364

Ep. 16 AQUAVIVAE

De formandis concionatoribus.

p. 373. Longe falluntur qui ad······irrigaturae.

교부들의 글을 읽으면서, 그들의 사상을 가지고 사상을 만드는 대신에 교부들을 자기 모습에 알맞게 하려는 것.

Ep.1 MUTII VITELESCI

p. 389. Quamvis enim probe norim······et absolutum.

p. 390. Dolet ac quaeritur······esse modestiam.

겸손.

p. 392. Lex ne dimidiata······reprehendit.

미사, 나는 그가 무슨 말을 하는지 모르겠다.

408. Ita seram illam······etiam irrumpat.

정치.

409. Ad extremum pervelim······circumferatur.

회를 위해 불행히도, 아니 지극히 다행하게도 어떤 사실이 모든 사람의 책임으로 돌려지는 것.

410. Querimoniae······deprehendetis, p.412

"주교들에게 전적으로 순종할 것, 성 사베리오의 본을 따라, 그들에게 우리를 견주는 것처럼 보이지 말아야 한다."

412. Ad haec si a litibus Aviditatis.

'유언, 소송'

413. Patris Borgiae······videbitur illam futuram.

그들은 거짓 이야기를 늘어놓고 만들어 내기까지 한다.

Ep. 2 MUTII VITELESCI

432. Quarto non nullorum quam ardentissime possum urgere.

그럴 듯한 것, "tueri pius potest(신앙심 있는 자는 안심시킬 수 있다.)"

"Probabilis est, auctore non caret(그의 의견은 그럴 듯하다. 권위가 없지 않다.)"

433. Quoniam vero de loquendi licentia······aut raro plectatur.

'험담하는 자들을 벌하지 않는 까닭에.'

Ep. 3 MUTII VITELESCI.

p. 437 Nec sane dubium······nihil jam detrimenti acceperit.

회의 명성을 실추시키지 말 것.

p. 440. Ardentissime Deum exoremus······operari non est gravatuset tu fili hominis etc. Ezech. 37.

p. 441. Secumdum caput······tanti facimus.

그들의 명성을 추구하느라고 순종을 빠뜨리는 것.

p. 442. Haec profecto uno si deficiet······qui haec molitur, etc.

순종을 빠뜨리고, 고관들의 지지를 구하는 것.

p. 443. Ex hoc namque vitio······importunum praebeas.

"그들은 야비한 일을 하고 회의 신분에 벗어난 일을 하면서, 이 때에 대귀족들이 자기들을 귀찮게 한다고 말한다. 그러나 사실은 그들이 대귀족들을 귀찮게 하는 것이니, 대귀족들이 그들의 말을 거절하면 원수가 되고, 그것을 들어 주면 회를 망치게 되었다."

p. 443. Spectabit tertium caput······mutatus est color optimus.

'순결'

p. 444. De paupertate······non adversentur veritati.

'청빈. 진리와 반대되는 의견의 풀어짐.'

p. 445. Nobilis quidam Roma······collocabit.

p. 446. Faxit Deus atque si praetermitterentur.

'포도밭' 운운.

527 "우리 회를 어떻게 생각해야 할지 아는가?"

"교회는 이런 문제없이도 그렇게 오랫동안 존속했다."

"다른 사람들은 그런 문제를 만들어 낸다. 그러나 그것은 마찬가지가 아니다."

"따로 떨어진 2만 명과, 한데 뭉쳐 서로서로가 남을 위해 죽어갈 2억 명 사이에 무슨 비교가 된다고 생각하는가?" 불멸의 단체.

"우리는 죽을 때까지 서로 돕는다." 라미.

"우리는 우리의 적을 쫓아 버린다." 뷔씨.

"모두가 그럴 듯한 데 달려 있다."

"세상은 자연 종교를 원하지만, 부드러운 종교를 원한다."

"─나는 그것을 이상야릇한 가정으로 증명하고 싶다. 나는 이렇게 말하련다. ─신이 교회의 이익을 위해 우리를 특별한 섭리로 지탱해 주지 않는다 하더라도, 나는 인간적으로만 말해도 우리가 멸망할 수 없다는 것을 보여주고 싶다."

"─사람들은 믿지 않는 것을 드러낸 채로 오랫동안 살 수 없고, 또 심한 고행 속에서도 자연히 살 수 없다. ─안일한 종교가 오래 가기에 알맞은 것이다. ─"

"─사람들은 그들을 방종으로 찾는다."

"─무기로 지배하기를 원치 않는 개인들, 나는 그들이 이보다 더 낫게 할 수 있었는지 모르겠다─"

"─내게 이 원칙을 인정해 달라. 그러면 이 모든 것으로 회와 교회가 같은 운명의 길을 걷고 있다는 것을 증명하리라."

"─그런 원칙이 없으면, 아무것도 증명하지 못한다─"

─왕들과 교황. 규칙서 3권 246.

6, 신앙심에 대한 권리와 좋은 뜻

6, 452, 아기를 기르는 왕들.

4, 그들의 공으로 인해 미움을 받는 자들.

대학의 호교서. 159, 소르본의 명령.

241, 228, 왕들.

112, 교수형을 받은 예수회 회원들.

종교와 회. "Jesuita omnis homo(예수회 회원은 팔방미인)." 학교, 학부형, 친구, 골라야 할 생도들.

회규

253, 청빈과 야심.

257, 특히 해를 주거나 도움을 줄 수 있는 군주들과 대귀족들.

12, 무익한 자들이 배제하는 것. 애교 있는 얼굴. 부. 귀—아니, 그들을 이내 받아들이지 않을까 봐 겁이 났단 말인가?

27, 47, 신의 영광을 위해 회에 자기재산을 바치는 것.

51, 52, 감정의 융합. 회에 복종해 단일성을 지킬 것—그런데 오늘날에는 이 단일성이 다양성에 있다. 회가 그렇게 되기를 원하니까.

117, 회규. 복음 성경과 성 토마스—어떤 안락한 신학—

65, 신앙심 있는 학자는 드물다. 우리 선배들은 의견을 바꾸었다.

23, 74, 구걸하는 것.

19, 부모에게는 도무지 드리지 않고, 총재가 정해 준 조언자들에게 전적으로 맡길 것.

1, 스스로 반성을 하지 않는 것.

2, 전적인 청빈. 미사도 '받지' 말고, 설교의 대가로도 보상적 희사로도 '받지 말 것'.

4, 선언은 회규와 같은 권위가 있다. 끝으로 회규를 매달 읽을 것.

149, 선언이 모든 것을 망친다.

154, 영구적 희사를 하라고 종용하지도 말고 그것들을 재판으로나 헌금 상자로도 청구하지 말 것. 선언에는 "Non tanquam eleemosyna, (sed tanquam compensatio)(희사처럼이 아니라 (보상처럼))."

200, 4, 모든 것을 우리에게 알릴 것.

190, 회규는 '집단'을 금하는데, 선언은 '집단'을 해석한다.

—보편적이고 불멸하는 단체—

—크고 거리낌 없는 공동체에 대한 애정은 위험하다—

—"종교를 통해 우리는 모두 부자가 될 것인데, —우리 회규만 아니라면, 그래서 우리는 가난하다

—또 참된 종교를 통하면 그것 없이도 우리는 강하다."

—르 모안 신부. 자기 도 밖에서 1만 은화—

"CLAVES PLACENTIUM(의중지인의 비결)."

"우리들의 총장들은 명성을 잃을까봐 두려워하였다. 외부적인 일로 인해 —208, 152, 150, —궁정으로 인해—209, 203, 216, 218, —성 토마스 등등과 같은, 가장 확실하고 가장 권위 있는 의견을 따르지 않음으로 인해—215,

218—"

"사례금은 회규 위반"—218,

여자들—224, 225, 228,

군주들과 정치—228, 168, 177,

그럴 듯한 것, 새로운 것—156, 279, 새로운 것, 진리—

영혼들을 도와주기 위해서보다도 시간을 보내고 오락을 취하기 위해 —156—

느슨하게 풀린 의견—100—큰 죄가 작은 죄로, 몹시 뉘우침—162—정치—162—앞서 행하는 것—162—

생활의 안락은 예수회 회원들에게 늘어 간다—166—그들을 속이는 외면적이고 거짓된 행복—192—

—"사람들의 선견지명이 얼마나 약한지 보라. 우리 회의 멸망을 가져올지도 모른다고 우리 총장들이 염려한 바, 그 모든 것으로 회가 불어났다. 즉 고관들로 인하여, —우리 회규에 반대가 있음으로 인해—수도자들이 많아 의견들이 여러 갈래로 갈라지고 새로워짐으로 인해, 등등."—182, 157—

—정치—181—

—회의 최초의 정신이 사라졌다—170, 171에서 174, 184, 187.

—Non e piu quella(그것이 이미 달라졌다). 뷜렐레쉬, 183.

—보르지아와 아콰뷔봐의 것이 얼마간, 무씨우스 등의 것이 무수하다—

528 개인의 악습에 대해 말하지 말 것. 그럴 듯한 의견에 반대하고 성 토마스를 지지하여, 이 문제들을 일부러 다룬 적이 있는 1611년 6월 18일자 아콰뷔봐의 훌륭한 편지. '의중인들의 비결'과 277, 새로운 것들. —성 아우구스티누스, 282—

그리고 수도회장으로서 이것을 알지 못했다는 것은 핑계가 되지 않는다. 그들은 이것을 알았어야 했으니까. —279—194, 192.

도덕을 위해 283, 288.

—회는 교회를 위해 중요하다—236—좋은 점에서도 나쁜 점에서도—156.

아코퀴에즈는 여자들에게 고해를 주었다. 360.

"우리는 일반적인 기준이 되는 규칙을 가질 수가 없었다. 그대가 우리의 회규를 본다면, 우리를 알아보기가 힘들 것이다. 그것에 의하면, 우리는 구걸을 해야 하고 궁정(弓旌)에서 제외되어야 한다. 그런데, 운운……그러나 이것은 회규를 어기는 것이 아니다. 신의 영광은 어디에나 있는 것이기 때문이다.”

“거기에 이르는 길은 여러 갈래가 있다. 성 이냐시오는 저런 길을 택했고, 지금은 이런 길을 택한다. 처음에는 청빈과 은둔을 내세우는 것이 나았고, 다음에는 나머지를 선택하는 것이 더 나았다. 왜냐하면 위에서부터 시작하면 놀랐을 것이다. 이것은 자연의 방향에 거슬러 나가는 것이다.”

“규정을 엄밀히 지켜야 하는 것이 일반적인 규칙이 아니라는 것은 아니다. 왜냐하면, 그것을 남용할 테니까 말이다. 우리같이 허영을 느끼지 않고 우리를 높일 줄 아는 사람은 별로 없을 것이다.”

두 가지 장애는 복음 성경과 국가의 법률. Amajori ad minus. Junior(더 큰 것에서 더 작은 것으로, 젊은 사람).

―“Unam sanctam(하나뿐이고 거룩한)”―

―“얀세니우스파에서 그 벌을 받을 것이다..”―

―생쥐르 신부. 에르코봐르―

―아콰뷔봐, 1621년 12월 14일. ―탄네르, 제2문, 의문 제5, 제86호―

―“Tanto viro(이와 같은 남자에게)”―

클레멘스 8세와 바오로 5세. 신은 우리를 드러나게 보호하신다.

―망령된 판단과 소심증을 반박하여―

―성녀 데레사. 474, 소설. 장미―

―“Falso crimine(거짓 죄악으로)”―

―파고듦, 신앙심―

―“모든 진리가 한편에, 우리는 그것을 양쪽으로 확장시킨다.”

529 “만약 의견이 서로 틀리기 때문에 우리가 죄를 단정 짓는다면, 그대의 말이 옳을 것이다. 다양성 없는 통일성은 남들에게 무익하고, 통일성 없는 다양성은 우리에게 파멸을 가져온다. 하나는 대외적으로 해롭고, 또 하나는 대내적으로 해롭다.”[365]

530 사람들은 매일 먹고 자는 것에 싫증을 내지 않는다. 왜냐하면 배고픔도 잠도 다시 생기기 때문이다. 그렇지 않다면 물리고 말 것이다. 이와 같이 영혼의 일에 대한 시장기가 없으면 그것에 물리고 만다. ―의덕에 주림은 여덟째 참된 행복이다―*366.

(1656년 8월)

531 우리는 안전한가, 이 원칙은 확실한 것인가? 살펴보자.
자기 자신의 증언은 효과가 없다. ―성 토마스―

582 내가 신성한 사물을 조롱한다고 비난해서 그대가 얻는 것이 무엇인가? 그대는 나더러 사기꾼이라고 비난해도 역시 얻는 것이 없을 것이다.
그대가 이제 보게 되겠지만, 나는 아직 할 말이 많다.
나는 이단자가 아니다. 나는 다섯 가지 명제를 지지하지 않았다.
그대는 그렇게 말하지만, 그것을 증명하지는 못한다. 나는 그대가 이런 말을 했다고 말하고, 또 그것을 증명한다.
―그대는 나를 위협한다―
그대는 사기꾼이란 말이다. 나는 그것을 증명하고 또 그대가 당돌하게도 그것을 숨기지 않는다는 것을 증명한다. ―브라자시에, 메니에, 달비―그리고 그대가 그것을 허락한다는 것도, ―Elidere(회피하라).
그대가 ―뷔시를―회의적이라고 믿을 때에는, 그가 '자기 교회의 부당한 목자요, 무식하고, 이단적이고, 악의적이고 품행이 좋지 못한 자'였다. 그후 그는 '착한 뜻을 가지고 품행이 좋은 자격 있는 목자'가 되었다.
모함(誣陷)하는 것, "haec est major caecitas cordis(이것이 더 큰 마음의 혼미함이요)." 그 해로운 독을 보지 못하는 것, "haec est major caecitas cirdis(이것이 더 큰 마음의 혼미함이요)," 그것을 죄처럼 고백하지 않고 변호하는 것, "tunc hominem concludit profunditas iniquitatis(그때에는 죄악의 깊이가 사람을 집어삼킨다)." 운운……
230, 프로스페르―*367
대귀족들은 내란으로 분열되는데 그대는 이와 마찬가지로 인간의 내란으로 분열된다.

—그대가 이 점만을 말하는 것은 그 나머지를 인정하는 것이다—

—나는 그대가 그와 같은 것을 발표하는 것을 매우 기쁘게 생각한다. —

—Ex contentione(쟁론에서). 성 바오로.

—Elidere(회피하라). 카라뮈엘—

"Ex senatus consultis et plebiscitis(원로원의 결의와 국민 투표로) 이런 대목을 구할 것"—

—"Me causam fecit(나를 원인으로 삼았다)."

성인들은 죄인이 되기 위해 세밀하게 따지고 들어가 자기들의 착한 행위까지도 비난한다. 그런데 이들은 가장 악한 행위도 용서하기 위해 세밀하게 따지고 들어간다.

이것이 논쟁에서 일어나는 일이라고 주장하지 마라. 그대의 모든 작품을 인쇄하게 할 터인데 그것도 불어로 인쇄할 것이다. 모든 사람이 그것을 판단하리라.

겉보기에는 마찬가지로 아름다우나, 기초가 좋지 못한 건물은—지혜로운 이교도들도 지었다. 그리고 마귀는 아주 다른 기초 위에 세워진 이 겉으로 보이는 유사점을 가지고 사람들을 속인다.

나만큼 훌륭한 입장을 가졌던 사람이 일찍이 없었고, 그대들처럼 그렇게 좋은 거리를 제공해 준 사람들도 일찍이 또 없었다.

그들이 내 약점을 지적하면 지적할수록 그들은 내 입장을 강화시켜 주는 것이다.

그대들은 나더러 이단자라고 말한다. 이런 말을 해도 좋은가? 그리고—사람들이 심판할 것을 그대들이 겁내지 않는다 하더라도—신이 심판을 내리실까 봐 겁나지 않는가?

그대들은 진리의 힘을 깨닫고 그것에 굴복하게 될 것이다……

내가 그들의 말을 그대로 믿지 않음을 사람들이 옳다고 해 주기 바란다.

—즉을 죄를 짓지 않으려면 그대를 믿으라고 사람들에게 강요해야 할 것이다. —회피하는 것—

—험구를 무턱대고 믿는 것은 죄다—

—"Non credebat temere calumniatori(그는 모함을 무턱대고 믿지는 않았다)."성 아우구스티누스—

—"Fecitque cadendo undique me cadere(그는 여기저기서 넘어지면서 나까지도 넘어지게 했다)." 험구의 격언으로—

—이와 같은 혼미에는 초자연적인 무엇인가가 들어 있다. "digna necessitas(마땅한 필요성)."—*368

내가 혼자서 3만 명에 맞서는가? —천만에— 그대는 왕정을, 그대는 사기를 지켜라. 나는 진리를 지킨다. 이것이 내 힘의 전부다. —만일 내가 이 힘을 잃으면 나는 멸망한다. 나는 비난자와 처벌자를 많이 가지게 될 것이다. —그러나 나는 진리를 가지고 있으니, 누가 이기나 두고 보자—

—나는 종교를 옹호할 자격이 없다. 그러나 마찬가지로 그대들은 오류와 불의를 옹호할 자격이 없다. 신은 당신 자비로 내게 있는 악을 살피지 마시고, 그대들에게 있는 선을 돌아보시고, 우리들 모두에게 은혜를 내리시어 진리가 내 손에서 굴복되지 않게 하시고, 또 거짓말이……*369

—"Mentiris impudentissime(뻔뻔스럽게도 거짓말을 한다)."

230—그것을 변호하는 것은 지극한 죄다. —회피하는 것—

—340—23—악인들의 행복.

—"Doctrina sua noscetur vir.(남자는 그 주의(主義)로써 알아볼 수 있다)."*370

—66—, "Labor mendacii(거짓말을 하는 노력*371)"

—80—희사.

거짓 신임은 이중으로 죄다.

(1645년 9월)

533 신앙심이 깊어지는 데에 고통이 따르는 것은 사실이다. 그러나 이 고통은 우리에게 깊어지기 시작하는 신앙심에서 오는 것이 아니고 우리에게 아직 남아 있는 믿지 않는 마음에서 오는 것이다. 만일 우리의 감성이 참회를 반대하지 않고 우리의 부패가 신의 순결에 맞서지 않는다면 신앙심이 깊어지는 데 우리에게 고통스러운 것은 아무것도 없다. 우리는 타고난 악습이 초자연적인 은총에 맞서는 마음밖에 고통을 느끼지 않으며, 우리 마음은 서로 반대되는 노력 사이에서 분열됨을 느낀다. 그러나 이 횡포를, 우리를 붙잡는 세상 탓으로 돌리지 않고 우리를 끌어당기는 신의 탓으로 돌리는 것은

전혀 옳지 않은 일일 것이다. 그것은 마치 어머니가 자신의 어린아이를 도둑의 손에서 빼내려고 할 때에, 그 어린아이가 당하는 괴로움에서 자유롭게 해 주려는 이의 사랑에 찬 정당한 폭력을 사랑하고, 그를 부당하게 붙잡아 두는 자들의 횡포와 잔인한 폭력만을 미워해야 하는 것과 같다. 이 세상에서 신이 사람들과 할 수 있는 가장 가혹한 전쟁은 그가 가져다 준 이 전쟁을 그들이 치르지 않게 버려두는 것이다. "나는 싸움을 주러 왔노라"고 그는 말씀하셨다. [*372] 그리고 이 싸움에 쓰는 연장으로 "나는 환도와 불을 가져왔노라"고 말씀하셨다. [*373] 그 전에는 사람들이 거짓 평화 속에 살고 있었던 것이다.

(1656년 가을)

534 사람은 사랑에서 멀어짐으로써 멀리 떨어지는 것이다.

우리의 기도와 덕은, 예수 그리스도의 것이 아니면 신 앞에 증오할 만한 것이 된다. 또 우리의 죄는 예수 그리스도의 '그것이' 되지 않으면 절대로 신이 '자비를 베풀' 대상이 되지 못하고, 정죄의 대상이 될 것이다.

예수 그리스도는 우리의 죄를 떠맡으시고 우리를 당신과의 계약으로 받아들이셨다. 왜냐하면, 덕은 그에게 '고유한 것이고' 죄는 관계가 없는 것인데, 우리에게는 덕이 관계없는 것이고 죄가 고유한 것이기 때문이다.

선한 것을 판단하기 위해 이제까지 우리가 써오던 기준을 바꾸도록 하자. 우리는 우리의 의지를 기준으로 삼아 왔는데, 이제는 '신'의 의지를 기준으로 삼도록 하자. 신이 원하시는 것은 무엇이든지 우리에게 선하고 의로우며, 그가 원치 않는 것은 모두가 '악하고 옳지 않다.'

신이 원치 않으시는 것은 모두가 금지된 것이다. 죄는 신이 그것을 원치 않는다고 한 전반적인 선언으로 금지되어 있다. 그가 전반적으로 금지하지 않고 그냥 두신 것, 또 그런 이유로 허락되었다고 하는 다른 것들도 항상 허용되는 것은 아니다. 왜냐하면 신이 그것들 가운데 어떤 것을 우리에게서 멀리하시면, 그리고 신의 의사 표시인 사건에 의해 우리가 어떤 일을 하든 신이 원치 않으신다고 드러나면, 그때에는 그것이 죄로서 우리에게 금지되기 때문이니, 신의 뜻은 이것도 저것도 하지 않기를 원하기 때문이다. 이 두 가지 사이에 있는 유일한 차이점은 신이 절대로 죄를 원치 않으시리라는 것은 확실한데, 다른 일을 절대로 원치 않으시리라는 것은 확실하지 않다는 점이다. 그러나 신이 원치 않으시면 우리는 그것을 죄로 생각해야 하는데, 유일하게 완전한 선이고 완전한 정의인 신의 뜻이 없으면 그것은 옳지 않고 악한 것이 되는 것이다.

535 "하인은 주인이 하는 일을 모른다." 그것은 주인이 그에게 명령을 하고 목적은 일러주지 않기 때문이다. *374 그리고 이 때문에 하인은 거기에 맹목적으로 복종하여 가끔 목적에 어긋나는 일을 하게 되는 것이다.
그러나 예수 그리스도는 우리에게 목적을 가르쳐 주셨다.
그런데 그대들은 이 목적을 파괴하고 있다.

536 예수 그리스도는 재판의 형식을 밟지 않고 죽임을 당하기를 원치 않으셨다. 재판을 받고 죽임을 당하는 것이, 옳지 않은 소동으로 죽는 것보다 훨씬 더 부끄러운 일이기 때문이다.

537 사람은 진리 자체를 가지고도 우상을 만들어 낸다. 왜냐하면 애덕을 떠난 진리는 신이 아니고 그것을 본뜬 상이요 우상이어서, 사랑도 숭배도 하면 안되기 때문이다. 더군다나 진리의 반대인 거짓말을 사랑하거나 숭배하면 더욱 못 쓴다.
나는 완전한 암흑을 사랑할 수는 있다. 그러나 신이 나를 어슴푸레한 상태에 놓아두신다면, 거기에 있는 얼마 안 되는 암흑이 불쾌하게 여겨지고, 거기에서 완전한 암흑의 장점을 발견하지 못하기 때문에 그 상태가 내 마음에 들지 않는다. 이것은 하나의 결점이고 또 신의 명령을 떠난 암흑을 가지고 내가 우상을 만들어 낸다는 표시가 된다. 오직 신의 명령에 의해서만 숭배해야 한다.

538 율법은 사람의 본성을 파괴하지 않고—오히려 그것을 교육했다. *375
은총은 율법을 파괴하지 않고 오히려 그것을 실행시켰다.
성세(聖洗) 때 받는 신앙은 그리스도 교도들과—회개한 사람들의—모든 생명의 근본이다.

539 "바빌론의 강들은 흐르고 내려가고 휩쓸어간다. 아아! 거룩한 시온이여! 거기에는 모두가 안정되어 아무것도 무너지지 않거늘!

우리는 강 위에 앉아 있어야 한다. 아래나 속이 아니고, 위에 겸손하기 위해서 앉아 있고, 안전하기 위해서 앉아 있어야 한다. 그러나 우리는 예루살렘 성문에는 있을 것이다.

이 쾌락이 머물러 있는지 흘러가는지를 보라. 만일 흘러간다면, 그것은 바빌론의 강이다."*376

540 육체의 욕심, 눈의 욕심, 오만 등등.

사물에는 세 가지 질서가 있으니, 육체와 정신과 의지이다.

육체적인 것은 부자와 왕들이니, 그들은 육체를 목적으로 삼는다.

탐구자와 학자들, 이들은 정신을 목적으로 삼는다.

현인들, 이들은 정의를 목적으로 삼는다.

신은 사물을 통제해야 하고, 만물은 신에게 돌아가야 한다.

육체적인 것은 본래 사욕이 지배한다.

정신적인 것은 본래 탐구심이 지배한다.

지혜는 본래 오만이 지배하기 마련이다. 그렇다고 사람이 재산이나 지식을 자랑할 수 없다는 것이 아니라, 거기는 오만이 나설 자리가 아니라는 말이다. 왜냐하면 우리는 어떤 사람을 학자라고 인정하면서도 그의 오만한 점이 잘못이라고 그를 설득시키지 않을 수 없기 때문이다.

오만이 본래 있을 곳은 지혜다. 왜냐하면, 우리는 어떤 사람이 현자가 되었다고 인정하면서 그가 뽐내는 것이 잘못이라고 말할 수는 없기 때문이다. 그것은 정당한 일이기 때문에.

그러므로 신만이 홀로 지혜를 주신다.

—또 그렇기 때문에 "Qui gloriatur in Domino glorietur(스스로 자랑하는 자는 주 안에서 자랑하라)."—*377

(1657년 1월)

541 그런데 이런 고백을*378 거절하는 자들을 교회에서 추방하려고 한다.

모든 이가 다 그렇다고*379 말한다.

아르노 씨와―그 친구들도―이 명제들이 어디에 있든지 그것 자체를 물리친다고 확실하게 말하고, 그것이 얀세니우스의 책에 들어 있으면 거기 들어 있는 그것을 물리친다고 확실하게 말한다. 또 설혹 그 명제들이 거기 들어 있지 않아도, 교황이 죄로 정한 이 명제들의 이단적인 의미가 얀세니우스의 책에 들어 있다면, 얀세니우스를 물리칠 것이라고 확실히 말한다.

그러나 그대들은 이 말을 만족스럽게 생각하지 않고 이 명제들이 그대로 얀세니우스의 책에 들어 있다는 말을 그에게 시키려 든다.

그는 그것이 이 책에 있는지 알 수 없으므로 그것을 확실하게 말할 수가 없다고 대답하고, 그 밖에 무수한 사람들이 그것을 거기에서 찾아보았으나, 발견한 적이 없었으니, 그대들과 그 밖의 사람들에게 몇 면 몇 면에 그것이 들어 있는지 인용되기를 바란다고 했다. 아무도 그렇게 한 사람이 없었다. 그런데도, 그가 교회에서 물리치는 것을 모두 물리쳤는데도 불구하고―이 거부 때문에―그도 일찍이 발견하지 못했고, 또 아무에게 보여주고자 하지 않는 어떤 말이나 뜻이 어느 책에 있다고 단언하지 않는다는 이 한 가지 이유만으로 교회에서 떼어 버리려고 하는 것이다. 참으로 이 핑계는 너무도 헛된 것이어서 교회에는 일찍이 이와 같이 괴상하고, 의롭지 못하고 포악한 태도가 없었을 것이다.

―그들의 이단이 순전히 그대들에게 반대하는 것에 있다는 것을 발견하기 위해서는 반드시 신학자여야 할 필요는 없다. 나도 스스로 앞에서 그것을 겪고 또 그대들을 공격한 모든 이들에게서 이것에 대한 전반적인 체험을 할 수 있는 것이다. ―

루앙의 신부들과 얀세니우스파.

캉의 서원.

그대들은 그것을 서원할 거리로 삼을 수 있을 만큼 의도가 정당하다고 생각하는가?

―2년 전에는 그들의 이단이 윤음(綸音)이었고, 지난해에는 내부에 'totidem(문자와 어구 그대로)'이었고, 여섯 달 전에도 'totidem'이었고, 지금은 의미이다.

―그대들이 저들을 이단자로 만들기 원할 뿐이라는 것을 알 수 있지 않는가? 성체 성사―

나는 다른 사람들을 위해 그대들과 논쟁했다.

—그대들이 명제를 가지고 그렇게 떠들어대는 것은 우스꽝스럽다.

—그것은 아무것도 아니다. 이것을 이해해야 한다—

〔소르본느의 학자들〕

지은이들의 이름을 대지 않고, 그러나 그대들의 의도가 알려져 있으므로 70인이 반대했다.

—판결 날짜를 써넣을 것—

그대들이 스스로 한 말을 가지고 이단자로 만들 수 없었던가를, 운운……

—"그가 그렇다는 것을 알든지, 그렇지 않다는 것을 알든지, 의심하든지 한다. 그러면 죄인이거나 이단자다."

〔이 모두가 그대들 편의 지은이들—아주 무서운 사람에 이르기까지—의 말이라는 것을 내가 보여줬다고 누가 나를 원망하겠는가?〕

무엇이든지 알려지는 법이기 때문이다.

〔그대들은 이런 말밖에는 대답이 없는가? 또 그것을 증명하는 데에 이런 방식밖에 없는가?〕

뷜로앵의 머리말.

얀세니우스, 아우렐리우스, 아르노, 시골 사람의 편지.

그것에 대해 그대들은 무슨 이유를 가지고 있는가? 그대들은 내가 얀세니우스파라고 말하고, 포르루아얄이 다섯 개의 명제를 지지하고, 그래서 나도 그것을 지지한다고 말하는데, 이것은 세 가지 다 거짓말이다.

이교도들만 생각하면서.

초자연적인 진리를 보여주는, 바로 이 빛이 그것들을 틀림없이 보여준다. 그리고……빛이……하는 대신에 운운……

—얀세니우스에게서 나오지 않은 명제 속에 어떻게 얀세니우스의 뜻이 들어 있겠는가?

나는 그대들에게 이 모든 것을 하라고 한 것이〔주교들이지〕그대들이 아니라고 와서 말하지 말라고 청하는 바이다.

〔나는 그대들 마음에 들지 않고 다른 사람들의 마음에도 들지 않는 것을 대답할 것이다.〕이 대답을 하지 않게 해 달라.

그것이 얀세니우스의 책에 있든지 없든지 둘 중에 하나다. 그것이 거기 들어있으면, 그는 그것으로 정죄를 받았다. 그렇지 않다면 어째서 그대들은 그가 정죄되기를 원하는가?

그대들의 '보니' 에스코바르 신부의 명제 중 하나라도 비난하라고 해보라. 나는 한 손으로는 에스코바르를, 또 한 손으로는 검열을 가지고 가겠노라. 그리고 그것으로 격식을 갖춘 논거를 만들 것이다.

교황은 두 가지 것을 정죄하지 않았다. 그는 명제의 의미만을 정죄하였다.

그대는 그가 그것을 정죄하지 않았다고 말하겠는가? "그러나 얀세니우스의 의미가 거기에 들어 있다"고 교황이 말하는가? —나는 교황이 그대들의 'totidem(문자와 어구 그대로)'이라는 말 때문에 그렇게 생각했다는 것을 안다. 그러나 그는 파계한다는 조건으로 그 말을 하지 않았다.

—그가 어떻게 그것을 믿지 않을 수 있었겠으며, 또 프랑스의 주교들도 믿지 않았겠는가? 그대들은 그것을 'totidem(문자와 어구 그대로)'이라고 말했고, 그들은 그것이 없다 해도 그대들이 그렇게 말할 권리가 있다는 것을 알지 못했다.

사기꾼들, 사람들은 내 열다섯 번째 편지를 보지 못한 것이다!

(1657년 3월)

예수회 신도들

542 예수회 신도들은 신을 세상에 결합시키려고 하였는데 신과 세상의 멸시 밖에는 얻지 못하였다. 왜냐하면 양심적인 면에서 보면 이것은 명백하고 또 세속적인 면에서 보더라도 그들은 훌륭한 음모가가 못되기 때문이다. 내가 자주 말한 것과 같이 그들은 권위를 가지고 있다. 그러나 그것은 다른 수도자들에게 대해서란 말이다. 그들은 경당을 짓게 하거나 대사(大赦)를 위한 순례 지정성당을 얻을 힘은 가지고 있으나, 주교좌와 직의 관리를 맡을 수 있는 힘은 없다. 수도사들의 지위란 세속에서는 어리석은 것이니, 그들 자신이 고백했다. (베네딕트 회 브리자시에 신부). 그러나 ……그대들은 더 강한 자 밑에서는 굴복하고 세상에서 그대들보다 간사한 꾀를 덜 가진 자들은 자신들의 조그만 힘을 모두 모아 압박한다.

543 그런데, 개연성은 라미와 모함하는 자의 것과 같은 격언을 위해서는

필요한 것이다.

'A fructibus eorum(그들의 열매로)', 그들의 윤리를 보고 그들의 신앙을 판단하라.

개연성은 부패한 방법 없이는 별것이 아니고, 또 그 방법들은 개연성 없이는 아무것도 아니다.

잘할 수 있고, 잘할 줄 안다는 확신을 가지는 것은 즐거운 것이다. 'scire et posse(알고 또 할 수 있는 것)'. 은총과 개연성이 그것을 준다. 그 장본인에 대해 확신을 가지고 신에게 보고할 수 있기 때문이다.

544 그들은 주교들과 소르본을 매수함으로써 자기들의 판단을 옳게 만드는 이익은 얻지 못했다 해도, 그들의 심판자들을 공정치 못하게 만드는 이익은 얻었다. 또 이리하여 그들이 장래에 정죄를 받을 때에는 대인 논증을 써서 심판자들이 의롭지 못하다고 말하고 판결을 반박할 것이다. 그러나 이것은 아무 소용이 없다. 왜냐하면, 그들은 얀세니우스 파가 정죄를 받았다는 그 한 가지 이유만으로 이들이 제대로 정죄되었다는 결론을 내리지 못하는 것과 마찬가지로, 그들이 매수당할 수 있는 심판자들에 의해 잘못된 판결을 받았다는 결론을 내릴 수 없었기 때문이다. 또한 그들이 받을 정죄가 옳을 것이라는 것을 항상 공정한 심판자에 의하여 내려질 것이기 때문이다. 이것은 다른 증거들로 증명이 될 것이다.

545 교회의 두 가지 주요한 이익이 신자들의 신앙심 보존과 이단자들의 회두(回頭)인 만큼 이단자들이 우리 단체에 들어오는 문을 영원히 막고, 우리 중에 남아 있는 가장 신앙이 깊고 정통적인 사람들을 치명적으로 부패시킬 위험이 가장 많은 오류를 도입시키기 위한 불순한 무리들이 오늘날 생겨나는 것을 볼 때에 우리는 가슴이 아프다.

우리는 종교의 진리, 영혼의 구원이라는 가장 중요한 진리에 맞서 오늘날 아주 공공연하게 행해지는 이러한 시도에 불쾌한 감정을 잔뜩 느낄 뿐 아니라, 무섭고 두려운 마음으로 가득차게 된다. 그것은 이러한 무질서에 대해 그리스도 교인이면 누구든지 가져야 하는 감정 외에, 그것을 고치고, 신이 우리에게 맡겨 주신 백성들로 하여금……하게 하기 위해 신이 우리에게 주신 권위를 사용할 의무가 있기 때문이다.

546 '예수회 신도'들이 교황을 악용할 때마다, 온 그리스도 교도를 배신자로 만든다.

교황은 그 맡을 일로 인해, 혹은 예수회 신도들에 대한 믿음 때문에 대단히 농락당하기 쉽고, 또 예수회 신도들은 중상모략으로 얼마든지 교황을 농락할 수 있다.

547 그는 무식하지 않은 제자 노릇을 하고 지나치게는 믿지 않는 선생 노릇을 한다.

(1657년 3·4월)

심판의 날

548 신부님, 그래 당신들이 얀세니우스의 의미라고 부르는 것이 이것입니까? 당신들이 교황과 주교들에게 이해시키는 것이 이런 것입니까?

예수회 신도들이 부패했다면, 그리고 우리들이 홀로 있는 것이 사실이라면, 더욱 우리는 이대로 남아 있어야 할 것입니다.

"Quod bellum firmavit, pax ficta non auferat(전쟁으로 확정된 것을 위장된 평화가 앗아가서는 안된다)."

"Neque benediction, neque maledicition movetur, sicut angelus Dominici(주의 천사처럼 축복으로도 저주로도 움직이지 않는다)."[*380]

"사람들은 그리스도교의 가장 큰 덕인 진리의 사랑을 공격한다."

만일 서명이 이것을 뜻한다면, 내가 그것을 모호하지 않게 해석하는 것을 참아 주기 바란다. 서명하는 것은 동의를 의미한다고 여러 사람들이 믿고 있다는 데에 합의가 이루어져야 하기 때문이다.

만일 수명판사가 서명을 하지 않으면 판결이 무효가 될 것이고, 윤음이 서명되지 않았으면 그것은 유효할 것이다. 그러니까……

그러나 그대가 틀릴 수도 있겠지? ―나는 내가 틀릴 수도 있다고 믿는다는 것을 맹세한다. 그러나 내가 틀렸다고 믿는다고는 맹세하지 않는다.

믿지 않는 것은 죄가 되지 않지만 믿지 않는 것을 맹세하는 것은 죄가 될 것이다.

······훌륭한 질문······

나는 그대에게 모든 것을 말하는 것이 불쾌하다.

나는 다만 하나의 이야기를 할 뿐이다.

이것과 에스코바르가 그들을 아주 높이 추켜올린다.

그러나 그들은 이것을 그렇게 생각하지 않고, 자기들이 신과 교황 사이에 있게 된 데 대해 불쾌감을 표시한다······

549 바오로 4세에 의하여 1548년 세상에 널리 퍼뜨려진 윤음 'Cum ex apostolatus officio(사도직으로)'에 이렇게 씌어 있다.

나는 아래와 같이 명령하고 규정하고 고발하노라. 자기가 이단에 잘못 빠져들었거나 이교*381에 떨어졌음을 발견한 자들은 모두 각각, 어떠한 자격과 처지에 있든지 평신도이건, 성직자이건, 신부·주교·대주교·총대주교·수좌대주교·추기경이건, 백작·후작·공작왕·황제를 막론하고—위에 말한 선고와 벌 외에 이것 한 가지만으로도 법적으로나 사실상으로나 아무 직무 수행도 못하게 됨과 동시에—모든 경우에 전반적으로—영구적으로 그들의 성직, 주교좌, 특권, 직무, 왕국, 제국을 박탈당할 것이며, 그것을 영구히 회복하지 못할 것이다.

우리는 이 사람들을 세속적 권세에 맡겨 벌을 받도록 내버려두고, 참다운 참회로 자기들의 미혹에서 돌아오는 자들은 성청의 너그러움과 자비로 어떤 수도원에 갇혀 빵과 물로 목숨이 다하기까지 참회할 자격이 있는 자로 인정하되, 다만 그들이 언제까지나 모든 지위와 성직과 고등 성직과 백작령과 공작령과 왕국이 박탈된 채로 있다는 것밖에 다른 은총을 주지 않기로 하자. 그리고 이들을 숨기거나 옹호하는 자들은 그렇게 하는 것으로써 심판을 받고 파문이 되고 파렴치한이 되어, 모든 왕국과 공작령과 재산과 소유가 박탈되어 먼저 소유하는 자들의 법적 소유권으로 넘어갈 것이다.

"Si hominem excommunicatum interfecerunt, non eos homicidas reputamus, quod rerdversus excommunicatos zelo catholicae matris ardentes aliquem eorum trucidasse contigerit."—23. qu. 5. d'Urbain Ⅱ. (어머니이신 가톨릭교회에 대한 열성으로 파문당한 자들에 맞서 그중 어떤 사람을 죽였다해도 살

인자가 아닌 것으로 생각한다.)

550 —121—왕들은 교황의 허락 없이 자녀들을 혼인시키지 못한다. 1294
—

"scire te volumus(나는 그대가 알기를 원한다)." —124, 1301—.
—유치한……

(1657년 10월)

551 무한한 행복을 차지하려는 그리스도 교도들의 희망에는 실질적인 향유와 공포가 섞여 있다. 왜냐하면, 백성이기 때문에 조금도 얻을 수 없을 왕국을 바라는 자들과 같지 않고, 다만 성덕과 불의에서 해방되는 것을 바라는데, 그것을 어느 정도는 얻기 때문이다.

552 내 편지가 로마에서 정죄된다면, 그 편지에 내가 정죄되는 것은 하늘에서 하는 것이다.
"Ad tuum, Domine Jesu, tribunal appello(주 예수여, 내가 당신의 법정에 상소하나이다.)"*382
그대들 자신도 타락할 수 있는 사람들이다.
내가 죄를 깨끗이 씻은 것을 보고 나는 혹 내가 잘못 쓰지나 않았나 하고 겁이 났다. 그러나 수많은 신앙 서적의 예로 보아 나는 그 반대라고 믿게 된다.
—이제는 올바르게 쓴다는 것이 허락되지 않는다. 종교 재판이 이리도 타락하고 무식하니!
"사람들에게 복종하는 것보다 신에게 순종하는 것이 낫다."*383
나는 아무것도 겁나지 않고 아무것도 바라지 않는다. 주교들은 그렇지 않다, 포르루아얄은 겁을 먹고 있다. 그러므로 그들을 분리시키는 것은 서툰 정책이다. —그들은 이미 두려워하지 않고 오히려 무서운 자들이 될 것이기 때문이다. —
나는 그대들의 이러한 비난이 성전(聖傳)의 비난에 근거를 둔 것이 아니라면, 그것조차 무섭지 않다.

그대들은 모든 것을 비난하는가? 아 아니! 내 경의까지는 아니지, 그렇다면 무엇을 비난하는지 말하라. 그렇지 못하고 나쁜 점과 그것이 왜 나쁜지를 지적하지 못한다면, 아무것도 하지 마라. —그런데 이렇게 하는 것이 몹시 힘들 것이다—

개연성

그들은 안전성이라는 말을 아주 묘하게 설명했다.

왜냐하면 자기들의 길이 모두 안전하다고 단정하고 그리로 가기만 하면 천국에 이르지 못할 위험이 없어서 그 길을 안전하다고 하지 않고, 그 길에서 벗어날 위험이 없으므로 그 길을 안전하다고 하기 때문이다.

만일 그대들이 개연성을 버리지 않는다면, 그들의 좋은 격언도 나쁜 격언이나 다름없이 별로 거룩하지 못하니, 그것들이 인간적 권위에 근거를 둔 까닭이다. 그래서 그것들이 더 정당하면 더 합리적으로 되겠지만, 더 거룩하게 되지는 못할 것이다. 그것들은 접해져 있는 대목(臺木)을 닮는 것이다.

내가 말하는 것이 그대들을 계몽하는 데 소용없다 하더라도, 민중에게는 도움이 될 것이다.

"만약 저들이 침묵을 지키면, 돌들이 말을 하게 될 것이다."

침묵은 가장 큰 박해이니, 성인들은 결코 침묵을 지키지 않았다. 신의 부르심을 받아야 하는 것은 사실이다. 그러나 누가 부르심을 받았는지 알게 되는 것은 교회 회의의 재정으로써가 아니고 말해야 하는 필요성에 의해서이다. 그런데 로마 교황청이 이미 언명했고, 결정을 내렸고, 또 그가 진리를 죄로 판단했다고 사람들이 생각하고 또 그렇게 썼으며, 그와 반대되는 말을 쓴 책들이 옳지 않다고 선고가 된 뒤로는, 부당하게 선고를 받은 만큼, 또 언론이 횡포하게 억압을 당하는 만큼 더욱더 높이 부르짖어 양쪽의 말을 다 듣고 또 옛일을 참고하여 옳은 판단을 내릴 교황이 나타나기를 기다려야 한다.

—이래서 훌륭한 교황들은 교회가 그 때까지 부르짖고 있는 것을 보게 될 것이다—

—종교 재판과 예수회, 진리에 대한 두 가지 재앙—

그대들은 왜 그들을 아리우스 이단파로 몰지 않는가? 그들은 예수 그리스도가 신이라고 말했지만, 그들이 이 말을 본질적으로 해석하지 않고, 'diiestis(너희들은 신이다).'*384 하고 말한 것 같은 뜻으로 해석하는지 모르기 때문이다.

(1658년 3월)

553 국가 안에서 평화는 백성의 재산을 안전하게 보존하는 것만이 목적인 것과 마찬가지로, 교회 안에서 평화는 교회의 재산이요, 그의 마음을 사로잡는 보배인 진리를 안전하게 보존하는 것만을 목적으로 하고 있다. 그리고 국가의 평온을 깨뜨리는 것이 무서워서 외국인들의 약탈에 맞서 싸우지 않는다면, 이것은 평화의 목적을 어기는 것이다.

평화는 재산의 안전을 위해서만 의롭고 유익해서, 재산을 잃게 버려두는 때에는 그것이 의롭지 못하고 해로운 것이 되고, 재산을 보호할 수 있는 전쟁이 의롭고 필요해 지기 때문이다. 이와 같이, 교회 안에서도 진리가 신앙의 적들에 의해 침해받고 신자들의 마음에서 진리를 빼내어 오류가 그곳을 지배하려고 할 때에, 평화 속에 머물러 있는 것이 교회에 봉사하는 것이겠는가? 배반하는 것이겠는가? 교회를 옹호하는 것이겠는가? 파괴하는 것이겠는가? 진리를 지배하고 있는 평화를 어지럽게 하는 것이 죄악인 것과 마찬가지로 진리를 파괴하려고 할 때에 평화 속에 머물러 있는 것도 죄악이라는 것은 자명(自明)하지 않은가? 그러므로 평화가 의로울 때가 있고 의롭지 않을 때도 있다. "평화의 때가 있고 전쟁의 때가 있다"고 성경에 기록되어 있다. *385 그리고 그것을 구별하는 것은 진리의 이익이다.

그러나 진리의 때와 오류의 때가 있지는 않다. 이와 반대로 "신의 진리는 영원히 머물러 있다"고 성경에 기록되어 있다. *386 또한 이렇기 때문에, 평화를 가지고 왔노라고 말씀하신*387 예수 그리스도가 전쟁을 가져 왔노라고도 말씀하시는 것이다. *388 그러나 그는 진리와 거짓말을 가져왔다고는 말씀하지 않으셨다. 그러므로 진리는 사물의 첫째 준칙이요, 최종 목적이다.

554 귀인들이 아첨받기를 원한 것도, 예수회 신도들이 귀인들에게 사랑받기를 원한 것도 민중들과 예수회 신도들의 죄의 결과이다. 그들은 모두가

거짓말의 잡신에게 넘겨줘야 할 만한 자들이었으니, 한편은 속이기 위해서이고 또 한편은 속기 위해서이다. 그들은 인색하고 야심에 차 있고 쾌락을 탐하였다. "Coacerabunt sibi magistros(저들은 스승을 골라 가지리라.)"[389] 이런 스승들에게 알맞은 제자들이다. "dignisunt"(알맞은 자들이다.) 그들은 아첨하는 자들을 찾았고, 또한 그런 자들을 찾아냈다.

555 예수회 신도들의 교리가 교회의 교리가 아니라고 자랑삼아 내세우는 이단자들에게……교회의 교리를 알려 줘야 하며, 우리의 불화가 우리를 제단에서 분리시키는 것이 아님을 알려줘야 할 것이다.

(1658년 4월)

556 진리에 대한 사랑과 애덕의 본분 가운데에 있기 위해 될 수 있는 대로 그들을 인간적으로 대접했다는 것.

신앙심이란 절대로 형제들에게 대항하지 않는 데 있는 게 아니라는 것. 그것은 대단히 쉬울 것이다. 운운……

진리에 해를 끼치면서까지 평화를 보존하는 것은 거짓 신앙심이다. 애덕을 손상시키며 진리를 보존하는 것도 거짓 열성이다.

그러므로 그들은 절대로 그것을 불평하지 않았다.

그들의 격언은 때와 장소가 있다.

그들의 허영은 그들의 오류에서 일어나는 것을 목표로 삼는다.

그들의 잘못으로 교부들과 합치되고, 그들의 형벌로 순교자들과 합치된다.

그러고도 그들은 아무것도 취소하지 않는다.

그들은 발췌문을 가지고 그것을 취소하기만 하면 되었던 것이다.

"Sanctificant praelium(그들은 싸움을 신성한 것이라고 말한다)."[390]

부르세 씨. 최소한 그들이 정죄에 반대했다는 것도 부인할 수 없단 말인가?

557 점심과 저녁의 차이.[391]

신에게는 말과 뜻이 다르지 않다. 신은 진실하기 때문이다. 또 그는 무엇이든 가능하기 때문에 말과 그 결과도 다르지 않다. 또 그는 지혜롭기 때문에 방법과 결과도 다르지 않다. 베르나르두수, "ult. serm. in Missus(보냄을 받은 자에 대한 마지막 설교)."*392

아우구스티누스, 5권, 《신국론(de Civ. Dei)》 10장. 이 기준은 보편적인 것이다.

즉 신이 죽는다든지, 속는다든지—속인다든지—하는 따위를 할 수 있다면 전능하지 못할 것들을 빼고는 무엇이든지 하실 수 있다.

진리의 확증을 위해 여러 명의 복음역사가가 있으니, 유익한 그들의 상이.

최후의 만찬 뒤의 성체, 상징 뒤의 진리.

예루살렘의 멸망, 예수가 죽으신 후 40년 뒤 세상의 멸망을 상징.

사람으로서 또는 사자로서 "예수도 모르신다." 〈마태복음〉 24장 36절. *393

유대인들과 이방인들에 의해 죄로 정함을 받은 예수.

두 아들로서 상징된 유대인과 이방인.

아우구스티누스 20장, 《신국론》 29장.

(1658년 6월)

558 —이런 까닭에, 성직의 구성원이 아닌 퇴폐적인 수도자와 몇몇 타락한 결의론자들이 부패 속에 잠겨 있는 것이 사실이라 하더라도, 다른 한편으로는 신의 말씀을 맡고 있는 교회의 참된 목자들이 말씀을 파괴하려고 하는 자들의 노력에 맞서 변함없이 그것을 보존해 왔다는 것도 의심할 여지가 없다.

이래서 신자들은 목자들의 어버이다운 손으로 그들에게 제시한 거룩한 교리를 따르지 않고, 결의론자의 낯선 손으로 내미는 퇴폐적인 행동을 따라갈 아무런 이유가 없다. 또한 불신자들과 이단자들이 이런 나쁜 버릇을 가리켜 교회에 대한 섭리가 결여된 표시라고 말할 까닭이 조금도 없다. 교회는 본시 전체 성직 계급 속에 있는 것이므로, 지금 사태를 가지고 신이 교회를 타락 속에 내버려두신다고 결론 내릴 수 있기는커녕, 신이 교회를 타락하지 않도록 명백히 보호하고 계신다는 것이 오늘날보다 더 뚜렷하게 나타난 적이 없기 때문이다.

왜냐하면 어떤 특별한 부르심을 받아 보통 신자들보다 더 완전한 상태에서 살기 위하여 세속을 떠나 수도복을 입겠다고 서약을 한 저 사람들 중 몇 몇이 보통 신자들에게서 지탄을 받을 혼미에 빠져, 우리에게 마치 거짓 예언자들이 유대인들 중에 있던 것 같은 존재가 되었다 하더라도, 그것은 특수한 개인적인 불행으로서 몹시 탄식할 일임은 틀림없으나 그것 때문에 신이 교회에 보여주시는 보살핌에 대해 부정할 수는 없는 것이다. 이 모든 일이 아주 명백히 예언되었고, 이런 유혹들이 그런 종류의 사람들 쪽에서 생기리라는 것이 아주 오래 전부터 예고되었으며, 또 교육을 올바르게 받으면, 이런 데에서 신이 우리를 잊으셨다는 표시보다도 오히려 그의 인도하심의 증거를 발견하게 되기 때문이다.

559 —B— 이 모든 것이 일어나기 마련이라는 것을 알지 못한다면, 그대는 예언서를 모르는 것이다. 군주들도, 예언자와 교황과—사제들까지도—그러나 교회는 늘 존속(存續)하게 되어 있다는 것을 말이다.

신의 은혜로 우리는 그런 지경에까지는 이르지 않았다. 그런 사제들에게는 화 있으라.

그러나 우리는 신이 우리로 하여금 그런 지경에까지 이르지 않도록 해 주시기를 바란다.

—I—〈성 베드로서〉 2장, 과거의 거짓 예언자들, —미래의 거짓 예언자들의 상징—

560 저들 결의론자들 전체를 가지고도 오류에 빠진 양심을 안심시킬 수는 없다. 그러므로 올바른 지도자를 택하는 것이 중요하다.

이래서, 저들은 두 가지 잘못이 있으니, 따라서는 안 될 길을 따른 것 때문이고, 들어서는 안 될 교사들의 말을 들은 것 때문이다.

(1658년 7월)

561—삼위일체 안에 삼위나 사위가 있다고 믿는 것이 사람의 마음에는 아무렇지도 않다.

그러나 그렇지 않고……

그렇기 때문에 그들은 열을 내서 한 가지를 지지하고 또 한 가지는 지지하지 않는다. ─하나는 하는 게 좋지만, 다른 하나를 버려선 안 된다. 바로 우리에게 말씀하신 신이, 운운.

이와 같이 한 가지 말을 믿고 또 한 가지는 믿지 않는 자는 신이 그렇게 말씀하셨기 때문에 믿는 것이 아니고, 자기의 탐욕이 그것을 부인하지 않고 그것을 인정하는 것이 기쁘며, 이리하여 힘들이지 않고 양심의 증언을 얻는 것이 나쁘기 때문에 그것을 믿는 것이다. 그것은…… 그러나 이것은 거짓 증언이다.

사방에 있는 예수회 신도들의 난폭한 기관들의 편지

562 초자연적인 혼미.

십자가에 못 박힌 신을 머릿속에 가지고 있는 이 도덕.

'tanquam Christo(마치 그리스도에게처럼)' 순종 서약을 한 자들을 보라.

예수회 신도들의 퇴폐.

완전한 신적인 우리 종교.

결의론자가 거울이라니!

그대가 좋다고 생각하면 그것은 좋은 징조다.

그들에게 종교 사상을 줄 방법이 없다는 것은 이상하다.

십자가에 못 박힌 신.

이 사건을 이교에서 분리시킴으로 그들이 벌을 받는다.

그러나 이 얼마나 본말전도인가! 아이들은─그를 껴안으며─타락시키는 자들을 사랑하고, 적들은 그들을 혐오한다.

"우리들은 증인이다."

결의론자들의 무리에 대해 말하자면 그것이 교회를 공격할 거리가 되기는 커녕 오히려 교회가 탄식할 만한 재료가 되는 것이다.

─"그리고 우리가 의심스러운 자가 되지 않기 위하여."─

마치 유대인들이 이교도들에게 의심을 받지 않을 책들을 전해주는 것처럼, 그들은 자기들의 조직을 우리에게 갖다 준다.

563 어째서 신은 기도를 하도록 정하셨는가?

1. 그의 피조물에게 인과율(因果律)의 존엄성을 가르쳐 주기 위해.

2. 우리가 누구에게서 덕을 받는지 가르쳐 주기 위해.

3. 우리로 하여금 노력으로 다른 덕들을 가질 수 있게 하기 위해.

—그러나 신은 우선권을 갖고 있으며, 자기가 주고 싶은 자에게 기도를 주신다—

이의. 그러나 사람들은 기도가 자기 자신에게서 나오는 줄로 생각할 것이다.

—그것은 말이 안된다—

왜냐하면, —사람이 신앙을 가졌어도 덕을 가질 수가 없는데, 어떻게 신앙을 얻을 수 있겠느냐 말이다.

신앙과 덕 사이의 거리보다 불신에서 신앙까지의 거리가 더 멀지 않은가?

"Mérité(자격을 얻는다)"는 이 말은 모호하다.

"Meruit habere Redemptorem(구세주를 가질 만한 자격을 얻었다)."[*394]

"Meruit tam sacra membra tangere(이렇게 거룩하신 지체를 만질 자격을 얻었도다)."[*395]

"Digno tam sacra membra tangere(이렇게 거룩하신 지체를 만지기에 부족함이 없도다)."[*396]

"Non sum dignus(부적당한 자로다)."[*397]

"Qui manducat indignus(자격 없이 먹는 자)."[*398]

"Dignus est accipere(받을 자격이 있다)."[*399]

"Dignare me(자격 있는 자 되게 하소서)."[*400]

신은 자기 약속대로밖에는 줄 의무가 없다.

그는 기도에 정의를 주실 것을 약속하셨다. [*401]

그러나 기도를 약속한 아이들에게 밖에는 약속한 적이 없다. [*402]

능력이 의인에게서 없어질 것이라고 성 아우구스티누스는 명백히 말하였다. [*403]

그러나 그는 우연히 이렇게 말한 것이니, 이 말을 할 기회가 그에게 오지 않았을 수 있기 때문이다. 그러나 그의 원리는, 그런 말을 할 기회가 왔는데 안 하거나 혹은 그와 반대되는 어떤 말을 하거나 할 수 없었다는 것을 보여 준다. 그러니까 기회가 왔기 때문에 그 말을 했다기보다는 그런 기회가 왔으므로 그 말을 할 수밖에 없었다는 것이 된다. 전자는 우연이고 후자는 필연이다. ─그러나 이 두 가지 경우가 사람이 요구할 수 있는 전부다.

564 "두려워하는 마음으로 너희 영혼을 구하는 일을 하라."*404

─은총이 가난한 자들─
"Petenti dabitur(청하는 자에게 주시리라)."*405-1─ "그러므로 청하는 것은 우리 능력 안에 있는가?" ─그와 반대다. 그것은 우리 능력 안에 있지 않다. 왜냐하면 청하는 것을 받는 것이 우리 능력 안에 있고 기도해서 구하는 것은 우리 능력 안에 있지 않기 때문이다. 왜냐하면 영혼을 구하는 일이 우리 능력 안에 있지 않고 받는 것이 안에 있는 이상 기도로 구하는 것이 우리 능력 안에 있지 않게 되기 때문이다. *405-2

그렇다면 의인은 이제 신에게 바라지 말아야 할 것이다. 바라지 말고 그가 청하는 바를 얻도록 힘써야 하기 때문이다.

그런즉 사람이 지금은 이 첫째 능력을 쓸 수 없게 되었고, 또 신은 사람이 그를 떠나지 않는 것이 이 때문이기를 원치 않는 만큼, 사람이 그를 떠나지 않는 것은 오직 효과적인 능력에 의한 것이라는 결론을 내리자.

그러니까 떠나는 자들은 그것 없이는 신을 떠나지 않는 이 능력을 갖고 있지 않고, 떠나지 않는 자들은 이 효과적인 능력을 갖고 있는 것이다.

그러므로 이 효과적인 능력으로 말미암아 얼마 동안 기도에 젖어 있던 자들이 그것을 그만두면, 이 능력을 잃게 되는 것이다. 따라서 신이 이런 뜻으로 스스로 떠나게 된다.

565 'Si(만약)'은 무관심을 나타내지 않는다. 〈말라기*406〉
'Sivolueris(만일 네가 원하면)' 운운. 〈이사야*407〉
'In quacumque die(어느 날이고).' 〈에스겔*408〉

(1651년)

─제1부 제2권 제1장 제4항─
〔추측〕
566 〔이것을 한 번 더 내려뜨려서 우스꽝스럽게 만드는 것은 어렵지 않을

것이다.〕

〔왜냐하면 추측 자체를 가지고 살펴보기로 하고〕, ―영혼 없는 육체가 열정과 두려움과 혐오를 가지고 있다고 말하는 것보다 더 이치에 안 맞는 말이 어디 있으며, 그것을 깨닫기 위해서는 적어도 각혼*409만이라도 필요로 할 열정을, 생명도 없고 생명을 가질 수도 없는 무감각한 물체들이 가지고 있다고 하는 것이며, 그뿐 아니라, 그것이 공허라면 이 혐오의 대상이 무엇인가? 공허 속에 그들에게 공포를 느끼게 할 만한 것이 무엇이 있단 말인가? 그보다 더 질 낮고 우스꽝스러운 것이 어디 있는가? 그뿐 아니라 물체들이 그 자체 안에 공허를 피하기 위한 운동의 근원을 가지고 있다니?

그것들이 팔, 다리, 근육, 신경을 가지고 있단 말인가?

제2부 여러 가지 조각글

567 저들은 군중 속에 숨어서 수(數)에 구원을 청한다.

소란.

어떤 말—권위—을 들은 것이 그대가 믿는 기준이 된다는 것은 말도 안되는 것이니, 그대는 일찍이 그것을 들은 적 없는 것 같은 상태에 있지 않고서는 아무것도 믿어서는 안 된다.

그대를 믿게 해야 하는 것은 그대가 그대 스스로 하는 동의요, 남의 이성이 아니라 그대 이성의 끊임없는 목소리다.

믿는다는 것은 몹시 중요한 일이다.

백 가지 모순도 진리가 될 것이다.

오래 되었다는 것이 믿음의 척도가 된다면, 옛사람들은 법칙이 없었던 말인가?

보편적인 동의와 사람들이 멸했다면? ……

거짓 겸손은 오만이다.

휘장을 걷으라.

그대는 늘 믿거나 부정하거나 의심해야 한다.

그러면 우리는 법칙이 없을 것이란 말인가?

우리는 짐승들이 하는 것을 잘한다고 판단한다. 그런데 사람들을 판단하는 법칙은 없단 말인가?

사람에게 있어서 잘 부정하고 잘 믿고 잘 의심하고 하는 것은 마치 말이 달리는 것이나 마찬가지다.

—죄짓는 자들을 벌함, 그르침.

568 "Quod crebo videt non miratur, etiamsi cur fiat nescit ; quod ante non vierit id si evenerit, ostentum esse censet." Cic. (흔히 보는 것은 그것이 어떻게

일어나는지를 모르면서도 이상히 생각하지 않고, 일찍이 본 적이 없는 사건이 일어나면 그것은 이적으로 생각한다). 키케로*410

— "Næiste magno conatu magnas nugas dixerit(크게 노력하여 크게 어리석은 말을 하지 않았는가?)." 테렌시우스411

— "Quasi quicquam infelicius sit homine cui sua figmenta dominantur." Plin. (마치 자기 상상의 지배를 받는 사람보다 더 불행한 이가 있기나 한 것처럼) 플리니우스*412

— "Ex senatus consultis et plebiscitis scelera exercentur(원로원의 결의와 국민의 여론에 의해 죄가 만들어진다)." 세네카*413

— "Nihil tam absurde dici potest quod non dicatur ab aliquo philosophorum." 〔Sen.〕 Divin.(어떤 철학자도 말하지 않았을 정도로 이치에 맞지 않는 것은 없다.) 신성론*414

— "Quibusdam destinatis sententiis consecrati quae non probant coguntur defendere." Cic.(어떤 일정한 설을 믿는 자들은 자기들이 시인하지 않은 것도 옹호하지 않을 수 없게 된다.) 키케로*415

— "Ut omnium rerum sic litterarum quoque intemperantia laboramus." Sen.(우리는 모든 일과 마찬가지로 문학의 과잉으로도 고민한다.) 세네카*416

— "Id maxime quemque decet, quod est cujusque suum maxime.(각자에게 가장 잘 어울리는 것이 가장 자연스러운 것이다)."*417

— "Hos natura modos primum dedit." Georg.(자연은 저들에게 우선 이런 한계를 주었다.) 게오르기카*418

— "Paucis opus est litteris ad bonam mentem(지혜는 많은 교육을 필요로 하지 않는다)."*419

— "Si quando turpe non sit, tamen non est non turpe quum id a multitudine laudetur(부끄럽지 않은 일이라도, 많은 군중이 인정할 때에는 부끄럽게 된다)."*420

— "Mihi sic usus est ; tibi ut opus est facto fac." Ter.(이것이 내 방식이다. 그대는 그대 좋은 대로 하라). 테렌티우스*421

— "Rarum est enim ut satis se quisque veratur." Sen.(누구나 넉넉한 자존심을 가진다는 것은 드문 일이다). *422

"Tot circa unum caput tumultuantes does(많은 신들이 머리 하나를 둘러싸고 소동을 일으킨다)."*423

"Nihil turpius quam cognitioni assertionem præcurrere." Cic.(알기도 전에 단언하는 것보다 더 부끄러운 것은 없다). 시세로*424

"Nec me pudet ut istos fateri nescire quod nesciam(그리고 나는 모르는 것을 모른다고 고백하는 것을 그들처럼 부끄러워하지 않는다)."*425

"Melius non incipient.([그만두는 것보다]시작하지 않는 것이 낫다.)" *426

569 —자연은 가리고 변장함. 왕이라, 교황이라, 주교라 하지 않고, 존엄한 군주 등등이라 한다. 파리라 하지 않고 왕궁에 있는 도시라 부른다.

—등등—

파리를 파리라 불러야 하는 경우가 있고, 그것을 왕궁이 있는 도시라 불러야 하는 경우도 있는 것이다.

사람의 지혜가 더 많을수록 독창적이라고 생각한다. 평범한 사람들은 사람들 사이에 차이를 발견하지 못한다.

올바른 판단력에도 여러 종류가 있으니, 어떠한 사물의 질서에서는 올바르나 다른 질서에서는 그렇지 못해 엉뚱한 판단을 한다.

어떤 사람들은 얼마 안 되는 원리에서 결론을 곧잘 끌어내는데, 이것이야말로 올바른 판단이다.

또 어떤 사람들은 원리가 많이 있는 사물에서 결론을 잘 끄집어낸다.

가령, 어떤 사람들은 물의 결과를 잘 이해하는데, 물에는 원리가 별로 없다. 하지만 물의 결과는 몹시도 섬세해서 정신이 극도로 올바르지 않고서는 깨달을 수가 없다. 그런데 이런 사람들도 아마 위대한 기하학자가 아닐 것이, 기하학에는 원리가 무척 많은데, 어떤 성질의 정신은 얼마 안 되는 원리를 근본까지 잘 파고 들어갈 수는 있으면서도, 원리가 많은 사물은 조금도 사무쳐 깨닫지 못하는 수가 있기 때문이다.

그러니까 정신에는 두 가지 종류가 있다. 한 가지는 원리의 결과로 급히 또 깊이 파들어 가는 것이니 이것은 정확한 정신이라는 것이요, 또 한 가지는 수많은 원리를 혼동하지 않고 깨닫는 것이니 이것은 기하학적 정신이라는 것이다. 하나는 강하고 바른 정신이요, 또 하나는 폭이 넓은 정신이다.

그런데 한 가지 정신이 또 한 가지 정신을 지니지 않을 수 있으니, 정신이 강하지만 좁을 수가 있고, 또 넓으나 약할 수가 있기 때문이다.

기하학적 정신과 예민한 정신과의 차이

570 전자는 그 원리가 명백하지만 흔히 쓰이는 것과는 거리가 멀기 때문에 습관이 안되어 그 쪽으로 머리를 쓰기가 힘들 것이다. 그러나 그쪽으로 머리를 조금이라도 돌린다면 원리를 남김없이 보게 된다. 그래서 아주 그릇된 정신을 가진 경우가 아니라면 그저 지나쳐 버리는 게 거의 불가능할 만큼 큰 원리에 대해 잘못 추리하게 되지는 않을 것이다.

한편 예민한 정신은 그 원리가 흔히 쓰이고 모든 이의 눈앞에 놓여 있는 것이다. 머리를 돌릴 것도 힘을 들일 것도 없고, 그저 좋은 눈만 가지고 있으면 되는데, 그러나 눈은 진정 좋아야 한다. 왜냐하면 원리들이 하도 섬세하고 그 수가 많아서 그 중의 얼마를 그저 지나쳐 버리지 않기란 거의 불가능하기 때문이다. 그런데 원리 하나를 빠뜨리면 오류로 끌려가게 마련이다. 그러니까 모든 원리를 볼 수 있는 아주 정확한 눈이 있어야 하고, 그 다음에는 아는 원리를 가지고 잘못 추리하지 않도록 올바른 지혜가 있어야 하는 것이다.

그러므로 만일 기하학자들이 좋은 눈을 가지고 있다면 예민하게 될 것이니, 그들은 자기들이 아는 원리에 대해서는 잘못된 추리를 하지 않기 때문이다. 또 예민한 정신을 가진 자들이 익숙하지 않은 기하학 원리 쪽으로 눈길을 돌릴 수만 있다면 기하학자가 될 것이다.

예민한 정신을 가진 사람들이 기하학자가 아닌 이유는 그들이 기하학의 원리 쪽으로 도무지 눈을 돌리지 못하기 때문이다. 또한 기하학자들이 예민하지 못한 까닭은 눈앞에 있는 것을 보지 못하며, 정확하고 커다란 기하학의 원리에 익숙해져 있어 그들의 원리를 똑똑히 보고 다루고 한 다음에야 추리하는 버릇 때문에 원리가 섬세한 사물에는 그만 어리둥절해지기 때문이다. 이런 원리들은 보기가 힘들다. 그것들은 본다기보다는 차라리 느끼는 것이다. 그것들을 스스로 느끼지 못하는 자들에게 깨닫게 하기란 무한히 힘든 노릇이니, 하도 섬세하고 많아서 그것들을 느끼려면 아주 섬세하고 정확한 감각이 있어야 하며, 또 그 느낌에 따라 올바르게 판단해야 하는데, 그러면서도 흔히는 기하에 있어서처럼 차례차례로 증명할 수가 없는 것이다. 왜냐하면 그 섬세한 사물들이 그렇게 원리를 가지고 있지 못하고, 또 원리를 가져보겠다고 하는 것은 한없는 일이 되기 때문이다. 사물을 한눈에 척 봐야 하는 것이지 조금씩 추리를 해 봐서는 안 된다. 적어도 어느 정도까지는 그렇다는 말이다. 이리하여 기하학자들은 섬세한 사물을 기하학적으로 다루려 하며 먼저 정의에서 시작해서 원리로 가려다가 남의 웃음거리가 되는 것이니, 이런 종류의 추리에서는 그렇게 하면 못 쓰는 것이다.

지혜가 그렇게 하지 않는다는 것이 아니다. 그러나 지혜는 그렇게 해도 조용히 자연스럽게 기교를 부리지 않고 하는 것이니, 그것을 표현하는 것은 누구에게나 힘겨운 일이요, 느끼는 사람도 별로 없기 때문이다.

그런데 이와는 반대로 예민한 정신을 가진 자들은 이렇게 한 번 척 보고 판단하는 버릇 때문에, 도무지 이해하지 못하기도 하고, 또 거기에 들어가려면 그들이 그리 세밀하게 봐 버릇하지 않은 텅 빈 정의와 원리를 거쳐야 하는 명제가 나오므로 너무도 의외라 뒤로 주저앉고 정나미가 떨어지게 된다.

—그러나 그릇된 정신을 가진 자는 결코 예민하지 못할뿐더러 기하학자도 되지 못한다.

기하학자에 지나지 않는 사람들도 바른 정신을 가지고 있는 것이다. 그러나 모든 사물을 정의와 원리로 잘 설명해 주는 경우에만 그러니, 그렇지 않은 경우에는 그릇되고 견디기 어렵게 된다. 그들은 단지 명백히 밝혀진 원리에 대해서만 올바르기 때문이다.

또 그저 예민하기만 한 정신을 가진 자들은 그들이 일찍이 세상에서 본 적이 없고 완전히 관습을 벗어난 사색적이며 상상적인 사물의 초보적 원리에까지 내려갈 인내심을 가질 수도 없다.

—기하—
—섬세—

571 참된 웅변은 웅변을 우습게 알고, 참된 윤리는 윤리를 우습게 여긴다. 즉 판단력의 윤리는 법칙이 없는 지혜의 윤리를 우습게 안다는 말이다.

왜냐하면 지식이 지혜에 속하는 것과 마찬가지로 직관은 판단력에 속하는 것이기 때문이다. 섬세는 판단력의 몫이요, 기하는 지혜의 몫이다.

철학을 우습게 알아야 진정으로 철학하는 것이다. *427

572 육체의 음식은 조금씩 흡수된다. 많은 음식에 적은 영양분.

잡록

573 어떤 논문에 같은 말이 자꾸 나와서 그것을 고치려 할 때, 하도 적절하게 쓰인 것이라 까딱하면 그 논문을 망치게 될 것 같다는 생각이 든다면, 그대로 두어야 한다.

그것이 그 논문의 특징이기 때문이다.

그것은 눈이 어두워서, 반복되는 그 자리에서는 결점이 아님을 모르는 쓸데없는 욕망에서 오는 것이니, 결코 일반적인 법칙이 없기 때문이다.

〔—교황—〕

574 사람들은 안전한 것을 좋아한다. 사람들은 자기들이 안전하기 위해, 교황이 신앙을 그르치지 않고, 엄격한 학자들이 윤리를 그르치지 않기를 바란다.

575 만일 성 아우구스티누스가 오늘 나타나서 그 변호자들처럼 별로 권위를 인정받지 못한다면, 그는 아무 일도 못할 것이다. 신은 이전에 그에게 권위를 줘 보냄으로써 당신 교회를 잘 인도하셨다.

피로니즘

576 극도의 재주와 슬기는 극도의 결함과 마찬가지로 광기라는 비난을 받는다. 중용만큼 좋은 것은 또 없다. 많은 사람들이 이렇게 정했고 또 어느 끝으로든지 여기서 벗어나는 자를 모두 욕한다. 나 자신도 거기에서 벗어나려고 고집하지 않고 거기 놓여지는 데 동의하며, 아래쪽 끝에 있기를 거부한다. 그것은 아래쪽이라서가 아니라 끝이기 때문이다. 왜냐하면 나는 위쪽 끝에 놓이는 것도 이와 같이 거부할 것이기 때문이다. 중용에서 벗어난다는 것은 사람됨에서 벗어난다는 것이다.

사람 영혼의 위대함은 중용에 머물러 있을 줄 아는 데 있다. 위대하다는 것이 중용에서 벗어나는 데 있지 않다는 것은 말할 것도 없거니와, 오히려 거기에서 벗어나지 않는 데 있는 것이다.

자연은 '극단에 머물러 있을 수' 없다.

577 〔자연은 우리를 한가운데에 놓아둬서, 우리가 균형 잡힌 것의 한 쪽을 변하게 하면 다른 쪽도 변하게 한다—'Je fesons', 'zôatrékéi'—*428

이런 까닭으로, 나는 우리 머리에 용수철이 있어, 그 배치(配置)가 하나를 건드리면 그 반대 것도 건드리도록 되어 있다고 생각한다.〕

578 〔나는 세상에 어떤 정의가 있다고 믿으며 내 삶의 오랜 세월을 보냈는데, 이 믿음은 틀린 것이 아니었다. 왜냐하면 신이 우리에게 정의를 계시해 주고자 한 만큼은 있기 때문이다. 그러나 나는 이렇게 해석하지 않았으니, 여기에 내 잘못이 있었다. 나는 우리의 정의가 본질적으로 옳다고 믿고, 또 그것을 인식하고 판단할 수 있는 그 무엇을 가지고 있다고 믿었기 때문이다. 그러나 나는 내가 너무 빈번히 올바른 판단을 하지 못했음을 알았기 때문에 마침내 나 자신과 그리고 남들을 믿지 않게 되었다. 나는 모든 나라와 사람들이 한결같지 않음을 보았다. 그래서 참다운 정의에 대한 판단을 여러 번 바꾼 뒤에야 나는 우리의 본성이 끊임없는 변화에 지나지 않음을 알게 되었고, 그 후부터 나는 변하지 않았다. 또 만일 내가 변한다면 이것은 내 의견을 확증하는 것이 될 것이다. 도로 독단론자가 된 피로니언, 아르케실라스.〕*429

579 〔진정한 증명이 있을 수는 있을 것이다. 그러나 이것이 확실치는 않다. 그러므로 이것은 모든 것이 불확실하다는 게 분명하지는 않다는 것 이외에 아무것도 증명하지 못하니, 피로니즘에 영광스러운 일이다.〕

580 〔아내와 외아들의 죽음을 그렇게도 슬퍼하고 그의 마음을 괴롭히는 그 굉장한 소송을 치렀던 사람이 지금은 슬퍼하지 않고 괴롭고 불안한 모든 생각에서 완전히 벗어난 것을 보게 되니 이것은 어찌된 일인가? 그것을 이상하게 생각할 필요는 없다. 누가 그에게 공을 던졌기 때문에, 그는 그 공을

상대에게 도로 쳐 넘겨야 하는 것이다. 그는 한 점을 얻기 위해 지붕에서 떨어지는 공을 받는 데 정신이 팔려 있는 것이다. 이렇게 처리해야 할 딴 일이 있는데, 어떻게 자기 일을 생각하란 말인가? 그 위대한 영혼을 사로잡고 그의 정신에서 온갖 다른 생각을 뺏어 버리기에 적합한 일거리는 이런 것이다. 우주를 알고 모든 사물을 판단하고 온 국가를 다스리기 위해 태어난 이 사람이 토끼 한 마리를 잡는 데 정신이 팔려 온 정성을 쏟는 것이다.

　—그리고 이렇게 몸을 낮추지 않고 항상 긴장해 있기를 원한다면, 더 어리석게 될 수밖에 없을 것이다. 왜냐하면 자기를 인류 위에 들어 높이고자 하는 것이 될 테니 말이다. 그런데 따지고 보면 그는 하나의 사람에 불과하니, 즉 조금 많이도 할 수 있고, 모든 것을 할 수도, 아무것도 하지 못할 수도 있는 것이다. 즉 그는 천사도 아니고 짐승도 아닌 사람인 것이다. —〕

　581〔한 가지 생각만이 우리를 사로잡아, 한꺼번에 두 가지 일을 생각할 수 없다. 그러는 것이—세속적으로는 우리에게 좋은 일이지만, 신의 입장에서 보면 좋은 일이 아니다—〕

　582〔신부님, 신의 명령은 너그럽게 판단해야 합니다.
　—말타 섬에서의 성 바오로.〕*430

　583 몽테뉴의 생각은 잘못되었다. 풍습은 그것이 풍습이기 때문에 따르는 것이지, 이치에 닿거나 옳거나 하기 때문에 따르는 것은 아니다. 그러나 민중은 그것이 옳다고 믿어서 이 한 가지 이유 때문에 풍습을 따르는 것이다. 그렇지 않으면 그것이 풍습이라도 좇지 않을 것이다. 사람들은 이치나 정의밖에는 따르려 들지 않기 때문이다. 풍습도 이것이 없으면 압제로 여겨질 것이다. 그러나 이치와 정의의 지배도 쾌락의 지배보다 더 압제적이진 않다. 이것들은 사람이 타고난 원리들이다.

　그러므로 법률과 풍습은 그것들이 법률이기 때문에 따르는 것이 좋을 것이다. 또한 새로 받아들여야 할 참되고 옳은 법이나 풍습이 아무것도 없다는 것, 우리가 거기 대해 아무것도 알지 못한다는 것, 그리고 이래서 이미 받아들인 것만을 따라야 한다는 것을 아는 것이 좋다. 이렇게 하면 사람들은 그 법률과 풍습을 절대로 버리지 않을 것이다. 그러나 민중은 이 학설을 받아들이지 않으면, 진리를 발견할 수 있다고 믿고, 또 그 진리가 법률과 풍습에 있는 줄로 믿기 때문에 그것들을 믿고, 또 그것들이 오래되었다는 것을 참되다는 증거로 생각해서 그것들을 믿는다(진리 없이 그것들이 가진 권위만을 가지고서가 아니고). 이래서 민중은 그것들에 복종한다. 그러나 그것들이 아무런 가치도 없다는 것을 보여주면 민중은 이내 반발하기 쉽다. 그런데 법률이나 풍습을 어떤 각도에서 보면 그 어느 것에 대해서도 그렇게 보여줄 수 있는 것이다.

584 악은 행하기 쉬운 것이니, 그 종류가 무한하다. 선은 거의 유일한 것이다.

그러나 어떤 종류의 악은 사람들이 선이라고 부르는 그것이나 마찬가지로 찾아내기가 어렵고, 이 특징으로 인해 그 특정한 악을 선으로 간주하는 수가 가끔 있다—거기에 이르는 데에는 선에 이르는 것이나 마찬가지로 놀랄 만큼 위대한 정신이 필요하기까지 하다—

585 다른 사물을 증명하기 위해 드는 예, 그것을 또 증명하고자 한다면, 다른 사물을 들어 그 예의 예를 삼을 것이다.

왜냐하면 언제나 자기가 증명하려고 하는 것이 어렵다고 생각하는 까닭에 예를 드는 것이 더 명백하고 또 그것을 증명하는 데 도움이 된다고 보기 때문이다.

이와 같이 보편적인 사물을 증명하고자 하면 그것에 관한 한 사실의 특유한 법칙을 들어야 한다. 그러나 만일 어떤 특정한 사실을 증명하고자 하면, '일반'법칙부터 시작해야 한다. 왜냐하면 증명하고자 하는 사물을 언제나 모호하다고 생각하면 누가 증명하라고 문제를 제시했을 때 우선 그것은 모호하겠거니, 반대로 그 문제를 증명하게 될 사물은 명백하겠거니, 하는 상상으로 이것을 쉽사리 이해하려 들기 때문이다.

586 "당신을 너무 괴롭혀 드렸습니다."—"실례가 되지 않을는지요."—"이건 너무 장황하지 않을까요." 하는 따위의 인사를 들으면 나는 거북했다. 질

질 끌고 가기 아니면 약을 올리는 것이다.

587 어떤 것을 판단하라고 보여줄 때, 그것을 보여주는 방법으로 그 판단을 틀리게 하지 않기란 얼마나 어려운 일인지 모른다. "나는 그것을 아름답다고 생각한다. 나는 그것을 모호하다고 생각한다"라든지 그와 비슷한 다른 말을 하면, 이 판단에 상상력을 이끌어 들이든가 그와 반대로 그것을 자극하든가 한다. 아무 말도 하지 않는 것이 낫다. 그러면 그 사람은 있는 그대로 또한 누가 만들어 놓지 않은 다른 환경들이 거기 끼어드는 것에 따라 판단하게 된다. 그러나 적어도 거기에 아무것도 넣지는 않는 것이다. 이 침묵 역시, 어떤 표현과 해석을 붙여 줄 기분이 드는 데 따라, 또는 관상을 볼 줄 아는 사람이라면 얼굴의 움직임과 모양, 또는 목소리의 억양으로 그것을 짐작하는 데 따라 영향을 끼칠 수 있다는 것은 별도로 치고 말이다―어떤 판단을 그 본래의 상태에서 조금도 벗어나지 않게 하기가 이다지도 어려운 것이다. 아니, 그보다도 확고부동한 판단을 별로 가지지 못한다는 것이다―

588 우리의 모든 추론은 결국 감정에 지고 만다.
그러나 상상은 감정과 같기도 하고 반대되기도 하여, 이 두 가지는 구별하지도 못할 지경이다. 어떤 사람들은 내 감정을 상상이라고 말하고, 어떤 사람은 자기 상상을 감정이라고 말한다. 어떤 법칙이 있어야 할 것이다. 이성이 나서기는 하지만 이성은 이리저리 뛸 수가 있다.
그래서 법칙이 없는 것이다.

589 자기가 조금밖에 가지고 있지 않은 좋은 점을 숨기는 것과 같이 우리가 가장 애착을 느끼는 사물들은 흔히는 거의 아무것도 아닌 것이다. 그것은 우리 상상력이 산더미같이 커다랗게 만들어 놓은 허무이다. 상상력이 한번 달리 움직이기만 하면, 우리는 그것을 쉽사리 간파할 수 있게 된다.

피로니즘
590 나는 여기에 내 사상을 무질서하게 쓰련다. 그러나 아마 내가 원치 않는 혼란 속에 빠져서 그런 것은 아니리라. 이것이 참된 질서요, 무질서 자

체를 가지고 나의 목적을 항상 표명하는 것이리라.

만일 내가 내 문제를 질서 있게 다룬다면 그것을 너무나 존중하는 것이 될 테지만, 나는 피로니즘이 질서를 가질 능력이 없음을 증명하고 싶기 때문이다.

591 플라톤과 아리스토텔레스 하면 훌륭한 선생의 옷을 입고 있는 것으로밖에는 상상할 수 없다. 그들은 점잖은 사람들이었고, 다른 사람이나 마찬가지로 친구들과 이야기하며 지냈다. 그리고 그들은 취미로 장난삼아 《법률편》이나 《정치학》을 썼다. *431 이것은 그들의 생애에서 가장 성실한 부분이었으나 가장 철학자답지 못한 부분이었으니, 가장 철학자다운 부분은 소박하고 조용히 사는 데 있었다.

그들이 정치에 대해 쓴 것은 정신 병원의 규칙을 만들기 위한 것과도 같았다. 그리고 그것을 무슨 중대한 일이나 되는 것처럼 말하는 태도를 취한 것은 그들이 말하는 상대자인 미치광이들이 자신들을 임금이나 황제로 생각하고 있는 것을 알기 때문이었다. 그들은 미친 자들의 증상을 될 수 있는 대로 그 해독(害毒)이 적게 조절하기 위해서 미치광이들의 방식을 따른 것이다.

592 법칙 없이 어떤 작품을 판단하는 자는 마치 시계를 가지지 않은 사람과 같다. 한 사람은 "2시가 되었다"고 말하고, 한 사람은 "45분밖에 안 되었다"고 말한다. 나는 내 시계를 들여다보고 첫 번 사람에게는 "당신은 심심하시군요" 하고 말해 주고, 또 한 사람에게는 "당신에게는 시간이 빨리 지나가는군요" 하고 말해준다. 1시 반이 되었으니 말이다. 그리고 나는 시간이 자기에게는 느리게 생각된다며, 시간을 멋대로 판단하는 자들을 우습게 본다. 그들은 내가 시계를 보고 판단한다는 것을 모르기 때문이다.

593 다른 악습을 통해서만 우리에게 붙어 있는 악습들이 있으니, 그것들은 줄기만 뽑아 버리면 가지까지 사라진다.

594 신—과 사도들—은 오만의 씨가 이단을 낳게 하리라는 것을 미리 내다보고, 그들이 자기 자신의 말에서 생겨날 기회를 주지 않으려고 하여, 성

경과 교회의 기도문에 그와 반대되는 말과 씨를 넣어, 때가 이르면 결과가 나타나게 했다.

이와 마찬가지로 신은—도덕에다—사욕과 맞서 싸워 효과를 나타내는 박애를 부여하였다.

595 악의*⁴³²가 이성을 제 편에 가지고 있으면 그것은 오만해지고 이성의 훌륭한 점을 모두 늘어놓는다.

내핍(耐乏)이나 엄격한 선택이 참으로 좋은 일에 쓰이지 못하고 다시 되돌아와 본성을 따라야 되는 경우에는, 악의는 이렇게 되돌아온 것을 가지고 뽐낸다.

596 "주인의 뜻을 아는 자는 매를 더 많이 맞을 것이다."*⁴³³

그가 아는 것으로 인해 가지고 있는 능력 때문에 "Qui justus est, justificetur adhuc(의로운 자는 더욱 의로워질지어다)."*⁴³⁴

—의로운 것으로 인해 갖게 된 능력 때문에—

—가장 많이 받은 자는 도움을 받음으로써 그가 갖게 된 능력에 셈을 가장 많이 바치게 될 것이다. —

597 의지의 행동과 다른 모든 행동 사이에는 보편적이고 본질적인 차이가 있다.

의지는 신뢰의 가장 주요한 기관의 하나이다. 그것이 신뢰를 만들어 내서가 아니라, 사물들을 바라보는 데에 따라 참되기도 하고 거짓되기도 하기 때문이다.

이것보다 저것을 더 좋아하는 의지는 정신을 돌려서 자기가 보기를 원치 않은 사물들의 특성을 꼼꼼히 살펴보지 못하게 한다. 즉, 의지와 공동보조로 나아가는 정신은 의지가 좋아하는 면을 보려고 발을 멈추게 되고, 이렇게 해서 그가 보는 것을 가지고 판단하게 된다.

598 세상에는 좋은 격언이 많이 있다.

사람들이 그것들을 잘못 적용할 뿐이다.

가령, 공공선을 수호하기 위해서는 자기 목숨마저 내놓아야 한다는 것을 사람들은 의심하지 않는다.

또한 그렇게 하는 사람도 많다. 그러나 종교에 대해서는 그렇게 하지 않는다.

사람들 사이에 불평등이 있어야 한다는 것은 진리이다. 그러나 일단 이것을 시인하고 나니, 가장 고상한 통치에 대해서뿐 아니라, 가장 무섭고 포학한 정치에 대해서도 문이 활짝 열려졌다.

정신의 긴장을 좀 푸는 것은 필요하다. 그러나 이것은 최대의 방탕에 문을 열어 주는 것이다.

거기에 한계를 지어 주어야 한다. 사물에는 아무런 한계도 없어, —법률이 한계를 만들려고 하지만, 정신은 그것을 참고 견디지 못하는 것이다.

599 〔자연을 변화시키고〕 모방한다.

인공은 모방하고 변화시킨다.

우연은 사상을 낳기도 없애기도 한다. 사상을 보존하는 데에는 전혀 비결이 없다.

달아나 버린 사상. 나는 그것을 기록해 두고 싶다. 하지만 그렇게 하지 못하고, 사상이 내게서 달아나 버렸다고 쓴다.

여담.

잔재주, 이것이 알맞은 것이다.

"내가 수비를 잘 한다고 나를 원망하는가? 교부들과,"

나는 그것들을 뒤늦게 알아냈다. 나는 그것을 가지고 있지 않았으니까.

600 "Omnis judaea regio, et jerosolimitae universi, et baptisabantur(온 유대 지방과 모든 예루살렘 사람들이 세를 받더라)."*435

—온갖 처지의 사람들이 그 곳으로 왔기 때문이다.

돌들도 아브라함의 자손이 될 수 있다. *436

601 "세상에 있는 모든 것은 육체의 욕심이거나 눈의 욕심이거나 생명의 오만이다. 'libido sentiendi, libido sciendi, libido dominandi(관능욕, 지식욕,

지배욕).'*437''

앙화로다, 이—세—줄기 불의 강이 춥게 만들기보다는 오히려 불태우는 저주받은 땅은! 〔불행한 바빌론〕.

복되도다, 강 위에 있으면서 가라앉지도 휩쓸려 가지도 않고 이 강 위에 끄떡없이 단단히 남아 있는 사람들은! 서 있지 않고, 낮고 안전한 자세로 앉아 있어 빛이 비치기 전에는 거기서 일어나지 않고 평안히 쉬고 나서, 그들이 오만히 싸워 이길 수 없을 거룩한 예루살렘의 성문에 튼튼히 세워 줄 이에게 손을 내미는 사람들은! 그러면서도 눈물을 흘리니, 급류에 휩쓸려 멸할 수 있는 모든 물건이 흘러가는 것을 봐서가 아니라, 그 기나긴 귀양살이에서 끊임없이 생각나는 그들의 사랑하는 고향, 하늘 위에 있는 예루살렘을 못 잊어서 우는 사람들은!

602 신의 선택을 받은 자들은 자기들의 덕을 모르고, 신께 버림을 받은 자들은 그들의 죄가 얼마나 큰지를 모른다. "주여, 언제 당신이 주리고 목마름을……우리가 보았습니까?"*438

603 예수 그리스도는 마귀의 증언이나 하나님의 부르심을 받지 못한 자들의 증언을 원치 않고, 다만 신과 세례 요한의 증언을 원하셨다. *439

604 사람이 자기 자신을 안다면 신이 그를 고쳐 주고 용서해 주실 것이다. "Ne convertantur et sanem eos.—이사야—et dimittantur—eis—peccata."—Marc (Ⅳ) (그들이 회개하여 내가 그들을 고쳐주고, 또 그들의 죄가 사해지지 못하도록.)—마가복음(4) —*440

605 예수 그리스도는 물어 보지 않고 죄를 단정하는 일은 없었다.
유다에게 "Amice, ad quid venisti? (벗아, 뭐하러 왔느냐?)"*441 혼례복을 입지 않았던 사람에게도 마찬가지로 물어 보셨다. *442

606 "유혹에 빠지지 않기 위해 기도하라." *443 유혹을 당하는 것은 위험한 것이고, 또 그렇게 되는 자들은 기도를 하지 않기 때문이다.

"Et tu conversus confirma fratres tuos(너 회개한 뒤에 네 형제들을 견고케 하라)."*444 그러나 그보다 먼저 "conversus Jesus respexit Petrum"(예수 몸을 돌리시어 베드로를 바라보셨다.) *445

성 베드로는 말쿠스를 치게 허락해 달라고 하고선 대답을 듣기도 전에 치니, 예수 그리스도는 나중에 대답하신다. *446

유대인들이 무리지어 빌라도 앞에서 예수 그리스도를 고발할 때 우연히 내뱉은 '갈릴리'라는 말은 예수 그리스도를 헤롯에게로 보내는 구실을 빌라도에게 주었다. *447 이로써, 메시아가 유대인들과 이방인들에게 심판을 받게 되리라는 깊은 뜻이 이뤄졌다. 겉으로 봐서는 우연히 뜻을 이루게 된 원인이 된 것이다.

607 상상력은 환상적 평가로 작은 물건들을 크게 만들어서 우리 영혼을 채우기까지 한다. 또 신에 대해 말할 때와 같이, 턱없는 교만으로 큰 물건들을 제 기준에 맞도록 작게하기도 한다.

608 "Lustravit lampade terras."(등불로 땅을 밝게 했도다.) *448 날씨와 내 기분은 별로 관련이 없다. 나는 내 안에 안개 낀 나쁜 날씨와 좋은 날씨를 모두 지니고 있다. 내 일이 잘 되고 못 되는 것까지도 이것을 별로 어쩌지 못한다. 나는 운을 거슬러 자발적으로 힘쓰는 때가 있다. 그것을 정복하는 영광 때문에 나는 그것을 기꺼이 꺾는 반면에 운이 좋은 중에 오히려 실쭉해지는 때도 있다.

609 학문을 너무 깊이 파고들어가는 자들에 맞서 쓰다. 데카르트.

610 세상의 왕은 힘이지 여론이 아니다. 그러나 여론은 힘을 쓰는 지배자다—그것을 만드는 것은 힘이다. 우리 여론에 의하면 부드럽고 약한 것은 훌륭하다. 왜? 줄을 타고 춤을 추려고 하는 자는 외톨이일 것이고, 그것이 어울리지 않는다고 말할 자들과 함께 나는 더 강한 한 무리를 만들 것이기 때문이다—

611 글은 잘 못 쓰면서 말을 잘하는 사람들이 있다. 그것은 장소와 청중 때문에 흥분해서, 흥분하지 않았을 때 자기들 머리에서 발견해 낼 수 있는 것 이상을 머리에서 끄집어내기 때문이다.

612 〔어릴 때 나는 책을 껴안는 버릇이 있었다. 그리고 그것을 껴안았다고 생각해서 어떤 때……하는 일이 있었기 때문에 나는 조심하는 것이었다.〕

613 언어는 글자가 글자로 변하지 않고 단어가 단어로 바뀐 암호다. 그래서 알지 못하는 언어도 해독할 수가 있다.

614 다양성은 너무 범위가 넓다. 목소리도 천층만층, 걸음걸이, 기침소리, 코 푸는 소리, 딸꾹질 소리에도 천차만별이 있듯이……과일과 포도송이가 구별되고 또 이 포도송이에도 마스캇트, 그리고 콩그리외, 또 데자르그, *449 그리고 또 이러저러한 나무를 서로 접붙인 것. 그러나 그뿐인가? 일찌기 똑같은 두 개의 포도송이가 생긴 적이 있었는가? 또 포도 한 송이에 똑같은 포도 알이 둘이 있는가? 등등.

나는 같은 사물을 똑같이 판단할 수가 없을 것이다. 나는 작품을 쓰면서도 그것을 판단하지 못한다.

화가들처럼 떨어져서 봐야 한다. ─그러나 너무 떨어져서는 안 된다. 그러면 얼마나 떨어져야 하는가? 알아맞혀 보라─

615 〔이와 같이 우리는 항상 헛되다.〕

잡록, 언어

말을 억지로 꾸며서 대구(對句)를 만드는 자들은 균형을 위해 가짜 창문을 내는 자들과 같다.

그들의 법칙은 정확하게 말하는 것이 아니고, 똑바른 형태를 만드는 것이다.

―예수 그리스도의 무덤―

616 예수 그리스도는 십자가 위에서 죽었기 때문에 사람들이 볼 수 있었다. 무덤 속에서는 그가 죽어서 숨어 계시다.

예수 그리스도는 오직 성도들에 의해서만 매장되셨다.

예수 그리스도는 무덤 속에서 아무 기적도 행하지 않으셨다.

오직 성인들만이 그 속에 들어간다.

예수 그리스도가 새 생명을 얻은 것은 이곳이지 십자가 위가 아니다.

이것이 수난과―구속의 마지막 깊은 뜻이다.

〔예수 그리스도는 살아서, 죽어서, 묻혀서, 부활해서, 가르치신다.〕

예수 그리스도는 이 세상에서 무덤말고는 쉴 곳이 없었다.

그의 원수들은 무덤 바깥세상에서 그를 괴롭히기 마지않았다.

617 불행이 흔하기 때문에 일식이나 월식이 불행의 징조라고들 말하는데, 재앙이 워낙 빈번하기 때문에 이런 짐작이 거의 들어맞게 된다. 그와 반대로 만일 일식과 월식이 행복의 징조라고 말한다면, 대부분은 거짓말을 하는 게 될 것이다. 드문 운수에만 행복을 붙여 주기 때문에 점이 틀리는 일이 그리 흔치 않다.

618 사람에는 두 가지 종류밖에 없다. 한 종류는 자기를 죄인으로 생각하는 의인들이요, 또 한 종류는 자기들을 의인으로 믿는 죄인들이다.

이단자들

619 에스겔. 모든 이교도들이 이스라엘을 욕했고, 예언자도 그랬다. 그러나 이스라엘 사람들이 예언자에게 "당신은 이교도들처럼 말한다"고 할 권리가 있기는 더 말할 것도 없고, 오히려 그는 이교도들이 자기들처럼 말하는 것을 있는 힘껏 억제했다.

620 참되고 오직 하나인 덕은, 그러니까 자신을 미워하고(사람은 그 사욕 때문에 미워해야 하니까), 또 참으로 사랑할 만한 존재를 찾아 그를 사랑하는 것이다. 그러나 우리는 우리 밖에 있는 것을 사랑하지 못하므로 우리 안

에 있으면서 우리가 아닌 어떤 존재를 사랑해야 하는데—이것은 모든 인류에게 진리이다. 그런데—이런 것은 오직 보편적인 존재뿐이다. 신의 나라는 우리 안에 있다.[*450] 보편적인 선은 우리 안에 있고, 우리 자신이면서도 우리는 아니다.

예수 그리스도 ─── 마호메트 / 이교도 ─── 신에 대한 무지[*451]

622 선택 받은 사람들에게는 모든 것이, 심지어 성경의 모호한 점까지 이롭다. 신성한 빛 때문에 그 모호함을 존중하는 까닭이다. 그러나 다른 사람들에게는 모든 것이 심지어 명백한 것까지 해가 된다. 왜냐하면 그들이 이해하지 못하는 모호함 때문에 명백함까지 비난하기 때문이다.

623 교황이 무엇인지를 판단하기 위해서는 '그리스인들이 어떤 교회 회의에서 말한 것처럼 중요한 기준이 되는' 교부들의 어떤 말로 해서는 안 되고, 교회와 교부들의 행위와 종교 회의의 결의로 해야 한다.

단일성과 다수. —"Duo aut tres(둘이나 셋)."[*452] "In unum(하나로)."[*453]

다수를 배제하는 교황주의자들이나 단일성을 배제하는 '위그노'들[*454]처럼, 두 가지 중의 한 가지를 배제하는 것은 잘못이다.

기적을 부정하면서 합리적으로 믿는다는 것은 불가능하다.

교황은 제일인자(第一人者)이다. 이 밖에 또 누가 모든 이들에게 알려져 있는가? 이 밖에 또 누가 사방으로 뻗어 나가는 큰 가지를 잡고 있어 전체에 퍼질 힘으로 모든 사람으로부터 인정을 받고 있는가?

이것을 전제(傳制)로 타락시키는 것은 얼마나 쉬운 일이었던가! 그래서 예수 그리스도는 그들에게 이 계명을 주신 것이다. "Vos autem non sic(너희들은 이렇게 하지 마라)."[*455]

요셉으로 상징된 예수 그리스도

624 아버지의 총애를 받고, 아버지의 심부름으로 형들을 보러 간……요셉, —죄없이 은전 20량에 팔려가고, 그 때문에 그들의 주인, 그들의 구제

자, 외국인들의 구제자, 세상의 구제자가 된 요셉. 그를 없애려던 형들의 시도가 없었더라면, 그를 팔고 배척하지 않았더라면 이런 일은 일어나지 않았을 것이다.

감옥 안에서 두 죄수 사이에 있는 무죄한 요셉, 두 도둑 가운데 십자가에 달린 예수 그리스도, 요셉은 같은 표적을 가지고 한 사람에게는 구제를, 또한 사람에게는 죽음을 예언한다. 그리스도는 같은 죄에 대하여 선택한 자는 구하시고 버림받은 자들은 벌하신다. 요셉은 예언하는 것에 지나지 않으나, 예수 그리스도는 행하신다. 요셉은 구제될 사람에게 그 사람이 영광스러운 자리에 돌아가거든 자기를 기억해 달라고 청한다. 그리고 예수 그리스도가 구해 주는 사람은 예수 그리스도가 당신 나라에 가서 계실 때 자기를 기억해 주십사고 그에게 청한다. *456

625 'omnes'를 언제나 '모두'라는 뜻으로 해석하는 것도 이단이고, 그것을 때에 따라 모두라는 뜻으로 해석하지 않는 것도 이단이다. "Bibite ex hoc omnes(여기서 모두들 마시라)."*457 '위그노'파는 이것을 '모두'라는 뜻으로 해석하므로 이단자들이다. (그를 통하여 모든 사람이 "In quo omnes peccaverunt(죄를 저질렀느니라)."*458 '위그노'파는 믿는 사람들의 아이들조차 제외하므로 이단자들이다.

그러므로 어떤 경우에 어떻게 해석할 것인지를 알기 위해서는 교부들과 성전을 따라야 한다. 어느 쪽에도 이단이 끼어들 수 있기 때문이다.)

—잡록—
어법
626 "나는 그것에 온 마음을 쏟기를 원했다."

627 유대인들의 교회는 상징이었기 때문에 멸망하지 않았다. 그러나 그것이 상징에 지나지 않았기 때문에 예속되었다.

상징은 진리가 나타날 때까지 그대로 남아 있었으니, 교회가 그것을 약속하는 형상으로든지 현실로든지 언제나 볼 수 있게 하기 위해서였다.

628 ―"기적을 하나만 보면 내 믿음이 굳어질 텐데" 라고 말한다. 기적을 보지 못할 땐 이렇게 말한다. ―

멀리서 보면 이치들이 우리 시력의 한계처럼 생각되지만, 막상 거기에 이르면, 그 너머를 보기 시작한다.

우리 정신의 능변을 막을 것은 아무것도 없다. 예외가 없는 법칙은 없으며, 한 면도 결함이 없을 정도로 보편적인 진리도 없다고들 말한다.

그 진리가 절대적으로 보편적인 것이 아니면, 눈 앞에 있는 문제에 예외를 적용해서 "이것은 언제나 참된 것은 아니다, 그러므로 이것이 참되지 않은 경우가 있다"고 말하게 된다. 이제 남은 일은 그것이 이 경우에 해당된다고 증명하는 것뿐이다.

그리고 그것을 언제고 발견하지 못하면 몹시 서툴거나 몹시 불행하게 되는 것이다.

묵시론자, 아담 이전 인류 존재론자, 천년재림론자 등등의 황당무계

629 성경에 황당한 설의 근거를 두고자 하는 자는 가령 아래와 같은 것에서 근거를 찾으려 들 것이다. "이 모든 것이 이루어지기까지 이 세대가 지나가지 않으리라"는 구절이*459 여기에 대해 나는, 이 세대 다음에는 또 다른 세대가 올 것이고, 그리하여 늘 계속될 것이라고 말하고 싶다.

〈역대사〉하권에는 솔로몬과 왕이 서로 다른 두 사람인 것처럼 기록되어 있다. *460 나는 그들이 두 사람이었다고 말하고 싶다.

630 두 개의 상반되는 논거, 여기서부터 시작해야 한다. 그렇지 않으면 우리는 아무것도 이해하지 못하고, 모두가 이단적인 것이 된다. 그리고 각 진리의 끝에 가서는 그와 반대되는 진리가 생각난다는 것을 덧붙이기까지 해야 한다.

631 확실한 것을 위해서가 아니고는 아무것도 할 필요가 없다면, 종교를 위해서는 아무것도 할 필요가 없을 것이다. 왜냐하면 종교는 확실한 것이 아니기 때문이다. 그러나 사람들은 확실치 않은 것을 위해 얼마나 많은 일을 하는가! 바다 여행, 전쟁 등. 그러니까 나는 아무것도 확실한 것이 없으니

그 어떤 일도 하지 말아야 한다고 말하련다. 그리고 우리가 내일 해를 볼 것이라는 것보다 종교를 믿는 것에 더 확실성이 있다고 말하는 바이다. 왜냐하면 우리가 내일을 본다는 것은 확실치 않으나, 우리가 내일을 보지 못할 수도 있다는 것은 확실한 것이기 때문이다. 종교에 대해서는 이렇게 말할 수가 없다. 종교에 확실성이 있다는 것은 확실치가 않다. 그러나 종교가 확실성이 없을 수도 있다는 것이 확실하다고 누가 감히 말하겠는가? 그런데 사람은 불확실한 것과 내일을 위해 일하면 옳은 것이다. 왜냐하면 이미 증명된 이익의 법칙에 따라 불확실한 것을 위해 일해야 하기 때문이다.

성 아우구스티누스는 사람이 바다와 전쟁 따위에서 불확실한 것을 위해 일한다는 것을 알았다. 그러나 그렇게 해야 된다는 이익의 법칙은 발견치 못하였다. 몽테뉴는 사람들이 절름발이 정신을 불쾌하게 생각하고 습관은 모든 것을 할 수 있다는 것은 알았으나, 그 이유는 보지 못했다.

사람들이 모두 결과는 보았으나, 원인은 보지 못하였다. 원인을 발견한 자들에 대한 이들의 관계는 마치 정신을 가진 자들과 눈밖에 가지지 못한 자들의 관계와 같은 것이다. 왜냐하면 결과는 마치 깨달을 수 있는 것과 같은 것이고, 원인은 오직 정신으로만 보이는 것이기 때문이다. —또 비록 결과들이 정신에 보인다고 하더라도, 그 정신은 원인을 보는 정신에 대해서는, 마치 육체의 오관(五官)이 정신에 대한 것과 같다—

632 웅변은 생각을 그리는 것이다. 그러니까 그림을 그리고 나서 또 군손질을 하는 자들은 초상을 그리는 대신에 풍경을 그리는 것이다.

633 마차가 '뒤집혔다'거나 '거꾸로 박혔다'거나 마음대로 말할 수 있다. '흘린다'거나 '쏟는다'거나 마음대로 말할 수는 있다.
—강제로 된 프란시스코 수도사에 대한— 르 매스트르 씨의 변호.

균형
한눈에 보이는 것에 있어서.
다르게 할 이유가 없다는 것에 기초를 둔 것이다.
또한 사람의 얼굴에도 기초를 둔 것이다.

그러므로 균형을 넓이에서만 찾고 높이와 깊이에서는 찾지 않는 수가 있다.

634 스카라무슈*461는 한 가지 일밖에는 생각지 않는다.

다 말하고 나서도 15분 동안 말하는 박사*462, 그는 그렇게도 말이 하고 싶은 것이다.

635 우리의 약점 때문에 상징을 바꾸다.

636 '당신의 불쾌 가운데 내가 차지하는 몫'을 알아맞혀라.

추기경님은 누군가 알아 맞추는 것이 싫었다. *463

'내 정신은 불안이 가득하다'보다는, '나는 몹시 불안하다'는 말이 낫다.

권력을 휘두르기보다는 용서하고 사이좋게, 임금처럼 하지 않고 폭군처럼 납득시키는 웅변.

637 매력과 아름다움에는 어떤 일정한 본보기가 있으니, 그것은 약하거나 강하거나 있는 그대로의 우리 본성과 우리 마음에 드는 사물과의 사이에 있는 어떤 관계를 말하는 것이다.

집, 노래, 연설, 시, 산문, 여자, 새, 강, 나무, 방, 옷 따위 무엇이든지 이 본보기를 따라 이루어진 것은 우리 마음에 든다.

그리고 이 본보기대로 되지 않은 것은 어떤것도 고상한 취미를 가진 사람의 마음에는 들지 않는다.

그런데 비록 각기 부류는 다르더라도 이 좋은 본보기를 따라 만들어진 하나의 노래와 한 채의 집 사이에는 이 유일한 본보기를 닮았기 때문에 완전한 관계가 있는 것과 마찬가지로, 나쁜 본보기를 따라 만들어진 사물 사이에도 완전한 관계가 있는 것이다. 나쁜 본보기는 한없이 많으니까 그것이 유일하다고 해서가 아니라, 가령 잘못된 소네트(14행시)는 어떤 가짜 본보기를 따라 지은 것이든, 그 본보기를 따라 옷을 입은 여인은 완전히 닮았기 때문이다.

잘못된 소네트가 얼마나 우스꽝스러운지를 이해하기 위해서는 그 성질과 본보기를 살펴보고, 다음에는 그 본보기를 따라 '옷을 입은' 여인이나 '지어진' 집을 생각해 보는 것보다 나은 것이 없다.

시적 아름다움

'시적 아름다움'을 말하는 것처럼 '기하학적 아름다움, 의학적 아름다움'도 말해야 할 텐데, 그렇게는 하지 않는다. 그 이유는 기하학의 대상이 증거라는 것은 모두 알고, 의학의 목적은 병을 고치는 것임을 잘 알고 있으나, 시의 대상이 되는 매력은 정해지지 않기 때문이다. 본받아야 할 자연의 본보기가 무엇인지를 모른다. 그래서 그것을 알지 못하니까 '황금 시대, 현대의 경이, 숙명적' 따위와 같은 이상야릇한 말들을 만들어냈다. 그러고는 이 되지도 않은 소리를 시적 아름다움이라고들 한다.

그러나 하찮은 사물을 굉장한 말로 표현한 이 본보기를 따라 치장을 한 여인을 생각해 보는 사람은 거울과 줄을 온몸에 걸친 예쁜 아가씨를 보고 웃을 것이니, 시의 매력보다는 여인의 매력이 어디 있다는 것을 더 잘 알기 때문이다. 그러나 그것을 알지 못하는 자들은 이런 치장을 한 여자를 황홀하게 바라보리니, 사실 이런 여자를 여왕처럼 생각할 동네는 얼마든지 있다. 그렇기 때문에 이런 본보기를 따라서 지은 소네트를 우리는 '시골여왕'이라고 부르는 것이다.

시인이다, 수학자다……하는 간판을 걸지 않으면 세상에서 시를 안다고 인정하지 않는다. 그러나 박식한 사람들은 조금도 간판을 원치 않고, 시인의 직업과 자수 놓는 사람의 직업을 별로 구별하지 않는다.

박식한 사람들은 시인이나 기하학자 등으로 불리지 않고, 이 모든 것이 되며, 이 모든 이들의 심판자이다. 그들을 무엇이라 알아맞힐 수가 없다. 그들은 방에 들어설 때에 사람들이 하던 이야기를 할 것이다. 그들에게서는 어떤 한 가지 소질을 써먹어야 할 필요성을 느낄 뿐, 이 소질이나 저 소질 한가지만을 발견할 수는 없다. 그러나 그런 때에는 그의 소질을 기억해내게 되니, 말 이야기가 나오지 않아 그들이 말을 잘한다고 하지 않을 때에도, 또 말 이야기가 나와 그들이 말을 잘한다고 할 때에도 똑같이 이 소질을 가지고 있는 까닭이다.

어떤 사람이 들어와서 그 사람이 시를 잘 쓴다고 말하는 것은 거짓 칭찬을 하는 것이고, 시를 판단하는 데 있어서 누군가에게 의견을 묻지 않는 것은 좋지 못하다는 표다.

638 신앙은 신의 은혜다. 그것이 추론의 은혜라고 우리가 말하리라는 것을 믿지 마라. 다른 종교들은 그들의 신앙에 대해 이렇게 말하지 않는다. 그 종교들은 신앙에 이르기 위해 추론만을 내세웠지만 추론을 신앙으로 이끌지는 못한다.

639 예수 그리스도 이전에는 유대인들의 열성이 유익했기 때문에 악마가 그것을 방해했으나, 그 뒤에는 그러지 않았다.
이방인들에게 조롱당한 유대 백성. 박해를 당한 그리스도 교도들.

640 아담 'forma futuri'(장차 오실 자의 징표). *464 전자를 만들기 위해 엿새. 후자를 만들기 위해 여섯 시대. 아담의 형성을 위해 모세가 그린 엿새는 예수 그리스도와 교회를 만들기 위한 여섯 시대의 형상에 지나지 않는다. 만약에 아담이 죄를 짓지 않고 예수 그리스도가 이 땅에 오시지 않았더라면, 계약은 하나밖에 없었을 것이고 인류의 시대도 하나밖에 없었을 것이며, 천지 창조도 대번에 된 것처럼 그려졌을 것이다.

641 "Ne si terrerentur et non docerentur improba quasi dominatio videretur(만약에 가르침을 받지 않고 공포를 느끼게 되면 마치 지배가 포악한 것으로 보일까 무서우니)." 아우구스티누스 편지 48, 혹은 49.
—제4권—Contra mendacium, ad Consentium(콘센시우스에게 보낸 거짓말 반박). *465

교회에 대한 세상 사람들의 태도, 신은 어둡게도 하고 비춰 주기도 한다.
642 이런 예언들이 신에게서 오는 것임이 사실로 증명된 이상, 나머지 것도 이런 점으로 미루어 믿어야 한다. 또 그렇게 함으로써 우리는 세상의 질서를 볼 수 있다.
천지 창조와 대홍수의 기억이 잊혀졌으므로 신은 모세의 율법과 기적을 보내시고, 특별한 일을 미리 알리는 예언자들을 보내주신다. 그리고 영속적인 기적을 준비하시려고, 여러 가지 예언과 성취를 마련하신다. 그러나 예언들이 의심스러울 수 있으므로, 신은 그것들을 의심스럽지 않게 만들고자 하신다, 운운.

643 만일 사람이 자기가 오만한 야심과 사욕과 악함과 비참과 부정으로 가득 차 있음을 알지 못한다면, 그는 참으로 눈이 멀었다고 할 것이다. 그리고 또 그런 줄을 알면서도 거기에서 벗어나기를 원치 않는다면, 그를 무엇이라고 할 수 있겠는가?

그런즉, 인간의 결점을 잘 알고 있는 종교에 대해 존경밖에 무엇을 가질 수 있겠으며, 그렇게도 원하던 결점에 대한 치료법을 약속해 주는 종교의 진리에 대해서 욕망밖에 또 무엇을 가질 수 있겠는가?

644 만일 모든 유대인들이 예수 그리스도로 말미암아 죄를 뉘우쳤다면, 우리는 의심나는 증인들밖에는 가지지 못했을 것이다. 또 그들이 사라졌더라면, 우리는 한 사람의 증인도 갖지 못할 것이다.

645 유대인들은 그를 거부하지만 모두가 그렇지는 않으니, 성인들은 그를 받아들이고 물질주의적인 사람들은 받아들이지 않는다. 그런데 이것이 그의 영광을 가리기는커녕, 오히려 그것을 완성하는 마지막 특징이 된다. 저들이 그를 거부하며 드는 이유, 저들의 모든 서적 〈탈무드〉와 랍비들의 책에서 볼 수 있는 유일한 이유란, 예수 그리스도가 무력으로 'gladium tuum, potentissime(지극히 능하신 자여, 당신의 검을)'*466 모든 나라를 정복하지 않았기 때문이라는 것뿐이다—(그들은 이것밖에 할 말이 없는가?)—"예수 그리스도는 죽임을 당했다. 이교도들에게서 전리품을 빼앗아 우리들에게 주지 않았으며, 재물을 주지 않는다"고 그들은 말한다. 그래 그들은 이것밖에 할 말이 없는가? 바로 이러한 까닭으로 그가 내게 사랑스러운 이가 되는 것이다. 나는 그들이 상상하는 것 같은 메시아는 원치 않는다.—그들로 하여금 메시아를 받아들이지 못하게 방해를 한 것은 그의 삶밖에 없었다는 것은 명백하다. 그리고 이 거부로 인해 그들은 나무랄 여지가 없는 증인들이 되었

고, 한 걸음 더 나아가 그것으로 그들은 예언을 이루는 것이다.

〔이 백성이 그를 받아들이지 않았다는 이유로 인해 다음과 같은 기묘한 일이 일어났다.

즉, 예언은 사람이 할 수 있는 유일한 영속적인 기적이다. 그러나 그것들은 얼마든지 반대를 받을 수 있는 것이다.〕

646 〔자기들이 신앙이 없음을 보고는 사람들은 불쾌감 속에 있는 자들에 의해 신이 그들을 비춰 주지 않는다는 것을 알게 된다. 그러나 다른 사람들에 의해서는 그들의 눈을 어둡게 하는 신이 있다는 것을 알게 된다.〕

647 '나'는 미워해 마땅한 것이다. 미통 씨, 그대는 그것을 숨기지만, 그렇다고 해서 그것이 없어지는 것은 아니다.

그러니 그대는 여전히 미워해야 마땅한 자란 말이다.

—천만에, 우리처럼 모든 사람에게 친절히 대하면 사람들이 우리를 미워할 거리가 없어지니 말이다—그건, 그렇다. '나' 안에서 우리에게 오는 불쾌감만을 미워한다면 말이다.

그러나 내가 '나'를 미워하는 것이 내가 옳지 못하고 자기를 모든 것의 중심으로 만들기 때문이라면, 나는 그 '나'를 언제나 미워할 것이다.

한 마디로 말해서 '나'는 두 가지 특성을 가지고 있으니, 자기를 모든 것의 중심으로 만든다는 점은 본질적으로 옳지 못하고, 남들을 예속시키고자 한다는 점은 그들에게 불쾌한 것이 된다. 왜냐하면 '나'는 각기 다른 이들의 원수요, 또 그들의 폭군이 되기를 원하기 때문이다. 그대는 '나'에게서 불쾌함을 없애기는 해도 부정은 제거하지 못한다. 그래서 그대는 부정을 미워하는 자들에 대해 그것을 사랑스러운 것으로 만들지는 못한다. 그대는 '나' 안에서 자기들의 적을 발견하지 못하게 된 의롭지 못한 자들에게만 그것을 사랑스럽게 만들 수 있다. 이래서 그대는 의롭지 못한 인간으로 남게 되고, 의롭지 못한 자들의 마음에밖에는 들 수가 없는 것이다.

(1658년 봄)

648 옛날 교회 안에서 일어났던 일과 지금 볼 수 있는 것을 비교할 때 우

리에게 해를 끼치는 것은, 성 아타나시오*467—성녀 데레사, 그 밖의 인물들이 영광에 둘러싸여 우리에게 신들처럼 행하는 것으로 흔히 생각하는 것이다.

시간이 흘러 이 일들이 밝혀진 지금에는 그렇게 보인다. 그러나 그들이 박해를 당하던 때에는, 저 대성인도 아타나시오라는 보통 남자였고, 성녀 데레사는 미친 여자였다.*468

"엘리야도 우리와 같은 사람, 우리와 같은 정욕에 빠지기 쉬운 사람이었다"고 성 야곱은 말하였다.*469

이것은 성인들의 모범이 우리의 상태와는 어울리지 않는 것이라고 해서 배척하게 만드는 그릇된 관념을 신자들에게 깨우쳐 주기 위해 말한 것이다.

"그분들은 성인들이었으니, 우리와 같은 사람이 아니다"라고 우리들은 말한다.

그렇다면 그 때에 어떤 일이 있었는가? 성 아타나시오는 아타나시오라는 한 사람으로서 여러 가지 죄목으로 고발되었고, 이러저러한 교회 회의에서 이러저러한 죄목으로 죄의 판결을 받았다. 모든 주교들이 거기에 동의했고, 마침내 교황도 승인했다.

거기에 반항하는 자들은 어떤 말을 들었는가? 평화를 교란한다, 분열되게 한다는 따위의 말을 들었다.

—열심, 빛—

네 가지 종류의 사람들. 지식은 없으나 열의는 있는 사람, 열의는 없으나 지식은 있는 사람, 지식도 열의도 없는 사람, 열의도 지식도 있는 사람.

처음 세 종류의 사람들은 그를 죄로 몰고, 마지막 종류의 사람들은 그를 용서한다. 그래서 교회에서 파문을 당하면서도 교회를 구해 놓는다.

649 그러나 개연성을 확증한다는 것이 그럴 듯한가?

'양심의 평안'과 '양심의 안전' 사이에 있는 차이. 진리 말고는 안전을 주는 것이 없고, 진정으로 진리를 탐구하는 것 아니고는 평안을 주는 것이 없다.

650 이성의 타락은 서로 다른 어처구니없는 수많은 풍속으로 나타난다. 사람이 자기 자신 속에서 살지 않게 되기 위해서는 진리를 필요로 했다.

651 결의론자들은 그들의 결단을 타락한 이성에 순응시키고, 결단의 선택을 타락한 의지에 맡겨, 인간의 본성에서 타락한 것이 모두 인간을 인도하는 데 참여하게 한다.

(1658년 3~5월?)

—기적에 대해—

652 신이 이 가족을 그 어느 가족보다도 행복하게 해 주셨으니, 이 가족이 어느 가족보다도 더 감사의 정을 드러내게 해 주시기를. *470

—참회와 표가 없는 고백과 사죄에 대해—

653 신은 속을 보고, 교회는 겉을 보고 판단한다. —신은 마음속에 참회를 보자마자 죄를 씻어주고, 교회는 행동에서 그것을 발견할 때에 용서해 준다—신은 내면적이고 아주 영적인 성덕으로 교만한 현자들과 바리새인들의 믿지 않는 마음을 부끄럽게 할 속이 깨끗한 교회를 만들 것이고, 교회는 겉으로 드러난 행실이 아주 순결하여 이교도들의 행실을 부끄럽게 할 그런 사람들의 모임을 만들 것이다. 가령 위선자들이 있다 하더라도, 이들이 하도 교묘하게 변장하여 교회가 그들의 해로움을 알아차리지 못하게 되면 교회는 그들을 받아들인다. 그들은 그들이 속일 수 없는 신에게는 받아들여지지 않더라도 속일 수 있는 사람들에게는 받아들여지기 때문이다. 이리하여 교회는 거룩해 보이는 저들의 행동으로 명예가 손상되지는 않는 것이다.

그러나 그대들은 속마음이 신에게만 속해 있으므로 교회를 속마음으로 판단하지 말고, 또 신은 속마음에만 관심을 두시므로 교회를 겉으로도 판단하지 말기를 원한다. 이와 같이 교회로 하여금 사람들을 도무지 선택하지 못하게 하니, 그 안에는 몹시 방탕한 자들과, 유대인들의 회당과 철학자들의 학파에서도 비열한 자라 해서 쫓겨나고 부도덕한 자라고 혐오했을 만큼 교회의 명예를 대단히 손상시키는 자들만을 붙들어 둔다.

654 여로보암이 다스리던 때처럼 되고자 하는 자는 누구나 사제가 될 수 있다. 사람들이 오늘날의 교회 규율이 너무도 훌륭하다고 하여, 그것을 바꾸고자 하면 죄가 된다고 몰아세우는 것은 무서운 일이다. 옛날에는 그것이 틀림없이 좋았지만, 그것을 바꿔도 죄가 되지 않았다. 그런데 지금은 그것을 고치기를 원하지도 못하게 되었다!

사제를 만드는 데 너무 신중한 나머지, 해당될 만한 자격을 갖춘 자들이 거의 없다시피 했던 관습을 바꾸도록 허용되었는데, 이제 자격이 없는 사제를 그렇게도 많이 만들었다고 한탄하는 것도 허락되지 않는다니!

655 아브라함은 자기를 위해서는 아무것도 가지지 않고 자기 하인들을 위해서만 취했다. **471 이와 같이 의인은 자기를 위해서는 세상에서 아무것도 받지 않았으며, 사람들의 칭찬도 받지 않고 오직 그의 정열을 위해서만 취하였다. 그는 이 정열들을 주인으로 사용하여, 어떤 정열에는 '가라'고 말하고, 어떤 정열에는 '오라'고 말한다. *472

"Sub te erit appetitus tuus(네 욕망이 네게 복종하리라)."*473 이렇게 제어된 그의 정열은 덕이 되는 것이니, 인색, 질투, 분노는 신까지도 자기의 속성으로 삼으며, *474 이것들은 관용·자비·항구(恒久)와 마찬가지인 덕이니, 후자들도 역시 정열인 것이다. 이것들을 노예처럼 써먹어야 하며, 그것들에게 먹을 것을 줘서, 영혼이 거기에서 먹을 것을 취하지 못하게 막아야 한다. 왜냐하면 정열이 주인이 되면 그것은 악습이며, 그렇게 되면 그것들이 자기 먹을 것을 영혼에 주며, 영혼은 그것을 먹고 중독되기 때문이다.

교회, 교황
단일체 다수
656 교회를 단일체로 생각하면, 그 으뜸인 교황은 전체처럼 된다. 교회를 무리로 보면, 교황은 그 일부분에 지나지 않는다. 교부들은 교회를 때로는 저렇게, 때로는 이렇게 보았다. 그래서 교황에 대해 여러 가지로 말했다— 성 치프리아누스는 말하기를, 'Sacerdos Dei(신의 사제)'라고 했다—그러나 그들은 이 두 가지 진리 중 한 가지를 확실히 증명해 보이며 다른 한 가지를 배제하지 않았다.

단일체로 되돌아 오지 않는 무리는 혼란이고, 무리에 의존하지 않는 단일체는 압제다.

교회의 회가 교황 위에 있다고 말할 수 있는 나라는 프랑스밖에는 없다.

657 사람은 욕구에 가득 차서 이 욕구를 모두 채워 줄 수 있는 자들만을 사랑한다.

—"저 사람은 훌륭한 수학자이다"라고 말하리라—그러나 내게는 수학자가 소용없다. 그는 나를 하나의 명제로 생각할 것이니 말이다—"이 사람은 훌륭한 군인이다"라고—그는 나를 포위된 요새로 볼 것이다.

그러니까 내 모든 욕구에 대체로 순응할 수 있는 신사가 필요한 것이다.

658 참된 친구는 아무리 높은 귀족이라 하더라도 대단히 유용하니, 친구는 나에 대해 좋은 말을 하고 내가 없는 데에서도 나를 지지해 주기 때문이다. 그러므로 참된 친구를 얻기 위해 온 힘을 다 쏟아야 한다. 그러나 친구를 잘 선택해야 한다. 왜냐하면 그들이 만일 어리석은 자들을 위해 노력한다면 아무리 유리한 말을 하더라도 그것이 저들에게는 무익할 것이니 말이다. 또 친구들이 힘이 약하면 유리한 말을 하지도 않을 것이니, 권위가 없는 까닭이다.

이리하여 그들은 한데 휩쓸려서 험담을 할 것이다.

659 얀세니우스파의 제2, 제4, 제5 서한의 논설을 보라! 그것은 고상하고 성실하다.

〔나는 어릿광대와 허풍쟁이를 똑같이 미워한다.〕

—두 가지 부류가 하나도 친구 삼을 만한 것이 못 된다.

—마음이 없기 때문에 귀에만 의지하게 된다.

그의 기준은 진실성이다.

시인을 찾지, 진실된 사람을 찾지 않는 것이다.

시인이지, 신사가 아닌 사람.

〔제8 서한을 쓰고 나서는 넉넉히 답변했다고 생각했다.〕

—생략의 아름다움과 판단의 아름다움—

상징

660 인도하고, 기르고, 자기 땅으로 데리고 가야 할 한 민족을 만들어야
……하는 구세주, 아버지, 사제, 제물, 양식, 임금, 현자, 입법자, 수난받는
자, 가난한 자.

예수 그리스도, 직무

그는 거룩하고 선택받은 위대한 한 민족을 힘으로 혼자 만들어야 했고, 그
들을 인도하고 기르고 안식과 성덕이 있는 곳으로 데려가고, 신 앞에 거룩한
자로 만들고, 그들로써 신의 성전을 만들게 하고, 신과 화해를 시키고, 신의
진노에서 그들을 구해 내고, 사람을 지배하는 죄의 속박에서 해방시켜야 했
다. 그리고 그 백성에게 율법을 주고, 그 법들을 그들 마음속에 새겨 주고,
그들을 위해 자기를 신께 바치고, 그들을 위해 스스로 제물이 되어 때 묻지
않은 희생이 되며, 자신이 또한 사제가 되어야만 하였으니, 자기 당신, 즉
자기 살과 피를 바치고, 동시에 빵과 포도주를 신께 바쳐야만 했다.

—"Ingrediens mundum(세상에 들어오면서)."[475]

—'돌 위에 돌이'[476]—

—그보다 먼저 일어난 일과 뒤에 일어날 일, 살아남아서 떠도는 모든 유
대인들—

—"Transfixerunt(꿰뚫었다)"〈스가랴〉12장 10절—

예언

661 마귀의 머리를 부수고[477] 당신 백성을 그 죄에서, 'ex omnibus
iniquitatibus(모든 죄악에서)'[478] 구해 줄 구주가 오시게 되어 있고, 새로운
계약이 맺어지고[479], 그것은 영원할 것이며, 멜기세덱의 계급에 의한 다른
사제직이 세워지고 그것 또한 영원히 계속될 것이다. [480] 그리스도는 영광스
럽고 권능 있고 강하겠지만, 그러면서도 아주 비참해서[481] 사람들에게 인정
받지 못할 것이며, 사람들은 그를 메시아로 생각지 않고, 그를 배척하고 죽
일 것이다. 그를 부인할 백성은 이미 그의 백성이 아닐 것이고, [482] 우상 숭
배자들이 그를 받아들이고 구원을 청할 것이며, 그는 시온을 떠나 우상 숭배
의 중심지에서 다스릴 것이다.

그렇지만 유대인들은 그냥 그대로 남아 있을*483 것이다. 그는 이미 왕이 없어진 뒤에 유다 지파에서 날 것이다.

662 영혼이 죽는 것이냐, 죽지 않는 것이냐 하는 것이 윤리를 전혀 다르게 만들것은 의심 할 여지가 없는 일이다.

그런데도 철학자들은 그들의 윤리를 이것과는 상관이 없이 이끌어 나간다.

—그들은 한 시간을 보내는 문제를 가지고 따진다—

그리스도교로 이끌기 위해서는 플라톤이 있다. *484

위대함, 비참함

663 사람이 빛을 많이 가질수록 인간 안에 더 많은 위대함과 더 많은 비천함을 발견한다.

일반 서민들.

보다 더 교양이 높은 사람들.

철학자들.

그들은 일반 서민을 놀라게 한다.

그리스도 교도들은 철학자들을 놀라게 한다.

그러면 사람의 빛을 더 많이 가지면 가질수록, 그만큼 더 잘 인식하게 되는 것을 종교가 철저하게 깨닫게 하는 데 지나지 않음을 보고 누가 이상히 여기겠는가!

—상징적인 것—

664 신은 유대인들로 하여금 예수 그리스도에게 쓰이게 하기 위해 그들의 사욕을 이용하셨다.

〔예수 그리스도는 사욕을 고치는 방법을 가져오셨다.〕

—상징적인 것—

665 탐욕만큼 사랑과 비슷한 것이 없고, 그보다 사랑에 반대되는 것도 없다. 이와 같이 그들의 탐욕을 만족시켜 주는 재물을 잔뜩 가지고 있던 유대

인들은 그리스도 교도들과 몹시 흡사함과 동시에 아주 상반되기도 했다.

그리고 이와 같이, 그들은 꼭 가져야 했던 그 두 가지 특성, 즉 메시아를 상징하기 위해 그와 아주 흡사하다는 특성과 의심스러운 증인이 되지 않기 위해 그와 아주 상반되는 특성을 지니고 있었다.

666 사욕은 우리에게 자연스러운 것이라서, 우리의 제2의 천성이 되었다. 이와 같이 우리에게 좋은 천성과 나쁜 천성이 있다.

—신은 어디 계신가? 그대들이 있지 않은 곳에 계시다. 그리고 신의 나라는 그대들 안에 있다—랍비들.

667 자기 안에 있는 스스로를 사랑하는 마음을 미워하지 않고 자기를 신으로 만들려는 마음이 드는 본능을 미워하지 않는 자는 눈이 아주 어두운 자다. 이보다 더 정의와 진리에 어긋나는 것이 아무것도 없음을 누가 인정하지 않겠는가? 우리가 그렇게 될 자격을 갖췄다는 것은 헛된 소리기 때문이며, 모든 사람이 똑같은 것을 요구하기 때문에 거기에 이른다는 것은 불가능한 생각이다. 그러므로 이것은 우리가 가지고 태어나서—우리에게서 뗄 수는 없지만 떼버려야 하는 명백한 불의이다—

그럼에도 불구하고 어떤 종교도 그것이 죄라는 것도, 우리가 그것을 가지고 세상에 났다는 것도, 우리가 그것에 맞서 싸워야 한다는 것도 알아내지 못했고, 거기에서 벗어날 수 있는 방법을 가르쳐 줄 생각도 하지 않았다.

668 신이 있다면 그 한 분만을 사랑해야지, 잠깐 지나가는 피조물을 사랑하면 안된다. 전도서에 있는 불신자들의 추론은 다만 신이 없다는 것에 근거를 두었을 뿐이다. "이렇다면 우리는 피조물로 쾌락을 누리자"고들 말한다.*485 이것은 논리다.

그러나 사랑해야 할 신이 있다면 그들은 이런 결론을 내리지 않고 정반대의 결론을 내릴 것이다. 이것이야말로 현자들의 결론이니, "신이 계신다. 그러니까 우리는 피조물로 쾌락을 누리지 말자"는 것이다.

그러므로 우리를 꼬여서 피조물에 집착하게 만드는 것은 모두가 악하다. 우리가 신을 알고 있는 경우에는 그를 섬기지 못하게 하고, 혹 우리가 신을 알지 못하면 그를 찾지 못하게 방해하기 때문이다.

—그런데 우리는 사욕으로 가득 차 있다. 우리는 악투성이므로, 우리는 스스로를 미워해야 하고, 또 신이 아닌 다른 데에 집착하도록 우리를 꾀어내는 것을 모두 미워해야 된다—

669 피로니언, 스토아파, 무신론자 따위의 모든 원칙은 참되다. 그러나 그것들의 결론은 거짓되다. 그것들과 반대되는 원칙들도 역시 참되니까 말이다.

670 사람은 확실히 생각하도록 만들어졌다. 이것이 그의 모든 품격이요, 그의 모든 일이다. 그리고 그의 온갖 의무는 제대로 생각하는 것이다. 생각의 순서는 자기와 자기의 조물주와 자기의 목적에서 시작하는 것이다.

그런데 세상 사람들은 무엇을 생각하는가? 이런 것은 조금도 생각하지 않고, 다만 춤추는 것, 비파 타는 것, 노래하고 시 짓고 고리 꿰는 노름 따위와, —싸우고 왕이 되는 것만 생각하지, 왕 노릇하는 것이 어떤 것이며, 인간됨이 무엇인지는 생각하지도 않는다.

671 이성과 정열 사이에 벌어지는 사람의 내적 투쟁.

사람이 정열은 없고 이성만 있다면……

이성 없이 정열만 있다면……

그러나 양쪽을 다 가지고 있으므로 투쟁을 안 할 수가 없으니, 어느 한쪽과 싸우지 않고서는 다른 쪽과 사이좋을 수 없다. 그래서 사람은 늘 분열되어 있고, 자기 자신에게 반항하고 있는 것이다.

권태

672 정열이 없고, 일이 없고, 오락도 없고, 어디에 마음을 쏟는 일도 없이 완전하게 쉬는 것처럼 사람이 견딜 수 없는 것은 또 없다—그런 때에 사람은 자기의 허무, 고독, 부족, 예속, 무능, 공허를 느낀다—곧 그의 마음 저속에서 비통과 우울과 슬픔과 근심과 원망과 실망이 머리를 들 것이다.

673 자기가 무엇인지를 탐구하지 않고 산다는 것이 맹목이라면, 신을 믿

으면서도 악하게 사는 것은 무서운 맹목이다.

불의
674 오만이 비참에 겹쳐졌다면, 그것은 극도의 불의이다.

—진실한 선의 탐구—
675 보통 사람들은 선을 재산이나 외적인 행복이나, 혹은 최소한 오락에서 구한다. 철학자들은 이 모든 것이 헛되다는 것을 증명하고 그들이 둘 수 있는 가장 높은 곳에다 선을 두었다.

676 허영심은 사람의 마음에 너무나 깊이 뿌리를 박고 있어, 병사나 제자나 요리사나 인부도 자기 자랑을 해 그들을 우러러보는 사람들을 가질 수 있다. 철학자들도 자기를 우러러보는 사람이 있기를 원한다. 또 무엇을 반대해 글을 쓰는 사람들은 잘 썼다는 영광을 얻기를 원하며, 그것을 읽는 자들은 읽었다는 영광을 얻기를 원한다. 그리고 이런 글을 쓰는 나도 아마 이런 욕망을 가지고 있는지 모르며, 또 어쩌면 이 글을 읽는 이들도……

같이 있는 사람들에게 존경을 받고자 하는 욕망에 대해
677 오만은 우리의 비참과 잘못 가운데에 우리를 자연스럽게 꼭 붙잡아 놓는다. 우리는 사람들이 그 이야기를 하기만 한다면 기꺼이 목숨까지도 버린다. 허영은 놀음, 사냥, 방문, 연극, 실속 없는 명성이 영원히 계속되는 것이다.

678 사람의 이중성은 더없이 명백해서, 그 때문에 우리가 두 개의 영혼을 가졌다고 생각한 사람들까지 있을 지경이다. 단일체가 엄청난 교만에서 무서운 낙담으로 이처럼 급격히 변할 수 있다고 그들은 생각했던 것이다.

679 인간의 천성은 순전히 자연적이다. "Omne animal(모든 동물)."*486
천성으로 만들지 못할 것은 아무것도 없으며, 잃게 할 수 없는 천성적인 것도 없다.

680 참다운 선을 찾아 헛되이 헤매느라 지치고 피곤해 구세주에게 팔을 내미는 것은 좋은 일이다.

681 사람이 조그만 일에 민감하고 큰일에 오히려 무감각한 것은 괴상하게 뒤바뀐 표적이다. *487

682 우리를 괴롭히고 우리의 목을 조르는 여러 가지 비참을 보면서도, 우리는 우리를 높여 주는 억제할 길 없는 본능을 갖고 있다.

683 ―일생에 가장 중요한 일은 직업을 선택하는 일인데, 이것은 우연히 뜻대로 하는 것이다. ―

습관이 미장이도 만들고 군인이나 기와장이도 만든다. "저 사람은 훌륭한 기와장이이다"라고 말한다.

또 군인들에 대해서 말할 때 "저자들은 아주 미쳤어"라고도 한다. 또 어떤 이들은 그와 반대로 "군인보다 더 위대한 것은 없다. 그 나머지 사람들은 무뢰한의 무리이다"라고 말한다. 어렸을 때 어떤 직업은 찬양하고, 어떤 것은 모두 경멸하는 것을 하도 들어서 선택하게 된다―왜냐하면 사람들은 자연스레 덕을 사랑하고 어리석음을 미워하기 때문이다. ―이 말들은 우리를 감동시킨다. ―다만 그 적용을 그르칠 뿐이다.

습관의 힘은 대단히 큰 것이어서, 자연이 사람으로밖에는 만들지 못하였으나 습관은 사람들의 온갖 지위를 만들어 놓는다.

왜냐하면 어떤 지방에는 모두가 미장이들이고, 어떤 지방에는 모두가 군인 등등이다. 확실히 자연은 그렇게 획일적이지 않다. 그러니까 이렇게 만드는 것은 습관이니, 이것이 자연을 구속하는 것이다. 그러나 어떤 때는 자연이 습관을 이겨내서 아무리 좋고 그릇된 습관이 있다 해도 사람을 그 본능에 붙잡아 둔다.

684 사람들이 클레오뷜린의 잘못과 정욕을 즐겨보려고 하는 것을 그 여자 자신은 모르고 있기 때문이다. 그 여자가 잘못을 생각하지 않는다면 사람들의 마음을 끌지는 못할 것이다. *488

685 '왕자'라는 말을 왕은 좋아한다. 자기의 신분을 작게 해 놓은 것이기 때문이다.

686 "반란의 횃불을 꺼라"는 말은 너무 호화로운 말투다.
'그의 천재성에 대한 불안'에는 대담한 말 둘이 여벌로 붙었다.

687 몸이 건강할 때에는 병이 들면 어떻게 할까 하고 엉뚱하게 생각하는데, 병이 들면 기꺼이 약을 먹는다. 병이 그런 결심을 하게 하는 것이다.
병이 들면 서로 용납되지 않는 건강이 주던 오락과 소풍에 대한 정열과 원욕을 이미 지니지 않게 된다. 그때에는 자연이 그 상태에 알맞은 정욕과 원욕을 준다. 우리를 번거롭게 하는 것은 자연이 아니라 우리 자신이 스스로 가지는 두려움뿐이니, 이것들은 지금 있는 상태에다 우리가 지금 있지 않는 상태의 정열들을 연결시켜 주기 때문이다.

688 자연은 어떤 상태에서나 항상 우리를 불행하게 만들기 때문에 우리의 원욕은 우리에게 어떤 행복한 상태를 그려준다. 그것은 우리가 지금 있는 상태에다 우리가 있지 않는 상태의 쾌락을 연결시켜 주는 까닭이다. 그러나 우리가 이 쾌락에 이르게 되어도 행복하지는 않을 것이니, 그 새로운 상태에서 또 다른 욕망이 생기기 때문일 것이다.
이 일반적인 명제를 특정화해야 한다.

689 언제나 희망을 가지고 경사스러운 일을 좋아하는 사람들이 곤란한 사정에 처해 흉하고 언짢은 일에 대해서도 마찬가지로 마음을 품지 않으면, 사업에 실패한 것을 좋아한다는 의심을 받게 된다. 그리고 그들이 사업에 관심을 가진다는 것을 드러내기 위해 희망의 구실을 발견하고, 그들이 거기에 대해 기뻐하는 체하면서 사업의 실패에서 오는 기쁨을 갖게 되는 것을 좋아한다.

690 우리의 본성은 움직임에 있다. 완전한 휴식은 죽음이다.

691 '미통'은 본성이 타락하였고 사람들이 정직에 어긋나 있음을 잘 안다. 그러나 그들이 왜 더 높이 날아 올라가지 못하는지 모른다.

692 숨어서 하는 착한 행동은 가장 값있는 것이다. 184페이지처럼, *489 역사에서 이런 것을 몇 가지 볼 때면 마음이 몹시 기쁘다. 그러나 어떻든 그 것들이 알려진 이상 아주 숨겨진 것은 아니다. 또 될 수 있는 한 그것들을 숨기려고 했으나 결국은 밖으로 나타나게 해서, 조그만 통로가 모든 것을 망 쳐 놓는다. 왜냐하면 그것들을 숨기려고 했던 것이 가장 아름다운 것이기 때 문이다.

693 그대들이 어떤 사물들을 개연성이 있다고 생각해서 세상 사람들이 좋 아한다는 것밖에 다른 이유가 있을 수 있는가? 만약에 질투하는 풍습이 없 었다면 그대들은 이 문제 자체를 생각해 보고 사람들이 싸울 수 있다는 것이 진리라거나, 또는 그대들이 그것을 그럴 듯하게 생각한다고 우리가 믿게 할 수 있겠는가?

694 정의란 이미 세워져 있는 것이다. 그래서 우리의 모든 법률은 그것들 이 이미 세워져 있으므로, 검토할 것도 없이 반드시 옳은 것으로 여겨질 것 이다.

느낌
695 기억, 기쁨의 느낌들이다. 그리고 기하학의 명제들까지도 느낌이 된 다. 왜냐하면 이성은 느낌을 천성적인 것으로 만들며, 천성적인 느낌은 또 이성으로 지워지니까 말이다.

신사
696 어떤 사람에게 '수학자'다, 혹은 '설교자'다, '웅변가'다 하지 말고, 그 는 '신사다'라고 할 수 있어야 한다. 나는 이 보편적인 소질만을 좋아한다.
어떤 사람을 만나 그 사람의 책을 생각하면 그것은 좋지 못하다. 만나서 그것을 쓰는 기회를 거쳐서만 어떤 소질을 발견하게 되었으면 좋겠다. "Ne

quid nimis(너무 많지 않게)."*490 한 가지 소질이 너무 뛰어나서 그 소질이 별명이 될까 무서우니 말이다. 말을 잘 하는 것이 문제될 때가 아니면 누가 말을 잘 한다는 것을 생각지 말아야 한다. 말을 잘 하는 것이 문제될 때 비로소 그것을 생각해야 한다.

기적

697 민중은 스스로 결론을 내렸다. 그러나 그대가 그 이유를 설명해야 한다.

규칙의 예외에 속한다는 것은 언짢은 일이다. 예외에 대해서는 차라리 엄격해야 하고 반대해야 된다.

그렇기는 하지만 규칙에는 예외가 있음이 확실하니, 거기 대해서는 엄격하게, 그러나 공평하게 판단해야 한다.

몽테뉴

698 몽테뉴에게는 좋은 점을 찾기란 매우 어렵다. 그의 품행에 관한 나쁜 점은 빼고 말이다.

만일 그가 말이 너무 많다고, 자기 이야기를 너무 한다고 경고만 받았더라면 당장에 고칠 수 있었을 것이다.

699 그대가 별로 중요하지 않은 문제에 대해 불평을 한다고 해서, 그들을 존경하는 지위 높은 자들의 예를 늘어놓는 사람을 그대는 본 적이 있는가? 나는 그들에게 이렇게 대답하겠다. "당신이 이런 분들을 매혹시킨 장점을 보여주시오, 그러면 나도 마찬가지로 당신을 존경하겠소."

700 기억은 이성의 모든 작용에 필요한 것이다.

701 자연스러운 설화가 어떤 정욕이나 그 결과를 그리면, 사람들은 이제껏 그런 게 있는 줄도 몰랐던, 자기 안에서 그들이 듣고 있는 것의 진실을 발견한다. 그래서 우리에게 그것을 깨닫게 해 준 그를 사랑하기 쉽다. 왜냐하면 그는 우리에게 자기의 장점을 보여주는 것이 아니라 우리의 장점을 보

여주기 때문이다. 이리하여 이 혜택으로 그가 우리에게 사랑스러운 자가 될 뿐 아니라, 그와 우리 사이에 있는 공통된 이해로 인해 자연히 마음이 끌려 그를 사랑하게 되는 것이다.

개연성

702 누구나 덧붙일 수는 있다. 그러나 아무도 없앨 수는 없다.

703 에스코바르는 일반적으로 알려져 있기 때문에, 그대는 내가 그에 대해 틀리게 말한다고 나를 비난하는 일이 없다.

704 겸손에 대한 이야기는 거만한 사람들에게는 거만할 거리가 되고, 겸손한 사람들에게는 겸손할 거리가 된다.

이와 같이 피로니즘에 대한 이야기가 긍정하는 자들에게는 긍정할 거리가 되니, 겸손에 대해 겸손하게 말하는 사람이 별로 없고, 순결에 대하여 순결하게 말하는 사람이 얼마 없으며, 피로니즘에 대한 이야기를 회의적으로 하는 사람도 적다.

우리는 거짓말, *491 위선, 모순에 지나지 않으며, 우리 자신에게 스스로를 감추고 치장한다.

705 내가 내 생각을 쓰고 있는 중에 그것이 달아나 버리는 수가 있다. 그러나 이로써 내가 늘 잊어버리는 나의 약함을 생각해 내게 된다. 이것은 달아나 버린 내 생각만큼이나 교훈이 되는 것이니, 이는 내가 나의 허무함을 알기에만 온 마음을 기울이는 까닭이다.

706 불행한 사람들을 동정하는 것은 사욕과 반대되는 일이 아니다. 오히려 사람들은 아무것도 주지 않고 이런 호의의 증거를 보여주고 자애롭다는 평판을 듣는 것을 기뻐한다.

회화

707 종교, '나는 이를 부인한다.', 이런 말은 허풍이다.

회화

피로니즘은 종교에 도움이 된다.

708 악인들을 막기 위해 그들을 죽여야 하는가? 그것은 악인 하나를 죽이는 대신에 악인 둘을 만드는 것이다. "Vince in bono malum(선으로 악을 이겨라)." *492 성 아우구스티누스.

Spongia solis(태양의 흑점)

709 어떤 결과가 항상 똑같이 나타나는 것을 보면 우리는 자연의 필연적 일이라고 결론짓는다. 가령 내일 해가 뜨겠다든지 하는 것같이. 그러나 가끔 자연이 우리를 반박해 그 자체의 법칙을 따르지 않는 때가 있다.

710 정신은 자연히 믿게 마련이고, 의지력은 자연히 사랑하게 마련이다. 그래서 참된 대상이 없을 때에는 거짓 대상에 집착할 수 밖에 없다.

711 은총은 늘 세상에 있을 것이며, 또한 본성도 역시 그러할 것이다.

그래서 은총은 곧 본성적인 것이다. 이래서 언제나 펠라기우스 파*494가 있을 것이고, 또 언제나 가톨릭도 있을 것이고, 언제나 싸움도 있을 것이다.

첫 번째 탄생은 전자를 만들고, 두 번째 탄생의 은총은 후자를 만들기 때문이다.

712 자연은 해, 날, 시간같이 언제나 같은 일을 다시 시작한다. 공간도 마찬가지이며, 또한 수는 쪽 차례로 연이어져 있다. 이리하여 일종의 무한하고 영원한 것이 이루어진다. 이 모든 것 가운데 무한하고 영원한 그 무엇이 있어서가 아니라, 유한한 것들이 무한히 붙어나기 때문이다. 그래서 내 생각에는 그것들을 불려주는 수밖에는 무한한 것이 없는 것 같다.

713 인간은 적절히 말해서 'Omne animal(모든 동물)'이다. *494

714 여론과 상상력 위에 세워진 주권은 얼마 동안 다스리면 부드럽고 자

발적인 것이 되는데, 힘의 주권은 언제까지나 지배한다. 이와 같이 여론은 세상의 여왕과도 같은 것이지만, 힘은 그 폭군이다.

715 에스코바르에 의해 정죄되는 자는 제대로 정죄되는 자일 것이다.

―웅변―

716 유쾌하고 실제적인 것이어야 한다. 그러나 이 유쾌함 자체가 진실된 것에서 나와야 한다.

717 각 사람은 자기 자신에게 하나의 전체다. 왜냐하면 그가 죽으면 그에게는 전체가 죽는 것이 되기 때문이다. 각 사람이 모든 사람에게 전부가 된다고 생각하는 것은 이 때문이다. 자연은 우리를 기준으로 판단하지 말고, 그 자체를 기준으로 판단해야 한다.

718 어떠한 대화나 연설을 할 때라도 그것을 불쾌하게 생각하는 자들에게 "무엇이 못마땅하십니까?"라고 말할 수 있어야 한다.

719 '좋은 말을 하는 자'는 좋지 못한 성격의 소유자다.

720 남이 그대에 대해 좋게 생각하기를 원한다면 그런 말을 하지 마라.

721 우리는 사물의 다른 면을 보는 것뿐만 아니라, 달라진 눈으로 사물을 보는 것이다. 우리는 그 사물들을 전과 같은 것으로 생각할 의사가 없다.

722 그가 10년 전에 사랑하던 여자를 이제는 사랑하지 않는다. 물론이다 그 여자도 이미 단 사람이 되엇고, 자기도 이미 그 때 그 사람이 아니니 말이다. 그는 젊었고, 그 여자도 젊었다. 그런데 그 여자는 아주 딴 사람이 되었다. 그 여자가 전과 다름이 없다면 아마 지금도 그는 그 여자를 사랑할지 모른다.

723 우리가 덕 안에 몸을 계속 두는 것은 우리 자신의 힘으로 하는 것이 아니고, 마치 우리가 서로 반대 방향에서 불어오는 두 바람 가운데 서있듯이 상반되는 두 가지 악습의 균형으로 되는 것이다. 이 악습 중에서 하나를 치워 보라, 그러면 우리는 그 반대쪽 악습에 떨어지고 말 것이다.

724 자연스러운 문체를 보면 놀랍고 기쁘다. 왜냐하면 한 작가를 만날 줄로 알았었는데, 하나의 인간을 발견하기 때문이다. 이와는 반대로, 고상한 취미를 가진 사람들은 어떤 책을 보고 한 인간을 발견하리라 생각했는데, 작가를 발견하여 몹시 놀라게 된다.

"Plus poetice quam humance locutus es(그대는 인간적이라기보다 오히려 시적으로 말했도다)."*495

자연은 모든 것에 대하여, 심지어 신학에 대해서도 말할 수 있으니, 자연에게 배우는 사람들이야말로 자연을 참으로 존중해야 한다.

725 세상이 그대를 믿는다면 눈이 몹시 어두운 탓이리라.

726 교황은 서원으로 그에게 복종하지 않은 학자들을 미워하고 무서워한다.

727 사람은 천사도 아니고, 짐승도 아니다. 그리고 천사인 체하려는 자는 불행히도 짐승처럼 되고 만다.

728 교회를 사랑하는 자들은 풍속의 부패를 보고 한탄하지만, 적어도 법은 그대로 남아 있다. 그러나 이들은 법을 부패시키니 모범이 손상된 것이다.

몽테뉴

729 몽테뉴의 결점은 크다. 외설스러운 말, 이것은 드 구르네 양이*496 뭐라고 하든 아무 값어치도 없는 것이다. '눈이 없는 자들'이라고 한 것은 너무 쉽사리 믿는 탓이요, '원적법(圓積法)', '더 위대한 세계'라고 한 것은 무

식함 때문이다. 임의의 살인, 죽음에 대한 생각. 그는 영혼을 구하는 것에 대해 두려움도 뉘우침도 없는 무관심을 불러 일으킨다. 그의 책은 신앙심을 높이기 위하여 쓴 것이 아니니, 그렇게 할 의무는 없었다. 그러나 거기에 어긋나게는 하지 말아야 하는 것이 당연한 의무이다.

인생의 어떤 기회에서 그의 약간 외설스럽고 음탕한 감정은 눈감아줄 수가 있다. 그러나 죽음에 대한 그의 이교적인 생각은 눈감아 줄 수가 없다. 왜냐하면 적어도 죽을 때만은 그리스도 교도답게 죽기를 원치 않는다면 모든 신앙심을 저버려야 하기 때문이다. 그런데 그는 책 전체에 걸쳐 비열하고 무기력하게 죽는 것밖에 생각하지 않는다.

730 극도의 용기와 관용을 가지고 있던 에파미논다스*[497]처럼, 용기와 같은 덕을 극도로 가지고, 동시에 그와 반대되는 덕을 극도로 가지고 있지 못한다면, 나는 조금도 감탄하지 않는다. 왜냐하면 그것은 올라가는 것이 아니고 떨어지는 것이기 때문이다. 사람은 어떤 한쪽 극단에 있다고 해서 그의 위대함을 나타내는 것은 아니고, 양극단에 동시에 도달하고 두 극단의 중간 전체를 가득 채워야만 위대한 것이다. 그러나 어쩌면 이것은 이 극단에서 저 극단으로 옮아가는 영혼의 급격한 움직임에 지나지 않는 것으로, 실제에 있어서는 영혼이 불붙는 나무처럼 어떤 한 점에밖에는 없을지도 모른다. ―그렇대도 좋다. 이것이 영혼의 넓이를 표시하는 것은 아니라 하더라도, 적어도 그의 빠름을 나타내는 표시는 된다.

무한운동
731 무한한 운동, 모든 것을 채우는 점, 휴식중의 운동, 이것은 헤아릴 수 없이 많고 나눠지지 않는 끝없는 무한이다.

―질서―
732 어째서 내 도덕을 여섯 아닌 넷으로 나누려 하겠는가? 어째서 덕행을 하필이면 넷이니 둘이니 하나니 하고 정해 놓겠는가? 플라톤이 말한 것처럼 "본성을 따르라" 든가, 혹은 다른 것 말고 "Abstine et sustine(삼가고 참으라)"를 덕으로 정하겠는가?

―"그러나 모든 것이 이 한 마디에 포함되었다고 그대는 말하리라."

―그렇기는 하다. 그러나 그것은 설명을 하지 않으면 소용이 없는데, 설명하려 들면 다른 모든 계명을 포함하는 이 계명을 열기가 무섭게 다른 계명들이 쏟아져 나와, 그대가 피하고자 하던 첫 번째 혼란에 다시 빠지고 만다. 이리하여 계명들이 모두 하나 속에 포함되어 있으면 마치 궤 속에 감추어져 있는 것처럼 쓸모가 없으며, 결코 자연적으로 혼돈되지 않고는 나타나지 않는 법이다―자연은 그것들을 서로 다른 것 안에 포함되지 않도록 정해 놓았다―

―질서―

733 자연은 모든 진리를 각각 독립시켜 놓았다. 우리의 재간은 그것들을 서로 다른 것 안에 포함시켜 놓는다. 그러나 이것은 자연스러운 것이 아니니, 각 진리는 저마다 제자리가 있는 것이다.

―영광―

734 짐승들은 서로 존경해 복종하지 않는다. 말[馬]은 그 동무를 감탄하는 마음으로 따르지 않는다. 그것은 경주할 때 이들 사이에 경쟁심이 없어서가 아니고, 별로 중요하지 않기 때문이다. 마구간에 있을 때에는 아무리 둔하고 못생긴 놈이라도, 사람들이 그렇게 했으면 하고 바라는 것처럼, 딴 놈에게 제 몫의 귀리를 양보하지는 않는다. 말들에게 덕은 스스로 만족하는 것이다.

735 열이란 몇몇 작은 공의 운동에 지나지 않는 것이고, 빛이란 우리가 느끼는 'conatus recedendi(원심력)'*⁴⁹⁸에 지나지 않는다고 말하면 우리는 이상하게 생각한다. 아니! 쾌락이 정신의 무용(舞踊) 이외에 아무것도 아니라고? 우리는 거기에 대해 아주 다른 견해를 가지고 있었는데! 그리고 이런 느낌은 우리가 그것들과 비교해서 서로 같은 것이라고 말하는 느낌과는 엄청난 차이가 있는 것 같은데! 불의 감각, 접촉과는 아주 다른 모양으로 우리에게 작용하는 그 열, 소리와 빛을 받아들이는 것, 이 모두가 우리에게 신비롭게 보이는데, 그래도 이것은 돌에 얻어맞는 것만큼이나 흔한 일이다. 하

긴 털구멍 속으로 들어가는 작은 기운이 다른 신경을 건드리지만, 어쨌든 신경이 건드려지는 것이다.

736 나는 추상적 지식을 배우는 데 오랜 시간을 보냈다. 그런데 그것을 별로 전달해 줄 수가 없던 탓에 이내 싫증이 났다. 내가 인간을 연구하기 시작했을 때에, 이 추상적 학문이 사람에게 맞지 않는다는 것과 다른 사람들이 그것을 모른다기 보다는 오히려 내가 그것을 통달함으로써 내 처지에서 더 멀어져 가는 것임을 깨달았다.

나는 다른 사람이 그것을 별로 알지 못함을 용서했다. 그러나 인간의 연구에서는 적어도 많은 동지를 만났다고 생각했고, 또 그것이 인간에 적합한 연구라고 생각했다. 내 생각은 틀렸으니, 인간을 연구하는 사람은 기하를 연구하는 사람보다도 적은 것이다. 나머지 일을 찾는 것은 이것을 배울 줄 모른다는 것이 아니다. 다만 사람이 가져야 하는 지식은 역시 이런 데에 있지 않고, 또 사람이 행복하기 위해서는 자기 자신을 모르는 것이 더 낫지 않은가 말이다.

'나'란 무엇인가?

737 어떤 사람이 행인들을 보려고 창가에 앉아 있는데, 만약 내가 그리로 지나간다면, 그가 나를 보려고 거기에 앉아 있다고 말할 수 있는가? 아니다. 왜냐하면 그는 나를 개별적으로 생각한 것이 아니기 때문이다. 그럼 누가 어떤 사람을 보고 그가 아름답기 때문에 사랑한다면 그를 사랑하는 것인가? 아니다, 왜냐하면 천연두가 그를 죽이지 않고 그의 아름다움만 죽인다면 그 사람을 사랑하지 않게 되기 때문이다.

또 만일 누가 내 판단력과 내 기억력 때문에 나를 사랑한다면 그는 '나'를 사랑하는 것인가? 아니다, 왜냐하면 나는 나 자신을 잃지 않고서도 이 장점들을 잃을 수 있기 때문이다. 그러면 '나'라는 것이 육체나 정신 안에도 있지 않다면 어디에 있단 말인가? 그런데도 없어질 수 있는 이 특성들 때문이 아니라면, 어떻게 육신이나 정신을 사랑한단 말인가? 왜냐하면 누가 한 사람의 정신을 그 본질 속에 어떤 특성이 있든지 추상적으로 사랑하겠느냐 말이다. 이것은 될 수 없는 일이고, 옳지도 못한 일이다. 그렇다면 사람들은 결코 어떤 사람을 사랑하는 것이 아니고, 다만 장점들을 사랑하는 것이다.

그러니까 무슨 직책이나 관직 때문에 남의 존경을 받게 되는 자들을 비웃으면 안된다. 왜냐하면 사람들은 빌려 받은 어떤 특성 때문이 아니면 아무도 사랑하지 않기 때문이다.

738 몽테뉴의 책에서 발견하는 모든 것을 나는 그에게서가 아니라 나에게서 발견한다.

739 신은 우리의 죄, 즉 우리 죄의 무서운 결말을 우리에게 돌려주지 마시기를!

아무리 작은 허물이라도 무자비하게 그것을 살피려 든다면 무서운 것이다.

740 피로니즘은 진리이다. 왜냐하면 결국 사람들이 예수 그리스도 이전에는 자기들의 처지가 어떤 것인지도 몰랐고, 자기들이 위대한지 혹은 비천한지도 몰랐다. 그리고 이렇다 혹은 저렇다 말하는 자들도 그것에 대해서 아무것도 알지 못하고 이유도 없이 그냥 되는대로 짐작했다. 또 그들은 이 중의 한쪽을 배제함으로써 늘 잘못을 저지르기까지 하는 것이었다.

"Quod ergo ignorantes quaeritis, religio annuntiat vobis(그러므로 그대들이 알지 못하면서 구하는 그것을 종교가 그대들에게 가르쳐 준다)." *499

─몬탈테─

741 느슨하게 풀린 의견을 사람들이 하도 마음에 들어하니까 그들의 의견을 사람들이 마음에 들어 하지 않는다는 게 이상할 지경이다. 그들의 의견은 온갖 한계를 넘어가기 때문이다. 그뿐 아니라, 참된 것을 보면서도 거기에 도달할 수 없는 사람은 얼마든지 있으나, 종교의 순결이 우리들의 타락과 상반된다는 것을 알지 못하는 사람은 별로 없다.

영원한 보상이 에스코바르적 도덕에 주어진다는 건 우스운 일이다.

742 세속을 따라 살기에 가장 쉬운 조건은 신의 뜻대로 살기에는 가장 어

려운 것이다. 이와 반대로 세속을 따라 살기에는 수도 생활처럼 어려운 것도 없고 신의 뜻대로 수도 생활을 하는 것보다 더 쉬운 것도 없다. 세속을 따라 높은 관직이나 큰 재산을 누리는 것보다 더 쉬운 것이 없으며, 그런 것을 누리면서도 신의 뜻대로 거기에 관심도 애착도 가지지 않고 사는 것보다 어려운 것은 또 없다.

순서

743 나는 이 논설을 다음과 같은 순서로 전개할 수 있었을 것이다. 모든 종류의 처지가 헛됨을 증명하기 위해, 평범한 생활의 헛됨과, 그 다음에는 피론파와 스토아파 철학을 따르는 생활의 헛됨을 증명하기 위해서라고.

그러나 그 순서가 지켜지지 않을 것이다. 나는 그것이 어떤 것인지, 또는 그것을 이해하는 사람이 얼마나 적은지를 안다. 사람의 학문치고 그것을 지킬 수 있는 것은 하나도 없다. 성 토마스도 그것을 지키지 못했다. 그러나 수학은 그것을 지킬 수 있다. 다만 수학은 깊이 들어가면 쓸데없는 것이다.

744 원죄는 사람들이 볼 때 도무지 이치에 닿지 않는 것이며, 또 그런 것으로 제시되어 있다. 그러니까 그대는 이 교리에 대해서 이치에 닿지 않는다고 나를 탓하지 마라. 나도 그것을 이치에 닿지 않는 것으로 제시하고 있으니까 말이다. 그러나 이 이치에 닿지 않는 것이 사람들의 모든 지혜보다 더 지혜로운 것이다. "sapientius est hominibus(사람들보다 더 지혜롭다)."*500

이것이 아니고는 사람이 무엇이라고 어떻게 말하겠는가. 그의 모든 상태는 깨닫지 못할 이 점에 달려 있는 것이다. 그리고 이것은 이성에 어긋나는 것이고, 또 그의 이성은 자신의 방법으로 그것을 발견하기는 커녕 그것을 보면 오히려 멀어져 가니, 사람이 어떻게 그것을 자기 이성으로 깨달았겠는가?

745 내가 아무것도 새로운 것을 말한 것이 없다고 말하지 마라. 재료의 배치가 새로우니 말이다. 테니스를 할 때 양쪽에서 치는 공은 같은 공이지만 한쪽은 그것을 더 좋게 쳐 보내는 것이다.

차라리 내게 전에도 쓴 말을 또 썼다고 하면 좋겠다. 같은 생각이 배치를 달리해 놓는다 해도 다른 논설을 이루지 못하는 것과는 달리 같은 말은 그 배치를 달리하면 다른 새로운 생각을 만들어 내는 것이다.

(1658년 1월)

746 방탕 속에 있는 자들은 질서 속에 사는 자들을 보고 이들이 본성에서 벗어나 있다고 말하며, 자기들이 본성을 따르는 줄로 생각한다. 마치 배를 타고 있는 사람들이 뭍에 있는 사람들이 달아나고 있다고 생각하는 것이나 마찬가지다. 그것을 판단하기 위해서는 고정된 점이 있어야 한다. 항구는 배를 타고 있는 자들을 판단한다. 그러나 도덕에 있어서 우리는 어디서 항구를 찾아야 할 것인가?

—자연은 모방한다—
747 자연은 모방된다. 좋은 땅에 떨어진 씨앗은 열매를 맺고, 좋은 정신에 던져진 원리도 열매를 맺는다.

성질이 그렇게도 다른 많은 개체가 공간을 모방한다.

모든 것이 한 지배자에 의해 만들어지고 조종된다. 뿌리와 가지와 열매가 그렇고, 원인과 결과가 그렇다.

748 모든 것이—똑같이—움직이면, 배에 있을 때와 마찬가지로 아무것도 움직이지 않는 것같이 보인다. 모든 사람이 방탕의 길을 달려 가고 있으면, 아무도 그리로 가는 것처럼 보이지 않는다. 멈춰 서는 자는—마치 고정된 점과 같이—다른 사람이 흥분해 있다는 걸 알게 해 준다.

—총장들—
749 그들은 이러한 풍습을 우리 예배당 안에 들이는 것으로 만족하지 않는다. "Templis inducere mores(예배당에 풍습을 들이라)." 그들은 교회 안에 받아들여지기를 원할 뿐 아니라, 마치 자기들이 가장 강한 자이기나 한 것처럼 그들 편이 아닌 자들을 거기에서 쫓아내고자 한다……

모하트라. 그것을 이상히 여기는 것이 신학자의 할 일이 아니다.

때가 하도 가까웠기 때문에 이런 풍습을 온 교회에 퍼뜨릴 것이라고 누가 그대의 총장들에게 말했겠는가? 또 이런 무질서를 거부하는 것을 전쟁이라고, "Et tanta mala pacem(이런 재앙을 평화)"라고 부를 것이라고 누가 말했겠는가?

750 어떤 사람을 적절하게 나무라고 그가 잘못하고 있는 것을 보여주려면 그가 어떤 면에서 사물을 보는지를 관찰해야 한다. 왜냐하면 그 일을 그 쪽에서 보면 보통 옳은 것이므로, 그 진리는 그에게 인정해 주면서 그것이 옳지 않은 면을 보여줘야 하는 것이다. 그는 이것을 만족스레 생각하게 될 것이니, 그것은 자기가 그르친 것이 아니고, 다만 모든 면을 보지 못한 것뿐이었다는 것을 알게 되기 때문이다.

그런데 사람들은 모든 것을 보지 못한 것은 속상하지 않으나 그르치는 것은 원하지 않는다. 이것은 아마도 사람이 모든 면을 보지 못하는 것은 자연스러운 것, 또한 그가 어느 부분에 대해서는 똑바로 보고 있는 것도 자연스럽다는 데에서 오는 것이리라. 관능의 이해는 언제나 옳다는 것과 마찬가지 이치다.

751 은총의 움직임, 마음의 완강, 외적사정.

752 〈로마서〉 3장 27절. "자랑은 제거되었다. 어떤 율법으로 인해서인가? 행위의 율법인가? 아니다. 신앙에 의해서이다." 그러므로 신앙은 율법의 행위처럼 우리의 능력 안에 있는 것이 아니고 딴 모양으로 우리에게 주어지는 것이다.

베니스
753 그대들은 거기에서 무슨 이익을 얻는가? 군주들은 그것을 필요로 하고 백성들은 그것을 혐오한다는 것밖에 없지 않은가? 그들이 그대들에게 청했더라면, 그리고 그것을 얻으려고 그리스도교인 군주들의 도움을 간청했다면, 그대들은 이런 추구를 훌륭하게 보여줄 수 있을 것이다. 그러나 50년 동안을 두고, 모든 군주들이 힘써 왔는데도 소용이 없었고, 또 그것을 얻기 위해서는 이와 같이 절실한 요구가 필요했다면……

754 고위고관과 서민은 똑같은 재난과 똑같은 불만과 똑같은 열정을 가지고 있다. 그러나 한편은 바퀴 꼭대기에 있는 데 비해 한편은 바퀴 중심에 있기 때문에 같은 운동을 겪어도 덜 흔들린다.

(1658년 2월)

매는 것과 푸는 것

755 신은 교회와 관계없이 죄를 씻어주기를 원치 않으셨다. 교회가 죄과에도 한몫 끼는 만큼 용서에도 한몫 끼기를 신은 원하신다. 신은 교회에 이 권리를 나누어 주신다. 마치 왕들이 제후 회의에 자기들의 권리를 부여하는 것과 같다.

그러나 교회가 신을 떠나 풀어 주거나 매거나 하면 그것은 이미 교회가 아니다. 그것은 제후 회의와 마찬가지다. 왜냐하면 비록 왕이 어떤 사람에게 사(赦)함을 내렸다 하더라도 그것이 확인되어야 한다.

그러니 제후 회의가 왕과 관련 없이 확인하거나 왕의 명령을 따라 확인하기를 거부한다면, 그것은 이미 왕의 회의가 아니고 하나의 반역 단체이기 때문이다.

756 그들은 영속성을 가질 수가 없으므로 보편성을 구한다. 이 때문에 자기들이 거룩해지기 위해 온 교회를 타락한 것처럼 만든다.

—교황들—

757 임금들은 그들의 권력을 행사한다. 그러나 교황들은 자기들의 권력을 행사할 수 없다.

758 우리는 스스로를 거의 모르고 있기 때문에 많은 사람들이 건강하면서도 오래지 않아 죽으리라고 생각하고, 또 머지않아 있을 높은 열과 이제 막 생기려고 하는 고름집을 깨닫지 못하고, 죽을 날이 가까웠는데도 건강한 줄로 생각한다.

—언어—

759 쉬기 위해서가 아니면 정신을 딴 데로 돌려서는 안 된다. 그리고 적당한 때에 정신을 쉬도록 해야 한다. 그렇지 않으면 권태를 느끼기 때문이며, 무리하게 피곤한 생활을 하는 사람은 느슨히 풀리게 되는 것이니, 그때에는 모든 것을 포기하기 때문이다. 탐욕의 악의는 우리에게 쾌락을 주지 않으면서 우리에게서 얻고자 하는 것과 무엇이든지 반대되는 것을 즐겨 하려드는데, 이 쾌락이란 우리가 무슨 값이라도 치르고 사는 화폐인 것이다.

—힘—

760 사람들은 왜 다수를 따르는가? 이들이 더 옳기 때문인가? 아니다. 힘이 더 센 까닭이다.

어째서 사람들은 옛 법률과 옛 여론을 따르는가? 그것들이 가장 건전하단 말인가? 아니다. 다만 그것들은 단일성이어서 우리에게서 다양성의 뿌리를 뽑아 버리기 때문이다.

761 어떤 사람이 고해를 하고 나올 때에 큰 기쁨과 안도를 느꼈다고 내게 말했다. 또 한 사람은 여전히 공포를 느끼고 있다고 말했다. 이에 대해 나는 생각했다. 이 두 사람을 가지고 하나의 훌륭한 사람을 만들 것이라고.

또 양쪽이 각각 다른 쪽의 감정을 느끼지 못했다는 점에 결함이 있다고. 이런 것은 다른 일에서도 자주 일어난다.

762 고해 성사에서는 사죄경뿐이 아니고, 상등 통회로도 죄를 씻어 준다. 이 상등 통회는 성사를 구하지 않는다면 진실한 것이 아니다.

이와 같이 생식에 있어서 죄를 안 짓게 하는 것은 혼배강복이 아니고, 신에게 바칠 자녀들을 낳게 하는 욕망이다. 그런데 이 욕망은 혼인 안에서만 진실한 것이다.

그리고 성사를 받지 않고 죄를 뉘우치는 자가 성사를 받으면 뉘우치지 않는 자보다 더 죄씻음을 받을 준비가 되어 있는 것과 같이, 예를 들면, 아이들을 낳기만 원하는 롯의 딸들*501이 자녀를 가지길 원치 않는 부부들보다, 혼인은 안 했어도 더 순결했다.

—교황들—

763 모순이 있다. 왜냐하면 그들은 전통을 따라야 한다고 말하고 이것을 감히 부인하지는 못하면서도, 또 한편으로는 자기들이 하고 싶은 말을 할 것이기 때문이다. 사람들은 전자를 항상 믿을 것이니, 그것은 그들을 믿지 않는 것이나 마찬가지로 그들에게 반대되는 것이 되기 때문일 것이다.

764 다른 모든 재능을 규정하는 주요한 재능.

765 위험을 당하지 말고 위험이 없을 때 죽음을 무서워하라—사람다워야 하기 때문이다—

766 강은 앞으로 가는 길이며, 우리가 가고자 하는 곳으로 데려다 준다.

767 예언들은 모호했다. 그러나 이제는 모호하지 않다.

768 "나는 7천 명을 남겨 놓았노라."*502 세상에 알려지지 않고, 예언자에게까지도 알려지지 않은 예배자들을 나는 사랑한다.

(1658년 5월)

보편적인 것
769 윤리와 언어는 특수하지만 보편적인 학문이다.

개연성
770 만일 개연성이 확실하다면, 참된 것을 찾는 데에 쏟은 성인들의 열성은 쓸데없는 것이었다.
항상 가장 안전한 것을 따르는 성인들의 두려워하는 마음……
성녀 데레사는 언제나 자기 고해 신부의 뜻을 따랐다……

771 교회가 '파문'이니 '이단'이니 하는 말을 만든 것은 쓸데없는 일이었다.

사람들은 이 말들을 교회에 반항하는 데 쓰고 있다.

—개연성 있는 것—

772 사람들은 그들이 사랑하는 것들을 비교함으로써 그들이 진정으로 신을 탐구하고 있는지를 알아봐야 한다.

나는 아마 틀림없이 이 고기에 중독되지 않을 것이다.

내가 청원을 안 해도 나는 아마 틀림없이 이 소송에서 지지는 않을 것이다.

773 그대는 이와 같이 감히 왕의 명령을 우롱하겠는가? 가령, 밭에 가서 어떤 사람이 오기를 기다리는 것은 결투를 하는 것이 아니라고 말하면서?

"교회가 결투를 금한 것은 틀림없으나, 산책하는 것은 금하지 않았다고, 또한 고리는 금했지만……또 성물 매매는 금했지만……복수는 금했지만……또한 남색은 금했지만……또 'quam primum(무엇보다도 먼저)'는, 그러나……"*503

개연성 있는 것

점잖은 지은이들과 이유만 있으면 충분하다는 것이 진짜라면 나는 그들이 점잖치도 않고 이치에 닿지도 않는다고 말하겠다. 아니, 몰리나의 말을 따르면 남편은 아내를 이용할 수 있단 말이냐! 그가 거기에 드는 이유가 이치에 닿는 것인가? 또 그와 반대되는 렛시우스의 이유도 역시 이치에 닿는 것인가?

—두 가지 무한한, 중간—

774 너무 빨리 읽거나 너무 천천히 읽으면 아무것도 이해하지 못한다.

775 사람의 덕이 할 수 있는 것을 그의 노력을 가지고 잴 것이 아니라, 그가 평상시에 하는 행동을 가지고 재야한다.

776 —뉘우침 없이 깨끗해지는 죄인들—사랑 없이 의로워지는 의인들—

사람들의 의지에 대해 권한이 없는 신—깊은 뜻 없는 예정.

교황들

777 신은 당신 교회를 통상적으로 이끌어 나가시는 데에는 기적을 행하지 않으신다. 만일 아무런 잘못이 없는 한 사람이 있다면, 그것은 하나의 이상한 기적일 것이다. 그러나 그런 사람이 많이 있다면, 그것은 극히 자연스러워 보인다. 신의 이러한 행위는 그의 다른 모든 업적에서와 마찬가지로 자연 속에 숨어 있는 것이 된다.

778 그들은 예외를 보고 규칙이라고 한다. 옛 사람들은 죄를 뉘우치기도 전에 그것을 깨끗이 씻어 주었는가? 그것은 예외라고 생각하라. 그러나 그대들은 예외를 가지고 예외 없는 규칙을 만들어서, 그 규칙이 예외가 되는 것조차 원치 않는 것이다.

기적

779 성 토마스, 3권 제8부 20장.

780 우리가 비난하는 키케로의 모든 거짓 아름다움을 찬미하는 자들이 있다. 있을 뿐 아니라 많다.

—결의론자들—

781 —적지 않은 기부, 이치에 맞는 뉘우침— 비록 의로운 것의 한계를 정할 수는 없어도 의롭지 않은 것은 얼마든지 알 수 있다. 결의론자들이 이것을 그들이 해석하는 방식처럼 해석할 수 있다고 믿으니 우습다.

좋지 않게 말하고 좋지 않게 생각해 버릇한 자들.

그들의 수가 많다는 것도 그들의 완전함을 드러내기는커녕 그 반대를 드러낸다.

단 한 사람의 겸손은 많은 사람의 오만을 낳는다.

782 —C. C.— "Homo existens te deum facit(존재하는 사람이 너를 신이

라고 한다)."*504

"Scriptum est : dii estis, et non potest solvi Scriptura('너희들은 신이니라'고 기록되었는데, 성경은 취소할 수 없다)."*505

C. C. —"Haec infirmitas non est ad m(ortem)et est ad mortem(이 병은 죽음으로 인도하지 않고 또 죽음으로 인도한다)."*506

"Lazarus dormit, et deinde dixit ; Lazarus mortuus est(나사로가 잠들었다. 그리고 그 다음에는, 나사로가 죽었다고 말씀하셨다)."*507

783 이런 자들은 용기가 없다. 사람들은 그들을 친구로 삼지 않을 것이다.

시인이지만 신사는 아닌 사람.

(1658년 6월)

784 교회는 교회를 반대하는 잘못된 이야기들에 의해 항상 공격받아 왔다. 그러나 지금과 같이 동시에 공격을 당한 일은 아마 일찍이 없었을 것이다. 그리고 그런 공격으로 인해 교회가 괴로움을 더 겪는다 해도, 결국 서로를 파멸시킨다는 결과만을 얻게 된다.

교회는 양쪽을 다 탄식한다. 그러나 칼뱅파를 그 분파 때문에 한탄한다.

서로 다른 쌍방에서 여러 사람이 속았다는 것은 확실하다. 그들의 혼미함을 깨우쳐 주어야 한다.

신앙은 서로 모순 되는 것 같은 여러 진리를 가지고 있다. —"웃을 때와 울 때", 운운……*508 "Responde, ne respondeas"(대답하라. 대답하지 마라.)" 운운……

이것의 근원은 예수 그리스도 안에서 이뤄진 양성의 결합에 있고*509 또 두 개의 세계, 새로운 천지 창조, 새로운 생명, 새로운 죽음, 이중으로 되었으면서도 이름은 그대로 남아 있는 모든 것에 있다. 끝으로 의인들 안에 있는 두 인간(이들은 두 개의 세계이며, 예수 그리스도의 지체임과 동시에 그를 그대로 본뜬 것이기 때문이다. 그래서 이들에게는 '의인과 죄인', '죽은 자와 산 자', '선택받은 자와 버림받은 자' 등등의 모든 명칭이 들어맞는 것이다)에 있다.

그러니까 상반되는 듯하면서도 모두가 훌륭한 질서 안에 있는 신앙과 윤리의 진리가 허다한 것이다.

모든 이단은 이 진리 중의 어떤 것들을 제외하는 데에서 생기고, 이단자들이 우리에게 내놓은 이의는 우리 진리 중의 어떤 것들을 모르는 데에서 오는 것이다. 그리고 흔히 대립되는 두 진리의 관련을 이해하지 못하고, 한쪽을 인정하는 것은 반드시 다른 한쪽을 제외해야 되는 것으로 믿어 한쪽을 고집하고 다른 한쪽은 배척하며, 우리는 그들과 반대로 행동하는 것으로 생각한다. 그런데 이렇게 배제하는 것이 그들이 이단인 원인이고, 우리가 또 하나의 진리도 간직하고 있음을 모르는 것이 그들이 이의를 내놓는 원인이다.

첫째 예. 예수 그리스도는 신이요, 사람이다. 아리우스파는 서로 용납할 수 없다고 생각하는 이 것을 연관짓지 못해서, 예수 그리스도는 사람이라고 말한다. 이 점에서 그들은 가톨릭이다. 그러나 그들은 그가 신이 아니라고 한다. 이 점에서 그들은 이단자들이다. 그들은 우리가 그의 인성을 부정한다고 주장한다. 이 점에서 그들은 무식하다.

둘째 예. 성체성사의 문제에 대해, 우리는 빵의 본질이 근본적으로 변해서 우리 주의 몸의 본질이 되었으므로 거기에는 예수 그리스도가 실제로 계신다고 믿는다. 이것이 한 가지 진리다. 또 한 가지는 이 성사도 십자가와 영광의 상징이고, 그것의 기념이라는 것이다. 바로 이것이 서로 대립되는 것 같이 보이는 두 가지 진리를 포함하는 가톨릭의 신앙이다.

오늘날의 이단은 이 성체에 예수 그리스도의 실재와 그의 상징이 다같이 포함되어 있어 그것이 제사임과 동시에 제사의 기념임을 이해하지 못하고, 이 진리들 중의 한 가지를 인정하면 이것으로써 또 한 가지는 배제해야 한다고 믿는다.

그들은 이 성사가 상징적이라는 점에만 마음을 쓰는데, 이 점에 있어서 그들은 이단자가 아니다. 그들은 우리가 이 진리를 배제하는 줄로 생각한다. 이 때문에 그들은 이 점을 긍정하는 교부들이 쓴 책의 구절을 들어 많은 이의를 우리에게 제기하는 것이다. 끝으로 그들은 '성체 안에' 그리스도가 계심을 부정한다. 이 점에 있어서 그들은 이단자이다.

셋째 예. 은사. [*510]

그러므로 이단을 막는 가장 가까운 방법은 모든 진리를 가르쳐 주는 것이다. 그리고 그것들을 반박하는 가장 확실한 방법은 그 모든 진리를 발표하는 것이다.

그러면 이단자들이 무엇이라 말하겠느냐 말이다.

어떤 의견이 어떤 교부의 것인지를 알려면—

(1660년 봄~여름)

—사람들이 기적을 보았다고 말하는 많은 거짓말쟁이들은 믿으면서, 인간을 죽지 않게 하거나 젊어지게 하는 비결을 가지고 있다는 거짓말쟁이들은 왜 믿지 못하는 것인가? —

785 사람들이 무슨 묘약을 가지고 있다고 하는 사기꾼들을 대단하게 믿어, 가끔 자기네 생명을 그들 손에 맡기기까지 하는 것이 무엇 때문인가 생각해 보니, 진짜 약이 있는 것이 그 참된 원인이라는 생각이 들었다. 만약에 진짜 약이 없다면 가짜가 그렇게 많이 있을 수 없고, 또 그 가짜를 그렇게 믿을 수 없기 때문이다. 어떤 만약 병에 절대로 아무런 약이 없고 또 모든 병을 고치지 못할 것이었다면, 사람들은 그런 약을 줄 수 있다고 생각하지 못했을 것이고, 더구나 또 많은 다른 사람들이 그런 약을 가지고 있다고 자랑하는 것은 믿을 수가 없는 일이다. 마치 어떤 사람이 죽음을 막을 수 있다고 자랑한다 해도, 그런 일이 일어났던 예가 하나도 없었기 때문에 아무도 그를 믿지 않는 것과 같다. 그러나 가장 위대한 사람들의 지식, 바로 그것으로 진짜가 증명이 된 약들이 많이 있었으므로 사람들의 마음이 그쪽으로 기울어졌고, 또 그것이 가능하다는 것이 알려졌으므로 사람들은 그런 일이 있었다는 결론을 끌어낸 것이다. 민중은 보통 다음과 같이 추리하기 때문이다. "어떤 일이 가능하다. 그러면 그것이 존재한다"고, 각각의 참된 결과가 있는 이상 그 사물을 전반적으로 부정할 수가 없으므로, 이 각각의 결과 중에서 어떤 것이 참된 것인 줄을 식별할 수가 없는 대중은 그것들을 모두 믿어 버리기 때문이다.

—이와 마찬가지로, 사람들이 달의 작용 때문이라고 하는 거짓 현상을 그렇게도 많이 믿게 되는 것은, 바다의 밀물과 같은 달의 진짜 작용이 있기 때문이다—

예언, 기적, 해몽(解夢), 마술 따위도 마찬가지다. 왜냐하면 일찍이 이런 것들 중에 참된 것이 하나도 없었더라면, 사람들은 결코 아무것도 믿지 않았을 것이다. 그러므로 거짓 기적이 너무 많아서 참된 기적이 없다고 결론 내리지 말고, 오히려 가짜 기적이 있으므로 확실히 참된 기적이 있다고 말해야 하며, 또 참된 기적이 있기 때문에 비로소 가짜가 있다고 말해야 한다. 종교에 대해서도 이와 마찬가지로 추론해야 한다. 왜냐하면 참된 종교가 하나도 없다면, 사람들이 그렇게 많은 거짓 종교를 생각해 내지 못했을 것이기 때문이다. 여기에 대해 야만인들도 종교를 가지고 있다고 이의를 제기할 수 있다. 그러나 이에 대해서는 대홍수, 할례, 성 안드레아의 십자가 등에서 엿볼 수 있는 것처럼 저들이 참된 종교에 대해 들은 적이 있기 때문이라고 대답한다.

786—거짓 기적, 거짓 계시, 마술 등이 그렇게도 많은 것은 무엇 때문인가를 생각해 본 결과, 그 원인은 참된 것들이 있다는 사실이라고 내게는 생각되었다. 만일 참된 기적이 없었다면 거짓 기적이 그렇게도 많을 리가 없고, 참된 계시가 없었다면 거짓 계시가 그렇게도 많을 리가 없기 때문이다. 왜냐하면 참된 것들이 하나도 없었다면 사람들이 거짓된 것들을 생각해 낸다는 것은 거의 불가능 했을 것이고, 또 다른 많은 사람들이 그것을 믿는다는 것은 더욱 불가능했기 때문이다. 아주 위대하고 참된 것들이 있었고, 또 위대한 사람들이 그것들을 믿어 왔으므로 이 영향으로 말미암아 거의 모든 사람이 거짓된 것들도 믿게 된 것이다. 따라서 거짓 기적이 그렇게도 많으므로 참 기적이 도무지 없다고 결론내릴 것이 아니라 오히려 거짓 기적이 그렇게도 많으니까 참된 기적이 있다고 말해야 하고, 참된 기적이 있음으로써 결국 거짓 기적이 있는 것이고, 또 이와 마찬가지로 참된 종교가 하나 있기 때문에 결국 거짓 종교들이 있다고 말해야 한다.

—이에 대한 이의로서는, 야만인들도 종교를 가지고 있다는 것이다. 그러나 이것은 성 안드레아의 십자가와 대홍수와 할례 따위를 보고, 참 종교의 이야기를 들었기 때문이다.

—이것은 사람의 정신이 진리로 말미암아 이쪽으로 기울어지게 되었으므로, 그로써 그……모든 거짓을 받아들일 수 있기 때문이다. —

787 자연의 결과들을 증명하는데 그릇된 이유를 써 버릇하면, 옳은 이유가 발견되었을 때에도 그것을 받아들이지 않게 된다. 예를들어, 결박하면 어째서 정맥이 부풀어 오르는가를 설명하기 위해 피의 순환을 들 수 있다.

788 사람은 보통, 다른 사람을 통해 배운 이치보다는 자기가 발견한 이치로 더 잘 납득하게 된다.

789 리앙쿠르의 *끄리*와 개구리 이야기. *511 이놈들은 늘 같은 짓을 하며 절대로 다른 짓을 하지 않으며 더욱이 정신에서 나오는 행동은 하지 못한다.

790 이 시대에는 진리가 너무 희미하고 거짓말이 넓게 자리를 잡아서, 진리를 사랑하지 않고서는 그것을 알아보지도 못할 지경이다.

791 허약한 사람은 진리를 알지만 자기들의 이익을 발견하는 한도 내에서만 그것을 지지하는 사람들이다. 이런 경우를 빼놓고는 진리를 포기한다.

792 계산기는 동물들이 하는 모든 것보다 더욱 사고에 가까운 결과를 나타낸다. 그러나 그것도 동물과 마찬가지로 의지를 가지고 있다는 말을 들을 만한 것은 전혀 못한다.

793 비록 사람들이 자기들이 말하는 것에 이해관계가 없다 해도, 그것으로 거짓말을 하지 않는다고 절대적으로 결론지어서는 안 된다. 때때로 단순히 거짓말을 하기 위해 거짓말을 하는 사람들이 있기 때문이다.

794 배가 가라앉지 않으리라는 보증만 있으면 폭풍이 휘몰아치는 가운데 배를 타고 있는 것은 유쾌한 일이다. 교회를 괴롭히는 해로운 것들은 이런 성질의 것이다.

795 어떤 사물의 진리를 알지 못할 때에는, 가령 계절의 변화나 병의 악화 같은 것을 좌우한다고 생각하는 달처럼 사람들의 정신을 붙박아 놓는 공

통된 오류가 있는 편이 좋다. 왜냐하면 사람들의 으뜸가는 병폐는 알 수 없는 것에 대한 불안한 호기심이기 때문이다. 그래서 쓸데없는 호기심을 품고 있는 것보다는 오류 속에 머물러 있는 것이 사람에게 그리 나쁘지 않은 것이다.

에픽테토스와 몽테뉴와 살로몽 드 튈티의*512 글 쓰는 법이 가장 많이 쓰이는데, 이것은 순전히 생활의 보통 화제에서 생긴 생각으로 꾸며졌기 때문에 가장 마음에 잘 파고들고 기억에 더 잘 남아 있고 가장 많이 인용되는 것이다.

가령 달이 모든 것의 원인이라는 세간의 공통된 오류에 대해 말할 때, '사람들은 어떤 사물의 진리를 알지 못하는 경우에는' 이 위에 말한 생각인 "공통된 오류가 있는 것이 좋다." 운운 하고 살로몽 드 튈티가 말했다는 것을 잊지 않고 말할 것이다.

요세푸스도 타키투스—그 밖의 다른 역사가들도—예수 그리스도에 대하여 조금도 말하지 않은 데 대하여

796 이것은 반증(反證)이 되기는커녕 오히려 확증이 된다. 왜냐하면 예수 그리스도가 계셨다는 것과 그의 종교가 몹시 물의를 일으켰다는 것, 그리고 이 사람들이 그것을 모르지 않았다는 것은 확실하다. 따라서 그들이 일부러 그것을 숨겼던가, 그들이 말을 하였는데 그것이 삭제, 혹은 왜곡되었음이 분명하기 때문이다.

그리스도교가 유일하지 않다는 데 대해

797 이것은 그리스도교가 참된 것이 아니라고 믿게 하는 이유가 되기는커녕, 오히려 그것이 참된 종교임을 가르쳐 주는 것이다.

798 이의. —영생을 바라는 사람들은 그것으로 행복하다. 그러나 그 대신 지옥의 공포를 가지고 있다.

대변. —지옥이 있다는 것을 모르고 신의 저주라는 것이 있다면 그 저주를 분명히 받을 사람과, 지옥이 있다고 확신하지만 구원이 있다면 구원을 받기를 바라는 사람 중 누가 지옥을 더 무서워하겠는가?

799 다른 사람들 위에 군림하기를 원하지 않는 자나, 자기의 재산, 자기의 행복과 생명의 영원함을 다른 모든 사람의 것보다 더 사랑하지 않는 사람이 하나도 없는데, 이 얼마나 혼란 속에 빠진 판단인가!

800 크롬웰은 전 그리스도계를 짓밟을 참이었다. 그의 오줌관에 작은 모래알이 하나 들어가지 않았더라면 왕가는 멸망하고 그의 가문은 길이 강대했을 것이다. 로마까지도 그의 권세 아래 벌벌 떨 참이었다.

그러나 그 조그만 모래가 거기 생겼기 때문에 그는 죽고, 그 가문은 낮아지고, 모든 것이 평화롭게 되고, ―왕은 제 자리를 찾았다. *513

801 직관으로 판단해 버릇한 자들은 추리하는 것을 조금도 이해하지 못하니, 이들은 우선 한번 척 보고 깨닫고자 하는데, 원리를 찾는 데에는 습관이 들지 않기 때문이다.

이와 반대로 원리를 가지고 추리를 하는 사람들은 직관하는 것을 조금도 이해하지 못하니, 거기에서 원리를 찾아 한번 척 볼 줄을 모르기 때문이다.

802 두 가지 종류의 사람들은 명절과 평일, 신자와 사제, 이 죄와 저 죄 등등의 것들을 서로 같다고 생각한다. 이래서 어떤 사람들은 사제에게 나쁜 것은 신자들에게도 나쁘다고 결론짓고, 또 어떤 사람들은 신자들에게 나쁘지 않은 것은 사제들에게도 허용된다고 결론짓는다.

803 헤롯이 죽이게 한 두 살 아래의 어린이들 중에 그의 친자식이 있었다는 말을 들은 '아우구스투스'는 '헤롯'의 아들이 되기보다는 돼지새끼가 되는 것이 더 낫다고 말하였다. 마크로브, 2권, 풍자, 제4장.

804 첫째 단계, 악을 행해 꾸중을 듣고, 선을 행해 칭찬을 받는 것. 둘째 단계, 칭찬도 꾸중도 듣지 않는 것.

805 "Unusquisque sibi deum fingit(각자 신을 만들어 갖는다) *514
혐오.

사고

806—인간의 모든 존엄성은 사고에 있다. 그러나 이 사고란 무엇인가? — 그것은 얼마나 어리석은가! —

그러므로 사고는 그 성질상 훌륭하고 비길 데 없는 것이다. 그것이 경멸할 만한 것이 되려면 반드시 거기에 결함이 있기 마련일 것이다. 그것은 그보다 더 우스운 것이 없을 만큼 큰 결함을 가지고 있다. 사고는 그 본성으로 보면 얼마나 위대한가! 그러나 그 결함으로 보면 얼마나 비천한가!

새어 나가는 것

807 자기가 갖고 있는 것이 모두 새어 나가는 것을 깨닫게 되는 것은 무서운 일이다.

명료—불명료

808 만약 진리가 눈에 보이는 표를 가지고 있지 않다면 너무도 불분명할 것이다. 그러나 진리가 눈에 보이는 교회와 〔사람들의〕 모임에 항상 있어 왔다는 것은 놀라운 한 표적이다. 이 교회 안에 의견이 하나밖에 없다면 더욱 명백하다. 거기에 항상 있는 의견은 진리이다. 참된 의견이 늘 거기에 있었고, 거짓 의견은 어떤것도 거기에 늘 있지는 않았기 때문이다.

809—사고가 있어 사람은 위대하다.

810 이의. 분명히 성경에는 성령이 불러주지 않는 이야기가 얼마든지 있다.

답. 그렇다고 그것들이 믿음에 해가 되는 것은 아니다.

이의. 그러나 교회에서는 모든 것이 성령에게서 오는 것이라는 결정을 내렸다.

답. 나는 두 가지를 대답하겠다. 한 가지는 교회에서 그런 결정을 내린 적이 없다는 것이고, 또 한 가지는 교회가 그런 결정을 내렸다 하더라도 그것은 지지받을 수가 있다는 것이다.

거짓 정신을 가진 자들이 많다.

디오니시우스는 모든 것을 고루 사랑하니, 제자리에 있는 셈이다.

그대는 복음 성경에 인용된 예언들이 그대로 하여금 믿게 하기 위해 인용된 줄로 생각하는가? 아니다. 그대를 믿음에서 멀리 떼어 놓기 위해서이다.

811 큰 오락은 모두 그리스도교적 생활에 위험하다. 세상이 발명한 모든 오락 중에서 연극보다 더 무서운 것은 없다. 그것은 정욕을 몹시 자연스러우면서도 미묘하게 표현한 것이기 때문에 그것을 격동시키고 우리 마음에서 우러나게 한다, 애욕에 대해 특히 그러하며, 사랑을 순결하고, 점잖은 것으로 표현할 때 더욱 그렇다. 왜냐하면 사랑이 순진한 사람들에게 깨끗한 것으로 보이면 보일수록 그들은 거기에 더 감동하기 때문이다. 그 격렬함은, 몹시 잘 표현된 것을 구경한 결과를 내고 싶은 욕망으로 우리 자존심을 끌어당긴다. 그와 동시에 연극에서 본 감정의 정숙함에 기초를 둔 양심을 만들게 되는데, 이 감정은 결백한 사람들의 두려움을 없애 그들에게 그다지도 점잖게 비치므로 사랑하는 것이 순결을 손상시키는 것이 아니라고 생각하게 한다.

이리하여 연극이 끝나 돌아갈 때는 마음에 사랑의 모든 아름다움과 모든 즐거움이 하나 가득 차고 혼과 정신은 그 사랑의 순결을 확신하게 되어 그 최초의 느낌을 받아들여서, 아니 그보다도 사람의 마음속에 그 느낌을 일으켜서 연극에서 그리도 잘 그려 놓은 쾌락과 같은 희생을 받을 기회를 찾아나설 심경으로 완전히 빠지게 되는 것이다.

812 만일 벼락이 하층 사회 등등에 떨어지면, 시인과 그 밖에 이런 성질의 것만 가지고 추리하던 자들은 증명해 보일 거리가 없어질 것이다.

813 설교는 저녁기도를 듣는 것과 마찬가지로 듣는 사람이 많다.

814 공국(公國), 왕권, 사법직(司法職)은 힘이 모든 것을 지배하기 때문에 현실적이요, 필요하기 때문에 어디에나 어느 때나 있다. 그러나 아무개 아무개를 그렇게 만드는 것은 기분에 지나지 않으니까, 그것은 영원히 계속되지 않고 바뀔 수 있는 것이다.

815 이성은 주인보다도 한층 절대적으로 우리에게 명령한다. 왜냐하면 주인에게 복종하지 않으면 불행하게 되지만 이성에 복종하지 않으면 어리석은 자가 되니까 말이다.

816 세상의 종교란 종교, 종파란 종파는 모두 자연적 이성을 지도자로 삼았다. 다만 그리스도 교도들에게만 그들의 규범을 자기들 밖에서 구해 신자들에게 전해주라고 예수 그리스도가 옛 사람들에게 남겨 주신 규범을 배울 의미가 지워졌다. 이 강제가 선량한 신부님들에게 싫증을 자아낸다. 이들은 다른 백성들처럼 자기들의 상상을 따라갈 자유를 누리고 싶어한다. 예전에 예언자들이 유대인들에게 말한 것처럼, "교회 속으로 들어가서 옛 사람들이 거기에 남겨 둔 법들을 알아보고, 그 좁은 길을 따르라"고 우리가 부르짖어도 소용없다.

그들은 유대인들처럼, "우리는 그 길을 가지 않고, 우리의 마음을 따르겠노라"고 대답하고, 또 "우리는 다른 백성들같이 되리라"고도 말했다.

817 알렉산더의 순결의 모범은 그의 음주벽이 무절제한 사람을 만든 것만큼 순결한 사람을 만들지 못했다. 그만큼 덕지 못한 것이 부끄러운 일은 아니다. 사람들은 이런 위인들의 악습을 보고는 평범한 사람의 악습을 그대로 지니고 있다고 생각하지 않는다. 그러나 이것으로 그들이 보통 사람에 속한다는 것은 깨닫지 못한다. 사람들은 이 위인들이 일반 사람과 연결되는 바로 그 끝에서 그들과 연결되어 있으니, 이들이 아무리 높이 올라가 있더라도 아주 미미한 사람들과 어떤 곳에서는 결합되어 있다. 이들이 아무리 사회와 서로 떨어져 있다 해도 공중에 매달려 있지는 않다. 절대로 그렇지 않다. 그들이 우리보다 큰 것은 머리가 더 높이 올라가 있기 때문이다. 그러나 그들의 발은 우리 발만큼 낮게 내려져 있다. 땅에서는 그들이 모두 같은 수준에 있으며, 같은 땅위에 의지하고 있는 것이다. 그래서 이 끝으로 볼 때에 그들도 우리만큼 가장 미미한 사람들, 아이들, 짐승들만큼이나 낮게 내려앉아 있는 것이다.

818 —웅변도 계속되면 싫증이 난다—

군주나 국왕은 가끔 놀이를 즐긴다. 그들이 언제나 왕좌에 앉아 있지 않는 것은 그들이 거기서 권태를 느끼기 때문이다. 위대함을 느끼기 위해서는 그것을 떠날 필요가 있는 것이다. 연속은 모든 일에서 권태감을 일으킨다.

—추위도 몸을 녹이기 위해서는 유쾌한 것이다. —

자연은 'itus et reditus(가고 또 돌아오는)' 것처럼 단계적이다. 그것은 떠났다가 돌아오고, 좀더 멀리 가고 등등.

바다의 조수도 이렇게 되고, 태양도 이렇게 진행하는 것 같이 보인다.

∧ ^ ∧ ^^ ∧ ^^ ∧ ^^ ∧

"그대가 일을 저질렀다."

"용서해 주십시오."

이 사과의 말이 없었더라면, 나는 모욕이 있었는지조차 눈치채지 못했을 것이다.

"실례지만……"이라는 말만큼 나쁜 것은 없다.

819 싸움보다 우리가 더 좋아하는 것은 없다. 이기는 것을 좋아해서가 아니다. 사람들은 동물들의 싸움을 구경하기 좋아하는 것이지, 이긴 놈이 진 놈에게 악착같이 구는 것을 보기 좋아하는 것은 아니다. 승리의 끝장 말고 그 무엇을 보려고 했던가? 그런데 그것에 이르기가 무섭게 벌써 싫증이 난다. 노름도 그렇고 진리 탐구도 그렇다. 토론에서 보고 싶어 하는 것은 의견 충돌이다. 그러나 발견된 진리를 생각해 보는 일은 도무지 없다. 그 진리를 기꺼이 눈여겨보게 하려면 그것이 토론에서 나오는 것을 보여줘야 한다.

정열에 있어서도 마찬가지다. 상반되는 두 가지 정열이 충돌하는 것을 보는 것은 즐겁다. 그러나 하나가 이기고 나면 그것은 이미 흉악하고 포악한 것에 지나지 않는다.

우리는 결코 사물을 찾지 않고 사물의 탐구를 찾는다.

이와 같이 연구에 있어서도 두려움 없이 흡족한 장면은 아무 값어치가 없고, 희망이 없는 극도의 가난도, 야비한 사랑도, 지나친 엄격도 아무 값어치가 없다.

신의 자비를 믿음으로 앞서 행하지 않고, 아무렇게나 살아가는 자들에 대한 반박

820 우리 죄의 두 가지 근원이 교만과 나태이기 때문에, 신은 이것을 고쳐 주기 위해 그가 가진 두 가지 특성, 즉 자비와 정의를 우리에게 깨우쳐 보여주셨다. 정의의 특성은 행위가 아무리 거룩하더라도 교만을 쳐부수는 데에 있다. "et non intres in judicium(재판소로 들어가지 마소서)"*515, 운운. 또 자비의 특성은 나태함과 싸워 앞서 행하라고 권하는 데에 있으니, "주의 자비는 회개로 이끈다"*516 하는 성경 구절과, "회개를 하여 신이 혹 우리를 불쌍히 여길지 보기로 하자"*517고 하던 니니 베인들의 다른 구절에 있는 것과 같다. 이와 같이 자비는 방종을 허락하기는 커녕, 오히려 그와 맞서 싸우는 특성이 있다. 그렇기 때문에 "신에게 자비심이 없다면 덕을 위해 모든 노력을 다해야 할 것이다"라고 말하는 대신 오히려 신에게 자비심이 있기 때문에 모든 노력을 다해야 한다고 말해야 할 것이다.

성경의 구절들을 남용하고 자기들의 잘못에 유리한 구절을 발견했다고 자랑하는 자들에 대해

821 고난 주일*518 저녁기도의 장, 왕을 위한 축문

"나의 편이 아닌 자는 나를 거역하는 자다"*519라고 한 이 말의 설명, 또 "너희를 거역하지 않는 자는 너희들 편이다"*520라고 한 이 말의 해석.

어떤 사람이 "나는 누구의 편도 아니고 반대도 아니다"라고 말하면, 그에게는 이렇게 대답해야 한다.

822 교회의 역사는 확실하게 말해 진리의 역사라고 불러야 한다.

823 성탄절 저녁기도의 교송 중 한 구절.

"Exortum est in tenebris lumen rectis corde(마음이 바른 자에게 어둠 가운데 빛이 나타났도다)."*521

824 사람들에게 신사가 되는 길을 가르쳐 줄 수는 없지만 그 나머지는 무엇이든지 가르쳐 줄 수 있다.

사람들은 그 나머지 것을 아는 것을 신사가 되는 법을 아는 것이라고 결코 뽐내지는 않는다.

그런데 그들은 자기들이 배우지 못하는 그것만을 안다고 뽐내는 것이다.

825 그들 스스로 그린 암고양이의 얼굴을 보고 무서워하는 아이들은 아이들이기 때문에 그렇다고 하자. 그러나 어리기 때문에 그렇게도 약하던 것이 나이 먹어서는 아주 강해지게 하는 방법은! 상상을 바꾸는 데 지나지 않는 것이다.

조금씩 조금씩 완성되는 것은 어느 것이나 또 조금씩 없어진다. 약했던 것은 어느 것이고 도저히 절대적으로 강하게 될 수는 없다. 아무리 "그는 자랐다, 변했다." 해도 그는 그저 그대로인 것이다.

제1부의 머리말

826 자기 자신을 안다고 쓴 사람들의 이야기를 한다. 음울하게 만들고 진절머리가 나게 하는 샤롱의 분류법에 대해 말하고, 몽테뉴의 혼동에 대해 말하련다. 그들은 '올바른' 방법을 가지고 있지 못함을 분명히 깨달아 그것을 피하려고 이 문제에서 저 문제로 비약했고, 겉치레만 번드레하게 하려고 애썼다는 것을 말하리라.

그들이 자기 자신을 묘사하려고 한 것은 어리석었다. 누구나 그렇게 될 수 있다거나 또는 자기주의에 벗어나게 그러는 것이 아니라, 자신의 주장으로 제일 중요한 의도를 가지고 그러는 것이니 말이다. 왜냐하면 어쩌다가 실수로 어리석은 소리를 하는 것은 평범한 결점이지만, 고의로 그런 말을 한다는 것은 참을 수 없으며, 더구나 이따위 말을 한다는 것이야말로……

제2부의 머리말

—이 문제를 다룬 사람들에 대해 말한다—

나는 이 사람들이 무척 과감하게 신에 대하여 말을 하려 드는 데 경탄한다.

그들이 불경건한 자들에게 말을 할 적에 맨 처음 장은 자연계의 창조물로 신성을 증명하는 것이다. 그들이 신자들에게 이렇게 말한다면, 나는 그들이 기도하는 것을 이상히 여기지 않을 것이다. 왜냐하면 마음속에 살아 있는 신앙을 가진 사람들은 모두가 그들이 경배하는 신의 창조물에 지나지 않는다고 당연히 생각하는 것이 확실하기 때문이다. 그러나 마음속에 이 빛이 꺼져서 거기에다 그 빛을 되살려 보려고 하는 그 사람들, 신앙과 은총을 박탈당해 그들의 온갖 광명을 써서 자연계에서 볼 수 있는 것 중에서 지식으로 이끌어 갈 수 있는 모든 것을 찾는 사람들은 모호와 암흑밖에는 발견하지 못한다. 이런 자들에게 주위에 있는 것들 중에 아주 작은 것만 봐도 그만이라고, 거기에서 신을 분명히 보게 될 것이라고 말하며 이 위대하고 중대한 문제에 대한 증거로는 단지 달과 별의 운행만을 가르쳐 주고, 자기의 증명을 다했다고 주장한다면, 그것은 우리 종교의 증거가 매우 빈약하다고 믿게 하는 것이다. 그들에게 이 종교에 대한 멸시를 싹트게 하는 데 이보다 더 알맞은 것이 아무것도 없음을 나는 이치와 경험으로 안다. 신과 관계있는 사정을 더 잘 아는 성경은 종교에 대해 이렇게 말하지 않는다. 성경은 오히려 감추어진 신이라고 말하며, 또 인성이 부패한 뒤로 신은 저들을 혼미한 가운데 내버려 둬, 예수 그리스도에 의하지 않고는 거기서 나올 수가 없으니, 예수 그리스도 밖에서는 신과의 모든 교섭이 끊어진다고 말한다. "Nemo novit Patrem, nisi Filius et cui voluerit Filius revelare(성자와 성자가 즐겨 지시해 주는 자 외에는 아무도 성부를 아는 자가 없느니라)."[*522]

성서의 많은 곳에서 신을 찾는 자들은 그를 발견했다고 말할 때 우리가 보는 것은 이것이다. [*523] 한낮의 햇빛처럼, 이런 빛을 말하는 게 아니다. 대낮에 햇빛을 찾는 자나 바다에서 물을 찾는 자는 그것을 발견할 것이라고 말하지 않는다. 신의 확증은 자연계에 있어서 이런 것이 아니라야 하는 것이다. 성서의 딴 곳에는 또 이런 말이 있다. "Vere tu es Deus absconditus(참으로 당신은 감춰지신 신이로다)."[*524]

827 망원경은 이전 철학자들이 없다고 하던 별들을 얼마나 많이 발견하게 해주었는가! 사람들은 많은 별의 숫자를 가지고 공공연히 성경과 대결하려고 "우리는 별이 1천 22개밖에 없다는 것을 안다"고 말했다. [*525]

"땅 위에는 풀이 있다. 우리는 그것을 본다."—달에서는 그것이 보이지 않을 것이다—"또 이 풀들 위에는 잔털이 있고, 잔털들 속에는 조그마한 벌레들이 있다. 그러나 그 다음에는 아무것도 없다."—아아, 주제넘은 자야! —"혼합물은 원소로 구성되어 있다. 그러나 원소는 그렇지 않다."—아아, 주제넘은 자야, 여기 어려운 점이 있는 것이다—"보이지 않는 것을 있다고 말하면 안 된다."—그러므로 다른 사람들처럼 말은 해도 그들처럼 생각해서는 안 된다.

828 사람이 덕을 양쪽 끝까지 닦아 나가려고 하면, 악습이 나타나 더할 수 없이 작은 쪽에서부터 깨닫지 못할 길을 거쳐 몰래 기어들어 오며, 또 더할 수 없이 큰 쪽에서는 악습이 무더기로 나타나서 사람이 그 악습 속에서 어리둥절해지니 덕을 그 이상 볼 수 없게 되고 만다.

—사람은 완전 그 자체까지도 비난하게 된다—

829 달리 배치된 말들은 다른 뜻을 만들고, 달리 배치된 뜻은 다른 결과를 나타낸다.

830 "Ne timeas pusillus grex(너희들 작은 무리야, 두려워 말라)."*526— "Timore et tremore(두려워 떨면서)."*527 "Quid ergo? Ne timeas, modo timeas(대체 무슨 말인가? 두려워 말라. 또 다음에는 두려워하라)." 너희들이 두려워한다면 무서워할 필요가 없다. —그러나 두려워하지 않는다면 무서워하라.

"Qui me recipit, non me recipit, sed eum qui me misit(나를 받아들이는 자는 나를 받아들이는 것이 아니라, 나를 보내신 자를 받아들이는 것이다)."*528

"Nemo scit, ……neque Filius(아무도 모르나니 인자(人子)*529도 모른다)."*530

"Nubes lucida obumbravit(빛나는 구름이 가렸다)."*531

성 요한은 조상들의 마음을 후손들에게 돌아오게 하기로 되어 있었고, *532 예수 그리스도는 서로 갈라지게 하기로 되어 있었다.

831 상반되는 두 가지 진리를 주장해야 할 때가 있다면, 그것은 사람들이 한쪽을 제외한다고 누군가 비난하는 때이다. 그러므로 예수회 신도나 얀세니우스파가 그것들을 숨긴다는 것은 잘못이다. 그러나 얀세니우스파가 더 그러한데, 예수회 신도들은 진리의 쌍방을 더 낮게 주장한 때문이다.

832 콩드랑 씨는 말한다. "성인들의 결합은 거룩하신 삼위일체의 결합과 비교할 수가 없다."
예수 그리스도는 그와 반대로 말씀하셨다. *533

833 사람의 존엄성은, 그가 죄를 짓지 않았을 때에는 피조물을 사용하고 다스리는 데 있었으나, 지금은 그것을 멀리하고 복종하는 데에 있다.

834 ―의미―
―같은 뜻이 그것을 표현하는 말에 따라서 달라진다―뜻이 말에서 그 품격을 받는 것이지 말에 품격을 더해 주는 것은 아니다― 그런 예를 찾아내야 한다.

835 여호수아*534가 신의 백성 가운데에서 이름을 가진 최초의 사람이니, 마치 예수 그리스도가 신의 백성 중에서 최후로 이름을 가진 것과 같다고 생각한다. *535

836 결과에는 'in communi(일반적인 경우의 것)'과 'in particulari'(특수한 경우의 것)'이 있다. 반(半) 펠라기우스파는 'in particulari'(특수한 경우에)' 만 옳은 것을 'in communi(일반적인 경우로)' 말하는 잘못을 저지르고, 반대로 칼뱅파는 'in communi(일반적인 경우에)'참된 것을 'in particulari(특수한 경우에)'라고 말하므로 그르친다고 나는 생각한다.

837 나는 만약에 모든 사람이 서로서로 남의 말을 듣는다면, 세상에 친구가 단 네 명도 없을 것이라고 주장한다. 그것은 서로의 말을 가볍게 고자질하는 데에서 일어나는 말다툼을 보면 알 수 있다.

그러므로 나는 다른 모든 종교를 거부한다.

이것으로 나는 모든 항의에 대한 답변을 발견한다. 〔—감추어진 신—〕

이렇게도 깨끗한 신이 마음이 깨끗한 자들에게만 스스로를 나타내신다는 것은 당연하다.

—그렇기 때문에, 이 종교는 내게 사랑스러우며, 나는 그렇게도 신성한 도덕으로써 이 종교가 충분한 권위를 갖춘 것으로 인정한다. 그러나 나는 거기에서 그 이상의 것을 발견한다. —

사람들이 기억할 수 있는 한, 그 어느 민족보다도 더 오래 전부터 존재해 온 어떤 민족이 있다는 것이 효과적이라고 본다. 사람들이 전반적으로 부패해 있으나 구속주가 오시리라고 끊임없이 예고되었으니, 그가 오기 전에 한 민족 전체가 그를 예언하고 그가 오신 다음에 한 민족 전체가 그를 숭배한다는 것이다. 이렇게 말하는 것은 한 사람이 아닌 무수한 사람이며, 4천 년 동안 예언을 하는 한 민족 전체이며, 그들의 책은 흩어져서 4백 년 동안 남아 있다.

—이런 것들을 연구할수록 더 많은 진리를 발견하게 된다. 그가 오시기 전에 한 민족 전체가 그를 예고하고, 그가 오신 뒤에는 한 민족 전체가 그를 경배한다. 먼저 있던 일과 뒤에 오는 일, 그보다 먼저 있던 유대인들의 교회, 마침내 우상도 없고 왕도 없게 된 그들, 비참하게 되고 예언자도 가지지 못하게 되었으면서도 그를 따르며, 원수이면서도 자기들의 비참과 혼미함까지도 예언하는 그 진실성을 훌륭하게 증명해 주는 저 불쌍한 사람들—

—나는 이러한 관련—이 종교가 그 자체의 권위, 기간, 영속성, 도덕, 행위, 교리, 결과에 있어서 완전히 신적이라고 생각한다—이래서 나는 내 구속주께 두 손을 내민다. 그는 4천 년 동안이나 예고된 후, 예언된 시기와 예언된 모든 사정에 맞게 나를 위해 고난을 받고 죽으시려고 이 땅에 내려오셨다. 그래서 나는 그의 은총으로 그와 영원히 결합되리라는 희망 속에서 조용히 죽음을 기다린다. 그러나 나는 또한 그가 내게 주고자 하신 행복 속에서나, 그가 내 행복을 위해 보내 주시고 또 당신의 모범으로 참아 받도록 내게 가르쳐 주신 불행 속에서도 기쁨을 느끼며 살아간다.

—예언된 유대인들의 무서운 암흑—

—"Eris palpans in meridie(너는 대낮에 더듬거리리라.)"[536]

—"Dabitur liber scienti litteras, et dicet : Non possum legere.(글자를 아는 자에게 책이 주어질 것이로되, 그는 읽을 줄을 모른다고 말하리라)"—*537

—왕권이 아직 최초의 이방인 찬탈자의 손아귀에 있는데—

—예수 그리스도가 인간으로 태어나셨다는 소문—

(1959년 10월)

838 신과 자연의 모든 율법을 버리고 자신들의 법률을 만들어 가지고는, 그것을 엄격히 지켜 나가는 사람들이 세상에 있다는 것을 생각하면 우습다. 마호메트의 병사들, 도둑, 이단자 등등이 그렇고, 논리학자들도 마찬가지다.

그들이 옳고 거룩한 한계를 많이 뛰어넘는 것을 보면, 그들의 방종에는 아무 한계도 장벽도 없을 것같아 보인다.

839 재채기는 영혼의 모든 기능과 일을 삼켜 버린다. 그러나 그것은 사람이 하고 싶지 않아도 나오는 것이기 때문에 사람의 위대함과 같은 결론을 거기서 끌어내지는 못한다. 또 저절로 재채기를 한다 해도 의지와는 상관없이 하게 되는 것이니, 재채기를 하고 싶어서 하는 것이 아니고 다른 것을 목적으로 하는 것이다. —이리하여 그것은 사람의 약함의 증거가 된다든가 이 행위에 얽매이는 것을 가리키는 것은 아니다—

고통에 쓰러지는 것은 사람으로서 부끄러운 일이 아니지만, 쾌락에 넘어가는 것은 부끄러운 일이다. 고통이 우리 밖에서 오고 쾌락은 우리가 찾아 헤매기 때문에 그런 것은 아니다. 왜냐하면 고의적인 이러한 비열함 없이도 그 고통에 넘어갈 수 있기 때문이다. 그러면 고통의 압력 밑에 쓰러지는 것은 이성으로서 영광스러운 일이고, 쾌락의 압력 밑에 넘어지는 것은 부끄러운 일이라는 건 도대체 무슨 까닭인가? —그것은 고통이 우리를 유혹하고 끌어당기는 것이 아니고 우리 자신이 일부러 그것을 찾아서 지배하게 만드는 까닭에, 결국 우리가 고통을 지배하는 자가 되기 때문이다. 그러나 쾌락에 있어서는 사람이 그것에 넘어가는 것이다—그러므로 억제와 지배만이 영광스러운 것이요, 굴종은 부끄러운 것이다—

840 신은 모든 것을 당신을 위해 만드셨고, 당신을 위해 고난과 행복에

대한 능력을 주셨다.

그대는 그 능력을 신에게나 그대에게 적용할 수 있다.

신에게 적용하면 복음이 기준이 된다.

그대에게 적용하면 그대가 신의 자리를 차지하는 것이 된다.

신이 그의 권한에 속하는 자애의 은혜를 청하는 자애 깊은 자들에게 둘러싸여 있는 것과 마찬가지로—

그러니까 그대는 스스로 사욕의 왕에 지나지 않음을 알고, 사욕의 길로 접어들도록 하라.

841 왕과 폭군.

나도 내 생각을 머릿속에 간직해 두리라.

나는 여행할 때마다 조심하리라.

대인들의 즐거움은 행복한 자를 만들 수 있는 것이다.

풍부함의 특성은 너그럽게 주어지는 데에 있다.

각 사물의 특성을 찾아내야 할 것이다—권력의 특성은 보호하는 데에 있다—

힘이 찡그린 얼굴을 부수어 버리고, 졸병이 최고 법원장의 사각모를 집어 창문으로 날려 보낸다면—

마르시알의[*538] 경구—

842 사람은 교활을 좋아한다. 그러나 이것은 불행한 자들에 대한 것이 아니고, 행복한 잘난척쟁이에 대한 것이다—그렇지 않으면, 사람들은 잘못 생각하는 것이다. 왜냐하면 정욕은 우리 모든 행동의 근원이다, 인간성은—

인간적이고 상냥한 감정을 가진 자들의 마음에 들어야 한다.

—두 애꾸눈의 이야기는 아무 가치도 없다. 왜냐하면 그것은 이들을 위로하지는 못하고, 단지 작가의 명예에 약간의 보탬을 주는 데 지나지 않기 때문이다.

—단지 작가만을 위한 것에 지나지 않는다면 아무 값어치도 없다.

"Ambitiosa recidet ornamenta(야심적인 장식 없이 하리라)."[*539]

843 ── 〈창세기〉17장. "Satatuam pactum meum inter me et tefoedere sempiterno, ut sim Deus tuus(나와 너 사이에 내 계약을 영원한 계약으로 세워 놓아……그럼으로써 내가 너의 신이 되게 하리라……)."*540

"Et tu ergo custo dies pactum meum(그런즉 너는 내 계약을 지키라)."*541

844 성경은 모든 처지의 사람들을 위로하는 대목과 무섭게 하는 대목을 마련했다.

자연도 자연적인 것과 정신적인 것, 그 두 가지 무한으로 같은 일을 해놓은 것 같다. 왜냐하면 우리는 언제나 높은 것과 낮은 것, 더 재간 있는 것과 더 우둔한 것, 더 고상한 것과 더 비참한 것을 가지고 있어, 우리의 오만을 꺾고 우리의 비열을 높이게 될 것이기 때문이다.

845 'Fascinatio(매혹)'*542 ── 'Somnum suum(자기의 잠을)'*543 ── 'Figura hujus mundi(이 세상의 사태)' ── *544

──성체──

"Comedes panem tuum(네 음식을 먹으라)."*545 "Panem nostrum(우리의 양식)."*546

──"Inimici Dei terram lingent(신의 원수들은 땅을 핥으리라)."*547 죄인들은 땅을 핥는다. 즉 세상 쾌락을 사랑한다──

──구약은 내세의 즐거움의 상징을 간직했는데, 신약은 거기에 이르는 방법을 간직하고 있다──

──상징은 기쁨으로 되어 있었으나, 방법은 뉘우침으로 되어 있다. 그렇지만, 과월의 어린 양은 들상치를 곁들여, 'cum amaritudinibus(쓴맛과 더불어 먹었다)'*548

──"Singularis sum ego donec transeam(지나갈 때까지 나는 홀로 있노라)."*549 예수 그리스도는 죽기 전에 거의 혼자서 고통을 겪으셨다.

846 시간은 고통과 언쟁들을 낫게 하는데, 그것은 사람들이 변하는 까닭이다. 사람은 이제 전과 같은 사람이 아닌 것이다. 모욕을 가한 사람도 모욕을 당한 사람도 이미 전과 같은 사람들이 아니다. 그것은 마치 오래 전에 약

을 올리고 두 세대가 지난 뒤에 다시 만나는 사람과 같은 것이다. 그들은 여전히 프랑스 사람들이지만, 같은 프랑스 사람들이 아니다.

847 만일 우리가 밤마다 같은 꿈을 꾼다면, 그것은 우리가 날마다 보는 물건들만큼이나 우리에게 영향을 줄 것이다. 그리고 만일 어떤 직공이 매일 밤 12시간 동안을 자기가 왕이라는 꿈을 틀림없이 꾸게 된다면, 그는 매일 밤 12시간 동안 자기가 직공이라는 꿈을 꾸는 임금과 거의 같은 정도로 행복할 것이라고 나는 생각한다.

만일 우리가 밤마다 적에게 추격을 당하는 고통스러운 환상으로 불안을 느끼는 꿈을 꾸고―또 여행할 때처럼 여러 가지 분주한 일로 매일 매일을 지낸다면―우리는 그것이 실제와 거의 비슷하게 괴로울 것이고, 실제로 이런 불행에 빠질 염려가 있다면 깨어나는 것을 무서워하는 것처럼 잠들기를 무서워할 것이다―그리고 사실 그것은 현실과 거의 같은 고통을 줄 것이다.

그러나 꿈은 모두 서로 다르고 또 같은 꿈이라도 변화가 있기 때문에, 꿈속에서 보는 것은 깨어 있을 때에 보는 것보다 훨씬 덜 영향을 준다. 그것은 깨어 있을 때 보는 것은 연속성이 있지만, 변치 않을 정도로 연속적이고 한결같다는 것은 아니고, 여행처럼 급격하게 변하는 예는 드물다는 말이다. 그때에는 "꿈꾸는 것 같다"는 말을 하게 되니, 인생은 변화가 좀 덜한 꿈인 것이다.

848 정의가 땅에서 사라졌다고 말한다 해서 사람들이 원죄를 알았다고 말할 수 있을까?

"Nemo ante obitum beatus(아무도 죽기 전에는 복되지 못하다)"[*550] 죽음과 더불어 영원하고 본질적인 행복이 시작된다는 것을 알았단 말일까?

849 각자의 지배적인 정열을 알면 그 사람의 마음에 들기가 쉽다. 그런데도 사람들은 자기 자신의 이익에 배치되는 환상을, 선에 대해 가지는 그 관념 속에까지 지니고 있다. 이것이야말로 사람을 당황하게 만드는 괴상망측한 성질이다.

850 우리는 우리 자신의 존재 안에 가지는 생활로 만족하지 않고, 다른 사람들의 생각 속에 있는 상상적인 생활을 즐기기를 원한다. 그래서 이것 때문에 우리는 밖으로 나타나려고 힘쓴다. 우리는 가공의 존재를 아름답게 보존하기 위해 끊임없이 애쓰지만 진짜 존재는 얕잡아 본다. 그리고 만일 우리가 평온·아량·충실을 가지고 있다면, 이 덕들을 우리의 또 하나의 존재에 붙이기 위해 서둘러 알려주거나, 차라리 우리에게 떼어서 또 하나의 존재에 붙여 주기를 원한다. 우리는 용감하다는 평판을 얻기 위해서 기꺼이 비겁해질 것이다. 둘 중에 하나만 가지고는 만족치 못하는 것과, 이것과 저것을 자주 바꾸는 것은 우리 진짜 존재의 허무를 나타내는 큰 표적이다. 왜냐하면 자기 명예를 보존하기 위해서 죽지 않는 자는 파렴치하기 때문이다.

851—〈요한복음〉8장. "Multi crediderunt in eum. Dicebat ergo Jesus : Si manseritis……vere mei discipuli eritis, et veritas liberabit 팬. Responderunt : Semen Abrahæ sumus, et nemini servivimus unquam.(그를 믿는 자 많더라. 이에 예수 이르시되, '너희가 만일……머물러 있으면, 참으로 내 제자가 될 것이오, 진리가 너희를 깨끗이 씻어주리라.' 저들이 대답하되 '우리는 아브라함의 자손이라, 일찍이 아무에게도 종노릇한 적이 없나이다.')"*551

제자와 참다운 제자 사이에는 확실히 차이가 있다. 그들에게 진리가 너희를 자유케 하리라'라고 말해 보면 가려낼 수 있다. 만일 그들이 자신들의 능력으로 마귀에서 벗어나고 종노릇에서 자유로울 수 있다고 말하면, 그들이 제자임에는 틀림없으나 참된 제자는 아니다.

852 믿음에는 세 가지 방법이 있으니, 이성과 습관과 영감이다. 홀로 판단력을 가지고 있는 그리스도교는 영감 없이 믿는 자들을 참된 자녀로 인정하지 않는다. 이것은 교회가 이성과 습관을 배제하기 때문이 아니고 오히려 그 반대다. 그러나 자기 정신을 열어 증거를 받아들이고, 습관적으로 그것을 지켜나가며, 그것만이 참되고 유익한 결과를 보낼 수 있다는 영감으로, 겸손하게 자기를 바쳐야 하는 것이니, "Ne evacuetur crux Christi(그리스도 십자가의 능력이 헛되지 않게 하기 위해서다)."*552

853 신이 있다는 것도 이해할 수 없고 신이 없다는 것도 이해할 수 없으며, 영혼이 육신과 함께 있다는 것도 우리가 영혼을 가지고 있지 않다는 것이나 이해할 수 없고, 세상이 신에 의해 창조되었다거나 창조되지 않았다는 것 등도 이해할 수 없고—원죄가 있다는 것도, 그것이 없다는 것도 이해할 수 없다—

854 "Quid fiet hominibus qui minima contemnunt, majora non credunt? (작은 것을 경멸하고 큰 것은 믿지 않는 사람들이 어떻게 되겠는가?)"*553

855 세상에서 가장 오래 된 두 권의 책은 모세와 욥의 것인데, 하나는 유대인이고 또 하나는 이방인이지만, 둘 다 예수 그리스도를 그들의 중심과 목표로 삼는다. 모세는 아브라함, 야곱 등등에게 신의 약속과 예언을 이야기함으로써, 욥은 "Quis mihi det ut" etc (원컨대 내 말이 기록되기를) 운운. "Scio enim quod redemptor meus vivit." etc (나는 내 구속주 살아 계심을 알기 때문이로다) 운운, 하고 말함으로써. *554

856 복음 성경의 문체는 여러 가지 점에서 훌륭한데 그 중 예수 그리스도를 처형하는 자와 그의 적들에게 결코 아무런 욕설도 퍼붓지 않는다는 점에서 더욱 그렇다. 왜냐하면 유다에게도 빌라도에게도, 또 어느 유대인에게도 복음사가의 욕설이 한 마디도 없기 때문이다.

만약 복음사가의 이런 겸손이 매우 아름다운 특성을 지닌 다른 많은 필치와 아울러 꾸며진 것이고, 또 오로지 예수 그리스도에게 관심을 끌기위해 꾸몄다면, 가령 그들 자신이 감히 그의 관심을 끌지 못했더라도, 그들의 벗들이 이런 주의를 해주었을 것이다. 그러나 그들은 꾸밈없이 또 아무 욕심 없는 충동으로 그렇게 했으므로, 아무에게서도 주의를 받지 않았다. 그리고 내 생각에는 이런 것 중에 여러 가지가 이제껏 조금도 지적받지 않았으니, 이것이야말로 그 일이 얼마나 냉정하게 행해졌는가를 보여 주는 것이다.

857 사람은 의식적으로 악을 행할 때만큼 완전하게 또 유쾌하게 그것을 행하는 일은 없다.

858 이지를 망치는 일과 마찬가지로 직관도 망칠 수가 있다.

이지와 직관은 이야기를 나눔으로써 훈련된다. 또한 이지와 직관은 이야기를 나눔으로써 망친다. 이와 같이 좋은 이야기를 나누든, 나쁜 이야기를 나누든 이지와 직관을 훈련시키거나 망치거나 한다. 그러므로 그것을 훈련시키기는 하되 망치지는 않기 위해서 무엇보다도 모든 일을 잘 선택할 줄을 알아야 한다. 그런데 이미 훈련시켜 망치지 않았어야만 이 선택을 할 수 있는 것이다. 이리하여 이것은 하나의 순환 논법이 되니, 사람이 여기서 빠져나오는 것은 다행스러운 일이라 하겠다.

859 보통 사람들은 자기가 생각하고 싶지 않은 것은 생각하지 않는 능력을 갖고 있다. "메시아가 지나가는 것을 믿지 말라"라고 유대인은 그 아들에게 말했다. 우리들도 가끔 이렇게 한다. 이렇게 해서 많은 사람이 지금도 거짓 종교들을 믿고 있고, 이렇게 해서 참 종교까지도 지금까지 남아 있다.

그러나 이와 같이 생각하지 않는 능력을 갖지 못해서, 생각하지 말라고 하면 할수록 더 생각하게 되는 사람들도 있다. 이런 자들은 견실한 말을 발견하지 못하면, 거짓 종교를 버리고 참된 종교까지도 버리게 된다.

860 —"내가 신앙을 가진다면 머지 않아 쾌락을 그만 누릴 것이다"라고 말하는 자들이 있다. —그러나 나는 "그대가 쾌락을 그만 누린다면 오래지 않아 신앙을 가질 터인데" 하고 말하는 바이다. 그런데 시작은 그대가 하는 것이다. 내가 할 수만 있다면 그대에게 신앙을 줄 것이다.

그렇게 할 수는 없으니, 따라서 그대가 말하는 것의 진리를 느낄 수도 없다.

그러나 그대는 얼마든지 쾌락을 그만 누리고 내가 말하는 것이 참된지 어떤지를 시험할 수 있다.

861 누가 뭐라고 해도 소용없다. 그리스도교에는 어떤 놀라운 것이 있다는 것을 인정해야 한다. "그대가 그 속에 태어났으니까 그렇다"고 사람들은 말하리라. 천만에, 나는 바로 이런 이유로 해서, 이 선입견을 경계한다. 그러나 비록 내가 그 속에 태어났다고 하더라도, 그것이 놀라운 것임을 인정하

지 않을 수 없다.

862 죽음에 대한 승리. *555

"온 세상을 얻어도 자기 영혼을 잃으면 무슨 이득이 있겠는가?"*556

"자기 영화를 지키려는 자는 그것을 잃으리라."*557

"어린 양들은 세상의 죄를 없애지 못했다. 그러나 나는 세상의 죄를 없애는 어린 양이다."*558

"모세는 하늘의 양식을 너희에게 주지 않았느니라. 모세는 너희를 귀양살이로부터 벗어나게 하지 않았고, 너희를 참으로 자유롭게 만들지 않았느니라."*559

863 예언에 특수한 사물과 메시아의 사정이 섞여 있는 것은, 메시아에 대한 예언으로 하여금 증거가 없지 않게 하고, 특수한 예언이 결실을 맺지 못하는 일이 없게 하기 위해서였다.

864 우리 종교의 진리를 설득시키는 데에 두 가지 방법이 있으니, 하나는 이성의 힘으로 하는 것이고, 또 하나는 말하는 자의 권위로 하는 것이다.

사람들은 후자를 쓰지 않고 전자를 쓴다. "이것을 믿어야 한다. 그렇게 말하는 성경이 신에게서 온 것이니까"라고 말하지 않고, 그것을 이러저러한 이유로 믿어야 한다고 말한다. 그런데 이성은 아무데로나 쏠리기 쉬운 것이기 때문에 너무나 빈약한 논거가 된다.

865 왜냐하면 자기가 어떻다는 것을 잊어서는 안 되니, 우리의 정신이 그만큼 우둔하기도 한 것이다. 그렇기 때문에 설득하는 유일한 연장이 증명은 아닌 것이다. 증명된 것은 얼마나 적으냐 말이다! 증거는 정신밖에는 설득시키지 못한다. 관습은 우리의 증거를 가장 강하고 가장 생생하게 만들며, 생각지 않는 중에 정신을 이끌어 가는 자동적인 작용으로 기울게한다. 내일 해가 뜨리라는 것과 우리가 죽으리라는 것을 누가 증명하겠는가? 하지만 그것보다 더 믿어지는 것이 어디 있는가? 그러니까 관습이 우리에게 그것을 믿게 하는 것이다. 관습이야말로 수많은 그리스도 교도를 만들고, 터키인을

만들고, 이교도와 직업과 군인 등등을 만드는 것이다—터키인들보다는 그리스도 교도들에게 세례에서 받은 신앙이 더 많다—마침내 진리가 어디 있는지를 우리의 정신이 알기만 하면, 늘 빠져 나가기만 하는 이 신앙으로 목을 적시고 빛을 내기 위해 관습에 의지해야 한다. 왜냐하면 진리의 현저한 증거를 늘 가진다는 것은 너무나 힘들기 때문이다. 보다 더 쉬운 믿음을 얻어야만 하는데, 그것은 폭력을 쓰지 않고, 재주를 부리지 않고, 논거 없이 우리에게 사물을 믿게 하고, 우리의 모든 능력을 이 믿음으로 기울게 해 영혼이 자연스레 기울어지게 만드는 습관의 믿음이다. 사람이 확신의 힘으로밖에는 믿지 않고, 또 자동 작용은 그와 반대되는 것을 믿는 데로 기울어진다면 이것은 충분하지 않다. 그러니까 우리의 두 가지 부분을 모두 믿게 해야 한다. 즉 정신을 이치로 믿게 해야 하는데, 이것은 일생에 한 번만 보면 충분한 것이요 자동 작용은 관습으로 믿게 만들어, 그와 반대되는 것에 기울어지지 않게 해야 한다.

"Inclina cor meum, Deus(신이여, 내 마음을 기울여 주소서)."*560

이성은 그 많은 원리에 대해 수많은 견해를 가지고 느리게 행동하며, 또한 이 원리들이 언제나 그 자리에 있어야지 원리가 없을 때에는 이성이 혼미해지거나 길을 잃게 된다. 느낌은 이렇게 하지 않으니, 느낌은 순간적으로 행동하며 언제나 행동할 태세를 취하고 있다. 그러므로 우리의 신앙을 느낌에 둬야지, 그렇지 않으면 언제나 흔들릴 것이다.

—중국사—

866 나는 목숨을 내놓는 증인들이 있는 역사만 믿는다.

〔모세와 중국, 둘 중에 어느 것이 더 믿을 만한가?〕

문제는 그것을 전체적으로 대강 살펴보려는 것이 아니다. 내가 그대에게 말하는 것은 사람의 눈을 어둡게 하는 것과 밝혀 주는 것이 있다는 것이다.

이 한 마디로 나는 그대의 모든 논증을 부숴 놓는다. "그러나 중국은 혼미하다"고 그대는 말하리라. 나는 대답한다. "중국은 혼미하다. 그러나 거기에서 빛을 발견할 수도 있으니 그것을 찾아보라"고.

이와 같이 그대가 말하는 것은 기껏해야 여러 의도 중의 하나를 받들 뿐, 다른 의도는 조금도 막지 못한다. 그러므로 이익은 되지만 해가 되지는 않는다.

그러므로 이것을 자세히 봐야 하며, 문서를 책상 위에 펼쳐 놓아야 한다.

867 그것은 자기 집 문서를 발견하는 상속자와 같다. 그가 "어쩌면 이 문서가 가짜일지도 모른다"고 말하며, 살펴보기를 소홀히 하겠는가?

868 율법은 주지도 않은 것을 하라고 시켰고, 은총은 하라고 시킨 뒤 그것을 준다.

869 반박하는 것 같다.

"Humilibus dat gratiam? (겸손한 자들에게 은총을 내리신다?)"*561—An ideo non dedit humilitatem? (그러면 겸손은 주시지 않았는가?)

"Sui eum non receperunt.(그의 백성들이 그를 받아들이지 않았으니)"*562 —Quotquot autem non receperunt, an none rant sui? (받아들이지 않는 자들이 모두 그의 백성이 아니었더란 말인가?)

870 "Fac secundum exemplar quodtibi ostensum est in monte.(산에서 네게 보여 준 본보기를 따라 만들라)."*563

그러니까 유대인들의 종교는 메시아의 진리와 유사한 점에 토대를 두고 만들어졌고, 메시아의 진리는 그것의 상징이던 유대인들의 종교에 의해 인정되었다.

유대인들에게는 진리가 상징되었을 뿐이나, 하늘에서는 그것이 명백하게 드러난다. 교회에서는 그것이 가려져 있지만, 상징과의 관련성에 의해 인정된다. 상징은 진리를 본떠 만들어졌고, 진리는 상징에 따라 인정되었다.

성 바오로는 자신이 사람들의 결혼을 금하리라고 말하고,*564 거기에 걸려 넘어질만한 말투로 고린도 인들에게 스스로 말했다.*565 어떤 예언자가 달리 말했는데 성 바오로가 나중에 이렇게 말했다면, 그는 비난을 받았을 것이기 때문이다.

871 어떤 사람들에게 다른 사람들을 존경하게끔 맺어 주는 줄은 보통 필

요라는 이름의 줄이다. 왜냐하면 모든 사람이 지배하기를 원하는데, 모두 그렇게할 수는 없고 몇몇 사람만 그렇게 할 수 있으며 지배 체계에는 여러 계급이 있어야 하기 때문이다.

그러면 계급들이 생기기 시작하는 것을 우리가 보고 있다고 상상해 보자. 그들은 더 힘센 쪽이 약한 쪽을 눌러서 마침내 지배하는 당파가 생겨날 때까지 틀림없이 싸울 것이다. 그러나 일단 그것이 결정된 다음에는 전쟁이 계속되기를 원치 않는 지배자들은 손 안에 쥐고 있는 힘이 그들의 마음에 드는 대로 계승되기를 명한다. 어떤 자들은 그것을 백성들의 선거에 맡기고, 어떤 자들은 세습 등등에 맡긴다.

그리고 여기서부터 상상력이 제 구실을 다하기 시작하는 것이다. 이때까지는 권력이 사실을 강요했지만, 이제는 상상력에 의해서 힘이 어떤 당파 쪽에 보유되는 것이다. 프랑스에서는 귀족들 쪽에, 스위스에서는 평민들에게.

그러니까 아무개 아무개를 개별적으로 존경하게 해주는 끈은 상상력의 끈이다.

872 영혼은 위대한 정신적 노력으로는 오래 지탱할 수 없다. 영혼은 거기서 그저 뛰어오를 뿐이며, 그것도 왕좌에서처럼 끝까지 남는 것이 아니고 잠깐 동안뿐이다.

제3부 기적에 대한 명상

873 내가 생 시랑 신부*566에게 묻고자 하는 점은 주로 이런 것들이다. 그러나 나는 사본을 가지고 있지 않으므로, 그가 할 답변과 함께 이 종이를 돌려보내 줘야 할 것이다.

1. 기적이 되기 위해서는 사람과 마귀와 천사와 모든 피조물의 힘을 뛰어넘어야만 기적이 될 수 있는가? *567

2. 그렇다면 자연의 힘을 넘어서기만 하면 충분하지 않은가? 나는 초자연적인 힘의 결과는 무엇이든지 기적이라고 생각한다. 이와 같이 나는 거룩한 유물을 만짐으로써 병이 낫는 것과 예수의 이름을 부름으로써 귀신 들린 사람이 낫는 것을 기적이라고 부른다. 그것은 이 결과들이 신을 부르는 말의 자연적인 힘을 넘어서는 까닭이고, 자연적인 힘으로는 병을 고치거나 마귀를 쫓아낼 수 없는 것이다.

그러나 나는 비밀스런 술법으로 마귀를 쫓아내는 것을 기적이라고 부르지 않는다. 왜냐하면, 마귀의 힘을 써서 마귀를 쫓아낼 때에는 그 결과가 자연적인 결과를 넘어서지 않기 때문이다. 이리하여 기적의 참된 정의는 내가 방금 내린 '그것'이라고 생각했다. *568

3. 성 토마스가 이 정의에 반대하지 않는지, 또 그는 어떤 결과가 기적적이기 위해서는 모든 피조물의 힘을 뛰어넘어야 한다고 생각하는지? *569

4. 이단자로 선언 받은 자가 어떤 잘못된 것을 입증하기 위해 정말 기적을 행할 수 있는지? *570

5. 이단자로 선언되고, 또 그렇게 알려진 자들이 불치병이 아닌 병을 고치는 기적을 행할 수 있는지? 가령, 랭장드 신부가 설교하는 것처럼, '어떤 그릇된 명제를 입증하기 위해' 기적을 행할 수 있는지? *571

6. 이단자로 선언되고, 또 그렇게 알려진 자들이 신의 이름을 부르거나, 거룩한 유물로 모든 피조물의 힘을 넘어서는 기적을 행할 수 있는지? *572

7. 교회를 떠나지는 않았으면서도 잘못에 빠져 있고, 또 신자들을 더 쉽사리 유혹하고 자기들의 당파를 강하게 하기 위해 교회를 반대한다고 발표하지 않는 숨은 이단자들이 예수의 이름을 부르거나 거룩한 유물로 온 자연의 힘을 넘어서는 기적을 행한다든지, 또는 불치병이 아닌 병을 순식간에 고치는 것같이 시간만 넘어서는 그런 기적을 행할 수 있는지? *573

8. 신의 이름으로나 신적인 물건의 개입으로 행해진 기적은 참된 교회의 증거가 아닌지? 그리고 모든 가톨릭 신자는 모든 이단자에 맞서 이것을 주장하지 않았는지? *574

9. 이단자들이 기적을 행한 일은 절대로 없었는지, 또 그들이 행한 기적은 어떤 성질의 것이었는지? *575

10. 예수 그리스도의 이름으로 마귀를 쫓아내고, 또 예수 그리스도가 그에 대해 "너희를 거스르지 아니하는 자는 너희를 위함이니라."*576고 말씀하신 복음서의 그 사람이 예수 그리스도의 벗이었는지, 적이었는지? 또 복음 해석자들이 거기에 대해 어떻게 말하는지? 내가 이것을 묻는 이유는 랭쟝드 신부는 그 사람이 예수 그리스도와 반대되는 자였다고 설교하기 때문이다. *577

11. 거짓 그리스도가 예수 그리스도의 이름으로 이적을 행하겠는지, 혹은 자기의 이름으로 행하겠는지? *578

12. 신탁(神託)이 기적이었는지? *579

두 번째 기적은 첫 번째 기적을 전제할 수 있다. 그러나 첫째 기적은 둘째 기적을 전제할 수 없다.

기적

874 기적은 교리를 식별하고, 교리는 기적을 식별한다.

거짓 기적들과 참 기적들이 있다. 기적들을 알아내기 위해서는 표시가 있어야 한다. 그렇지 않으면 그것들은 쓸데없는 것이다.

그런데 그것들이 쓸데없지 않고―오히려 근거가 된다―

그런데 우리에게 주어진 기준은 기적의 주요 목적인 진리에 대해 참 기적이 주는 증거를 파괴하지 않는 그런 것이어야 한다.

모세는 사람들에게 기준 두 가지를 주었다. 예언이 이뤄지지 않는다는 것.

〈신명기〉18*580장. 그리고 기적들이 우상 숭배로 이끌려가지 않는다는 것이 그것이다. 〈신명기〉13장*581. 그리고 예수 그리스도는 하나를 주셨다. *582

만일 교회가 기적을 규정한다면, 교리에서 기적은 쓸모없는 것이 된다. 만일 기적을 규정한다면—

기준에 대한 이의

시대의 구별. 모세가 살아 있던 때와 지금의 기준은 서로 다르다.

875 그 신앙에 모든 것의 근원으로 유일신을 숭배하지 않는 종교, 그 도덕률에 모든 것의 목적으로 유일신을 사랑하지 않는 종교. 그것은 모두 거짓이다.

사람들이 믿지 않는 이유

876 —〈요한복음〉12장 37절. "Cum autem tanta signa fecisset, non credbant in eum, ut sermo Isayae impleretur." Excaecavit, etc.(이렇게도 많은 기적을 행하셨건만, 저들은 그를 믿지 아니하였으니, 그럼으로써 이사야의 말씀이 맞게 함이리라. 눈을 어둡게 하시고 운운.)*583

"Haec dixit Isaias, quando vidit gloriam ejus et locutus est deeo"(이사야는 그의 영광을 보고 그에 대해 이야기할 때 이런 말을 했다.)*584

"Judaei Signa petunt et Graeci sap ientiam quaerunt ; nos autem Jesum crucifixum(유대인들은 기적을 청하고 그리스인들은 지혜를 구하되, 우리는 십자가에 못박히신 예수를 찾는다)."*585

"Sed plenum signis, sed plenum sapientia. Vos autem Christum non crucifixum et religionem sine miraculis et sine sapientia(기적이 가득하고 지혜가 충만한 예수를 찾는다. 그러나 그대들은 십자가에 못 박히지 않은 그리스도를 찾고, 기적도 지혜도 없는 종교를 구한다)."*586

사람들이 참된 기적을 믿지 않는 것은 사랑이 없기 때문이다? "Sed vos non creditis, quia non estis ex ovibus(그러나 너희들은 양들 중에 끼어 있지 않기 때문에 믿지 않는 도다)."*587—거짓 기적을 믿게 되는 것도 사랑이 없기 때문이다. *588

종교의 기초

그것은 기적이다. 아니? 신이 기적을 반대해, 사람에게 자기는 신앙의 기초를 반대한다고 말씀하신단 말인가?

—신이 한 분 계시면—신에 대한 신앙이 땅 위에 있어야만 했다. 그런데 —예수 그리스도의 기적은 거짓 그리스도에 의해 예언되지 않았지만, 거짓 그리스도의 기적은 예수 그리스도에 의해 예언되었다. [589] 그러니까, 만일 예수 그리스도가 메시아가 아니었다면 오류도 끌어넣었을 것이다. 그러나 거짓 그리스도는 도무지 오류로 끌어넣을 수가 없다.

예수 그리스도가 거짓 그리스도의 기적을 예언하실 때 당신 자신의 기적에 대한 믿음을 파괴한다고 생각하셨을까?

—모세는 예수 그리스도를 예언하고 그를 따르라고 명령했다. [590] 예수 그리스도는 거짓 그리스도를 예언하고 그를 따르지 말라고 했다— [591]

—모세 시대에는, 사람들이 알려지지 않은 거짓 그리스도에 대한 신앙을 말린다는 것이 불가능한 일이었다. 그러나 거짓 그리스도 시대에는, 이미 알려져 있는 예수 그리스도를 믿는 것이 아주 쉽다—

—거짓 그리스도를 믿을만한 이유 치고 예수 그리스도를 믿지 못할 이유가 하나도 없다. 그러나 예수 그리스도에게는 거짓 그리스도에게는 없는 이유가 있다—

877 이 땅은 진리의 나라가 아니니, 진리는 알려지지 않은 채 사람들 사이를 헤맨다. 신은 그것을 보자기로 덮어 그의 목소리를 듣지 못하는 자들로 하여금 알아보지 못하게 한다. 적어도 아주 뚜렷한 진리마저 모독을 당할 여지가 있다. 누가 복음 성경의 진리를 퍼뜨리면 그와 반대되는 것을 퍼뜨리는 사람도 있어, 문제들을 희미하게 만들어 민중이 식별할 수 없게 한다. 그래서 사람들은 이렇게 질문한다.

"다른 사람 말고 오직 당신을 믿기 위해 당신은 무엇을 가지고 있는가? 당신은 어떤 기적을 행하는가? 당신은 말만 가지고 있고 우리도 역시 마찬가지다. 만약 당신이 기적을 가지고 있다면 우리는 당신을 믿을 수 있소!"

교회가 기적으로 뒷받침되어야 하는 것은 하나의 진리이지만, 사람들은 교리를 모독하기 위해 그것을 남용한다. 그리고 기적이 일어나면, 사람들은 교리가 없이 기적만 있어서는 충분치 못하다고 말한다. 이것은 기적을 모독하기 위한 또 다른 진리다.

예수 그리스도는 안식일에 선천적 맹인을 낫게 하시고[*592] 많은 기적을 행하셨다. [*593] 이렇게 함으로써 그는 교리를 가지고 기적을 판단해야 한다고 말하던 바리새인들의 눈을 어둡게 만드셨다. [*594]

"우리에게는 모세가 있다. 그러나 저 사람은 어디서 왔는지 우리도 모른다."[*595] 그가 기적을 행하는데, 그가 어디서 왔는지를 그대가 모른다는 것은 놀라운 일이다.

예수 그리스도는 하나님과 모세의 뜻에 어긋나게 말씀하시지 않았다. 구약과 신약에 예언된 거짓 그리스도와 거짓 선지자들이 공공연하게 하나님과 예수 그리스도를 반대해서 말한 것이다. 숨어 있지 않은 자……얼굴을 가린 적. 신은 그들이 공공연하게 기적을 행함을 허락지 않으실 것이다.

그리고 두 파가 제각기 신에게, 예수 그리스도에게, 교회에 속해 있노라고 주장하는 공공연한 논쟁을 벌일 때, 거짓 그리스도 교도들 쪽에 기적이 일어난 적은 일찍이 없었지만 참 그리스도 교도들 쪽에는 기적이 일어났었다.

"그는 마귀에게 사로잡혔다." 또 "다른 사람들은 마귀가 맹인의 눈을 뜨게 할 수 있느냐고 하더라."[*596]

예수 그리스도와 그의 사도들이 성경에서 끌어내는 증거는 논증적이지 않았다. 왜냐하면 그들은 다만 예언자가 올 거라는 모세의 예언을 말할 뿐, 이것으로 그 예언자가 바로 저 사람이라고 증명하지는 못한다. 그런데 모든 문제점은 여기에 있다. 이런 구절들은 그들이 성경에 어긋나지 않고 거기에는 아무런 모습도 나타나지 않는다는 것만을 증명하는 데 쓰일 뿐, 거기에 일치된다는 것을 증명하는 데 쓰이지는 않는다. 그러니 기적만 있으면 모순이 제외되는 것만으로 충분한 것이다.

신과 사람 사이에는 무엇을 하고 무엇을 준다는 서로서로의 의무가 있다. "Quod debui(내가 무엇을 해야 했느냐)", [*597] "나를 책하라."[*598]고 신은 〈이사야〉에서 말씀하신다.

—신은 당신과의 언약 등을 이뤄야 한다.

사람들에게는 신이 보내시는 종교를 받아들여야 하는 의무가 있다. 신은 사람들을 오류에 끌어들이지 않아야 한다. 그런데 만일 기적을 행하는 자들이 상식의 빛에 비추어 명백히 거짓이 아닌 교리를 전한다면, 그리고 그들보다 더 위대한 기적을 행하는 자가 그런 사람들을 믿지 말라고 미리 경고하지 않았다면, 사람들은 오류에 끌려 들어갈 것이다.

이와 같이 만일 교회 안에 분열이 생겨, 가령 가톨릭교도들과 마찬가지로 자기들도 성경에 근거를 가졌노라고 주장하던 아리우스파 사람들이 기적을 행하고 가톨릭교도들은 기적을 행하지 못하였다면, 사람들은 오류에 빠졌을 것이다.

왜냐하면 신의 비밀을 우리에게 전하는 어떤 사람이, 자기의 사사로운 권위로 믿음을 받을 자격이 없기 때문에 불신자들이 그가 전하는 바를 의심하는 만큼, 신과 더불어 통한다는 표시로 죽은 사람들을 부활시키고, 앞으로 일어날 일들을 예언하거나, 바다를 옮기고, 병자를 낫게 하는 사람이 있으면, 거기에 굴복하지 않을 불신자는 하나도 없는 것이다. 다만 파라오와 바리새인들의 불신은 어떤 초자연적인 완고함의 결과이기 때문이다.

그러므로 기적과 의심스럽지 않은 교리가 아울러 어떤 쪽에 있음을 보이게 되면, 어느 것이 더 분명한가 살펴야 한다. ―예수 그리스도는 의심을 받으셨다.

맹인이 된 바오로.*599 신의 힘은 그 원수의 힘을 이긴다.

"나는 예수와 바오로는 안다만, 너희들은 도대체 누구냐?"하고 말하는 마귀들에게 맞은 유대인 퇴마사들.*600

기적이 교리를 위해 있는 것이지, 교리가 기적을 위해 있는 것은 아니다.

만약 기적이 참되면, 어떤 교리라도 믿게 할 수 있을까? 아니다. 그렇게는 되지 않을 것이다. "Si angelus…… (만일 천사가……)"*601

원칙

기적을 가지고 교리를 판단해야 하고, 교리를 가지고 기적을 판단해야 한다. 이것은 모두 참된 것이고, 서로 모순되지 않는다. 왜냐하면 때를 구별해야 하기 때문이다.

―일반적인 원칙에 대해 아는 것을 그대는 얼마나 기뻐하는가! 그것으로 혼란을 일으키고, 모든 것을 쓸모없게 만들 생각으로! 신부님, 그렇게는 못할 것입니다. 진리는 하나이고, 또 확실하니까―

자기가 나쁜 교리는 감추고 좋은 교리만을 나타내며, 신과 교회가 합치한다고 말하는 어떤 사람이 기적을 행해, 거짓되고 교묘한 교리를 생각지도 못한 사이에 집어 넣는다는 것은, 신의 의무로 봐서 불가능한 일이다. 그런 일은 있을 수 없다.

—하물며, 사람들의 마음을 알고 계시는 신이 이런 자에게 유리하도록 기적을 행하신다는 것은 더구나 있을 수 없다—

878 예언이나 기적까지도 그렇고, 또 우리 종교의 증거도 그렇고, 그것들이 우리를 절대적으로 설득시키는 것이라고 말할 수 있을 성질의 것은 아니다. 그러나 또한 그것들을 믿는 것이 이치에 맞지 않는다고 말할 수 없을 정도로 설득시키는 것이기도 하다. 이와 같이 어떤 이들은 비춰 주고, 어떤 이들은 몽매하게 만드는 명백함과 불분명이 있다. 그러나 명백함은 그 반대 것의 명백함을 넘어서거나 혹은 적어도 같은 정도의 것이다. 그래서 이것을 따라가지 않도록 결정내리게 하는 것은 이성이 아니니, 따라서 그것은 사욕과 간악한 마음일 수밖에 없다. 이런 방법으로 하면 죄로 판단하기에 충분하고 설득시키기에는 넉넉지 못한 명백함이 있는 것이다. 그것은 그 명백함을 좇는 자들에게는 좇아가게 하는 것이 은총이지 이성이 아니라는 것을 나타내고, 피하는 자들에게는 피하게 하는 것이 사욕이지 이성이 아니라는 것을 드러내기 위해서다.

"Vere discipuli(참된   제자)"*602, "vere Israelita(참으로   이스라엘   사람)"*603, "vere liberi(참으로   자유로운   자)"*604, "vere cibus(참된   음식)"*605.

879 —나는 사람들이 기적을 믿는다고 생각한다.

그대는 친구들을 위해서, 혹은 원수를 반대하여 종교를 혼란스럽게 한다. 그대는 종교를 제멋대로 다루고 있다.

880 만일 거짓 기적이 도무지 없다면, 확실성이 있을 것이다.

만일 거짓 기적을 식별하는 기준이 없다면, 확실성이 있을 것이다.

만일 거짓 기적을 식별하는 기준이 없다면, 참 기적은 쓸데없을 것이고,

믿을 이유도 없을 것이다.

그런데—인간적으로—말하자면 인간적인 확실성은 없고, 이성만 있다.

881 세계 모든 나라와 모든 왕을 정복할 사명을 받은 유대인들은 죄의 노예가 되었다. 그런데 봉사를 하고 복종을 할 사명을 지닌 그리스도 교도들은 자유로운 자녀들이다. *606

882 〈사사기〉 13장 23절. "만일 신이 우리를 죽이고자 하셨다면, 우리에게 이런 모든 일을 보여주지 않으셨을 것이다."

에제키아스, 센나케립. *607

〈예레미야〉 거짓 예언자 아나니야는 7월에 죽는다. *608

〈마카베오 후서〉 3장. 바야흐로 약탈당하기 직전에 있던 성전이 기적적으로 구제되었다. *609

〈마카베오 후서〉 15장.

〈열왕기 상〉 17장. 과부가 그 아들을 부활시킨 엘리야에게 "이것으로 나는 당신의 말이 참된 것임을 압니다" 하고 말했다. *610

〈열왕기 상〉 18장. 엘리야 대(對) 바알의 예언자들. *611

참된 신이나 종교의 진리에 대한 논쟁에 있어서, 잘못된 쪽이나 진리가 아닌 쪽에 기적이 일어난 일은 없다.

883 예수 그리스도는 성경이 당신에 대해 증언한다고 말씀하신다. 그러나 어떤 점이 그런지는 말씀하지 않으신다.

예언도 예수 그리스도를 그가 살아계신 동안에는 증명할 수가 없었다. 그러므로 교리가 없이 기적만으로 충분하지 않았다면, 사람들이 그의 생전에 그를 믿지 않았다고 해서 죄가 되지는 않았을 것이다. 그러나 그 생전에 믿지 않은 사람들은 그가 친히 말씀하신 것처럼 죄인이요 변명할 여지가 없었다. 그렇다면 그들은 반드시 어떤 확증이 있었지만, 거기에 반항했던 것이다. 아니, 그들은 우리가 가지고 있는 확증을 가지고 있지 않고, 다만 기적만 가지고 있었다. 그러면 교리와 어긋나지 않는 이상, 기적으로 충분한 것이고, 사람들은 그것을 믿어야 된다.

※ —〈요한복음〉7장 40절. 오늘날 그리스도 교도들 간의 논쟁과 비슷한 유대인들 사이의 논쟁—예수 그리스도가 베들레헴에서 태어나리라고 말한 예언들을, 어떤 사람들은 믿고 어떤 사람들은 믿지 않았다. *612 이들은 예수 그리스도와 베들레헴을 좀더 주의했어야 할 것이다. 왜냐하면 그의 기적이 설득시키는 힘이 있었던 만큼 그들은 교리와 성경 사이에 있는 소위, 모순에 대해서도 잘 확인해야만 할 것이었다. 그런데 이 불분명은 그들에게 구실이 되지 않고, 그들의 눈을 어둡게 했다. 따라서 아무 근거도 없는 모순을 이유로 오늘날 기적을 믿지 않는 자들은 변명할 여지가 없다.

그의 기적을 보고 그를 믿던 민중에게 바리새인들은 이렇게 말했다. "율법을 알지 못하는 이 백성은 저주를 받은 자들이다. 도대체 군주나 바리새인 중에 그를 믿는 사람이 한 사람이라도 있는가? 우리의 어떤 예언자도 갈릴리에서 나지 않는다는 것을 우리가 알기 때문이다." 니고데모는 이렇게 대답하였다. "우리 율법은 어떤 사람을, 그의 말을 들어 보기도 전에 심판하는가? 〔더구나 이런 기적들을 행하는 사람을?〕*613

884 우리 종교는 지혜로운 동시에 어리석다. 가장 유식하고 기적과 예언 위에 가장 든든히 세워졌기 때문에 지혜롭다. 그러나 그것을 따르게 하는 것은 결코 이런 것들이 아니므로 어리석다. 이것은 이 종교를 따르지 않는 자들을 죄를 통해 깨끗하게는 하지만, 믿게하지는 못한다. 그들에게 믿음을 주는 것은 십자가이다— "ne evacuata sit crux(십자가가 헛된 것이 되지 않기 위해)."—*614

그래서 지혜와 기적을 가지고 온 성 바오로가 자기는 지혜도 기적도 가지고 오지 않았노라고 말했다. 그는 회개시키러 왔기 때문이다. 그러나 다만 설득시키기 위해서만 오는 자들은 자기들이 지혜와 징표를 가지고 온다고 말할 수 있는 것이다. *615

885 예수 그리스도의 편이 아니면서 그에 대해 제대로 말하는 것과 예수 그리스도의 편이 아니면서 그의 편인 체하는 것에는 큰 차이가 있다. 한쪽 사람들은 기적을 행할 수 있으나, 또 한쪽 사람들은 못 한다. 왜냐하면 한쪽 사람들은 그들이 진리를 반대한다는 것이 분명하지만, 또 한쪽 사람들은 명

백하지 않기 때문이다. 이래서 기적은 더 명백하게 된다.

886 유일신을 사랑해야 한다는 것은 너무도 명백해서, 이를 증명하기 위해서는 기적이 필요 없을 지경이다.

887 교회가 다만 신에 의해서만 지탱되고 있을 때에, 그 상태는 참으로 아름답다.

888 예수 그리스도는 당신의 메시아임을 확증하셨는데, 당신 교리를 성경과 예언에 비추어 입증한 적이 없고, 언제든지 당신 기적으로 입증하셨다.

그는 당신이 죄를 사한다는 것을 기적으로 증명하신다. *616

"너희는 너희 기적을 기뻐하지 말고, 너희 이름이 하늘에 씌어 있음을 기뻐하라" 고 예수 그리스도는 말씀하신다. *617

만일 그들이 모세를 믿지 않으면, 부활한 자도 믿지 않으리라.

니고데모는 그의 기적을 보고 그의 교리가 신에게서 온 것임을 인정한다. "Scimus quia venisti a Deo, magister ; nemo enim potest haec signa facere quae tu facis nisi Deus fuerit cum illo(스승이여, 우리는 당신이 신으로부터 오셨음을 압니다. 무릇 신이 그와 함께 계시지 않는다면 당신이 행하시는 이런 기적들을 아무도 행하지 못하는 까닭입니다.)"*618—그는 교리로 기적을 판단하지 않고, 기적으로 교리를 판단한다—

유대인들은 우리가 예수 그리스도의 교리를 가지고 있는 것처럼 신의 교리를 가지고 있었고, 그것은 또한 기적으로 확증된 것이었다. 그러나 기적을 행하는 자들이라고 다 믿지 말라는 금지령과 더 나아가서 대제사장들에게 의견을 청하고 그들이 이르는 대로 하라는 명령을 받았다. *619

이리하여 우리가 기적을 행하는 자들을 거부하고자 가지고 있는 이유들을 똑같이 그들도 그들의 예언자들에게 대해 가지고 있었던 것이다.

그렇다 해도 유대인들이 예언자들을 기적 때문에 거부하고, 또 예수 그리스도까지 거부한 것은 큰 잘못이었다. 만약에 그들이 기적을 보지 못하였다면 죄를 면할 수 있었을 것이다. "Nisi fecissem……peccatum non haberent(내가 만일……행하지 않았다면, 그들에게는 죄가 없었을 텐데)."*620 그러니까 믿음은 모두 기적 위에 서 있는 것이다.

예언은 기적이라고 불리지 않는다. 가령 성 요한은 가나에서의 첫 번째 기적에 대해 말하고[621], 그 다음에는 예수 그리스도가 사마리아의 여인에게 그의 모든 삶을 폭로하신 것에 대해 말하고[622], 그리고 대관 아들의 병을 낫게 하신 데 대해 말하는데, 성 요한은 병을 고치신 이 일을 '두 번째 기적'이라고 부르고 있다.[623]

889 사람은 진리를 보여줘 그것을 믿는다. 그러나 성직자들의 부정을 보여준다고 그것을 고치지는 못한다. 거짓을 보여줌으로써 양심을 지킬 수는 있으나, 부정을 보여줌으로써 돈지갑을 지킬 수는 없다.

890 육체와 영혼으로 이루어져 있는 사람 전체를 설득시켜야 하기 때문에 기적과 진리는 필요한 것이다.

891 사랑은 상징적인 계명이 아니다.[624]
—예수 그리스도는 상징을 없애고 진리를 세우려고 이 땅에 오셨는데, 그가 전에 있던 현실적인 것을 없애기 위해 사랑의 상징을 세우려고만 오셨다고 말하는 것은 무서운 일이다—
—"만일 빛이 어두우면 그 어두움은 어떠하겠는가?"[625]

892 시험한다는 것과 잘못에 빠지게 한다는 것은 아주 다른 것이다.
신은 시험하신다. 그러나 잘못에 빠지게 하지는 않으신다.
시험한다는 것은 기회를 준다는 것이니, 그것은 필연성을 부과하지 않기 때문에 사람이 만일 신을 사랑하지 않으면 어떤 다른 일을 하게 될 것이다. 잘못에 빠지게 한다는 것은 사람으로 하여금 어떤 거짓을 결론짓고, 또 따르지 않을 수 없게 만드는 것이다.

893 —"Si tu es Christus dic nobis(당신이 그리스도면, 우리에게 말해 주시오)"—[626]
"Opera quae ego fasio in nomine patris mei, haec testimonium perhibent de

me. Sed vos non creditis, quia non estis ex ovibus meis. Oves meae-vocem meam
—audiunt(나, 성부의 이름으로 행하는 일이 나에 대해 증거를 보여주는 도
다. 그러나 너희들은 내 양들 중에 끼어있지 않으므로 나를 믿지 않는도다.
내 양들은 내 목소리를 듣느니라.)*627

—〈요한 복음〉6장 30절. "Quod ergo tu facis signum ut videamus et
credamus tibi?"—Non dicunt∶Quam doctinam praedicas? ("그러면 우리가
보고 믿게 하기 위해 당신은 어떤 기적을 행하십니까?"—무슨 교리를 펴십
니까, 라고 말하진 않는다)

"Nemo potest facere-signa-quae tu facis nisi Deus fuerit cum illo
(만약 신이 그와 더불어 계시지 않는다면 당신이 행하시는 기적을 아무도
할 수 없습니다.)"*628

—〈마카베오 후서〉14장 15절—"Deus qui signis evidentibus suam
portionem protegit(명백한 기적으로 당신의 상속을 보호하시는 신)."

—〈누가복음〉11장 16절. "Volumus signum videre de caelo, tentantes eum
(그를 시험해, 하늘로부터 기적을 내리시기를 원합니다)." "Generatio prava
signum quaerit ; et non dabitur(간악한 인생들이 기적을 구하니, 주어지지 않
으리라). "*629

—〈마가복음〉8장 12절. "Et ingemiscens ait ; Quid generatio ipsa signum
quaerit? (그가 깊이 탄식하여 이르시되, 어찌하여 이 인생들이 기적을 구하
는고?)" 그들은 나쁜 동기에서 기적을 구했다.

"Et non poterat facere(그는 행하실 수 없었다). "*630—그러면서도 그는 요
나의 기적, 즉 가장 크고 가장 비길 데 없는 당신의 부활이라는 기적을 그들
에게 약속하신다—*631

"Nisi videritis signa, non creditis(너희들은 기적을 보지 않고서는 믿지 않
는도다). "*632 그는 그들이 기적이 있다는 것을 믿지 않는다고 책망하시지 않
고, 그것을 보지 않고는 믿지 않는 것을 책망하신다. —'in signis mendacibus'
(거짓 기적을 가지고 오는) 거짓 그리스도라고 〈데살로니가 후서〉 2장에서
성 바오로는 말한다.

"Secundum operationem Satanae, in seductione iis qui pereunt eo quod
charitatem veritatis non receperunt ut salvi fierent, ideo mittet illis Deus

operationes erroris ut credant mendacio.(사탄의 활동을 따라 그들이 구원을 받을 수 있는 진리의 사랑을 받지 않음으로 인해 멸망하는 자들을 현혹시키시려고, 그러므로 신은 오류를 원하는 마음을 그들에게 일으켜 거짓말을 믿게 하시리라.)"*633

모세의 말에 있는 것처럼, "tentat enim vos Deus, utrum diligatis eum(너희들이 신을 사랑하는지 어떤지를 보기 위해 너희들을 시험하시는 것이다.)". *634

"Ecce praedixi vobis ; vos ergo videte.(내가 문득 너희들에게 미리 말했으니, 그러므로 너희들은 보도록 하라)."*635

894 구약 성경에서 사람들이 그대를 신에게서 떨어뜨리고자 할 때, 신약 성경에서는 그대를 예수 그리스도에게서 떨어뜨리고자 할 때, 이런 것이 기적을 믿지 못하게 막는 뚜렷한 경우다. 거기에 다른 배제 조건을 덧붙여서는 안 된다.

그렇다면 그들은 자기들에게 온 모든 예언자들을 막을 권한을 가지고 있다는 말인가? 아니다. 그들은 신을 부정하는 예언자들을 막지 않아도 죄를 저질렀을 것이고, 신을 부정하지 않은 예언자들을 막아도 죄를 지었을 것이다.

그러므로 어떤 기적을 보자마자 그것을 인정하든가, 그와 반대되는 이상한 징표가 있는가 해야 한다. 그것이 오직 한 분이신 신이나 예수 그리스도나 교회를 부정하는지 어떤지를 살펴보아야 한다.

895 신이 그것을 책망하는데도, 꼼짝 않고 있는 미톤을 비난할 것이다.

896 ─"나를 믿지 않으면 적어도 나의 기적은 믿으라."*636 그는 저들을 더 강한 자에게로 보내듯 하신다─

유대인들이나 그리스도 교도들도 예언자들을 늘 믿지는 말라고 경고받았다. *637 그런데도 바리새인들과 율법 학자들은 예수의 기적에 비상한 관심을 기울여, 그것이 가짜이거나 마귀로 말미암은 것임을 증명하려고 한다*638 그것들이 신에게서 온 것임을 인정하면 믿을 수밖에 없었기 때문이다. *639

오늘날 우리는 그러한 식별을 하는 수고를 하지 않아도 된다. 그러나 그것이 매우 쉬운 일이기는 하다. 신도 예수 그리스도도 부정하지 않는 사람들은 확실치 않은 기적을 결코 행하지 않는다.

"Nemo facit virtutem in nomine meo, et cito possit de me male loqui(아무도 나의 이름으로 기적을 행하고 나서 이내 나의 험담을 하지 못할 것이다.)"*640

그러나 우리는 도무지 그런 식별을 할 필요가 없다. 여기 하나의 거룩한 유물이 있다. 여기 이 세상의 군주가 아무런 권력도 미칠 수 없는 구세주의 가시 면류관이 하나 있다. 이 가시에 찔려 우리를 위해 흘리신 그 피의 힘으로 기적을 행한다. 이제 신은 이 집을 친히 택하시고 거기서 당신의 능력을 명백히 나타내시는 것이다.

그것은 우리로 하여금 하기 어려운 판정을 하게끔 만드는, 알 수 없이 의심스러운 힘으로 기적을 행하는 사람들이 아니다. 그것은 신 자신이다. 그것은 독생 성자의 수난의 연장이니, 여러 곳에 있으면서 이 곳을 가려 여러 사람들로 하여금 사방에서 모여 와 그들의 걱정근심 중에 기적적인 위안을 받게 하는 것이다.

897 —〈요한복음〉6장 26절. "Non quia vidistis signa, sed quid saturati estis(너희들이 기적을 보았기 때문이 아니라, 배불리 먹었기 때문이다)."

예수 그리스도의 기적을 보고서 그를 따르는 자들은 그의 능력이 만들어 내는 모든 기적을 보며 그의 능력을 공경한다. 그러나 그의 기적 때문에 예수를 따른다고 내세우면서 사실은 단지 그가 세상의 행복으로 그들을 위로하고 배불려 주기 때문에 따르는 자들은, 그의 기적들이 자기들에게 불편할 때에는 그것들을 모욕하고 만다.

—〈요한복음〉9장. "Non set hic homo a Deo, quia sabbatum non custodit. Alii : Quomodo potest homo peccator haec signa facere? (안식일을 지키지 않는 이 사람은 신에게서 오지 않았다. 다른 사람들은 말하기를, 죄 있는 사람이 어떻게 이런 기적들을 행할 수 있겠느냐, 고 하더라)."*641

어느 쪽이 더 분명한가?

이 집은 신에게서 온 것이다. 여기서는 신비한 기적이 행해지기 때문이다.

—다른 사람들은 이렇게 말한다—이 집은 신에게서 온 것이 아니다. 왜냐하면 이 집에서는 다섯 개의 명제가 얀세니우스에게 있다고 믿지 않기 때문이다.

어느 쪽이 더 명백한가?

"Tu quid dicis? —Dico—quia propheta est"—"Nisi esset hic a Deo, non poterat facere quidquam."(너는 어떻게 말하느냐? 나는 그가 예언자라고 말하노라)—*642 (만약에 그가 신에게서 오지 않았던들, 아무것도 하지 못했을 것이다.)*643

논쟁

898 아벨과 카인*644—모세와 마술사들*645—엘리야와 거짓 예언자들*646—예레미야와 아나니야*647—미가와 거짓 예언자*648—예수 그리스도와 바리새인들*649—성 바오로와 바르예수*650—사도들과 퇴마사들*651—가톨릭과 이단자들—엘리야, 에녹과 거짓 그리스도.*652

언제든지 참된 것은 기적보다 우세하다—두 개의 십자가—*653

899 〈예레미야〉23장 32절, 거짓 예언자들의 '기적'이 헤브라이 말과 '바다블르' 판에는 '주제넘음'이라고 되어 있다.*654

'기적'이란 말이 늘 기적을 가리키는 것은 아니다. 〈사무엘 상〉14장 15절에 있는 '기적'은 '두려움'이라는 뜻이니, 헤브라이 말로도 그렇다. 〈욥기서〉33장 7절도 분명히 마찬가지다. 또 〈이사야〉21장 4절, 〈예레미야〉44장 12절도 그렇다.

—'portentum(징조, 기적)'은 'simulachrum(허상, 환영)'이라는 뜻이다. 〈예레미야〉50장 38절. 그리고 헤브라이 말과 '바다블르' 판에도 그렇게 되어 있다—

〈이사야〉8장 18절. 예수 그리스도는 당신과 당신 제자들이 기적의 존재가 될 거라고 말씀하셨다.

900 교회에는 세 가지 적이 있으니, 교회에 속한 일이 없는 유대인들과 교회에서 떨어져 나간 이단자들과 교회 안의 분열을 꾀하는 나쁜 그리스도

교인들이다. 이들 세 가지 적들은 흔히 각기 다른 모양으로 교회를 공격한다. 그러나 그들이 같은 방식으로 공격하는 경우가 있다.

그들은 모두가 기적을 가지고 있지 못하기 때문에, 그리고 교회는 항상 그들에 맞서 기적을 가졌으므로 그들 모두가 교묘하게 피하는 데에 똑같은 이해관계를 가지게 되었고, 이리하여 기적으로 교리를 판단하지 말고, 교리를 가지고 기적을 판단해야 한다는 주장을 하게 된 것이다. 예수 그리스도의 말씀을 듣던 사람들 중에는 두 가지 파가 있었다. 그의 기적을 보고 그의 교리를 따르던 한 패가 있었고, 또 한 패는⋯⋯*655이라고 말하는 사람이었다. 칼뱅 시대에도 두 파가 있었고, 지금은 예수회 신도 등등이 있다. *656

901 신이 분명히 보호하시는 사람들을 부당하게 박해하는 자들아!

그대들이 지나치게 격렬하다고 책하면 "그들은 이단자들처럼 말한다"고 한다.

그들이 예수 그리스도의 은총이 우리를 구별한다고 말하면, "그들은 이단자들이다"고 말한다.

기적이 일어나면, "그것은 그들이 이단이라는 증거" 라고 말한다—에스겔—사람들은 말하기를, "보라, 신의 백성이 이렇게 말한다"고.

에제키아스*657

신부님, 이 모든 것은 상징으로 일어난 것입니다. 다른 종교들은 없어지지만 저 교회는 없어지지 않습니다.

기적은 당신이 생각하시는 것 보다 더 중요합니다. 그것들은 교회를 처음 지을 때 쓰였고, 거짓 그리스도 시대에도, 끝까지 교회가 살아남는 데 도움을 줄 것입니다—두 사람의 증인—*658

구약에서도 신약에서도, 기적들은 상징과 관련해 행해졌습니다. 구령을 가져오거나, 혹은 성경에 순종해야 한다는 것 외에는 쓸데없는 것, 바로 이것이 거룩한 일의 상징입니다.

"교회를 믿으라"는 말은 있어도 "기적을 믿으라"는 말은 없다. 기적을 믿는 것은 자연적이지만 교회를 믿는 것은 자연적이지 않기 때문이다—한 가지는 계명이 필요했으나, 또 하나는 그것이 필요치 않았다—

유대인들의 회당은 상징이었기 때문에 멸망하지 않았고, 또 상징에 지나지 않았으므로 멸망했다. 그것은 진리를 포함하고 있는 상징이었다. 그래서 그것이 진리를 포함하지 못하게 될 때까지만 남아 있었다.

902 어느 때든지, 사람들이 참된 신에 대해 이야기했거나 참된 신이 사람들에게 이야기했거나 했다.

두 가지 기초, 하나는 내적인 것이고 하나는 외적인 것이니, 은총과 기적이다. 이 두 가지는 모두 초자연적이다.

나로 하여금 종교의 근본에 대해 말하지 않을 수 없게 한 불쌍한 사람들.

기적을 부정하는 몽테뉴.

기적을 긍정하는 몽테뉴.

뉘우침 없이 깨끗해지는 죄인들, 사랑 없이 의로워지는 의인들, 예수 그리스도의 은총을 입지 못하는 모든 그리스도 교도들, 사람들의 의지에 대해 권한이 없는 신, 깊은 뜻 없는 예정, 확실성 없는 구속.

"기적들이 이미 있었으니까 지금은 이것들이 필요하지 않게 되었다."—그러나 사람들이 이미 성서를 따르지 않고, 교황만을 내세우고, 교황을 나쁘게 이용하고, 성서 속에 있는 진리의 참 근원을 빼버리고, 성서의 보관자인 교황에게 편견을 넣어 주었으므로 진리는 이미 나타날 자유를 잃고 말았다. 그래서 사람들이 진리에 대해 말하지 않게 되었으므로, 진리가 스스로 사람들에게 말해야 되었다. 이런 일이 아리우스 시대에 일어났다. *659

디오클레시아누스가 다스릴 때와

아리우스 시대의 기적.

영속성

903 그대의 성격은 에스코바르에 기초를 두었는가?

그대는 아마 그것들을 비난하지 않을 이유가 있는지도 모르겠다.

내가 거기에 대해 그대에게 보여주는 것을 인정하기만 하면 되는 것이다.

교황이 신과 성서로부터 빛을 받았다고 해서 그의 명예가 손상되겠는가? 그를 이 거룩한 결합에서 떼어 버리는 것이야말로 그의 명예를 손상하는 것이 아닌가?

테르툴리아누스는 말했다. "Nunquam Ecclesia reformabitur(교회는 결코

개혁되지 않을 것이다).” 어떤 사람이 성인이 되려면 반드시 은총이 있어야 한다. 그것을 의심하는 자는 성인이 무엇인지를 모르는 사람이다.

이단자들은 그들이 가지지 못한 이 세 가지 특징을 늘 공격해 왔다.

영속성. 몰리나. 새로운 것들.

기적

나는 기적을 의심하는 체하는 자들을 얼마나 미워하는지 모른다. 몽테뉴는 두 군데에서 여기에 대해 적절하게 말하고 있다. 한 군데에서는 그가 얼마나 조심스러운지 알 수 있다. *660 그렇지만 또 한 군데에서 그는 믿으면서, 믿지 않는 자들을 비웃는다*661

어떻든 간에 교회는 그것들이 이치에 맞는 것인지 아닌지에 대해 증거를 갖고 있지 않다.

신은 거짓 기적에 대해 창피를 주셨든가 아니면 그것들을 예언하셨다. 그리고 이 두 가지 일로써, 그는 우리에게 초자연적인 것 위에 올라서시고 우리 자신들도 그리로 올려 주셨다.

교회는 가르치고 신은 영감을 주시는데, 양쪽이 모두 그르치지 않는다.

교회의 활동은 은총이나 정죄 받도록 준비하는 데 쓰일 뿐이다. 교회가 하는 것이 정죄받기에는 충분하지만, 영감을 주는 데에는 충분치 않다.

“Omne regnum divisum(분열된 모든 나라들).”*662 왜냐하면 예수 그리스도는 신의 나라를 세우기 위해 마귀에 맞서시고 사람들의 마음에 군림한 그의 지배를 깨쳐 버리셨으니, 퇴마가 그것의 상징이었다. 이리하여 그는 “In digito Dei……regnum Dei ad vos(신의 손가락으로……신의 나라가 너희들에게)”라고 덧붙여 말씀하신다. *663

—예수 그리스도가 말씀하시던 것처럼 만약 마귀가 자기를 파멸시키는 교리에 유리한 말을 한다면, 그는 분열될 것이다.

—만약에 신이 교회를 파괴하는 교리에 유리한 일을 하신다면, 그는 분열될 것이다—

“무기를 지닌 힘센 자가 재물을 갖고 있으면, 그가 갖고 있는 것은 안전하다.”*664

904 "Est et non est('그렇다'와 '그렇지 않다')"는 윤리와 마찬가지로 신앙 자체도 받아들여질 것인가? 행동에 있어서 그것이 그렇게도 떨어질 수 없는 것이라면.

성 프란시스코 사베리오가 기적을 행할 적에.

불공정한 재판관들이여, 임기응변(臨機雄辯)의 법을 만들지 말고, 이미 제정된, 그것도 그대들 자신이 정한 법을 가지고 심판하라. "Vae qui conditis leges iniquas! (의롭지 못한 법을 만드는 자들에게는 화가 있을 지어다!)"*665

논쟁의 적수를 약하게 하려고 그대는 온 교회를 힘 없게 만든다.

—끊임없는 거짓 기적—

만약 그들이 자기들은 교황께 복종한다고 말하면 그것은 위선이다.

그들이 교회의 모든 제정을 승인할 뜻이 있다해도, 그것으로는 불충분하다.

만약 그들이 영혼을 구하는 일이 신에게 달렸다고 말하면, 그들은 이단자들이다.

사과 한 알 때문에 죽이면 안 된다고 말하면, 그들은 가톨릭의 윤리를 공격하는 것이다.

그들 가운데 기적이 일어난다면, 그것은 성덕의 정표가 아니고 이단의 혐의가 되는 것이다.

—교회가 살아남은 방식은 이러했다. 진리가 논란의 대상이 되지 않든가, 진리가 논란의 대상이 된 경우에는 교황이 있든가, 그렇지 않으면 교회가 있든가 했다—

—첫째 이의, '하늘에서 천사가'—

905 기적을 가지고 진리를 판단하지 말고, 진리로 기적을 판단해야 한다. 그러니까 기적은 쓸데없다.

그러나 기적이 유용하다 해도 진리에는 어긋나지 않아야 한다.

그러므로 "신은 어떤 기적 때문에 사람들이 오류로 이끌어 들어 가는 것을 허락하지 않으실 것이다"라고 랭쟝드 신부가 말한 것은……

한 교회 안에 논쟁이 생겼을 때에는 기적이 결정을 내릴 것이다.

둘째 이의, '그러나 거짓 그리스도도 기적을 행할 것이다'

파라오의 마술사들은 오류로 끌어들이지 않았다. 그러므로, 사람들은 예수 그리스도에게 "거짓 그리스도가 나를 오류로 끌어들였다"고 말할 수는 없을 것이다―왜냐하면 거짓 그리스도는 예수 그리스도를 반대해서 기적을 행할 테고 그것들이 오류로 끌어들일 수는 없기 때문이다―

신은 거짓 기적을 허락지 않으시든가, 보다 더 큰 기적을 마련해 주시든가 할 것이다.

〔세상의 처음부터 예수 그리스도는 존재하고 계신다. 이것은 거짓 그리스도의 모든 기적보다도 더 힘 있는 것이다.〕

만일 같은 교회 안에서 그르치는 쪽에 기적이 일어난다면 사람들은 오류에 끌려들어갈 것이다.

이교(離敎)도 눈에 뜨이는 것이고, 기적도 눈에 보이는 것이다. 그러나 기적이 진리의 표가 되는 것 이상으로 이교는 오류의 증거가 된다. 그러니까 기적으로는 오류에 빠뜨릴 수가 없다.

그러나 이교를 빼놓으면, 기적이 눈에 띄는 것과는 달리 오류는 그렇게 잘 눈에 띄지 않는다. 그러므로 기적은 오류를 끌어들일 것이다.

"Ubi est Deus tuus? (너희의 신은 어디 계시냐?)"*666 기적은 신을 보여주는 것으로 하나의 섬광이다.

906 〔사람들은 방안에 있을 때만 빼놓고는 천성적인 기와장이도 될 수 있고, 어떤 직업에든지 적성이 있다.〕

907 다섯 가지 명제는 모호했으나, 이제는 그렇지 않다.

908 다섯 가지 명제는 유죄로 선포되었고, 기적은 없었다. 진리가 공격당하지 않았기 때문이다. 그러나 소르본은 ……그러나 교서는……

신을 진심으로 사랑하는 사람들이라면 교회를 부인할 수는 없다. 교회는 그만큼 명백한 것이다.

신을 사랑하지 않는 사람들이 교회에 대하여 설득 당할 수는 없다.

기적에는 너무도 큰 힘이 있어서—신이 한 분계시다는 것이 아주 명백함에도 불구하고—신이 당신과 반대로 기적을 생각하지 말라고 경고할 지경이었다. 그렇지 않았다면 기적은 사람들을 현혹시킬 수 있었을 것이다.

이렇기 때문에 〈신명기〉 13장의 이 구절들은 기적의 권위를 손상시키기는커녕, 그보다 더 그 힘을 나타내는 것이 없을 정도이다.

거짓 그리스도에 대해서도 마찬가지다. "만일 될 수 있다면 선택받은 자들까지 현혹시킬 정도로."

무신론자

909 무슨 이유로 그들은 사람이 부활할 수 없다고 말하는가? 태어나는 것과 부활하는 것 중에 어느 것이 더 어려운가, 일찍이 없었던 것을 있게 하는 것이 더 어려운가, 있었던 것을 다시 있게 하는 것이 더 어려운가? 유(有)로 온 것이 유로 다시 돌아오는 것보다 더 어려운가? 우리는 습관이 된 한 가지는 쉽게 생각하고, 습관들지 않은 또 한 가지는 불가능하다고 생각한다. 이것이야말로 통속적인 판단 방식이다!

어째서 동정녀가 아이를 낳을 수 없는가? 암탉은 수탉 없이도 알을 낳지 않는가? 겉으로 보고 이 알들을 다른 알들과 구별하는 것이 무엇인가? 또 암탉이 수탉이나 마찬가지로 씨를 그 알에 만들 수 없다고 누가 말했는가?

910 그가 가지고 있다고 믿는 공로와 기대, 몹시 어그러진다고 사람들이 생각하지 못하는 어리석음과의 사이에는 대단한 불균형이 있다.

911 신앙심의 징표를 그렇게 많이 보여준 뒤에도 그들은 아직도 박해를 당하고 있는데, 이것이 신앙심의 표적 중에서 가장 훌륭하다.

912 몰리나 파들이 옳게 행동했다는 것이 드러날까 봐 오히려 공정하지 않게 행하는 것은 좋은 것이다.

그러나 그들은 아끼면 안된다. —그들은 부정을 벌해 마땅하다.

913 '고집쟁이'를 '회의주의자'라고 한다.

914 쓸데 없고 확실성 없는 데카르트.

915 신사가 아닌 자만이 '신사'라는 말을 쓰고, 현학자가 아닌 자만이 '현학자'라는 말을 쓰고, 시골 사람이 아닌 사람만이 '시골 사람'이라는 말을 쓴다. 나는 '시골친구에게 쓴 편지'라는 제목에 '시골'이란 말을 붙인 사람이 도시의 인쇄업자였다고 내기라도 하겠다.

사고

916 "In omnibus requiem quaesivi(모든 것에서 휴식을 찾았노라)."*667
만약에 우리의 처지가 정말로 행복하다면, 우리가 행복해지기 위해 우리 처지를 생각하지 않을 필요는 없을 것이다.

917 사람들이 하는 일은 모두가 재화를 지향한다. 그런데 그들은 재화를 정당하게 소유할 증서도 가지고 있지 않고, 그것을 확실히 갖고 있을 만한 힘도 없다. 학문도 쾌락도 마찬가지다. 우리는 참됨도 선함도 가지고 있지 않다.

기적

918 기적은 사용되는 수단의 자연스런 힘을 넘어서는 결과이다. 그리고 사이비 기적은 그것을 넘어서지 못하는 결과이다. 이와 같이 마귀에게 빌어서 병을 고치는 사람들은 기적을 행하는 것이 아니다. 그것은 마귀의 자연스런 힘을 넘지 않기 때문이다. 그러나……

919 아브라함, 제데온, 계시보다 위에 서는 표. *668
유대인들은 성경을 가지고 기적을 판단함으로써 스스로 눈 먼 자가 되었다.
도나투스 파, 이것은 마귀의 짓이다, 하고 말하게 만드는 기적은 결코 없다고 말한다.
신, 예수 그리스도, 교회……와 한정지어 말하면 말할수록……

—혼미, 성경—

920 유대인들은 이렇게 말했다. "성경에는 그리스도가 어디에서 올지 모른다고 씌어 있다." 〈요한복음〉7장 27절. 또 12장 34절에는 "성경에는 그리스도가 영원히 머무른다고 씌어져 있는데, 이 사람은 자기가 죽으리라고 말한다" 라고 되어 있다.

성 요한은 말했다. "그러므로 저들은 그가 그렇게도 많은 기적을 행하셨는데도 도무지 믿지 않았으니, 그것으로 그들의 눈을 어둡게 했도다, 운운한 〈이사야〉의 말이 이뤄지기 위해서였다."[*669]

921 종교의 세 가지 특징은 영속성, 착한 생활, 기적들이다. 저들은 개연성을 가지고 영속성을 파괴하고, 저들의 윤리로 착한 생활을 무너뜨리고, 그 참됨이나 결과를 파괴함으로써 기적을 파괴한다.

—그들의 말을 믿는다면, 교회는 영속성도 거룩함도 기적도 필요 없을 것이다—

이단자들은 기적이나 그 결과를 부인하는데, 저들도 마찬가지다. 그러나 그것들을 부인하자면 성실성을 전혀 가지지 않아야 할 것이고, 그것들의 결과를 부인하려면 제대로 된 판단력을 잃어야만 할 것이다.

922 일찍이 자기가 보았다는 기적 때문에 순교한 자는 없었다. 터키인들처럼 전설에 나오는 기적에 열광하여 때로 순교까지 이를지 모르지만, 자기가 본 기적을 위해서는 그렇게 되지 않기 때문이다.

923 종교는 모든 종류의 정신에 알맞다. 어떤 정신들은 단지 시작에만 머무르니, 이런 종교는 세워짐 하나만으로 그 진리를 넉넉히 증명할 수 있다. 어떤 사람들은 사도들에게까지 올라가고, 가장 유식한 자들은 세상의 기원까지 거슬러 올라간다. 천사들은 그것을 더 잘 보며, 더 오랜 시절로부터 본다.

924 아아! 이 얼마나 어리석은 말들인가! "신은 세상을 지옥에 떨어뜨리려고 만들었을까? 이렇게도 연약한 자들에게서 왜 이토록 많은 것을 요구하

실까? 운운." 피로니즘은 이런 병에 약이 되고 이런 허망을 무찌를 것이다.

925 "Comminuentes cor(마음을 겸손하게 하여)." 성 바오로.*670 이것이 그리스도교적 성격이다—"알비가 그대를 지망했으니, —나는 그대와 인연을 끊노라." 코르네이유.*671 이것은 비인간적인 성격이다. 인간적인 성격은 그 반대이다.

926 얀세니우스파는 도덕을 개혁하는 점에서 이단자들과 비슷하다. 그러나 그대들은 악으로써 그들과 비슷하다.

927 이것을 라틴어로 쓴 자들이 불어로 말한다. 잘못은 그것을 불어로 쓴 데 있었으므로, 그들을 정죄한다는 선을 행할 필요가 있었다.

이단은 단 하나뿐인데, 학교와 세상에서 서로 다르게 해석한다.

928 기적은 유대 백성과 이교도를, 유대교인과 그리스도교도, 가톨릭과 이단자, 모함을 받는 자와 모함하는 자—두 개의 십자가 간의—의심되는 것을 판별한다.

그러나 이단자들에게는 기적이 쓸데없을 것이다. 왜냐하면 믿음을 이미 차지한, 기적으로 권위를 부여받은 교회가, 그들은 참 신앙을 가지고 있지 않다고 우리에게 말해 주기 때문이다. 교회의 초기 기적이 그 당시의 이단자들이 신앙을 배척하는 이상, 그들이 참 신앙을 가지고 있지 않다는 것은 의심할 여지가 없는 것이다. 이리하여 기적에 맞서는 기적이 있고, —가장 처음이며 가장 큰 기적은 교회에 있는 것이다.

……이 처녀들은, 사람들이 자기들이 멸망의 길이 있다느니, 그 고해 신부들이 그들을 주네브로 인도하고 있다느니, 고해 신부들이 예수 그리스도가 성체 안에도, 성부 오른편에도 계시지 않다고 하는 사상을 그들에게 불어넣어 주느니 하는 말을 하는 것을 듣고 놀라지만, 그들은 이것이 모두 거짓임을 안다. 그래서 "Vide si via iniquitatis in me est(내게 사악의 길이 있는지 보라)."*672 하는 태도로 자기를 신에게 바치고 있는 것이다. 그런 뒤에 어떤 일이 일어났는가? 사람들이 마귀의 집이라고 말하는 이 곳을 신은 자기

집으로 만드신다. 사람들은 아이들을 거기서 쫓아내야 한다고 하는데, 신은 거기에서 그들을 고쳐 주신다. 사람들은 그 곳을 마귀가 무기를 넣어 두는 창고라고 하는데, 신은 거기를 은총의 성소로 만드신다. 끝으로 사람들은 그들이 하늘의 온갖 분노와 온갖 복수를 받을 것이라고 위협하는데, 신은 그들에게 총애를 가득 내려 주신다. 이런 것을 가지고 그들이 멸망의 길을 가고 있다는 결론을 짓는다면, 그건 제대로 된 판단력을 잃은 사람일 것이다.

—사람들은 거기에 대해서 의심할 바 없이 성 아타나시우스와 같은 증거를 가지고 있다.

(1656년 9월)

929 그대들의 회에 대해 갖는 어리석은 생각이 그대로 하여금 이 혐오할 길을 만들게 하였다. 이것이야말로 그대들에게 끝없는 길을 걷게 하였다는 것이 분명하니, 그대들은 나를 한 개인으로 생각하고 그대들을 'Imago(모상)'처럼 생각하기 때문에 그대들을 용서해 준다는 아주 작은 중상이라도, 내게 있어서는 혐오해야 할 물건처럼 비난하는 까닭이다.

그대들의 칭찬은 '정죄되지 않는 자'의 특권 같은 우화로 인해 어리석음이 잘 나타난다.

그대들의 아이들이 교회에 봉사를 할 때 그들을 정죄하는 것이 그들에게 용기를 주는가?

그들이 이단을 공격할 무기를 딴 곳으로 돌려 대게 하는 것은 마귀의 기교이다.

그대들은 서투른 정치가이다.

930 선천적 맹인의 이야기. *673

성 바오로는 무슨 말을 하였는가? 줄곧 예언과의 관련에 대해서 말했는가? 아니다. 그의 기적에 대해 말했다. *674

예수 그리스도는 무슨 말씀을 하셨는가? 예언과의 관련을 이야기하셨는가? 아니다. 그의 죽음으로 예언들을 이루지 않았다. 다만 그는 "Si non fecissem……(내가 만약 행하지 않았더라면……)"이라고 말씀하셨다. *675

"업적을 믿으라."*676—

아주 초자연적인 우리 종교의 초자연적인 두 가지 기초. 하나는 눈에 보이는 것, 또 하나는 눈에 보이지 않는 것. 은총이 따르는 기적, 은총이 따르지 않는 기적.

교회의 상징으로서 사랑으로 취급받고, 또 교회의 상징에 지나지 않기 때문에 증오로 다루어진 유대인들의 회당은, 신과의 관계가 좋았을 때에는 붕괴 직전에 있으면서도 다시 일어났다. 이것은 상징이었다.

기적은 신이 육체에 행사하시는 권능을 가지고 그가 마음에 가지시는 권능을 입증하는 것이다.

교회는 이단자들 사이에서는 결코 기적을 인정하지 않았다.

기적은 종교의 뒷받침. 그것은 유대인들을 식별하고, 그리스도 교도들, 성인들, 무죄한 사람들, 참된 신자들을 식별했다.

이교도들 사이에 있는 기적은 별로 무서워할 것이 못된다. 왜냐하면 기적보다 한층 더 눈에 뜨이는 이교는 그들의 오류를 명백히 표시하기 때문이다. 그러나 이교는 없고 오류가 논란이 될 때에는 기적이 식별한다.

—"Si non fecissem quae alter non fecit……(다른 사람이 하지 않은 것을 내가 행하지 않았더라면……)"*677

우리로 하여금 기적에 대해 말하지 않을 수 없게 한 저 불쌍한 사람들.

아브라함, 제데온*678의 기적으로 신앙을 확증한다.

유딧. 마침내 신은 극도의 압박 속에서 말씀하신다. *679

만일 사랑이 식어 교회에 진실한 예배자가 거의 없어지게 된다면, 기적이 참된 예배자들을 일으킬 것이다.

이것은 은총의 마지막 결과 중 하나이다.

예수회 신도 쪽에 기적이 하나라도 행해졌는가!

기적이 그것을 목격한 자들의 기대에 어긋나고, 그들의 신앙 상태와 기적의 수단 사이에 불균형이 이루어지면, 그때는 기적이 그들을 딴 사람이 되도록 해 준다. 그러나 그대의 경우는 다르다. 만일 성체가 죽은 사람을 부활시킨다면 가톨릭으로 남아 있는 것보다 칼뱅파가 되어야 한다는 것도 옳은 말이다—그러나 기적이 그대를 채워 주고 신이 약을 복으로 내려 주실 거라고 바랐던 사람들이 약을 쓰지 않고도 병이 나음을 보게 된다면—

―불신자―

―신의 편에서 더 힘 있는 기적이 일어나든지, 혹은 적어도 그런 것이 일어날 것이라고 예언되지 않고서는 마귀 쪽에서 기적이 일어난 일은 일찍이 없었다. ―

피로니즘

931 이 세상에는 각 사물이 부분적으로 참되고 부분적으로는 거짓되다. 그러나 본질적인 진리는 그렇지 않다. 그것은 완전히 순수하고 완전히 참되다. 이런 혼합은 진리를 욕되게 하고 뿌리째 없애 버린다. 순수하면서 참된 것은 하나도 없다. 그러므로 순수한 진리라는 뜻으로 해석한다면 참된 것이 아무것도 없다. 살인이 나쁘다는 것은 참이라고 말하리라―그렇다. 우리는 악과 거짓을 잘 알고 있으니까. 그러나 선한 것이 무엇인지 사람들이 어떻게 말하겠는가? 순결이라 말하겠는가? ―나는 그렇지 않다고 말한다. 왜냐하면, 세상이 끝날 테니까―결혼인가? ―아니다. 수절이 더 낫다―죽이지 않는 것이라 하겠는가? ―아니다. 왜냐하면 혼란이 무서울정도로 클 것이고, 악인들이 선인을 모두 죽일 테니까―그러면 죽이는 것이라 하겠는가? ―아니다. 이것은 본성을 파괴하는 것이니까.

우리는 참된 것과 선한 것을 부분밖에 갖고 있지 못하며, 거기에는 악한 것과 거짓이 섞여 있다.

―개연성―

932 ―그들도 몇몇 참된 원리를 가지고 있기는 하다. 그러나 그것을 남용한다. 그런데―진리를 남용하는 것은 거짓말을 끌어들이는 것만큼이나 벌을 받아야 한다.

마치 지옥이 두 개가 있어, 하나는 사랑에 어긋나는 죄를 위한 것이고, 또 하나는 정의에 어긋나는 죄를 위한 것이기나 한 것처럼―

933 열쇠의 '여는 힘', 갈퀴의 '끄는' 힘.

934 미신, ―사욕.

소심증, 악한 욕망.

—좋지 못한 두려움—

두려움이란, 신을 믿는 데에서 오는 그런 것이 아니라, 그가 있는지 없는지 의심하는 데서 오는 그런 것이다. 좋은 두려움은 신앙에서 오고, 나쁜 두려움은 의심에서 온다. 좋은 두려움은 덕을 바라는 마음과 결합되니 그것은 신앙에서 생기고 자신이 믿는 신에게 바라는 까닭이요, 나쁜 두려움은 실망과 결합되니 믿지 않는 신을 두려워하기 때문이다. —좋은 두려움을 가진 사람들은 신을 잃을까 봐 무서워하고, 나쁜 두려움을 가진 사람들은 신을 발견할까 봐 겁내는 것이다—

935 〔약속을 지키지 않고, 신앙이 없고, 명예를 존중치 않고, 진리를 가리지 못하고, 마음과 말의 안팎이 다르고, 전에 그대들이 비난받은 것처럼, 새와 물고기같이 알쏭달쏭한 사이에 있던 저 우화의 양서류 같은 사람들아.〕

포르루아얄은 폴티게로데만한 가치가 있다.

이런 수단에 의하면 그대들의 태도가 정당하지만 그리스도교적 신앙심으로 따져 보면 그만큼 옳지 않다.

왕들과 제후에게는 신앙심이 있다는 평판을 듣는 것이 중요하다. 그런데 이렇게 되기 위해서는 그들이 그대들에게 고백해야 한다.

936 구속의 전체성 상징은 마치 태양이 모든 사람들을 비추는 것처럼 전체를 표시할 뿐이다. 그러나 제외성 상징은 '이방인들을 제외하고 유대인들이 선택된 것'처럼, 예외를 표시한다.

'만인의 구세주 예수 그리스도'—그렇다, 왜냐하면 그는 그에게 오기를 원할 모든 사람의 죄를 깨끗이 씻어준 사람처럼 바쳤기 때문이다. 도중에 죽는 사람이 있다면 그것은 그들의 불행이다. 그러나 그로서는 저들에게 구속을 주셨던 것이다.

이것은 죄를 씻어주는 자와 죽음을 막아 주는 자가 서로 다른 두 사람인 예에서는 타당하다. 그러나 양쪽을 겸한 예수 그리스도의 경우에는 맞지 않는다. —그렇다. 예수 그리스도는 구속주라는 자격에서 모든 사람의 주가 아닐지도 모른다. 그래서 그는 자기 자신에 있어서 모든 이의 구속주인 것이다.

예수 그리스도가 모든 사람을 위해 죽은 것이 아니라고 말하면, 그대는 이 예외를 곧 자기에게 적용하는 사람들이 빠지는 악습을 남용하는 것이다. 이 것은 사람들을 절망에서 구해 희망을 주는 대신에, 절망을 더해 준다.

사람들은 이렇게 외적 습관을 통해 내적 습관에 젖게 되는 것이기 때문이 다.

부록 Ⅰ

937 드 로안네스 씨는 말했다. "이치는 나중에야 내게 온다. 그러나 왜 그런지 이유를 알기도 전에 먼저 사물이 마음에 들거나 싫거나 한다. 그런데 이것은 나중에야 발견하게 되는 그 이치 때문에 내 마음에 들지 않는 것이 다." 그러나 나는 그것이 마음에 들지 않기 때문에 비로소 그 이치를 발견하 는 것이라고 생각한다.

938 급작스런 죽음만이 무서운 것이다. 그렇기 때문에 고해 신부들이 귀 족들 집에 머무르는 것이다.

939 ······그러나 신이 근원이 아니라면 결코 맨 마지막도 될 수는 없 다.[680] 눈을 들어 높은 곳을 쳐다보건만,[681] 모래 위에 몸을 지탱하고 있으 니,[682] 땅이 꺼지면[683] 하늘을 쳐다보면서[684] 넘어질 것이다.[685]

자애심과 그 결과에 대한 생각

940 자애심과 인간적인 '나'의 성질은 자신만을 사랑하고 자신만을 바라 보는 것이다.

그러나 그것이 무엇이란 말인가?

자애심으로도 자기가 좋아하는 물건이 온통 결점과 비참투성이인 것을 막 을 수는 없을 것이니, 위대하기를 원하는 자가 자신의 부족함을 발견하게 되 고, 행복하기를 원하지만 자신의 비참함을 보게 되며, 사람들의 사랑과 존경 의 대상이 되었으면 하나 자신의 결점은 혐오와 멸시밖에 받을 자격이 없음 을 알게 된다. 그가 당하는 이 곤경은 그에게 우리가 상상할 수 있는 가장 의롭지 못하고 가장 죄스러운 정열을 일으켜, 그를 책망하고 그 결점을 그에게 확인시켜 주는 이 진리에 대해 극도의 증오를 품는다. 그는 그것을 없애 버리고 싶지만 그 자체는 없애 버릴 수가 없으므로, 자기 인식과 다른 사람들의 인식 안에서 될 수 있는 대로 그것을 파괴한다. 즉, 그는 온갖 정성을 들여 다른 사람들과 자기 자신에게 자기 결점을 숨기며, 그 결점들을 자기 자신에게 보이는 것도 남들이 보는 것도 견딜 수가 없어 한다.

결점투성이라는 것은 확실히 좋지 못하다. 그러나 결점투성이면서 그것을 인정하지 않는 것은 더 좋지 못하니, 그것은 그 좋지 못한 것에다 자발적인 환상이라는 좋지 못한 점을 덧붙이기 때문이다. 우리는 남들이 우리를 속이는 것을 원치 않는다. 우리는 남들이 그들 스스로 당연히 받을 만한 것 이상으로 존경받길 원하는 것을 그르다고 생각한다. 그렇다면 우리가 저들을 속이는 것도 옳지 않고, 우리가 당연히 받을 것 이상으로 존경 받기를 원하는 것도 옳지 않다.

이와 같이 저들이 우리가 실제로 가지고 있는 불완전과 악습밖에 발견하지 못한다면 저들이 그것의 원인이 아닌 이상 우리에게 손해를 끼치지 않는다는 것이 분명하며, 이 결점을 모른다는 잘못에서 우리를 건져 주는 데 도움이 되는 만큼 우리에게 이익을 주는 것이 분명하다. 저들이 우리의 결점을 알고 우리를 멸시하는 것을 고맙게 생각하지 말 것이다. 우리의 참된 가치를 알아주는 것도, 우리가 멸시를 받을 만한 사람이어서 멸시받는 것도 모두 정당한 일이기 때문이다.

이런 것은 공평과 정의를 가득 지니고 있는 마음에서 나오는 감정들이다. 그러나 우리 마음에 이와 반대되는 마음이 있음을 보고 우리 마음에 대해 무슨 말을 해야겠는가? 왜냐하면 우리가 진리를 미워하고, 그것을 우리에게 말하는 자들을 미워하며, 우리에게 유리하게 속아 넘어가는 자들을 좋아하고, 또 그들에게서 우리가 실제와는 다른 사람으로 평가받기를 원하는 것이 사실이 아니냐 말이다.

나를 전율케 하는 증거를 하나 들겠다. 가톨릭교는 자기 죄를 모든 사람에게 구별없이 드러내라고 구속하지 않고, 다른 모든 사람에게 자기를 숨기는 것을 용납한다. 그러나 그 중 한 사람만을 제외해, 그 사람에게는 마음속을 털어 보이고 자기의 있는 그대로를 보이라고 명한다. 의혹을 풀어 주라고 교회가 명하는 사람은 이 세상에서 그 사람 하나밖에는 없는데, 교회는 또 그 사람에게 범할 수 없는 비밀을 지워 주기 때문에, 이 지식은 그에게 있되 없는 것과 마찬가지가 되는 것이다. 이보다 더 자애롭고 수월한 방법을 생각할 수 있는가? 그런데도 사람의 부패는 극에 달하여 이 법도 엄하다고 생각하게 되었으니, 이것이 유럽에서 교회에 크게 반항하게 한 주요한 이유 중의 하나가 되었다.

모든 사람에게 자애롭고 수월한 방법을 한 사람에게 맡긴 것을 좋지 않게 생각하다니, 사람의 마음은 얼마나 의롭지 못하고 이치에 맞지 아니한가!

진리에 대한 이 혐오에는 정도의 차이가 있다. 그러나 그것을 모든 사람이 어느 정도는 갖고 있다고 할 수 있으니, 이것이 자애심과 불가분의 관계가 있기 때문이다. 그것은 어쩔 수 없이 남을 책망해야 하는 사람들이 그들의 비위를 거스르지 않으려고 수없는 핑계와 타협책을 택하지 않을 수 없게 하는 좋지 못한 신중함이다. 그들은 우리의 결점을 작게 만들어야 하고, 그것들을 말로 자세히 풀어 밝히는 척해야 하며, 거기에다 찬사를 곁들이고 애정과 존경의 표현을 섞어야 하는 것이다. 이런 것을 모두 섞어도 그 약이 자애심에 쓴 것이 되지 않게 할 수는 없다. 자애심은 그것을 될 수 있는 대로 적게, 그것도 늘 싫은 마음으로, 또 흔히는 그것을 갖다 주는 자들에게 은근히 원한까지 품으며 먹게 된다.

사람들이 우리에게 사랑 받는 것에 어떤 이점이 있을 때에는 우리에게 불쾌하다는 것을 알리는 수고를 꺼리는 것이 이러한 이유에서 오는 것이니, 그들은 우리가 대접받기를 원하는 그대로 대접해 주는 것이다. 우리가 진리를 미워하면 그것을 감추고, 우리가 아첨받기를 원하면 아첨을 하고, 우리가 속기를 원하면 우리를 속인다.

이로 인해 세상에서 우리를 높여 주는 행운의 정도에 따라 우리는 진리에서 점점 더 멀어지니, 애정이 더 유익하고 혐오가 위험한 사람들의 비위를 건드리기를 무서워하기 때문이다. 어떤 왕이 온 유럽의 이야깃거리가 되었다고 해도 그만은 아무것도 모르고 있을 것이다. 나는 그것을 이상히 여기지 않는다. 진리를 말하는 것은 그것을 듣는 사람에게는 유익하지만 말하는 사람에게는 불리한 것이니, 이로써 미움을 사기 때문이다. 그런데 왕과 같이 사는 사람들은 그들이 섬기는 왕의 이익보다는 자신의 이익을 더 사랑한다.

이리하여 자기 자신들이 해를 입으면서까지 왕에게 이익을 마련해 주려고 하지는 않는다.

이 불행은 분명히 가장 큰 행운에 있어서 더 크고 더 흔하다. 그러나 아무리 작은 행운이라 해도 이 불행이 면제되는 것은 아니니, 사람들에게 사랑을 받는 것은 언제나 얼마간의 이익이 있기 때문이다. 이와 같이 사람의 일생은 끝없는 하나의 환상에 지나지 않는다. 사람들은 그저 서로 속이고 서로 아첨할 뿐이다. 아무도 우리 앞에서 우리가 없을 때처럼 말하지 않는다. 사람들 사이의 모임은 이렇게 서로 속이는 데에 기초를 둔다. 그리고 그 친구가 비록 자기에 대해 진정으로, 또한 편견 없이 말한다 해도, 자기가 없을 때 말하는 것을 서로 알게 된다면 더이상 우정이 남아 있지는 못할 것이다.

그러니까 사람은 자기 자신에 있어서나 남에 대해서나 위장이요, 거짓말이요, 위선에 지나지 않는 것이다. 그러니까 그 아무도 진실을 듣기를 원치 않는다. 또한 그 누구도 진실을 말하기를 피한다. 그리고 정의와 이치에서 이다지도 멀리 떨어진 이러한 마음은 모두 자연적으로 뿌리를 박고 있는 것이다.

941 개연성이 없으면 예수회 신도들은 어떻게 되겠으며, 예수회 신도들이 없으면 개연성이 어떻게 되겠는가?

개연성을 없애라. 그러면 이미 세상 사람들의 마음에 들 수 없게 된다. 개연성을 들고 나오라. 그러면 이미 세상 사람들의 마음에 들지 않을 수 없게 된다. 예전에는 죄를 피하기가 어렵고 죄를 씻기가 어려웠는데, 이제는 천만 가지 꾀로 죄를 피하기가 쉽고 깨끗이 씻기가 쉬워졌다.

942 우리는 다양성을 가지고 획일성을 만들었다. 우리가 모두 일률적이라는 그 점으로 우리는 일률적이기 때문이다.

943 그들은 교회가 말하지 않는 것을 말한다고 하고, 말하는 것을 말하지 않는다고 한다.

944 사람들은 가끔 그들의 상상력을 그들의 마음이라고 생각한다. 그래서

개종할 생각을 하기가 무섭게 개종한 줄로 생각한다.

945 어떤 작품을 쓸 때 맨 나중에 알아내는 것은 무엇을 맨 처음에 써야 되느냐 하는 것이다.

부록 Ⅱ

파스칼이 했다고 전해지는 말들.

A. 나는 데카르트를 용서할 수가 없다. 그는 자기 철학 전체에서 신을 무시하려고 했다. 그러나 세계를 움직이게 하기 위해서는 신으로 하여금 손으로 한번 퉁기게 하지 않을 수가 없었다. 그러지 않고서는 신을 어떻게 처치해야 할지 모르는 것이다.

B. 어떤 작가들은 자기 작품 이야기를 할 때 '내 책, 내 논평, 내 이야기' 등등이라고 말한다. 자기들은 그들이 취급하는, 돈 많고 언제나 '내 집' 이라는 말을 입에 담고 있는 부르주아 냄새를 풍긴다. 차라리 그들은 '우리 책, 우리 논평, 우리 이야기 등등' 이라고 말하는 편이 나을 것이다. 거기에는 흔히 그들의 생각보다는 남에게서 따온 것이 더 많으니 말이다.

C. 아르노 씨로서는 논리를 공부한다는 것이 얼마나 훌륭한 일거리인가! 교회가 필요로 하는 사항을 그의 모든 일을 요구하고 있다.

D. 어떤 왕자의 교육에 대해 그는 이런 말을 가끔 했다. 그가 만일 그 일을 맡았더라면 더 이상 이바지하고 싶은 것이 없을 것이고, 그처럼 중요한 일을 위해서는 자기 목숨도 기꺼이 바칠 것이라고.

E. 고(故) 파스칼 씨가 고집으로 인정받을 수 있는 몽상의 예를 들려고 할 때에는 흔히 물질과 공간에 대한 데카르트의 의견을 제시했다.

F. 그리스도교적 신앙심은 인간적인 '나'를 없애고, 인간적인 예의는 신앙심을 감추고 말살한다.

G. 성 아우구스티누스에게서 발견하는 것이라면 거짓 아름다움까지도 모두 감탄하는 사람들이 있다. 아니, 있는 정도가 아니라 아주 많다.

H. 고 파스칼 씨는 데카르트의 철학을 돈키호테 이야기와 비슷한 종류의 소설이라고 불렀다.

주해 (註解)

1) '이성의 빛만 가지고'라는 말.

2) 〈히브리서〉 10장 38절, 〈로마서〉 1장 17절 참조.

3) 〈로마서〉 10장 17절.

4) 〈로마서〉 8장 20절.

5) 〈로마서〉 8장 21절.

6) 성 토마스 아퀴나스(S. Thomas Aquinas). ―역자 주

7) 〈야고보서〉 2장 1~4절.

8) 이 숫자는 아마 몽테뉴(Montaingne)의 「수상록」 페이지를 말하는 것이라고 생각된다.

9) 호라티우스(Horatius) 「가요(歌謠)」 3권 29장. 몽테뉴 「수상록」 1권 42장에 인용된 것으로서 몽테뉴는 divitbus(부자들)를 principibus(귀인들)로 바꾸어 놓았다.

10) 티투스 리비우스(Titus Livius) 「역사」 제34권 17장.

11) 몽테뉴 「수상록」 3권 4장 참조.

12) 프랑스 왕실의 문장으로 왕궁의 의자에는 백합꽃 조각이 장식되어 있었다.

13) 이것은 아마 채 플로시(C. Flossi) 「L'opinione tiranna negli affari del mondo(세상사에 있어서 폭군인 여론)」이라는 책을 말하는 것이거나, 혹은 또 에라스무스(Erasmus)의 'Eloge de la Folie'의 표어를 말하는 듯하다.

14) 피로니언들과 논쟁하고 있는 독단론자들을 말함.

15) 키케로(Cicero) 「최고선에 관하여(De finibus)」 5권 21장.

16) 세네카(Senecca) 「서간」 95.

17) 타키투스(Tacitus) 「연대기」 3권 25장.

18) 성 아우구스티누스 「신국론(De Civitate Dei)」 4권 27장.

19) '법률이 찬탈이라는 진리를'이라고 해석할 것.

20) 베르길리우스(Vergilius) 「게오르기카」 2권 490장.

21) 호라티우스 「서간」 1권 6장.

22) '왕관을 쓴 머리 셋'

23) 영국 왕 찰스 1세는 1649년에는 참수되었고, 폴란드 왕 카지미르는 1656년에 폐위되었다가 같은 해에 복위되었으며, 스웨덴의 크리스티나 여왕은 1654년에 양위했다. 이 글은 그러니까 1656년에 쓴 것이다.

24) 〈요한복음〉 21장 17절.

25) 〈전도서〉 5장 15절.

26) 욥과 솔로몬은 두 사람 다 구약시대의 인물들이다. —역자 주

27) 당시의 '신사들'을 말하는 것.

28) 〈전도서〉의 집필자 솔로몬을 말함.

29) 〈전도서〉 8장 17절.

30) 몽테뉴 「수상록」 1권 38장.

31) '남에게 요구하는'이라는 말을 보충할 것.

32) 〈마태복음〉 18장 3~4절

33) 샤롱(Charron)이 그의 「지혜론(De la sagesse)」 1장에 인용한 테렌티우스(Terenius)와 키케로의 말.

34) "폭력이 진리를 억압하려고 드는 이 전쟁은 괴상하고도 장구한 전쟁이다……그러나 폭력도 진리도 상대방에 대해 아무 힘도 없다."

35) 루이 14세의 유년기에 일어났던 프랑스 내란(1648~1653). —역자 주

36) 키케로의 말을 몽테뉴가 인용한 것인데 「수상론」 3권 1장, 파스칼은 그 머리만을 다시 인용한 것이다.

37) 몽테뉴 「수상록」 1권 42장. '우리 사이에 있는 불평등에 대해' 참조.

38) '자수 놓는 사람을 가졌다는 것을' 이라는 말을 보충할 것.

39) '관습으로'라는 말을 보충할 것.

40) "거문고를 도무지 탈 줄 모르는 것이 세상 사람의 눈에는 악으로 보이는 것이다"로 해석할 것.

41) 메낭드로(Menandre)의 시. 성 바오로 〈고린도 전서〉 15장 33절을 인용한 것이다.

42) '에픽테토스 교본'의 첫째 사상, "우리가 할 수 있는 일도 있고 할 수 없는 일도 있다."

43) 스토아학파에 대한 암시.

44) 루키우스 아이밀리우스 파울루스. 기원전 219년과 216년에 집정관을 지낸 로마의 장군. —역자 주

45) 필립 5세의 아들로 마케도니아(Macedonia)의 마지막 왕. 피드나(Pydna) 전투에서 파울루스에게 패전한 후 포로가 되어 이탈리아에서 죽었다(기원전 212~166년). —역자 주

46) 죄 짓기 전의 상태나 신과 다시 화해한 상태. —역자 주

47) 〈잠언〉 8장 31절. 신의 지혜가 솔로몬의 입을 통해 말하는 것이다.

48) 〈이사야〉 44장 3절, 〈요엘〉 2장 28절. 예언자의 입을 통해 당신 백성에게 하는 신의 말씀이다.

49) 〈시편〉 81장 6절. 집필자가 재판관들에게 하는 말이다.

50) 〈이사야〉 40장 6절. 신이 예언자에게 부르짖으라고 한 말이다.

51) 〈시편〉 48장 13절, 21절.

52) 〈전도〉 3장 18절.

53) 에피르(Epire)의 왕 피루스(Pyrrhus) 2세를 말함(기원전 318~272년).

54) 〈요한복음〉 14장 6절.

55) 그리스의 철학자로 스토아학파의 창시자(기원전 4세기 말경). ─역자 주

56) 〈요한 1서〉 2장 16절 참조. 육신의 정욕(에피쿠로스 파), 눈의 정욕(독단론자─플라톤과 아리스토텔레스), 생활의 교만(스토아 파).

57) 세네카, 루킬리우스에게 보내는 편지 20의 8.

58) 몽테뉴 「수상록」 2권 3장.

59) 스토아 학파를 말한다.

60) "A PORT─ROYAL(포르루아얄에서)"의 약자로 생각됨. 파스칼은 1658년 10월이나 11월에 포르루아얄에서 친구들에게 자기가 계획하는 그리스도교 호교론에 대해 강연한 일이 있었으므로, 여러 군데에 'APR'이라는 약자가 있는 것은 이 강연과 관련이 있는 것이 아닌가 추측되어 왔다.

61) 솔로몬은 그 잠언에서 신의 지혜를 말할 때 이 의인법을 썼다.

62) 이 소제목과 이 다음 것은 아마 이의와 그에 대한 답변 형식으로 쓴 것이리라.

63) 데카르트(Descartes)의 원리.

64) 〈전도서〉 3장 18~21절, 〈마태복음〉 7장 15절, 13장 30절 참조.

65) 혼자 있는 것처럼 하기를.

66) 몽테뉴는 「수상록」 1권 19장에서 사람의 죽음을 '그 연극의 마지막 막'이라고 불렀다.

67) 빵과 포도주의 형상 안에 예수의 살과 피가 들어 있다고 하는 성사. 천주교의 일곱 가지 성사의 하나. ─역자 주

68) 성 아우구스티누스 「신국론」 22권 9장.

69) 〈사도행전〉 17장 11절.

70) 〈전도서〉 8장 1절 참조.

71) 이 라틴어 문구는 어디에서 인용했는지 알 수 없다. 어쩌면 파스칼 자신이 지은 것인지도 모른다.

72) 콘센티우스(Consetius)에게 주는 서한 122, 5절. "신앙이 이성을 앞서가야 한다는 것, 이것이 바로 이성의 원리이다."

73) 반대를 받는다는 사실은 그 사물의 참됨에는 아무런 영향을 주지 못하는 것이다.

74) 라퓌마(Lafuma)씨에 의하면 이 단장과 364단장으로 미루어 보아, 파스칼은 아마 '영속성'이라는 장을 쓸 작정이었던 모양이다.

75) 모세와 이사야와 다윗이 이런 예언을 했다.

76) 아마 신앙은 이성의 굴복과 행사에 있는 것이라는 말일 것이다.

77) 〈욥기〉 6장 26절.

78) 모세(《창세기》 3장 15절)와 이사야(《이사야》 53장 등등)가 가르친 '원죄와 구속'을 말함.

79) 성 바오로 〈고린도 전서〉 1장 21절.

80) 성 아우구스티누스 설교 141.

81) 매개자를 통해 신을 알려고 한 사람들을 말함.

82) 성 베르나르 「아가 강화」 84장.

83) 프랑스 남쪽의 한 지방. —역자 주

84) 413 단장 참조.

85) 몽테뉴 「수상록」 2권 12장. "데모크리토스의 책에 있는 이 약속, 즉 나는 모든 것에 대해 말하련다는 말도 마찬가지로 뻔뻔스러운 것이다."

86) 1644년에 라틴어로 출판된 데카르트의 저서명.

87) 타키투스 「연대기」 4권 18장.

88) 성 아우구스티누스 「신국론」 21권 10장.

89) 이것은 아마 '신의 은총'을 말하는 것일 테다.

90) 예언과 기적과 증거자가 없다는 뜻.

91) 마호메트 교도들.

92) 그리스도 교도들.

93) 이것은 원죄와 구속에 관한 성 아우구스티누스의 교리이다. 이 두 사람은 아담과 예수 그리스도다.

94) 성 아우구스티누스 「펠라기우스 반박」 4권 60장. 그는 키케로가 국가론 제3권에 인간의 비참을 묘사하여, 원죄에까지 거슬러 올라가지 않은데 대해 이 말을 하였다.

95) 그로티우스(Grotius) 「진교론」 2권 5장에 첼시우스와 포로피리우스의 말을 인용한 것이 있음.

96) 예수의 사도들

97) 몽테뉴 「수상록」 2권 12장. "내가 들은 바로는 마호메트가 그의 제자들에게 학문을 금했다." 그로티우스 「진교론」 6권 2장, "소위 성서라고 하는 그의 책을 읽는 것이 민중에게는 금지되었다." 그래도 마호메트는 학자들의 잉크를 순교자들의 피보다 더 귀중하게 생각했다. 그러나 그의 제자 오마르는 알렉산드리아의 도서관을 파괴했다.

98) 성 바오로 〈디모데 전서〉 3장 16절.

99) 〈창세기〉 8장 21절.

100) 성 베르나르 「아가 강화」 84에서 따온 것.

101) 사욕을 이기는 데 있어서의 무력.

102) 성 아우구스티누스는 「신국론」 6권 10장에서 이교도들의 기원과 그리스도 교도들의 기

구의 차이를 증명한다.

103) '묵시론 자들의 상징'이라는 뜻.

104) 〈창세기〉 12장 3절.

105) 〈창세기〉 22장 18절.

106) 〈이사야〉 49장 6절.

107) 〈누가복음〉 2장 32절.

108) 〈시편〉 147장 20절.

109) 로마의 베스파시아누스 황제가 알렉산드리아에서 세라피스 신의 은혜로 어떤 소경 여인의 눈을 뜨게 하였다는 이야기로, 타카투스 「역사」 제4권 81장에 있는 것을 몽테뉴가 인용한 것. 「수상록」 3권 8장.

110) 무신론자들.

111) 〈이사야〉 6장 10절.

112) 사람의 위대함과 비천함.

113) 〈요한복음〉 18장 4절, 〈마태복음〉 13장 54절.

114) 몽테뉴 「수상록」 2권 12장. 성 아우구스티누스 「신국론」 11권 22장.

115) 〈룻기〉 4장 17절은 족보로 끝나는데, 그것을 보면 다윗이 룻과 보아스의 아들 오벳의 후손이고, 보아스는 유다의 아들 파레스의 후손이다. 타마르에 대한 〈창세기〉 38장 29절 참조. 그러므로 복음사가들과 예언자들이 말하는 것처럼, 다윗의 후손인 예수 그리스도는 또한 유다의 후손인 것이다.

116) 〈이사야〉 8장 14절.

117) 그의 행위에는 그가 신이라는 증거도, 신이 아니라는 증거도 전혀 없다는 뜻.

118) 유대 민족에게는 멸하기 쉬운 행복을 주었다.

119) 신성과 인성.

120) 메시아의 강림으로 한 번은 비천한 것이고, 또 한 번은 영광스러운 것.

121) 순수한 인성의 상태와 타락한 이성의 상태.

122) 〈이사야〉 45장 15절.

123) 〈신명기〉 31장 11절.

124) 그리스도교. ─역자 주

125) 유대교. ─역자 주

126) 〈출애굽기〉 2장 11~14절 참조.

127) 〈출애굽기〉 25장 40절.

128) 〈히브리서〉 8장 5절.

129) 〈에스겔〉 5장 1~5절. 〈다니엘〉 3장 94절.

130) 〈요한복음〉 4장 23절.

131) 〈요한복음〉 1장 29절.

132) 〈시편〉 75장 4절.

133) 〈시편〉 44장 4절.

134) 아우구스티누스 「그리스도교 교리(De doctrina christiana)」 3권 27장, 38장.

135) 〈누가복음〉 24장 45절, 성 바오로의 〈고린도 전서〉 10장 11절.

136) 성 바오로, 〈로마서〉 9장 4~6절.

137) 성 바오로, 〈갈라디아서〉 4장 31절.

138) 〈요한복음〉 6장 32절.

139) 〈누가복음〉 24장 26절.

140) 〈마태복음〉 22장 45절.

141) 〈요한복음〉 8장 56~58절.

142) 〈요한복음〉 12장 34절.

143) 〈호세아〉 3장 4절.

144) 〈창세기〉 49장 10절.

145) 〈요한계시록〉 13장 8절.

146) 이로써, 유대의 율법에 있어서의 제사는 〈다니엘〉 8장 11절, 11장 31절 및 〈에스겔〉 46장 14절에 인용된 '영원한 제사'의 상징이라는 것을 판단할 수 있게 된다.

147) 〈창세기〉 94장 10절. 〈호세아〉 3장 4절.

148) 〈에스겔〉 20장 11절.

149) 모세가 유대 민족을 이집트에서 해방시켜 데리고 나올 적에, 홍해를 물을 양족으로 갈라 유대 백성들을 무사히 건너게 하고, 뒤쫓던 파라오의 군대는 물이 다시 합쳐지는 바람에 몰사한 이적을 말함. ─역자 주

150) 〈호세아〉 3장 4절.

151) 성 아우구스티누스는 '구약(舊約)은 보자기로 덮은 신약(新約)에 지나지 않고, 신약을 보자기를 벗긴 구약이다'라고 말하였다. (구세주 그리스도의 은총에 대하여, 3권, 8권)

152) 성 바오로, 〈고린도 후서〉 3장 6절.

153) 성 바오로, 〈고린도 전서〉 10장 11절.

154) 성 바오로, 〈로마서〉 2장 29절.

155) 〈요한복음〉 6장 32절, 35절, 41절.

156) '영적 의미로'라는 뜻

157) 〈이사야〉 43장 25절, 〈시편〉 129장 8절.

158) 〈다니엘〉 9장 21~24절.

159) 「팡세」 출판자들은 여기에 '신'이라는 말을 넣지만 파스칼의 의도는 유대인들이 진정한 원수라고 생각하던 이집트인이나 바빌로니아 인에 해당되는 말을 찾다가 빈 자리 그대

로 남겨둔 것같이 생각된다.

160) 유대인들이 이집트에서 나와 광야를 지날 적에 하늘에서 내려온 양식. 〈출애굽기〉16
장 참조―역자 주

161) 〈고린도 전서〉 10장 11절.

162) 〈사도행전〉 17장 24절.

163) 주 155 참조

164) 〈누가복음〉 10장 42절 참조. 예수가 마르타에게 하신 말씀.

165) 유대교의 율법 교사의 경칭. ―역자 주

166) 〈아가〉 4장 5절.

167) 〈시편〉 91장 1절.

168) 〈이사야〉 5장 25절.

169) 〈출애굽기〉 20장 5절.

170) 〈시편〉 147장 12~13절.

171) 원문에서 헤브라이 글자로 되어 있다. ―역자 주

172) 이 두 글자도 헤브라이 글자로 되어 있다. ―역자 주

173) 옛날 연금술자들이 인공적으로 금은을 만드는 데에 필요하다고 생각되었던 매개 물질.
―역자 주

174) 탈무드(Talmud―유대교의 성문화하지 않은 학습률의 집성)를 '카빌라'라고도 부른다.

175) 〈마가복음〉 2장 10절~11절.

176) 1278년에 마르티니(R. Martini)라는 사람이 쓴 「푸지오 피데이(Pugio Fidei)」라는
책. ―역자 주

177) 아래 인용된 랍비들의 글은 「푸지오」 제3부 2장 16절 '원죄에 대하여'라는 데에서 따온
것이다.

178) 〈시편〉 36장 1절.

179) 〈전도서〉 4장 13절

180) 〈신명기〉 30장 6절.

181) 〈창세기〉 3장 14~15절 참조

182) 〈요한복음〉 8장 56절 참조.

183) 〈창세기〉 49장 18절.

184) 몽테뉴의 「수상록」 1권 23장 참조. 아마 파스칼이 사용한 책의 이 구절에 동그라미표
를 해놓았던 모양이다.

185) 성 아우구스티누스의 「마니케오파 반박을 위한 창세기 해설」 1권 23장 참조. 세상의
여섯 시대는 〈창세기〉에 있는 창조의 6일에 해당하는 것으로 그것은 창조, 노아의 방
주에서, 나옴, 아브라함의 소명, 다윗의 치세, 바빌론에의 이주, 예수의 전교 등이다.

186) 천주교회에서 은총을 얻는 방법으로 성세, 견진, 고해, 성체, 신품, 혼배, 종부의 7성 사라고 한다. 라틴어로는 Sacramentum이다. —역자 주

187) 파스칼을 위해 니콜의 손으로 씌어진 구절.

188) 성 바오로 〈고린도 전서〉 1장 18절, 23절 참조.

189) 성경에 의하면, 아담으로부터 야곱까지 22대에 2315년, 족장이 다섯 명이다.

190) 단장 160의 반복.

191) 〈민수기〉 11장 29절.

192) 〈민수기〉 11장 11~14절.

193) 〈요엘서〉 3장 1절.

194) 단장 233 참조.

195) 〈예레미야〉 25장 12절 참조.

196) 유대인들을 말함.

197) 〈예레미야〉 29장 14절 참조.

198) 에우티케스는 예수 그리스도의 인성을 부인했다.

199) 약 반세기 전부터 아르키메데스의 권위는 아리스토텔레스의 권위를 능가했다.

200) 플루타르코스는 아르키메데스를 히에론 왕의 친척이라 하였으나, 키케로는 그를 천민 이라고 하였다.

201) 이 라틴어 문구들은 파스칼 자신이 쓴 듯하다.

202) 바빌로니아 왕. —역자 주

203) 신은 체(體)가 하나요, 위(位)는 셋이라는 그리스도교의 깊은 뜻. (Trinitsa)—역자 주

204) 〈마태복음〉 26장 37절, 〈마가복음〉 14장 33절, 〈누가복음〉 22장 43절.

205) 〈사도행전〉 7장 58절, 59절.

206) 〈요한복음〉 11장 33절, "이에 예수 마리아의 통곡 및 그와 함께 왔던 유대인들이 또한 통곡을 보시고 영신 중에 통분하시며 스스로 감동하사 운운."

207) 알렉산드리아의 유대인들이 가이우스 칼리굴라 황제에게 보냈던 사절단의 단장으로 갔 던 필론의 보고서.

208) 〈창세기〉 49장 10절.

209) 〈다니엘〉 7장.

210) 세례 요한을 말함. 〈요한복음〉 1장 19~34절 참조. —역자 주

211) 마크로브의 〈사투르날리아 제(祭)〉 2권 4장.

212) 성 아우구스티누스의 양도논법, 설교 311의 2.

213) 차례대로, 〈시편〉 21장 28절, 〈이사야〉 49장 6절, 〈시편〉 2장 8절, 〈시편〉 71장 11절, 〈시편〉 34장 11절, 〈예레미야〉 3장 30절, 〈시편〉 48장 22절.

214) 〈에스겔〉 30장 13절.

215) 〈말라기〉 1장 11절.

216) 〈이사야〉 2장 3절.

217) 〈시편〉 71장 11절.

218) 〈마가복음〉 12장 6~8절.

219) 2세기에 로마에 있던 플라톤과 철학자. 그리스도교를 공격한 것으로 유명하다. ―역자주

220) 〈예레미야〉 31장 34절.

221) 〈요엘〉 3장 1절.

222) 〈예레미야〉 31장 33절.

223) 〈다니엘〉 2장 34절.

224) 〈시편〉 109장 1~2절. 이 구절은 메시아가 정복하는 전사일 것이라고 말하는 유대인들에 대한 반박이 된다.

225) 48장 5절.

226) 플라비우스 요세푸스 「유대 고대사」 11권 8장 참조. 마케도니아 왕 알렉산더가 티르(Tyr)를 포위하고 있는 동안, 유대인들의 대제관 얏두스(Jaddus)에게 글을 보내 유대인들이 다리우스(Darius)를 버리고 자기편으로 오게 하려 하였다. 얏두스가 그것을 거절하자 알렉산더는 무력으로 위협하였다. 그리고 가자를 점령한 뒤 예루살렘으로 진군했다. 꿈에 나타난 신의 명령을 받은 얏두스는 다른 제관들을 거느리고 승리자를 맞이하였다. 알렉산더는 그를 경배하며, 얏두스가 신을 경배하는 것이라고 말하고 그 신이 꿈에 나타나 자기의 승리를 예언했다고 말했다. 그런 다음 성전에 가서 제사를 드리고 자기에 관한 다니엘 예언서를 읽었다.

227) 그로티우스 「진교론」 5장 14항 참조. 테르툴리아누스, 〈마태복음〉 22장 16절, 〈마가복음〉 3장 6절, 8장 15절, 12장 13절 참조.

228) 「진교론」 5장 17항, 19항 참조.

229) 수에토니우스, 「클라우디우스의 생애」 25장, 타키투스 「연대기」 15권.

230) 「진교론」 3장 14항 참조.

231) 〈이사야〉 6장 9절.

232) 〈스가라〉 8장 23절.

233) 〈요한복음〉 19장 15절.

234) 〈다니엘〉 9장 25절.

235) 유대인들은 아직도 메시아를 기다리고 있으므로, 2백년의 착오는 대단한 것이 아니다.

236) '판(Pan)'은 그리스의 신. 이것은 샤롱이 「3가지 진리」라는 책에 인용한 플라타크의 「신탁의 정지」라는 책에 나오는 이야기로 아우구스투스 황제 시대, 즉 예수 그리스도의 강림과 더불어 신탁이 없어졌다는 것, 플루타크는 '이것'을 특별히 취급해 그 원인

을 찾아내려고 애썼는데 그 중에 위대한 신 '판'이 죽었다는 말을 했다.

237) 〈이사야〉 49장 6절.

238) 〈이사야〉 5장 1~7절.

239) 성 바오로 〈로마서〉 10장 21절.

240) 〈신명기〉 28장 28절, 29절.

241) 〈말라기〉 3장 1절.

242) 〈역대사〉 하권 7장 18절.

243) 〈창세기〉 10장 1~5절.

244) 〈창세기〉 48장 14절.

245) 'Incarnatio'의 역어. 신이 강생하여 사람의 육신을 취해 그와 결혼함을 말함. —역자 주

246) 아마 의인, 완전한 그리스도 교인을 말함일 것이다.

247) 성 브루노가 창설한 수도원의 수도자. —역자 주

248) 성 바오로, 〈로마서〉 12장 5절.

249) 〈창세기〉 17장 10절. 〈레위기〉 12장 3절 참조.

250) 〈사도행전〉 15장 참조.

251) 〈사도행전〉 15장 8절.

252) 유대인들을 말함.

253) 성 바오로, 〈고린도 전서〉 12장 참조.

254) 성 바오로, 〈고린도 전서〉 6장 17절.

255) 삼위일체의 깊은 뜻.

256) 성 아우구스티누스 「신국론」 14장 28장.

257) 〈마태복음〉 22장 35절, 〈마가복음〉 12장 28절. "그 중에 율법 학자 하나가 예수를 시험해 묻되 '스승이여 율법에 어느 계명이 제일 크오니까?' 예수 가라사대 '네 주 천주를 온전한 마음과 온전한 영신과 온전한 뜻으로 사랑하라 했으니, 이는 가장 크고 제일 으뜸 계명이요, 제2는 이와 같으니, 곧 남을 네 몸같이 사랑하라 했으니 모든 교법과 선지자들의 글이 이 두 계명에 달렸나니라.' 하시니라."

258) 성 토마스 아퀴나스 「신학대전(Summa Theologica)」 제113 문제 제10항 제2 이의에 대한 답변.

259) 〈시편〉 118장 36절.

260) 유대교의 율법학사이며, 제관인 에즈라는 페르시아 왕 다리우스 치세 제6년에 유대인들이 바빌로니아 귀양이 풀려 조국으로 돌아온 것과 예루살렘의 성전이 재건된 것을 이야기하였다.

261) 〈마카베오 전서〉 1장 59절에 그리스 왕 안티오코스가 "신의 율법 책을 찢어 불에 태우게 하였다"는 말이 있고, 〈마카베오 후서〉 2장 2절에는 "이주하러 끌려가는 자들에게

율법을 주어……주어 계명을 잊지 않게 하려 하였다"고 말하였다.

262) 요세푸스「유대고대사」11권 5장 참조.〈에즈라 2서〉8장 1~8절.

263) 바로니우스「연대기」기원후 180년 조(條) 10~18항.

264)「모세전」제2권.

265) '70인 번역'은 기원전 283, 혹은 282년에 프톨레마이오스 필라델푸스 치하에 있던 이집트의 유대인 72명에 의하여 이루어진 구약 성경의 그리스 말 번역을 말한다. 이 번역이 가장 오래 된 것이고 가장 유명한 것이다. —역자 주

266)〈유대 고대사〉12권 2장 13항.

267) 테르톨리아누스〈여인 찬미〉1권 3장.

268) 원본에는 에우세비우스의 이 문장이 그리스 원문으로 되어 있는데, 조금 뒤에 파스칼 자신이 이것을 라틴어로 옮겨 놓았다.

269)〈에즈라 3서〉〈에즈라 4서〉는 트렌토 공의회에서 (1545~1563) 정전외서로 규정되었다.

270)〈열왕기〉4권 17장 27절. "그때에 앗시리아 왕이 명하여 이르되, 너희들이 거기서 포로로 잡아온 제관 중 한 사람을 데려와서 그로 하여금 가서 저들과 같이 살며 땅의 신의 율법을 저들에게 가르치게 하라."

271) 이것은 미완성 문장이다.

272)「미소라(Massarot)」—유대 학자들이 구약에 대하여 쓴 문법적 주해집.

273) 유대인들을 말함.

274)〈전도서〉4장 12절 참조.

275)〈창세기〉13장 14~17절.

276)〈출애굽기〉3장.

277) 베르길리우스의「게오르기카」, 2의 490과 호라티우스「서간집」2권 2장 61항 첫머리

278)「수상록」2권 12장.

279) 주 278과 같음.

280) 데 바로(1602~1673년). 17세기의 가장 유명한 프랑스 '에피큐리언'이었다. 방탕하고 무신론자였으나, 병이 들어선 다시 신앙생활을 시작했다. 프랑스 문학에 있어서 가장 아름다운 종교시의 하나로 꼽히는 시를 썼다고 하는 사람인데, 그 시의 첫 구절은 "위대한 신이여, 당신의 판결은 공평함으로 가득 차고……"라고 되어 있고, 다음과 같은 두 구절로 끝맺어져 있다.
"그러나 당신의 분노는 어디에 떨어져 있는가.
예수 그리스도의 피로 온통 뒤덮여 있지 않은 곳이 어디이기에."
(부룬스뷔크 판의 주를 인용하였음—역자).

281) 'Médée(메데)' 2막 6장.

282) 195단장 참조.

283) 〈고린도 전서〉 1장 18절, 21절.

284) 십자가 위에서 예수 그리스도가 자신을 제물로 성부께 바친 제사를 재현하는 천주교의 의식. —역자 주

285) 이 단장에는 파스칼이 여백과 행간에 가필한 것이 여기저기 흩어져 있어, 그가 의도한 순서를 찾아내기가 거의 불가능한 것 같다.

286) 〈이사야〉 45장 15절.

287) 여기 있는 것은 '탄식하며 찾는 자들' 중의 한 사람이 말하는 것이다.

288) 〈시편〉 2장 1~2절.

289) 〈예레미야 애가〉 3장 1절.

290) 〈유다서〉 1장 10절.

291) 'Déisme'의 역어. —역자 주

292) 유대인들의 시조는 아브라함이고 그의 아들 이삭을 거쳐 야곱과 그의 열두 아들에게서 유태 민족이 내려오는 것이다. —역자 주

293) 이 점은 특히 「세 권으로 된 모세의 생애」에 해당하는 것이다.

294) 요세푸스 「아피온 반박」 2권 15장 참조.

295) 로마 최초의 성문율로, 기원전 450년의 10대관(Decemvir)의 열두 장의 청동판에 새겼던 것. —역자 주

296) 기원전 9세기의 그리스 시인. —역자 주

297) 기원전 8세기의 그리스 시인. —역자 주

298) 「시빌」은 '에리트레아'의 시빌(무당)에게서 내려온다고 일러지던 그리스 말로 쓰여진 시로 된 신탁집을 말하는 것이고, 「트리스메지스토스」라는 것은 이집트의 제관들이 지키고 있던 42권의 신탁집의 저자들 '헤르메스 트리스메지스토스'라고 일컬은 데서 오는 이름이다.

299) 〈신명기〉 31장 26절 참조.

300) 〈여호수아〉 5장 5~6절.

301) 〈시편〉 51장.

302) 〈미가〉 6장 6절.

303) 〈에스겔〉 20장 25절.

304) 〈시편〉 109장 4절

305) 〈시편〉 109장 2절. '로마'는 '원수들'이라는 말로 상징되어 있다.

306) 〈아모스〉 5장 13절.

307) 〈예레미야〉 23장 22절.

308) 이 숫자들은 다음 단장을 보면 이해하게 될 것이다.

309) 〈창세기〉 3장 4~5절.

310) 252, 269 단장 참조.

311) 몽테뉴 「수상록」 3권 6장.

312) 〈시편〉 109장 1~2절.

313) 몰리니에에 의하면, 래몽 마르티니가 「푸지오 피데이(Pugio Fidei—신앙의 단력)」라는 책에 라틴 어로 인용한 '산에드린'의 한 구절을 파스칼이 번역한 것인데, 이것은 〈시편〉 22장 17절의 주석이다.

314) 〈창세기〉 49장 8절.

315) 〈창세기〉 49장 10절.

316) 〈창세기〉 48장 22절.

317) 〈창세기〉 48장 14~19절.

318) 〈신명기〉 18장 15절.

319) 〈신명기〉 28장 32절.

320) 〈민수기〉 34장 18절 이하.

321) 〈민수기〉 35장 6절.

322) 이것은 파스칼이 여백에 써 놓은 고찰이다.

323) 이 단장에 있어서 ""표 사이에 있는 "—"로 표시된 부분은 성경의 인용이 아니고 파스칼 자신이 여백에 써 넣은 주석이다.

324) 〈다니엘〉같은 장의 다음 절을 말하는 것이다.

325) 〈신명기〉 32장 21절.

326) 〈이사야〉 6장 10절. 〈요한복음〉 12장 40절.

327) 안티오코스가 다스리던 시대에 신은 마타티아와 그의 아들들을 일으켰는데, 이 아들들은 두목이 된 유다 마카베오의 이름을 따서 마카베오 형제들이라고 불렸으며, 시리아의 종교탄압에 용맹하게 항쟁한 것은 유명한 역사적 사실이다.

328) 구약의 문법 문제에 관해 유대 학자들이 만든 주의 사항집의 〈맛소라〉라 하는데, 그 학자들을 가리키는 말.

329) 〈이사야〉 30장 8절.

330) 〈스가라〉 11장 12절.

331) 〈말라기 서〉 3장 1절, 4장 5절.

332) 예언자들을 말함.

333) 〈이사야〉 8장 16절.

334) 〈이사야〉 8장 14절.

335) 〈호세아〉 14장 10절.

336) 〈마가복음〉 2장 10~11절.

337) 「구약의 그리스어 판과 헤브라이어 판의 합치」라는 책의 저자 콘라트 키르허(Konrad Kircher)와 「구약과 신약의 연대기」의 작가인 잭 어서(Jack Usher)를 말함.

338) 이 구절은 파스칼의 동의 안에 꿰맨 종이에 씌어 있던 것으로 그 종이는 이것과 거의 같은 문장이 적혀 있는 양피지로 싸여 있었는데, 그 양피지는 지금은 없어진 모양이다.

339) 〈출애굽기〉 3장 6절. 〈마태복음〉 22장 32절.

340) 〈마태복음〉 27장 46절.

341) 〈요한복음〉 17장 3절.

342) 〈시편〉 118장 16절.

343) 〈요한복음〉 11장 33절.

344) 〈마태복음〉 26장 37~38절. 〈마가복음〉 14장 34절.

345) 위에 인용된 구절들 참조.

346) 〈마태복음〉 26장 40~41절.

347) 〈마태복음〉 26장 46절.

348) 〈요한복음〉 18장 4절.

349) 〈마태복음〉 26장 38절, 42절.

350) 〈마태복음〉 26장 50절.

351) 〈누가복음〉 22장 43절.

352) 호라티우스 「서간집」 1권 제2서한 26절.

353) 성 바오로 〈고린도 후서〉 5장 21절.

354) 〈창세기〉 3장 5절.

355) 예수를 유대인들에게 내주어 십자가에 못박게 한 로마 총독. ―역자 주

356) 〈요한복음〉 20장 17절, 27절.

357) 〈예레미야〉 7장 4절. 〈마태복음〉 3장 1~2절. 〈마가복음〉 1장 4절. 〈누가복음〉 3장 3절.

358) 갈멜 수도회를 혁신한 아빌라(Avila)의 데레사를 말함. (1515~1582년―역자 주)

359) 〈누가복음〉 18장 9~14절 참조.

360) 삼위일체의 제2위 성자를 말함. ―역자 주

361) 교황 보니파시오 8세의 교서의 첫머리.

362) 은총과 자유에 대한 해석을 둘러싼 이단으로, 얀세니우스(1585~1638)가 제창자이다. ―역자 주

363) 성의 이냐시오 로욜라가 창설한 예수회 수도자들을 말함. 파스칼은 얀세니우스 이단설 관계로 예수의 수도자들과 치열한 논쟁을 벌였었다. ―역자 주

364) 526~529 네 단장은 제 10 프로뱅시알과 관련이 있는 듯하며, 1635년에 앙베르에서

발행된 「예수회 총장들의 서한집」에서 발췌한 짧은 라틴어 문장이 소개되어 있으나, 이것은 파스칼을 대신하여 다른 사람이 쓴 것이며(원주) 토막토막 끊어진 문장이므로 번역이 불가능하여 원문으로만 소개하였다(역주). 여기 나오는 숫자는 위에 말한 서한집의 페이지를 말하는 것이다(원주).

365) 브룬스뷔크는 이것을 파스칼에 대한 예수의 신도들의 이의로 보는데, 그 의견은 옳은 것이다.

366) 〈마태복음〉 5장 6절, 10절 참조.

367) 아마 성 아우구스티누스의 제자 아퀴타니아의 성 프로스페르를 말함일 것이다.

368) 〈전도서〉 19장 4절.

369) "그대의 손에서 승리하지 않게 하시기를 바란다"는 말을 보충할 것.

370) 〈잠언〉 12장 8절.

371) 〈예레미야〉 9장 5절.

372) 〈마태복음〉 10장 34절.

373) 〈누가복음〉 12장 49절.

374) 〈요한복음〉 15장 15절.

375) 성 바오로, 〈로마서〉 3장 31절, 7장 7절.

376) 이 구절은 〈시편〉 136장에 대한 성 아우구스티누스의 주해를 번역한 것이다.

377) 성 바오로, 〈고린도 전서〉 1장 31절. 〈고린도 후서〉 10장 17절. 〈예레미야 서〉 9장 24절.

378) 다섯 개의 명제의 뜻에 얀세니우스의 교리에 뜻이 들어 있다는 고백.

379) 다섯 개의 명제가 이단적이라는 것.

380) 〈사무엘〉 14장 17절 참조.

381) 'Schisma'의 뜻으로 이단(Heresis)처럼 교리 문제로 가톨릭과 갈라진 것이 아니고, 교황에 대한 불복종으로 갈라져 나간 분파를 말한다. ─역자 주

382) 성 베르나르의 말.

383) 〈사도행전〉 5장 29절.

384) 〈시편〉 81장 6~7절. 〈요한복음〉 10장 34절 참조.

385) 〈전도서〉 3장 8절.

386) 〈시편〉 116장 2절.

387) 〈요한복음〉 14장 27절.

388) 〈마태복음〉 10장 34절.

389) 성 바오로, 〈디모데 후서〉 4장 3절.

390) 〈미가〉 3장 5절.

391) 〈누가복음〉 14장 12절.

392) 〈누가복음〉 1장 26절에 있는 '보냄을 받았다'는 구절에 대한 성 베르나르의 마지막 설교.

393) 〈마가복음〉 13장 32절 참조.

394) 성 토요일(예수 부활~부활절 전일) 의식에 나오는 말.

395) 성 금요일(예수 수난일)의 의식에서 따른 말.

396) 'Vexilla Regis(왕의 깃발)'이라는 찬미가의 한 절.

397) 〈누가복음〉 7장 6절.

398) 성 바오로, 〈고린도 전서〉 11장 29절.

399) 〈요한계시록〉 4장 11절.

400) 성모께 대한 의식에서 따온 말.

401) 〈마태복음〉 7장 7절.

402) 성 바오로, 〈로마〉 9장 8~9절 참조.

403) 「공과론」 2권 17장.

404) 성 바오로, 〈빌립보서〉 2장 12절 참조.

405의 1) 〈마태복음〉 7장 7절 참조.

405의 2) 이것은 은총에 토론으로, 청하는 자에게는 주어지리라고 한 예수 그리스도의 말씀대로, 우리가 청하기만 하면 받게 되는 것이니까 받는 것은 우리 능력 안에 있는 것이지만, 청하는 것 자체는 은총이 있어야 하기 때문에 우리 능력 안에 있는 것이 아니라는 뜻. —역자 주

406) 〈말라기〉 2장 1~2절.

407) 〈이사야〉 1장 19~20절.

408) 〈에스겔〉 33장 12절.

409) 동물들의 감각 능력을 말함. —역자 주

410) 키케로, 「점에 대하여」 2권 27장.

411) 「헤아우트」 3권 5장, 8장. 583은 파스칼이 사용한 1652년 판 몽테뉴 「수상록」의 페이지 수.

412) 플리니우스 2권 7장.

413) 세네카 「루킬리우스에게 보내는 편지」 제15신.

414) 키케로 「점에 대하여」 2권 58장.

415) 키케로 「투스쿨룸에서의 논쟁(Tusculanae disputations)」 2권 2장.

416) 세네카 「도덕에 관한 서한(Epistulae morale)」 106.

417) 키케로 「직분론」 1권 31장.

418) 베르길리우스 「농경시(Georgica)」 2권 20장.

419) 세네카 「도덕에 관한 서한」 106.

420) 키케로 「목적론」 2권 15장.

421) 「고행자(Heauton timoroumenos)」 1권 1장 28절.

422) 퀸틸리아누스 10권 7장.

423) 세네카 「수아소리암」 1권 4장.

424) 「아케데미」 1권 12장.

425) 키케로 「투스쿨룸에서의 논쟁(Tusculanae disputations)」 1권 25장.

426) 세네카 「도덕에 관한 서한」 72.

427) 몽테뉴 「수상록」 2권 12장.

428) 문법 학자들이 말하는 것처럼, '단수'와 '복수'를 혼용(混用)함으로써 한쪽 극단을 다른 쪽 근단과 대립시키는 한 가지 예로, 프랑스 농부들은 'Je(나)'라는 단수 주어에 'fesons(한다)'이라는 복수 동사를 쓴다. 그와 반대로 그리스 인들은 'Zoa(동물들)'라는 복수명사에 'trékéi(뛴다)'라는 단수 동사를 썼다.

429) 이 구절은 아마 성 아우구스티누스의 「독단론자 반박」 1권 17장 38절에서 착상을 얻었을 것이다(원주). 아르케실라스(기원전 316~241)는 신 아카데미파 창설자로, 키케로의 말에 의하면 플라톤 학설에 피로니즘을 도입했던 그가 제자들에게 독단론을 가르쳤다 한다. (브룬스뷔크 판 주 인용—역자)

430) 〈사도행전〉 28장 1~10절에 들어 있는 사도 성 바오로의 말따 도에서 행한 기적을 암시하는 것.

431) 몽테뉴 「수상록」 2권 12장.

432) '타락한 본성'이란 뜻.

433) 〈누가복음〉 12장 47절.

434) 〈요한계시록〉 22장 11절.

435) 〈마가복음〉 1장 5절.

436) 〈마태복음〉 3장 9절.

437) 〈요한 1서〉 2장 16절.

438) 〈마태복음〉 25장 37절, 44절.

439) 〈요한복음〉 5장 33절, 36절.

440) 〈이사야〉 6장 10절. 〈마태복음〉 23장 15절. 〈마가복음〉 4장 12절.

441) 〈마태복음〉 26장 50절.

442) 〈마태복음〉 22장 12절.

443) 〈누가복음〉 22장 40절, 46절.

444) 〈누가복음〉 22장 32절.

445) 〈누가복음〉 22장 61절.

446) 〈누가복음〉 22장 48~51절.

447) 〈누가복음〉 23장 5~7절.

448) 「오딧세이아」 18편 136절에서 키케로가 번역한 글귀.

449) '리용'의 건축가이며 기하학자인 데자르그는 '콩드리외'에 별장을 가지고 있었는데, 그 곳은 포도밭으로 유명했다. 그는 아마 '마스캇트'의 변종에 이런 이름을 붙였던 모양이다.

450) '신의 나라'에 대해서는 특히 〈마태복음〉 13장 참조.

451) 인간의 신에 대한 관계를 나타내는 도표. 밑에는 모르는 사람들, 가운데에는 잘못 아는 사람들, 위에는 완전히 아는 분.

452) 성 바오로 〈고린도 전서〉 14장 27절, 29절.

453) 성 바오로 〈고린도 전서〉 14장 23절.

454) 칼뱅파 교도들—역자 주

455) 〈누가복음〉 22장 25절, 26절.

456) 〈창세기〉 37~40장. 〈누가복음〉 23장 42절.

457) 〈마태복음〉 26장 27절.

458) 성 바오로 〈로마서〉 5장 12절.

459) 〈마태복음〉 24장 34절.

460) 〈역대사〉 하권 1장 14절.

461) 파리에 와서 공연한 이탈리아 인 배우, 티베리오 피오렐리.

462) 피오렐리가 공연한 "Comedia dell, arte"의 한 인물인 그라치아노 박사.

463) 주해자들은 리슐리외와 마자랭 두 추기경 중 누구를 말하는지 분명하지 않다고 한다. 그러나 모든 정치가에 대해 이렇게 말할 수 있는 것이다.

464) 성 바오로 〈로마서〉 5장 14절.

465) 성 아우구스티누스의 저서.

466) 〈시편〉 44장 4절.

467) 초대 그리스도교의 유명한 교부로 아리우스의 이단과 꿋꿋하게 싸웠다. (295~373년경)

468) 아빌라의 성녀 테레사의 자서전에 "우리의 의도를······광증으로 보지 않는 사람이 없었다"는 말이 있다.

469) 〈야고보서〉 5장 17절.

470) 파스칼의 조카딸, 마르그리트 페리에의 병이 기적으로 나은 것을 말하는 것.

471) 〈창세기〉 14장 22~24절.

472) 〈마태복음〉 8장 9절.

473) 〈창세기〉 4장 6~7절.

474) 〈출애굽기〉 20장 5절.

475) 성 바오로 〈히브리서〉 10장 5~7절.

476) 〈마가복음〉 13장 2절.

477) 〈창세기〉 3장 15절.

478) 〈시편〉 129장 8절.

479) 〈에스겔〉 37장 26절.

480) 〈시편〉 109장 4절.

481) 〈시편〉 21장 6절.

482) 〈호세아〉 1장 9절.

483) 〈창세기〉 49장 10절.

484) 그로티우스는 「그리스도교의 진리」 4권 11장에, 플라톤이 의인의 운명에 대하여 말할 적에 예수 그리스도를 예견한 것 같다고 하였다.

485) 〈전도서〉 2장 6절.

486) 〈창세기〉 7장 14절 참조.

487) 〈마태복음〉 23장 23절.

488) 스퀴데리의 소설 「아르타맨 혹은 대 시루스」에, 고린도의 공주로 나중에 여왕이 된 '클레오뷜린'은 백성의 한 사람이 '메랭트'를 사랑하는데, 그를 사랑하지 않는 줄로 오랫동안 잘못 알고 있었기 때문에, 그를 사랑한다는 것을 알게 되었을 때에는 자기의 애정을 극복할 수가 없었다는 것이다.

489) 파스칼이 사용하던 1652년 판 몽테뉴 「수상록」의 페이지를 말함인 듯하다.

490) 옛날 격언.

491) 성 바오로 〈로마서〉 3장 4절.

492) 성 바오로 〈로마서〉 12장 21절의 해설.

493) 성총의 효력과 원죄를 부인하던 이단(5세기). —역자 주

494) 679 단장 참조.

495) 페르로니우스의 시 90.

496) 마리 로쟈르드 구르네 양으로 「수상록」 1635년 판에 서문을 썼다.

497) 테베의 장군이며, 정치가(기원전 418년경~362년). —역자 주

498) 데카르트 「철학의 원리」 제3부 54장.

499) 〈사도행전〉 17장 23절.

500) 성 바오로 〈고린도 전서〉 1장 25절.

501) 〈창세기〉 19장 30~38절.

502) 〈열왕기 상〉 19장 18절.

503) "이러저러한 일은 그렇지 않다고 감히 말하겠는가?"라는 것을 보충할 것.

504) 〈요한복음〉 10장 33절 참조.

505) 〈요한복음〉 10장 34~35절.

506) 〈요한복음〉 11장 4절 참조.

507) 〈요한복음〉 11장 11~14절.

508) 〈전도서〉 3장 4절.

509) 신성과 인성을 말한다. ─역자 주

510) '대사(Indulgentia)' 가톨릭에서는 우리가 고해로 죄의 사함을 받았다 하더라도, 그 죄로 인하여 응당하거나 받아야 할 벌은 남기 때문에, 이 세상에서 착한 일을 해 보상하거나 그렇지 않으면 죽은 후 지옥에서 그에 해당하는 벌을 받아 완전히 보상을 한 다음에야 천국에 들어갈 수 있다고 한다. 다만 예수 그리스도의 공로는 모든 죄뿐 아니라 그 죄의 모든 벌을 보상하고도 남을 만큼 큰 것이므로, 교회에서 신자들의 어떤 선행을 조건으로 그 공로를 나누어 주어 죄의 벌을 전부, 혹은 부분적으로 갚게 해 줄 수가 있다고 가르친다. 가톨릭에서는 이것을 은사, 혹은 대사(大赦)라고 부른다. 따라서 이것을 면죄부라고 부르는 것은 정확한 번역이 아니다. ─역자 주

511) 끄리와 개구리가 치열한 싸움을 벌인 끝에 개구리가 끄리의 눈을 발가락으로 뺀다는 이야기. 이 이야기를 처음으로 한 사람은 모라비아 지방 올무츠의 장 스칼라라는 주교로 라틴 어로 쓴 「양어장과 거기에서 기르는 물고기」라는 책에 소개된 것인데, 리앙쿠르 공작이 파스칼 앞에서 이 이야기를 했을 것으로 생각된다.

512) 'Salomon de Tultie', '루이 드 몽탈트(Louis de Montalte)'의 글자의 배치를 바꾸어 놓은 것으로, 파스칼은 이 가명으로 그의 호교론을 발표할 생각이었다.

513) 올리비에 크롬웰은 악성 열병으로 1658년 9월에 죽었다. 그러니까 그 구절은 그 이후의 것이다.

514) 〈전도서〉 15장 8절, 16절.

515) 〈시편〉 142장 2절.

516) 성 바오로 〈로마서〉 2장 4절.

517) 〈요나〉 3장 9절.

518) 부활절 전전 주일. ─역자 주

519) 〈마태복음〉 12장 30절.

520) 〈마가복음〉 9장 39절.

521) 〈시편〉 111장 4절.

522) 〈마태복음〉 11장 27절.

523) 〈마태복음〉 7장 7절.

524) 〈이사야〉 45장 15절.

525) 프톨레마이오스의 별자리표에는 '볼 수 있는' 별의 수를 1천 22개로 정했다.

526) 〈누가복음〉 12장 32절.

527) 성 바오로, 〈빌립보서〉 2장 12절.

528) 〈마가복음〉 9장 37절.

529) 예수 그리스도가 자신을 가리켜 말할 때 쓴 말이다. ―역자 주

530) 〈마가복음〉 13장 32절.

531) 〈마태복음〉 17장 5절.

532) 〈누가복음〉 1장 17절.

533) 〈요한복음〉 17장 21~23절 참조.

534) 모세의 후계자―역자 주

535) '여호수아'와 '예수'는 헤브라이 말로 구주라는 뜻이다.

536) 〈신명기〉 28장 29절.

537) 〈이사야〉 29장 11절.

538) 스페인의 빌빌리스에서 출생한 라틴 시인(40~104년경). ―역자 주

539) 호라티우스의 피송 인들에게 보내는 서한에 있는 말.

540) 〈창세기〉 17장 7절.

541) 〈창세기〉 17장 9절.

542) 〈전도서〉 4장 12절.

543) 〈시편〉 75장 6절.

544) 성 바오로, 〈고린도 전서〉 7장 31절.

545) 〈신명기〉 8장 9절.

546) 〈누가복음〉 11장 3절.

547) 〈시편〉 71장 6절.

548) 〈출애굽기〉 12장 8절.

549) 〈시편〉 140장 10절.

550) 라틴 시인 오비디우스의 〈메타모르포즈〉 3권 제135구(句).

551) 31~33절.

552) 성 바오로, 〈고린도 전서〉 1장 17절.

553) 샤롱의 〈지혜론〉 2권 5장 6절.

554) 〈욥기〉 19장 23~25절.

555) 성 바오로, 〈고린도 전서〉 15장 55~57절.

556) 〈누가복음〉 9장 25절.

557) 〈누가복음〉 9장 24절.

558) 〈요한복음〉 1장 29절 참조.

559) 〈요한복음〉 6장 32절, 35절, 8장 36절.

560) 〈시편〉 118장 36절.

561) 〈야고보서〉 4장 6절, 〈베드로〉 제1서간 5장 5절.

562) 〈요한복음〉 1장 11절.

563) 〈출애굽기〉 25장 40절.

564) 〈디모데 전서〉 4장 1~3절.

565) 〈고린도 전서〉 7장 29절, 35절.

566) 장 뒤베르지에 드 오란. 포르루아알의 지도 신부로 있던 사람(1581~1643). —역자 주

567) 해답. 신학자들에 의하면 기적은 그 실질과 방법이 초자연적인 것인데, 전자는 두 물체가 서로 침투한다든가 어떤 물체가 동시에 두 곳에 나타나는 일이니, 그것은 본래 그런 결과를 일이키는 효력을 가지고 있지 못한 것이다.

568) 해답. 비록 사람이 자신의 힘으로 할 수 없는 일이라도, 마귀나 짐승이 할 수 있는 것은 기적이 아니다.

569) 해답. 성 토마스도 다른 사람들과 같은 의견을 가지고 있지만, 다만 후자의 기적을 'quoad subjectum(주체)'로서의 기적과 'quoad ordinem naturae(자연의 질서)'로서의 기적 두 가지로 나눈다. 그의 말에 의하면, 절대적으로 자연이 어떤 주체에서는 행할 수가 있으나 다른 주체에서는 행할 수 없는 것, 가령 자연히 생명을 만들어 낼 수는 있어도, 죽은 육체 안에 생명을 넣어 줄 수는 없는 것과 같은 것이고, 또 한 가지는 어떤 주체에 그런 결과를 내게 하되 어떠한 방법을 쓰지 않는다든지, 아주 빠르게 한다든지 하는 것이니, 비록 불치병이 아니라도 그것을 순식간에 혹은 한 번 만지기만 해서 고치는 것과 같은 것이다.

570) 해답. 카톨릭 신자이건 이단자이건, 성인이건 악인이건, 오류를 입증하기 위해서는 기적을 행할 수가 없다.

571) 이 물음에는 해답이 적혀 있지 않다.

572) 진리를 입증하기 위해서는 그들도 기적을 행할 수 있으나 역사에는 이런 예가 없지 않다.

573) 숨은 이단자도 선언된 이단자나 다름없이 기적에 대한 능력이 없다. 신은 모르는 것이 없고, 참된 기적은 어떤 것을 막론하고 그만이 행할 수 있기 때문이다.

574) 해답. 모든 가톨릭 신자들과 특히 예수의 저자들이 이 점에 대해 의견의 일치를 보고 있으니, 벨라르맹의 저서를 읽어 보면 충분하다. 비록 드문 일이지만, 이단자들이 어떤 때 기적을 행한 일이 있었으나 그 기적들은 교회의 표였다. 왜냐하면, 그것은 교회가 가르치는 진리를 입증하기 위함이지 이단자들의 유설을 입증하기 위해 행해진 것이 아니기 때문이다.

575) 확실한 것은 극히 적다. 그러나 그들의 기적이라고 하는 것도 단지 방법으로서의 기적에 지나지 않는 것이다. 즉, 기적이나 진리를 초월하는 방법으로 이루어진 자연적 결과에 지나지 않는 것이다.

576) 〈마가복음〉 9장 37~39절.

577) 해답. 복음 성경은 그가 예수 그리스도를 반대하는 자가 아니었다는 것을 충분히 증언하며, 교부들과 예수회의 저자들도 그렇게 생각한다.

578) 해답. 복음 성경에 의하면 그가 예수 그리스도의 이름으로 오지 않고 자기 이름으로 올 것이니, 예수 그리스도의 이름으로 기적을 행하지 않고, 오히려 신앙과 교회를 파괴하기 위해 자기 이름으로 예수 그리스도를 거슬러 행할 것이다. 또한 이로 인해 그가 행하는 이적은 참된 기적이 아닐 것이다.

579) 해답. 마귀와 마술사들의 일들이 기적이 아닌 것처럼 이교도들과 우상들의 신탁도 기적이 아니다.

580) 〈신명기〉 18장 22절.

581) 〈신명기〉 13장 1~3절.

582) 〈마가복음〉 9장 37절.

583) 〈이사야〉 6장 10절 참조.

584) 〈요한복음〉 12장 41절.

585) 성 바오로, 〈고린도 전서〉 1장 22절.

586) 파스칼 자신이 만든 구절.

587) 〈요한복음〉 10장 26절.

588) 〈데살로니가 후서〉 2장 10절.

589) 〈마태복음〉 24장 24절. 〈마가복음〉 13장 22절.

590) 〈신명기〉 18장 15절.

591) 〈마태복음〉 24장 24절. 〈마가복음〉 13장 21절.

592) 〈요한복음〉 9장 1~7절.

593) 〈요한복음〉 5장 5~16절, 7장 23절, 8장 14절.

594) 〈요한복음〉 9장 16절.

595) 〈요한복음〉 9장 29절.

596) 〈요한복음〉 10장 20~21절.

597) 〈이사야〉 5장 4절.

598) 〈이사야〉 1장 18절.

599) 〈사도행전〉 13장 11절.

600) 〈사도행전〉 19장 13~16절.

601) 성 바오로, 〈갈라디아서〉 1장 8절.

602) 〈요한복음〉 8장 31절.

603) 〈요한복음〉 1장 47절.

604) 성 바오로 〈갈라디아서〉 4장 31절.

605) 〈요한복음〉 6장 55절.

606) 성 바오로 〈로마서〉 6장 끝부분 참조.

607) 〈열왕기 하〉 19장 참조.

608) 〈예레미야〉 28장 15~16절.

609) 〈마카베오 2서〉 3장 23~40절.

610) 〈열왕기 상〉 17장 24절.

611) 〈열왕기 상〉 18장 25절 이하.

612) 〈요한복음〉 7장 40~43절.

613) 〈요한복음〉 7장 50~52절.

614) 성 바오로 〈고린도 전서〉 1장 17절.

615) 성 바오로 〈고린도 전서〉 5장 22절.

616) 〈마가복음〉 2장 10~11절.

617) 〈누가복음〉 10장 20절.

618) 〈요한복음〉 3장 2절.

619) 〈신명기〉 17장 9~12절, 18장 10~11절.

620) 〈요한복음〉 15장 24절.

621) 〈요한복음〉 2장 11절.

622) 〈요한복음〉 4장 16~19절. ─역자 주

623) 〈요한복음〉 4장 54절.

624) 성 아우구스티누스 「그리스도 교리론」 3권 15장.

625) 〈마태복음〉 6장 23절.

626) 〈요한복음〉 10장 24절.

627) 〈요한복음〉 10장 25~27절.

628) 〈요한복음〉 3장 2절.

629) 〈마태복음〉 12장 39절.

630) 〈마가복음〉 6장 5절.

631) 〈마태복음〉 12장 40절.

632) 〈요한복음〉 4장 48절.

633) 성 바오로 〈데살로니가 후서〉 2장 9~10절.

634) 〈신명기〉 13장 3절.

635) 〈마태복음〉 24장 25~33절.

636) 〈요한복음〉 10장 38절.

637) 〈신명기〉 13장 1~3절.

638) 〈마가복음〉 3장 22절. 〈마태복음〉 12장 24절.

639) 〈요한복음〉 3장 2절.

640) 〈마가복음〉 9장 38절.

641) 〈요한복음〉 9장 16절.

642) 〈요한복음〉 9장 17절.

643) 〈요한복음〉 9장 33절.

644) 〈창세기〉 4장 4~5절.

645) 〈출애굽기〉 8장 19절.

646) 〈열왕기 상〉 18장.

647) 〈예레미야〉 28장 14~16절.

648) 〈열왕기 상〉 22장 1~40절.

649) 〈마가복음〉 2장 10절 이하. 〈누가복음〉 5장 20절~24절.

650) 〈사도행전〉 13장 11절.

651) 〈사도행전〉 19장 13~16절.

652) 〈요한계시록〉 11장 3절.

653) 예수의 십자가와 강도들의 십자가, 후자는 기적을 행하지 못하나, 전자는 행한다.

654) 로베르 에스티엔은 '불가타(Vulgata)'판의 'miraculis(기적)'를 'celeritatibus(빠름)'로 번역한다.

655) "바알세불을 의지하여 마귀들을 쫓아낸다"라는 말을 보충할 것. 〈마태복음〉 12장 24절 참조.

656) 얀세니우스 파라는 말을 보충할 것.

657) 에이허브 왕의 아들 에제키아스는 아버지가 그를 우상들에게 바친 후, 좋은 사람이 되었다. 〈열왕기 하〉 16장.

658) 엘리야와 에녹.

659) 아리우스는 급사했는데, 사람들은 그것을 천벌이라고 하였다.

660) 몽테뉴 「수상록」 3권 11장.

661) 몽테뉴 「수상록」 1권 27장.

662) 〈누가복음〉 11장 17절. —역자 주

663) 〈누가복음〉 11장 20절. —역자 주

664) 〈누가복음〉 11장 14~21절.

665) 〈이사야〉 10장 1절.

666) 〈시편〉 41장 4절.

667) 〈집회서〉 24장 11절.

668) 〈창세기〉 15장 8절 참조. 아브라함은 '가나안'을 상속 받는지 알기 위해 신에게 징표를 청한다.

669) 〈요한복음〉 12장 37~40절.

670) 〈빌립보서〉 2장 3절, 〈로마서〉 12장 16절 참조.

671) 코르네유 「호라티우스(Horace)」 2막 3장.

672) 〈시편〉 138장 24절.

673) 〈요한복음〉 9장 첫 부분.

674) 〈고린도 후서〉 12장 12절.

675) 〈요한복음〉 15장 24절.

676) 〈요한복음〉 10장 38절.

677) 〈요한복음〉 15장 24절.

678) 〈창세기〉 15장 8절. 〈사사기〉 6장 36절.

679) 〈유다서〉 13장, 14장.

680) 〈요한계시록〉 1장 8절, 21장 6절, 22장 13절

681) 〈이사야〉 8장 21절.

682) 〈요한계시록〉 12장 18절.

683) 〈시편〉 74장 4절.

684) 〈사도행전〉 1장 11절.

685) 〈이사야〉 8장 21절.

파스칼의 생애와 사상

1 첫머리

인간이란 무엇인가? 인간의 행복이란 무엇인가?

인간은 유한과 무한의 중간에 있으며, 이성과 감정의 이중성을 가지며, 사(死)와 불사의 절대모순 속에서 사는 존재이다. 하지만 인간은 이러한 자기존재의 실상을 규명하려고 하지 않는다. 그 실상대로 살고자 하지 않는 것이다. 대신 인간은 자애의 본능에 따라 살아간다.

인간의 자아 본성은 자기만을 사랑하고, 자기에 대해서만 생각한다. 하지만 자기가 사랑하는 대상이 결함과 비참함에 넘쳐 있는 것은 어떻게 할 수 없다. 위대해지려고 하는데, 작고 가치 없는 자기를 본다. 사람들의 사랑과 존경의 대상이 되려고 하는 자신이 혐오와 오멸의 대상일 뿐인 것을 알게 되는 것이다. 하지만 이때도 인간은 자기자신을 미워하게 되는 것이 아니라, 자기를 질책하게 하고 자기 결함을 자각시키는 사실에 미움을 품고, 불만과 불행을 느끼는 것이다.

우리들의 이러한 비참함을 치료해 주는 유일한 것은 위로이다. 하지만 이것이야말로 비참함 중에서 가장 큰 것이다. 왜일까? 위로가 없으면 권태에 빠졌을 것이고, 그 권태에서 빠져 나오기 위한 방책을 구했을 것이다. 하지만 위로에 의한 즐거움에 빠진 인간은 죽음, 비참함, 무지에서 눈을 돌린 채, 인생의 실상을 살지 못하고 완만한 죽음을 살게 되기 때문이다.

"인간은 자연 가운데 가장 약한 하나의 갈대에 지나지 않는다. 그러나 인간은 생각하는 갈대이다. 인간을 파괴하는 데 전 우주가 무장할 필요는 없다. 하나의 증기, 하나의 물방울이면 인간을 죽이는 데 충분하다. 그러나 우주가 인간을 파괴한다고 해도, 그때 인간은 인간을 죽이는 우주보다 고귀하다. 왜냐하면 인간은 자신이 죽는다는 것을, 그리고 우주가 인간보다 훨씬 우월하다는 것을 이해하고 있기 때문이다. 그러나 우주는 아무것도 모른다."

이렇게 파스칼은 인간의 '사고의 위대함', '생각하는 것의 존엄함'을 이야기하고 있다. 이 '생각하는 갈대'라는 말을 모르는 사람은 거의 없을 것이다. 그런데 흔히 많은 사람들이 그렇게 하듯이, 이 말을 '사유의 존엄함' 또는 '인간의 나약함'이라고 해석한다면 단순한 개념이 되어 버린다. 하지만 이 말은 그런 단순한 개념 이상을 의도하고 있으며, 사실 그 이상의 의미를 지닌다고 할 수 있다.

파스칼이 말한 이 '사고의 위대함'은 데카르트의 '코기토 에르고 숨(나는 생각한다. 그러므로 존재한다)'과도 전혀 다른 성질을 가진다. 데카르트의 명제가 존재와 그 인식에 관한 것이라면 이 '생각하는 갈대'는 인간 존재의 실상을 언명하고 있는 것이다.

이러한 점에서 가치관의 혼란과 자아 혼돈의 시대를 살아가는 우리에게 이 말은 참으로 영혼을 뒤흔드는 충격을 준다고 하겠다. 그러므로 이 우주의 한 점, 인간이 갖는 위대함과 비참함을 꿰뚫어 보고 그 존재의 구원을 찾고자 한 이 17세기 철학자에 대해 알아보는 것은 충분한 가치를 가지는 일일 것이다. 이제부터 파스칼의 생애와 사상에 대해 살펴보기로 한다.

파스칼은 누구인가

블레즈 파스칼은 프랑스의 수학자이자 물리학자, 종교철학자이다. 그는 1623년 프랑스 중부 오베르뉴 주의 클레르몽페랑에서 태어나 1662년 파리에서 죽었다. 3세 때 어머니를 잃은 그는 아버지 에티엥 파스칼(1588~1651)로부터 교육을 받았다. 그의 형제 중 누나인 질베르트는 페리에 집안으로 시집가고, 여동생 자클린느는 젊은 나이에 수도원에 들어갔다. 아버지 에티엥은 1631년에 클레르몽페랑의 세무재판소 소장직을 그만두고 파리로 이주한 뒤, 귀족 살롱에 드나드는데, 그런 과정에서 그는 데자르그와 로베르발 같은 과학자와도 교류하게 되었다.

파스칼은 놀라운 기억력과 상상력을 가졌지만 두 살 때부터 병에 시달렸고 평생 몸이 허약했다. 그러나 그는 그 병고를 불굴의 의지로 견디며, 그것을 오히려 선용하여 신앙에 입문하는 좋은 계기로 만든다. 파스칼은 자신의 발 아래에서 거대한 심연이 갈라지면서 열리는 광경을 보았다고 전해진다.

그것은 단순히 그가 환각을 경험한 것인지도 모르고 특별한 증인도 없는 낭설일 수도 있지만, 그의 내면적인 삶이 마치 '갈라진 심연' 위에 선 듯한 끊임없는 불안 속에 계속되었던 것만은 틀림없다. 그가 결국 그리스도교에 귀의하게 되는 것도 그 불안 때문이었다고 할 수 있다.

어쨌든 파스칼은 기이한 천재였다. 수학과 물리학 분야에 비범한 자질을 타고나, 이미 11, 12세 때 독학으로 유클리드 《원리》의 정리 제32 명제를 증명하여 아버지를 놀라게 했다. 16세 때는 데자르그의 사영기하학(射影幾何學)의 입장에서 쓴 '원뿔곡선 시론(試論)'으로 세상을 놀라게 함으로써 (1640년 요약판 출판) 아르키메데스 이래 가장 뛰어나다는 말을 들었다. 1631년 루앙으로 이주한 파스칼은 19세가 되자 징세관인 아버지의 일을 돕기 위해 획기적인 '자동계산기'를 고안, 제작하기도 한다. 23세 때에는, '토리첼리의 진공실험'을 직접 시험해 보고, 진공이 생기는 원인을 대기의 압력으로 정리한다. 그러고는 다시 생각을 넓혀서 유체 탄력학 전체에 미치는 '수압기의 원리'(파스칼의 원리)를 발견하여 그때까지의 잘못된 학설을 타파했다. 이 같은 과학상의 업적은 파스칼의 일상생활과 결부되어 있었다. '자동계산기'의 발명도 아버지를 돕기 위해서였고, 나중에 확률론을 창시한 것도 도박을 좋아하는 한 친구한테서 판돈 분배법에 대한 질문을 받은 데에 기인한 것이었다. 1658년에 사이클로이드의 문제를 해결하여 적분법의 중요한 공식을 발견한

파스칼이 태어난 곳인 클레르몽의 데그라 거리 마주 보이는 곳은 성당, 파스칼의 집은 오른쪽 공공건물에 속해 있었다.

블레즈 파스칼의 초상 파스칼은 생전에 자기 초상화를 남기지 않았다. 이 초상은 파스칼 사후에 케스켈 그리고(왼쪽), 이를 바탕으로 에델링크가 판화제작하였다(오른쪽).

것도, 밤새도록 그를 괴롭힌 치통을 잊기 위해 몰두할 대상을 찾았던 것이 그 시작이었다.

1646년, 파스칼은 '첫 번째 회심'을 경험한다. 우연한 기회에 접하게 된 네덜란드의 신학자 얀세니우스의 교리에 강하게 마음이 끌려 얀센주의에 귀의하게 된 것이다. 그 이듬해인 1647년에는 다시 파리로 돌아와, 그해 네덜란드에서 귀국한 데카르트의 방문을 받기도 하였다. 1651년 아버지 에티엥이 사망하고, 그 일년 뒤에는 그에게 이끌려 얀센주의에 들어갔던 여동생 자클린느가 오빠에 앞서 얀센주의의 본거지인 파리의 포르루아얄 수도원에 들어간다. 이 무렵 파스칼은 오히려 종교에서 멀어져서, 사교계에 들어가 당시의 사교계 인사들과 교류했다. 이 사교계에서의 경험은 그에게 '기하학적 정신'에 대비되는 '섬세한 정신'을 깨닫게 해 주었다. 1653년에는 《사랑의 정념에 관한 변론》을 쓴 것으로 추정된다(1843년, 빅토르 쿠쟁에 의해 발견됨). 그러나 파스칼은 과학을 잊은 것은 아니어서, '도박'의 유희 문제에서 확률 계산법을 착상하기도 한다. 1654년, 사교계에 염증을 느끼고 다시 신앙으로 돌아선 그는 9, 10월에 즈음해 자주 수도원으로 자클린느를 찾아간다. 11월이 되어 파스칼은 '결정적 회심'을 경험하게 되는데, 그는 이 종교적 경험을 '불'이라고 일컬었다. 그리고 1655년 1월, 그는 마침내 포르루아얄 데상에 객원으로 들어간다. 이때 수도원의 지도자는 드 사시였는데, 이 무렵 《에픽테토스와 몽테뉴에 관한 드 사시 씨와의 대화》가 쓰여진 것으로 추정된다. 파스칼은 에픽테토스의 오만함과 몽테뉴의 회의론, 그리고 쾌락주의를 인간성의 모순으로 보고, 그 모순을 구원할 수 있는 것은 그리스도교밖에 없다고 생각했다. 그 무렵 금욕적인 얀센주의는 세속적 그리스도교인 예수회의 공격을 받고 있었는데, 1656년에는 소르본 대학 신학부로부터 이단 판결을 받게 된다. 이에 파스칼은 익명의 공개 서한 《프로뱅시알》(소르본에서의 현재 논쟁에 대해 한 시골 친구에게 보내는 편지) 18편을 잇따라 발표한다. 첫 번째 편지는 1656년 1월 23일, 마지막 편지는 1657년 3월 24일에 발표되었다. 그는 이 편지로, 신학적 문제에서 도덕론으로 옮겨가 예수회의 해이해진 도덕과 부패를 공격했다. 이 편지는 문학사에서 프랑스 고전주의 문체를 확립한 것으로 평가받고 있다. 1658년, 파스칼은 치통을 잊기 위한 방편으로 몰두하던 사이클로이드 문제를 풀고, 적분법의 중요한 공식을 발견한다. 이 시기에는 평생 동안 계속되던 지병이 마침내 깊어져서 신앙이 그의 생활의 중심이 되어 갔다. 그는 《그리스도교 변증론》을 생각하고 그 초안인 단편원고를 쓰기 시작한다. 그것을 모아 진행한 것이 바로 《팡세》인데, 이 책은 그의 사후인 1669년에 출판되었다.

《팡세》의 변증론(비신자를 신앙으로 이끌기 위한 이론)은 3단계로 이루어져 있다. 첫 번째 단계에서는 인간을 '비참함'과 '위대함'의 모순으로 이루어져 있다고 본다. 인식에서의 오류, 사교생활에서의 기만, 정치권력의 부정 등은 인간의 '비참함'을 보여 준다. 그러나 인간은 진리와 선을 추구해 마지않는, '생각하는 갈대'이다. 즉 인간은 '사고'에 있어서는 '위대'하다는 것이다. 두 번째로는 이러한 인간의 모순을 구제하는 것으로서 '철학'이 음미된다. 그런데 '철학' 중에서도, 독단론(교조론 또는 反수정주의)과 회의론의 대립, 그리고 스토아주의와 에피쿠로스주의의 대립은 풀리지 않은 채 그대로 남게 된다. 세 번째 단계에서는 역시 종교가 대두된다. 파스칼은 여기서 인간의 모순을 설명하고, 거기서 인간을 구원할 수 있는 종교는 그리스도교라고 주장한다. 파스칼은 이 같은 3단계의 비약, 즉 인간의 비참함에서 철학으로, 철학에서 종교로의 비약을 인간적 삶의 3단계로 하여, '신체의 질서', '정신의 질서', '사랑의 질서'라 불렀다. 이 3질서설은 파스칼의 '변증론' 전체, 나아가서는 그의 사상 전체의 구성을 보여 주는 것이다.

파스칼은 현대에 살고 있다

파스칼은 17세기 사람으로서는, 당시의 철학적, 사상적 잣대로 평가해 일종의 '기인'이라고 해도 무방할 것이다. 하지만 그는 역시 17세기적이었고, 그러한 의미에서 그에게 역사적 위치를 부여하지 않으면 안 될 것이다. 그렇지만 그가 미친 영향을 돌이켜 볼 때 그는 단순히 '역사상의 인물'로만 치부할 수 있는 철학자가 아니다. 그의 사상은 현대에도 살고 있고, 지금도 그의 저서가 널리 읽히고 있는 것이다.

파스칼의 사상에는 첫째 수학·물리학, 둘째 인간론, 세째 그리스도교의 세 가지 측

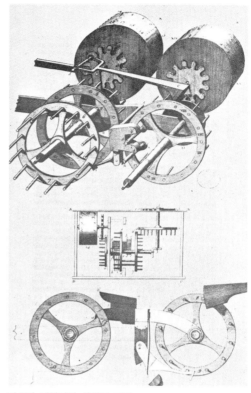

파스칼 계산기의 상세도·도면

면이 있다. 같은 사람의 사상이기에 이 세 가지 측면은 서로 관련을 가지고 있지만, 동시에 단절도 있다. 그리고 이렇게 단절이 있다는 것이 그의 사상적 특징이다. 파스칼은 수학, 물리학에 대해서는 주로 과학사적 관심에서 연구를 하였다. 이에 비해 인간론적 측면을 보자면 철학사상에서도 그토록 날카롭게 인간성을 추구한 사상가는 드물 정도이다. 그리고 그의 그리스도교에 대한 연구 또한 오늘날 종교계에서 매우 중시되고 있다.

이 책에서는 파스칼의 '사상'을 다룰 때 독자들의 관심을 고려하여 '인간론적 측면'을 따로 떼어서 설명할 생각이다.

파스칼의 시대

17세기의 프랑스

파스칼의 '생애'에 들어가기 전에 먼저 그가 살던 시대의 사회적 배경, 즉 17세기의 프랑스에 대해 살펴보자.

17세기의 유럽은 불안과 동요 속에 있었는데, 그 속에서 프랑스는 유럽 정치·문화의 중심을 이루고 있었다. 유럽의 종교적인 상황을 보면, 루터의 종교개혁으로부터 이미 백 년 이상이 지났다고는 하나 가톨릭과 프로테스탄트의 싸움이 여전히 치열한 상태였다. 그리하여, 독일에서는 30년전쟁(1618~48)이 일어났고, 프랑스에서도 각지에서 신교도의 반란이 있었다. 이러한 때에 프랑스는 30년전쟁에 간섭하여 독일의 통일을 2세기나 늦추었고, 유럽의 최강국이 되었다.

이때 프랑스 국왕 루이 13세를 도와 강경 정책을 실시한 사람이 리슐리외였다. 리슐리외는 1624년에 재상의 지위에 올랐는데, 그는 죽기 전까지 18년 동안 프랑스의 지도자였던 건 물론이고, 전 유럽의 패자였다고 해도 좋을 만큼 절대적인 권력을 쥐고 있었다. 그는 국내로는 위그노(신교도)를 탄압하면서, 국외로는 오스트리아의 권력을 꺾기 위해 독일의 신교도를 원조했다. 위그노는 정부에 끈질기게 저항했으나, 1628년에 그 근거지 라로셸이 함락됨에 따라 완전히 패배한다. 그로 인해 프랑스에서는 가톨릭 교회의 권위와 절대군주제가 확립되었다.

이어서 리슐리외는 새로운 질서에 필요한 사람을, 귀족의 하층과 시민의 상층에서 구하려 하였다. 이때 귀족의 하층이란 전통적인 봉건귀족이 아닌 '관복귀족(官服貴族)'으로 곧 관료귀족을 일컫는다. 그들은 흔히 관직 임명이나 매입으로 행정, 또는 사법과 관련한 직위를 얻은 자들이었는데, 당시에는 관리뿐만 아니라 학문, 예술, 종교 부문에서의 천재들 대부분이 이 '관복귀족' 출신이었다. 학자로는 데카르트, 파스칼 부자가 있었고, 문학자로서는 코르네유, 라신, 몰리에르 등이 있었다.

그러나 리슐리외에 반대하는 사람들도 있었다. 첫 번째 반대자들은 세력이 약화된 귀족이었고, 두 번째는 그 '관복귀족'이나 부유한 시민들이었는데, 이들은 반드시 리슐리외에게 고분고분하지는 않았던 것이다. 이들은 시

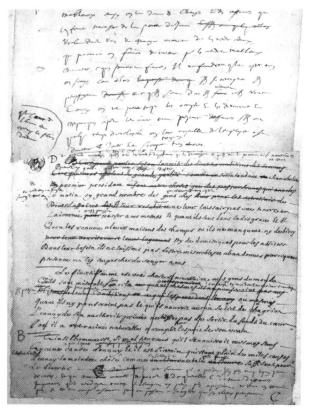

《팡세》 초고

파스칼은 그리스도교의 올바름을 밝혀 독자로 하여금 신앙으로 이끄는 《그리스도교 호교론》을 쓰기로 마음먹고 집필준비를 했으나 결국 완성하지 못했다. 그 단편적인 원고를 중심으로 한 그의 유고집이 사후에 《팡세》로 출판된 것이다. 파리국립박물관 소장.

민의 이익을 대표하여 정부에 압력을 가했다. 이러한 반대자들이 일으킨 반란이 1649~53년에 걸친 유명한 '프롱드의 난'이다.

1642년, 리슐리외는 30년전쟁 도중에 죽고, 이듬해 루이 13세도 죽었다. 그 뒤에 즉위한 것은 아직 다섯 살밖에 되지 않은 루이 14세였다. 처음에는 왕의 어머니인 안이 섭정을 하여 어린 왕을 보좌했는데, 안은 이탈리아 출신의 마자랭을 재상에 임명하여 리슐리외의 정책을 계승하게 했다. 30년전쟁에서는 프랑스군이 마침내 우세를 보여, 결국 1648년 베스트팔렌 조약으로써 30년전쟁은 끝이 났다.

프롱드의 난은 정부의 권위가 느슨해진 마자랭 시대에 일어났다. 이 난은 리슐리외의 탄압정책에 대한 저항이었다. 파리에서도 폭동이 일어나 지방으로 확산되어 갔다. 왕과 왕의 어머니, 그리고 재상 마자랭은 몇 번이나 파리 밖으로 피신했다가 다시 돌아왔다. 마침내 반란의 참상에 지친 국민들이 오히려 왕정을 원하게 되자, 1661년 마자랭의 죽음을 계기로 프롱드의 난도 끝이 났다. 이어 루이 14세는 친정을 선언했다. 그 뒤 왕권이 확립되어 국내는 평화를 되찾았고, 문화는 번성하여 이른바 루이 대왕 시대의 번영을 보여 주었다.

파스칼은 루이 14세가 친정한 지 2년째인 1662년에 죽었다. 따라서 파스칼이 살았던 때는, 리슐리외와 마자랭의 통일정책이 프롱드의 난에 의해 일시 중단되었다가 루이 14세의 친정으로 다시 확립되었던 시기였다. 즉 그는 건설과 파괴, 그리고 재건의 시대를 살았던 것이다.

파스칼 시대의 과학

르네상스 시대는 중세의 스콜라 철학을 타파하고 고대철학을 부흥시킨 시대로서, 사상 분야에서도 조르다노 리테르노를 비롯한 수많은 '위험한 사상가'가 나타났다. 그러나 중세 가톨릭 교회의 세력은 여전히 강력하였으므로 대부분의 신사상가는 탄압을 받아야 했다. 르네상스 시대의 사상은 아리스토텔레스와 플라톤의 사상이 천 년의 역사를 뛰어넘어 결합한 것이었다. 플라톤의 분방한 사상은 당시의 사상가들에게 큰 감명을 주어서 자신의 이름을 플라톤으로 바꾼 사람까지 있었다. 이 시대에는 새로운 사상이 잇따라 나타났는데, 그것은 대부분 직관의 형태로 파악된 이론들이었다. 과학의 발달이 미숙했던 관계도 있어 논리적으로 충분히 정립된 것들은 아니었다.

17세기에 들어서자 과학은 그 청춘시대를 맞았다고 해도 무방할 만큼 눈부시게 발달하게 된다. 그러자 철학이 과학과 결합하여 이 시기의 철학자와 사상가는 대부분 과학자이기도 했다. 이에 따라 새로운 수학적 자연과학이 철학 체계 속에 편입됨으로써, 최초로 근세 학문의 명확한 형태가 제시되었다. 케플러·갈릴레이·데카르트·호이겐스·토리첼리·하비·베이컨 등이 새로운 정열을 가지고 과학과 철학의 연구에 종사했다.

그 시대의 중심적 연구기관은, 스콜라 철학이 지배하고 있었던 대학이 아니라 개인 살롱과 아카데미였다. 그 가운데서도 당시에 가장 큰 역할을 한 것은 1635년에 파리의 학자 메르센이 연 살롱이었다. 당시 '메르센 아카데미'라 불리던 이곳은 나중에 정부가 설립한 왕립과학 아카데미의 모태가 되었다. '메르센 아카데미'에는 영국의 홉스와 이탈리아의 캄파넬라 등의 여러

과학 아카데미 가운데가 루이 14세. 프랑스 왕립 과학 아카데미가 창설된 것은 파스칼이 죽은 뒤인 1666년. 그러나 이미 1630년대 중반부터 재야의 과학 아카데미가 성직자이자 학자인 메르센을 중심으로 활발한 활동을 펼치고 있었다. 파스칼의 아버지는 여기의 초기 멤버였고, 어린 파스칼도 아버지를 따라 참가했다.

지성들이 출입하였으며, 이를 두고 홉스는 '메르센의 응접실은 전 유럽의 대학을 합친 것만큼 가치가 있다'고까지 하였다.

메르센은 복잡한 학문적 이념의 소유자로, 수학·자연학·연금술·마술 등 모든 것에 흥미가 있었다. 점성술도 꺼리지 않아 다음과 같은 말을 한 적도 있다고 전해 진다.

"혜성이 출현하면 흔히 왕이 죽는 경우가 많은 것은 어째서일까? 그것은, 혜성이 출현하는 해에는 대기가 건조하고 향료 식물이 잘 자라는데, 평소에 향료를 애용하는 왕후들이 그런 해에 향료를 너무 많이 써서 그런 것이다."

파스칼 부자도 '메르센 아카데미'의 단골이었다.

이 시대의 데카르트와 파스칼은 대조적이었다. 데카르트가 연역적·논리적으로 추렴한 데 비해, 파스칼이 결론을 이끌어 내는 방법은 귀납적·실험적이었다. 데카르트는 대수적 방법을 수학 일반에 확대할 수 있다고 확신하고 기하학을 대수화했다. 이에 대해 파스칼은 데카르트의 대수적 해석 정신과는 다른 방법을 사용하고 있었다. 또한, 인간을 지극히 논리적인 의무철학에 대위(對位)시킨 데카르트의 인간론은 '인간기계론'에 가깝지만, 파스칼은 그 연구에 있어서 '섬세한 정신'의 중요성을 이해하고 있었다.

한편 당시의 과학자들을 가장 괴롭힌 문제는 진공에 대한 것이었다. 아리스토텔레스가 진공의 가능성을 부정한 이래 그의 이론은 과학적 상식으로 받아들여졌고, 그것은 그 시대의 상식에서도 역시 그러했다. 데카르트도 진공을 부정했고, 갈릴레이조차 '진공의 혐오'에 어느 정도 기울어 있었다.

또 수학의 세계에서는 원뿔곡선과 사이클로이드 같은 문제가 있었다. 원뿔곡선은 원뿔을 다양하게 절단했을 때 생기는 다양한 선으로 타원, 방물선, 쌍곡선 등이 이에 속한다. 그것은 이 세상에 존재하는 모든 곡선의 원형이다. 사이클로이드는 파선(擺線)으로, 한 원이 일직선 위를 굴러갈 때 그 원둘레 위의 한 점이 그리는 곡선을 말한다. 이 문제를 최초로 풀려고 한 것은 니콜라우스 쿠자누스였지만, 그때까지 미해결의 문제가 많이 남아 있었다. 그리고 파스칼은 과학자이자 수학자로서 이와 같은 문제들과 씨름했던 것이다.

당시의 사상적 상황

파스칼 시대에 프랑스에 퍼져 있었던 사상으로는 스토아주의와 에피쿠로스주의를 들 수 있다. 전자는 이른바 금욕주의, 후자는 쾌락주의이다. 하지만 이 둘은 인간에게 있어 삶의 방식의 유형들로서, 색채는 달라도 어느 시대에나 있었다고 할 수 있다.

스토아주의에 의하면, 모든 자연계는 우주적 이성이 지배하고 있으며, 이러한 우주 이성의 분신인 인간 이성에 따른 덕성이야말로 모든 행복의 원천이라고 주장했다. 그리고 그것은 부와 명예·쾌락·고통·죽음 등을 초월하여 자기 이성의 우월성을 견지(堅持)하는 것이라고 하였다. 이에 반해 에피쿠로스주의에 있어 인생의 최고 목적은 '쾌락'이다. 그렇지만 그것은 육체적 쾌감을 의미하는 것이 아니다. 여기서의 쾌감은 육체의 건강에 주의하면서 정신의 평정을 유지하고, 그럼으로써 공포와 불안의 원인을 끊고 개인적인 행복을 추구하고자 하는 것을 뜻한다. 파스칼은 이렇게 각각 금욕과 쾌락에 지상 최고의 가치를 두는, 이 두 가지 사상과 대결하였다.

16세기 후반, 종교전쟁 시대의 비참한 상황에서 대부분의 그리스도 교도는 스토아적인 삶의 방식을 배웠다. 이것은 당연히 생각할 수 있는 일인데,

스토아의 범신론 대신 그리스도교 창조신의 섭리 사상을 둠으로써, 그리고 자연에 따름을 섭리에 따름과 동일시함으로써, 스토아의 도덕은 그리스도교의 도덕으로 옮겨올 수 있는 것이었기 때문이다.

그러나 스토아주의와 그리스도교의 신앙은 일치하는 점도 있지만 역시 근본적으로 달랐다. 스토아주의는 선악의 평가가 우리 자신의 마음에 의존한다고 생각하지만, 그리스도교는 그렇지 않다. 그리스도교에서는 '자신의 심정 규정(規整)'이 궁극적으로 자신의 힘을 넘어서는 신에게 의존한다. 그리스도 교도는 신을 두려워하고 죄악을 두려워한다. 이에 비해 스토아주의의 추종자들은 아무것도 두려워하지 않는데, 그것은 그리스도교에서 보면 '오만'이었다. 그리고 파스칼은 바로 이러한 점을 전면적으로 비판하였다.

그러나 스토아주의에 대한 비판은 종교적 입장 외에 인간론적 입장에서도 할 필요가 있었다. 그리고 이때 몽테뉴가 문제가 되는 것이다.

몽테뉴의 사상은 처음에는 스토아적이었지만, 점차 그 '자연에 따라 산다'는 말의 의미가 스토아적인 것과 다르게 바뀌어 갔다. 그는 스토아적 이성으로부터, 자연의 본성을 긍정하는 에피쿠로스적인 방향으로 접근해 간 것이다. 결국 몽테뉴는 "인간은 이성이 없는 동물과 그다지 다르지 않다. 인간은 자신의 행복에 대해서도 이성으로부터 아무런 확실한 가르침을 받지 못한다. 그러므로 신앙에 대해 이성적으로 음미하는 것은 모두 쓸데없는 일이다"라고 주장하게 되었다. 그리고 이러한 사상의 변화는 당시의 에피쿠로스적 쾌락주의자, 이른바 '자유사상가'에게 무기를 빌려주게 되었다.

파스칼은 이러한 사상적 상황 속에 서 있었다. 그는 그 자신의 내부에 있었던 에픽테토스(로마 시대의 스토아주의 철학자), 그리고 몽테뉴와 대결하지 않으면 안 되었던 것이다.

당시의 종교적 정세

리슐리외가 신교도를 국외로 추방하고 프랑스를 구교국으로 만들려 했을 때, 구교는 어떤 정세에 있었을까?

독일에서는 루터의 종교개혁을 계기로 독일 교회 대부분이 로마 구교로부터 분리되었는데, 이즈음에 프랑스에서도 칼뱅주의 신교가 생겨났다. 그러자 로마 구교 쪽에서도, 계속 해이해진 상태에 있다가는 신교에 밀리게 될지도 모른다는 불안이 커져서 교회개혁의 기운이 일어나기 시작했다.

이 구교의 개혁은 신학적 사상을 변화시키는 것이 아닌 사랑의 실천이라는 형태로 나타났다. 수도원도 하느님을 위한 군대, 사회를 위한 봉사자가 되었고, 그와 함께 학교, 대학, 살롱 등에도 종교 세력이 침투해 갔다. 그러한 활동의 대표자가 예수회였다. 그런데 예수회는 17세기에 들어간 뒤부터 처음의 취지와는 달리 세속과 타협하여 세속화의 길을 걷고 있었다.

한편 그렇게 시대의 요구에 유연하게 부응하던 예수회와는 달리 어디까지나 경건한 복음을 지키려는 작은 구교파가 하나 있었다. 그것이 이른바 얀센주의이다. 그 창시자인 얀세니우스는 17세기 초에 루뱅 대학을 나와 모교의 교수가 된 뒤, 나중에 이프르의 주교에 임명된 사람이다. 이 얀세니우스의 주장을 신봉하는 얀센주의자들은 각각 파리 시내에 위치한 수녀원과 시의 서쪽 24km에 있는 슈브뢰즈 골짜기에 위치한 수도원의 지도자, 그리고 객원들 등이었다. 이들은 예수회에 대항할 수 있을 정도의 세력은 아니었고, 소수 사람들의 모임이었다. 이 얀센주의는 그리스도교 윤리가 시대에 따라 변화하는 것을 비판하며 그 초대의 엄격성을 회복해야 한다고 주장하였는데, 삶의 후반기에 종교에 귀의하게 되는 파스칼이 그의 신앙과 심신을 의탁한 곳이 바로 이 얀센주의 수도원 포르루아얄이다.

집필과 분류

파스칼은 그리스도교의 호교론을 시작함에 있어서 수많은 선배들의 예를 따랐다. 2세기 후반부터 반대자들에 맞서 그리스도교를 변호하기 위해 씌어진 작품은 뒤를 이어 발표되었다. 17세기 후반부터 프랑스에서는 그리스도교에 대한 공격에 맞서 이런 작품들이 쏟아져 나왔다. 파스칼은 기존의 내용에 새로운 형식을 갖춘 호교서를 구상했다. 그는 일찍이 다른 사람들이 쓰지 않는 논거를 많이 내놓겠다는 야심도 없었고, 그렇게 할 생각도 없었다. 이 새로운 호교서를 쓰겠다는 생각은 다음의 세 가지 이유에서였다. 1655년 1월경에 드 사시와 만난 것, 1656년 3월 24일에 일어난 '가시관'의 기적, 1657년 여름에 이룩한 사이클로이드 난제의 해석.

포르루아얄에서 신앙심 깊은 드 사시와 이야기하는 동안, 파스칼은 세속서를 읽음으로써 그리스도교의 진리를 발견하기에 이르렀다고 말해 드 사시를 크게 놀라게 하였다. 에픽테토스는 인간의 위대함과 그 의무와 이성의 가치를 저술한다. 그러나 그는 인간을 신과 동등시하다가 오만에 빠지고 만다. 몽테뉴는 인간의 약함을 잘 안다. 그는 자신의 인식을 의심하고, 의무를 지키는 것은 관습에 따르는 것뿐이라고 말한다. 그러나 인간을 짐승과 동등시하다가 졸렬함에 빠지고 만다.

인간의 본성에 대한 이 서로 다른 두 가지 관점을 어떻게 양립시킬 수 있는가? 어떤 철학도 능히 하지 못하였다. 그리스도교만이 성사기(聖史記)에 의거하여 모순된

《팡세》 표지

인간의 성격을 연속적인 두 가지 상태로 설명했다. 위대함은 최초의 이성적인 인성이 남겨 준 것이요, 비참은 타락의 결과이니, 이 타락으로 말미암아 인간은 동물적이고 관능적인 본성에 빠지는 것이다. 그러나 파스칼은 이 변증적 논거를 구상할 때에 자기의 개인적 신념을 굳게 한다는 것밖에 다른 목적을 가지고 있지 않았었다.

파스칼이 이것을 발표할 계획을 하게 된 것은 예수회 신부들과 논쟁한 때부터였다. 그는 우선 편지 형식의 《시골친구에게 쓴 편지 Les Provinciales》로써 얀센주의의 변호를 확고히 하였다. 1657년에 이 책을 끝맺자, 기적에 대한 저술을 시작했다. 파스칼은 그때 무신론자, 불신자, 방탕자들을 상대로, 이들에 맞서 전자에 못지않은 투쟁을 벌이려 했다. 그러나 기적에 관한 초고를 정리하고 보니 파스칼은 주로 예수회 신부들을 생각하고 있었다. 그는 가시관의 기적을 얀센주의를 위해 신이 보내신 징표라고 생각했던 것이

다. 질베르트의 말을 들어 보기로 하자.

"내 오라비가…… 더욱 감격을 느낀 것은 이 기적으로 인해 신의 영광이 드러났다는 것과 또 세상 사람들의 신앙이 부족한 때에 그것이 일어났다는 이유 때문이었다. 그가 이 기적으로 말미암아 느낀 기쁨은 너무도 커서 마음 속 깊이 사무쳤었다. 그리고 그의 정신은 무엇에 대해서든지 깊이 생각하지 않고 지나치는 것이 없었으므로, 이 하나의 기적이 일어난 것을 기회로 구약과 신약 성서에 실려 있는 기적 전체에 대해 극히 주요한 여러 가지 생각을 하게 되었다. ……이 기회에 그는 무신론자들에 맞설 기운이 어찌나 폭발했던지, 신에게서 받은 빛이 그들을 설득시키고 그들을 속수무책으로 만들 수 있는 힘을 가지고 있음을 보고, 그 저술에 전념했다."

파스칼은 먼저, 파리의 루아얄에서 병이 이상하게 회복되었다는 데 대해 예수회 안나 신부가 내놓은 다른 의견에 답변해야만 했다. 그러나 기적의 개념을 파고들어가다가 그는 두 방면으로 범위를 넓히게 되었다. 한편으로는 예수회 신부들과 마찬가지로 방탕자들도 공격했는데, 기적은 죄로 정함과 동시에 회개시키는 데도 쓰이기 때문이었다. 또 한편으로는 기적이 그리스도교의 다른 많은 증거 중의 하나로밖에 보이지 않았다. 이리하여 《호교서》를 쓰겠다는 생각이 그의 머릿속에 단단히 박혔다. 그러나 그것은 '애덕' 즉 인간으로 태어나신 신에 대한 사랑을 맨 앞에 내세우는 얀센주의의 정신에 합치되는 호교론이었는데, 이것은 이 덕을 경시한다고 그가 비난하던 예수회 회원들을 골려주기 위해서였다.

사이클로이드 곡선(한 원이 미끄러지지 않고 일직선 위를 굴러갈 때, 그 원둘레 위의 한 점이 그리는 곡선의 궤적)에 관한 문제의 해석과 발견은 한동안 그를 이 계획에서 멀어지게 했다. 〈파스칼의 삶에 대한 논문〉을 쓴 익명 작가는 다음과 같이 말한다.

"그러나 그는 될 수 있는 한, 종교에 관한 저술에 온 마음을 기울이는 것을 중단하지 않았다."

"그러는 동안, 대단히 학식이 많고 훌륭한 분에게 이 저술에 대한 이야기를 그저 지나가는 말로 했더니, 그분은 파스칼에게 아래와 같은 것을 지적해 주었다. 신은 아마 파스칼이 무신론자와 방탕자들을 반박하기 위해 구상하고 있는 이 저술에 더 큰 힘을 부어 주어 저들에게 그의 천재가 얼마나 심오한 것인지를 보여주고 싶어한다. 그래서 저들이 종교의 증거에 대해, 그것은 남의 말을 잘 믿는 유약한 정신을 가진 사람이나 믿는 것이라고 말하며 그리스도교의 진리가 그로 말미암아 지탱되는 증거를 인정하지도, 이해하지도 못하는 자들의 다른 의견을 무너뜨릴 수 있게 하기 위하여 이렇게 둘이 만나도록 명하셨는지도 모를 일이다."

이 대목을 베낀 어떤 사본에는 이 인사(人士)가 '로안네즈 공작'이라고 지명되어 있고, 또 뷔르네 씨에게 보낸 1697년 1월 1일자 편지에 라이프니츠는 이 사실을 돌아가신 공작 자신에게서 들었다는 말을 썼다.

당시의 수학자들과 편지를 주고받으면서도 파스칼은 그리스도교에 관한 자기 저술의 복안을 짜고 있었다. 1658년 말경에 그는 이 복안을 루아얄의 몇몇 유지에게 설명했다. 아마 이 기회에 파스칼은 그의 기록철을 정리한 모양인데, 원고에 이 기록철의 흔적이 남아 있다.

1659년 2월에 그는 큰 병에 걸려 저술을 중단할 수밖에 없었다. 그가 사교 생활에서 은퇴한 1661년 전까지는 다시 거기에 손을 댄 것 같지 않다. 1662년의 처음 여섯 달 동안, 그는 《호교서》에 쓰려고 하던 단장에 새로운 단장을 추가했으나 전에 해 놓았던 분류를 더 계속해 나간 것 같지도 않고, 더구나 거기에 손질을 한 것 같지도 않다.

파스칼의 복안

파스칼이 그의 《호교서》에 대해 가지고 있던 최종적인 복안이 어떤 것이었는지는 영영 알 길이 없다. 우리가 알 수 있는 것은 다만 최초의 복안으로서 그는 이것을 따라 저술을 분류했고, 또 루아얄에서 설명한 것도 이 복안이었다.

우선 《사고에 대한 이야기》를 들어야 할 것이다. 이것은 피요 들라섀즈가 1667년경에 편찬한 것으로, 루아얄의 강연을 들은 어떤 사람, 즉 자기 자신의 8년 묵은 기억을 더듬어서 편찬한 것이라고 스스로 말했다. 1670년판의 '서문'에, 에티엔 페리에가 요약해 놓은 것이 바로 이 이야기이다. 그리고 니콜은 그가 쓴 《윤리시론》에 이 '이야기'의 '개요'를 소개했다(1670년). 그러니까 이 마지막 두 작품은 많은 출판자들이 생각한 것처럼, 전자를 확인하는 것은 아니다. 그러나 전자는 피요들라 섀즈가 '사본'에 의거해 편찬한 것인데, 이 사본은 파스칼이 지은 뒤에 만들어진 것으로 그의 기록 분류는 그대로 우리에게 보존해 준 것이다. 아주 오래된 피요의 기억은 보충적인 상세점

밖에는 제공하지 못했을 것이다. '사본'의 분류는 파스칼 자신의 기록을 재생시킨 것이다. 그러나 이 기록철의 계속은 파스칼에 의하여 엄밀히 정해져 있지 않았고, 아마도 루아얄의 강연을 들었던 니콜과 아르노가 한 모양인데, 이들의 기억은 4년밖에 거슬러 올라가지 않는 것이었다. 본책은 이 사본의 분류를 따른 것이다. 파스칼의 복안 설명에 관해서는 피요의 '이야기'와 에티엔 페리에의 '서문'을 참조하는 것이 무엇보다도 좋을 것이다.

그렇기는 하지만, 이 복안은 호교론이 어떤 것이었으리라는 데 대하여는 매우 불안전하게 알려줄 뿐이다. 그것으로 우리는 그 추상적인 구조는 알게 되지만 그 생명과 움직임은 알 길이 없다. 투르뇌르가 그의 저서 《블레즈 파스칼의 일생》에 이것을 어떻게 상정해서 썼는지 알아보기로 하자.

"우리가 확실히 알 수 있는 그것이 우리의 상상력과 마음에 대한 끊임없는 호소였을 것이라는 점, 빛과 소리의 모든 활동을, 그것들과 같이 일어나는 다른 감각들이 감격적으로 상기시키는 것이었으리라는 점이다. '사물의 실체' 전부가, '자연 전체'가, 시간과 수와 운동과 공간 속에서 우리 앞을 쭉 지나갔을 것이다. 우리는 우주와 그것을 구성하는 모든 광물, 식물, 동물을 익히 봐 왔을 것이다. 그러나 특히 사람과 그 신장과 역사와 그 생명의 길이를 숙시했을 것이다. 그러나 그것은 아담이나 예수 그리스도나 어떤 상상적 영웅 같은 사람뿐 아니고, 세계의 모든 인류, 그 중에서도 특히 유대 민족과 그리스도 교민들이었을 것이다. 군주, 고관, 군인, 재판관, 의사, 변호사, 직공, 서민, 과학자, 철학자, 재능 있는 사람과 재능이 덜한 사람, 믿는 자와 믿지 않는 자 등, 인간 사회는 모든 처지의 사람들이 각기 제 구실을 했을 것이다.

그것은 참으로 사람이 꿈꿀 수 있는 것 중에서 가장 광범위한 서사시였을 것이다. 거기에는 여러 가지 찬란한 영상 사이에서 확신과 행복의 정복이 조화로운 언어로 전개되었을 것이다."

파스칼의 《호교서》에 대해 그릇된 생각을 가진 사람들을 흔히 볼 수 있다. 콩드르세에서 브룬스뷔크에 이르기까지 어떤 사람들은 그것을 하나의 철학 개론으로 보고, 샤토브리앙에서 알베르 베갱에 이르기까지의 어떤 사람들은 그것을 《참회록》식의 자서전으로 본다. 그러나 파스칼은 '나'를 너무도 미워했으므로 자기 글을 쓰는 데에 스스로를 내세울 리 없었을 것이고, 철학을 너무도 우습게 알았으므로 그것이 설득하는 힘이 있다거나 되돌릴 능력이 있다고 믿었을 리 없다. 《호교서》는 아마도 하나의 '서사시'였을 것이다.

문장

파스칼의 작품을 해설하는 사람들의 의견이 일치하는 것은 그의 문장이 말할 수 없이 뛰어나다는 점에서이다. 이 점에 대해서는 파스칼의 사상을 명백히 부정한다고 표명하는 두 사람의 평가를 증거로 삼을 수 있다. 그 한 사람은 자유사상가 자카리 투르뇌르(Zacharie Tourneur)이고, 또 한 사람은 마르크스주의자 앙리 르페브르(Henri Lefebvre)이다. 투르뇌르는 파스칼을 사상가와 철학자로 생각하기를 거부해 파스칼은 여행과 독서, 특히 상징의 샘인 성경을 읽는 데에서 받은 인상들로 그의 놀라운 상상력을 길렀다고 말했다. 또한 "그림과 같은 율동적인 언어를 구사하는 비길 데 없는 예술가요 시인이요 웅변가이다……내가 파스칼을 우러러보는 것은 이 분야에서뿐이다. 그러나 이 분야에서만은 전적으로 그에게 감복한다"고도 말했다. 르페브르 씨는 《팡세》에서 '위대한 세기의 신화'와 그 관념학적 모순을 발견한다고 말하고, 이 작품은 바탕에 독창성이 없으나 "그렇다고 해도 이 작품은 그 넓이와 깊이의 숭고함과 그 웅변과 감정의 움직임으로 인해 장엄하고 감격적인 점에는 변함이 없다. 이것은 통속적인 기만을 말하는 것이 아니다. 대작들은 흔히 진정한 의미의 관념학적인 면에서 볼 때 온갖 효력과 중요성을 잃었는데도, 미학적인 면으로 '옮겨가'(이 이동은 꾸준히 연구할 가치가 있다) 그곳에 머물러 있는 운명을 지니고 있다"고 말했다.

파스칼의 문장의 본질적인 특성은 어떤 것인가? 투르뇌르는 파스칼의 훌륭한 말솜씨는 근본적으로 명백함에 있다는, 즉 "해설대로 대상이 되는 사물·사상·의사를 징표와 상징으로 명백히 보는 데에 있다는 아버지의 가르침을 기억하고 있었지만 파스칼은 전통적인 규칙을 버렸다. 이것은 웅변을 일종의 기하학으로 만들어 놓았으니, 점은 '단어'로 대치되고, 선은 '화법', 평면은 '총합문'으로, 문제는 '본문'으로 대치된다고 하였다." 파스칼이 글 쓰기에 순서를 지킨 것은 거기에 재미를 곁들인다는, 즉 우리 인성의 약함과 다양성을 좋아하는 인성의 취미를 살린다는 조건이 있을 때뿐이었다.

파스칼은 은유로 상상력의 재미를 추구하고, 리듬으로 귀의 즐거움을 구했다. 그에게 있어서 은유의 사용은 이론적 근거가 있는 것이었는데, 구약성서는 신약성서의 상징이고, 사건은 해석을 기다리는 징표들인 것이다. 그러나 이 은유의 사용은 섬세한 정신으로 통제되어 '중용'의 범위를 벗어나지 않게 하였다. 리듬으로 말하면 어떤 때는 쉼으로 사고의 발전을 지탱하고, 어떤 때는 문장의 동요의 충격과 결말로써 그 정경을 묘사하고, 어떤 때는 호흡에 급격한 변화를 주어 감격을 재현하고 불러일으킨다. 파스칼의 글에서는 알렉상드랭 시구를 많이 발견할 수 있다. 그리고 어떤 대목은 시절로까지 만들 수 있었으며, 거기에서는 후렴처럼 반복되는 주된 생각을 발견할 수 있었다. 끝으로 단어와 절의 대구와, 어떤 어구와, 더구나 어떤 음의 반복, 그리고 두운과 각운이 문체를 완성해 놓았으니, 스웨덴의 여왕이 부룬들로를 통해 "참으로 당신은 글을 잘 씁니다" 하는 말을 그에게 보냈던 것이다.

파스칼과 현대사상

작품이 미완성이고 읽기가 어려운데도 불구하고, 단장의 수와 판독과 분류가 오랫동안 불확실하였지만, 파스칼의 《팡세》는 출판되면서부터 다방면의 독자들을 열중케 했다. 따라서 파스칼에 관한 전설이 여러 가지로 꼬리를 물고 일어났다. 가정적인 파스칼, 조숙한 천재, 얀세니스트 성자, 또는 광명의 세기의 파스칼, 몽매주의자, 무서울 정도의 염세주의자, 또 로맨틱한 파스칼, 과학적 창작에 있어서나 종교적 고민에 있어서 정열적인 사람, 마침내 20세기 초에 와서는, 부룬스뷔크와 발레리에 의한 주지주의와 베르그송과 브발리에에 의해 신비주의자로 지목된 파스칼 등이 그것이다. 파스칼에게 향해진 것처럼, 해설자들이 자신들의 기질을 '투영'시켰던 작가는 일찍이 없었다. 투르뇌르는 어느 날 '팡세의 학살'에 대해 항의를 했다. 파스칼 해석자들은 그의 글을 잘라내고, 다시 갖다 붙이고, 변조하고 검열하는 데 그치지 않고 그의 사상마저 뒤엎어 놓기 까지하여, 역사적으로는 파스칼을 가톨릭, 프로테스탄트, 유대교인, 자유사상가, 회교도, 주리주의자, 경험주의자, 보수주의자, 무정부주의자 등으로 만들어 놓았다. 온갖 사상의 흐름 속에 파스칼의 위치는 독자가 아무리 다른 입장에 있더라도 각자의 문제에 따라 거기서 양식을 얻을 수 있다는 데에서 온다. 그러나 현대의 철학자 구스도르프는 "파스칼은 대대로 가장 유능한 사상가들을 매혹시켜 도취케 하기를 마지 않는 모순의 적으로 나타난다. 파스칼이 그것으로 살고, 그것으로 죽은 모순을 없애려든다는 것은 우스운 일이다. 파스칼은 누구의 것도 아닐 것이다"라고 말했다.

그러나 나는 여기서 파스칼을 확인할 수 있는 가장 현대적인 사상의 세 가지 모습을 강조하고자 한다. 그것은 심리학·실존주의·변증론이다.

사람들은 오랫동안 파스칼의 변화를 과학기, 사교기, 종교기, 이렇게 세 가지 분리된 시기로 나누어서 생각하였다. 그러나 현대 전기 작가들은 오히려 파스칼 생애의 각 기에 있어서 과학 연구와 대인 관계와 종교의 신앙생활이 서로 엉겨 있었다는 점을 강조한다. 그들은 이런 생애와 저술의 모범적인 통일성을 강조하는 데 다양성 안에 있는 단일성이라는 파스칼의 도표를 적용하게 된다. 우리는 거기에 어떤 혼동이 있다고 생각한다. 파스칼의 직업적 인간적 이해관계의 분야는—또 아마 경제적 이해관계의 분야까지도—소년기부터 죽음에 이르기까지 변화를 겪지 않았고, 그 다양성과 표면적 절충주의는 파스칼의 변함 없는 요인 중 하나를 이루는 것이며, 때로는 거의 모든 파스칼 연구가들의 이맛살을 찌푸리게 하는 놀라움과 모순감을 자아내는 원천이 된다는 것은 의심할 여지가 없는 것이다. 그러나 현대 심리학은 어떤 인간의 이해관계에서도 변하지 않는 요인 아래에서와 마찬가지로, 천품과 능력의 변함없는 요인 아래에서도 감정과 태도의 진행 과정과 그 변화에 대해 두 가지 증거를 가지고 있다. 우선 작자의 주관적 체험이다. 이 체험은 그에게 《그리스도교 호교서》의 논증을 통해서 쭉 뻗어나가게 되는 주요한 힘을 준 것이며, 따라서 이 범위 안에서만은 《팡세》가 정신적 자서전의 단편들처럼 보일 수 있었던 것인데, 가령 이성의 질서에서 마음의 질서로 옮아가는 것이라든지, 기하학적 정신에서 섬세한 정신으로 옮아가는 것은 파스칼이 자기의 생활에서 일어난 교훈을 표시하는 것이다. 객관적 증거는 뚜르뇌르가 세심하게 수집하여 원고로 기록해서 묄링의 시립도서관에 보관시켜 두었지만, 파스칼 해설가들 중에서 그것을 참고한 사람은 지금까지 없는 것 같다. 그 원고에서 투르뇌르는, 파스칼이 아버지에게서 받은 교육과 그가 자랄 적에 그를 둘러싸고 있었던 학자들과 정치적, 사회적 개혁가들의 서클에서 받은 교육이 어떤 것이었는지를 규정해 보려고 힘쓴다.

그런데 사람은, 특히 위인인 경우, 그의 소년 시절의 욕망의 현실과, 동시에 그가 받은 교육이 어떻게 연을 끊느냐로 그 성격을 알아낼 수 있는 것이다. 이 절연이 파스칼에 있어서는 몹시도 명백해서 우리는 이 줄을 타고 프로이트에게서도 비슷한 변화를 발견하기에 이르렀다. 프로이트가 겪은 변화도 파스칼의 경우만큼이나 그 체험한 극적 사건이 심각하고, 그 결과는 풍부하다. 자기 분석, 자기 교육, 자서전같은 현상들과 인간 생활의 발전 법칙들은 여기에서 그 결정적인 설명을 끌어내게 되는 것이다. 《그리스도교 호교서》는 아마도 청년기에 겪은 심리적 균형의 상실과 장년기에 겪은 그 회복을 증언해 줬을 것이다. 이렇게 파스칼 심리 분석의 길이 열려지는 셈인데, 그러나 이것은 현재 뒤떨어진 해석으로 감정을 지닌 표상에 의해 천재를 설명한다는 뜻에서가 아니고, 사람과 그 저술의 심리학적 역학을 찾아냄으로써 되는 것이다.

실존주의는 당연히 파스칼을 키에르케고르와 하이데거보다 앞선 주요한 선구자로 세우게 되는데, 이런 까닭으로 니체는 그 사이에서 몸부림쳤다. 파스칼의 실존주의는 그의 심리적 발전 속에 새겨져 있다. 그것을 이해하려면, 파스칼이 받은 교육의 기본적인 요지를 다시 생각해 볼 필요가 있다.

그때에는 우주가 여러 개의 동심권(同心圈)으로 되어 있어 그것들 사이에는 엄밀한 연락이 이뤄지는 것으로 생각되었다. 각 사물은 무한히 작은 것에서 무한히 큰 것에 이르기까지 전체와의 사이에 수학적인 비율, 혹은 조화를 유지한다는 것이었다. 육신은 영혼을 본뜬 상이요, 영혼은 또 어딘지 실재하며, 그 둘레를 알 수 없는 중심에 신의 모상으로 되어 있었다. 모든 것이 정해진 자리가 있는 이 세상에서는 '클레오파트라의 코'와 '지구의 표면', '크롬웰의 요관(尿管)'과 '그리스도 교인단'이 서로 서로 굳게 맺어져 있는 것이었다. 젊은 파스칼의 생각에는 실제의 각 단체가 고유한 본질을 가지고 있었으며, 광물은 질료를, 식물은 생명을, 동물은 본능을, 사람은 이성을 가지고 있고, 그 위로는 지능을 가진 천사가 오는 것이었다. 인간의 존재는 간단히 드러나는 것이었으니, 이 존재는 기하의 정리의 순수성을 지니고 있었다. 사람은 세계의 일부분으로, 천사와 짐승의 중간에 있는 우주 계급의 고정된 한 급이었다. 사람은 이성적이고, 개념으로 사고하고, 규칙을 따라 설득시키고—사회도 그렇지만—자제로 자신을 다스린다는 목적을 완수하기만 하면 되었다.

파스칼의 고민은 다른 사람들과의 접촉에서 생겼다. '프롱드' 내란이 한창일 때에 그는 살롱에서 사람들의 숨김없는 모습을 발견했는데, 그것은 인간이 참으로 지녀야 할 모습과는 거리가 있는 것이었다. 그는 국가 안에 부정이 횡행하고 자기 자신의 마음속에서는 정욕이 판을 치는 것을 알아냈다. 그는 또 예술이 사람들의 마음에 들려면 반드시 진실하려고 애쓸 필요가 없다는 것과, 추론하는 철학이 감정적인 철학에 비하면 아무 값어치도 없다는 것을 확인했다. 그의 신념이 모두 눈앞에서 무너져 버렸다. 그의 본질마저 무너져 버리는데, 그것을 지탱해 줄 만한 것이 아무것도 없었다. 그는 자기의 망연자실을 "인간은 그 존재를 이루는 이성을 따라 행동하지 않는다"는 글로 요약했다.

요컨대, 인간의 본성은 타락했다. 그의 자리는 이미 천사와 짐승 사이에 있는 것이 아니고, 어떤 때는 천사처럼, 또 어떤 때는 짐승같이 행동한다. 여기서 파스칼은 근본적인 문제에 이르게 되는데, 나는 무엇이며, 사람은 무엇인가, 하는 것이다. 인간이 여기 있다. 그리고 우리가 말할 수 있는 것은 이 말뿐이다. 그것은 하나의 본질이 아니고 하나의 존재다. 파스칼처럼 창조에는 어떤 계획이 있고, 사람에게는 어떤 본성이 있다고 오랫동안 믿어야만 세상에서 무질서를 찾아내고, 인간이 본연의 성질을 잃었다는 것을 발견하게 될 때에 몹시 놀라고 두려워할 것이다. 내가 기하학자가 되기를 원하건, 신사나 수도사가 되기를 원하건, 나는 우선 내 안에서 내가 결부되어야 할 본질을 모두 앞질러 가는 하나의 불확정된 존재이다.

파스칼에 의하면 존재에 대한 가장 특색 있는 묘사는 아마도 아래와 같은 것이리라. 이 묘사는 볼테르가 몹시 못마땅하게 생각한 것으로, 카프카의 중편 소설에서라도 따 온 것 같은 느낌이 드는 것이다.

"사람의 혼미와 비참을 보고, 침묵을 지키는 온 우주를 보고, 아무런 빛도 가지지 못한 인간이 홀로 내버려져 우주의 한 귀퉁이에서 방황하듯, 누가 자기를 거기에 놓아두었는지, 자기가 무엇을 하러 거기 왔는지, 죽으면 어떻게 되는지를 모르고 아무런 인식도 가질 수 없음을 볼 때에, 나는 마치 잠든 동안에 무서운 무인도에 옮겨져서, 깨어보니 자기가 어디 있는지도 알 수 없고, 거기서 나갈 도리도 없는 사람과 같이 공포를 느낀다."

인간의 존재는 이렇게 밖에 정의될 수 없다. 사람이 잠이 깨어 정신이 들면 자기가 거기 있다는 말밖에 다른 말을 할 수가 없다. 하이데거는 뒤에 이 완전한 정신적 고립의 성격을 강조하게 된다. 좀더 정확히 말하면 인간의 존재는 '세상에 있는 존재'인데, 그를 비추어 주는 것은 세상이 아니라고 단언할 수 있는 것이다. 인간은 그 빛을 자기 안에서 찾아내는 것이다.

"사람은 한 개의 갈대에 지나지 않으며, 자연계에서 가장 약한 자이다. 그러나 그는 생각하는 갈대이다. 그를 부수는 데에는 온 우주가 무장할 필요가 없다. 물방울 하나로도 넉넉히 그를 죽일 수 있다. 그러나 우주가 그를 부숴 버린다 해도 사람은 그를 죽이는 그것보다도 훨씬 고귀한 것이니, 그는 자기가 죽는다는 것과 우주가 자기보다 우세하다는 것을 알고 있지만, 우주는 그런 것을 도무지 모르기 때문이다."

파스칼에게서 인간과 우주의 알력은 절정에 달한다. 사람은 그 인간성을 세상과 대립시켜 생각한다. 그러나 이렇게 생각하는 것은 그가 세상에 있기 때문이다. 사람은 세상을 절대로 자기에게서 떼어 버릴 수는 없을 것이니, 그의 인간으로서의 존재가 전제하기 때문이다.

"인간이 자연 앞에서 무엇이란 말인가. 무한에 비기면 허무요, 허무에 대해서는 전체로, 허무와 무한의 중간이다."

그리스도교 신앙은 파스칼로 하여금 존재에 대한 이 비참한 감정을 잃게 하지는 않으니, 이 신앙은 사람을 강생과 부활의 중간에 둠으로써 인간의 운명이 세상에 매여 있다는 것을 확인하는 까닭이다. 그러나 파스칼은 사람이 우주를 관찰하는 데에서 아무것도 얻을 것이 없고, 어떤 광명을 얻으려면 자기 자신에게로 눈을 돌려야 한다는 것을 끊임없이 강조한다.

"아니! 하늘과 새들이 신을 증명한다고 그대 자신이 말하지 않는가? —아니다! 또 그대의 종교는 그렇게 말하지 않는가? 비록 그것이 그런 빛을 신에게 받은 어떤 사람들에게는 참된 것이라 하더라도, 그것이 대다수의 사람에게 거짓이라는 점에는 변함이 없다."

만일 존재라는 것이 이런 것이고 또 사람이 어떤 존재에 지나지 않는다면, 그가 어떻게 올바른 생활로 가겠는가? 존재의 본질적인 불안은 그를 일상의 잡다한 일에 몰두하는 것으로써 그의 근본적인 처지의 무능으로 다시 이끌어다 줄 것이다. 심심풀이에 대한 파스칼의 이론은 여기서도 하이데거에게 선택된다.

"내 곁에서 비슷한 성질의 다른 사람들을 발견하게 된다. 그들에게 나보다 더 많이 알고 있느냐고 물었더니, 그렇지 않다고 말한다. 그런데 그들은 그들 주위를 둘러보고, 마음을 끄는 몇 가지 물건을 발견하고는 그것에 몸을 맡기고 집착했다."

사람들은 자신을 생각하게 될까봐 공을 치고 토끼 사냥을 한다. 그러나 불가피한 죽음의 의식이 언제까지나 우리를 생활의 어려운 문제로 도로 끌고 가게 된다. '인간은 죽기 위한 존재'라고 하이데거는 말한다. 인간의 존재는 '걱정'과 동일한 것이다. 고민은 정신병도 아니고, 본능의 억압도 아니다. 그것은 우리를 완전히 한정시켜주는 물리적, 사회적 우주 안에서도 우리가 우리의 존재와 자유가 남아 있다는 것을 의식하는 방식이다. 우리는, 우리가 되고 싶은 것이 될 수 있다. 우리를 전체적으로 구속하는 행동으로 그것을 원하기만 하면 그만이다.

존재한다는 것은 자유롭다는 것이다. 자유는 파스칼이 도달하는 최초의 결론이다. '은총에 관한 글'에는 이에 대해 성 아우구스티누스에서 따온 이상한 몇 구절이 들어 있다.

"아담이 죄를 저지르기 전에……신은 첫번째 사람을 창조하시고, 그의 안에 선으로나 악으로나 똑같이 기울어질 수 있는 자유 의지를 가진 인성 전체를 창조하였다."

"아담의 범죄 뒤에는……자유 의지가 여전히 선으로나 악으로나 똑같이 기울어질 수 있지만, 다만 아담에게 있어서는 그것이 악에 대해 조금도 솔깃하지 않았고, 선을 알기만 하면 그것을 따라갈 수 있었던 반면, 지금은 정욕으로 말미암아 악에 대해 너무도 강한 감미로움과 환희를 가지게 되어 그것이 자기의 행복인 듯이 믿고, 스스로 그리로 향하여 가고, 자기의 복락을 느낄 수 있는 물건처럼 자발적으로 극히 자유롭게, 그리고 기쁘게 그것을 골라잡는다는 차이가 있다."

파스칼 사상의 주요한 주장은 실존주의 철학의 핵심 주장과 비슷하다. 그 예를 여러 가지 들 수 있는데, 강한 의미의 '혐오'라고 부르는 구역질, 공포와 전율, 얀세니우스가 이단으로 정죄될 때에 보여 준 반항, 소시민적 거짓 평온을 배격하기 위해 '나는 분쟁을 가지고 왔노라'고 한 그리스도의 말을 인용할 때에 보여준 인간 투쟁의 인식, 우리가 있는 세상을 마치 밀실로 만드는 것 같고 모두가 그곳으로 '끌려가게' 만드는 책임, 도박이라는 이름으로 표시하는 선택 따위가 그것이다.

"나는 나를 에워싸고 있는 우주의 이 무서운 공간들을 보고 내가 이 광활한 넓이의 한구석에 매여 있음을 발견하는데, 내가 어째서 다른 데 아닌, 하필이면 이곳에 놓여 있는지도 모르고, 내가 살기로 된 이 짧은 시간이, 나를 앞서 간 영원 전체와 내 뒤에 올 모든 영원의 다른 시점이 아닌, 하필이면 이 시점에 지정되어 있는지도 모른다."

앙드레 말로는 《천사와의 싸움》에서 파스칼의 이 사상을 중심으로 삼았다. "많은 사람들이 옥에 갇혀 있고 그들 모두가 사형 선고를 받았는데, 그 중의 몇 사람이 매일같이 다른 사람들이 보는 앞에서 참수 당한다고 상상해 보라. 남아 있는 자들은 그들의 동료들의 처지에서 자기 자신들의 처지를 보게 되고, 비통과 희망을 가지고 서로 바라보며 자기 차례를 기다린다. 이것이 인간이 처한 모습이다."

파스칼의 생각에는 올바른 생활의 탐구를 움직이는 고민과 이러한 올바른 생활의 조건인 자유가 인간의 근본적인 모호함을 표시하는 데 지나지 않는다. 인간은 불성실하다. 그에게 있어서는 선해지려는 욕망이 선의를 위조하며, 모든 능력 있는 행동이 불순하다. 정치, 예술, 윤리 생활이 모두 정욕의 놀음이다. 그러나 바로 이 정욕의 덕택으로 우리는 살 수도 있고, 선을 행하고 남을 설득시키고 도시를 다스릴 수 있게 된다. 인간적인 것은 모두가 어리석은 것이다. 그러나 가장 어리석은 자는 인간을 개조하려 드는 자일 것이다. 인간 안에서는 가려낼 수 없을 만큼 비참함과 위대함이 결합되어 있다. 사람이 선을 행하고 거기에서 오만을 느끼므로 정죄받는 것이고, 자기 안에 자리잡은 악을 가지고 사회에 질서를 세워놓는 것이며, 동물적인 본능이 은총으로 인해 변화되었을 때 그것으로 영생을 얻게 된다. 사르트르는 이 모호를 '허무'라고 부른다. 인간 주체는 허무라고. 그러나 파스칼은 무엇이라고 하였는가?

"나는 어떻게 해야 하는가? 나는 사방에 어둠밖에 보이지 않는다. 나를 '아무것도 아닌 것'으로 믿을까? 나를 신이라고 믿을까?"

인간의 처지를 실존주의적으로 묘사한 것이 결코 파스칼의 유일한 발견은 아니다. 다만 파스칼만이 그 힘과 독창성을 가지고 그리스도교 호교론을 세

위놓는 것이다.

과연, 실존주의적 전망 속에 남아 있으려면, 우리는 우리의 자유를 일과 행위에 써야 한다. 그러나 위인의 일과 행위를 모범으로 삼는 것이 좋다. 파스칼도 그들을 본따 자기의 자유를 행동하게 할 만한 위인들을 찾았다. 그 시대는 에픽테토스와 몽테뉴라는 두 사람을 제시했다. 에픽테토스, 즉 인간의 위대함. 몽테뉴, 즉 인간의 비참함. 에픽테토스는 자기를 천사와 신으로 만드는 인간이요, 몽테뉴는 짐승의 지위로 떨어뜨리는 인간이었다. 파스칼은 자기의 존재를, 이 존재의 일부분만을 물고 늘어지는 철학자들의 뒤를 따라서 끌려 들어가기를 원치 않았다. 논리적이기 위해서 자기 존재 전체를 가지고 완전히 몸을 바쳐야 한다. 그런데 몽테뉴와 에픽테토스는 서로를 멸망시켜 전체적 인간을 완성하고, 또 각자가 자기에게서 그것을 발견할 수 있게 해 주는 유일한 위인, 즉 예수에게 자리를 내주게 된다.

파스칼이 실존적인 예수를 제시하기 때문에 그가 내놓은 그리스도교의 증거가 흔히 무신론자들에 의하여 지적되는 환상적인 형이상학적 비약을 이루지 않는 것이다. '예수의 깊은 뜻'라고 제목을 붙인 단장을 읽어보기로 하자.

"예수는 그 수난에서는 사람들이 그에게 주는 고통을 받으신다. 그러나 그 임종의 고통에서는 자기가 자기 자신에게 주는 괴로움을 받으신다……예수는 적어도 그가 가장 사랑하는 세 벗에게서 어떤 위로를 구하신다. 그런데 이들은 자고 있다…… 자기의 고통을 느끼고 같이 받을 자뿐 아니라 그것을 알자도 이 세상에 오직 예수 한 분뿐이다……예수는 이 고통과 이 고독을 밤의 공포 속에서 겪으신다. 나는, 예수가 한탄하신 것은 그때 한 번밖에 없었다고 생각한다. 그러나 이때에는 자기의 극심한 고통을 그 이상 견딜 수 없는 것처럼 한탄하셨다. '내 영혼이 죽기에 이르도록 근심한다……' 예수는 숨을 거둘 때까지 임종의 고통을 겪으실 것이다. 이 동안 잠을 자서는 안 된다."

고통, 고독, 명확한 의식의 각성, 죽음의 체험과 같은 '삶'의 모든 감정을 예수는 어느 누구보다도 더 잘 알고 있었다. 그런데 예수는 다른 위인들 같은 위인이 아니니, 단지 역사적 삶만을 살다가 죽은 것에 그친 것이 아니라, 우리 각자의 안에서 살고 있으며, 또한 인류가 다할 때까지 살아 있을 것이다. 그는 인간 처지의 존재 '그것'이며, 따라서 그의 신비체에 결합된 모든 인간의 존재, 바로 그것이다. 여기서 인간 처지의 비극이 해명되는 것이니,

즉 예수는 세상이 끝날 때까지 임종을 당하고 있는 까닭이다.

그러므로 예수는 모든 인간과, 또한 한 사람의 모든 처지에 맞는 모범인 것이다.

"예수 그리스도를 모든 사람들 속에, 그리고 우리들 자신 안에서 바라보자. 그의 성부 안에서는 아버지로서의 예수 그리스도를, 그 형제들 안에서는 형제로서의 예수 그리스도를, 가난한 사람들 안에서는 가난한 자로서의 예수 그리스도를, 부자 안에서는 부자로서의 예수 그리스도를, 사제들 안에서는 박사와 사제로서의 예수 그리스도를, 왕후들 안에서는 주권자로서의 예수 그리스도를, 신이기 때문에 그 영광으로 위대한 것 일체가 되고, 또 당신의 인간 생명으로서는 초라하고 비천한 것 일체가 되기 때문이다. 이 때문에, 그는 모든 사람 안에 있고, 또 모든 처지의 모범이 될 수 있기 위하여 이 불행한 처지를 택하신 것이다."

그러므로 예수는 거룩한 일의 중심이니, 구약성서의 예언들은 그가 강생의 상징이었다. 그는 또 인류의 역사의 중심도 된다. 사람의 처음 본질은 이성이었다. 그런데 아담만이 이러하였다. 이브는 자기 자유를 써서 선악을 알게 하는 나무의 열매를 맛보고자 하였다. 그의 뒤에, 사람들은 나뉘어 본능에 묶여 자유롭지 못한 존재밖에 되지 못했다. 예수 그리스도는 사람이 되어 인간으로서의 자기 생명을 희생함으로써 사람들에게 자유를 돌려주었다.

그러므로 그리스도교의 증거는 신의 존재에 대한 증거라기보다 오히려 예수 그리스도에 대한 증거로 이루어져야 한다. 왜냐하면 신의 존재에 대한 증거는 아무 종교에나 다 있을 수 있지만, 예수 그리스도에 대한 증거만은 그리스도교의 기초를 세워 놓는 것이기 때문이다.

그의 삶과 전반적인 인간 존재에 대한 파스칼의 분석을 변증법이라는 인식방법을 사용하였으니, 이 방식은 분명히 오래된 것이기는 해도 전통적인 추론 형식이 언제나 이것을 넘어서 버리고 말았다. 파스칼은 변증법을 사상의 역사에서 재출발시켰고, 그것은 마침내 정신 분석과 실존주의와 마르크스주의에 의해 사용되기에 이르렀다. 《그리스도교 호교서》는 아마도 소크라테스식의 대화 형식으로 썼을 텐데, 《팡세》에서도 그런 장면을 많이 볼 수 있다. 파스칼은 일반적인 논증의 무능을 확신했다. 그는 어떤 대화자(예를 들면 방탕자)와 이야기를 하며 그와 함께 진리 탐구를 시작할 생각이었다. 파스칼의 변증론적 진행은 '찬반의 끊임없는 반전'이라는 이름으로 표현된다. 그것은 정치와 정욕, 심리학과 학문과 인격 발달의 원동력이라고 불린다. 호교서의 핵심은 인간의 위대함과 비참, 에픽테토스와 몽테뉴 사이에 있는 모순적 대립이 아니겠는가? 그런데 이 대립은 그 대립요소보다 더 구체적이고 한층 높은 면에 자리잡은 하나, 그리스도교적 존재로 해결이 되는 것이다.

파스칼의 생활과 업적

파스칼은 수학자이자 자연과학자이며 또 철학자였고, 그 각각의 방면에서 천재적인 업적을 올렸다. 하지만 이런 그가 무엇보다도 그 생애를 통해 가장 많은 관심을 가졌고 또 주된 목적으로 삼았던 것은, 잃어버린 영혼을 설득과 논증을 통해 그리스도교의 신앙으로 되돌리는 것이었다.

먼저 스스로 신앙의 길에 들어간 파스칼은 다른 사람들이 신앙에 눈을 뜨도록 하기 위해 노력했다. 이러한 의미에서 보면 파스칼은 우리에게 잘 알려져 있는 그의 말 '생각하는 갈대'로만 연상할 수 있는 단순한 철학자는 아니다. 그래서 루시앵 레비브뢸의 말처럼 "파스칼을 프랑스 철학자 속에 포함시킬 것인지 아닌지는 결정하기 어려운 일"이기도 하다. (레비브뢸 저《프랑스 근대철학의 역사》)

파스칼은 이처럼 독특한 존재이며, 따라서 어떠한 철학자의 범주에도 들어갈 수 없다. 또한 그는 통일된 철학 체계를 가지고 있지 않다. 유명한 파스칼 연구가인 자크 슈발리에가 말했듯이 그의 철학은 그가 살면서 체험한 모든 것에서 나온 것이다(슈발리에 저《파스칼》). 즉 파스칼은 과학과 수학의 연구, 사교생활, 신앙의 경험 등, 자신의 경험과 연구 그 모든 것에서 그 철학을 생성한 것이다. 그러므로 파스칼의 경우에는 다른 수많은 철학자들처럼 그 생활과 업적을 명확하게 구별하는 일이 불가능하며, 사적 생활과 공적 업적 그 두 가지 사이를 명확히 가르는 구분이 없다. 따라서 파스칼의 생애를 얘기하는 것은 곧 그의 사상을 얘기하는 일이 된다. 이러한 파스칼의 사상은 영혼의 깊이를 더해 가는 생활과 함께 그 속에서 발전한 것이다.

파스칼을 읽을 때는 수학자이자, 자연과학자로서의 파스칼에게도, 인간을 연구하는 철학자로서의 파스칼에게도, 또 그리스도 교도로서의 파스칼에게도 흥미를 느끼게 된다. 이러한 파스칼의 인간연구는 실존철학의 견지에서도 의미를 가진다. 특히 그의 연구가 상류사회의 사교생활에서 정확한 과학자의 눈으로 얻은 풍부한 경험과 그리스도 교도로서 얻은 신비한 체험으로 이루어진 점을 생각하면, 그것으로써 우리가 얼마나 많은 것을 배우고 또 반성하게 될지 알 수 있을 것이다.

인간은 자기 자신을 알아야 한다. 그것이 진리를 발견하는 데 도움이 되지는 않는다 해도, 적어도 자신의 생활을 규정하는 데는 도움이 된다. 또한 자신을 안다는 것보다 당연한 일은 없는 것이다. (팡세 66)

2 파스칼의 생애와 사상

파스칼의 생가

어린 시절

나는 내 일생의 짧은 기간을 생각해 볼 때, 그곳에는 없고 지금 이곳에 있는 나를 깨닫고 두려움과 놀라움을 느낀다. 왜냐하면, 왜 그곳에 없고 이곳에 있는 것인지, 왜 그때 없고 지금 있는 것인지 이유를 알 수 없기 때문이다. 누구의 명령과 지휘에 의해 나에게 이 장소와 이 시간이 정해진 것인가? (팡세 205)

파스칼 일가

블레즈 파스칼은 1623년 6월 19일 프랑스의 오베르뉴 주 클레르몽페랑에서, 아버지

에티엥 파스칼(1588~1651)
과 어머니 앙투아네트 베공
(1596~1626) 사이에서 태어
났다. 아버지는 처음에는 클
레르몽의 세무재판소 참사관
으로 있다가 나중에 몽페랑의
세금재판소 소장이 되었는데,
이 재판소는 1630년에 클레
르몽으로 이전한다. 파스칼
아버지의 집안은 오베르뉴의
오랜 가문이다. 그 조상의 한
사람이었던 에티엥 파스칼은
참사원 청원위원이었는데, 루
이 11세(1423~83)에 의해
귀족에 서임되었다. 그러나
이 지위는 출생에 따른 것이

《파스칼의 생애》 저자이자 파스칼의 누나인 질베르트(뒤
에 페리에 부인)

아니라 어떤 관직에 오름으로
써 얻을 수 있는 것으로서, 오히려 당시의 시민계급에 가까운 것이었다. 어
머니 앙투아네트 베공은 클레르몽 출신 상인의 딸이었는데, 그녀의 아버지
는 원래 시의 관리였다고 한다. 그녀는 매우 경건하고 재기로 가득 찬 부인
이었고, 또 자비심도 넘쳤다. 에티엥 파스칼과 앙투아네트 베공은 1618년에
결혼하여 네 명의 자식을 두었는데, 그 가운데 한 명은 일찍 죽었다. 1620
년에 파스칼의 누나 질베르트(나중의 페리에 부인)가 태어났고, 1625년에는
여동생 자클린느가 태어났다. 파스칼의 어머니 앙투아네트 베공은 1626년,
파스칼이 세 살 때 세상을 떠난다. 그 뒤 아버지 에티엥 파스칼은 재혼하지
않고 지내며 가족을 부양했다. 어머니를 잃은 뒤 파스칼은 자매들 속에서,
또 누나 질베르트가 나중에 '나의 충실한 친구'라 부른 한 부인의 보살핌 속
에서 자랐다. 그에게 이 세 여성의 애정은 죽은 어머니를 대신해 주었다.
　파스칼은 어릴 때부터 건강한 편은 아니었다. 두 살 때 그는 물을 보는 것
을 극도로 싫어하거나, 부모님이 자신에게 다가오는 것도 견디지 못하는 등

의 기묘한 증상을 보였다. 건강상의 쇠약에 따른 이러한 증상은 처음 나타난 이후 1년이나 계속되었는데, 그때 이미 파스칼이 평생토록 시달리게 될 질병의 징후가 나타난 것이었다. 하지만 건강치 못한 신체 안에 자리한 파스칼의 정신은 무척 조숙했다. 그래서 그는 말을 할 수 있는 나이가 되자, 사물의 본성에 대한 질문을 하여 사람들을 놀라게 하기도 했다고 한다.

파스칼의 교육

1631년, 아버지 에티엥 파스칼은 자신의 지위를 팔고 집을 파리로 옮겼다. 그것은 아이들, 특히 파스칼의 교육을 위해서였다. 에티엥 파스칼은 지위를 매매하여 금전적인 여유와 함께 시간적인 여유도 얻었다. 그는 그것으로 자신의 과학 연구와 아이들의 교육에 드는 비용을 충당했다. 그는 기하학과 수학, 기술에 조예가 깊었고, 고전어를 잘 했으며, 음악에도 풍부한 소양을 가지고 있었다. 그리고 애정도 지극히 풍부한 인물이었다.

당시에는 얀센주의의 콜레주(프랑스의 중등교육기관)가 성행하고 있었다. 그러나 그는 아들을 콜레주에 보내지 않고 독특한 방법으로 집에서 직접 가르쳤다. 따라서 파스칼은 아버지 외에는 선생을 두지 않았다. 에티엥 파스칼의 교육방침은 파스칼에게 어느 정도 이상의 공부는 강요하지 않는다는 것이었다. 그것은 무턱대고 지식을 채워 넣는 것이 아니라 어디까지나 자발적으로 공부하게 함으로써, 파스칼이 혼자 힘으로 사물을 알아가고 진리를 발견할 수 있도록 하려는 배려에 의한 것이었다. 에티엥 파스칼은 아들에게 확실한 것에 대해서만 결정을 내리고, 확실하지 않은 것에 대해서는 긍정도 부정도 하지 않도록 가르쳤다. 이런 것들은 아버지가 파스칼의 교육에 적용했던 기본방침이었다.

에티엥 파스칼은 파스칼의 교육을 위해 면밀한 계획을 세웠다. 그는 파스칼이 12세가 되기 전에는 라틴어와 그리스어를 가르치지 않기로 결정하였고, 또 15, 6세가 되기 전에는 수학도 가르치지 않기로 작정하고 있었다. 그래서 그는 아들이 8세부터 12세일 때에는 일반적으로 언어라는 것이 어떤 것인지, 또 문법의 규칙은 어떤 것인지에 대해 가르쳤고, 나아가서 모든 언어를 어떻게 한 나라의 언어에서 다른 나라의 언어로 전환할 수 있는지 설명해 주었다. 그리고 자연계의 다양한 현상으로 시선을 돌리게 하는 것도 잊지 않았다. 그 무렵의 파스칼은 모든 사물의 이유를 알고 싶어 하는 왕성한 호기심을 보이고 있었다. 그래서 만약 어떤 문제에 대해 아버지가 조금이라도 부족한 설명을 하거나 적당히 넘어가려고 하면, 계속 질문을 하여 스스로 이해할 수 있을 때까지 그것을 놓지 않는 것이었다. 게다가 그는 명백하게 진실이라고 생각되지 않으면 승복하지 않는 성격을 가지고 있어서, 만약 자신이 모르는 것에 대해 누군가가 만족스런 설명을 해 주지 않을 때는 자기 스스로라도 그것을 연구해야만 했

소년 시절의 파스칼 장 도마 작.

다. 이러한 파스칼은 어느 날 도자기 접시를 칼로 두드리면 큰 소리가 울리는데, 그 접시에 손을 대고 두드리면 소리가 오래 지속되지 않고 금방 멎어버리는 것을 깨달았다. 그것을 안 그는 그 원인을 탐구하기 위해 여러 가지 실험을 한 다음, 결과를 한 편의 논문으로 정리했다. 이것이 파스칼의 처녀작 '음향론'이다. 이것은 아쉽게도 분실되어 지금은 전해지지 않는데, 이것을 썼을 때 파스칼의 나이는 불과 11세였다고 한다.

천재 파스칼

이러한 파스칼의 천재성은 기하학에서도 나타난다. 이미 말했듯이 에티엥 파스칼은 15, 6세 전에는 아들에게 수학을 가르치지 않기로 결정하고 있었으나, 11세 무렵부터 벌써 수학에 대해 흥미를 느끼고 있었던 파스칼은 종종 수학에 대해 매우 궁금해 했다. 그러던 어느 날 파스칼은 아버지에게 수

학에 대해 여러 가지 질문을 한다. 그러나 아버지는 파스칼이 라틴어와 그리스어를 익히면 그 상으로 수학을 가르쳐 주겠다고 하며, 그 질문에 속 시원하게 대답해 주지 않았다. 그러고는 다만, 수학(기하학)이라는 것은 올바른 도형을 만드는 방법과 도형간의 관계를 발견하는 방법을 알려 주는 것이라는 것만 말해 주었다. 그때부터 파스칼은 집에서 공부하는 틈틈이 휴식시간에 목탄으로 도형을 그리고, 그것을 바른 형태로 만드는 데 열중했다. 파스칼은 원을 고리라 부르고 선을 막대기라 불렀다. 그리고 혼자 힘으로 공리와 정리를 만들고 그것을 여러 가지 증명과 결부시켰다. 그러는 동안 파스칼은 마침내 '삼각형의 내각의 합은 2직각'이라는 것을 증명했다. 이때가 파스칼이 아직 12세가 채 되지 않았을 때였다. 이것을 안 아버지는 눈물을 흘릴 정도로 기뻐하며, 당장 친구인 파이유르에게 이 사실을 알리려고 달려갔다. 그리고 아버지는 이 일을 계기로 마침내 파스칼에게 유클리드 기하학 원리에 대한 책을 주게 되었다.

파스칼은 12세가 되자 라틴어, 수학, 철학을 배우기 시작하였고, 정규 과학연구도 시작했다. 또 역사와 지리가 매일의 식사시간이나 식후에 화제가 되었다. 이러한 여러 과목들 중에서도 과학이 중시되었는데, 파스칼은 특히 수학에 엄청난 열의를 가지고 있었다. 이런 와중에도 그의 아버지는 아들에게 종교교육을 시키는 일에 결코 소홀하지 않았던 것 같다.

파스칼은 이렇게 아버지에 의해 독특한 교육을 받으며 그의 비범한 재능을 지극히 일찍부터 드러냈는데, 그 재능은 그가 다양한 인사들과 교류하게 됨으로써 더욱더 발전해 갔다. 그 무렵 에티엥 파스칼은 자신의 집에 인재들을 불러 모아, 당시에 화제가 되고 있었던 과학 문제에 대해 얘기를 나누곤 했다. 그때 파스칼은 이미 그 모임의 어엿한 한 멤버가 되어 있어서, 거기서 종종 유익한 생각을 말하기도 했다. 곧 에티엥 파스칼은 메르센의 집에서 매주 열리던 한 유명한 모임에 아들을 데리고 갔다. 그 모임은 일명 메르센 아카데미로 훗날 왕립과학 아카데미의 기초가 된 것이었다. 그곳에는 로베르발, 카르카비, 파이유르와 같은 수학자들과 망원경 렌즈의 제작과 빛을 모으는 오목거울의 제조에 열중해 있었던 미드르주, 수학과 동양어에 정진하고 있었던 아르디, 기술자의 노동을 어떻게 하면 줄일 수 있는가 하는 문제를 수학과 역학의 양면에서 연구하고 있었던 데자르그 등이 모여 들고 있었다.

이 모임의 원칙적인 방침은 과학을 중시한다는 것으로, 특히 수학이 존중되었다. 그래서 메르센은 수학을 도덕상의 사항에도 적용시키려고 생각하고 있을 정도였다. 또 이 모임의 사람들은 사실과 경험, 그리고 과학을 바탕으로 한 발명에 정열을 불태우고 있었다. 이 무렵, 이 모임을 통해 파스칼은 수학자 페르마도 만날 수 있었다.

이렇게 혜택 받은 환경 속에서 파스칼의 과학적 정신은 더욱 성장해 갔다. 그런데 그가 아버지한테서 받은 종교교육은 그로 하여금 당시의 자유사상가들이 인간의 이성을 다른 어떤 것들보다도 위에 두고 있는 것은 잘못이라고 생각하게 했다. 모든 신앙의 대상은 이성으로 취급될 수 있는 대상이 아니라고 배운 파스칼은, 종교에 관련된 문제에 대해서는 갓난아이처럼 승복했던 것이다.

원뿔곡선

파스칼은 이러한 사람들과의 교류 속에서 급속하게 재능을 발전시켰다. 특히 그는 수학과 물리학에 뛰어났다. 그의 라틴어 또한 눈부신 진보를 보여서 그는 라틴어를 자유자재로 읽고 쓸 줄 알게 되었다. 그뿐만 아니라 그는 그리스어도 상당히 잘 읽었고, 이탈리아어도 어느 정도 읽을 수 있었다. 독서에 있어서, 파스칼은 많은 책을 읽는 것보다는 읽은 것에 대해 깊이 생각해 보는 습관을 가지고 있었다. 따라서 파스칼은 모든 영역에 두루 통했다고는 할 수 없었다. 문학이나 신학과 철학 같은 분야에 대해서는 아주 약간의 지식밖에 가지고 있지 않았던 것이다.

이렇게 당시 파스칼의 마음을 사로잡고 있었던 것은 과학이었다. 1639년, 16세 때 파스칼은 〈원뿔곡선 시론〉을 썼다. 이 논문은 1640년에 발표되었던 것으로 오늘날에도 남아 있는데, 그는 이것으로 아르키메데스 이래 가장 뛰어난 재능의 소유자라는 극찬을 받았다. 메르센은 이 논문을 읽고 파스칼의 연구가 원뿔곡선에 대한 지금까지의 어떤 연구보다도 진보되어 있다고 칭찬했다. 메르센은 그중에서 일부 내용을 발췌하여 데카르트에게 보냈다. 그러나 데카르트는 그것을 반도 읽지 않고서, 파스칼의 연구는 데자르그로부터 배운 것일 거라고 답했다. 분명히 파스칼은 데자르그의 방법을 따르기는 했지만, 거기서 더 나아가 데자르그가 도달하지 못한 것에 도달해 있었다. 그것은 원뿔곡선에 대한 가장 근본적인 성질이 파스칼의 정리 속에서 파악되어 있다는 점에서도 그렇다고 말할 수 있다. 이 '시론'의 보조정리 3에 이른바 파스칼의 정리가 설명되어 있다. 이 파스칼의 정리는, 간단하게 말하면 '원뿔곡선에 내접하는 육각형의 서로 마주보는 3쌍의 변을 연장하면 그 교점들은 항상 수직의 일직선상에 있다'는 것으로, 이 '시론'에서는 이것이 매우 쉬운 말로 표현되어 있다. 파스칼은 그 뒤에도 원뿔곡선에 대한 연구를 계속하여 이에 대한 방대한 양의 원고본을 남겼다고 하는데, 현재 그것은 전해지지 않고 있다.

루앙 시대

계산기는 동물이 하는 모든 행위보다 더 사고에 가까운 작용을 하고 있다. 그러나 그것이 동물처럼 의지를 가지고 할 수 있는 일은 아무것도 없다. (팡세 340)

계산기의 발명

1639년 에티엔 파스칼은 리슐리외 추기경의 명에 따라 세무장관으로서 루앙에 파견되어 1648년까지 그 직위를 유지한다. 그에 따라 파스칼은 그곳에서 16세부터 25세까지 생활하게 된다. 여기서 에티엔 파스칼이 하는 주된 일은 세금징수였다. 그런데 사사로운 욕심을 채우는 것을 모르는 성실한 사람이었던 그는 과중한 세금을 징수하는 자신의 임무를 지극히도 충실하게 수행했기 때문에, 빈민들이 종종 폭동을 일으켰다고 한다. 그런 사건들은 파스칼에게 무언가 정신적인 영향을 끼치지 않을 수 없었을 것이다. 이 때문인지 파스칼은 나중에 《팡세》에서 "가장 나쁜 것은 내란이다"라고 말하기도 하였다.

이 시기에 이룩한 파스칼의 업적 중 하나로 계산기의 발명을 꼽을 수 있다. 그는 평소에 아버지가 세금 계산으로 고생하는 것을 보고 있었다. 그런 그에게 아버지의 고생을 어떻게든 덜어주고자 한 것이 발명의 동기가 되었던 것이다. 당시에는 아직 '네이피어의 막대(스코틀랜드의 수학자 네이피어(1550~1617)가 발명한 계산기. 그는 대수계산을 발견했다)'라고 하는 계산기밖에 없었다. 그런데 그것으로는 곱셈은 덧셈으로 바꿔서 계산해야 했고, 더우기 공제를 할 때에는 여전히 암산을 해야 했다. 하지만 파스칼의 계산기는 그것을 모두 기계로 자동 처리할 수 있는 것이었다. 그런 의미에서 파스칼은 계산기의 최초 발명자라고 할 수 있다. 이 기계가 완성되기까지 파스칼은 50대나 되는 모형을 만들면서 기술자의 작업을 직접 감독했다. 계산기의 완성에는 약 2년의 세월이 걸렸다. 그는 이끌어 주

파스칼의 계산기 파스칼이 고안한 사상 최초의 계산기. 수동 태엽장치로 만들어졌고 사칙연산이 가능하다. 이 계산기 발명으로 파스칼은 천재 과학자로 이름 날린다.

는 사람이 아무도 없는 가운데, 마치 가시덤불이 끝없이 펼쳐진 들판에 새로운 길을 개척하는 것과 같은 노력을 기울였다. 그리고 이 때문에 평소에도 그리 좋지 않았던 그의 건강이 더욱 악화되었다. 이 계산기는 1642년, 그가 19세 때 완성되었다. 그리고 1649년에 파스칼은 대법관인 세기에로부터 계산기 발명의 명예와 이익을 보장하는 특허를 얻는다. 이 계산기는 그 이후로도 연구, 보완이 계속되다가 1652년이 되어 가까스로 그 결정형이 나오게 된다.

진공에 관한 실험

이러한 계산기의 발명은 파스칼을 순수한 기하학에서 물리학으로 이끄는 계기가 되었다. 파스칼이 물리학에 관심을 갖게 된 것은 그가 물리학이 참으로 일반적인 과학이며, 또 우주에 대한 철학적인 과학이라고 생각했기 때문이었다. 그는 자연과 세계의 존재를 설명하고자 하는 형이상학의 기초는 물리학에 있다고 생각한 것이다.

17세기 물리학의 중요한 문제 가운데 대표적인 것은 진공에 관한 문제였는데, 그것은 가장 애매한 문제이기도 했다. 당시의 철학자들은 아직 진공과

무(無)를 구별하지 못하고 있었다. 또 학자에 따라서는 아리스토텔레스의 자연학적 생각에 따라, 자연은 진공을 혐오하여 그것을 절대로 허용하지 않기 때문에 진공을 얻는 것이 불가능하다고 생각하고 있었다. 데카르트조차 진공은 실현할 수 없는 것이며, 또 상상도 할 수 없는 것이라고 분명히 밝혔다. 다만 원자론자들만이 진공은 존재한다고 말하고 있을 뿐이었다. 그러나 그들조차도 실제로 인간이 그것을 알아내기 위한 진공 실험을 할 수 있다고는 생각하지 않았다.

그런데 1644년, 토리첼리가 놀라운 실험을 했다. 그것은 오늘날 '토리첼리의 실험'으로 불리고 있는 것인데, 이 실험은 물리학의 일변을 촉진하는 것이었다. 그 당시 이탈리아를 여행하다가 그 실험에 대해 알게 된 메르센은 그 해에 그것을 프랑스에 소개했다. 그러나 메르센을 비롯하여 누구도 그 실험의 추가 실험은 할 수 없었다. 그래서 메르센은 다시 이탈리아로 가서 토리첼리를 만나 자신의 눈으로 그 실험의 성공을 확인한다. 하지만 그래도 그는 여전히 그것을 자기 손으로는 성공시킬 수가 없었다. 이 실험의 성공이 이처럼 어려운 이유 중의 하나는, 거기에는 상당히 튼튼한 일정 크기의 유리관이 필요한데 그것을 좀처럼 구할 수 없다는 점에 있었다.

1646년 10월, 데카르트파에 속하는 뛰어난 실험가 프티가 여행 중에 루앙을 지나가다가 에티엔 파스칼을 방문했다. 이 두 사람은 함께 협력하여 진공을 만드는 실험을 시도했다. 당시 루앙에는 유명한 유리공장이 있었다. 두 사람은 그 공장에 주문을 하여 약 4피에(1피에는 약 31.5cm, 1푸스는 1피에의 12분의 1) 길이의 유리 취관(吹管)을 마련했다. 그리고 40~50파운드의 수은도 준비했다. 이리하여 실험이 이루어졌다. 수은을 가득 채운 유리관을 거꾸로 하여, 수은과 물이 반씩 담긴 수조 속에 세우자 그 유리관 상부에 공간이 생겼다. 이렇게 토리첼리 실험이 재현되자, 에티엔 파스칼은 그 공간을 보고 "진공이다!"라고 외쳤다. 그러나 아들인 파스칼은 "저것은 공기가 가득 찬 공간일 수도 있다"고 하면서 그 의견에 반대했다. 그때 프티가 유리관을 서서히 올렸다. 그러나 유리관 속의 수은은 함께 따라 올라가지 않았고 유리관 상부의 공간은 오히려 점점 커져갔다. 마침내 유리관 아래쪽이 수조의 물 표면 부분에 도달하자 물이 유리관 상부의 공간을 향해 침투해 올라갔다. 이것으로 그 공간에는 공기가 들어 있지 않았다는 것이 증명되었다. 그러나 이 실험은 그 유리관 상부의 공간에 미량의 공기, 또는 수은에서 나온 무언가의 정기(精氣)가 들어 있지 않다는 것에 대해서는 아무것도 증명해 주지 않았다. 또 왜 공간이 생기는 것인지도 알 수 없었다. 따라서 그것을 설명할 필요가 있었으며, 그것은 파스칼의 몫이었다.

파스칼은 다양한 조건 아래서 이 실험을 시도했다. 그는 갖가지 길이와 굵기의 관을 사용하거나, 물과 기름, 포도주 등 다양한 액체를 사용하여 지극히 세심하게 실험을 진행했다. 유명한 '파스칼의 주사기'도 이 실험을 위해 발명된 새로운 장치였다. 더욱이 그 실험들은 많은 사람들이 있는 앞에서 이루어졌다. 그리하여 파스칼은 유리관의 지름, 모양, 경사도에 관계없이 수은은 항상 똑같이 약 2피에 4푸스(76cm)까지 올라가며, 물의 경우에는 훨씬 높은 32피에까지도 상승한다는 것을 실증했다. 이것으로 그는 가령 관 속의 공간에 있을 수도 있는 희박한 공기 또는 미세한 정기는 수은이나 그밖의 액체의 높이에는 조금도 영향을 미치지 않는다는 결론을 내렸다.

이 실험의 결과는 1647년 10월 4일에 '진공에 관한 새로운 실험들'로 정리되어 발표되었다. 그 결론으로서 파스칼은 7가지를 들고 있는데, 그 주된 내용은 다음과 같다.

(1)모든 물체는 서로 떨어지려는 혐오성을 가지고 있다. 이것이 그 물체들 사이에 진공을 가능하게 한다.

(2)이 물체의 혐오성은 사실 큰 진공에나 작은 진공에나 같은 강도로 작용한다.

(3) 이 혐오의 힘은 한정되어 있다.

반대자

이상과 같은 결론은 단순히 물리학상으로뿐만 아니라, 철학적으로도 매우 중요한 것이었다. 왜냐하면 그것은 사실적으로 진공의 존재를 단정한 것인데, 그때까지도 사람들은 보통 진공은 이성의 이름 아래에서는 불가능하다는 아리스토텔레스의 말을 믿고 있었기 때문이다. 따라서 이 파스칼의 결론에 대해 맹렬하게 반대하는 사람들이 있었다. 그 중에서 가장 강경한 반대자는 예수회의 노엘 신부였다. 그는 파스칼에게 편지를 보내어, "외견상의 진공은 무언가 물질의 작용을 지니고 있다. 이를테면 그것은 빛을 굴절시켜서

통과시키고, 또 다른 물체의 운동을 늦추기도 한다. 따라서 그것은 하나의 물체이다"라고 말하고, "그러나 진정한 진공은 무(無)이므로 있을 수 없는 것이다"라고 반박했다. 이에 대해 파스칼은 다음과 같이 대답했다. "만약 우리가 긍정하거나 부정하는 이론이 원리 또는 공리라는 두가지 조건의 전개와 그 필연적 귀결의 하나를 가지지 않는다면, 우리는 명백한 증명에 의해 어떤 진리가 나타나지 않는 한 아무것도 긍정해서는 안 됩니다. 하지만 이것은 단지 과학에 적용되는 것일 뿐입니다. 신앙에 관해서 반드시 그렇지는 않다는 얘기입니다. 왜냐하면 신앙의 신비스러운 도리는 성령 그 자신에 의해 계시된 것으로, 그것은 우리로 하여금 정신의 순종으로써 감각과 이성에 숨겨진 모든 신비스러운 도리에 참여하도록 하기 때문입니다. 그런데 당신은 당신의 공상에 의해, 여러 가지 경향을 가진 미세한 공기를 상상하고 있습니다. 그리고 그것은 우리가 볼 수 없는 것이라고 주장하십니다. 이러한 가정은 당신을 만족시킬 수 있겠지만, 우리에게는 그것이 증명되어야만 하는 것입니다. 또 당신은 용어와 정의를 사용하면서, 정의되어야 할 용어 그 자체를 정의에 포함시키고 있습니다. 이를테면 당신은 진공 상태의 빛은 '밝은, 즉 빛나는 물체에 의해 구성된 광선의 밝은 운동'이라고 정의하고 있는 것입니다. 이러한 정의는 진정한 정의에 대한 모든 조건을 어떤 식으로 고려해보아도 나로서는 합당하다고 할 수 없는 것입니다." 그리고 끝으로 이렇게 말했다. "신부님, 이러한 것에 대한 당신의 판단을 바라는 바입니다."

이에 노엘 신부는 탈롱 신부를 통해 파스칼에게 반박 편지를 보냈다. 편지를 전할 때 탈롱 신부는 파스칼에게, 노엘 신부가 그의 병에 대해 알고 있으니 답장은 하지 않아도 된다고 암시했다. 파스칼은 실제로 몸이 매우 좋지 않았다. 그래서 당분간 답장을 보내지 않고 그대로 두었다. 그러나 노엘 신부의 의도를 모르는 다른 신부들 가운데는, 파스칼의 침묵은 패배의 인정을 의미한다고 말하는 사람이 있었다. 그 말을 들은 파스칼은 파이유르에게 편지를 써서 노엘 신부의 반박에 대한 자신의 생각을 밝혔는데, 그는 이 편지에서 매우 노골적으로 데카르트주의에 도전하고 있다. 노엘 신부는 이에 대한 대응으로 1648년 5월에 《진공의 충만》이라는 제목의 책자를 냈다. 이 책은 형이상학적인 면에서 보았을 때에는 파스칼에게 보낸 첫 번째 편지와 같은 생각을 얘기한 것에 지나지 않았지만, 자연과학적 측면으로는 파스칼의 논리에 얼마간 근접한 것이었다.

공기는 무겁다

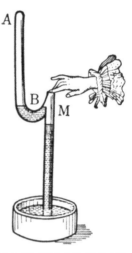

한편 파스칼은 토리첼리의 실험에서 액체가 유리관 속에서 공중에 떠올라 머무는 원인에 대해 진지하게 생각했다. 그리고 그것은 결코 당시 사람들이 생각하고 있었던 것처럼 '진공에 대한 자연의 혐오'에 의한 것은 아니라는 것을 깨달았다. 갈릴레이는 그 무렵 이미 공기에는 무게, 즉 압력이 있다는 것을 증명하고 있었다. 또 토리첼리도 이 공기의 압력이 수은주가 일정한 높이까지만 유지되는 원인일지도 모른다는 생각을 표명한 상태였다. 파스칼은 이 토리첼리의 이론을 실험을 통해

파스칼의 '진공 속의 진공' 실험 장치

증명하고자 했다. 이러한 파스칼의 생각은 1647년 11월 무렵부터 싹트고 있었다. 그는 여러 모로 궁리한 끝에, 두 가지 실험을 하게 된다. 그리고 그 첫번째가 '진공 속의 진공'에 대한 실험이었다. 파스칼은 이 실험을 위해 기압계와, 길이가 같은 유리관 두 개를 준비했다. 그 중 유리관 중 하나의 한쪽 끝은 막혀 있고 다른 한쪽은 구부러져 열려 있는데, 그 부분을 다른 유리관의 상부와 연결한다. 다른 유리관은 상부와 하부가 다 열려 있는 것인데, 그 상부의 열려 있는 이음매 부분의 구멍크기는 손가락으로 누르면 완전히 막히도록 해 둔다. 그리고 그 구멍을 손가락으로 막고 열린 쪽으로 수은을 넣은 다음 이것을 수은이 든 용기 속에 거꾸로 세운다. 이때 막았던 구멍은 계속 손가락으로 눌러 공기가 통하지 않도록 한다. 그러면 이 유리관의 수은은 통상의 높이에서 머무르는데, 아래쪽이 구부러진 첫 번째 유리관 속의 수은은 그 구부러져 있는 부분에 고이게 된다(그림 참조). 이것은 도대체 무엇을 의미하는 것일까? 파스칼은 M부분은 진공상태로 그 속에는 공기가 없고, 그러므로 AB관 속의 수은이 전부 떨어진 것이라고 설명했다. 그렇다면 만약 M에서 누르고 있던 손가락을 떼면 AB 속의 수은은 통상적 높이, 즉 기압계가 가리키는 높이가 될 것이다. AB의 수은이 떨어진 것은 요컨대 공기가 없는 곳에는 그 무게와 부피의 영향 또한 없기 때문이다. 그러나 이 실

험은 파스칼에게는 아직 결정적인 것이라고 생각할 수 없는 것이었다. 왜냐하면 이러한 것은 '진공의 혐오'에 의해서도 충분히 설명할 수 있을지 모른다고 생각했기 때문이다. 그래서 파스칼은 또 하나의 실험을 생각해 낸다. 그것은 같은 관, 같은 수은을 사용하여 전의 실험을 같은 날에, 5, 6백 토와즈(1토와즈는 1.949m) 높이의 산기슭이나 산꼭대기에서 여러 번 되풀이해 보는 것이었다. 파스칼은 만약 산 밑에서보다 산 위에서 수은주의 높이가 더 낮다면, 그 사실에서 공기의 압력이 수은주 높이가 유지되는 유일한 원인이라는 결론을 이끌어낼 수 있다고 생각한 것이다. 왜냐하면 공기의 압력이 산 밑에서는 강하고 산꼭대기에서는 약한 것이 당연하다고 생각하면, 진공의 경우 자연물의 진공에 대한 혐오성이 산꼭대기에서보다 산기슭에서 더 하다는 것은 이치에 맞지 않기 때문이다. 파스칼은 이 실험을 당시 오베르뉴의 세금재판소 참사로 있던 매형 페리에에게 의뢰했다. 그것은 1647년 11월의 일이었다. 자신의 일로 바빴던 페리에는 1648년 9월 19일에야 간신히 퓌드 돔 산에서 그 실험을 하게 된다. 페리에는 산으로 올라갈수록 수은주의 높이가 점차적으로 내려가는 것을 확인했다. 한편, 파스칼도 이와 같은 실험을 생 자크 교회의 탑 위와 아래에서, 또 90피트 높이에 위치한 어느 집에서 시도했다. 그 결과는 페리에가 실험한 결과와 같았다. 이에 파스칼은 1647년 11월 15일에 페리에에게 보낸 편지에 "나로서는 이러한 모든 사실을 공기의 무게와 압력의 크기에 따른 것으로 설명하고 싶다"고 썼다. 그리하여 파스칼로서는 전통적으로 철학자에 의해 승인되고 또 일반적으로 인정되어 온, 자연은 진공을 혐오한다는 원리를 완전히 포기하지 않으면 안 되었다. 그것이 인간 이성의 판단에 의지하고 있었는지는 모르지만, 실험의 결과는 그 판단을 부정하고 있었기 때문이었다. 그때까지 철학자들이 생각해 오던 것과는 달리, 공기의 압력, 즉 기압이야말로 그러한 현상의 유일한 원인이었던 것이다.

중상

이 실험의 성공은 파스칼에게는 기쁜 일이었고, 또 자랑스러운 일이기도 했다. 그러나 그것은 예수회의 회원들을 분노하게 했다. 그들은 파스칼의 이름은 들지 않았지만 뒤에서, 토리첼리가 창시한 어떤 실험을 누군가가 자신이 발명했다고 주장하고 있다며 은근히 파스칼을 비난했다. 이 비난은 몽페랑에 있는 예수회의 학원에 제출된 논문 속에서 나온 것으로, 그 논문은 당시 클레르몽페랑의 세금재판소 소장인 드 리베르에게 헌정된 것이었다. 그래서 파스칼은 그에게 편지를 보내어 자신이 한 실험의 경위를 상세히 설명하고 승인을 구했다. 하지만 드 리베르는 파스칼에게 보낸 회답편지 속에서 이렇게 말했다. "당신의 천진난만함과 진지함을 나는 너무나 잘 알고 있습니다. 그러므로 당신이 자부심을 가지고 있는 덕성, 또는 당신의 행위와 품행 속에 나타나는 덕성에 반하는 일을 스스로 했다는 것을, 당신이 지금까지 납득한 적이 있다고는 믿지 않습니다." 이러한 중상에 파스칼이 겪은 마음의 고통은 참으로 컸으리라.

한편, 데카르트는 진공에 관한 실험은 자신이 힌트를 주고 또 실험을 의뢰한 것이라고 말했다. 사실 데카르트는 1647년 9월 23일과 24일 이틀에 걸쳐 파리에서 파스칼을 만났다. 그러나 그때 그들은 진공의 본질에 대해 이야기를 나누었을 뿐이었다. 데카르트는 파스칼의 질문에 대해, 유리관 속에는 미세한 물질이 들어 있다고 진지하게 대답했다. 또 데카르트는 파스칼의 건강도 언급하며, 매일 침대에 있는 것이 지겨울 정도로 늦잠을 잘 것과 스프를 많이 먹을 것을 권했다. 실제로 데카르트도 아침에 늦게 일어나고 있었다. 데카르트는 나중에 1649년 6월 11일자로 카르카비에게 보낸 편지에서, 파스칼의 실험결과를 알려 달라고 부탁하며 다음과 같이 말했다. "나는 그(파스칼을 가르킴)가 실험결과에 대해 알려줄 것을 기대할 권리를 당신보다 더 많이 가지고 있다고 할 수 있습니다. 왜냐하면, 2년 전에 그에게 이 실험을 하도록 충고를 한 것은 나였기 때문입니다." 어느 쪽이 사실이든, 파스칼은 오랫동안 진공에 대해 생각하고 있었다. 그리고 그의 실험은 일시적인 충고나 힌트에서 우연히 이루어진 것이 아니라, 그 자신의 과학적 정신에서 필연적으로 나온 결과인 것이다.

두 편의 논문

파스칼은 기압과 진공에 대한 자신의 생각을 더욱 일반화하고자 했다. 그것을 실험하려는 생각은 이미 1647년 11월 15일자의 페리에에게 보낸 편지 속에도 나타나 있다. 파스칼은 그 편지에 수은주가 일정한 높이를 유지하는 것은 '유체의 평형성에 대한 보편적 명제를 벗어난 특수한 경우'라고 쓰고 있다. 이리하여 그는 1653년, 〈유체평형론〉과 〈공기 질량의 무게에 대해〉라는 두 편의 논문을 완성한다.

〈유체평형론〉에서 그는, 유체의 무게는 그 높이에 따라 변화한다는 것과 그러한 사실에 따라 어떤 제한 없는 표면에 작용하는 힘은 유체의 위치를 수직으로 잰 것을 높이로 하고, 또 제한 없는 표면의 넓이를 밑기둥의 무게에 의해 잴 수 있다는 것을 설명하고 있다. 또 여기에는 '유체에 주어진 압력은 그 연속성에 의해 모든 방향으로 똑같이 전달된다'는 이른바 파스칼의 원리도 언급되어 있다. 그리고 〈공기 질량의 무게에 대해〉에서는, 공기는 무게를 가진 것으로서 모든 방향으로 그 무게의 압력을 미치며, 동시에 마치 높이 쌓아올린 양털의 아래쪽이 눌리듯이 아래쪽 밀도가 높고 위쪽은 희박하다고 설명되어 있다.

물리학과 신학

이상과 같이 파스칼의 물리학적 문제에 관한 발견과 실험은 물리학상의 본질을 자신에게 인식시키는 동시에, 신학·철학·물리학을 더욱 명료히 구별하게 해 주었다. 이러한 점은 1647년의 《진공론 서언》에 잘 나타나 있다. 파스칼은 그 책 속에서 인식에는 두 종류가 있다고 했다. 그 중 하나는 기억에만 의존하는 것이다. 그것은 신적 또는 인간적 사실에 의하며, 거기에는 역사와 신학이 속하는 것이다. 그리고 나머지 하나는 감각 또는 이성 아래에 있는 인식으로, 여기에 수학과 물리학이 속하는 것이다. 이 두 가지는 완전히 엄밀하게 구별되는 영역을 가지고 있으며, 전자에서는 증언의 권위만이 우리에게 과거 사건에 대한 인식을 얻게 해준다. 특히 신학에서 권위는 최고의 것이다. 그래서 가장 그럴 듯한 것을 불확실한 것으로 만들 수 있는 동시에, 가장 불가해한 것을 진리로 만드는 데도 역시 충분한 힘을 발휘한다. 그러나 물리학과 수학 영역에서 권위는 무력하다. 우리는 수학에서 쉽게 그것을 이해할 수 있다. 또 물리학에서 문제는 자연법칙을 발견하는 것, 즉 모든 현상 사이의 일정한 관계를 발견하는 것이다. 그리고 우리의 눈앞에서 일어나는 사실을 인식하는 데 있어서 권위는 우리에게 무용하다. 어떤 현상이 이러이러한 자연적 원인에 의해 설명된다는 것을 권위 자체가 증명할 수는 없기 때문이다. 또 수학적인 방법에 권위를 적용하는 것은 더욱더 적합하지 않다.

이러한 방법상의 차이가 신학과 물리학이 가진 근본적인 차이를 낳는 것이다. 신학은 부동이다. 그러나 물리학은 끊임없는 발전을 따르고 있다. 물리학에서는 모든 것의 원인을 오직 신에게 돌리는 신성불가침의 존경과 아리스토텔레스에 대한 잘못된 추종에서 비롯된 거짓 현자의 오만함을 타파하지 않으면 안 된다. 물리적 과학으로 인한 진보는 이중 원리에서 온 귀결이다. 즉 경험은 끊임없이 증가하며, 그 각각이 긍정적이든 부정적이든 새로운 인식을 가져다 준다는 원리와 인간의 이성과 동물의 본능은 다르다는 원리에서 나온 결과인 것이다. 동물은 한정된 완전성의 상태 속에서 스스로를 보호하려는 것 외에는 아무런 의도도 가지지 않는다. 항상 똑같은 본능이 그들을 만족시키고 있는 것이다. 그러나 인간은 무한을 향해 창조되어 있다. 인간의 지성은 끊임없이 자기를 완전하게 하면서 진보해 나간다. 인간은 무지에서 출발한다. 인간이 얻는 경험은 인간을 추리로 내몰고, 그 추리의 결과는 끝없이 증대하는 것이다. 과학에 있어서는 또 자기의 인식을 보존하기 위해 기억과 그밖에 인간이 가지고 있는 여러 가지 수단을 통해 각 개인이 날마다 진보할 뿐만 아니라, 모든 사람이 함께 끊임없는 진보를 이룩한다. 그러므로 수세기가 흐르는 동안 인간이 생존을 계속해 온 것은, 항상 개개의 인간이 존재하며 개인이 끊임없이 배워 왔기 때문이라고 생각하지 않으면 안 된다.

우리와 옛날 사람들의 관계에 대해 생각해 보자. 옛날 사람들은 그들의 시대를 살며 모든 것에 있어서 그때그때 새롭게 인류의 유년기를 형성하고 있었다. 그런 점을 생각해 보면 우리도 옛날 사람이라고 할 수 있는 것이다. 또한 낡았다는 것이 존경을 받는 데 필요한 자격이라고 한다면, 우리 또한 존경받을 만하다고 할 수 있다. 그러나 만약 실제로 진리가 영원하지 않다면, 어떠한 진리도 존경받지 못할 것이다. 만약 누군가 옛날 사람이 위대하다고 말한다면, 그것은 그가 선인들의 발견을 자신의 진리로의 도달을 위한 디딤돌로 쓰기보다는 초월의 수단으로만 사용했기 때문이다.

파스칼은 이상과 같이 인간 진보의 원칙을 말하고 있다. 그러나 이러한 그의 견해는 어디까지나 인간의 노력에 달린 진보를 얘기한 것이었으며, 더욱이 과학의 영역에만 한정되어 적용될 뿐, 도덕적 생활에 해당되는 것은 아니었다.

이렇게 파스칼은 1646년부터 몇 년 동안 과학 연구에 전념하고 있었다. 그러나 그 동안 파스칼에게 지극히 중대한 사건이 일어난다. 그것이 다음에 얘기하는 '회심'이다.

최초의 회심

세계를 구성하고 있는 피조물들은 한정된 완전함 속에 있음으로써 그 의무를 다하고 있다. 이는 세계의 완전함 역시 한정되어 있기 때문인데, 이에 반해 하느님의 아들에게는 그 순결과 완전에 조금도 한계를 두어서는 안 된다. 왜냐하면, 그야말로 신성하고 완전한 무한성이 그 몸의 일부를 이루고 있기 때문이다. (1648년 4월 1일자로 페리에 부인에게 보낸 파스칼과 자클린느의 편지에서)

두 사람의 얀센주의자

1646년 아버지 에티엥 파스칼은 당시 50세였는데, 1월의 어느 날 자선 활동을 하러 가다가 빙판 위에서 넘어져 허벅지 뼈가 부러지는 사고를 당한다. 그때 드 라 브티율리와 데 랑드라는 형제가 그를 치료하게 되는데, 그들은 독실한 얀센주의자들이었다. 이 두 사람은 르뷔유의 교구 사제인 얀 길베르의 제자로서, 길베르의 영향을 받아 신과 자신의 구원, 그리고 이웃에 대한 사랑의 봉사만을 생각하는 사람들이었다. 그들은 파스칼의 집에 약 석 달 정도 머물렀는데, 그 동안 집안사람들에게 길베르에 대한 얘기를 해주고 여러 가지 책을 주기도 했다. 그들은 또 파스칼의 식구들에게 자신의 재능을 하느님을 위해 사용하지 않고 세속적이고 인간적인 학문의 허영을 위해 사용하는 것은 능력의 악용이라고 충고하고, 회심하여 하느님에게 완전히 몸을 바침으로써 신적인 덕성을 행위의 목적으로 하라고 설득했다.

에티엥 파스칼과 그 자녀들이 그들의 권유로 읽은 책은 얀세니우스의 《내적인 인간 개혁에 대한 강화》, 아르노의 《빈번한 영성체에 대하여》, 생시랑의 《영적 서한》, 《새로운 마음》 등이었다. 이런 책들은, 인간은 문자 그대로 자기의 삶에 두고 있었던 중심을 하느님의 삶으로 옮겨 회심하지 않으면 안 된다는 것을 가르치고 있었다. 그들에 의하면 인간은 자기 자신을 하느님보다 사랑하여 하느님의 은총을 저버리고 타락해 버렸다는 것이다. 인간은 그 의지의 근본에 있어서까지 자기 자신의 노예가 되어, 미칠 듯이 기뻐하고 있다. 따라서 인간은 회심하지 않으면 안 된다. 이 세상의 인간은 하느님으로부터 자기를 떼어놓아서는 안 되는 것이다. 특히 사람은 학문에 대한 허망한 사랑을 버려야 한다. 학문은 얼핏 공정한 듯이 보여 우리를 유혹하고 있다. 그러나 실제로 그것은 영원한 진리를 가져다 주지

얀세니우스의 초상

는 않으며, 오히려 우리의 지성을 만족시키기 위한 죄 많은 주장에 지나지 않는다.

이상과 같은 내용은 인간 영혼의 다양한 능력에 질서를 부여할 것을 명하고 있었다. 물론 그러한 질서 부여의 유일한 목적은 하느님의 탁월성 자체에 이바지하는 것이었다. 그런데 이러한 생각은 항상 사물의 본질을 추구하던 파스칼에게 그 호소력을 발휘하게 된다.

회심

이리하여 파스칼은 하느님에게로의 회심을 경험하고, 마음속에서 세속적인 관심을 제거하고 스스로 하느님을 위해서 살겠다고 결심한다. 이에 따라 그는 특히 호기심에서 해온 수학과 물리학의 연구를 그만두고 신앙에 전념하기로 한 것이다. 이에 그치지 않고 그는 자클린느를 회심시키고, 나아가서 그녀와 함께 아버지도 동참하게 한다. 그리고 그 무렵 루앙을 방문한 페리에 부부도 파스칼 일가와 함께 회심하게 된다. 자클린느가 수도원에 들어갈 생

각을 하기 시작한 것도 이 시기로 알려져 있다.

당시의 루앙에는 생탕주라는 별명으로 불리던 환속한 수도사 자크 포르통이 있었는데, 그는 다음과 같은 이단의 설을 주장하고 있었다. "하느님의 작용은 무슨 일에 있어서나 화합의 이치를 근본으로 하며, 인간은 이성으로 그러한 화합의 이치를 알아낼 수 있다. 따라서 인간은 자신의 추론을 통해 종교의 신비한 도리를 알 수 있는 것이다." 파스칼에게 있어 이러한 생각은 그때까지 그가 받아온 가르침, 곧 신앙은 이성에 조금도 위반되지는 않지만 이성을 완전히 초월한 것이라는 생각과는 전혀 다른 것이었다. 이에 파스칼은 이러한 생각이 청년들에게 끼칠 영향을 위하여 친구인 뒤 메스닐, 그리고 오즈와 함께 공개석상에서 생탕주와 토론을 벌여 그 생각을 고치도록 권고한다. 하지만 생탕주는 거기에 따르지 않았고, 결국 파스칼은 그를 카뮈 신부에게 고발하였다. 그러나 그것 역시 아무 소득 없이 끝나자 파스칼은 직접 가이용까지 가서 루앙의 대주교를 만나, 간신히 생탕주의 주장을 철회시키기에 이른다. 파스칼의 이러한 태도는 어디까지나 진지한 것이었다. 그가 이런 일을 한 것은 결코 타인에 대한 원한이 아닌 진리에 대한 열정 때문이었다. 그러나 그것은 타인에 대한 애정이 부족한 행동이었다는 평도 있었을 만큼, 그 행위에 어쩔 수 없는 과격함이 있었던 것은 부정할 수 없다.

파스칼은 이러한 회심 이후에도, 여전히 학문연구를 계속하고 있었다. 이미 살펴 본 것처럼 진공에 관한 실험을 하고 있었던 것이다. 따라서 파스칼의 회심은 더 나중에 볼 수 있는 결정적인 회심에 이르러서야 비로소 진정한 것이 된다.

1647년 파스칼의 건강은 점점 악화되고 있었다. 파스칼은 18세 무렵부터 하루도 육체의 고통을 느끼지 않은 날이 없었다고 말했을 정도였는데, 이 무렵에는 특히 하반신이 거의 마비되어 지팡이를 짚고 걸었을 정도였다. 파스칼의 지병이 무엇이었는지는 확실하지 않지만, 후세의 의사들은 교감신경계의 기능부전, 결핵성 복막염, 출혈성 뇌염, 납중독 등 여러 가지 병명을 추측하고 있다.

사교생활

인간은 공이나 토끼를 쫓는
데 열중한다. 그것은 왕의 즐
거움이기도 하다. (팡세 141)

파리에서

1647년 가을, 어느 정도 건
강을 회복한 파스칼은 의사의
진찰을 받기 위해 여동생 자
클린느와 파리로 갈 것을 결
심한다.

마침 그 무렵 파리에서는 생
글랭이 파리 포르루아얄의 설
교단에서 설교를 하고 있었다.
포르루아얄은 1204년에 마오

생시랑 신부

드 갈랑드와 유드 드 슐리에 의해 슈바르즈 근처에 세워진 수녀원이었다.

1603년에는 당시 11세였던 소녀 안젤리크 아르노가 그곳의 원장이 되었는
데, 그녀는 변호사 앙투안 아르노의 딸로 1608년 무렵부터 개혁을 단행했
다. 이때부터 포르루아얄의 영광스러운 역사가 시작되었다고 할 수 있다.
1625년 포르루아얄은 파리로 이전했고, 그때부터 이 '파리의 포르루아얄'과
'포르루아얄 데샹'으로 나뉘게 된 것이다. 이 무렵은 프랑수아 드 사르가 수
녀원의 지도자였지만, 1636년에는 생시랑이 지도자가 되었다. 이때부터 포
르루아얄은 얀센주의의 중심지가 되었다. 1637년 '포르루아얄 데샹'에서는
생시랑을 중심으로 한 많은 남자 수도사들의 은둔생활이 시작되었는데, 그
은둔자들 중에는 앙투안느 메트르와 그 형제들, 랑슬로, 아르노 등이 있었
다. 그런데 파스칼의 파리 도착 당시에 생시랑의 후계자 생글랭(1607~64)
이 설교를 하고 있었던 것이다. 그의 설교는 결코 대단한 웅변은 아니었지만
부드럽고도 무게 있는 말로 청중을 설득하는 힘을 가진 것이었다. 그것은 사
람들의 마음에 직접 와닿아, 듣는 이로 하여금 마치 생글랭이 특별히 자신에

게만 얘기하고 있는 것처럼 느끼게 할 정도였다. 그의 얘기를 들은 청중은 인간의 비참함, 불안, 빈약함에 대해 생각하고 그의 설교를 마음에 새겨 넣었다. 이러한 생글랭의 설교는 파스칼과 여동생 자클린느의 마음을 깊이 감동시켰다. 생글랭의 가르침은 그리스도교 신자의 마음은 이 세상도 갈라놓을 수 없으며, 또 하느님의 길을 따라 살기를 원하는 사람들이 지상적인 집착을 가지면 반드시 후회할 것이라는 내용이었다.

그리하여 자클린느는 이윽고 생글랭이 지도하고 있던 포르루아얄에 들어갈 결심을 하게 된다. 그래서 당시 파리에 살고 있던 길베르 신부를 통해 포르루아얄 수도원과 연락을 하게 되었다.

1648년 7월 11일 칙령이 발표되어 많은 세무 감독국(局)이 폐지되었는데, 에티엥 파스칼은 그해 7월에 일찌감치 직위에서 물러나 파리로 돌아와 있었다. 이에 파스칼은 자클린느가 수도원에 들어가려 하는 것을 아버지에게 알렸고, 아버지는 그 일에 동의해 주지 않았다. 그는 딸과 헤어져서는 생활할 수 없었던 것이다. 그래서 에티엥 파스칼은 자클린느를 집에 붙잡아 두고 포르루아얄과 연락을 취하지 못하도록 감시했다. 그러나 이때에도 자클린느는 편지를 통해 몰래 안젤리크 수녀의 여동생 아네스 수녀의 가르침을 받고 있었다.

그 무렵 파스칼의 포르루아얄에 대한 이해는 더욱 깊어지고 있었다. 파스칼은 포르루아얄에서 출간한 저작도, 또 그것에 반대하는 사람들의 저작도 읽었다. 그는 이렇게 대립하는 양쪽의 주장을 모두 읽고 포르루아얄을 앎으로써, 포르루아얄의 사상에 동의한 것이다. 그러나 파스칼에게는 그만의 독특한 생각이 있었다. 어느 날 파스칼은 포르루아얄의 고해신부인 루브르 신부와 얘기를 나누었다. 파스칼은 "강한 정신의 사람들이 많은 일에 대해 좌절하는 것을 상식의 원리를 통해서도 해명할 수 있다고 생각한다."면서, "그리스도 교도의 의무는 물론 추론의 힘을 빌리지 않고도 그 가르침을 믿는 것이지만, 잘 이끌어 낸 추론은 종교의 가르침을 인정하게 만들기도 한다"고 말했다. 이에 루브르 신부는 그러한 생각이 추론의 힘에 대한 허영이나 자부에서 나온 것은 아닌지 좀 더 생각해 봐야 한다고 대답했다. 그러나 파스칼은 자신이 루브르 신부에게 그런 의심의 여지를 준 것에 대해 매우 완강하게 변명했다. 파스칼에게는 이렇게 자신의 주장에 집착하는 완고함이 있었다.

그런 그는 종교의 영역 밖에 있는 이성의 힘을 믿고 있었기 때문에 자연연구를 여전히 계속하고 있었던 것이다.

사교계의 멤버들

1649년 5월, 에티엥 파스칼은 자녀들을 데리고 오베르뉴에 갔다. 그 당시 파스칼은 건강상태가 그리 좋지 않아서, 의사들로부터 모든 연구를 중단하고 기분전환을 하라는 권유를 받고 있었다. 자클린느는 여전히 포르루아얄 수도원에 들어가고 싶어했다. 에티엥 파스칼은 오베르뉴에서의 사교생활이 하나의 전기가 되어 파스칼의 건강이 나아지고, 자클린느의 마음이 바뀌어 자신의 곁에 남게 되길 바란 것이다. 파스칼은 그곳에서 과학연구를 떠난 사교생활에 흥미를 느끼고 여러 가지 유흥과 오락에 빠지게 된다. 그러나 그의 생활이 유흥 때문에 무질서해진 것은 아니었다. 1650년 11월, 파스칼 일가는 약 6개월 간의 오베르뉴 생활을 마치고 다시 파리로 돌아온다. 여기서 파스칼은 서서히 로아네스 공·메레·미통·데발로·사블레 후작부인 등과 교제하게 되었다.

로아네스 공은 파스칼의 이웃으로 당시 그의 나이는 20세 정도였지만, 파스칼의 사교생활 내내 친구가 되었다. 그는 수학에 뛰어난 재능을 가지고 있었는데, 그것이 파스칼과 그를 가깝게 이어 주었던 것이다. 로아네스의 아버지는 품행이 좋지 않았고, 그의 어머니는 자식을 돌보지 않았다. 그러한 가정환경에서 그는 파스칼을 신뢰하고 또 깊은 애착을 품게 되었다.

메레는 기사였는데, 완고한 오네톰으로 알려져 있었다. 오네톰이란 17세기 프랑스의 이상적 인간상을 말한다. 그것은 원래 도덕적으로 훌륭한 사람을 의미했지만, 점차 그 뜻이 변하여 타인을 즐겁게 해주는 재능있는 사교인을 지칭하게 되었다. 메레는 《진정한 공정함에 대한 이야기》라는 책을 써서 이상적인 오네톰을 묘사하기도 하였다. 그는 지위와 명예와 부에 관심을 두지 않고 타인을 행복하게 해 주는 데 노력한 사람이었고, 또 듣는 사람의 귀를 사로잡는 웅변가이기도 했으며 자연과 고독을 즐겼으나, 그 이상으로 여성과의 사교도 좋아했다.

미통은 자유분방한 사람으로서, 인간의 모든 영위의 허무함을 민감하게 느끼는 니힐리스트였다. 그러나 그는 그러한 생각 속에서도 항상 안정된 정신상태를 유지하고 있었다. 또한 미통은 드물게 천부적인 변론술을 터득하고 있었고, 몽테뉴에 비견될 만한 날카로움도 지니고 있었다.

데발로는 고등법원 장관을 지낸 인물이자 무신론자였다. 상당한 방탕아였는데 나중에 큰 병을 앓고 난 뒤 마음을 고쳐먹고 신앙에 눈을 떴다.

사블레 후작부인은 추기경 리슐리외의 조카로서, 예능에 뛰어나고 기품 있는 부인으로 유명했다. 그녀는 살롱을 열고 있었는데, 그 살롱에서 라로슈푸코의 《잠언집》이 태어났다.

섬세한 정신

1652년 여름, 파스칼은 로아네스 공·메레·미통과 함께 푸아투로 여행을 떠났는데, 그때 메레는 그 여행에 대한 기록을 남겼다. 그런데 거기에는 이름은 명기되어 있지 않지만, 내용으로 보아 명백하게 파스칼을 가리키는 것으로 생각되는 한 남자에 관한 대목이 있다.

"R공작은 수학적인 재능을 지니고 있다. 그는 도중에 무료하지 않도록 중년의 한 남자를 일행으로 데리고 왔다. 이 남자는 그 처음에는 우리들 사이에서 그다지 주목을 받지 못했지만, 그때 이후 자주 화제에 오르게 되었다. 그는 위대한 수학자로서 수학밖에 몰랐다. 그러한 학문이 세속의 즐거움을 주지는 못하는데도, 그는 취미도 가지고 있지 않았다. 또한 여러 가지 고상한 감정도 없는 듯 했으며, 우리가 하는 이야기에는 거의 끼어들지 않았다. 그러나 때로는 우리를 놀라게 하거나 웃음을 터뜨리게 하기도 했다. 2, 3일은 그렇게 지나갔다. 그 무렵부터 그는 자신의 여러가지 복잡한 감정들에 약간 의심을 품기 시작했다. 그래서 자기 앞에서 이야기되고 있는 내용을 이해하기 위해 귀를 기울이며 질문을 하거나, 이따금 수첩을 꺼내 뭔가 적어 넣기도 했다. 그것은 우리가 P에 도착할 때까지 계속되었다. 그리고 그는 곧, 그 자리에 어울리는 적절한 말과 우리가 하고 싶어하는 말만 하게 되었다."

이리하여 파스칼은 곧 다른 사람들처럼 세속적인 기쁨을 즐기게 된 것이다. 거기서 파스칼은 자주 인간의 미묘한 감정과 섬세한 정신, 비할 데 없는 교양, 세련된 예의범절 등을 접하게 된다.

그러한 일에는 특히 메레의 영향이 컸던 것 같다. 메레는 파스칼에게, "수학적 논증은 우리에게 실재하고 있는 사물이 어떠한 것인지 인식시키는 데는 완전히 무력하다. 우리는 생기 넘치는 정신과 섬세한 눈을 가질 때에만, 대상 속에서 기하학자가 결코 발견할 수 없는 많은 것을 발견할 수 있다. 즉 뭔가를 발견하는 데는 수학적 논증의 방법과 자연적 감각의 방법 두 가지를 사용할 수 있는데, 그 중 자연적 감각이 수학적 논증보다 훨씬 뛰어나다"고 말했다.

이러한 생각은 파스칼에게 상당히 큰 영향력을 미쳤다. 파스칼은 다음과 같은 생각을 하게 된다. "논증은 사물의 추상적인 형태와 외부적인 관계밖에 가르쳐 주지 않는다.

안젤리크 아르노 수녀

그러나 사교생활은 우리에게 사물의 내면에 들어가도록 하는 특수한 정신의 섬세함과 예민함을 준다고 한다. 이것이 과연 사실일까?" 이런 의문과 호기심을 가지고 파스칼은 사교생활에 전념하여, 그 과정을 통해 심정의 논리를 발견해 나간다. 다음은 파스칼이 쓴 것, 또는 적어도 그의 사상을 표현하고 있는 것으로 전해지고 있는 《사랑의 정념에 관한 설화》의 일부이다.

인간은 생각하기 위해 태어난다. 그러나 만약 순수한 사고가 항상 지속된다면, 그것은 인간을 행복하게도 하지만 인간을 피곤하게 하고 쇠약하게도 한다. 순수한 사고의 지속이란 인간이 스스로 순응할 수 없을 정도의 단조로운 생활이기 때문이다. 인간에게는 변화와 행동이 필요하다. 다시 말해, 인간은 때때로 마음속에서 느끼는 매우 생생하고 근원이 깊은 정념에 의해 움직이는 것이 필요한 것이다.

……

정신에는 두 가지 종류가 있다. 그 하나는 기하학적인 정신이고, 다른 하나는 섬세하다고 형용할 수 있는 정신이다. 전자는 완만하고 둔하며 완고한 생각을 가지고 있는 것이다. 이에 비해 후자는 부드럽고 유연한 생각을 가지고 있으며, 그것을 자신이 사랑하는, 또 사랑해야 하는 온갖 부분에 동시에 적용한다.

......

인간은 혼자 있는 것을 좋아하지 않는다. 인간은 사랑을 한다. 그러므로 인간은 사랑할 뭔가를 밖에서 구하지 않으면 안 된다. 인간은 그 사랑의 대상을 아름다움 속에서만 발견할 수 있다. 그러나 신이 창조한 것 가운데 그 자신이 가장 아름다운 것이므로, 인간은 자신과 같은 인간이지만 자신과는 다른 존재한테서 자신의 사랑에 대한 욕구를 채워 줄 무엇인가를 찾는다. 이렇게 사랑은 순수한 논리와는 다른 특수한 논리이다. 사람은 사랑하고 있을 때, 사랑하고 있지 않을 때와는 다른 별도의 정신을 가지는 것으로 보인다.

......

인생이 사랑에 의해 시작되어 야심에 의해 끝난다면 얼마나 행복할까. 만약 내가 그 하나를 선택해야 한다면, 나는 사랑을 선택할 것이다. 위대한 정신은 자주 사랑하는 것이 아니다. 내가 말하는 것은 격렬한 사랑이다. 위대한 정신을 움직이고 채우기 위해서는 홍수가 필요한 것이다.

연애

파스칼은 사교생활 속에서 남몰래 한 여성에게 마음을 주었던 것 같다. 그것은 《사랑의 정념에 관한 설화》 속에서 그가 다음과 같이 말하고 있는 것으로 추측할 수 있다.

사랑한다는 말도 하지 못하고 사랑하는 기쁨에는 나름대로의 괴로움이 있다. 그러나 거기에는 그 나름의 달콤함도 있다. 사람은 한없이 존경하는 여성의 마음에 들기 위해 자신의 행위를 얼마나 열심히 조절하는 것인가!

......

사람은 종종 자신의 신분 이상의 것을 추구하려 한다. 그래서 그는 격정이

타오르는 것을 느끼지만, 그
것을 불러일으킨 여성에게
좀처럼 얘기하지는 못한다.

그러나 파스칼이 연애를 했
는지 안 했는지에 대해서는
정확하게 말할 수 없다. 그
연애를 단정하는 사람도 있지
만 확실한 증거는 없기 때문
이다. 하지만 이러한 내용으
로 미루어 파스칼이 자기보다
신분이 높은 부인에게 마음이
끌려 남몰래 사랑했으리라는
것은 충분히 상상할 수 있다.
이러한 점만으로도 이 《사랑
의 정념에 관한 설화》는 파스

아네스 아르노 수녀

칼이 연애의 생생한 경험을 통해 쓴 것이라고 생각할 수 있을 것이다. 앞에
서 소개한 파스칼의 사랑에 대한 말은 그러한 경험을 한 적이 있는 사람에게
는 지극히 진실하게 마음을 울리며 다가오기 때문이다.

파스칼이 파리에서 즐긴 본격적인 사교생활은 약 2년 만에 끝난다. 그것
은 자클린느가 포르루아얄에 들어간 1652년 무렵부터 1653년말까지였다. 포
르루아얄은 파스칼의 사교계 생활을 '파스칼의 방탕'이라고 불렀다. 그러나
그것은 높은 도덕성을 유지한 생활이라고는 할 수 없어도, 보통 사람의 경우
라면 상당히 훌륭한 생활을 한 것으로 평가받을 수 있을 정도였다고 한다.
파스칼은 결코 악덕에 빠지는 일이 없었다. 페리에 부인의 말에 의하면, '파
스칼은 하느님의 자비에 의해 악덕으로부터 보호되고 있었던 것'이다.

에픽테토스와 몽테뉴

파스칼에게 '인간'에 대한 눈을 열어 주는 역할을 한 것으로는 사교생활
외에도 철학서가 있다. 파스칼은 특히 에픽테토스의 《제요(提要)》와 몽테뉴

의 《레이몽 스봉의 변호》를 읽고 인간에 대해 생각하게 되었다. 에픽테토스는 인간은 하느님의 질서에 일치할 때 비로소 위대해질 수 있다고 설파하며, 하느님의 의지를 인정하고 받드는 것이 인간의 의무임을 가르치고 있었다. 또 그들은 기꺼이 하느님에게 복종하며, 그러한 복종을 통해 무절제한 욕망과 비천한 생각을 극복해야 한다는 것, 항상 죽음이나 불행에 대해 각오해야 한다는 것 등을 주장하였다. 그러나 에픽테토스는 인간의 비참함은 보지 않은 채 인간이 어떠한 것도 할 수 있다는 오만에 빠져 있었다.

한편 몽테뉴는 파스칼에게 인간은 자기 자신에게 사로잡혀서 사물의 근저를 파악하지 못한다는 것을 가르쳐주었다. 따라서 인간은 사물을 그 주먹보다 크게 붙잡을 수도, 그 팔보다 크게 안을 수도 없다는 것이다. 나아가서 하느님이 그 손을 빌려주지 않으면, 인간은 자기를 높일 수 없다는 것도 알게 해 주었다. 몽테뉴는 인간이 무력하다는 것을 알고, 인간 지식의 불확실함과 회의에 사로잡혀 있었다. 그러나 이러한 몽테뉴의 사상은 인간의 의무에 대해서는 가르치는 바가 없었다.

파스칼은 몽테뉴의 제자인 샤롱의 책도 읽었다. 샤롱이 가르치는 바로는, 우리는 진리가 살아 있는 하느님의 정신 안에서 그 진리를 파악할 수 있는 수단을 가지고 있지 않았다. 그러므로 우리는 하느님에게서 진리를 아는 것을 포기하고 우리의 불완전한 본성에 어울리는 생활 속에서 지혜를 찾아야 하는 것이다.

이러한 철학자의 책들은, 파스칼의 인간적인 것에 대한 원리의 탐구에 실마리를 제공해 주었다. 파스칼은 이리하여 인간의 의무와 무력함에 대해 생각하게 되었고, 그것은 훗날에 《드 사시 씨와의 대화》가 되어 나타난다. 나아가서 파스칼은 실제의 사교생활 속에서 점점 인간적인 세계에 날카로운 메스를 가하게 된다.

아버지의 죽음

1651년 9월 24일, 파스칼의 아버지 에티엥 파스칼이 세상을 떠난다. 아버지의 죽음은 파스칼에게 깊고 강렬한 고통을 주었다. 그로 인해 파스칼은 종교에 더욱더 깊이 빠져들어 신앙에서 위안을 찾게 된다. 1651년 10월 17일, 파스칼은 페리에 부처에게 편지를 보내어 죽음에 대한 자신의 생각을 말하기도 한다.

파스칼은 이교도들처럼 죽음을 단순한 우연이나 피할 수 없는 자연의 이치라고는 생각하지 않았다. 그렇게 생각한다면 인간은 죽음으로부터 아무런 위안을 얻을 수 없게 되고 만다. 하지만 인간은 진정 위안을 구하고자 하여, 악을 선으로 바꿈으로써 그것을 얻으려 하는 것이다. 그러나 진정한 마음으로부터의 위안은 진리에서 오는 것이므로, 지성에 의해 죽음을 제대로 파악하는 일이 필요했다. 그리고 실제로 우리의 판단과

포르루아얄 수도원, 수녀들의 성가대석

행위 속에서 거기에 따라 그 죽음을 처리하는 일이 중요한 것이었다.

그런데 이교도들처럼 죽음을 자연적인 것으로 생각하면, 죽음이란 것은 필연적으로 악이 될 것이다. 왜냐하면 그런 생각은 죽음을 실제로 보이는 그대로의 것, 즉 부패와 멸망에 지나지 않는 것으로 만들어 버리기 때문이다. 따라서 그러한 죽음에는 일말의 희망을 위한 여지도 없는 것이다. 그러나 성령이 우리에게 가르친 진리에 의하면, 죽음은 하나의 보상이자 우리를 현세적인 욕망에서 구원하는 수단이다. 따라서 우리는 죽음을 그렇게 생각해야한다. 즉 예수 그리스도에게 있어서의 죽음을 생각하지 않으면 안 되는 것이다. 그러면 우리는 우리의 일생, 특히 그리스도 교도의 일생은 죽음으로써 완성되는 부단한 희생임을 이해하게 된다. 그렇게 되면 우리는 더 이상 희망이 없는 죽음 속에서 악취를 풍기는 송장을 보지 않고, 오히려 침범해서는 안 되는 성령의 영원한 성당을 보게 될 것이다. 이렇게 영혼은 죽음에 의해 생명이 주어져서 지고한 생명과 결부된다. 그러므로 우리는 우리의 고통이 아무리 크다 해도 하느님에게 인도를 맡기면, 그가 그것으로부터 기쁨의 원

천을 이끌어내 줄 것이라는 희망을 가지지 않으면 안 되는 것이다.

또한 죽음의 본능적인 공포에서 자유로워지고자 한다면 우리는 죽음의 기원을 충분히 이해해야 한다. 그리스도교에 의하면, 생명에 대한 우리의 사랑은 영원한 생명을 추구하는 경향의 표출로서 하느님이 우리 안에 심어준 것이다. 그런데 우리 죄의 결과로서 하느님이 우리의 영혼으로부터 떠났고, 그로 인해 남겨진 우리 영혼의 무한한 공허는 우리의 자아와 현재의 사물에 의해 채워져 왔다. 즉 그때부터 우리의 사랑은 어디를 향해야 할지 몰라 그런 대상들을 갈구해 온 것이다. 그리고 우리가 체험하는 죽음의 공포는 이 혼란스러운 사랑에서 유래한 것이다. 그렇게 하여 죽음은 결국 그 목표를 잃고 육체의 죽음에 잘못 적용되지만, 사실은 영혼적 죽음에 대한 근원적인 공포인 것이다. 우리는 육체적인 죽음보다 정신적인 죽음을 두려워 해야 한다. 우리가 정신적인 죽음을 두려워하면 할수록, 육체적인 죽음은 그다지 두렵지 않게 될 것이다.

그러나 이것이 사랑하는 자의 죽음과 고통 없이 자연스럽게 직면할 수 있게 된다는 것을 의미하지는 않는다. 사실 우리에게 그런 것은 불가능하고, 또 그렇게 되기를 원하지도 않는다. 왜냐하면 우리의 자연적인 느낌을 우리한테서 해방하는 은총의 작용은 필연적으로 우리의 현세적 욕망의 경향과 충돌하기 때문이다. 현세적 욕망이 얼마나 참혹한 상처를 받느냐 하는 것이 은총이 발현되고 진행되는 척도이다. 그러므로 우리는 아버지의 죽음을 슬퍼하자. 그것은 옳은 일이다. 우리는 위안을 얻자. 이것 또한 옳은 일일 것이다. 그리고 은총의 위안이 이런 자연적인 감정을 이기기를 기원하자.

이렇게 파스칼은 아버지의 죽음을 통해 그리스도교적인 죽음의 의의를 찾아내고, 동시에 종교적으로 더욱 깊고 경건한 마음을 갖기 시작했다. 또한 파스칼은 사자(死者)에 대한 태도를 다음과 같이 말하고 있다.

죽은 자들에게 우리가 베풀 수 있는 가장 견고하고 유익한 자비는, 만약 그 죽은 이들이 이 세상에 살고 있다면 우리에게 명령했을 그런 일을 하는 것이다. 또 그들이 우리에게 이미 해 준 성스러운 권고대로 행하는 것이며, 지금 우리에 대해 원하는 상태에 우리를 두는 것임을 나는 한 성스러운 사람한테서 배웠다. 그 죽은 이들이 권고한 대로 성스럽게 삶으로써,

우리는 말하자면 그들을 우리 안에 부활시키는 것이다. 그럴 수 있는 것은 우리 속에 그들의 권고가 여전히 살아 있고 또 작용하고 있기 때문이다.

아버지와 굳게 결속해 있었던 파스칼은 이렇게 죽은 아버지를 마음 속에 영원히 살게 하고자 했다. 그리고 파스칼은 아버지의 죽음으로 인한 슬픔을 이 세속의 생활 속에서 치유하기 위해 자신의 사교생활을 더욱 확대해 갔다.

수녀가 된 자클린느 파스칼

자클린느의 포르루아얄 입문

에티엥 파스칼의 죽음은 자클린느의 포르루아얄 입문에 결정적인 기회를 주었다. 그러나 파스칼은 자클린느를 자기 곁에서 떠나 보내는 것을 원하지 않았다. 그래서 그는 자클린느에게 수도원에 들어가는 것을 1년만 연기해 달라고 요청했다. 자클린느는 그 요청에 침묵을 지켰다. 파스칼을 더 이상 슬프게 하고 싶지 않았기 때문이다. 그러나 자클린느의 마음은 이미 굳어져 있어서, 재산 상속문제가 처리되면 당장이라도 수도원에 들어가려고 남몰래 마음먹고 있었다. 당시 파스칼은 사교생활을 위해 상당한 돈을 필요로 하고 있었다. 그래서 그는 자클린느와 함께 살며 두 사람의 재산을 하나로 합치자고 제안했다. 그러나 자클린느는 자기 몫의 유산을 포르루아얄에 기부금으로 가지고 가고 싶어했기 때문에 그 제안을 즉시 거절했다. 그 대신 그녀는 자신의 유산을 파스칼에게 양도하고 연금을 받기로 한다. 재산분배의 증서는 1651년 12월 31일에 서명되었다. 그와 동시에 자클린느는 이듬해인 1652년 1월 4일에 포르루아얄에 들어가기로 결심한다. 그때 자클린느의 나이 26세였다. 떠나기 전날 밤 그녀는 파스칼에게 자신의 결심을 털어 놓았다. 그 얘기를 듣고 슬픔에 잠긴 파스칼은 자기 방에 들어가서 나오지 않았다. 이튿날 아침, 자클린느는 아무한테도 작별인사를 하지 않고 집을 나섰다.

이리하여 포르루아얄에 들어간 자클린느는 1652년 3월 7일 파스칼에게 편지를 보내, 마음이 내키지 않을지 모르지만 정식 수녀로서 제복을 입는 의식에 꼭 참석해 달라는 간청을 했다. 파스칼은 자클린느에게 정식 수녀가 되는 일을 2년 동안 미루어 달라고 요구했다. 하지만 오빠의 간청에도 자클린느가 생각을 바꾸지 않자 그는 다시 6개월만 기다려달라고 부탁했다. 하지만 이렇게 동생을 붙잡던 파스칼도 결국 자클린느의 굳은 의지와 안젤리크 수녀의 동생 당디의 중재에 뜻을 굽히고, 마침내 1652년 5월 26일의 착의식(着衣式)에 참석하는 데 동의했다.

착의식이 끝나자 자클린느는, 아버지의 유산 가운데 그녀에게 속하는 몫을 포르루아얄의 기부금으로 내고 싶다고 말했다. 당시에는 수녀가 재산을 소유하는 것이 법률로 금지되어 있었지만, 연금을 받는 것과 수도원에 들어갈 때 기부금을 가지고 가는 것만은 인정되고 있었다. 자클린느의 이러한 요청에 파스칼과 페리에 부인은 화를 냈다. 두 사람은 자클린느가 자신들의 재산을 빼앗아 아무 관계도 없는 사람들에게 주려고 한다며 비난했다.

그러나 자클린느는 기부금 없이 포르루아얄에 들어가는 것은 자존심이 허락하지 않아 도저히 견딜 수가 없었다. 자클린느의 이 고뇌에는 여러 방면의 사람들이 동정을 보냈다. 그러나 안젤리크 수녀는 자클린느가 이렇게 언제까지나 가족에게 집착하는 것을 허용하지 않았다. 그녀는 자클린느에게 말했다. "이 일에 가장 큰 이해관계를 가지고 있는 당사자(파스칼)는 사교계에 지나치게 깊숙이 발을 들여놓고 허망하기 그지없는 것과 오락에 빠져 있기 때문에, 당신이 하고 싶어 하는 보시를 이해하지 못하고 있습니다. 그러니 기적만이 그의 마음을 돌릴 수 있어요. 더욱이 그에게 필요한 기적은 은총의 기적이 아니라 자연과 애정의 기적입니다."

그런데 그러한 기적이 곧 일어났다. 파스칼이 자클린느를 면회하러 간 어느 날이었다. 그때 파스칼은 자클린느가 마음속으로는 지참금 문제로 매우 슬퍼하고 있으면서도, 자신에게는 즐겁고 쾌활한 듯이 행동하려고 노력하는 것을 보고 마음에 깊은 감동을 받았다. 그러한 자클린느의 태도가 진심으로 동생을 사랑하고 있었던 파스칼의 마음을 움직인 것이다. 이에 그는 모든 재산상의 부담을 떠안게 되더라도 이 일을 원만하게 해결하기로 결심한다. 그러나 이번에는 수녀들이 파스칼의 결심을 쉽게 받아들이려 하지 않았다. 그들은 파스칼이 하느님의 정신에 따라 보시할 것을 요구했던 것이다. 안젤리크는 다음과 같이 말했다.

"우리는 돌아가신 생시랑 씨한테서 하느님의 집을 위해서는 하느님으로부터 나온 것 외에는 아무것도 받아서는 안 된다고 배웠습니다. 자비 이외의 동기에 의해 이루어진 모든 것은 하느님의 정신의 결과가 아닙니다. 따라서 우리는 그것을 받아들일 수 없습니다."

이 일은 파스칼이 하느님의 정신으로 보시를 하고 있다는 것이 안젤리크에 의해 인정되고 나서야 비로소 해결되었다. 그리하여 자클린느는 1653년 6월 5일에 서원식을 올렸다.

파스칼은 아버지의 유산을 자신이 납득할 수 없는 이유 때문에 타인에게 넘기는 것은 지극히 불합리하다고 생각하고 있었지만, 여동생 자클린느에 대한 강한 애정에 의해 그 일을 감행한 것이다.

수학상의 업적

사교생활을 하는 동안에도 파스칼은 과학상의 연구를 완전히 그만둔 것이 아니었다. 그는 물론 그러한 생활에서 쾌락을 추구했지만, 이미 말한 것처럼 완전히 쾌락에 빠지는 일은 없었다. 그 첫번 째 이유는 파스칼의 재산이 다른 귀족에 비해 훨씬 빈약하여 다른 귀족들처럼 화려한 생활을 할 수 없었기 때문이었다. 또 그는 타고난 성격상 부당한 일은 할 수 없는 사람이어서 사교계생활 속에서도 질서를 사랑하는 것을 잊지 않았다. 그리고 이러한 파스칼은 놀면서도, 이를테면 우연히 관심을 갖게 된 개연성에 대한 수학적 관찰에 전념하고 있었다. 후에 이를 두고 라이프니츠는 "파스칼은 위대한 탕아였기 때문에 최초로 도박의 추산(推算)을 시작했다"고 말했다. 도박에 대한 연구는 메레가 제시한 문제를 계기로 본격적으로 이루어졌다. 당시 파스칼은 툴루즈에 살고 있던 페르마와 확률론에 관한 편지를 주고받고 있었다. 그런데 이 두 사람은 서로가 우연히도 같은 문제를 다른 방법으로 다루었고, 그러면서도 같은 결과에 도달했음을 알게 되었다. 이를 두고 파스칼은 페르마에게 "진리는 파리에서도 툴루즈에서도 같다"고 말했다.

파스칼과 페르마의 서신 교환은 1654년 7월 29일자 파스칼의 편지로 시작되었는데, 현재 그 일부가 남아있다. 이 최초의 편지 속에서는 판돈의 분배 문제가 다뤄졌다. 그것은 "같은 실력의 두 사람이 각각 일정한 판돈을 걸고 승부를 겨루어 먼저 n점을 얻은 사람이 이긴 것으로 한다. 이때 도중에 한쪽이 a점을 얻고 또 다른 쪽이 b점을 얻은 뒤 승부를 중단하면, 이 두 사람 사이에서 판돈을 어떻게 분배하는 것이 공평한가?" 하는 문제였다. 이에 대해 파스칼은 예를 들어 해답을 내려 했는데, 이것이 '수삼각형론'에서 일반적으로 해결되어 있는 문제이다.

여기서 '수삼각형'(파스칼의 삼각형이라고도 한다)을 그림으로 나타내면 다음과 같다.

```
1  1
1  2  1
1  3  3  1
1  4  6  4  1
1  5  10  10  5  1
1  6  15  20  15  6  1
·  ·  ·  ·  ·  ·  ·  ·
·  ·  ·  ·  ·  ·  ·  ·
·  ·  ·  ·  ·  ·  ·  ·  ·
```

위와 같이 숫자로 성립되어 있는 수삼각형의 기본이 되는 수는 '1'이며, 각수는 바로 위의 수와, 그 위의 수 왼쪽의 수를 더하여 나온 것이다. 이것은 여러 가지에 적용될 수 있는데, 잠시 이에 대한 슈발리에의 설명을 살펴보자.

(1)세로 제1열에는 오직 수 1만 있고, 제2열에는 위에서 차례로 1을 더하여 만들어지는 자연수가 있으며, 제3열에는 삼각수(삼각형틀 안에 같은 크

기의 원들을 넣어 나열할 때 그 삼각형 크기에 따라 안에 들어가는 원의 수를 가리킨다)가, 또 제4열에는(3차원의) 피라미드수(같은 크기의 둥근 구슬을 피라미드 형태로 쌓아올릴 때 그 구슬의 수를 나타낸다)가 있다.

이상과 같은 구성을 이루고 있는 이 수삼각형은 이항계수 사이의 관계를 삼각형모양으로 나열한 구슬원의 수로써 나타낸 것으로, 이 수삼각형의 바닥행을 보면 이항식을 전개했을 때의 계수를 얻을 수 있다. 그것은 위로부터 1 2 1, 1 3 3 1, 1 4 6 4 1,⋯ 1 7 21 35 35 21 7 1 ⋯ 같은 식으로 된다.

(2)이 수삼각형은 조합의 계산에도 유용한데, 그 실례를 들면 다음과 같다. 즉 4개의 사물 A,B,C,D에 대해 그 조합의 수를 구해 보면

(a) 하나씩 택할 때 (A, B, C, D)는 4

(b) 둘씩 택할 때 (AB, AC, AD, BC, BD, CD)는 6

(c) 셋씩 택할 때는 (ABC, ABD, ACD, BCD)의 4

(d) 넷씩 택할 때는 (ABCD)로 1

위와 같이 15가지 경우가 나온다. 그런데 이것은 수삼각형의 4번째 바닥행에서 처음 1을 제외한 4,6,4,1과 그 합을 보면 쉽게 알 수 있는 것이다.

다음은 다른 예, 즉 두 개의 사물을 되풀이하여 택하는 경우이다. 이를테면, 동전을 던져서 앞면이 나올지 뒷면이 나올지를 시험해 본다고 하자.

동전을 한번 던질 때는, 뒤(P)가 아니면 앞(F)이므로, 1과 1로 그 조합수는 둘이다.

두 번 던질 때는 PP, PF, FP, FF가 되어, 1과 2와 1로 조합의 수는 모두 넷이다.

세 번 던질 때는 PPP, PPF, PFP, FPP, PFF, FPF, FFP, FFF로 1, 3, 3, 1이 되어 합계 8이 조합수가 된다. 나머지도 같은 방식이 된다.

역시 위와 같은 조합은 각각 수함각형의 1, 2, 3행을 보고 알아낼 수 있다. 이때 수삼각형 그림의 짝수행은 P와 F를 대칭으로 똑같이 가지는 조합에 대응하는 대칭수를 이룬다. 또 홀수행은 중앙에 P나 F중 한 쪽이 한번 더 나타나는 대칭 수를 이룬다.

(3)이상에서 확률론과 분배 규칙에 대한 적용을 바로 이끌어 낼 수 있다. 그 열쇠는 조합의 분석이다. 매우 간단한 경우를 살펴보자. 이런 방식을 통해서도, n회 던지면 뒤가 m회 나올 확률을 어떻게 수삼각형이 우리에게 알게 해주는지 알 수 있을 것이다.

예를 들어 세 번 던질 경우, 세 번 모두 뒤(PPP)가 나올 확률은 8분의 1이다. 두 번 뒤(PP-)가 나올 확률은 8분의 3이다. 이렇게 하여, 우리는 도박의 이익에 대한 모든 문제를 풀 수 있다. 그러나 던지는 횟수가 많으면 계산하기가 곤란해진다. 그래서 오늘날에는 더욱 간단한 방법을 사용하고 있다. 그러나 그런 방법으로 얻을 수 있는 결과 역시 파스칼의 수삼각형에 의한 것과 같으며, 새로운 원리에 의한 것은 아니다.

이와 같이 파스칼은 사교생활에서 도박을 경험하고, 이를 계기로 낱낱의 경우의 수 조합을 여러 가지로 생각하여 수삼각형을 완성하게 되었다. 이 수삼각형과 유사한 것이 1543년에 이미 슈티펠에 의해 발명되었기 때문에 파스칼이 이것을 최초로 만들어 냈다고는 할 수 없다. 그러나 이것은 그 응용에서의 독창성으로 오늘날 우리에게 파스칼의 수삼각형으로 더 잘 알려져 있는 것이다.

1653~54년 사이에 파스칼은 수학상의 중요한 연구를 몇 가지 달성했는데, 이 업적은 나중에 드레그가 지적한 것처럼 뉴턴의 이항 정리를 증명하는 모든 요소를 포함하는 것이었다. 또 그가 이 '수삼각형론'에 이어서 발표한 '누승의 합에 대하여'에는 미분법의 요소도 들어 있었다.

병고의 극복

이미 말한 것처럼 파스칼은 어릴 때부터 병약했다. 평생 동안 계속됐던 지병으로 인한 고통은 1647년에 극히 심해져서, 두통과 복통이 끊이지 않았고 하반신은 거의 마비상태였다. 이러한 병고는 파스칼에게 당연히 크나큰 시련이었다. 그러나 오랜 투병생활 끝에 그는 점차 질병을 견뎌 내고 그것을 어떻게 선으로 활용할 것인가 하는 문제에 대해 생각하게 되었다. 그가 《질병의 선용을 위한 기도》를 쓴 것도 이 무렵이었던 것 같다. 파스칼은 그 속에서 다음과 같이 말하고 있다.

주여, 당신의 마음은 모든 것에 관대하고 자비로우십니다.

당신은 제가 당신을 섬길 수 있도록 저에게 건강을 주셨지만, 저는 그것을 온통 세속적인 일에 다 써 버리고 말았습니다. 당신은 이제 저를 교정하기 위해 저에게 질병을 내려 주셨습니다. 저의 부족한 인내심으로 당신을 노하게 하는 데에 제가 질병을 사용하는 것을 허락하지 마옵소서. 제 마음이 약하니 당신에 대한 제 사랑을 더욱 뜨겁게 하시어 주옵소서. 그리하여 저로 하여금 이 세상의 일을 즐길 수 없게 하고, 오로지 당신만이 저의 즐거움이 되도록 하시옵소서.

당신 외에 사랑할 가치가 있는 것은 아무것도 없습니다. 왜냐하면 어떤 것도 당신처럼 영속하지 않기 때문입니다.

오, 하느님! 제 삶을 인도하시는, 찬미해야 할 당신의 섭리의 질서를 제가 침묵 속에 찬양할 수 있게 하소서. 당신이 주신 재앙이 저를 위로하는 것을 허락해 주옵소서.

그러나 하느님, 저는 알고 있습니다. 제 마음이 얼마나 완고한지를. 그것은 온갖 생각과 걱정, 불안, 세속에 대한 애착으로 가득합니다. 또 질병과 건강, 대화, 책, 당신의 성서, 당신의 복음, 헌금, 단식, 기적, 성사(聖事)의 관습, 당신의 희생, 모든 저의 노력, 그리고 전 세계의 노력, 이 모든 것에 만약 당신의 특별한 은총의 도움이 더해지지 않는다면, 제가 신앙으로 회심할 수 없다는 것도 저는 알고 있습니다.

그러하기에 오, 하느님, 저는 당신을 부르고 있나이다. 주여, 제가 부르는 것이 당신이 아니라면, 제가 누구에게 소리쳐 구원을 얻으려 하는 것이겠습니까?

하느님, 당신 이외에 어떤 존재도 저의 기대를 채워 줄 수 없습니다. 제가 구하고 또 찾는 것은 바로 당신입니다. 주여, 제 마음을 열어 주십시오.

오, 하느님, 당신이 저에게 주신 선한 행위를 성취하소서. 당신이 그 처음인 것처럼, 선한 행위로 하여금 그 끝이 되게 하소서.

당신은 말씀하셨습니다. 우는 자에게는 복이 있고, 위로를 받은 자에게는 화가 있을지니.

주여, 저의 고통을 사랑해 주소서.

제가 그리스도교인으로서 괴로워하도록 저의 고통에 당신의 위로를 결합하여 주소서. 저는 병든 상태에서, 이 고통 속에서 당신을 찬양하나이다.

당신을 저에게 결합해 주소서.

당신으로 가득 차 있음으로써, 살아서 고통스러워 하고 있는 것은 이미 제가 아닙니다.

오, 구세주여, 당신은 제 안에서 고통스러워 하고 있나이다. 이렇게 저는 당신 고통의 작은 부분이므로, 당신은 당신이 고통을 통해 얻은 영광으로 저를 온전히 채워 주십니다.

파스칼은 이렇게 질병으로 인한 고통을 견딤으로써 그리스도를 발견하고 있었다. 그의 생각으로는 고통이야말로 예수 그리스도가 인간을 대신하여 십자가에 못 박힌 이래 하느님과 인간을 이어주는 유일한 것이었기 때문이다. 그리하여 그는 하느님은 고통 없이 인간에게 찾아오지 않는다고 생각했다. 그랬기 때문에 페리에 부인이 《파스칼의 생애》를 통해 전하고 있듯이, 그는 "저를 동정하지 마십시오. 질병은 그리스도 교도의 자연적인 상태이니까요"라고 말할 수 있었던 것이다.

결정적 회심

하느님을 아는 것과 하느님을 사랑하는 것 사이에는 얼마나 먼 거리가 있는 것인가! (팡세 28)

세속의 허망함

1653년 말부터 파스칼은 자기 마음 속의 허무함을 절실하게 느끼고 있었다. 이때 파스칼의 나이는 30세였는데, 그는 이때부터 자신의 일이나 사교계를 통해 얻는 기쁨이 과연 자기 자신에게, 또 인간에게 어울리는 것인지 의심하기 시작했다. 즉, 파스칼은 현재의 자신과 원래 그러해야 할 모습의 자신 사이에 심한 괴리가 있음을 느끼게 되었던 것이다.

인간적인 사물들은 과연 위대한 것일까? 파스칼은 그것을 증명할 수 있는 것을 아무 것도 발견할 수 없었고, 그것들이 가치가 없는 것처럼 생각되어 견딜 수가 없었다. 인간의 쾌락, 일, 학문, 그리고 영광이 도대체 무엇이란 말인가? 그에게 그것들은 필연적으로 유한한 것으로, 또 암흑과 비참함이 한데 뒤섞여 있는 것으로 생각되었다. 가장 완전한 것을 기준으로 생각할 때, 가장 불완전한 것과 가장 덜 불완전한 것 사이의 차이는 오십보백보일 것이다. 따라서 인간적인 모든 것은 다소의 차이는 있을지 몰라도, 모두 마찬가지로 위대하지 않은 것, 즉 가치없는 것이 아닐까? 또 인간적인 것은 그 상태가 아무리 뛰어나다 해도, 그 숙명적인 종결은 결국 죽음이다. 그리고 한계가 있고 끝나지 않으면 안 되는 것은 결코 위대할 수 없는 것이다.

이렇게 생각하면 인간이란 얼마나 비참한 존재인가? 그것은 스스로 만족할 수 없는 존재이기도 하다. 파스칼이 이렇게 생각하기 시작했을 때, 그의 마음의 내부에서는 이미 변화가 일고 있었다. 파스칼은 '죄인의 회심에 대해'에서 다음과 같이 말하고 있다.

영혼은 사물이나 자기 자신을 완전히 새로운 방법으로 고찰한다. 그렇게 해서 나타난 새로운 빛은 영혼에 공포를 주고, 영혼이 기쁨으로 여기던 사물 속에서 찾은 휴식을 뒤흔들어 혼란을 가져다준다. 그때 영혼은 자신을 매혹했던 사물을 더 이상 평온하게 음미하지 못한다. 끊임없이 이어지는 양심의 의구가 이 향락 속에서 영혼과 싸운다. 그리고 그러한 내적인 고찰은 그토록 탐닉했던 사물 가운데서 달콤함을 더 이상 찾지 못하게 한다. 영혼은 세속의 허망함보다도 신앙의 행위에서 더욱 괴로움을 발견한다. 한편 지금 눈에 보이는 대상은 눈에 보이지 않는 것에 대한 기대보다 더욱 영혼을 끌어당긴다. 그리하여 눈에 보이는 것의 현존과 눈에 보이지 않는 것의 견고함은 영혼의 사랑을 다투어 차지한다. 반면에, 눈에 보이는 것의 허망함과 눈에 보이지 않는 것의 부재는 둘 다 영혼의 혐오를 불러일으킨다. 이렇게 해서 영혼 속에서는 무질서와 혼란이 일어나게 된다.

파스칼은 이러한 영혼의 혼란을 경험함으로써 지극한 겸허함을 지니게 되었다. 인간의 영혼은 그 겸허함에 의해 평범한 다른 사람보다 더욱 높여질 수 있다. 또 그 영혼은 자신의 내부나 외부 또는 앞이 아니라, 자신의 위에 있는 것 가운데서 최고선을 구하려 한다. 그리고 그 높여짐은 하느님의 자리에 이를 때까지 중단되는 일이 없고, 영혼은 거기서 안식을 찾기 시작하는 것이다.

최고선의 탐구란 불안한 것이기는 하지만 최후에 가서는 안식을 얻을 수 있는 것이다. 그래서 영혼은 모든 세속적인 것으로부터 자신을 조금씩 떼어놓으며, 그 목적에서 멀어지는 일이 있어도 금방 원래대로 돌아온다. 그리하여 영혼은 인간적인 것을 떠나 하느님에게만 이어지도록 촉구되는 것이다.

파스칼은 사교계 생활 속에서 세속적인 것이 채워 줄 수 없는 것에 눈을 뜬 것이었다. 그리고 그러한 눈뜸은 파스칼에게, 세속에 대한 경멸과 세속에 있는 모든 사람에 대한 거의 견딜 수 없는 혐오를 느끼게 했다.

심정

1654년 9월 말의 어느 날, 파스칼은 자클린느를 면회하기 위해 포르루아얄로 갔다. 그는 연민을 불러일으킬 만한 태도로 자클린느에게 자신의 심정을 털어놓았다.

"나는 1년 전부터 사교계에 혐오를 느끼고 있었다. 그 세계에 들어간 것에 대해 끊임없이 양심의 가책이 느껴져 견딜 수가 없다. 이제는 거기에서 완전히 떠나고 싶다. 하지만 나는 하느님으로부터 완전히 버림받아서, 그가 나를 끌어당기고자 하는 힘을 전혀 느끼지 못하고 있다. 그래도 나는 전력을 다해 하느님 곁으로 갈 생각이다. 지금 내가 확신하는 것은, 하느님에게로 나를 내모는 것은 하느님의 작용이 아니라 나의 이성과 나의 고유한 정신이라는 사실이다."

파스칼은 혼자만의 오랜 고민을 이렇게 고백하여 사랑하는 동생을 놀라게 했다.

그러나 파스칼은 아직 진정으로 하느님을 믿지는 못하고 있었다. 분명히 이성은 파스칼에게 하느님을 믿을 것을 명령하고 있었지만, 그런데도 그의 내부에는 여전히 신앙을 거부하는 마음이 있었다. 이성과 지성에 의한 신앙은 진정한 신앙이라고 할 수 없을 것이다. 즉 파스칼에게 있어서 변해야만 하는 것은 심정이었고, 따라서 이 심정이야말로 그에게 지극히 중요한 것이었다.

나는 진리를 이성뿐만 아니라 심정에 의해서도 인식한다. 우리가 근본적 원리를 아는 것은 이 심정에 의해서이다. 그렇기에 그러한 원리를 발견하는

데 아무런 공헌을 하지 않는 이성이 그 원리를 반박하는 것은 아무 소용없는 일이다. 피론파(회의학파)는 그러한 반론만을 목적으로 하는데, 그들은 무익한 일을 하고 있는 것이다. 우리는 우리가 진리에 대해 꿈을 꾸는 것이 아니라, 그것을 심정으로 실감하고 있다는 사실을 알고 있다.

우리가 이성을 통해 이것을 증명하기란 불가능하다. 그러나 그러한 불능은 우리의 이성이 약하다는 것만을 이끌어 낼 뿐이다. 다시 말해 피론파가 말하는 것처럼 우리 모든 인식의 불확실함을 증명하고 있는 것은 아닌 것이다. 왜냐하면 근본적 원리의 인식은 공간, 시간, 운동, 수가 존재한다는 것으로, 그것은 우리의 추리가 우리에게 주는 어떠한 인식보다 확실하기 때문이다. 그러므로 이성이 유지되고 또 그것이 모든 이론을 세우지 않으면 안되는 시점은, 심정과 본능이 인식된 다음 단계이다(심정은 공간에 세 가지 차원이 있다는 것, 또 수는 무한하다는 것을 직관한다. 그런 다음에 이성의 한쪽이 다른 쪽 두 개의 제곱수는 없다는 것을 증명한다. 이렇게 원리가 직관되고, 명제가 추론된다. 다른 방법에 의해서이기는 하지만 모든 것이 확실해지는 것이다). 그러므로 이성이 근본적 원리를 인정하고 싶으니 그것을 증명해 달라고 심정에 요구하는 것은 무익하고 어리석은 일이다. 이것은 심정이 이성에게 그것이 증명하는 모든 명제를 그대로 받아들이고 싶으니 그것들을 직감하게 해달라고 요구하는 것과 같은 일인 것이다.

이러한 불능함은 그러므로 모든 것을 이치로 따져 판단하고자 하는 이성을 낮추는 데만 적용되어야 하며, 우리를 가르칠 수 있는 것은 이성뿐인 것처럼 우리의 확실성을 반박하는 데 적용될 수는 없다. 반대로 우리는 결코 이성을 요구하지 않고 본능이나 직관에 의해 모든 것을 인식하는 것이 바람직한 것이다! 그러나 자연은 그러한 것을 거부했다. 자연은 그런 직관적 인식을 아주 조금만 허용하고 있을 뿐이다. 그래서 그 이외의 모든 것은 추론을 통해서만 얻을 수 있다. 하느님으로부터 심정의 직관에 의해 종교를 받은 사람이 행복한 사람이며, 또한 완전히 정당하게 이해한 사람이라는 것은 이상과 같은 이유에서이다. 그러나 종교를 가지지 않은 사람들은 하느님으로부터 심정의 직관에 의해 종교를 받지 않는 한, 추론을 통해서만 받을 수 있다. 신앙은 무엇보다도 이 심정의 직관이 있어야만 인간적인 것을 초월할 수 있으며, 구원을 위한 도움을 줄 수 있는 것이다. (팡세 282)

이렇게 파스칼에게 심정은 이성의 근원일 뿐만 아니라 그것을 초월한 것이었다. 동시에 심정은 감정의 근원이기도 하고, 또 감정을 초월하기도 한다. 심정에 있어서는 인식과 감정이 서로 돕고 있다. 더욱이 그 심정은 '날 때부터 보편적인 존재를 사랑하는 것'(팡세 277)이다.

그럼, 신앙을 이성에 의한 것이 아닌, 심정에 의한 것으로 만들려면 어떻게 해야 할까?

우리는 정신인 동시에 자동기계이다. 납득의 수단은 굳이 오로지 증명이어야 할 필요가 없다는 얘기가 된다. 증명되는 사물은 얼마나 적단 말인가! 증명은 정신밖에 납득시키지 않는다. 반면에 습성은 우리에게 가장 유력하고 가장 믿을 수 있는 납득의 증거가 된다. ……대부분의 그리스도 교도를 만든 것은 바로 습성이다. (팡세 252)

다시 말해 우리는 성수를 뿌리고 미사를 듣고 기도를 외는 것을 습관처럼 할 필요가 있다는 것이다. 왜냐하면 그렇게 되풀이되는 행위는 우리의 마음속에 그것이 나타내고 있는 신앙을 불러일으키기 때문이다.

그러나 파스칼은 신앙에 대한 이와 같은 그의 모든 열망과 통찰이 완전히 허망한 것이 아닐까 염려하고 있었다. 그것은 그가 만약 하느님의 힘이 작용하지 않는다면 진정한 신앙으로의 회심은 이루어지지 않을지도 모른다고 생각했기 때문이었다. 하느님은 유한한 피조물, 특히 타락한 피조물에게는 무한히 멀고 성스러운 존재이니, 세속적인 생활을 해 온 자기에게 그의 힘이 작용하기를 재촉하는 것은 상상도 할 수 없는 일이었던 것이다. 그러나 파스칼은 자기에게 가능한 것은 우선 쾌락에서 멀어져서 기도하는 일이라고 생각하고 믿음을 다지려 부단히 노력하고 있었다.

생글랭의 설교

파스칼은 이렇게 자신의 신앙에 확신을 갖기 위해 애쓰고 있었다. 그는 종종 포르루아얄로 자클린느를 찾아갔고 그때마다 그의 신심은 성장해 갔다. 자클린느는 그저 파스칼의 얘기를 듣고 그의 의견에 따라 주었을 뿐, 굳이 오빠에게 신앙의 길을 걷도록 설득하지는 않았다. 그럼에도 불구하고 파스

파리의 포르루아얄 여자수도원 전경
파스칼은 여동생 자클린느가 수녀로 있는 이곳을 자주 방문하여 설교를 듣는다.

칼은 매우 겸허한 마음으로 순종적인 태도를 보여 주었다. 또 자존의 마음이
사라지게 되자 그는 다른 사람들에게 존경받는 것을 하찮은 일로 여기게 되
었다.

파스칼은 그런 상태가 되기까지 크나큰 고통을 겪어야 했다. 그러나 그 고
통은 무력하게 자포자기하는 것이 아니라 생기 있고 풍요로운 것이었다. 그
것은 그의 고통이 그를 하느님으로부터 떼어놓는 것, 즉 마음속의 하느님에
게 저항하는 본성에 의한 것이었다. 다시 말해 그는 자기 본성이 저항하는
것은 그것이 하느님의 은총에 의해 도전받고 있기 때문이라고 생각했다. 또
한 자신이 고통을 느끼는 것은 은총 쪽이 훨씬 더 강하기 때문이라고 보았
다. 이에 파스칼은 신앙의 진보를 고통의 정도로 헤아리게 되었다. 그러자
그 고통은 서서히 기쁨이 되어, 그는 점차 거기서 위안마저 느끼게 되었다.

그리하여 파스칼은 하느님을 사랑하기 시작했다. 그러나 파스칼은 아직도
세상을 완전히 버릴 결심은 하지 못하고, 거기에 대해 많은 구실을 대고 있
었다. 그 하나가 건강상의 문제였다. 사실 그 무렵 파스칼은 건강상태가 몹

시 좋지 않아서, 엄격한 신앙생활을 거의 견딜 수 없을 정도였다. 또 그의 신앙생활과 믿음의 증진을 위해서는 그를 이끌어 줄 지도 사제가 필요했는데, 막상 그 역할을 해 줄 신부를 선택해야 하는 단계가 되자 파스칼은 여러 가지 까다로운 말을 하는 것이었다. 그것은 파스칼의 자부심이 아직 강하다는 것을 말해 주고 있었다. 즉 파스칼은 그때까지도 여전히 완전한 하느님의 사람은 되어 있지 않았던 것이다.

1654년 11월 21일 성모봉납일이 되자 파스칼은 포르루아얄에 있는 자클린느를 찾아갔다. 두 사람은 한동안 이야기를 나누고 있었는데, 그 도중에 설교 시간을 알리는 종이 울렸다. 이제 자클린느가 설교를 들으러 가야 했기 때문에 파스칼도 그 자리에 참석하기로 하였다. 파스칼이 교회에 들어서자 설교자는 이미 단상에 서 있었는데, 그가 바로 생글랭이었다. 그의 설교는 대부분의 세상 사람들이 하는 것처럼 습관 또는 습속에 따라 직업을 갖거나 결혼하거나 하지 않도록 하는 것이 얼마나 중요한가를 역설하는 것이었다. 생글랭은 사람들은 직업을 갖거나 결혼 생활에 들어가기 전에 하느님의 마음을 들어야 한다고 강조하며, 그렇게 하지 않고 그러한 생활을 시작한다면 나중에 아무런 장애 없이 구원을 받을 수 있겠느냐고 말했다. 파스칼은 그의 말을 듣고 그것이 자신의 경우와 매우 밀접한 관계가 있는 것에 깜짝 놀랐다. 그는 생글랭의 말이 꼭 자기를 위한 설교인 것만 같았다. 생글랭은 열띤 어조로 확고하게 이야기하고 있었고, 그러한 태도에 파스칼은 더욱더 감동을 받았다. 이렇게 생글랭의 설교에 깊은 인상을 받은 파스칼은 고민하기 시작했다. 그 설교를 들은 뒤부터 그에게 여러 가지 문제들이 대두되었던 것이다. 그는 '이 세속에 약간의 집착을 남겨두면서도 과연 그리스도교 생활의 이상을 채울 수 있을 것인가? 하느님이 요구하는 것은 문자 그대로 나의 전력(全力)과 전(全)사고, 전(全)존재가 아니던가? 도대체 그러한 희생이 가능할까? 완전히 자기 자신을 포기해 버리는 것은 상상도 할 수 없는, 그야말로 모순에 찬 일이 아닐까?' 등등의 문제를 깊이 생각하게 되었다. 파스칼은 여전히 이런 일말의 회의를 품고 있었지만 그는 되풀이하여 "하느님, 당신의 일꾼을 찾으십시오"라며 열렬하게 기도했다. 그러자 차츰 하느님이 가까이 없다는 것은 그에게 생각도 할 수 없는 일이 되었다. 드디어 파스칼은 자신의 이러한 노력은 오직 하느님 그 자체에 의해서만 일어난 것이라고 생각하게 되었던 것이다.

불

1654년 11월 23일 파스칼은 일종의 법열상태를 경험하는데, 그 속에서 하느님이 눈앞에 존재하는 것을 보고 하느님을 느끼게 된다. 그리하여 그는 이 법열의 체험을 한 장의 종이에 기록한 뒤 그것을 다시 정성들여 양피지에 옮겨 썼다. 그것들은 두 장 모두 파스칼이 죽은 지 며칠이 지나 그의 옷 속에 꿰매져 있는 상태로 발견됐다. 그것이 유명한 《각서》이다. 거기에는 그 첫머리에 십자 표시가 있고 다음에 날짜가 있다.

†

그리스도 기원 1654년

월요일, 11월 23일, 교황이며 순교자인 성클레멘스 축일이자 로마순교자 축일표에 있는 많은 사람들의 축일.

순교자 성크리소고누스와 다른 사람들의 철야식 날,

밤 10시 반 무렵부터 12시 반 무렵까지.

축제일 밤의 불.

"아브라함의 하느님, 이삭의 하느님, 야곱의 하느님"

철학자와 학자의 하느님이 아닙니다.

확신, 확신, 감정, 환희, 평화.

예수 그리스도의 하느님.

"나의 하느님, 또 당신의 하느님"

당신의 하느님은 나의 하느님일 것입니다.

하느님을 제외한, 세상과 다른 모든 것의 망각.

하느님은 복음서를 통해 배운 방법에 의해서만 찾을 수 있습니다.

인간 영혼의 위대함.

의로운 아버지시여, 세상은 당신을 조금도 모릅니다.

하지만 나는 당신을 알았나이다.

환희, 환희, 환희, 환희의 눈물.

나는 당신을 떠나 있었습니다.

"그들은 샘인 나를 버렸다."

나의 하느님이시여, 당신은 나한테서 떠나시는 겁니까?

내가 영원히 당신한테서 떠나지 않기를.

영원한 생명은 당신, 유일한 진실인 하느님과,

당신이 보내주신 예수 그리스도를 아는 데 있습니다.

예수 그리스도,

예수 그리스도.

나는 그를 떠나 있었습니다.

나는 그를 피하고, 그를 버리고, 그를 십자가에 매달았나이다.

원컨대, 내가 결코 그로부터 떠나지 않기를.

그는 복음서 속에서 배운 길에 따라서만 간직될 수 있습니다.

완전한, 즐거운 저버림.

예수 그리스도와 나의 지도자에 대한 완전한 복종.

지상에서의 시련의 하루에 대해 영원한 환희.

당신의 가르침을 나는 잊지 않을 것입니다. 아멘.

이상과 같이 파스칼은 1654년 1월 23일 밤의 초자연적인 '불'에 의해 빛 속에 있는 것과 같은 상태가 되었던 것 같다. 그리고 그 체험을 통해 진정한 하느님을 발견한 것이다. 그것은 철학자나 학자들의 하느님이 아니라, 구약 및 신약의 인격적인 하느님이었다. 파스칼은 그 하느님의 존재를 직관적으로 확신했다. 우리는 복음서 없이는 아무것도 알 수 없으며, 예수 그리스도를 통해서만 하느님을 알 수 있는 것이다. 그리하여 파스칼은 하느님을 알고 나서 자신을 가로막고 있던 심연의 깊이, 즉 자신이 그리스도로부터 얼마나 멀리 떠나 있었는지를 알게 되었다. 또 동시에 하느님과 함께 있다는 것이 얼마나 안심을 주는 것인지도 깨닫게 되었다. 이제 그는 하느님이 자신을 버리지 않고 영원히 자신의 마음속에서 떠나지 않기를 원했다. 그리고 이때 파스칼은 하느님에게 모든 것을 바칠 것을 맹세하게 된다. 하느님에 대한 완전한 복종에 의해서만 하느님이 자신 속에 산다는 것을 알았기 때문이었다. 그 기쁨은 영원히 지속되지 않으면 안 되었고, 그 지속 속에서만 초자연적인 생명을 바랄 수 있는 것이다. 따라서 파스칼은 그 지극히 짧은 순간 동안 주어진 은총을 결코 잃어버리지 않도록, 그것을 주의하여 지키겠다고 결심했다. 이리하여 파스칼의 결정적인 회심이 이루어졌고, 또 그것을 통해 그는 근원에서부터 정화되었다. 그러나 자연적 인간은 마음속에 완고함을 지니고 있는 법이다. 그러므로 파스칼은 그때부터 그 신체 모든 부분에 사람을 다시 태어나게 하는 세례의 물을 뿌리는 것이 문제라고 생각했다. 그리고 그리스도교 생활의 이상을 행위와 욕망과 습관 속에서 충분히 실현시키는 것에 충분한 주의를 쏟아야 했다. 파스칼은 이러한 일들에 전념하려 했는데, 그에 따라 지도자의 필요성을 느낄 수밖에 없었다. 그리하여 파스칼은 처음에는 자클린느의 지도를 받았고, 그에 이어서 생글랭으로부터 가르침을 받았다. 그는 자신이 계속 파리에 있으면 로아네스 공 등과의 교제 때문에 하느님에게로 향하는 길이 방해받을 우려가 있다고 생각했다. 그래서 파스칼은 1655년 1월 포르루아얄 데샹에 잠시 들어가 있기로 했다. 이것이 파스칼의 나이 32세 때였다.

포르루아얄

그 영혼의 열망은 하느님에 대한 것이므로, 그 영혼은 하느님이 자신에게 오는 방법에 의해서만 하느님에게 도달하기를 열망하고 있다. 왜냐하면 영혼은 신이 그렇게 스스로 그 자신의 길이 되기를 원하고, 대상이자 궁극의 목적이 되기를 원하기 때문이다. (죄인의 회심에 대하여 中)

포르루아얄의 파스칼

이미 말한 것처럼 1204년에 세워진 여자 수도원인 포르루아얄은 1643년에는 생시랑의 뒤를 이은 생글랭을 원장으로 맞았고, 또 1649년 12월에는 드 사시를 지도자로 하고 있었다. 그런데 포르루아얄은 생시랑 시기에 포르루아얄 데샹에 몇 사람의 뛰어난 남자들을 받아들이기로 한 바 있었다. 그렇게 해서 신앙심 깊고 명망 있는 몇몇 남자들이 그곳에서 머무를 수 있었는데, 그 수도원에 적을 두었던 사람들 중에는 앙투안 아르노, 변호사인 르메트르, 그 형제인 르메트르 드 사시, 랑슬로, 라퐁텐, 아르노, 낭디, 니콜 등이 있었다. 이 면면을 보면 알 수 있듯이, 그들 중에는 유명한 학자와 도덕주의자

앙트완 아르노

가 많이 있었다. 파스칼이 들어간 이 포르루아얄 대상은 그리스도교 도덕을 실천하기 위한 은둔처였던 것이다. 그리고 거기서 파스칼은 고독과 함께 자신의 심정이 탐구하고 있었던 내적인 경건한 정신을 발견할 수 있었다. 또 파스칼은 그곳에 있으면서 자신에게서, 아니 겉모습에서만이라도 그 고고함과 자존감이 일체 사라지게 하려고 노력하며 항상 겸허한 자세를 가지려 애썼다. 그는 자신의 가난함과 미약함을 하느님 앞에 고백했으며, 물론 포르루아얄의 지도에도 엄밀하게 따르고 있었다.

자클린느는 그 당시 파스칼의 생활을 페리에 부인에게 보낸 편지 속에서 다음과 같이 전하고 있다.

그(파스칼)는 지극한 기쁨으로 자신은 군주 같은 대접을 받으며 살고 있다고 썼습니다. 하지만 그 군주도 성베르나르의 의견에 따르던 군주를 말하는 것입니다. 그곳은 인가와 떨어져 있는 외로운 곳입니다. 그리고 그곳 사람들은 모든 것에서 가난을 실천하는 것을 자랑으로 여기고 있지요. 신중함이 그렇게 시키고 있는 것이라 생각합니다. 그는 모든 성무(聖務), 새벽 근행에서 마지막 근행까지 전부 참석하고 있다고 합니다. 아침 5시에 일어나는 것에도 전혀 불만을 느끼지 않는 것 같습니다.

이렇게 파스칼은 완전히 다른 사람이 된 것처럼 하느님의 길을 가기 위해 노력했다. 그는 의사가 금지한 것을 모두 무시하고, 철야는 물론 단식까지 실천했다. 그리고 그러한 것은 파스칼에게 오히려 매우 유익하게 작용했다. 그의 건강상태가 전보다 더 좋아진 것이다. 파스칼은 그러한 생활로 강렬한 기쁨을 느끼고 있어서, 가난도 그에게는 전혀 고통이 되지 않았다. 파스칼에게 주어진 나무숟가락과 흙그릇들은 이제 그리스도의 황금이고 또 보석이었다. 이러한 체험에 의해 파스칼은 건강이란 히포크라테스의 의학보다 그리스도에게 더 많이 의존하고 있는 것임을 알게 된다. 그리고 세상에 존재하게 된 이후부터는 자기를 버리고 돌아보지 않는 것이 행복의 원천이 된다는 것도 깨닫게 되었다.

한편 포르루아얄 측에서도 파스칼이 신앙의 길에 본격적으로 들어서기 위해 수도원에 입문한 것을 하느님에게 감사하고 있었다. 그들은 파스칼 같은 인물에게 경건한 마음을 불러일으켜 준 것은 분명 오직 하느님의 위대한 은총

로베르 아르노 당딜리

일 것이라고 생각했다. 또 그것은 하느님이 포르루아얄에 특별한 뜻을 내리신 것이라고도 했다.

그러나 파스칼은 자신이 진정으로 포르루아얄에 속해 있다고는 생각하지 않았는데, 그것은 그의 열일곱 번째, 《시골친구에게 보내는 편지》에서 다음과 같이 말하고 있는 것으로도 알 수 있다.

나는 당신에게 내가 그곳에 속해 있지 않다는 것만 말씀드리겠습니다. 나는 몇 번인가 단독이라고만 대답했었지요. 정확하게 말씀드리면, 나는 포르루아얄에 속해 있지 않습니다. 나는 이 지상에서 오직 로마가톨릭 교회에만 이어져 있습니다. 나는 그 교회 안에서 살고, 그리고 죽고 싶습니다. 또 교황과의 교류 속에서 살다가 죽고 싶습니다. 나는 그러한 것이 아닌 다른 것들은 나를 구원하지 못할 것임을 충분히 확신하고 있습니다.

이러한 확신은 파스칼로 하여금 포르루아얄에 있으면서도 "결코 포르루아얄 사람들과 함께 생활한 적이 없다"고까지 말하게 하였다. 사실 파스칼은

종종 파리에 가서 몽스라는 가명으로 생활했다. 파스칼이 포르루아얄에 완전히 속하지 않았던 것은 아마도 포르루아얄이 그 이론으로 삼고 있던 얀센주의의 편협함을 피하기 위해서였을 것이다.

그러나 파스칼은 포르루아얄 사람들과 신학을 연구하고 신약성서를 번역하는 데에는 열의를 보이기도 했다. 파스칼은 특히 신학에 관해서는 거의 무지했기 때문에, 포르루아얄 사람한테서 가르침을 받지 않으면 안 되었다. 따라서 파스칼의 신학상의 생각은 얀센주의의 영향을 강하게 받았다. 그래서 파스칼은 그리스도교 신앙의 섭리 중에서 원죄에 극단적 중요성을 부여하고 있는 것이다. 또한 그가 우리 본성의 타락에 관해 원죄에서 이끌어낸 과장된 결과도 이러한 점에 기인하고 있다고 하겠다.

드 사시와의 대화

앞서 언급했듯이 드 사시는 포르루아얄에서 파스칼의 지도자로서, 지극히 경건하고 대화에 능숙한 인물이었다. 그에게, 생글랭은 파스칼이 학문을 경시하도록 가르치라고 조언했는데, 그것은 얀센주의는 특히 철학을 싫어했다. 드 사시는 어느 날 파스칼이 몰두하고 있던 철학에 대해 질문을 했다. 그것은 미리 준비된 것으로서 강연 형식을 취하고 있었다. 그리하여 파스칼은 그와 철학과 종교에 관해 대화를 주고받게 되었는데, 그것은 《에픽테토스와 몽테뉴에 관한 드 사시 씨와의 대화》(1655년)로 전해지고 있다.

드 사시는 철학자들이란 오직 하느님에게만 속해 있는 권위를 주제넘게 자기 자신에게 부여하는 자들이라고 생각했다. 또한 그는 성서와 성아우구스티누스만 있으면 광명은 충분하다고 확신하고 있었다. 얀센주의에서 성서와 성아우구스티누스의 권위는 그 정도로 인정받고 있었던 것이다. 하지만 파스칼은 드 사시의 이러한 생각에 한치도 물러서지 않았다. 파스칼은 드 사시의 의견을 듣고 에픽테토스와 몽테뉴의 철학정신을 크게 찬양하고 그들의 종교적 견해의 미흡함을 비판하는 것으로 대답을 대신했다.

파스칼에 의하면 에픽테토스는 인간의 의무를 매우 잘 인식하고 있었던 철학자의 한 사람이었다. 그리고 무엇보다도 그는 주목적으로서의 하느님을 강조했다. 또 하느님이 정의를 가지고 모든 것을 지배한다는 것을 확신하고 싶어했고, 나아가서 마음으로 하느님에게 복종하고 모든 것에서 하느님을 따르고 싶어했다. 그의 이러한 면은 옳다. 그러나 에픽테소스는 인간의 지혜에만 의지하여 하느님을 따르고자 했다. 다시 말해, 인간이 자신의 힘만으로 그렇게 할 수 있다고 믿었던 것이다. 하지만 파스칼은 이 부분에서 만은 에픽테토스가 잘못 생각한 것이라고 생각했다.

한편 몽테뉴는 신앙의 빛이 배재된 채 이성의 명령을 받는 도덕이 어떠한 것인지 탐구하고자 했다. 그리고 이성만으로는 회의론에 도달할 수 밖에 없다는 결

르메르트 드 사시

론을 냈다. 파스칼은 이러한 견해는 옳다고 보았다. 그러나 인간은 해야 할 일을 하기보다, 스스로 할 수 있는 것만 하면 된다고 하는 몽테뉴의 주장에 대해서는 반대의 의견을 보였다. 파스칼은 이렇게 에픽테토스와 몽테뉴에 있어서 각각의 올바른 부분과 잘못된 부분을 인정한 것이다(여기에 대해서는 '사교생활' 부분에서도 얘기했다).

그렇다면 이 두 가지 철학에서 어떻게 진리를 이끌어 낼 수 있을까? 에픽테토스도 몽테뉴도 좋은 점을 가지고 있다. 그 좋은 점들만을 취하여 두 사람을 접근시켜 서로 보완하면 어떨까? 파스칼은 그러한 것은 불가능하다고 생각했다. 이 각각의 두 철학자는 자연적 견지에서 보면 해체할 수 없는 하나의 전체이다. 이렇게 인간은 일체인데, 만약 그 한 사람의 인간 속에 스토아주의의 의무와 회의론의 무력함을 공존시킨다면, 그 일체의 조합은 무너지게 된다. 에픽테토스도 몽테뉴도 각각 그들이 내린 결론 외에 다른 결론은 내릴 수 없었고, 따라서 그것들 각각은 동시에 필연적인 것이다. 그렇기 때문에 그 두개의 교설은 피할 수 없는 모순을 낳고 있다.

파스칼은 이러한 모순의 해결은 이성을 통해서는 불가능하며 신앙을 통해서만 가능하다고 보았다. 파스칼은 에픽테토스도 몽테뉴도 인간의 현재 상

태가 하느님이 창조했을 때와 다르다는 것을 인식하지 못했다고 생각했다. 스토아학파는 인간의 본성은 건전하며, 인간은 그것에 의해 하느님 곁으로 갈 수 있을 거라고 여겼다. 이에 반해 회의론자는 현재의 인간에게서 퇴폐밖에 보지 않고서 인간의 자연적 본성을 필연적으로 약한 것이라고 말했다. 그런데 이러한 인간의 비참함은 인간의 자연 본성 속에 있고, 인간의 위대함은 신의 은총 속에 있다. 인간의 자연 본성을 치유하는 것은 은총에 속하는 것이다. 그리고 비참함과 위대함의 공존은 그 두 가지가 두 개의 다른 주체 속에 있을 때는 모순이 아닌 것이다. 그렇다면 어떻게 해서 인간 속에서 이 공존이 가능한 것일까? 이에 파스칼은 만약 그것이 가능하다고 한다면, 그것은 신인(神人)이라는 특이한 인격 속에서, 약함과 강함이 뭐라 표현할 수 없는 결합을 하고 있기 때문이라고 생각했다.

나아가서 파스칼은 철학서를 읽는 것은 유익한 일이라고 주장했다. 우리는 그리스도 교도뿐만 아니라, 하느님을 믿지 않는 사람의 영혼 상태도 인정하지 않으면 안 된다. 철학자의 하느님을 향한 회심에 방해가 되는 것은 스토아주의의 결과인 오만 또는 회의론에서 나온 태만이다. 그리고 그 두 파의 책을 함께 읽지 않고 한쪽의 것만 읽는다면, 그 한쪽만 지지하게 되어버릴 게 분명하다. 그러나 그 둘을 함께 읽으면 서로 대립시켜 생각할 수 있게 된다. 그래서 이 두 책의 독서가 덕을 창조할 수는 없다고 해도, 적어도 악덕을 방해할 수는 있을 것이다. 또 이러한 두 가지 책의 독서를 통해 인간의 영혼이 구원될 수는 없지만, 은총은 영혼 속에 구원을 위한 최초의 움직임인 불안을 유발할 수는 있을 것이다.

파스칼이 드 사시와의 대화에서 자신의 철학적 경향을 변호한 것은 이상과 같은 논리를 통해서였다. 이 과정에서 그는 자신에게 은총이 느껴지기 시작했을 때 일어났던 마음속의 투쟁을 떠올렸다. 그리하여 파스칼은 지난날의 자신과 같은 상황에 있는 사람들을 하느님 곁으로 인도하기로 결심하게 되었다.

신앙과 이성

파스칼은 사람들을 신의 곁으로 이끌어 주기 위해서는 인간이 그 자신에 대해 반성하게 해야 한다고 보았다. 그는 그렇게 함으로써 그 마음속에서 거짓 지혜에 대한 경시와 하느님에 대한 요구가 일어나게 할 수 있다고 생각한 것이다. 이러한 파스칼의 생각은 곧 실천에 옮겨져 그 결실을 보게 된다. 로아네스 공과 도마가 파스칼에 의해 회심을 하게 되었던 것이다.

파스칼은 이렇게 친구들을 하느님 곁으로 인도하고, 더욱 많은 사람들을 회심시키려는 마음을 먹고 저술을 구상하기 시작했다. 이 구상은 자신이 옛날에 연구한 과학의 방법을 새로운 관점에서 다시 검토하게 만들었는데, 그 직접적인 계기가 된 것은 포르루아얄 학교를 위해 《기하학초보 시론》을 쓰는 일이었다. 파스칼의 저서 《기하학적 정신》은 '설득술'과 '기하학적 증명의 방법에 대하여'로 구성되어 있는데, 이것은 원래 《기하학초보 시론》의 서문으로 예정되어 있었던 것이다. 이 단편들에서 파스칼은 자연과학적인 성찰을 통해 이성의 한계를 정하고, 인간 정신을 신적 사항의 연구를 위해 훈련하는 내용을 다루었다.

그것을 통해 파스칼이 도달한 것은 이성과 신앙의 완전한 분리도 아니었고, 그렇다고 신앙을 위해 이성을 버려야 한다는 확신도 아니었다. 그가 내린 결론은 과학과 종교는 각각 다른 영역을 가지고 있으며, 그러한 동시에 그들 사이에는 어떤 관계가 존재한다는 것이었다. 과학은 정신이 도달하는 곳에서 종교에 사용될 명석함과 올바름과 추론의 힘을 주며 인간이 자기 자신을 알도록 돕는다. 또 인간에게 세상과 자기 자신을 초월할 것을 촉구하는 관념을 주기도 한다. 이렇게 이성과 과학은 인간에게 주어져 유용하게 사용되고 있지만 그것들은 진리의 척도는 아니며, 따라서 우리는 그것으로는 신적인 사물의 질서를 이해할 수 없다. 그러나 그 자신의 본성을 이해하고자 하는 인간에게는 아무래도 초자연적인 진리를 탐구하고자 하는 마음이 일게 된다. 그리하여 인간은 스스로가 그 해답을 하느님에게서만 찾을 수 있는 하나의 문제라는 사실을 깨닫게 되는 것이다.

이러한 파스칼의 생각에는 포르루아얄의 생각과는 다른 면이 있었다. 파스칼은 그리스도교 생활에도 이성이 필요하다는 견해를 가지고 있었던 것이다.

예수회

종교개혁을 통해 불거진 프로테스탄트 교회와 가톨릭 교회의 대립으로 프로테스탄트 교회는 로마교회의 권위를 부정한다. 그들이 근거로 삼은 것은 개인의 신념으로서, 개개인들은 동의를 통해 집단을 형성하여 로마교회의 무조건적인 권위에 반대했다.

당시 가톨릭 교회는 이러한 프로테스탄트 교회를 비난하는 것에만 만족하고 그들은 배교국(背敎國)을 다시 정복하고 중세 로마교회의 재건을 원하고 있었다. 그런데 이러한 일을 성취하기 위해서는 교회의 힘을 새롭게 조직하고 교회 질서를 새롭게 짜는 일이 필요했다. 그리하여 태어난 것이 예수회이다.

이 예수회는 1534년 에스파냐 사람인 이그나티우스 로욜라(1491~1556년)에 의해 창립되었다. 그 회원들에게는 청빈, 정결, 복종, 외국에서의 전도가 요구되었는데, 여기에 속했던 유명한 사람들 중에는 로마교회의 대표적 선교사인 프랜시스 자비엘이 있다. 이 예수회는 세속과 새로운 문화에 대해서 타협하는 태도를 취하고 있었다. 즉 그 신학과 변증론, 교리사(敎理史), 나아가서는 법률과 정책에 관한 일들이 현대에도 전통에도 동시에 적용될 수 있도록 상당히 유연한 정신을 발휘한 것이다. 예수회는 이신론자(理神論者)들이나 자연종교의 신봉자들에게 그들의 이성을 희생할 것을 요구하지 않았다. 다만 신앙에 도달하기 위해 우선 그리스도교를 실천함으로써 그들의 종교를 보완하고 달성시키고, 마치 그리스도교를 믿는 것처럼 행동하라고 설파했다. 파스칼도 이와 비슷한 생각을 다소 가지고 있었으며, 이러한 사고 방식은 시르만 신부의 《자연의 모든 원리에서 이끌어 낸, 영혼 불사에 대한 증명》(1637년)과 《덕의 변호》(1641년) 속에서도 발견할 수 있다.

이러한 예수회의 교리는 인간의 자유에 분수를 부여하고 생활 속에서의 노력이 가져오는 효력을 믿는 사람에게 만족을 주는 것이었고, 예정설을 외치는 프로테스탄트 교회의 입장과는 대립하는 것이었다. 가령 모리나(1535~1606, 에스파냐의 가톨릭 신학자)의 설에 의하면, 하느님은 은총을 통해 모든 인간에게 구제에 필요한 초자연적인 도움을 제공한다. 그런데 하느님은 각 개인 마다 그의 자유의지로부터 동의를 얻어야 하는지 아닌지를 알고 있기 때문에, 선택하여 은총을 제공할 수 있다.

왜냐하면 하느님은 특수한 지혜를 지니고 있어서 모든 경우에 인간이 어떻게 자유의지로 결정을 내리는지 알 수 있기 때문이다. 그러므로 하느님의 은총은 그 자체만으로도 충분하지만, 사실은 인간의 자유의지를 얻는가 얻지 못하는가에 따라 그 효력을 발휘하기도 하고 무효가 되기도 한다. 이렇게

생각함으로써 모리나는 하느
님의 위력과 인간의 자유의지
를 조화시키고자 했다. 여기
에서 예수회의 특색이 드러나
고 있는데, 이것은 인간이 본
래의 원죄에 의해 타락했으며
또 완전히 무력하다고 보는
칼뱅주의와는 대조적인 것이
다. 인간에게 자유의지를 인
정하면서, 그것을 하느님의
작용과 어떻게 일치시켜 이해
할 것인가 하는 문제는 16세
기 이후부터 오랫동안 논쟁의
대상이 되어 왔다. 예수회는
인간의 자유의지에 의한 힘을
부활시켜, 그것과 은총의 조
화를 도모하려 하였다. 그러
나 그러한 생각 속에는 은총
의 필요를 무시하고 인간의

《아우구스티누스》 얀세니우스 작.

자유만을 강조함으로써, 결국 이신론이나 무신론에 빠질 위험도 내포되어
있었다.

얀센주의자

17세기 초 프랑스에서는 자유사상이 번지는 동시에 그와 대립하는 가톨릭
운동도 활발해졌는데, 이러한 운동의 특징은 신앙과 종교적 감정의 각성, 금
욕주의의 각성을 외치는 데 있었다. 프랑스는 루이 13세가 기용한 재상 리
슐리외 추기경의 영향으로 완전히 가톨릭 국가가 되지만, 17세기 초까지는
가톨릭 교회에 반대하는 기운이 강하였고, 따라서 가톨릭 성직자들은 그 반
대자들과 싸우지 않으면 안 되었다. 그러나 그들은 가톨릭 교회의 옹호라는
점에서는 일치해도 서로 그 방법과 생각이 달라서 충돌을 일으켰는데, 그 대

표적 예가 예수회와 얀센주의자의 대립이다.

얀센주의는 코르넬리우스 얀세니우스(1585~1638)에 의해 시작되었다. 리용의 신학교수였던 그는 아우구스티누스에 대한 저작으로 알려진 인물이었다. 가톨릭 교회가 중시한 종교적, 도덕적 정화의 감정은 종교개혁 이전부터 존재한 것으로서, 토렌토 회의나 예수회에 의해서도 사라지지 않고 있었다. 그리고 그러한 감정은 유럽 지역 중에서도 특히 프랑스에서 강하게 나타나, 묵상의 정신과 세속을 버리는 경건함, 열성적인 회개의 마음을 새롭게 일깨웠다. 그것은 사람들에게 종교에 귀의할 것을 고무하고, 구원의 조건으로서 교회에 의해 부여된 의무를 양심에 따라 엄밀하게 실천하도록 가르쳤다. 그런데 얀세니우스의 생각은 종교적 정화와 경건함에서 한발 더 나아가 인간의 본성을 죄 많은 것으로 보는 아우구스티누스의 교설과 일치하는 것이었다. 포르루아얄 대상은 그러한 생각을 도입하였고, 그것은 곧 파리의 포르루아얄에도 전해졌다. 이러한 일은 얀세니우스와 가장 절친했던 뒤베르지에의 영향이기도 했다.

그런데 이와 같은 얀센주의는 전도를 위해 세속과의 타협을 허용하는 문제에 있어서 예수회와 명백하게 견해를 달리하고 있었다. 이미 본 것처럼 예수회는 무엇보다 먼저 가톨릭 교회를 보급하는 것에 중점을 두고 있었기 때문에, 사람들과의 타협점과 접촉점을 찾으려 했다. 그렇게 하여 그들은 회심시키고자 하는 사람들에게 접근했던 것이다.

하지만 이것은 얀센주의자들에게서는 찾아 볼 수 없는 융통성이었다. 얀센주의자는 무엇보다 가톨릭 교회의 진리를 그 완전한 모습으로 보여 주고, 또 도덕을 완전하고 순수한 모습으로 제시하고자 했다. 따라서 그들은 오류와의 타협이 아무리 일시적인 것이라 해도 일체 부정하고, 설령 그러한 엄격함이 사람들을 가톨릭 교회로부터 멀어지게 만드는 일이 있어도 상관하지 않았다. 그들은 오히려 이 진리는 이성과 충돌하는 면이 있다고 역설하고, 도덕은 습관을 구속하는 부분이 있다는 점을 강조했다.

이에 반(反)해 예수회는 얀센주의자가 그 순수한 진리를 위해 인간을 희생시킨다고 비난하며, 진리와 선에 대해 경직된 사고를 가진 재판관임을 자인한다고 공격했다. 이에 대해 얀센주의자 또한 예수회가 인간의 이익과 정념을 위해 진리를 희생시키고 있다고 비판했다. 또 진리가 모든 사람의 손이 닿는 범위에 있도록 하기 위해 그것을 낮추고 있으며, 그 생각이 너무나 인간적이고 신성함이 없다 하며 질책하였다.

얀센주의자와 예수회는 인간의 자유를 인정하느냐 하지 않느냐 하는 문제를 두고도 견해차를 보였다. 얀센주의자는 예수회가 이신론자나 자연종교인에게 자유로운 의지의 권한을 주고 있는 것을 비난했는데, 그들은 그것을 은총에 대한 생각을 잃게 하고, 나아가서는 신앙을 파괴하는 것이라고 생각하였다.

이렇게 예수회와 얀센주의자의 대립은 근본적인 입장차이에서 비롯된 결정적인 것으로서, 이것이 대충돌의 원인을 이루고 있었다.

5개조의 명제

이상과 같은 생각의 차이에서 일어난 얀센주의자와 예수회의 싸움은 끊임없이 계속되고 있었다. 이러한 논쟁은 종교개혁 이래 프로테스탄트 교회에 맞서 자신을 지켜야 했던 가톨릭 교회로서는 결코 바람직한 일이 아니었다. 그리하여 처음에는 형세를 관망하던 로마 교황이 결국 그 싸움을 중단시키기 위해 나서게 된다. 그래서 교황 이노켄티우스 10세는 그 대표적인 조치로서 얀세니우스의 유작 《아우구스티누스》의 교설을 단죄한다. 당시 파리대학의 신학부장이었던 니콜라 코르네가 《아우구스티누스》를 정리한 5개조의 명제가 이단으로 규정된 것이다. 그 명제는 다음과 같다.

1 하느님의 몇 가지 계율은 아무리 그 힘으로 실천하려 해도, 또 아무리 노력해도 의로운 사람에게는 불가능하다. 그 계율을 실천할 수 있게 해 주는 은총이 의로운 사람에게는 결여되어 있다.

2 타락한 본성의 상태에서는, 우리는 결코 내적인 은총에 저항하지 못한다.

3 타락한 본성의 상태에서는, 공덕을 쌓거나 쌓지 않기 위해서 인간에게 필요한 것이 필연을 배제하는 자유가 아니며 구속을 배제하는 자유로 충분하다.

4 반(半)펠라기우스파(아우구스티누스의 은총설과 펠라기우스의 자유의지설을 절충한 것) 사람들은 특히 각각의 행위와 신앙을 위해서는 선행적으로 내적 은총이 필연적임을 인정했는데, 그 은총이 인간의 의지가 자유로 저항

하거나 따를 수 있는 것이기를 바랐다는 점에서 이단이었다.

5 예수 그리스도가 모든 사람을 위해 죽었다고 하거나, 또는 그가 일반적으로 그 피를 흘렸다고 말한다면 그것은 반펠라기우스파의 입장인 것이다.

이 교설의 명제를 단죄한 것에 대해 아르노와 얀센주의자는 '사실'과 '법규'문제를 구별함으로써 맞섰다. 그들의 주장에 의하면 위에 든 명제는 사실상 얀세니우스에 내재해 있는 것인데, 이 명제들이 신앙에 위반되어 단죄되어야 한다는 것은 법규에 근거한다. 그러므로 그 법규에 의해 단죄되어야할 것은 어디까지나 5개조의 명제이지 얀세니우스가 아니라는 것이다. 포르루아얄 또한 이와 관련하여 법규에 관해서는 교황의 조치를 존중하겠지만, 그것이 사실에 관한 것이라면 따르지 않겠다고 했다.

프로뱅시알

정의와 진리는 매우 예민한 두 개의 첨단이다. 그런데 우리가 사용할 수 있는 도구는 그것에 정확하게 접촉하기에는 너무나 마멸되어 있다. 그래서 우리의 도구가 만약 거기에 접촉한다 해도 그 첨단을 파괴하여, 그 주변, 즉 진실이 아니라 거짓에 도달하기 쉽다. (팡세 82)

논쟁의 경위

포르루아얄에 들어간 파스칼은 곧 예수회와 얀센주의자 사이에서 격렬하게 진행되고 있던 논쟁에 휘말리게 된다. 여기서는 먼저 간단하게 이 양 파의 논쟁이 시작된 경위를 살펴보자.

1655년 1월 31일 상쉬르피스 구(區)의 사제 피코테는 회개자 드리앙쿠르의 영성체를 연기했다. 드리앙쿠르는 자기 집에 부르제이 신부를 머물게 했는데, 부르제이 신부는 프랑스 아카데미에 속해 있었고 또 포르루아얄의 동료이기도 했다. 드리앙쿠르는 자기 딸을 포르루아얄 학교에 보냈기에 부르제이 신부에게 편의를 제공한 것이다. 하지만 이 일이 발단이 되어 피코테는 드리앙쿠르의 영성체를 연기하였다. 이때 아르노는 이 영성체 연기 사건은 드리앙쿠르를, 나아가서는 얀센주의자를 교회에서 추방하기 위한 책략이라고 보고 《한 귀족에게 보내는 편지》라는 제목의 책을 간행했다. 이것이 1655년 2월 20일의 일이었는데, 이 일은 예수회 측 사람들, 특히 안나 신부로부터 맹렬한 공격을 받게 된다. 그래서 아르노는 다시 《프랑스의 한 공작에게 보내는 두 번째 편지》를 써서 안나에게 반격을 가했다.

예수회는 아르노의 편지에서 다음의 두 가지 점을 지적하고 반론을 폈다.

(1) 아르노는 단죄를 받은 5개조의 명제가 얀세니우스 안에 없다는 것을 단언하며 얀세니우스를 변호하고 있다.

(2) 아르노는 자신을 위해 첫 번째 명제를 베꼈다. 또 그에 의하면 교회와 고위성직자들은 예수 그리스도를 거부한 성베드로의 인격 속에 은총이 결여된 의인이 나타나고 있기 때문에, 은총이 의인에게 반드시 주어지는 것은 아니라고 한다.

아르노의 두 번째 편지는 소르본에 고발되었다. 그리고 이때도 얀센주의자들은 그 대립자들과 사실과 법규라는 이중의 문제로 논쟁을 하였는데, 사실문제에 대해서 1656년 1월 14일 아르노는 124대 71로 틀렸다는 선고를 받았다. 기권은 15표였다. 이 재판은 예수회의 다양한 책략에 의해 지극히 불공정하게 진행된 것이었다. 소르본은 이에 그치지 않고 법규문제에 대해서도 아르노를 단죄할 생각이었다. 법규적으로 보아 명백한 불법이 이루어지고 있다는 것이었다. 이에 1월 24일 60명의 얀센주의자 박사들이 항의의 표시로 소르본에서 사퇴했다.

한편 포르루아얄은 아르노가 무죄판결을 받는 일에 대해서 절망하고 있었다. 그래서 이 사건을 대중 앞에 공개하려고 생각했다. 그들은 아르노가 일반인들에게 지금 문제가 되고 있는 일을 알리지 않고, 그저 어린아이처럼 얌전하게 죄를 받는 것을 이해할 수 없었기 때문이다. 아르노는 그들의 뜻을 받아들여 일반인에게 문제의 본질을 알리기 위해 책을 썼다. 그러나 대중은 전혀 움직이지 않았다. 이렇게 내몰리고 있던 아르노는 어느 날 파스칼을 보고 그에게 말했다. "젊은 당신이 이 사건에 대해 뭔가 의견을 내야 한다." 파스칼은 그때 자신의 의견을 간략하게 쓸 자신밖에 없으나, 어하튼 아르노의 말에 그것을 쓰기 시작하여 며칠 만에 완성했다. 파스칼은 그것을 친구들에게 읽어 주었는데, 그들은 그 조리 있는 문장과 설득력에 영혼을 빼앗길 정도로 깊은 인상을 받았다. 1656년 1월 23일, 파스칼의 첫 번째《프로뱅시알》(소르본에서의 현재 논쟁에 대해 한 시골 친구에게 보내는 편지)는 이러한 배경에서 공개되었던 것이다.

첫 번째 편지

"우리는 완전히 속고 있었습니다. 나는 바로 얼마 전에야 그것을 깨달았습니다. 이때까지 나는 소르본에서 일고 있는 논쟁의 주제가 종교적으로 매우 중요하다고 생각하고 있었던 것입니다."

《프로뱅시알》의 첫 번째 편지는 이렇게 시작되고 있다. 그 첫머리에서부터 다짜고짜 소르본의 논쟁은 그다지 중요한 것이 아니라고 말한 셈이다. 거기에는 간결하고 생생하며, 또 급소를 찌르는 예리함이 있다. 이 편지는 곧 본질적인 문제로 옮겨간다. "사람들은 두 가지 문제를 검토하고 있습니다. 하나는 사실문제이고, 또 하나는 법규문제입니다." 파스칼은 먼저 사실문제에 대해 간단하게 언급한 뒤, 얀세니우스의 책 속에서는 실제로 그 사실문제에 해당하는 명제를 볼 수 없다고 했다. 그러고는 완고하게 이 사실을 인정하려 하지 않는 사람들의 오만함을 부각시켰다. 이어 파스칼은 약간 냉소적으로 말한다. "그야말로 믿지 않는 세상이 되었습니다. 실제로 눈에 보이는 것 외에는 믿지 않는 것이지요." 파스칼은 이에 대해 법규문제(신앙문제)도 사실문제 이상으로 중요한 문제를 포함하고 있으며, 그것은 은총이라는 가장 소중한 원리와 관계가 있다고 말한다.

이 편지는 익명으로 나왔는데, 그것은 화자인 '내'가 각 파의 사람들을 찾아가 실제로 소르본에서 벌어지고 있는 쟁점에 대해 가르침을 청하는 형식으로 되어 있다. 그 방법은 자기의 무지(無知)에 대한 지(知)를 자각했던 소크라테스의 것과 비슷하다. 파스칼의 이 편지에는 또 다음과 같은 내용이 담겨 있다. 즉 성베드로가 하느님의 율법을 지킬 능력이 있다는 것은 양 파 모두 인정하는데, 예수회는 그것을 '직접능력'이라는 말로 표현하고 있다. 그것은 신의 율법이 지고하기는 하나, 모든 인간은 은총에 의해 율법을 직접 실천할 수 있는 힘을 가지고 있다는 것을 의미한다. 이에 비해 얀세주의자는 그 말을 사용하지 않는다. 바로 이점 때문에 예수회는 아르노와 얀센주의자를 이단으로 비난하고 있었다. 그러므로 아르노는 직접능력이라는 말을 사용하기만 하면 이단의 혐의에서 벗어날 수 있는데, 그 말을 인정하는 것을 거부하고 있다. 신의 은총에 대한 양 파의 생각은 같은데도, 직접능력이라는 말을 사용하는가 아닌가가 쟁점이 되는 상황인 것이다. 예수회는 단지 아르노가 이 말을 사용하지 않는 것만으로 그는 이단이 된다고 주장한다. 더군다나 "우리는 수적으로 다수이다. 만약 필요하다면 다수의 프란체스코 교단 수도사들을 데리고 올 것이기 때문에 우리 쪽이 승리를 거둘 것이다"라고까지 말하고 있다.

이렇게 종파 간 논쟁의 내막을 알리고 있는 편지는 루이 드 몽탈트라는 화자를 내세운 채 사부르 서점에서 출간되었다. 이 편지는 크게 대중의 지지를 얻었고 신학자와 정계에도 활발한 움직임을 불러일으켰다. 반면 이 편지 속에서 이름이 거론된 박사들은 격렬하게 분노하였다고 하는데, 특히 대법관인 세기에는 건강이 악화되어 나쁜 피를 뽑아 내는 치료를 받아야 했다고 한다. 또 이 《프로뱅시알》의 파급효과로 인해 2월 2일에는 사부르 서점이 압류당하기도 했다. 하지만 이 편지가 불러일으킨 이러한 반향에도 불구하고, 결국 아르노는 1월 31일, 법규문제에 대해서도 투표 결과 130대 9로 단죄된다.

충분한 은총과 유효한 은총

파스칼의 두 번째 편지는 1월 29일에 완성되어 2월 5일에 발표되었다. 그것은 첫 번째 편지보다 더욱 신랄했다. 이 편지 역시 파스칼이 여러 파의 사람들에게 의견을 묻는 형식을 취하고 있는데, 첫 번째 편지에 이어 예수회와 얀센주의자들이 의견의 차이를 보이는 은총의 교리에 대해 언급하고 있다.

파스칼은 먼저 그 문제에 관한 각 종파의 입장을 설명한다. 즉 예수회는 은총은 모든 사람들에게 주어져 있고, 그들의 자유로운 선택에 의해 유효 또는 무효가 되는 것이라고 생각하며, 그것을 '충분한 은총(충분한 은총은 실제로 좋은 행위를 완전히 실행할 수 있게 한다면 유효한 은총이 된다. 이 둘은 본질적으로는 같다)'이라고 부른다. 그러나 얀센주의자에 의하면 '유효한 은총(유효한 은총에 대한 해석은 파에 따라 다르다)' 외에는 실제로 충분한 것이 없다. 그리고 사람은 유효한 은총이 없이는 결코 행동하지 않는 것이다. 또한 토마스학파는 예수회처럼 모든 사람에게 주어져 있는 충분한 은총을 인정하지만, 인간이 행동하기 위해서는 하느님이 모든 사람에게 주지는 않는 유효한 은총이 필연적으로 필요하다고 덧붙이고 있다. 그렇다면 이러한 은총은 충분하지 않은 충분한 은총이 아니고 무엇이겠는가? 도미니코 파 사람들은 엄격한 교리를 고수하는 면에 있어서는 얀센주의자에 가까우면서도, 충분한 은총이라는 말을 이용한다는 점에서는 예수회와 연결되어 있다. 이에 파스칼의 화자 몽탈트는 진정하고 지고한 은총의 원리를 낮추는 것이 과연 성토마스를 받드는 수도회로서 어울리는 일인지를 묻고 있다. 그러자 도미니코파의 신부는 다음과 같이 말한다. "당신은 자유로운 개인이지만 나는 수도사이고 수도원에 속해 있다. 우리의 수도원장은 우리에게 찬동할 것을 약속했다. 우리들의 수도회는 가능한 한 유효한 은총에 관한 성토마스의 교리를 지지해 왔지만, 지금은 예수회가 대중의 신뢰를 얻고 있다. 만약 우리가 최소한 표면적으로라도 예수회의 충분한 은총에 동의함으로써 유효한 은총의 교리를 완화시키지 않는다면, 칼뱅주의자로서 비난받을 것이고, 또 얀센주의자로 취급받아 위험에 빠질 것이다." 여기서 몽탈트는 다음과 같이 말한다. "신부여, 당신의 교단은 잘못된 처신을 했다는 불명예를 얻었다. 세상이 창조된 뒤 지금까지 한 번도 버림받은 적이 없는 이 은총을 저버리고 있지 않은가." 그리고 파스칼은 그의 입을 빌어 그는 이제야말로 용감하게 싸울 때라고 말한다.

이에 이어 2월 12일에 나온 세 번째 편지는 이 두 번째 편지에 대한 시골 친구의 답장을 읽고 그에 답하는 형식으로 되어 있다.

여기서 파스칼은 이단 선고를 받은 아르노에게 쏟아진 비난이 얼마나 잘못되어 있고 이치에 맞지 않는지, 또 얼마나 무효한지 얘기하고 있다. 파스칼에 따르면 그들이 아르노를 비난하는 것은 그를 교회에서 추방하기 위한 구실을 얻고 싶어서일 뿐이다. 그러나 그들은 그 추방의 근거에 대한 설명을 할 수 없다. 왜냐하면 아르노는 결코 이단이 아니며, 이 논쟁은 신학자들의 논쟁이지 신학의 논쟁은 아니기 때문이다. 이렇게 말하며 파스칼은 신부들이 아르노와 관련된 경우에는 가톨릭적인 것이라 해도 이단으로 몰고 있다며, 그렇다면 그것은 진짜 이단에 속한다 해도 지금까지 없었던 새로운 종류의 이단일 것이라고 쓰고 있다.

도덕문제 그 하나

파스칼은 세 번째 편지까지 오로지 신학적인 관점에 서 있었다. 그런데 2월 25일에 발표된 네 번째 편지에서는 어느새 도덕 문제에 접근하여, 예수회는 죄인을 무죄로 할 방법을 찾고 있다고 비난한다.

몽탈트는 한 예수회 신부에게 가서, 그들에게 있어서 어떤 행위가 죄가 되는 조건은 어떤 것이냐고 묻는다. 신부는 그에 대해 다음과 같이 대답한다.

"하느님은 우리가 죄를 범하기 전에 우리에게 그 죄에 있는 악에 대한 인식을 가지도록 하고,

성스러운 가시관 모양의 성유물함(18세기 판화)

우리가 어떤 영적인 느낌으로 그것을 피하도록 하신다. 따라서 우리가 죄인이라 부르는 사람들은 바로 이 두 가지가 행해졌는데도 죄를 행하는 자들이다. 만약 이 두 가지를 충족시킨다면 죄가 나올 수 없다. 그러면 이미 현실 생활에서는 죄가 없어질 것이다. 예수회 신부라면 누구나 이것들이 항상 실현되고 있다고 믿고 있다. 그것은 하느님이 항상 모든 사람들에게 주고 있는 현실의 은총에 의해 실현되고 있는 것이다."

그러자 몽탈트는 말한다. "이것은 사실문제인데, 사실은 우리의 원리에 의존하여 해결되지 않는 것이다. 그러나 우리는 이런 사실에 따르지 않으면 안 된다. 그런데 우리가 경험을 통해 알고 있듯이, 악덕과 불경에 몸을 담고 있는 사람은 죄에 대한 인식과 그것을 피하게 하는 영적 느낌이 분명 결여되어 있지 않은가." 이에 대해 신부는 "적어도 의인이라면 이 두 가지 조건을 항상 생각하고 있다"고 대답한다. 이 말에 다시 몽탈트가 말한다. "당신은 도대체 사람이 깨닫지 못하는 죄가 있다는 것을 모르는가? 인간은 좋은 길이라고 오해하고 나쁜 행위로 나아가 버리기도 하며 또 그 역시 죄가 된다는

것을 모른단 말인가? 어떻게 하여 의인은 숨은 실수를 하는 것인가? 성서에
있듯이 왜 최고의 성인도 항상 두려움과 전율 속에서 살지 않으면 안 되는
것인가? 사람이 정의를 모를 때는, 죄를 범할 수 없다고 쉽게 말할 일이 아
니다."

이상과 같은 신부와의 대화는 이미 신학상의 문제가 아닌 도덕상의 문제
에 관한 것이다. 만약 예수회가 말하는 것이 옳다면 더욱 무의식적으로 타락
하고, 더욱 무의식적인 영혼에서 비롯된 행위일수록 허용될 수 있는 것이다.
그러나 파스칼에게 있어 행위는 그 도덕적 의의를 영혼의 깊은 곳에서 이끌
어 내는 것이며, 내적이고 영속적인 영혼의 상태가 중요한 것이었다. 파스칼
은 예수회의 도덕과 관련한 저서를 몇 가지 알고 있었다. 그것들을 잃은 그
는 그 부패상에 깜짝 놀라, 예수회의 그러한 은총에 대한 주장은 도덕상의
해이에서 나온다고 생각하게 되었다. 그리스도교 생활의 고도의 의무, 즉 자
기방기와 신에 대한 사랑을 지지한다면, 그들은 그 완전한 실행을 위한 힘을
필연적으로 오직 하느님한테만 기대해야 할 것이다. 그러나 전적으로 이교
도적인 도덕을 실천하는 데는 자연적인 작용만 있어 충분하다. 파스칼은 인
간이 그 영혼의 변화 없이 단순히 육체를 움직이는 행위를 하는 데는 은총이
필요하지 않다고 생각한 것이다. 그리하여 파스칼은 도덕면에서 예수회를
공격하기 시작했다. 파스칼의 다섯 번째 편지부터 이 논쟁에 더욱 높은 열의
를 보이기 시작한다.

기적

아르노가 단죄를 받고 소르본에서 추방당한 영향이 포르루아얄에도 미쳐,
1656년 3월 18일 포르루아얄 데상의 은둔자들은 그곳을 떠나 흩어지지 않을
수 없게 되었다. 언젠가는 수녀들도 같은 운명을 걷지 않으면 안 될 것이 분
명했다. 이러한 불안과 슬픔에 빠져 있을 때 포르루아얄에서 기적이 일어났
다. 그날은 1656년 3월 24일 금요일이었다. 누군가가 원내로 그리스도가 머
리에 썼던 가시면류관의 일부를 가지고 왔는데, 마침 그때 치유할 수 없는
누낭염을 앓고 있던 파스칼의 조카 마르그리트가 그것에 손을 대자마자 즉
시 회복된 것이다. 그 치유력은 참으로 완벽하여 어느 쪽 눈이 아팠던 눈인
지조차 알 수 없을 정도였다. 그 일은 포르루아얄에서도 그 외부에서도 큰

반향을 불러일으켰다. 그리고 그것은 박해를 받고 있던 포르루아얄에 대한 하느님의 원조를 의미하는 것으로 받아들여지게 되었다.

파스칼은 이 기적이 일어나기 직전에 한 자유사상가와 이야기를 나누었는데, 그는 파스칼에게 하느님이 어떤 보호도 해 주지 않고 진정한 그리스도교가 박해를 받는 대로 내버려두는 것에 대한 의문을 표시하였다. 파스칼은 그 의문에 아무런 주저 없이 "나는 필연적으로 기적이 일어날 것을 믿고 있다"고 대답했는데, 파스칼의 이 확신이 포르루아얄에서 실현된 것이다. 파스칼에게는 그것이 자신이 하느님의 이름을 걸고 말한 것에 대해 하느님이 관심을 보여 주신 것으로 생각되기도 했다. 그리하여 파스칼은 이 일 이후 이 논쟁에 더욱더 큰 열정을 가지게 된다. 그리하여 1656년 3월 28일, 그 기적이 일어난 지 나흘 뒤 다섯 번째 편지가 나온다.

도덕문제 그 둘―개연적 의견의 교설

"이제 내가 당신에게 약속한 대로, 교리에 있어서나 지혜에 있어서나 참으로 뛰어난 분인 예수회 신부님이 지닌 도덕의 근본적 특징을 짚어보도록 하겠습니다. 그들은 하느님의 지혜에 의해 인도되었고 철학자보다 확신에 차 있지요. 당신은 내가 놀리고 있다고 생각하시겠지만 나는 무척 진지하게 말씀드리고 있습니다. 아니, 이렇게 말하고 있는 것은 오히려 예수회 신부님 자신인 것입니다."

편지는 이렇게 시작되기는 했으나, 다시 신랄한 야유와 열렬한 웅변으로 이어지고 있다. 이 편지에서 몽탈트는 선량한 예수회의 결의론자(決疑論者. 결의법. 외적으로 규정된 윤리 규칙을 개개의 특수한 경우에 적용하여 가치를 비판하는 방법. 또 이것)와 마주 앉아 이야기를 일반적 방법으로 취하는 도덕상의 일파. 키케로, 아타나시우스, 예수회 등이 이 방법을 중시했다)와 마주 앉아 이야기를 나누고 있다. 그는 에스파냐의 결의론자 에스코바르와 그의 신봉자들이 이 세상의 죄인을 소멸시키는 사도적 기쁨을 가지고 생각해 낸 훌륭한 질문과 그와 함께 발명한 비도덕적이고 기발한 해답에 대해 차례차례 언급한다. 몽탈트의 지적에 의하면, 그들이 무턱대고 찬양하는 도덕은 근저에 개연적인 의견의 교설을 가지고 있다. 그것은 편지 속의 예수회 신부가 몽탈트의 부탁 대로 보여 주는 문헌 속에서도 나타난다. 이러한 점은 예수회의 교리란 모든 조건과 모든 사람에게 적합한 유연성을 가지고 있다는 것을 보여 준다.

이를테면 그것은 예수회가 해이해져 있다고 탄식할 수 있는 사람에게는 엄격하게 적용되고, 또 규율이 느슨한 것을 원하는 속인에게는 느슨하게 가해지는 것이다. 이러한 일은 예수회가 개연적인 의견의 교설을 가지고 있기 때문에 생기는 것인데, 바로 이 개연론이 예수회 도덕의 근본을 이루고 있다. 이를테면 아가씨를 쫓아다니느라 지친 사람은 단식재(가톨릭에서, 예수의 죽음을 생각하며 음식 제한을 지키는 행위)를 지키지 않아도 되는가 하는 것이 문제가 된다면, 예수회의 그 개연적인 의견에 따라 그것은 허용되는 것이다. 결의론도 물론 살인이나 방탕 같이 명백한 죄악은 허락하지 않는다. 거기에 대해서는 결의론자도 파스칼에게 그렇게 말하고 있다. 그러나 결의론자가 살인자나 방탕자에게 단식재를 면제해 주는 것은 분명하다. 게다가 일부 결의론자들은, 단식재를 면제 받으려는 의도에서 어떤 행위를 한 자에게까지 그 면제를 허락해 준다. 그렇게 함으로써 도덕을 중시한다는 결의론자는 자기 스스로가 도덕을 파괴하고 있다는 것을 모르고 있는 것이다.

도덕문제 그 셋

여섯 번째 편지에 이르면 파스칼의 공격이 갑자기 거칠어진다. 그는 거기서 예수회가 복음서와 공의회, 교황 등의 권위에서 벗어나기 위해 어떤 식으로 개연론을 이용하고 있는지 구체적으로 서술하고 있다. 예를 들어 '너의 여분의 것을 베풀라'고 하는 계율에서 예수회는 그 '여분의 것'이라는 말에 대해 그들은 그러한 여분의 것을 가지는 일이 좀처럼 없다는 식의 설명을 하는 것이다. 교황 그레고리우스 14세는 '살인을 저지른 자는 교회의 비호를 받을 자격이 없다'고 선언한 바 있다. 그런데 만약 그 살인자의 돈을 받고 살인을 한 사람은 포함되어 있지 않다고 해석한다면, 그에 해당되는 살인자는 교회의 비호를 받을 수 있게 되는 것이다. 그렇다면 사람을 죽인 거의 대부분의 사람들은 살인죄를 면할 수 있게 되기를 원할 것이다. 그들은 또 법언어가 매우 엄격하게 명백하여 어떤 확장 해석도 허용하지 않을 때는, '편리한 대로 환경'을 이용하고 있다. 이를테면 법의를 입지 않는 수도사는 규정상 보통 교황에게 파문을 당하는데, 만일 그가 소매치기를 하기 위해, 또는 사람들의 눈에 띄지 않고 유곽에 가기 위해 법의를 벗으면 그러한 규정은 적용되지 않는다는 식이다. 또 찬성과 부정의 이중 개연성의 방법이 이용되기도 한다. 이에 의하면 만약 교황이 어떤 의견에 대해 긍정한다 해도, 그것이 반드시 그 반대쪽 의견이 잘못되었다는 뜻은 아닌 것이다. 교황의 의견이나 신부의 의견 모두가 개연적이기 때문이다. 파스칼은 이러한 정을 언급하며 그들이 허용하고 있는 개연적인 면을 적절하게 이용하면 성직자, 사제, 수도사를 비롯한, 모든 사람들이 법의 맹점을 빠져나가 타락하게 될 수 있음을 지적하고 있는 것이다.

파스칼의 조카 마르그리트

의도를 정화하는 방법

일곱 번째 편지에서 파스칼은 '의도를 정화하는 방법'에 대해 비판하고 있다. 예수회 신부들은 나쁜 행위를 멈추게 할 수 없을 때는 그 나쁜 행위의 의도를 정화한다. 즉 악의 실행을 그 목적의 순수성에 의해 합리화하는 것이다. 결의론자들은 그런 정화가 예수회의 도덕에서 항상 중요한 것이라 하고, 심지어 예수회 신부들은 그 정화에 의해 결투를 하다가 살인을 하게 된 자를 용서하는 방법을 발견했다고까지 말하고 있었다. 다시 말해 복수를 하고 싶다는 죄악의 욕망을 명예를 지키려는 욕망이라고 부르면 된다는 것이었다. 이러한 명예를 위한 살인은 예수회 신부들은 이러한 명예를 위한 살인을 용서했다. 또 그들은 아들이 아버지의 죽음을 보는 것에 욕망의 최종적인 목적을 두는 것이 아니라, 유산 상속을 원하는 경우에는 아들이 아버지의 죽음을 원하는 것까지 허용된다고 하였다.

여덟 번째 편지에서 그는 이어 이러한 의도 정화의 방법이 재판관의 수뢰

카트린느 드 생트 수잔 상페뉴 수녀

문제에 적용되는 예를 들고 있다. 재판관은 상대편이 호의와 감사의 마음에서 보내는 선물을 받을 수 있는데, 여기서는 누군가 부정한 행위를 하기 위한 돈을 보내온 경우를 다루었다. 파스칼은 그것을 돌려주어야 하는가 아닌가에 대한 모리나^(1533~1606. 에스파냐의 가톨릭 신학자)의 답을 소개하였다. 그에 의하면 만약 돈이 지불된 어떤 행위를 실행하지 않았다면, 그 돈은 돌려 주어야 하지만 행위를 실행했다면 돈을 돌려줄 필요가 없다는 것이다.

아홉 번째 편지에서는 예수회가 인정하는 애매모호한 다의어(多義語) 및 속마음의 유보가 문제가 된다. 파스칼에 따르면 이 두 가지 설은 거짓말을 허용하는 데 매우 도움이 된다는 것이다. 전자인 다의어의 교설은 자신이 이해하는 것과는 다른 애매한 말을 사용하여 상대를 납득시키는 것이다. 또 후자인 속마음의 유보는 거짓말을 하기 위해 상대편에게 필요한 사항을 누락시킨 정보를 준 뒤 그것을 철저히 지키는 것이다. 이를테면 자신이 한 어떤 행위를 부정하려고 할 때에는 "내가 태어나기 전에"라는 단서를 고의로 빠뜨리고 "나는 그렇게 한 적이 없음을 맹세한다"고만 말하면 된다.

열 번째 편지에는 예수회의 방침이 적혀 있다. 여기에서 파스칼은 그들이 참회를 그때그때 적당히 조절함으로써, 사람들을 끌어들이는 가장 좋은 방법으로 이용하고 있다고 지적하며 비난하고 있다. 그들은 하느님에 대한 사랑은 가장 중요한 문제임에도 죽기 조금 전이나 죽는 순간에 하느님을 사랑하는 것만으로도 충분하다고 말하고 있었다. 또 우리가 구원을 받는 데 하느님에 대한 사랑은 필요하지 않다면서, 그것은 예수 그리스도가 이 세상에 출현함으로써

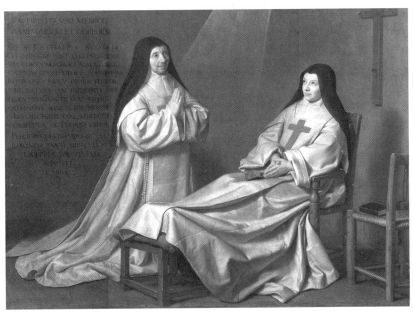

하느님과 기적

포르루아얄은 기적과 인연이 깊은 곳이다. 파스칼이 《팡세》를 집필하게 된 것은 그곳 기숙사생이었던 조카의 눈병이 나았기 때문이기도 하다. 화가 필리프 드 샹페뉴도 딸이 기적을 얻어서 병이 낫자 하느님께 감사하면서 이 그림을 바쳤다. 1662년. 파리, 루브르미술관 소장.

생긴 이점이라고도 했다. 그러나 파스칼의 관점에서 그것보다 더 큰 불경은 없었다. 예수 그리스도가 흘린 피가, 우리가 예수 그리스도를 사랑하지 않아도 된다는 것을 의미했단 말인가? 평생 하느님을 사랑한 적이 없는 사람을 영원히 하느님의 사랑을 받는 데 충분한 사람으로 만드는 것보다 더 큰 죄는 없다. 몽탈트는 결국 이렇게 외친다. "나는 이제야말로 예수회의 도덕을 모두 이해할 수 있다. 당신들 예수회 신부들과의 다양한 담화를 하였으나, 그 뒤에 하게 된 결심은 두 번 다시 당신들에게 돌아오지 않겠다는 것이다. 나는 결코 그것을 후회하지도 않을 것이다." 그는 이 말을 하고 신부들 곁을 떠난다.

파스칼은 이상과 같은 논쟁에서 그야말로 오로지 혼자서 예수회를 상대하고 있었다. 파스칼에 대한 예수회의 반론은 조목조목 신랄하게 가해졌다. 그들은 파스칼이 종교상의 사항을 속이고 있고 부정확한 인용을 했으며, 세상에 알려지지 않은 예수회의 몇몇 신부가 가진 개인적인 모순을 예수회 전체의 것으로 간주했다며 반박했던 것이다.

예수회 신부들에게 보내는 편지

이상과 같은 예수회의 항의에도 굴하지 않고 파스칼은 그에 맞서며 어디까지나 상대의 부패를 폭로하려고 한다. 그때부터 편지는 '시골 친구'에게 보내는 것이 아니라, 존경해 마지않는 예수회의 신부들에게 보내는 것이 된다. 1656년 8월 18일에 공개된 이 열한 번째 편지는 다음과 같은 말로 시작되고 있다.

내가 당신들의 도덕 문제에 대해 친구에게 쓴 편지를 보고 당신들이 반박하는 글을 읽었습니다. 당신들이 주로 문제시 하고 있는 점의 하나는, 당신들의 준칙에 대해 내가 상당히 불성실하게 말했다는 것입니다.
                    ....
신부님, 사실 종교를 조소하는 것과, 부조리한 의견에 의해 종교의 신성을 모독하는 사람들을 조소하는 것 사이에는 큰 차이가 있습니다. 하느님의 영혼이 드러나 있는 진리에 대한 존경이 없는 것은 불경일 것입니다. 그러나 인간의 정신이 그 진리에 대립하는 허위를 멸시하지 않는 것도 불경이겠지요.

그리고 나서 파스칼은 어째서 종교를 얕은 마음으로 속였느냐고 질타하며 예수회 신부들에게 반문한다. 종교를 모독하는 사람을 조소하는 것이 과연 종교를 조소하는 것인가? 오류를 조소함으로써 오류와 싸우는 것이 금지되어 있는 것인가? 이어 파스칼은 진리라는 것은 사랑할 가치뿐만 아니라 존경할 가치도 있는 것이며, 이와 마찬가지로 오류에는 그것을 무서운 것으로 만드는 불경건뿐만 아니라 그것을 우스꽝스러운 것으로 만드는 방자함이 있다고 역설했다. 하느님은 스스로 죄인에게 "나는 네가 멸망할 때 웃을 것이다"라고 말했다. 그런데 공공연한 잘못을 범한 사람에게는 화를 내지 않으면서, 그러한 잘못을 비난하는 사람들에게 무섭게 화를 낸다는 것은 참으로 기묘한 일이라고 할 것이었다. 파스칼은 말했다. "그러나 신부들이여, 무례한 어릿광대의 예를 보고 싶다면 바로 당신들 신부가 쓴 책《부드러운 신념》

과 《염치의 찬사》를 읽으시라. 그 속에서는 신자에 대한 아첨과 불경이 서로 싸우고 있다. 당신들은 나를 기만이라는 말로 비난하고 있다. 그러나 나는 당신들, 가장 뛰어난 저자들의 의견을 원서 그대로 인용했을 뿐이다. 당신들 신부 중 한 사람이 바스케스의 생각을 찬양하고 인용하면, 그 신부는 비방자 라거나 진실을 가장하는 사람이라는 말을 듣지 않는다. 그런데 내가 똑같은 말을 인용하면 진실을 가장하는 것이 되는 것은 무엇 때문인가? 그 이유는 간단하다. 당신들은 강하고 나는 약하기 때문이다. 당신들은 권력을 가진 단체이고, 나는 나 혼자이기 때문이다. 당신들은 힘을 가지고 있고, 나로 말하자면 진리밖에 가진 것이 없기 때문이다. 폭력이 진리를 제압하려 하는 싸움은 기묘하고도 지루한 싸움이다. 폭력과 질서는 서로를 감복시킬 수가 없다. 폭력과 질서는 같은 질서 속에 있지 않다. 폭력은 피상적 언어에 의해서는 타파되지 않는다 해도 진리 앞에서는 무력한 것이다. 폭력이 하느님의 명령에 의해 한정된 기간밖에 지속되지 않는 데 비해, 진리는 하느님 자신처럼 영원하기 때문이다."

이상과 같은 열한 번째 편지가 나온 뒤 약 보름이 지난 1656년 9월 4일 프랑스 성직자 집회는 앞에서 언급한 얀세니우스의 실천개조 규율 5개의 명제를 비방하였다. 그리고 그때 그 5개의 명제는 실제 성아우구스티누스의 설이 아니며, 얀세니우스가 성아우구스티누스의 진정한 의미를 잘못 해석하고 있는 것이라고 정식으로 선고되었다.

그리고 이틀 후 1656년 9월 6일에 열두 번째 편지가 발표되었다. 몽탈트는 여기서 진실을 가장한다는 비난에도 불구하고 얀세니우스 명제의 실제적인 의미를 해명하였다. 또한 바스케스의 시혜물에 대한 의견과 성직매매에 대해 이야기하며, 그들의 잘못을 공격하고 있다. 또 9월 30일의 열세 번째 편지에서는 살인에 대한 예수회의 준칙에 대해 얘기한다.

당신들은 순리론과 실천을 구별하고 있다. 그래서 순리론에서는 살인이 허용된다는 의견이 있을 수 있지만, 실천에 있어서는 국가의 이익이라는 관점에서 살인은 권장되지 않는다고 한다. 이어서 당신들은 만약 국가에 지장을 주지 않는다면, 실천에 있어서도 살인이 허용된다고 말한다. 당신들의 이러한 순수 지성이론과 실천상의 구별은 살인을 변명하기 위한 술

책일 뿐이다. 이렇게 말하면, 또다시 당신들은 이런 의견들은 당신들 중 일부 신학자만의 것이라며 반대할 것이다. 그러나 당신들의 개연설의 교설에 따르면, 당신들은 충분히 양심적인 가책 없이 그 의견에 따를 수 있다. 여기에 당신들의 술책이 있는 것이다. 죄를 변명하기 위해 당신들은 언제나 그 근거나 출처를 가지고 있다. 누군가 당신들로 하여금 그것이 죄에 대한 당신들의 변명임을 인정하게 하려할 경우 그들은 반증으로 논파하기 위해, 당신들은 다른 전거(典據)를 대고 있는 것이다. 마음이 이중인 사람이여, 두 갈래의 길을 걷는 사람이여! 하느님의 저주 앞에 서 있는 것은 당신들이다.

열세 번째 편지는 이렇게 끝난다. 이 편지가 나오고 며칠이 지난 1656년 10월 16일, 알렉산드르 7세(재위 1655~67)는 얀세니우스의 5개조 명제를 비방한다.

비방의 문제

그러나 파스칼은 이 비방에 맞대응하지는 않았다. 그는 먼저 열네 번째 편지에서 살인문제를 거론하며, 그것을 통해 매우 격렬한 어조로 예수회의 도덕적 부패를 다시금 공격했다. 이번 편지는 '가장 무서운 편지 중 하나'로 알려진 것으로, '누에 신부로 하여금 냉정을 잃게 한' 편지이다.

파스칼은 예수회는 살인을 허용한다는 점에서 예수회는 하느님의 법도 사람의 법도 잊고 있다고 비난했다. 예수회는 사람이 따귀를 맞거나 모략을 당한 것 때문에 살인을 하는 것은 정당하다고 인정하고 있었다. 만약 무엇인가를 잃는 것이 불명예가 된다면, 우리한테서 약간의 돈이나 한 개의 사과를 훔치는 사람을 단지 그 이유만으로 죽일 권리가 있다는 얘기였다. 그렇다면 예수회 사람들은 도대체 자신의 정체를 어떻게 생각해 주기를 바라는 것일까? 복음의 아들로서일까? 아니면 그 적으로서일까? 예수 그리스도는 고통에 그 영광을 두었다. 그에 비해 악마는 괴로워하지 않는다는 것에 그 영광을 둔다. 예수 그리스도는 모든 사람들에게 칭찬을 받는 사람들은 불행해질 것이라고 했지만, 이에 대해 악마는 세상이 우러러 보지 않는 사람들이 불행해질 것이라고 말했다. 예수회는 이들 가운데 어느 쪽에 속하는 것일까? 로

예수회로 인해 혼란에 빠진 얀세니스트들을 그린 풍자화

마에서만큼은 그들은 자신들의 불행을 초래하는 적을 비방할 수가 있었다. 그러나 천국에서는 예수 그리스도가 그들을 비방할 것이다.

열다섯 번째 편지는 1656년 10월 25일에 나온다. 거기에서는 몽탈트가 예수회 사람들이 경건한 사람들을 기만자라 부르며 너무도 잔인하게 박해하는 것을 보고, 그렇게 올바른 믿음을 가진 사람들과 교회의 이익을 위해 더욱 더 싸우게 된다. 그는 거기서 예수회의 행동 전략상의 비밀이 비방이라고 폭로한다. 그런데 사람들은 수도사들이 누군가를 비방하면 그들은 그러한 비방의 죄를 범할리 없다고 판단하고 그들의 말을 곧이곧대로 믿으려 하는 것이다. 그러므로 수도사들은 자신의 명예를 지키기 위한 비방은 조금도 죄가 아니라고 말하며 비방의 죄를 면제시키는 데 전념해 왔다. 그러다가 사람들은 예수회를 공격하는 것은 하느님을 공격하는 것이라고 간단하게 나름대로 믿어 버리게 된 것이다. 그때부터 수도사들은 자신들의 적을 가증스러운 자로 만들기 위해 글을 위조하기 시작했다. 대체로 그들은 애매한 말투를 사용하여 자신의 적이 무서운 죄를 저질렀다고 주장한다. 그러나 그들이 증거도 없이 이렇게 비방할 때는 "너희들은 부끄러워하지도 않고 거짓말을 하고 있다"고 말해 주어야만 마땅하다. 그리고 이제는 비방 당한 사람들에게 명예를 되찾아 주어야 할 때이다.

이것에 이어 1656년 12월 4일자의 열여섯 번째 편지가 세상에 발표된다. 이 편지에서 몽탈트는 예수회가 얀센주의자를 비방한 것에 대해 반론을 계속한다. 그는 예수회의 신부들이 포르루아얄이 제네바와 내통하고 있다며 비난하지만, 포르루아얄은 제네바가 인정하고 있는 것은 아무것도 가르치지 않는다고 반박했다. 그러므로 포르루아얄은 결코 이단이 아닌 것이다. 또 포르루아얄이 변화체(부활한 모습)를 믿지 않는다고 비난하는 것 역시 옳지 않음을 지적하며, 생시랑도 아르노도 명확하게 그 신비에 대해 말했고, 또 믿고 있다고 설명했다.

이상과 같은 파스칼은 조리 있는 반론과 반박을 하며 얀세니우스와 얀센주의에 가해진 박해를 물리치려 했지만, 예수회는 이제 얀센주의자를 비난하기보다는 파스칼 본인을 이단으로 몰기에 이른다.

안나 신부에게 보내는 편지

열일곱 번째 편지는 1657년 1월 23일에 발표되었는데, 파스칼은 이것을 그 다음에 나오는 열여덟 번째 편지와 함께 안나 신부에게 직접 보냈다. 여기서 파스칼 자신을 향한 예수회의 비방에 대해 대략 다음과 같이 답하고 있다.

내가 언제 이단자와 같은 일을 했단 말인가? 당신들은 《프로뱅시알》을 쓴 자는 이단이며, 그가 포르루아얄에 속해 있다고 생각해서 포르루아얄을 이단으로 몰았다. 하지만 정확하게 말해 나는 포르루아얄 사람이 아니다. 나는 독립해 있다. 따라서 다른 방법으로 내가 이단인 것을 증명하라. 그렇지 않으면 모든 사람들이 당신들이 무능하다고 여길 것이다. 나는 지상에서는 로마교황의 교회에만 연결되어 있다. 나는 이 세상의 어떤 것도 구하지 않고, 또 어떤 것도 두려워하지 않는다. 나는 당신들의 손에서 벗어날 수 있다. 그러나 당신들이 포르루아얄에 가하는 모든 폭력은 나의 공격을 피할 수 없다. 나는 예수 그리스도가 단순히 예정된 사람들을 위해서가 아니라, 저주받은 사람을 위해서도 죽었다는 것을 특히 믿는 자이다.

이렇게 파스칼은 자신의 입장을 명확히 밝혔다. 이후 열여덟 번째 편지는 1657년 3월 24일에 나왔다. 그 속에서 파스칼은 다음과 같이 말했다.

당신들은 오랫동안 반대자들에게 뭔가 잘못된 점이 없는지 찾으려고 했다. 그러나 나는 당신들이 결국 이단이 아닌 자를 이단으로 모는 것만큼 어려운 일은 없다는 것을 인정할 것이라고 확신하고 있다. 왜냐하면 당신들이 얀센주의자라고 부르고 있는 자는, 당신들로부터 비방 받는 그 5개조 명제의 한 글자 한 구절이 그대로 얀세니우스의 책 속에 있다는 것을 오직 부정하고 있을 뿐이기 때문이다. 5개조 명제는 신앙의 법적 문제에 해당되는 것이 아니라 사실적·실천적 문제이고, 그러한 사실문제에 관해서는 누구도 개개인의 양심을 마음대로 끌고 다닐 권리도 수단도 가지지 않는다. 이 문제는 감각과 이성에만 의존하는 것이다. 당신들이 갈릴레오에게 반대하여, 교황으로부터 지구의 회전운동을 비난하는 포고를 얻어낸 것은 무익한 일이었다. 그 포고는 지구가 움직이지 않는 것을 증명하는 것이 아니다. 만약 지구가 돈다는 것을 증명하는 확고한 관찰이 있다면, 교황의 그런 포고에도 불구하고 모든 사람은 지구가 돈다는 것을 부정하지 않을 것이고, 또 지구와 함께 자신도 돈다는 것을 인정하지 않을 수 없을 것이다. 에스파냐 왕이 교황의 판단보다 콜럼버스의 계획을 믿은 것도 같은 이치이다. 바로 이러한 것이 사실문제가 가지는 성질이다. 교회가 오류로서 상정한 내용이 실제로 어떤 문서에 포함되어 있다는 것은 신앙문제가 아니므로, 그것으로 간주되어 비방 당하는 것은 부당하다.

이렇게 파스칼은 어디까지나 사실문제와 법규문제를 구별하여 생각했다. 그는 하느님의 은총과 자유의지의 문제를 논하면서, 토마스주의자가 주장하는 은총을 거역하는 인간의 자유가 가지고 있는 능력과 성아우구스티누스가 가르친 은총 효과의 확실성 사이에는 모순이 없다는 결론을 내렸다. 하느님은 자신의 즐거움을 인간의 마음에 퍼뜨려 그 마음을 변화시킨다. 게다가 그 즐거움은 인간의 모든 감각적인 즐거움보다 뛰어난 것이다. 따라서 인간의 마음은 자신을 사로잡는 하느님 안에서 최대의 기쁨을 발견하고, 완전히 자유롭고 의지적이며 또한 완전히 사랑에 의해 일어나는 운동을 통해 스스로 실수하는 일 없이 하느님 곁으로 향한다. 이것은 인간의 의지란 가장 마음에 드는 것으로 향하게 되어 있기 때문이다. 이렇게 하느님은 인간의 자유의지를 필연에 의해서가 아니라 완전히 자발적으로 자기 쪽으로 향하게 한다. 그리하여 언제라도 은총을 거역할 수 있지만 반드시 그렇게 하기를 원하지는 않는 자유의지는, 하느님이 그 유효한 영적 느낌의 즐거움에 의해 그것을 끌어당기고 싶어 할 때 하느님 곁으로 실수 없이 확실하고 자유롭게 나아가는 것이다. 이렇게 신의 은총과 인간의 자유의지는 결코 모순되지 않으며, 그 근저에서 완전히 일치한다. 그야말로 진리는 의지 위에 작용하는 은총의 힘과 은총을 거역하는 의지의 힘, 이 상반되는 두 가지의 결합에 의해 태어나는 것이다. 만약 이 두 가지의 모순을 해결하기 위해 둘을 조화시키기 보다 어느 한쪽을 무시한다면 칼뱅 같은 오류에 빠지게 된다. 이 둘의 어떤 진리도 우리는 똑같이 열망하지 않으면 안 되는 것이다.

파스칼은 자연과학에서는 그 진리에 따랐다. 그러나 인간 이성의 한계를 잘 깨닫고 있었기에 이성을 초월하는 진리에 대해서는 이성을 진리에 복종시켰다.

이 열여덟 번째 편지가 나오기 일주일 정도 전인 1657년 3월 17일의 일이다. 프랑스 성직자 총회는 알렉산드르 7세로부터 그 전해 10월에 발표된 5개조의 명제의 이단 규정에 대한 재확인 교서를 받았다. 그런데 그 교서는 성직에 있는 모든 자들의 서명을 요구하는 것이었고, 이에 포르루아얄 사람들은 말할 수 없는 당혹감을 느꼈다. 이 상황을 보다 못한 파스칼은 열아홉 번째 편지를 쓰려고 했으나 그것은 미완으로 남게 되었다. 그 이유는 정확히 알려져 있지 않으나, 5개조의 명제를 이단으로 하기 위한 서명에 대한 상당한 반대자들이 나타나서 안심했기 때문이거나, 예수회가 폭력행위를 불러일으킬 것을 우려했기 때문이라는 설이 있다.

이 파스칼의 《프로뱅시알》은 1658년에 라틴어로 번역되어 전 유럽에 보급되었다. 그것은 원문보다 더 큰 호평을 받았지만, 로마교회에 의해서도 또 소르본의 신학계(神學界)에 의해서도 이단 선고를 받는다. 1660년 9월 23일에 개최된 참의원 회의에서는 《프로뱅시알》을 찢어 버리고 불태워야 한다는 결정을 내리기까지 했다.

그러나 파스칼은 이 비방에
도 움직이지 않았다. 그는
'만약 로마에서 나의 이《프
로뱅시알》을 비방한다면, 그
것을 비방한 자는 반드시 천
국에서 비방을 당할 것'이라
고 말했다. 파스칼은 아마도
그때 주 예수의 법정에 상소
하고 싶은 심정이었을 것이
다. 그러나 파스칼은《프로뱅
시알》을 쓴 것을 후회하지 않
았다. 파스칼은 죽기 1년 전
에 자신이 살던 지역 교구 신

폴 브리에 사제

부인 브리에로부터《프로뱅시알》을 쓴 것을 후회하느냐는 질문을 받고 이렇
게 대답했다. "후회하기는커녕 만약 내가 지금 그것을 다시 써야 한다면 나
는 더욱 강력하게 쓸 것이다."

만년

다른 모든 장면이 아무리 아름다워도 마지막 장면에서는 피비린내가 난
다. 머리 위에 흙이 덮이면, 그것으로 모든 것은 영원히 끝난다. (팡세
210)

《프로뱅시알》을 쓰던 시기에는 지병이 한동안 잦아들어 파스칼은 병고에
그렇게 심하게 시달리지 않아도 되었다. 물론 그때 역시 그의 건강이 완전한
것은 아니었지만 그는 그 동안의 기력으로 그 정력적인《프로뱅시알》을 탄생
시킨 것이다. 그러나 이윽고 파스칼의 병세가 다시 진행되었고, 고통도 다시
시작되었다. 이미 말했듯이 파스칼은 "질병은 그리스도 교도가 겪는 자연적
상태의 하나이다"라고 했는데, 이 '자연의 상태'는 특히 그의 말년 4, 5년 동

안 계속된다.

사이클로이드

파스칼은 《팡세》 속에서 "나는 추상적인 학문을 연구하는 데 오랜 시간을 보냈다. 그리고 거기서 얻을 수 있는 교류가 적다는 것 때문에 연구에 싫증을 느꼈다."(144)고 말했는데, 이렇듯 파스칼에게 있어서 학문은 종교에 도움이 되는 한에서만 중요했다. 1654년의 '수삼각형'의 발표 이래 파스칼은 과학상의 연구에서 그다지 주목할 만한 성과를 올리지 못하고 있었다. 그러나 1657년 무렵부터 다시 잠자고 있던 파스칼의 뛰어난 과학적 재능이 눈뜨게 되어, 그는 그해에 어떤 사람과 과학적 문제에 관한 의견 교환을 위해 편지를 주고받기도 하였다.

1658년부터 파스칼의 병이 다시 악화되기 시작한다. 처음에는 치통이 찾아왔는데, 그 때문에 잠들지 못하는 날이 이어졌다. 그러던 어느 날 파스칼은 통증을 잊기 위해 수학 문제에 정신을 집중했다. 그것은 1628년에 메르센스가 제시한 것으로, 그때까지 아무도 푼 사람이 없는 사이클로이드(또는 룰렛)에 관한 문제였다. 그 당시에는 사이클로이드의 전(全)면적을 구하는 완전한 방법을 알아낸 사람이 아무도 없었던 것이다. 그런데 파스칼은 며칠 사이에 그 해법을 자기도 모르는 사이에 스스로도 놀랄 만큼 간단하게 발견했다. 하지만 그는 그것을 발표할 생각은 하지 않았다. 그러다가 파스칼은 이 일을 우연히 로아네스 공에게 얘기하였는데, 이때 로아네스 공은 파스칼에게 이렇게 말했다. "자네가 무신론자와 싸우는 그 계획에서 이기려면, 기하학에 관한 모든 것과 증명을 필요로 하는 모든 것을 그 무신론자들보다 자네가 훨씬 더 잘 알고 있다는 걸 증명해야 하네. 또 자네가 신앙에 관한 일에 종사한 이상, 그 신앙의 이유가 인간의 증명이 도달하는 한계를 알기 때문이라는 것을 보여줄 필요가 있지." 파스칼은 이 말을 듣고 그 해법의 발견을 공표할 마음이 들었다. 로아네스 공은 제시된 문제를 정확하게 푼 사람에게 60피스톨의 상금을 주는 수학 콩쿠르를 열 계획을 세웠다. 그리고 1658년 6월 파스칼이 아모스 데통빌이라는 가명으로 당시에 유명했던 모든 수학자들에게 그것을 알렸다. 파스칼은 만약 아무도 콩쿠르의 문제들을 풀지 못한다면 3개월 뒤에 자신이 그 답들을 발표할 생각이었다. 처음 파스칼이 생각한 문제는 다음과 같은 것이었다.

(1) 룰렛의 활꼴, 즉 곡선과 축과 밑선에 평행하는 현 사이의 면적을 구하라.

(2) 그 룰렛 활꼴의 중심을 구하라.

(3) 그것이 축 둘레를 회전할 때 생기는 입체의 체적을 구하라.

(4) 그것이 밑선 둘레를 회전할 때 생기는 입체의 체적을 구하라.

(5) 그에 의해 생기는 입체의 중심을 구하라.

(6) 그 입체를 축을 기점으로 하여 평면으로 잘랐을 때, 그 입체의 중심을 구하라.

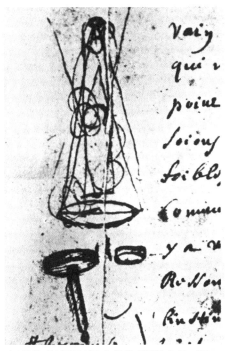

파스칼의 사이클로이드에 관한 연구의 노트 메모

그러나 파스칼은 곧 이 문제 가운데 (1)에서 (4)까지는 로베르발이 이미 풀었다는 것을 알게 되었다. 그래서 파스칼은 (5), (6)의 두 문제를 콩쿠르의 문제로 제시했다. 이 콩쿠르에는, 런던의 세인트폴 대성당을 건축한 렌, 리에주의 대성당 참사회원인 드 슬뤼즈, 호이겐스, 페르마 등이 관심을 보였으나 옥스퍼드의 월리스, 툴루즈의 라르엘 신부만이 참가했다. 그러나 월리스는 문제를 풀지 못했으며 라르엘 신부가 제출한 것은 잘못된 해법이었다. 결국 1658년 11월 24일 카르카비가 주석이 된 심사팀은 아무도 문제를 풀지 못했다는 판정을 내렸다. 그래서 파스칼은 그해 12월, 카르카비에게 보낸 편지 속에서 자신의 해법을 공개한다. 그 편지 속에는 '삼선형론(三線形論)', '사분원의 사인론', '원호론', '사이클로이드 일반론'이라는 논문도 동봉되어 있었다.

그런데 1660년 8월 10일 페르마에게 보낸 편지 속에서 파스칼은 이렇게 말하고 있다. "기하학은 고도의 정신을 사용하는 것이라고 생각한다. 그러나 동시에 나는 그것이 매우 무익하다는 것도 알고 있다. 그러므로 나는 단순한 기하학자와 뛰어난 능력이 있는 장인 사이에는 아무런 차이가 없다고 본다. 나는 기하학자를 세계에서 가장 훌륭한 직업인이라고 부르지만, 그것은 말하자면 일개 장인밖에 되지 않는 것이다." 파스칼의 말처럼 그것은 무익할지도 모른다. 그러나 그 무익한 것도 세상의 영광을 얻는 데 도움이 된다. 60피스톨의 상금이 걸린 콩쿠르를 열 때 파스칼은 자신의 유일한 목적은 그 해법을 발견한 사람의 공적인 명예 또는 학자로서의 공적을 선언하는 것이라고 말했다. 이것은 파스칼이 아직도 세속적인 명예에 얼마나 집착하고 있었는지를 엿볼 수 있는 대목이다. 파스칼이 수학으로 다시 돌아간 것은 결코 수학에 대한 애호라는 단순한 이유에서가 아니었던 것이다. 이런 점에서 그가 수학 연구를 다시 시작한 것은 스스로에게 있어서 '일시적이고도 행복한 과오'였을 것이다.

한편 파스칼이 사이클로이드 문제에서 사용한 방법에는 적분법이 포함되어 있었다. 드레그가 1869년에 지적한 것처럼 파스칼의 방법 속에는 적분법의 진정한 창시자라 부르기에 걸맞은 데가 있었던 것이다. 파스칼 이전에도 적분학에 속하는 면적과 체적을 구하는 문제는 아르키메데스의 궁극법이나 카발리에리의 불가분법에 의해 풀 수가 있었다. 그러나 무한소와 무한히 큰 수의 조합의 극값을 지극히 엄밀한 방법으로 결정한 것은 파스칼이 처음이었고, 이러한 발견은 라이프니츠가 미적분 연구를 시작하는 데 영향을 미쳤다. 라이프니츠는 데퉁빌의 편지를 읽고 "나는 갑자기 빛을 얻었다"고 말했다. 그는 또 파스칼의 '사분원의 사인론'을 읽고 무한하게 작은 것으로 되어 있는 그 '특수삼각형'을 고찰함으로써 미분의 정확한 개념에 도달했다고 말했다. 파스칼의 사이클로이드에 대한 업적은 이렇게 후세에 큰 영향을 미친 것이다.

영혼의 지도자 파스칼

이미 말했듯이 파스칼은 《프로뱅시알》의 열아홉 번째 편지를 완성하지 않은 채 펜을 놓았다. 그 이유는 앞서 언급한 것 외에 파스칼의 내면생활이 더욱 깊어지고 그 덕성이 점차 완전에 다가가고 있었다는 점도 들 수 있을 것이다. 그는 자신도 또 논적도 더욱 공평하게 바라볼 수 있는 능력을 지니게 되어, 단순히 논쟁에서 이기는 것이 자기 자신에게나 포르루아얄 사람들에게 아무런 이익도 가져다 주지 않는다는 것을 깨달았던 것이다. 시간이 지남에 따라 파스칼은 논쟁에서는 겸허함과 사랑이 상처를 받으며, 그런 것은 진리를 위해서 아무런 득이 되지 않는다는 것을 알게 되었을 것이다. 게다가 그 논쟁은 사람을 회심시키기 위한 것이라기보다 단지 사람을 즐기게 해 주는 것이었다. 그런 깨달음을 통해 파스칼은 논쟁을 하기보다는 겸허와 사랑의 덕을 실천하고 자신이 얻은 광명을 다른 사람들에게도 나눠 주어 그들을 행복하게 하는 데 도움이 되고자 하는 생각을 갖게 되었다. 또 1656년부터 시작된 로아네스 공의 여동생 로아네스 양과의 편지 교환은 파스칼의 이러한 생각을 더욱 촉진시켰다. 이때 파스칼은 정열적인 격려와 상담으로 세상을 등지는 것에 불안을 느끼고 있던 로아네스 양을 포르루아얄에 들어가게 하였다. 1656년 9월의 첫 번째 편지에서 파스칼은 다음과 같이 말하고 있다.

나는 당신의 고통이 도대체 무엇 때문에 시작되었는지 알 수 없다고 말하지 않을 수 없습니다. 하지만 나는 그것은 당연히 일어나야 했기에 일어난 것임을 알고 있습니다. 그것은 신으로의 회심을 통해 자기 안의 낡은 인간을 타파하는 모든 사람이 겪는 상태입니다. 또 그것은 새로운 하늘과 새로운 땅으로 변하기 위해 파괴되는 전 우주의 상태인 것입니다.
우리가 시험해야 하는 것은 세상에 머물라는 하느님의 명이 있는지의 여부입니다. 세상에서 멀어지라는 그분의 부르심이 있는지 어떤지는 시험해서는 안 되는 것입니다. 왜냐하면 페스트가 퍼진 집이나, 불이 붙은 집에서 나오라는 부름이 있는지 없는지는 상담할 필요가 없고 또 상담하는 사람도 없을 것이기 때문입니다.

또 두 번째 편지(1656년 9월 24일)에서는 다음과 같이 말하기도 했다.

우리가 고통 없이 해탈할 수 없다는 것은 분명한 사실입니다. 우리는 우리를 끌어당기는 것을 향해 스스로 따라갈 때는 아무런 구속을 느끼지 않습니다. 그러나 한번 그것을 거부하거나 그로부터 멀어지거나 할 때는 괴로워합니다. 우리는 그 고통과의 싸움을 평생 견딜 결심을 하지 않으면 안

됩니다. 이 싸움은 인간에게는 괴로운 것이라고 할 수 있습니다. 그러나 하느님 앞에서라면 이 싸움이 평화롭다고 할 수 있겠지요.

이렇게 파스칼은 편지를 통해 로아네스 양과 신앙과 그와 관련된 문제에 관해 여러 가지 이야기를 나누고 그를 통해 그녀의 믿음에 확신을 주었다. 파스칼의 말은 로아네스 양에게는 항상 용기의 원천이었고 그와의 편지 교환으로 마음을 다진 그녀는 어머니가 만류하는 것도 듣지 않고 포르루아얄에 들어갔다.

《팡세》

파스칼은 자신을 영혼의 지도자로서 자각하기 시작했다. 그리고 그 사명을 실행하기 위해 마침내 전부터 계획했던 저술에 착수하기로 한다. 파스칼은 무신론자들을 혼란에 빠뜨리기 위한 것이 아니라, 신을 향한 회심으로 인도하기 위한 책을 쓰기로 한다. 파스칼은 앞에서 이야기한 포르루아얄에서의 병치료 기적으로 많은 것을 사색하게 되었는데, 그것이 이 저술의 출발점이 된 것이다.

파스칼은 이 저술을 위해 되풀이하여 성서와 신부들의 저서, 특히 성아우구스티누스의 책을 읽었다. 또 13세기에 도미니코회 수도사 레이몽 마르탕이 유대인과 아랍인을 위해 쓴 《신앙의 칼》도 독파했다. 파스칼은 그 책들을 그냥 읽기만 한 것이 아니라 그 한 구절 한 구절의 의미에 대해 깊이 생각했다. 파스칼은 책을 읽고 그에 대한 의견을 밝히기 전에 먼저 마음속에서 자신이 읽은 것을 잘 정리해 보는 습관을 가지고 있던 터였다. 이렇게 여러 가지로 준비를 하여 저작의 대체적인 윤곽을 구상한 뒤 파스칼은 1658년 5월 무렵 포르루아얄의 강연회에서 그것을 발표했다. 그 강연은 2, 3시간에 걸친 긴 것이었는데에도 불구하고 포르루아얄 사람들을 완전히 매료시켰다. 그들은 그토록 아름답고, 힘차고, 또 설득력이 풍부한 말은 그때까지 한번도 들은 적이 없었다. 그러나 파스칼은 결국 이 저작을 완성하지 못했다. 그에게는 한번 쓴 것을 몇 번이고 퇴고하는 버릇이 있어서 글을 쓰는 데는 오랜 시간이 걸리는 데다, 또 이 해에 지병이 악화되었기 때문이다. 이 책을 쓰며 파스칼은 끊임없이 고통과 싸우면서 종이에 마음에 떠오른 온갖 생각을 기록했다. 그러나 파스칼이 구상한 저술—이것의 제목은 《그리스도교 변신론(辯神論)》인데, 나중에 《팡세》로 편집된 것이다—은 본격적인 작업에 들어가기 전에 펜을 빼앗기고 만 것이다.

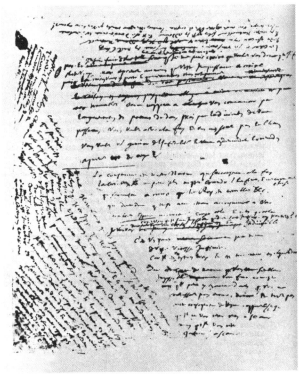

《팡세》 '477'의 초고

내면적 완성

지병에 의해 쇠약해진 파스칼의 건강상태는 주위 사람들에게 적잖은 동정심을 불러일으켰다. 하지만 그는 보통 사람은 견디기 힘든 그 극심한 고통을 웃는 얼굴로 견디고 있었다. 그러한 모습은 주위 사람들을 착한 마음으로 이끌기도 하였지만, 파스칼은 건강상태로 인해 타인에게 동정 받는 것은 달가워 하지 않았다. 그는 이제는 스스로 회복이 불가능함을 확신하여 그것을 단언하는 상태에 있었다. 이때 파스칼은 마치 고통을 초월한 듯 "건강의 위험과 질병의 기쁨을 알고 있다"고 하기도 했다. 그리스도 교도로서의 파스칼은 그 질병 속에서 큰 행복마저 느끼고 있었던 것이다.

이리하여 파스칼은 질병으로 인해 오히려 그 내면적 완성으로 나아가고 있었다. 파스칼은 하느님의 계율에 따르는 것만으로는 만족할 수 없었다. 인간이 하느님을 숭배하기 위해 하는 일을 진실하고도 완전히 원하도록 그 심정을 고치고, 그것을 의무로 부여하지 않으면 만족할 수 없었던 것이다. 파스칼은 불 같은 기질을 타고났고, 모든 것에서 뛰어나고자 하는 마음과 야심, 오만, 반항에 대한 경향이 강했다. 그는 동시에 격렬한 애정을 지니고 있었으며, 화를 잘 내고 야유를 하는 경향도 있었다. 나아가서 그는 학문에 전념하고 있을 때만큼은 그 밖의 모든 것을 잊어버리는 정열을 지니고 있었다. 하지만 그의 투병 생활은 이와 같은 성정의 경향과 정열을 모두 잃어버리게 하였으며, 그런 점에서는 병고가 그리스도 교도로서의 파스칼에게 오히려 좋은 효과를 불러온 셈이었다. 그러한 경향과 정열의 상실은 금욕에 의해서도 촉진되었다. 파스칼은 금욕을 인간의 높은 부분을 더욱 높이는 데 유익한 것으로 생각했고, 따라서 금욕을 부정하는 것은 인간의 낮은 부분의 발달을 인정하는 것이라고 여겼던 것이다. 파스칼의 내면적 완성은 이렇게 이루어졌다. 이 시기의 파스칼은 안쪽에 붙은 침이 피부에 직접 닿는 허리띠를 차고 다녔는데, 그것은 하잘 것 없는 생각이 떠오를 때 팔꿈치로 그 허리띠를 쳐서 자신의 육체에 고통을 주어 그 생각을 쫓아내기 위한 것이었다고 한다. 그는 미각을 즐겁게 하는 것도 일체 거부했다. 그리스도를 모방하여 스스로 가난한 사람이 됨으로써 가난한 것을 마음으로 사랑하고자 했기 때문이었다. 그리하여 그는 돈을 빌려서라도 자선을 베풀었다. 파스칼의 이러한 생활은 가장 경건한 성직자도 경탄할 정도였다. 이리하여 그가 타고났던 성급한 기질은 자취를 감추었고, 자신에게 반대하는 사람이나 자신을 거부하는 사람에게도 지극히 부드럽고 온화한 태도를 보이게 되었다. 또 파스칼은 자신의 안에 있는 깊은 애정이 집착이 되지 않도록 경계하는 것도 잊지 않았다. 그리고 자신 역시 애착의 대상이 되는 것도 원하지 않았다. 그래서 파스칼은 말했다. "나는 어떠한 사람의 목적도 아니다. 왜냐하면 나는 죽을 것이기 때문이다."

예수와의 대화

파스칼은 성서를 펴 보는 것에서 지극한 기쁨을 느끼고, 그것을 되풀이하여 완전히 암송할 정도로 읽었다. 그가 특히 좋아한 대목은 시편 119편 84절의 "주의 종의 남은 날이 얼마나 되나이까. 나를 핍박하는 자를 주께서 언제나 국문하시리이까."였다. 그리하여 예수의 자비를 기원하고 구하던 파스칼은 마침내 '예수의 비의(秘儀)' 속에서 예수가 다음과 같이 말하는 것을 듣는다.

네 마음을 위로하라. 만약 네가 나를 찾지 못했다면, 너는 나를 구(求)하지 않았을 것이다.

나는 나의 고뇌 속에서 너를 생각했다. 나는 너를 위해 이토록 피를 흘렸느니라.

네가 아직 눈앞에 없는 것을 생각한다면, 또 이것저것 잘 될지 어떨지를 생각한다면, 그것은 너를 시험하는 게 아니라 오히려 나를 시험하는 것이다. 나는 그것이 네 눈앞에서 일어났을 때 네 안에 그것을 이룰 것이다.

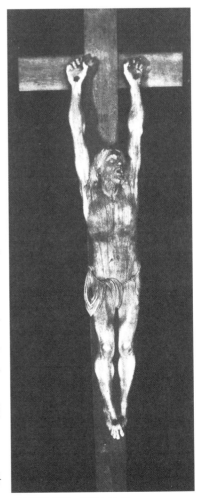

너의 신앙으로의 회심—그것이 내가 하는 일이다. 두려워하지 말라. 나를 위해 기도하듯이 신뢰를 가지고 기도하라.

의사는 너를 치유할 수 없을 것이다. 결국 너는 죽을 것이기 때문이다. 너를 치유하고, 너의 육체를 영원히 살게 하는 것은 바로 나다.

나는 누구보다 가까운 너의 벗이다. 나는 너를 위해 누구보다 많은 일을 하였다. 그러나 네 친구들이 내가 너의 일로 괴로워하는 것처럼 괴로워하지 않았고, 네가 불성실하고 잔인했을 때 너를 위해 내가 죽은 것처럼 죽지 않을 것이다.

이러한 예수의 말에 파스칼은 다음과 같이 대답했다.

파스칼의 유품, 그리스도 상

주여, 저는 당신에게 모든 것을 바치나이다.

그러자 예수가 말하였다.

나는 네가 너의 더러움을 사랑하는 것보다 더 열렬하게 너를 사랑할 것이다. 더러워졌기 때문에 더욱더.

이상이 파스칼이 경험했다고 하는 예수와의 대화이다. 우리는 여기서 하느님의 사랑을 한결같이 구하는 파스칼의 모습을 볼 수 있는 것이다.

자클린느의 죽음

1657년 성스러운 가시면류관의 기적이 일어난 이래 얀센주의자 수도사들로 하여금 5개 명제를 부정하는 신앙선서문에 서명할 것을 요구한 문제는 일시 연기되어 있었다. 그러나 1660년에는 모든 상황이 변해 먼저 얀센주의자에 대한 엄격한 조치가 취해졌다. 포르루아얄이 운영하던 학교는 폐쇄되었고, 서명 문제가 다시 거론되었다. 성직자 회의가 다시 얀센주의자들에게 그 신앙선서문에 서명할 것을 요구하려 했던 것이다. 이뿐만 아니라 1661년에 일어난 레스의 봉기에 종지부를 찍으려 하던 프랑스 왕실은 포르루아얄이 그 봉기와 관련이 있는 것으로 간주하고 포르루아얄의 모든 수도사를 추방하려 하고 있었다.

신앙선서문 서명 건은 사제 총대리 두 사람이 명령을 내린 것인데, 사실 이들은 포르루아얄에 호의적인 인사들이었다. 그래서 그들은 6월 19일에 교서를 발하여 지극히 교묘하게 신앙선서문 속의 내용을 완화함으로써, 사실문제와 법규문제의 구별을 인정해 주었다. 이 교서 작성에는 파스칼도 협력한 것으로 추정되고 있다. 이에 따라 포르루아얄 측의 아르노와 생글랭도 그 서명에 동의하게 되었다. 그러나 포르루아얄 대상의 수녀들은 그에 저항하겠다는 의사를 표시했다. 그 신앙선서문이 사실문제를 너무나 명료하게 인정하고 있다는 것이 그 이유였다. 수녀 중에서도 특히 강력하게 반대한 것은 자클린느였다.

자클린느는 안젤리크에게 긴 편지를 써 교서를 매우 거칠게 비판하면서 자신은 두려움을 느끼고 있다고 하였다. 그녀는 그 선서문에 서명을 하는 것이 얀세니우스를, 나아가서는 성아우구스티누스를 비방하는 격이 되는 것이 아닌가 하는 염려로 불안해 하고 있었던 것이다. 자클린느는 "그 교서는 우리로 하여금 진리를 부정하고 거짓말에 동의하게 하는 것이다. 나는 반드시 진리를 지키는 일이 우리의 의무는 아니라는 것을 잘 알고 있다. 그러나 신부들이 우리가 지녀야 할 용기를 지니고 있기 때문에 우리도 신부들이 지녀야 할 용기를 지니지 않으면 안 된다. 진리를 지키는 것이 우리의 일이 아니라고 해도, 진리를 위해 죽는 것은 우리의 일인 것이다"고 말하며 그 굳은 결의를 보여 주었다. 그러나 이런 자클린느의 결심과는 달리 이미 파리의 포르루아얄은 서명에 임하고 있었다. 마침내 자클린느도 아르노의 권위에 눌려 서명을 하게 된다. 하지만 그것은 자클린느에게 있어서 영혼의 죽음을 의미했다. 그런 일을 겪자 그녀는 그로부터 3개월 뒤, 1661년 10월 4일에 세상을 떠나고 만다. 그때 그녀의 나이는 36세였다. 양심에 반하여 행동한 고통이 결국 자클린느를 죽음으로 내몬 것이었다. 동생을 마음으로 사랑했던 파스칼은 그 죽음의 소식을 들었을 때 느꼈을 큰 슬픔에도 불구하고 단 한마디 말만 했을 뿐이었다. "하느님께서 잘 죽을 수 있는 은총을 나에게도 똑같이 베풀어 주시기를."

그러나 그것으로 신앙선서문의 서명문제가 해결된 것은 아니었다. 7월 9일의 국왕의 권고에 의해 교황이 친서를 보내 온 것이다. 그것은 앞선 교서를 인정하지 않기로 했다는 내용이었다. 곧이어 새로운 교서가 나왔다. 이것은 법규문제와 사실문제를 구별하지 않고 서명해야 하는 것으로 되어 있었다. 포르루아얄의 수도사들은 결국 서명은 했지만, 서명과 동시에 그것은 무효라고 선언했다. 파스칼은 그런 태도를 인정하지 않았고, 아르노와 니콜은 파스칼과 생각을 달리했다.

파스칼은 이번에는 사실문제와 법규문제의 교묘한 구별까지도 단호하게 물리친 것이었다. 그리고 무조건 신앙선서문에 서명하는 것을 반대하며 그것은 얀세니우스와 성아우구스티누스, 그리고 실천 가능한 은총 모두를 비방하는 것이라고 말했다. 파스칼은 그렇게 모든 타협의 길을 거부하였다. 진리를 위해 싸우는 파스칼의 내부에는 마치 죽은 자클린느의 영혼이 숨쉬고 있는 것 같았다.

파스칼은 포르루아얄이 스스로를 보호하기 위해 절조를 버리고 대세에 굴복하여 그에 영합하는 것을 두려워하고 있었다. 그에게는 오직 하느님에게 복종하는 것만이 중요했기 때문에 그는 자신의 주장을 굽히지 않았고, 또 그를 위해서는 어떤 결과가 되어도 상관하지 않았다. 파스칼은 "포르루아얄은 두려워하고 있다. 그것은 좋지 않은 방식이다"라고 말하며 새로운 교세에 서명하려는 동료들을 비난했다. 그러나 포르루아얄 사람들은 아르노와 니콜의 의견에 따라 한 가지 조건을 걸고 서명을 함으로써 그 문제를 매듭지으려 했다. 파스칼은 그때 다음과 같이 말했다. "나는 그들의 의견이 흔들리고 있는 것을 보며 극심한 고통에 사로잡혔고, 그것을 거의 견딜 수가 없었다. 그들은 하느님으로 인해 진리를 알게 된 사람들이고, 또 그 진리를 지키지 않으면 안 되는 사람들인데도 흔들렸던 것이다."

정치에 대해

만년의 파스칼에게는 정치에 관한 업적이 있다. 그는 늘 정치에 관심을 가지고 있었다. 페리에 부인에 의하면 파스칼은 "공화국에서는 나라에 국왕을 두려고 하는 것은 '큰 악'이고, 하느님이 사람들에게 준 자유를 억압하려 하는 것이 '보통 악'이다. 하지만 왕권이 확립되어 있는 나라에서는 국왕에게 바치는 존경심이 부족한 것은 일종의 모독이다. 왜냐하면 하느님이 국왕에게 준 권력은 하느님의 권력을 상징하는 것일 뿐만 아니라, 그 권력에 대한 참여이기 때문이다"라고 말한 적이 있다고 한다. 또 파스칼은 1659년 말 또는 1660년 초 무렵, 뤼느 공의 장남으로 추정되는 14세의 한 소년에게 정치에 대해 세 가지 얘기를 했다. 그것은 윤리학자이자 저술가로 이름났던 얀세니스트 니욜에 의해 오늘날 《귀족 신분에 대한 세 가지 담론》으로 전해지고 있다. 파스칼은 첫 번째 담론에서 "네가 부를 가지고 있고 또 그것을 지배하고 있다는 것에 우연성이 적다고 생각해서는 안 된다. 네 자신과 네 본성에 대해서 말하자면, 네가 그것을 가질 권리는 아무것도 없기 때문이다"라고 말하고 있다. 두 번째 담론에서는 "세상에는 두 종류의 위대함이 있다. 그것은 제도상의 위대함과 본래의 근본적 위대함이다. 전자는 인간의 의지를 바탕으로 한 계급이나 신분의 위대함인데, 거기에 우리는 제도상의 존경을 표해야 한다. 이에 비해 후자인 근본적 위대함에는 학문, 덕성 등이 있으며,

이에 대해서는 우리가 마음 깊은 곳으로부터의 본질적인 존경을 표시하지 않으면 안 되는 것이다. 게다가 그러한 위대함은 진심으로 복종할 때에만 존재하는 것이다. 왕에게는 무릎을 꿇고 말하지 않으면 안 되지만 나는 네가 공작이라고 해서 너에게 진심으로 복종할 필요는 없는 것이다"라고 하였다. 또 세 번째 담론에서는 다음과 같이 말했다. "하느님은 사랑으로 가득한 사람들로 에워싸여 있다. 그러므로 하느님은 사랑의 국왕이다. 너는 욕망으로 가득한 사람들에 의해 에워싸여 있으니 욕망의 국왕이라 할 수 있다. 그 때문에 너는

파스칼 사후의 데드 마스크

사람들을 힘으로 지배하려 해서는 안 되며 그들의 욕망을 채워 주어야 하는 것이며, 또한 사랑의 국왕을 흠모하지 않으면 안 되는 것이다."

파스칼이 여기서 제시하고 있는 것은 사랑의 길이다. 파스칼은 이렇게 인간 사회에 관해서도 사랑과 질서를 얘기했다. 만년이 된 파스칼은 오로지 하느님을 향한 길을 가고 있었던 것이다.

파스칼의 최후

1661년 6월 파스칼의 병세는 한층 악화되었다. 그 무렵 파스칼은 자신의 집에 가난한 일가를 데려와 같이 지냈는데, 그 자식들 중에 한 명이 수두를 앓고 있었다. 당시에는 파스칼의 지병이 심해짐에 따라 누나인 페리에 부인이 매일 그의 집으로 와 동생을 간호했는데, 그런 접촉을 통해 수두가 다른 아이들에게 전염되는 것을 두려워한 사람들은 그 병에 걸린 아이를 격리할 것을 원했다. 그러나 파스칼은 거기에 반대하고, 아픈 아이를 다른 곳으로

보내는 것보다는 자신이 움직이는 것이 낫다며 자기가 페리에 부인의 집으로 옮겨갔다. 이렇듯 파스칼은 하느님이 사랑한 가난한 사람들을 점점 더 사랑하게 되었다.

파스칼의 병고는 날이 갈수록 깊어지고 있었다. 점차 심해지는 격렬한 복통이 날마다 파스칼을 괴롭혔지만 그는 그것을 참을성 있게 견뎌 냈다. 1662년 8월 3일, 병세가 약간 수그러들자 파스칼은 유언장을 작성했다. 그는 자신을 돌봐 준 가난한 여자와 페리에 부인을 돌본 사람, 그리고 조카의 유모에 이르기까지 주변의 고마운 사람들 모두에게 유산 남기는 것을 잊지 않았고, 또 파리의 공중병원에도 그 일부를 기부하기로 했다.

자신의 임종을 의식한 파스칼은 영성체를 원했다. 그러나 파스칼의 몸이 몹시 쇠약해진 것을 염려한 의사들은 그것을 허락하지 않았다. 파스칼은 이번에는 가난한 병자를 자기 옆에 두고, 자신과 같이 간호를 받게 해 주고 싶어했다. 그는 죽어가는 육체를 이끌고도 예수 그리스도처럼 최후까지 가난한 사람들을 사랑하고자 하는 마음을 가졌던 것이다. 그러나 그의 이 바람은 좀처럼 이루어지지 않았다. 마침내 파스칼은 마지막으로 가난한 사람들과 함께 죽기 위해 폐질자 구제원에 가고 싶다는 의사를 밝혔다.

8월 17일, 파스칼은 두통이 더욱 심해져서 의사를 불렀지만, 그를 본 의사는 아무 걱정할 필요 없다고 단언했다. 그 말을 믿지 않은 파스칼은 몇 번을 되풀이해서 블리에 신부의 내방을 청했지만, 그는 계속 부재중이었다. 그래서 그 대신 상트 마르트 신부가 오게 되었고, 파스칼은 그에게 참회를 한 뒤 밤새도록 옆에 있어 달라고 부탁했다. 그날 밤 한밤중에 파스칼은 격렬한 경련을 일으켰다. 모두들 파스칼이 죽었다고 믿었을 만큼 심한 경련이었다. 하지만 경련이 그치자 파스칼은 다시 명료한 의식으로 돌아왔다. 그때 소식을 듣고 블리에 신부가 방에 들어와서 말했다. "성사를 받으십시오." 파스칼은 그 성사를 받기 위해 반쯤 일어나 경건하게 배수했다. 사제가 신앙의 신비한 도리에 대해 질문하자 파스칼은 "나는 마음으로 그것을 믿습니다"라고 대답했다. 그리고 이렇게 덧붙였다. "하느님이 나를 결코 버리지 않으시기를." 그것이 마지막 말이었다. 1662년 8월 19일 오전 1시였다. 파스칼은 39세 2개월의 생애를 이렇게 마친 것이다.

우리는 예수 그리스도를 통해서만 삶과 죽음을 알 수 있다. 예수 그리스도가 없으면, 우리는 우리의 삶이 어떤 것이고 우리의 죽음이 어떤 것인지, 또 우리 자신이 무엇인지도 모른다. (팡세 548)

3 파스칼의 인간론적 사상

기하학적 정신과 섬세한 정신

두 가지 정신

파스칼이 인간의 정신을 '기하학적 정신'과 '섬세한 정신'이라는 두 가지 종류로 구분하여 생각한 것은 사상사적으로 중요한 의미를 갖는다. 이것은 데카르트의 주장에 대한 직접적인 반론일 뿐만 아니라 인간론적인 입장에서의 날카로운 지적이며, 또 오늘날의 우리에게도 절실한 문제인 것이다.

파스칼은 《팡세》에서 다음과 같이 말하고 있다.

"기하학적 정신의 원리는 명백하지만 보통은 그다지 사용되지 않는다. 따라서 사람이 그쪽으로 얼굴을 돌리기는 쉽지 않은데, 이것은 사람들에게 그런 기하학적 원리와 관련한 습관이 없기 때문이다. 그러나 조금이라도 그쪽으로 관심을 가진다면 그 원리를 충분히 알 수 있을 것이다. 사람들이 거의 놓칠래야 놓칠 수 없을 만큼 크고 명확한 이 원리들에 의거해 살고 있으면서도 잘못된 추리를 하는 까닭은, 그들이 부정확한 정신을 가지고 있기 때문이다."

"그러나 섬세한 정신은 일반적으로 사용되고 있고, 또 모든 사람의 눈앞에 놓여 있다. 그러므로 굳이 그것에 관심을 가지려고 애쓰거나 익숙해지려고 노력할 필요도 없다. 다만 좋은 눈을 가지는 것으로 충분한 것이다. 그것의 원리는 매우 미묘하고 또 수없이 많아서, 종종 놓치지 않는 것이 거의 불가능하기 때문이다. 그런데 만약 하나의 원리만 놓쳐도 우리는 오류에 빠지게 된다. 그래서 모든 원리를 보기 위해서는 정확한 눈을 가져야 하고, 원리를 알고 있으면서도 잘못된 추리를 하지 않기 위해 올바른 정신을 가져야 하는 것이다."

그런데 사람들은 이 두 가지, 즉 올바른 눈과 정신 가운데 한쪽만 가지고 있는 경우가 많다는 것을 파스칼은 지적한다.

"기하학자가 섬세한 경우는 별로 없고, 또 섬세한 사람이 기하학자인 경우도 좀처럼 없다. 기하학자는 섬세한 사물을 다룰 때 기하학적으로 우선 정의(定義)를 정한 다음 원리로 추리해 내려 애쓰는데, 그것은 우스꽝스러운 짓이다. 이러한 방법은 이 추리에 사용해서는 안 된다. 섬세한 정신은 추리를 하지 않는다는 것이 아니고, 다만 그것을 말없이, 자연스럽게, 기교 없이 실행한다는 것이다. 그런 추리는 누구나 할 수 있는 일이 아니어서, 그것을 영감으로 깨달을 수 있는 사람은 많지 않다.

반대로 섬세한 사람들은 오직 한 눈에 판단하는 데만 익숙하다. 따라서 그들이 모르는 명제에 들어가는 경우, 또 그를 위해서 몇 가지 공허한 정의와 원리를 통과하지 않으면 안 되는 경우에 그들은 그러한 것을 상세히 보는 데 익숙하지 않기 때문에 매우 놀라 뒷걸음질치면서 혐오를 느끼게 된다.

그러나 잘못된 정신을 가진 사람들은 섬세하지도 않고 또 결코 기하학적이지도 않다."

파스칼은 이 '두 가지 정신'을 《사랑의 정념에 관한 변론》에서 다음과 같이 표현했다.

정신에는 두 가지의 종류가 있다. 하나는 기하학적 정신이고, 또 하나는 섬세한 정신으로 불리는 것이다. 기하학적 정신은 느슨하면서도 굳세고 휘지 않는 곧은 눈을 가지고 있다. 그러나 섬세한 정신은 유연한 사상을 가지며, 어느 하나를 사랑하지만 온갖 사랑해야 할 부분들에 대해서도 동시에 적응한다. 섬세한 마음은 눈으로부터 마음까지 도달하여 외부의 움직임에 의해 내부에서 일어나는 사항을 알 수 있다. 기하학적 정신과 섬세한 마음을 함께 가질 때 사랑은 얼마나 큰 기쁨을 주는 것일까! 그렇게 되면 우리는 확고한 마음의 힘과 유연함을 동시에 가지게 되는 것이다. 그리고 그것은 두 사람이 주고받는 말에서 매우 필요한 것이다.

이와 같은 '두 가지 정신'에 대한 파스칼의 설명에는 약간 이해하기 힘든 부분도 있지만, 그것을 정리하면 다음과 같다고 할 수 있다.

"기하학적 정신도 섬세한 정신도 모두 원리로부터 올바르게 추리하는 능력을 필요로 한다. 그런데 기하학적 정신은 원리의 직관 자체에 있어 직접적인 삶의 체험을 떠나 단순명백한 공리를 지향하는 것이지만, 섬세한 정신은 인간 세계의 미묘한 움직임에 대한 직관, 즉 '좋은 눈'을 가지고 있는 것이다. 따라서 기하학자의 직관은 가치의 경중을 떠나 객관을 그대로 분석하여 도달하는 단순한 자의 직관이지만, 섬세한 정신은 삶의 가치평가를 떠나지 않고 복합적인 전체를 한눈으로 보는 것이며, 또한 사랑하고 아는 것이다."

데카르트와 '기하학적 정신'

파스칼은 데카르트와 상당한 공통점을 가지고 있지만, 사상적으로 보면 데카르트의 반대자라 해도 무방하다. 파스칼의 입장에서 보면 데카르트는 '기하학적 정신'은 알고 있지만 '섬세한 정신'은 모르는, 또는 가지고 있지 않은 셈이 된다. 데카르트의 철학은 논리적으로 구축되어 있고 '섬세한 정신'은 결여되어 있기 때문이다. 파스칼은 이 점에 대해 불만을 가지고 반대하는 입장이었다.

이를테면 데카르트는 《정념론》에서 '눈물의 원인에 대하여' 다음과 같이 설명한다.

너무 기쁠 때는 웃음이 나오지 않는 것과 마찬가지로 눈물도 극도로 슬플 때는 나오지 않는다. 눈물은 다만 사랑 또는 기쁨의 감정이 슬픔에 동반하거나, 그러한 것들과 같이 느껴지는 슬픔이 중간 정도일 때에만 나올 뿐이다. 그래서 눈물의 원인을 잘 이해하기 위해서는 다음 사실에 주의해야 한다. 즉 인체의 어느 부분에서나 끊임없이 다량의 증기가 나오지만, 눈만큼 많은 증기가 나오는 곳은 없다는 점이다. 그것은 그곳의 신경이 굵고, 거기에는 눈물의 통로인 소동맥이 매우 많이 있기 때문이다. 또 주의해야 할 것은 몸의 내부에서 나온 증기가 그 표면에서 액체로 변하여 생기는 땀과 마찬가지로, 눈물 또한 눈에서 나오는 증기로 이루어져 있다는 사실이다.

이것은 눈물이 나오는 것에 대한 생리적인 설명은 될지 모르지만, '눈물'의 근원적 원인 그 자체에 대한 이해는 빠져 있는 해명이다. 이 설명으로 보자면 인간은 증기펌프와 같은 것이다. 인간의 '슬픔'과 '눈물'은 '섬세한 마음'이 아니고는 이해할 수 없는 것인데, 데카르트에게는 바로 그에 대한 인식이 결여되어 있었다. 파스칼이 데카르트에게 반대한 것도 그 점 때문이었고, 그래서 두 사람의 사상은 서로 이질적이었다.

철학사상에서의 '두 가지 정신'

원래 철학은 단조로운 윤리에 의해 형성되는 것이어서 주로 '기하학적 정신'에 의해 구성된다. 이에 비해 '섬세한 정신'에 의해 이루어지는 것은 주로 문학 영역이다. 그래서 철학과 문학은 둘 다 '인간'을 추구하는 것이면서도 종종 분열하는 양상을 보여 준다. 하지만 역시 그 추구하는 바가 같기 때문에 동시대의 철학과 문학은 표현은 달라도 결국 같은 문제를 다루고 있는 경우가 많다. 이를테면 헤겔의 《정신현상론》과 괴테의 《파우스트》, 《빌헬름 마이스터》 사이에는 현저한 유사성이 지적되고 있는데, 이 대철학자와 대문호 두 사람은 모두 집요하게 '인간형성'을 추구한 것이다.

그런데 철학의 내부에 들어가 보면, 그것이 주로 논리에 의해 형성된다고는 해도 '섬세한 정신'에 의한 부분이 전혀 없는 것은 아니다. 그리스의 스토아주의와 에피쿠로스주의가 그 점을 보여 준다. 스토아주의는 명제와 원리에 의한 '기하학적 정신'으로 인간의 욕망을 억제하려는 사상이었다. 하지만 에피쿠로스주의는 오히려 '섬세한 정신'을 바탕으로 인간성을 살리고자 했다. 이렇게 대립하는 스토아주의와 에피쿠로스주의는 철학사 전체의 조류를 통해 흐르고 있다. 에피쿠로스주의를 계승한 유명한 철인으로는 몽테뉴를 들 수 있는데, 그러나 철학사에서는 역시 '기하학적 정신'에 의한 기조가 주요한 간선도로인 것처럼 보인다.

파스칼은 이 '두 가지 정신', 즉 스토아주의와 에피쿠로스주의 양쪽의 영향을 받았고, 그 양쪽을 이해하면서도 그것들과 대결하다가 결국 그리스도교에 귀착했다. 파스칼이 안주의 땅으로서 찾은 결론은 결국 아우구스티누스가 《고백록》의 서두에서 한 말, "당신(하느님)은 당신 자신을 위해 우리를 만드셨으므로, 우리의 마음은 당신 안에서 쉬게 될 때까지는 안식을 얻을 수 없나이다"였다.

칸트와 '기하학적 정신'

칸트는 원래 자연을 연구했던 학자로서, 자연과학에서 철학으로 나아간 사람이다. 따라서 칸트의 철학적 사고방식은 과학적이고 논리적이다. 즉 그의 철학은 '기하학적 정신'으로 일관되어 있다.

칸트의 철학에서 '도덕론'을 예로 들어보자. 칸트에 의하면 저절로 이루어진 인간의 행동은 도덕적 행위라고 할 수 없다고 한다. 하나하나 "이것을 행하는 것은 내 의무이다"라고 생각하고 행하는 것이 아니면 도덕적이라고 할 수 없다는 것이다. 상당히 고지식한 생각같지만 그 나름의 의의는 있었다. 그것이 봉건적 의무도덕에 대한 저항을 유도하고 근대적이고 새로운 의무도덕을 확립한 것이다. 봉건시대의 도덕은 인간의 외부(서양에서는 가톨릭 교회)에서 결정되는 것이었기 때문에, 사람들은 자신의 생각을 버리거나 아예 가지지 않고 그 도덕에 따라야만 했다. 따라서 맹신이 곧 도덕이었고, 의심하거나 스스로 생각하는 것은 죄악이었다. 이러한 절대적인 도덕관의 무조건적 신봉을 물리쳤다는 의미에서 보면 몽테뉴와 데카르트의 회의론도 봉건도덕에 저항한 것이었다. 칸트가 말한 '의무'는 외부에서 강요된 의무도덕이 아니라, 자신이 이것은 옳은 일이기 때문에 해야 한다고 스스로 생각하는 것, 즉 자신의 내부로부터 온 도덕적 의무감에 의한 것이다. 《실천이성비판》의 마지막을 장식하는 아름다운 말, "내 위에는 별이 있는 하늘, 내 안에는 도덕률"도 그러한 칸트의 확신을 표현한 것이다. 그러한 칸트의 사상이 새로운 근대적 도덕의 초석을 놓은 것이었다.

그런데 칸트 도덕설에 대한 의의는 이해한다 해도 어딘가 미진함을 느끼는 사람도 많을 것이다. 그것은 그의 이론에는 '섬세한 정신'이 결여되어 있기 때문이다. 칸트의 동시대인 가운데 그런 불만을 표명한 것은 시인 실러였다. 반(反)칸트파로 불리는 실러는, 칸트철학 전체를 반대한 것은 아니지만 그의 도덕설에 불만을 가지고 있었다. 실러가 쓴 시 중에는 '양심의 가책'이라는 것이 있다. 그 시에서 실러는 "친구에게 잘해 주고 싶을 때는 어떻게 해야 하는가? 먼저 친구를 미워하고, 그런 다음 (의무로서) 친구에게 잘 해 주면 된다."며 칸트에게 야유를 보내고 있다. 실러는 시인이었던 만큼 '섬세한 정신'이 풍부했고, 그 때문에 그러한 야유도 나오게 된 것이다. 이러한 실러가 도덕문제에서 가장 중요하게 생각한 것은 '아름다운 영혼'이었다. 실러는 '아름다운 영혼'이란 그 사람의 성격 전체가 도덕적임을 말한다고 했다. 그것은 또한 하나하나의 행위에 대해 '이것은 의무다'라는 생각에 의지하지 않고 저절로 행위하는데도 도덕에 부합할 수 있는 영혼인 것이다. '섬세한 정신'을 바탕으로 한 참으로 시인다운 생각이라 하겠다.

중국 맹자의 성선설 중에는 '측은지심'이라는 말이 나오는데, 이것은 그의 이론적 근거가 되고 있다. 맹자는 만약 어린이가 우물에 빠지려 하는 걸 본다면, 누구라도 앞뒤 가리지 않고 달려가 아이를 구할 것이라는 예로써 이 측은지심을 설명했다. 그는 이러한 점을 들어 인간의 성질은 역시 선한 것이라고 주장하였는데, 이와 같은 생각의 기초에도 소박하기는 하지만 역시 '섬세한 정신'이 있는 것이다.

19세기의 '두 가지 정신'

17세기에 데카르트와 파스칼의 대립이 있었던 것과 같이, 19세기에도 이와 비슷하게 '두 가지 정신'이 있었다. 하지만 17세기와 19세기의 사상적인 상황은 서로 상당히 다른 양상을 보여 주는 것이다. 17세기는 자본주의가 그 상승 궤도에 있던 시기였고, 사상적인 상황도 전체적으로 건강했다. 파스칼 시대의 프랑스는 혼란기이기는 했으나, 그 당시 사람들이 겪어야 했던 혼란은 19세기처럼 자본주의의 모순에 직면한 시대가 겪는 혼란과는 달랐던 것이다.

데카르트와 칸트의 철학은 '기하학적 정신'으로 구축되어 근대적 자아를 확립한 것이었다. 프랑스의 데카르트가 17세기에 활약한 것과는 달리 독일의 칸트는 18세기가 되어서야 등장하게 되는데, 이것은 독일이 정치, 경제적으로 여타의 유럽 국가보다 뒤떨어져 있었고, 그에 따라 사상적으로도 뒤처지고 근대적 자아의 확립도 뒤늦게 이루어졌기 때문이었다. 이러한 독일에서는 칸트에서 헤겔에 이르는 독일 관념론이 철학사에 하나의 정점을 기록하게 되었다. 그들의 철학은 합리주의적이고 '기하학적 정신'에 의한 것이었다. 1831년에 헤겔이 죽자 1940년대부터 헤겔 비판이 시작되었으며, 그 뒤 '헤겔 철학의 몰락'이라 불리는 현상이 찾아왔는데, 그 헤겔 철학의 몰락은 말 그대로 철학의 몰락으로 생각되었다. 그리고 철학의 흐름은 19세기 말부터 시작된 신칸트주의로 이어진다. 일반적인 철학사는 이 때를 철학 불모의 시기로 간주한다. 그러나 이러한 견해는 사실 역시 '기하학적 정신'만을 고려한 것일 뿐이다. 즉 이것은 19세기 철학도 '두 가지 정신'의 입장에서 볼 필요가 있다는 사실을 간과한 결론인 것이다. 일반적으로 철학사는 '기하학적 정신'에 의한 철학만을 철학으로 보는 경향이 있어서, 자칫하면 '섬세한 정신'에 의한 철학을 놓치기 쉽다. 하지만 후자도 엄연히 철학적 사상의 한 경향을 이루고 19세기 철학을 고찰할 때 섬세한 정신 역시 철학으로 보아야 할 것이다.

19세기에도 '기하학적 정신'의 철학에 대립하는 '섬세한 정신'의 철학이 있었다. 특히 19세기 중엽은 반드시 철학 불모의 시기라고는 할 수 없는 때였는데, 그 시대에는 오히려 독특하고 개성적인 철학이 탄생했다. 이러한 계열에 속하는 철학자들의 이름을 들면 쇼펜하우어, 슈티르너, 키에르케고르, 마인렌델, 하르트만, 니체, 파이힝거 등이 있다. 이 철학은 개괄적으로 보면 '섬세한 정신'의 철학, 비합리주의 철학이라고 할 수 있는 것이다. 일반적인 철학사에서는 '기하학적 정신'의 철학을 철학의 역사와 발전상의 주요 간선도로로 보고, '섬세한 정신'의 철학은 그 뒷길로 보며 경시하거나 무시한다. 그러나 '섬세한 정신'의 철학은 결코 가치가 적은 것이 아니다. 오히려 '기하학적 정신'의 철학은 거리감을 느끼게 하지만, '섬세한 정신'의 철학은 사람들에게 직접적으로 호소하는 데가 있기 때문이다. '섬세한 정신'의 철학 가운데 키에르케고르와 니체는 실존철학의 입장에서 높이 평가되고 있지만, 역사적 자리매김에서는 도외시되어 평가되는 경향이 있다. 하지만 '기하학적 정신'의 철학에 대항하여 '섬세한 정신'의 철학이 태어나는 이유는 우리 인간 속에는 이 '두 가지 정신'이 모두 존재하기 때문이다. 따라서 철학사를 보는 경우에도 이러한 시각을 잃어서는 안 된다. 즉 '인간성'을 충분히 추구해야 한다는 것이다. 이러한 의미에서 19세기의 철학의 기록은 새로 쓰여지지 않으면 안 된다. 19세기의 '섬세한 정신'의 철학이 파스칼의 영향을 직접 받은 일은 그다지 없는 듯이 보일지 몰라도, 17세기부터 19세기까지의 철학사를 보면 철학적 조류에 이 '두 가지 정신'이 있었음은 분명히 드러날 것이기 때문이다.

다만 앞에서도 말했듯이 17세기와 19세기는 사회적 상황, 사상적 상황이 다르다. 19세기에는 자본주의의 모순이 뚜렷하게 나타나기 시작하여, 데카르트와 칸트의 근대적 자아로는 더 이상 그것을 충분히 설명하고 처리할 수 없게 되었다. 노동자 차원의 운동도 활발해져서 이른바 '대중사회화 현상'도 생기기 시작했다. 니체의 '초인사상'도 이러한 대중사회화 현상에 대한 비판이었다. 사회·경제적 시스템의 모순은 근대사회의 붕괴, 근대사상의 정체(停滯)로 이어졌고, 그에 따라 곧 '불안'이 개인과 사회의 중심적인 문제가되었다. 니체와 키에르케고르의 '불안의 철학'은 이러한 사상적 상황에서 태어났다. 이른바 '헤겔 철학의 몰락'이 의미하는 것도 '기하학적 정신'의 철학이 더이상 통용되지 않게 되었다는 것인데도, 일반 철학사는 이것을 이해하지 못하고 여전히 간선도로만 보고 있는 셈이다.

파스칼의 정신은 19세기의 '섬세한 정신'의 철학 속에 살아 있다. 19세기에 '두 가지 정신'의 철학 조류가 있었던 것도, 파헤쳐 보면 인간성에는 '두 가지 정신'이 있기 때문이라는 점에 귀착한다. 그리고 그것을 발견하고 뚜렷하게 설명한 사람이 파스칼이었던 것이다.

파스칼과 자동기계

파스칼은 인간에게 있는 '두 가지 정신'을 설명하면서, 인간을 '자동기계'에 비유하기도 하였다.

"우리는 자기를 잃어서는 안 된다. 우리는 정신인 동시에 자동기계이기도 하다. 따라서 사람들 자신을 이해시키는 방법에는 증명만 있는 것이 아니다. 증명할 수 있는 것은 정말이지 많지 않고, 또 증명은 정신을 이해시킬 뿐이다. 습관이야말로 가장 강력하고, 또 가장 신뢰할 수 있는 많은 증거를 준다. 습관은 자동기계를 움직여 정신을 끌고 다니는 것이다."

자동기계라고 하면 우리는 라메트리의 《인간기계론》을 연상하지만, 그 원류는 데카르트에게서 찾아볼 수 있다. 데카르트는 정신은 송과선(松果腺) (척추동물의 생식활동 등 생체 리듬에 관련된 호르몬을 생성하는 내분비선)에 자리를 차지하고, 동물적 정기(精氣)를 통해 신체에 명령을 내려 성기능적 신체를 움직인다고 생각했다. 라메트리는 인간을 기계적으로 보는 데 데카르트보다 더욱 철저하여 인간의 정신은 반사적 신경분비물이라는 견해를 가지고 있었다. 이렇게 두 사람 간에는 다소의 차이가 있긴 했지만 결국 데카르트도 실질적으로는 '인간기계론'의 입장에 서 있었다. 하지만 파스칼의 '자동기계론'은 데카르트와 라메트리의 '인간기계론'과는 성질이 상당히 다른데, 그것은 인간을 끌고 다니는 것은 습관이며 그를 움직이는 것은 충동과 본능이라고 하며 인간의 동물적 측면을 지적하는 내용이었다.

파스칼은 이에 대해 다음과 같이 말하고 있다. "내일이 있다는 것이나 우리가 죽는다는 것을 누가 증명했는가? 그럼에도 그것보다 더 믿을 수 있는 일은 없는 것이다. 그러므로 우리에게 그것을 이해시키는 것은 습관이다. 습관이야말로 많은 사람들을 그리스도 교도로 만들고 있다. 습관이 터키인, 이교도, 기술자, 병사를 만들고 있는 것이다. 세례를 통해 신앙에 입문하는 경우는 터키인보다 그리스도 교도에게 더 많다. 요컨대 우리는 정신과 진리가 어디에 있는지 안 이상 우리는 습관에 의지해야 한다. 습관이야말로 우리를 끊임없이 달아나려 하는 신앙 속에 잠기게 하고 물들게 하는 것이기 때문이다."

파스칼이 말하는 '자동기계'는 '습관에 지배당하는 인간'이라는 정도의 의미이다. 그러므로 신앙 문제에서도 습관은 중요하며, 일일이 증명하기보다 습관에 의해 쉽게 신앙에 들어가지 않으면 안 된다는 것이다. 즉 무리 없이, 기교를 부리지 않고, 논의도 하지 않고 인간의 영혼이 저절로 신앙에 빠지게 해야 한다는 뜻이다.

파스칼은 사람들을 신앙으로 이끌기 위해 인간이 자동기계라는 점을 강조하여 그들이 쉽게 하느님을 받아들일 수 있도록 도우려 했다.

그런데 파스칼의 이러한 '자동기계론'은 오늘날의 우리에게도 단순히 신앙 문제에 관해서만이 아니라, 생리학이나 심리학에 관해서까지 많은 문제를 던지고 있다.

분명히 '습관'은 중요한 문제이다. 습관은 몇 번이나 되풀이하는 사이에 체화되어 우리로부터 평생 사라지지 않게 된다. 심리학자에 의하면 어린 시절에 심어진 관념은 일생을 통해서도 지워지지 않는다고 한다. 우리는 사상은 버릴 수 있지만 육체는 버릴 수 없다. 그러므로 파스칼은 어릴 때부터 그리스도교 속에서 자라면 자연스럽게 그리스도 교도가 되어 평생 바뀌지 않을 것이라고 생각한 것이다. 하지만 이러한 '습관'은 신앙문제에서뿐만 아니라, 다른 분야에서 더 넓고 더 큰 의미를 가지고 있다.

파스칼의 이 '자동기계론'은 20세기에 들어서서 등장하는 파블로프와 프로이트 이론의 바탕이 되었던 것이다. 파블로프의 이론은 유명한 '조건반사'인데, 그것은 파스칼의 '자동기계론'을 실증적 근거를 토대로 더욱 포괄적으로 발전시킨 것이다. '조건반사' 이론에는 개의 타액 반사에 대한 유명한 실험이 있다. 즉 음식(자연자극)을 보면 개는 반사적으로 침을 흘리지만(무조건반사), 벨 소리를 처음 들을 때는 침을 흘리지 않는다. 그런데 벨 소리와 함께 음식 주기를 수십 차례 반복하면, 벨 소리(조건자극)만으로도 침을 흘리게 된다. 그리고 그 분비량도 실제로 음식을 줄 때의 경우와 거의 같다. 이러한 새로운 반사의 성립을 '조건반사'라고 한다. 이 이론은 개뿐만 아니라 인간에게도 적용된다. 파스칼이 '인간은 습관의 지배를 받는 동물'이라고 한 말은 바로 이때에 고스란히 적용되는 것이다. 파블로프 실험의 증명으로 파스칼의 행동을 설명해 보면, 파스칼은 이 '조건반사'를 통해 사람을 신앙으로 인도하려 한 것이 된다. 그리고 파스칼이 그렇게 습관에 의한 신앙의 조건반사를 상정하려 한 것은 파블로프에 의해 그 이론적 근거가 주어진 셈이다.

또한 이 '자동기계론'은 프로이트의 '정신분석'과도 관계가 있다. '정신분석' 이론에 의하면 인간의 의식계는 빙산의 일각과 같으며, 그 바닥에 커다란 무의식의 영역이 있다. 그런데 인간의 의식계는 그 무의식계에 의해 움직여지고 있다는 것이다. 이러한 설명을 보면 이 이론 역시 파스칼의 '자동기계론'과 연관을 갖고 있다고 하겠다. 그에 의하면 논리적으로 증명할 수 있는 사항은 많지 않고, 그것도 표면적인 것이며, 또 그것은 정신을 이해시킬 뿐이다. 다시 말해 인간에게는 더욱 뿌리 깊은, 즉 '습관'에 의해 형성되는 영역이 있으며, 우리 인간은 그것에 의해 움직이고 있다는 것이다. 파스칼은 이에 대해 단편적인 해설방법을 취했을 뿐이지만, 프로이트는 파블로프와 마찬가지로 실증적 연구(주로 히스테리 환자의 연구)를 통해 그의 이론을 심화시켰다. 사실 파스칼과 프로이트 사이에는 쇼펜하우어의 '맹목적 의지', 하르트만의 '무의식' 이론이 하나의 계보를 이루고 있기도 하다. 어찌되었든 파스칼의 이 '자동기계론'은 처음에는 소박한 것이었지만 쇼펜하우어, 하르트만, 프로이트로 발전해 가면서 심화되었다. 그리고 지금 언급한 프로이트의 이론에 의해 파스칼의 이론 또한 더욱 확대되고 면밀해진 것이다.

이렇게 보면 파스칼의 '자동기계론'은 인간론에 있어서 중요한 지적을 하고 있다고 말할 수 있다. 즉 파스칼이 주장한 '정신'과, '자동기계'라는 이중 구조는 인간성을 날카롭게 파헤치고 있는 것이다. 그리고 이러한 점으로 인해 그는 오늘날의 인간론이 이중구조론으로 가는 길을 개척했다는 평가를 받고 있다.

'섬세한 정신'과 사교생활

파스칼은 원래 수학과 물리학의 연구로 그 연구생활을 시작했다. 이러한 학문 분야는 '기하학적 정신'에 바탕을 둔 것이었다. 그런데 파스칼의 내부에는 또 하나의 정신인 '섬세한 정신'이 살고 있었다. 이 정신은 그의 인생에서 한 동안 숨어 있다가 그의 사교생활을 통해 나타나게 되었다. 파스칼은 아버지의 죽음(1651년)과 누이의 출가(1652년) 뒤 몇 년 동안 종교에서 멀어져 세속적인 생활에 들어가 사교계에 출입했던 것이다. 그는 사교계에서 종횡으로 이야기를 구사하며 사람들의 눈길과 마음을 끌었다. 몽테뉴에게도 비견될 만한 그의 재기는 날카로움을 지니고 있었는데, 서로 다른 '기하학적 정신'과 '섬세한 정신'이 한 사람의 천재 안에서 양면적으로 나타났다고 볼 수 있다. 이러한 파스칼은 사교계에서 여성들에게 인기가 있었으며, 당시 그 세계에서는 당연시되던 오락인 도박에도 열중했다. 그리고 그는 이러한 생활을 하던 중에 인간과 인간의 관계에서는 '섬세한 정신'이 필요하다는 것을 깨닫게 되었다.

파스칼은 '기하학자'와 '섬세한 사람'은 이질적이라고 말했다.

"기하학자이기만 한 기하학자는, 누군가가 그에게 모든 것을 정의와 원리에 따라 잘 설명하기만 하면 정확한 정신을 가진다. 그는 밝혀진 원리를 바탕으로 해야만 정확히 이해할 수 있다. 또 그저 섬세하기만 한 사람은 사색적이고 개념적인 사상의 근본원리까지 거슬러 올라갈 만한 인내력이 없다. 섬세한 사람들의 경우에는 세상에서 그런 것에 부딪칠 일이 그리 많지 않기 때문이다."

파스칼은 이러한 모순을 이루는 두 가지 정신을 가지고 있었고 또한 그것들을 이해할 수 있는 사람이었다. 따라서 그는 수학과 물리학 연구에 싫증이 나서 인간 연구를 시작하였고, 그때부터 그는 인간에게는 다른 정신이 필요하다는 것을 인식하였다. 그는 다음과 같이 고백한다.

"나는 추상적인 학문을 연구하는 데 오랜 세월을 보냈다. 그리고 그런 종류의 연구에서는 사람들과 조금밖에 교류할 수 없다는 것 때문에 싫증이 났다. 그런데 이 때문에 인간을 연구하기 시작하면서 나는 그 추상적 학문은 인간에게 적합하지 않다는 것을 깨달았다. 그리고 그런 학문에 대해 아주 모르는 사람들보다, 거기에 깊이 빠져있는 내가 훨씬 더 나 자신의 상태에 대해 갈팡질팡하고 있다는 것을 알았다."

그러나 파스칼은 1653년 가을 무렵부터 다시 신에게 가까이 가고 싶은 욕구를 느끼기 시작한다. 사교생활에 2, 3년 동안 몸을 맡겼으나 결국 허무함을 느끼게 된 것이다. 이렇게 하여 파스칼은 마지막에는 종교적인 생활에 들어가게 되었지만, 그가 사교계에서 보낸 시간이 헛된 것이었다고 할 수는 없을 것이다. 그의 일생에서 수학과 물리학의 연구생활(이것은 거의 평생 동안이었지만)이 그랬듯이 사교생활 또한 그가 통과해야 할 코스였다고 할 수 있기 때문이다. 사교생활 끝에 파스칼이 느낀 것은 허무함이었지만 그렇다고 해서 그 세월이 그에게 있어 순전히 마이너스가 된 것은 아니었다. 그것을 통해 파스칼은 '섬세한 정신'을 이해할 수도 있었으니 그것은 그의 인간형성에 필요한 단계였다고 할 것이다.

생각하는 갈대

생각하는 갈대

파스칼이라 하면 사람들은 흔히 '생각하는 갈대'를 떠올린다. 이 '생각하는 갈대'가 파스칼의 사상을 대표하는 상징이 되어 있는 것이다.

《팡세》에서 이 '생각하는 갈대'에 대해 파스칼은 다음과 같이 말하고 있다.

사고는 인간의 위대함을 보여 주는 것이다.

인간은 자연 가운데 가장 약한 하나의 갈대에 지나지 않는다. 생각하는 갈대이다. 인간을 파괴하는 데 전 우주가 무장할 필요는 없다. 한 줄기의 증기, 한 방울 물이면 인간을 죽이는 데 충분하다. 그러나 우주가 인간을 파괴한다고 해도, 인간은 인간을 죽이는 우주보다 더 고귀하다. 왜냐하면 인간은 자신이 죽는다는 것을, 그리고 우주가 인간보다 훨씬 우월하다는 것을 이해하고 있기 때문이다. 그러나 우주는 아무것도 모른다.

그러므로 우리의 존엄성은 모두 우리의 사고에 있다. 우리는 우리가 다 채울 수 없는 공간이나 시간의 연속 속에 서 있으려 할 것이 아니라 사고의 존엄성 속에서 일어서야 한다. 그러므로 올바로 생각하도록 노력하자. 거기에 도덕의 원리가 있는 것이다.

생각하는 갈대—내가 나의 존엄성을 찾아야 하는 곳은 공간 속에서가 아니라 내 사고의 규율에서이다. 내가 여러 나라를 소유하고 있다고 해도 그건 단지 몇 개의 국가에 불과하다. 우주는 공간에 의해 나를 하나의 조그만 점처럼 에워싼다. 하지만 나는 나의 사고에 의해 그 우주를 에워쌀 수 있는 것이다.

이것이 유명한 '생각하는 갈대'에 대한 파스칼의 설명이다. 파스칼은 '생각하는 갈대'에 의해 인간의 '사고의 위대함'을 이야기했다. 하지만 파스칼의 글을 읽은 느낌으로는 '생각하는 갈대'쪽이 강하고, '사고의 위대함'은 실질적으로 약하다는 느낌을 받는다. 어쩌면 그는 이론적으로는 '사고의 위대함'을 강조하려고 했다더라도 사실상 '생각하는 갈대'쪽을 절실하게 실감하고 있었을 것이다. 여기서 파스칼의 니힐리즘(허무주의)이 엿보인다. 여기서 우리는 어쩔 수 없이 니힐리즘의 고통을 견딜 수가 없어서 '사고의 위대함'을 들고 나온 것 같은 인상을 받게 되는 것이다. 《팡세》를 읽은 사람이라면 한번쯤 그 '사고의 위대함'이라는 말에서 오히려 강함을 가장하려는 패러독스를 느낀 적이 있을 것이다. 이와 같이, 파스칼에게 깊이 뿌리내리고 있는 것은 어쩌면 '생각하는 갈대'의 니힐리즘이었을 것이다. 그리고 만약 그랬다면 파스칼이 종국적으로 그의 니힐리즘을 극복한 것은 만약 그랬다면 '사고의 위대함'을 통해서가 아니라 그리스도교를 통해서였다. 그는 또 니힐리즘을 일시적으로 잊는 한 방편으로 '기분전환'을 생각했다. 물론 '기분전환'으로 니힐리즘을 극복할 수 있는 것은 아니지만, 거기서 인간을 보는 파스칼의 인간적이고 섬세한 시각을 볼 수 있는 것이다. 여기에 대해서는 뒤에서 다시 얘기하기로 하자.

파스칼과 니힐리즘

분명히 파스칼의 사상 그 밑바닥에는 니힐리즘이 깔려 있었다. 이 '사상의 밑바닥'은 어떤 면에서 '인간 내부의 밑바닥'이라고 하는 편이 좋을지도 모른다. 이러한 성향은 파스칼의 타고난 기질에서 비롯된 것으로, 어릴 때부터 병약했던 것과도 관계가 있을 것이다.

'니힐리즘'은 흔히 '허무주의'로 번역되는데, 그냥 단순한 '허무주의'와는 느낌이 다르다. 결국 '니힐리즘'은 우리말로 딱 떨어지게 번역할 수 없는 말인 것 같다. 무슨무슨 이즘(주의)이라고 하면 적극적으로 뭔가를 주장하는 입장인데, 니힐리즘은 마르크시즘, 실존주의, 프라그마티즘 등과는 그 성질이 다르다. 마르크시즘 등은 일정한 사상체계가 있어 그 입장에서 주장하는 것이지만, 니힐리즘은 주의라고 해도 일정한 정형을 가지지 않기 때문이다. 그것은 인간 정신의 밑바닥에 숨어 있는 어떤 것이다. 우리는 아마도 이 니힐리즘을 한마디로 설명하는 정확한 말은 찾을 수가 없을 것이다. 이것은 기하학적인 정신으로는 파악할 수 없는 섬세한 것이다.

파스칼도 어떻게든 이러한 니힐리즘을 섬세하게 표현하려고 노력했을 것이다. '생각하는 갈대'도 그 노력을 보여 주는 한 예이다. 파스칼은 말한다. 인간은 약하고 비참하며 불안하다. 그래서 불안을 잊기 위해 '기분전환'을 추구한다. 그러나 '기분전환'은 일시적인 것으로, 그 후에는 오히려 불안이 더욱 커진다. 그리고 인간은 바닥 모를 불안의 늪 속으로 자꾸자꾸 빠져 들어가게 된다. 이것이 니힐리즘인 것이다.

그리고 파스칼에게 있어서 이런 니힐리즘에서 인간을 구원하는 것은 다름 아닌 그리스도교였다. 정식화해서 보면 '니힐리즘으로부터 그리스도교를 향해'가 파스칼이 밟은 코스였던 것이다. 원래 《팡세》도 사람들을 그리스도교로 인도하기 위한 지침서 즉 '그리스도 변증론'이었다. 그는 말하였다.

"우리는 광막함의 한 가운데를 쉬지 않고 정처 없이 떠다니면서 하나의 끝에서 다른 끝으로 밀려간다. 어느 한쪽에 매달려 안주하려 해도, 그 한쪽은 요동치며 멀어진다. 그것은 쫓아가도 붙잡히지 않고 미끄러지듯 빠져나가 영원히 사라지고 만다."

"우리는 예수 그리스도를 통해서만 하느님을 알 수 있다."

파스칼의 이러한 '불안'을 설명함에 있어 그의 출신 성분을 거론하는 사람이 있다. 즉 그가 속했던 계급인 '관복귀족'은 중간적이고 동요하는 계층이었으며, 따라서 그의 '불안'도 이 때문이라는 설명이다. 그러한 점도 전혀 없다고는 할 수 없지만 '관복귀족'이라는 신분이 필연적으로 내재적 불안을 가지고 온다고는 할 수 없을 것이다. 그러므로 그 근본적인 원인은 계급적인 요인보다는 파스칼 개인의 유전적인 자질에서 찾아야 한다.

어쩌면 우리 인간에게 있어서 니힐리즘은 숙명적인 것이다. 왜냐하면 그 것은 인간이 죽음을 면할 수 없다는 사실에서 기인하기 때문이다. 그래서 밝고 쾌활해 보이는 사람도 내 가슴의 밑바닥에는 니힐리즘이 있다. 하지만 파스칼은 그리스도교를 통해 '생각하는 갈대'의 니힐리즘을 극복한 것이다.

기분전환

기분전환

인간이 살아가는 데는 우울한 일이 많다. 그래서 누구나 '기분전환'을 추구한다. 이 '기분전환'은 하찮고 사소한 일로도 성취될 수 있는 것이어서, 우리는 공이 굴러가기만 해도 '기분전환'이 되는 것을 느낀다. 당구, 볼링, 야구, 테니스, 모두 그러한 목적을 위한 '공굴리기'라고 할 수 있다. 이러한 사람의 심리를 파스칼은 잘 이해하고 있었다. 무엇보다 그 자신이 우울한 사람이었기 때문이다.

"작은 일이 우리를 괴롭히듯이, 또한 작은 일이 우리를 위로한다.

사람이 하는 일의 내용은 그것을 하나하나 다 조사해 보지 않더라도, 기분전환이라는 말로 일괄하면 충분하다.

인간은 누가 시키지 않아도 지붕짓기를 하게 된다. 또 그외 모든 일에도 종사할 수 있다. 하지만 자신의 방 안에 가만히 있는 것은 할 수 없다."

그가 말한 바와 같이 사람은 자기 방에 가만히 있는 것을 할 수 없어서 거기서 밖으로 나가고 싶어 한다. 사람에게는 '탈출본능'이라는 것이 있는 것이다. 이에 대해 파스칼은 다음과 같이 설명하고 있다.

"나는 가끔 인간이 궁정이나 전쟁에서 만나는 갖가지 위험과 고통에 대해 생각하다가, 거기서 그렇게 많은 싸움과 정열과 대담하고 때로는 나쁘기도 한 계획이 태어나는 것을 보고, 인간의 불행은 단 한 가지 사실에서 시작된다는 것을 발견했다. 그것은 인간이 방 안에서 가만히 쉬고 있지를 못한다는 것이다. 생활하는 데 충분한 부를 가지고 있는 사람이 만약 기꺼이 자신의 집 안에 있을 수 있다면, 그는 굳이 항해에 나서거나 요새를 포위하러 나가지 않을 것이다. 그러나 사람은 자신의 집에 기분 좋게 가만히 있을 수 없기 때문에, 다른 사람과 애기를 하고 싶어 하고 기분을 전환할 수 있는 놀이를 구하는 것이다.

그런데 나는 거기에서 더욱 깊이 생각해 보았다. 그리고 우리의 모든 불행의 원인을 생각하여 그것을 찾아내고자 한 결과, 하나의 분명한 이유를 알게 되었다. 그것은 우리가 허약하고, 잘 생각해 보면 언젠가 죽어야 하는 상태가 어떤 것으로도 위로받을 수 없을 만큼 비참하며, 바로 그것이 우리의 근원적인 불행으로 성립되어 있다는 사실이었다.

세상의 어떤 신분을 상상해 보아도, 또 우리가 가질 수 있는 모든 재산을 끌어모아서 비교해 본다고 해도, 왕의 자리가 세계에서 가장 훌륭한 지위이다. 그런 지위가 누릴 수 있는 모든 만족을 느끼는 생활을 하는 왕의 모습을 상상해 보자. 그런데 그 왕에게 기분전환이라는 것이 없고, 또 그가 자신의 실제 모습을 알고 생각해야 한다면, 그 왕의 행복은 당장 빛을 잃고 위로가 되지도 못하는 것이 될 것이다. 그리고 그 왕은 곧 자신이 겪을 수도 있는 반역과, 피할 수 없는 죽음과 질병, 그런 것에 대한 생각에 빠져버릴 것이다. 그러므로 기분전환이라는 것이 없으면 왕도 불행하다. 그리고 그 불행의 정도는 놀거나 기분전환을 하는, 그의 가장 비천한 하인이 느끼는 것보다도 더할 것이다."

그런데 이 '기분전환'은 요사이 흔히 사용되는 말로는 일종의 '자기소외'라고 할 수 있다. 이 '소외'는 원래 철학용어이지만, 일반적으로 더욱 널리 사용되고 있다. 그 의미를 살펴보자.

소외라는 말은 처음 헤겔이 철학 용어로서 사용한 것인데, 마르크스는 그것을 《경제철학 초고》에서 더욱 발전시켰다. 철학적인 용어로서의 인간소외란 인간이 자기 자신에게서 멀어진 다른 것이 되는 것을 말하며, 간단하게 말하면 인간이 비인간화하는 것을 말한다. 근대의 인간소외는 개인이 다른 인간과 접할 때 오로지 일반적인 일이나 자신의 주변 세계에 관한 이해타산의 입장에서 대하며, 그들과 매우 서먹서먹한 관계를 가질 수 밖에 없게 되는 경향으로 나타난다. 그 때문에 개인은 깊은 고독 속에서 살고 있다. 그리고 대부분의 사람들은 자신이 종사하고 있는 직업적인 일에서 자기의 인격적인 욕구를 충족시키지 못하고, 이로 인해서도 자아상실의 상태에 빠지고 있다."

파스칼의 시대와 현대는 사회적 상황이 상당히 다르므로, 이 '소외'의 구체적 내용에도 차이가 있을 것이다. 그러나 그것이 나타나게 되는 원인은 근본적으로 같으며, '자기를 잃는' 것이라는 그 본질 또한 같다. 인간은 자신을 응시하면 할수록 스스로에 대한 가련함과 비참함을 느끼지만, 그 비참함을 응시하는 것을 견디지 못한다. 그래서 '기분전환'을 통해 자기를 잊는 것으로 한동안의 위로를 받으려 하는데, 바로 이것이 '자기소외'인 것이다.

공굴리기

인간은 공이 굴러가기만 해도 위로를 받을 정도로 공허한 존재이다. 파스칼에 의하면 "인간은 참으로 불행하다. 자신이 지루함을 느껴야 할 원인이 아무것도 없는데도 그 고유한 성질에 의해 지루하지 않을 수가 없다. 또 인간은 참으로 공허하다. 마음은 지루한 온갖 이유로 가득 차 있어도, 이를테면 당구를 치거나 공을 차는 작은 행위에서도 충분히 위로를 받는다."

또한 "사람들은 공 한개 또는 토끼 한마리를 쫓는 데 전념한다. 그것은 왕의 즐거움이기도 하다.

인간은 아무리 슬픔에 젖어 있어도, 만약 그가 어떤 기분전환을 할 수만 있다면, 보라, 그는 그 동안만큼은 행복한 것이다."

인간이 불행하고 슬플 때는 사소한 일이 위로가 된다. 아니, 사소한 일이기 때문에 위로가 된다. 뭔가 의미가 있는 일을 해야 한다면 인간은 또 그 의미 때문에 고민하게 되지만, 의미가 없는 것은 순수한 위로가 되기 때문이다. 프로야구 시즌이 되면 남녀노소 할 것 없이 모든 사람이 경기에 열중한다. 누가 이기든, 어느 쪽이 우승하든 큰 의미가 없는 일이다. 그리고 그렇게 의미가 없는 일이기 때문에 그것은 사람들에게 위로를 준다. 내일의 일과 관계가 있거나 생활에 직접 영향을 주는 이해관계가 수반되면 위로가 되지 않는 것이다. '공굴리기'는 다 큰 남자들을(여자들도) 열중시키고, 종종 생활의 고달픔을 잊게 해 준다. 즉 우리는 그것을 통해 일상 생활에서 잠시 동안이나마 도피할 수가 있는 것이다. 우리는 그토록 공허한 존재이다. 파스칼의 '기분전환'은 그대로 오늘날 우리의 문제이기도 하다. 골프도 다름 아닌 '공굴리기'이다. 어린아이가 보면 상당히 우스꽝스럽게 생각되겠지만, 어른은 '공굴리기'를 통해 어린이로서는 알 수 없는 괴로움을 잊고 있다고 할 수 있다. 어른한테서 이 '공굴리기'를 빼앗는다면 어른의 삶은 상당히 가엾어질 것이다.

〈파스칼의 인간연구〉라는 논문에는 다음과 같은 말이 나온다.

그냥 거저 돈이 주어지고 거저 토끼가 주어진다면 받으려 하지 않을 사람이, 도박이나 사냥에서는 그것들을 더 차지하려고 열중한다. 그 이유는 무엇일까? 그것은 단순한 토끼와 단순한 돈은 우리의 권태와 불안을 달래주는 것을 보증하지 않는데 비해, 사냥과 도박의 놀이는 그것을 보장해 주기 때문이다. 모든 위희(慰戲 : 기분전환)의 공통적인 원인은 우리의 비참한 상태, 즉 있는 그대로의 상태로부터 우리 영혼의 눈을 돌려 다른 데로 향하게 하려는 삶의 충동에 있다. 위희는 우리로 하여금 우리의 자연본성을 잊게 하고, 우리가 자신에 대해 생각하는 것을 방해한다. 즉 위희의 특성은 삶에서의 자기도피에 있는 것이다. 내가 위희를 삶의 동적성질에 있어 부정적인 계기로서 간주하는 근거가 여기에 있다.

'기분전환'으로 사람은 자기를 잊는다. 담배를 사는 일은 특별히 재미있지 않지만 카지노에서 돈을 버는 것은 재미있다. 도박은 사람을 긴장시키고, 그만큼 괴로움을 잊게 해 준다. 그러나 이러한 '기분전환'을 통해 정말로 행복해지는 것은 아니다. "왜냐하면 기분전환은 나 자신의 외부에서 찾아오기 때문이다. 따라서 기분전환은 의존적이고, 그러므로 피할 수 없는 슬픔을 가져오는 수많은 일에 의해 마구 흔들리는 성질도 가지고 있다.

인간은 '기분전환'을 추구하지만 그것은 잠시 동안 괴로움을 잊게 해 줄 뿐, 결국 그가 느끼는 괴로움은 배가된다. 인간은 '기분전환'을 통해 성장하거나 발전하는 것도 아니지만, 그래도 역시 '기분전환'을 추구하지 않을 수 없다. 인간은 그만큼 비참한 존재라고 파스칼은 말한다. "인간은 어떤 장애와 싸우는 것을 거쳐서 휴식을 구한다. 그런데 그 장애를 극복하고 나면, 그 휴식은 견디기 힘든 것이 된다." 그리고 파스칼은 "웅변도 계속되면 지루해진다." 또 "자연이란 갔는가 하면 다시 돌아오는 것을 되풀이하며 나아간다"는 말로 유희의 한계와 자연의 무성함으로 인간의 유한성에 대해 말하였다.

따라서 우리 인간은 불안과 권태 사이를 왕복하고 있는 데 지나지 않는 것이다.

　"비참—우리의 비참을 위로해 주는 유일한 것은 기분전환이다. 그러나 그 기분전환은 우리가 가지고 있는 가장 큰 비참함이다. 왜냐하면 기분전환이야말로 우리가 자신에 대해 생각하는 것을 방해하는 주범이며, 그것에 의해 우리는 자기도 모르는 사이에 멸망해 가기 때문이다. 기분전환이 없으면 우리는 지루함에 빠지겠지만, 머지않아 그 지루함에서 빠져나갈 수 있는 더 확실한 방법을 찾을 것이 틀림없다. 그러나 기분전환은 그래도 역시 즐겁기 때문에, 우리는 그것을 하다가 어느새 죽음에 이르는 것이다."

신 안에서의 구원

　인간이 영광과 비참함, 위대함과 비소(卑小)함이라는 상반된 이치들 사이에 끼어 사는 중간적 존재이며, 그 두개의 상반되는 요소들을 지닌 이중존재이며, 결국은 죽어야 하는 존재인 것은 왜일까? 이것은 자연과학에서 철학, 그리고 신학에 이르는 길을 걸으며 파스칼이 스스로에게 던진 질문이었다. 그는 이렇게 인간 존재에 관한 근원적인 물음을 고민하였으며, 결국 그 해답을 그리스도교 안에서 발견하였다. 즉 파스칼은 그 가르침에 따라 그것은 인간의 선조 아담이 범한 '원죄' 때문이라는 결론을 내리게 되었다. 인간이 영원한 행복이나 진리를 음미하고 즐기고 또 그런 것이 무엇인지를 알고 있는 것은 에덴이라는 낙원을 경험한 이후에 타락했기 때문인 것이다. 만약 원래 원죄 이전부터 인간이 타락해 있었다면, 행복이나 진리의 관념이 무엇인지도 몰랐을 것이다.

　따라서 우리가 이 상반되는 이치들의 모순에서 빠져 나오기 위해서는 《원죄》를 자각함으로써 인간에 절망하고, 또 인간 이외의 어떤 이상적인 것에서 구원을 구할 수밖에 없다. 이때 그 이상을 의미하는 것은 오로지 신뿐이지만, 우리들은 신을 직접적으로 알 수 없다. 인간은 그런 능력을 가지고 있지 않기 때문이다.

　이러한 상황에서 신과 인간의 매개자의 역할을 해 주는 것이 바로 그리스도이다. 우리는 그리스도를 통해 또 그리스도에 의해 신을 증명하고, 올바른 행동을 가르칠 수 있는 것이다. 따라서 그리스도만이 인간의 진정한 신이다.

그리고 인간은 그리스도에 의해서만이 자기의 비참함을 알게 되고, 그 비참함으로부터 구제를, 바로 행복을 얻을 수 있는 것이다.

이리하여 파스칼은 세상에는 세 종류의 사람이 있다고 말한다. 그에 따르면 첫째, 이미 신을 발견하고 그것에 봉사하는 사람들이 있는데, 이들은 현명하고 행복한 이들이다. 두 번째는 아직 신을 발견하지 못했기 때문에 그를 찾으려고 하는 사람들인데, 이들은 불행하지만 현명한 자들이다. 마지막으로 신을 발견하지도 않았고 찾으려고도 하지 않는 사람들이 있는데, 이들은 어리석은데다 불행하기까지한 인간들인 것이다.

이렇게 '두 가지 정신'을 발휘하며 수학, 과학 등의 다양한 분야에서 그 천재를 빛냈던 파스칼은 만년의 독실한 신앙 생활을 통해 불안한 인간 존재에 대한 구원의 길을 찾을 수 있었다. 그리고 그것은 다름 아닌 신 안에서의 안식이었던 것이다.

파스칼 연보

1623년   6월 19일, 프랑스 오베르뉴의 클레르몽페랑에서 태어나다. 클레르몽페랑의 세무법원 판사이던 아버지 에티엔 파스칼과 어머니 앙투아네트 베공 사이의 1남 2녀 중 장남이다. 생 피에르 교회에서 세례를 받다.

1625년(2세) 누이동생 자클린느 태어나다.

1626년(3세) 어머니 앙투아네트 죽다.

1631년(8세) 존경받는 수학자였던 에티엔 파스칼은 아이들을 데리고 파리로 이주하다. 아이들의 교육과 자연학 연구에 전념하기 시작하다. 관직에서 차차 몸을 빼 1631년 세무법원 판사직을 물러나다.

1634년(11세) 4월, 생 쉬르피스 교구의 뇌브 생 랑베르 거리(현재 콩테 거리)로 이주하다. 파스칼 집안과 자크 르 파이유르와의 교제가 시작되다. 이때 파스칼은 우연히 음향에 대한 실험관찰을 하게 되고, 그 결과를 소론으로 정리한 〈음향에 관해서〉를 썼다고 전해진다.

1635년(12세) 6월, 생 메리 교구의 브리즈미쉬 거리로 이주하다(누나 질베르트의 《파스칼전》에 의하면, 이미 이 무렵 파스칼은 받침대 위에 막대기나 동그라미를 그려 놓고 유클리드의 정리 제32를 자기 힘으로 증명했다). 아버지 에티엔, 아들의 수학공부를 예정보다 일찍 시작시키다. 메르센 신부가 주최하는 과학 아카데미에 미도르지, 데자르그, 로베르발 등의 수학자와 함께 참석하게 되다.

1636년(13세) 이듬해까지 누나 질베르트와 함께 아버지를 따라 오베르뉴에 가다.

1638년(15세) 아버지 에티엥, 공채 이자 삭감에 반대하다. 3월 오베르뉴로
피신하다. 이때부터 누이 자클린느가 시에서 재능을 나타내
기 시작하다.

1639년(16세) 누이 자클린느가 재상 리슐리외 앞에서 스큐테리양의 연극에
주연으로 등장, 아버지의 사면을 간청해 뜻을 이루다. 재상
리슐리외, 에티엥을 노르망디 지구 조세 담당 지방총감에 임
명하다.

1640년(17세) 노르망디의 반조세 난이 일어났을 즈음 에티엥이 루앙시 행정
관으로 임명되어 이주하다. 파스칼이 16세 때에 쓴 《원뿔곡선
론 *Essi paur les coniques*》 인쇄에 들어가다. 아버지의 세금계
산을 도우려고 계산기 제작을 생각하다. 누이 자클린느, 시의
재능을 인정받아 콩쿠르에 입상하다.

1641년(16세) 누나 질베르트, 사촌 플로랭 페리에와 결혼하다.

1642년(18세) 계산기 제작에 열중해 건강을 해치다.

1645년(22세) 대법관 세기에에게 계산기를 헌정하고, 상세한 설명문이 붙
은 '헌사 및 보고'를 보내다. 뒷날 간행되다.

1646년(23세) 아버지의 무릎뼈 부상을 계기로 생 시랑의 제자 길베르를 알
게 되어 포르루아얄파 신앙에 접근하다. 이른바 파스칼의 '최
초의 회심(回心)'이라 말하는 것이다. 아버지의 친구 피에르
프티로부터 토리첼리의 진공 문제를 듣게 되어 프티와 함께
프랑스에서 최초로 토리첼리(기압계 원리를 발견한 이탈리아
물리학자)의 진공실험 재현에 성공하다.

1647년(24세) 1월~4월, 카프친회 수도사 생 탕지(자크 포르통)의 논설을
이단이라고 역설, 루앙의 대사교에서 소추하여 이를 취소케
하다. 병상에 눕다. 여름, 누이 자클린느와 파리로 돌아가
의사의 권고에 따라 사교생활에 들어가다. 9월, 데카르트와
해후하다. 10월, 〈진공에 관한 새로운 실험〉 간행하다. 노엘
신부와 서한을 통해 진공 문제를 논쟁하다. 수녀가 되려는
자클린느의 결심에 찬동하다(아버지의 반대로 좌절).

1648년(25세) 3월, 〈원뿔곡선론〉을 완성하다. 누나 질베르트에게 신앙관

을 피력하는 편지를 자주 쓰다. 9월, 지난해 파스칼이 의뢰했던 퓌이드 돔 산에서의 진공 실험 결과 파스칼의 예상이 적중했음을 확인하다. 같은 실험을 파리의 생 자크 탑에서 직접 실시하다. 아버지, 파리에 돌아와 머무르다. 10월,《액체의 균형에 관한 대실험 이야기》를 출판하다.

1649년(26세) 아버지 에티엥을 따라 자클린느와 함께 클레르몽에 있는 페리에의 집으로 가다. 법조가 잔 도마와의 교우가 시작되다. 5월, 계산기 제조에 대한 국왕의 특허장을 받다.

1650년(27세) 11월, 파리로 돌아오다.

1651년(28세) 이해 봄,〈진공론〉서언을 완성하다. 9월 24일, 아버지 에티엥 죽다. 10월, 아버지의 죽음에 대한 그 유명한 편지를 누나에게 보내다. 수녀가 되려는 누이 자클린느와 고독을 두려워한 파스칼 사이에 의견 차이가 생기다.

1652년(29세) 자클린느, 파리의 포르루아얄에 들어가 수녀가 되다. 그 뒤 이른바 그의 '세속시대'가 시작되다. 스웨덴 여왕 크리스티나에게 계산기 헌정의 편지를 쓰다. 포와투 령 총독 로안네즈 공작, 슈발리에 드 메레, 미통과 알게 되다. 종래의 연구에서는 이해 가을 로안네즈 공작, 메레, 미통과 함께 포와투를 여행한 것으로 알려졌으나 이는 확실치 않다.《죄인의 회개》도 역시 이때에 집필된 것으로 알려졌으나 확실치 않다.

1654년(31세) 1월~6월, 과학 연구에 전념하다. 파리의 아카데미에 수학의 연구계획을 써 보내다.〈기중론〉,〈유체균형론〉을 완성하다. 도박의 확률 문제에 흥미를 갖고, 그 결과〈산술삼각론〉및 부속 논문을 쓰다. 포르루아얄에 있는 누이동생 자클린느를 종종 찾아 세속생활의 혐오와 과학 연구의 허망을 고백하다. 11월 23일 밤, 강렬한 감동을 받아 결정적 회심을 하게 되다. 죽는 날까지 몸에 지닌 '각서'는 이때의 기록이다(1653년의《죄인의 회개》도 이때의 산물이 아닐까 추정됨). 이 해에〈수서열론〉,〈조합〉,〈수의 배수에 관해〉,〈수의 누승의 화〉등의 수학 논문을 쓰다.

1655년(32세) 1월, 포르루아얄 데상에 체류하다. 이 무렵, 사시와의 교제로 〈드 사시 씨와의 대화〉를 쓰다. 확실치는 않으나 《초대 그리스도 교도들과 오늘날 그리스도 교도들과의 비교》, 《요약한 예수 그리스도의 삶》 두 편이 이 무렵 집필된 것으로 추정된다.

1656년(33세) 1월 23일, 아르노 변호를 위한 《프로뱅시알》('시골 친구에게 쓴 편지'라는 제목으로 더 유명함) 제1 서한이 공개되다(루이 드 몽탈드라는 필명으로). 이후 잇따라 1월 29일에서 그해 12월 4일 사이에 제16 서한까지 공개되다. 로안네즈 공의 누이동생 샤를로트의 신앙상의 지도자로서, 서신 교환을 통해 그녀의 신앙을 격려하다.

1657년(34세) 1월 23일 제17 서한, 3월 24일 제18 서한 공개되다. 9월, 엑스 의회는 《프로뱅시알(provincial)》을 금서로 지정하다. 일련의 《은총에 대한 작품들》과 《기하학적 정신에 대하여》, 《설득의 방법에 대하여》, 《기하의 기초》 등이 쓰인 것도 이 무렵으로 추정된다. 《그리스도교 호교서》도 이 무렵부터 준비된 것으로 추정된다. 《팡세》의 단장 대부분이 이 해와 1658년 두 해에 걸쳐 집필된 것으로 추정된다(이 저서의 원제는 '그리스도교 변명'이었으며 파스칼이 죽을 때까지 완성하지 못했다. 나중에 편집자에 의해 '명상록(pensées)'이란 부적절한 제목으로 바뀌었다).

1658년(35세) 《프로뱅시알》 논쟁에 관련해서 《파리 사제들의 문서》가 나오다(그 중 1, 2, 3, 6이 파스칼에 의한 것임). 5월 포르루아얄에서 《그리스도교 호교서》의 저작 의도와 골자에 대해 강연하다. 사이클로이드(the cycloid)에 대한 답을 얻기 위해 유럽 수학자들에게 서신을 띄우다. 10월, 〈사이클로이드에 관한 회상〉을 발표하다. 12월, 〈속 사이클로이드에 관한 회상〉을 발표하다.

1659년(36세) 3월, 갑자기 몸이 쇠약해지다. 이 해에 《병을 잘 다스리는 은혜를 신에게 구하는 기도문》을 쓴 것으로 추정된다.

1660년(37세) 5월에 10월까지 클로르몽 교외 비양나시로 전지 요양을 가다. 뢴 공의 장자를 위해 《대귀족의 신분에 대해서》를 쓰다.

1661년(38세) 　포르루아얄에 대한 탄압이 격렬해지다. 6월, 《신앙 선서문에 대한 서명에 대해서》를 집필하다. 10월 30일, '신앙 선서문'에 무조건 서명할 것을 명하는 사교 교서가 나오자 완강히 거부하다.

1662년(39세) 　로안네즈 공과 함께 시료병원 건립 기부금을 얻기 위해 승합 마차 회사 건립을 추진, 1월 국왕의 허가를 얻다. 6월, 병세가 나빠지다. 생 마르셀에 있는 누나 집으로 옮기다. 7월 4일, 교구 사제 페리에를 부르다. 8월 3일, 유언장을 작성하다. 8월 19일 오전 1시 "하느님이 나를 결코 버리지 않으시기를……" 이 말을 마지막으로 남기고 세상을 떠나다.

옮긴이 안응렬(安應烈)

황해도 서흥 출생. 가톨릭대학교 철학과를 졸업하고, 프랑스 소르본대학에서 불문학 연구, 서울대학교, 성균관대학교, 서강대학교, 한국외국어대학교 교수 및 명예교수를 지냈다. 프랑스 문화훈장 수여. 지은책에 《한불사전(공저)》《최신불작문(공저)》 등과 옮긴책에 파스칼 《팡세》, 데카르트 《방법서설》, A. 생텍쥐페리 《어린왕자》《인간의 대지》《야간비행》《전투조종사》《생텍쥐페리의 편지》, 앙드레 지드 《전원교향악》, 에브 퀴리 《퀴리부인》, 사를르 달레 《한국천주교회사》, 아드리앵 로네 《한국순교자 103위전》 등이 있다.

세계사상전집016
Blaise Pascal
PENSÉES
팡세
파스칼/안응렬 옮김
동서문화사창업60주년특별출판
1판 1쇄 발행/2016. 6. 9
발행인 고정일
발행처 동서문화사
창업 1956. 12. 12. 등록 16-3799
서울 중구 다산로 12길 6(신당동 4층)
☎ 546-0331~6 Fax. 545-0331
www.dongsuhbook.com
*
사업자등록번호 211-87-75330
ISBN 978-89-497-1424-0 04080
ISBN 978-89-497-1408-0 (세트)